Schriftenreihe der Österreichischen Gesellschaft
zur Erforschung des 18. Jahrhunderts

Herausgegeben von Thomas Wallnig in Verbindung
mit Franz Eybl und Wolfgang Schmale (Bd. 1–8 hg. von Moritz Csáky)

Band 23

Pavel Himl

Beobachten, Beschreiben, Gestalten

Die Polizei im Zeitalter der Aufklärung und
der Moderne Staat 1770–1820

BÖHLAU

Übersetzt und gedruckt mit freundlicher Unterstützung durch das Programm „Cooperatio/History"
der Univerzita Karlova.

Diese Studie wurde von Pavel Himl im Auftrag der Univerzita Karlova, Fakulta humanitních studií,
durchgeführt.

Bibliografische Information der Deutschen Nationalbibliothek:
Die Deutsche Nationalbibliothek verzeichnet diese Publikation in der Deutschen Nationalbibliografie;
detaillierte bibliografische Daten sind im Internet über https://dnb.de abrufbar.

© 2024 Böhlau, Zeltgasse 1, A-1080 Wien, ein Imprint der Brill-Gruppe (Koninklijke Brill BV, Leiden,
Niederlande; Brill USA Inc., Boston MA, USA; Brill Asia Pte Ltd, Singapore; Brill Deutschland GmbH,
Paderborn, Deutschland; Brill Österreich GmbH, Wien, Österreich)
Koninklijke Brill BV umfasst die Imprints Brill, Brill Nijhoff, Brill Schöningh, Brill Fink, Brill mentis,
Brill Wageningen Academic, Vandenhoeck & Ruprecht, Böhlau und V&R unipress.

Umschlagabbildung: „Eine Sicherheits-Wache, ein Lampenanzünder und eine Obst-Verkäuferinn",
Wien, 1804–1812. Aus dem Zyklus „Wiener Szenen und Volksbeschäftigungen", Benedikt Piringer
(Radierer), Georg Emanuel Opitz (Künstler), Joseph Eder (Verlag). Nationalgalerie Prag,
Graphiksammlung, Inventarnummer R 227793.

Umschlaggestaltung: Michael Haderer, Wien
Übersetzung: Kathrin Janka, Alexander Kratochvil und Michael Wögerbauer
Korrektorat: Magdalena Irnstötter
Satz: le-tex publishing services, Leipzig
Druck und Bindung: Hubert & Co, Ergolding
Printed in the EU

Vandenhoeck & Ruprecht Verlage | www.vandenhoeck-ruprecht-verlage.com
ISBN 978-3-205-21748-0

Inhalt

Anhänge

Vorwort zur deutschen Ausgabe

Obwohl es sich beim vorliegenden Buch um eine aktualisierte Übersetzung meiner 2019 auf Tschechisch erschienenen Monographie „Pozorovat, popsat, stvořit. Osvícenská policie a moderní stát 1770–1820" handelt, möchte ich an dieser Stelle mehr erwähnen als nur die Umstände und Personen, die sie begleitet bzw. ermöglicht haben.

Die Übersetzung eines historiographischen Textes, der selbst aus anderen Texten und mehr als 200 Jahre zurückliegenden Bedeutungszusammenhängen geflochten ist, zeigt deutlich, wie unerlässlich die menschliche Interpretationsarbeit ist und auch in der Zukunft sein wird. Im Falle dieses Buches haben sie – im intensiven und langen Austausch mit mir – die Mitglieder des „Übersetzungsteams", Kathrin Janka, Alexander Kratochvil und im besonderen Maße Michael Wögerbauer, geleistet. Erleichtert wurde die Arbeit dadurch, dass die überwiegende Mehrheit der Primärquellen auf Deutsch vorliegt. Im Zuge der Reformen der zweiten Hälfte des 18. Jahrhunderts setzte sich das Deutsche als Verwaltungs- und Kultursprache in der gesamten Habsburgermonarchie einschließlich der böhmischen Länder durch. Die Sprache der Verwaltung und Gesetze, die die zeitgenössische soziale Wirklichkeit in gewissem Sinne erschaffen hat und in dieser Eigenschaft von der Geschichtswissenschaft analysiert wird, entwickelte sich im Untersuchungszeitraum zuerst auf Deutsch und erst dann auf Tschechisch. Da es sich in Böhmen um zwei Landessprachen handelte, wären bereits deren dynamisches Verhältnis, die Suche nach Entsprechung, aber auch die Konflikte der Wörter im administrativen Bereich und allgemein die sich ändernden Möglichkeiten des administrativ Sagbaren eine eigene Untersuchung wert.

Das zweisprachige Milieu Prags und der böhmischen Länder in der zweiten Hälfte des 18. und zu Beginn des 19. Jahrhunderts bzw. die deutschsprachigen Quellen allein wären natürlich kein Grund dafür, dass das Buch nun auf Deutsch und nicht etwa auf Englisch erscheint. Die Habsburgermonarchie wird oft als Symbol für – manchmal eher herbeigewünschte – kulturelle Vielfalt präsentiert. Indem das vorliegende Buch sozusagen auf die zweite Landessprache zurückgreift, die aber gleichzeitig die dominante und vereinheitlichende Sprache der Monarchie war, will es paradoxerweise zur Vielfalt der Geschichtsschreibung über diesen Raum beitragen und der Dominanz des Englischen in der globalen Wissenschaft einigermaßen entgegenwirken. Die Gründe der Entscheidung für das Deutsche sind aber auch persönlicher Natur. Die Diskussionen über meine Forschungen zur Polizei und Verwaltung im Zeitalter der Aufklärung habe ich vor allem mit Kolleginnen und Kollegen aus Österreich und Deutschland geführt – neben vielen anderen sei an dieser Stelle Andrea Griesebner, Peter Becker und Anton Tantner für die Hilfe, die über die üblichen Quellen- und Literaturempfehlungen hinausreichte, gedankt. Daher freut es mich besonders, die Ergebnisse dieser Forschung nach dem

Tschechischen auch in der Sprache, in der ich zum Teil wissenschaftlich sozialisiert wurde, zu präsentieren.

Dieses Buch wäre nie zustande gekommen, hätte Thomas Winkelbauer die Übersetzung meiner tschechischen Monographie nicht angestoßen. Verdanken tue ich ihm aber viel mehr: Er hat meine Arbeit seit der Dissertation immer mit stetem Interesse begleitet. Thomas Wallnig hat das Buch freundlicherweise in die Schriftenreihe der Österreichischen Gesellschaft zur Erforschung des 18. Jahrhunderts aufgenommen. Er und noch viel mehr Eva Buchberger von Böhlau Wien haben unendliche Geduld mit wiederholten Verschiebungen der Manuskriptabgabe bewiesen. Zur Vereinheitlichung und sprachlichen Qualität des entstehenden Textes hat Magdalena Irnstötter mit ihrem sachkundigen Lektorat wesentlich beigetragen.

Neben Personen bin ich schließlich auch Institutionen verbunden, die die Entstehung dieses Buches sowie die ihm zugrundeliegenden Forschungen ermöglicht haben, allen voran den tschechischen und österreichischen Archiven und ihren Mitarbeiterinnen und Mitarbeitern. Diese sowie die Institutionen und Personen, die ihre Genehmigung zur Veröffentlichung von Abbildungen erteilt haben, finden sich an den entsprechenden Stellen am Ende des Buches genannt. Seit vielen Jahren bietet die Fakultät für Geisteswissenschaften der Karls-Universität in Prag mir ein institutionelles Zuhause. Eine „Erweiterung" dessen stellt das Institut für Geschichte der Universität Wien dar, dem ich im Herbst 2022 als Gastdozent kurz angehören durfte und wohin ich immer gerne zurückkehre.

Geht mein aufrichtiger Dank an die namentlich erwähnten Personen sowie an all diejenigen, die mir bei der Entstehung der tschechischen und anschließend der deutschen Fassung nahestanden, so bleibt die Verantwortung für den Text, den ich der Leserschaft hiermit vorlege, ausschließlich bei mir.

Prag, Juni 2024

Terminologische und editorische Anmerkung

Die Schreibweise der zitierten handschriftlichen sowie gedruckten Primärquellen wurde einschließlich der grammatikalischen Abweichungen und Fehler weitgehend beibehalten, lediglich die Groß- und Kleinschreibung und die Interpunktion wurde der besseren Verständlichkeit halber teilweise dem heutigen Gebrauch angeglichen. Eine gewisse Herausforderung im historisch zweisprachigen Milieu stellen Ortsnamen dar. Sie werden in jener Sprache wiedergegeben, in der sie in der Quelle (Akte, Buch, Sekundärliteratur) selbst vorkommen. Dies betrifft auch die Erscheinungsorte der Quellen. Bei der Erstnennung wird auch der heutige offizielle Ortsname angeführt; bei der Bildung von Adjektiven gehe ich von der deutschen Form des Ortsnamens aus. Englische oder französische Zitate werden im Original angeführt, tschechische Zitate übersetzt und als solche gekennzeichnet.

Für eine Übergangs- bzw. Reformepoche wie das Zeitalter der Aufklärung ist es typisch, dass nicht nur die Institutionen sich änderten, sondern auch, dass diese manchmal unter unterschiedlichen Bezeichnungen tätig waren, was Verwirrungen verursachen kann. Ein Paradebeispiel dafür ist die Prager Polizeidirektion, die 1785 gegründet wurde und zunehmend landesweit agierte, seit 1794 aber gleichzeitig die alte Bezeichnung Stadthauptmannschaft führte, die auf ihre innerstädtischen Kompetenzen verwies. Aus unterschiedlichen Kontexten stammen auch die zwei Titel, die das Haupt der böhmischen Landesverwaltung im Untersuchungszeitraum in seiner Person vereinte, nämlich Präsident der Guberniums/Gubernialpräsident und oberster Burggraf/Oberstburggraf. Auf die näheren Hintergründe wird im Text eingegangen; die beiden Bezeichnungen werden in beiden Fällen synonym verwendet.

1. Meditation über zwei Blätter Papier

> „Einen Augenblick, bevor wir zu schreiben begonnen haben, war da noch nichts. Die Ereignisse sind geschehen und liegen um uns herum in einer zusammenhängenden, formlosen Masse, ohne Anfang und Ende, die uns nichts bietet, woran wir uns festhalten könnten, um es als Ausgangspunkt zu nutzen. Überall können wir anfangen, alles ist uns gleich wichtig. Wir können den Ereignissen jede beliebige Bedeutung geben, indem wir die einen hintanstellen und andere hervorheben, indem wir einen Umstand zur Ursache für einen anderen machen. Vor uns liegt kein Weg, außer dort, wo wir ihn gerade aufgeschüttet haben, für den nächsten Schritt, den wir tun werden, im festen Vertrauen darauf, nicht ins Leere zu stürzen. Es sind also Ereignisse eingetreten, aber wir wissen nicht wirklich, wie; wir wissen auch nicht, ob das, was uns am meisten auffällt, an ihnen wichtig war, oder ob überhaupt etwas an ihnen wichtig war, oder ob sie überhaupt waren. Und es ist nicht ausgeschlossen, dass wir nur ein paar geistlose Marionetten auftreten haben lassen in einem nicht sonderlich sorgfältig gemachten Bühnenbild, und dass die dicken Drähte, an denen wir sie führen, auch für die Zuschauer in den hintersten Reihen sichtbar sind."
>
> Věra Linhartová, Geschichte ohne Zusammenhang[1]

Er sitzt über einem leeren Blatt Papier und lässt den Blick suchend durch den Raum schweifen. Wo ist nur die Zeitung? Er kann die einige Monate alte Nachricht in der Flut bedruckter und beschriebener Seiten nicht finden. Aber das ist auch nicht nötig, weiß er doch selbst am besten, was über ihn gesagt wurde. Es ist, als ob er es selbst formuliert hätte. „Die Thätigkeit unsers würdigen Polizeydirektors Hrn. von Riesenberg geht in den Polizeyverbesserungen noch immer weiter. An den Ecken jeder Gasse in unserer Hauptstadt wird auf einem weißen Platze in deutscher und böhmischer Sprache mit großen Buchstaben der Name der Gasse, z. B. Lange Gasse, Gürtelgasse etc., ausgezeichnet. Eine Bequemlichkeit, die ihm jeder Bürger, besonders die fremden Reisenden aufrichtig danken werden. Wirklich verdient dieses Unternehmen auch in anderen

---

1 Linhartová, Věra: Povídka nesouvislá [Geschichte ohne Zusammenhang], in: Dies.: Prostor k rozlišení, Praha 1965, 32–56, hier 32 [übersetzt von Michael Wögerbauer]. Im Zusammenhang mit der „Schaffung von historischen Fakten" wurde dieser Absatz zitiert von Třeštík, Dušan: Dějiny ve věku nejistot [Geschichte im Zeitalter der Unsicherheiten], in: Klápště, Jan/Plešková, Eva/Žemlička, Josef (Hg.): Dějiny ve věku nejistot. Sborník k příležitosti 70. narozenin Dušana Třeštíka, Praha 2003, 23–44, hier 33–34.

Städten nachgeahmt zu werden, da es sowohl Zierde als Nutzen erheischt."[2] Die offiziöse deutschsprachige Prager Oberpostamtszeitung wird vielleicht auch vom künftigen Polizeiminister in Wien gelesen, sodass es vorerst ausreicht, wenn der Prager Polizeidirektor nur andeutet, wie er versucht, die öffentliche Meinung für sich zu gewinnen. Sicherlich hat die Landesregierung bereits Wien über die aktuellen Straßenmarkierungen informiert.[3]

Wird das genügen? Die Verantwortung des neuen Amtes scheint in dem Moment, als er seinen ersten Rechenschaftsbericht verfassen musste, schwerer geworden zu sein. Außerdem sendet er ihn zu spät ab. Was wirkt überzeugend? Tabellen, Formulare, Zahlen: 15.524 registrierte Ausländer, 541 ausgestellte Pässe, 665 verhaftete Tunichtgute – und das alles in weniger als fünf Monaten. Er hat von Morgen bis Abend gearbeitet, hat sich nicht auf Berichte und Gutachten verlassen, sondern versucht, alles höchstpersönlich zu untersuchen, allen zuzuhören, hat Ratschläge gegeben, Beschwerden bearbeitet, Vereinbarungen vermittelt, Familienstreitigkeiten geschlichtet, grundlose Beschwerdeführer belehrt. Vor allem ihm, so hat er seinem Wiener Vorgesetzten versichert, sei es zu verdanken, dass mehr als 4000 meist armen, verlassenen, deprimierten oder gar misshandelten Menschen Hilfe oder zumindest Trost und Linderung zuteil wurde[4] – fast 28 pro Tag, einschließlich der Feiertage. Zählte er dazu auch die herumirrenden Fremden, denen durch die Auszeichnung der Straßen geholfen wurde?

Seit Johann Jakob Reismann im Amt ist, hat er sich bereits einen Überblick über alle Agenden verschafft, für die er zuständig ist, er weiß bereits, wie er sie verbessern kann und wie viele Mitarbeiter er dafür braucht. Er wird der Regierung innerhalb von zwei Wochen einen Vorschlag unterbreiten. Doch die Regierung, das böhmische Landesgubernium, macht es ihm nicht gerade leichter. Sie hatte nicht nur minimalen Einfluss auf seine Ernennung, sondern entschied nicht einmal über die Einrichtung von Reismanns Funktion. Der „Polizeidirektor" sowie die gesamte „Polizeiverfassung", die er mit aufbauen sollte, gehörten zu den zahlreichen Reformen, die Joseph II. in den westlichen Ländern seiner Monarchie einführte, ohne sich mit ihren Repräsentanten abzusprechen. Sehr beliebt war der neue Polizeichef nicht, nicht nur, weil er verschiedene Landeskommissionen ersetzte, sondern auch deswegen, weil auch die

---

2 Kaiserlich-Königliche Prager Oberpostamtszeitung, Nr. 71 vom 3. 9. 1785, Nachricht aus Prag vom 1. 9. 1785.

3 Aufgrund von Reismanns Vorschlag erließ das Gubernium, d. h. die böhmische Landesregierung, am 21. 7. 1785 eine Verordnung über die Kennzeichnung der Prager Straßen; vgl. Roubík, Franitšek: Počátky policejního ředitelství v Praze [Die Anfänge der Polizeidirektion in Prag], Praha 1926 (Sborník archivu Ministerstva vnitra Republiky československé I), 82, Anm. 130.

4 Den Bericht über seine bisherige Tätigkeit, im Grunde ihre Verteidigung, reichte Johann Jakob Reismann von Riesenberg beim Gründungsvater der habsburgischen Polizei und späteren Polizeiminister Johann Anton Pergen am 22. 10. 1785 ein; vgl. Österreichisches Staatsarchiv [weiter ÖStA], Allgemeines Verwaltungsarchiv [weiter AVA], Pergen-Akten, Sign. XVIII B, Kart. 17. Benutzt hat ihn auch Roubík: Počátky/1926, 82–83.

Prager Stadtverwaltung ihre Befugnisse mit ihm teilen musste. Dabei war Reismann selbst – wie schon seine Vorfahren – ein Repräsentant der Stadt gewesen. Nach eigenen Angaben war er zwanzig Jahre lang Stadtrat und dreizehn Mal Bürgermeister der Altstadt Prag.[5] Er arbeitete auch, teilweise unentgeltlich, für andere städtische Behörden und war darüber hinaus acht Jahre lang in der Berauner Kreisverwaltung tätig, die ihren Sitz in Prag hatte. Er brauchte seine Menschenfreundlichkeit nicht vorzutäuschen. Neben seiner Tätigkeit als Aufseher der Armenverwaltung war er als Ratsherr für alle Schulen in der Altstadt zuständig und unterstützte 1776 auch die Prager Normalschule, wofür ihn Maria Theresia mit einer Goldmedaille belohnte.[6] Reismann war qualifiziert. Als er sich Anfang Januar 1785 formell um die Stelle des Polizeidirektors bewarb, versäumte er es nicht, neben seinen Kenntnissen der beiden Landessprachen Tschechisch und Deutsch auch sein Studium der Rechtswissenschaften, der Rechtsgeschichte, des Finanzwesens und der Verwaltung zu erwähnen, das ihm von Joseph Ignatz Butschek, Professor der Staatswissenschaften an der Prager Universität, bescheinigt worden war.[7] Jedenfalls schadete es nicht, auch in einem Brief an seinen Wiener Vorgesetzten Pergen darauf hinzuweisen, dass die neuen, dem Staatswohl dienenden und von höchster Stelle beschirmten polizeilichen Maßnahmen in Prag etwas behindert und verzögert wurden.[8]

Reismann selbst legte dem Monarchen allerdings erst ein halbes Jahr später, Anfang Dezember 1785, einen ausführlichen Bericht über die Tätigkeit der Prager Polizeidirektion und einen Vorschlag zu deren Verbesserung („Plan") vor. Er enthielt mehrere Dutzend Anhänge mit Zahlen, Tabellen und Formularen. Den Kern bildete jedoch ein

---

5 Zu Reismanns Herkunft, Person und Karriere vgl. Roubík: Počátky/1926, 72, Anm. 115. Zur Unbeliebtheit Reismanns in seiner neuen Funktion ebd., 80, 88. Laut Roubík war Reismann lediglich 13 Jahre Altstädter Stadtrat. Als er sich um die Stelle des Polizeidirektors bewarb (vgl. Anm. 7), führte Reismann selbst an: „so nach bei dem altstädter Prager Magistrat durch 20 Jahre als Rath und 13 mal als Bürgermeister seine Pflicht stets mit allem Eifer erfüllet". Größtenteils auf Roubík basiert in seiner Charakteristik von Reismann auch Bastl, Ondřej: Spojení pražských měst v roce 1784. Edice rukopisu č. 322 [Die Vereinigung der Prager Städte im Jahr 1784. Eine Edition von Handschrift Nr. 322], Praha 2003, 44. Reismann gehörte zu den reichsten Stadträten, er besaß mehrere Immobilien; vgl. Maříková, Martina: Životní styl staroměstských radních v letech 1740–1791 [Der Lebensstil der Altstädter Stadträte in den Jahren 1740–1791], in: Mendelová, Jaroslava/Státníková, Pavla (Hg.): Pražské rokoko. Kulturní a společenský život v Praze 1740–1791, Praha 2011, 126–131, hier 126.

6 Böhm, Ignatz: Historische Nachricht von der Entstehungsart und der Verbreitung des Normalschulinstituts in Böhmen, Prag 1784, 36, 109–110.

7 Reismanns Bewerbung um die Stelle des Prager Polizeidirektors, datiert am 10. 1. 1785 in Wien, zusammen mit den Belegen über sein Studium und seine Berufspraxis, befindet sich in ÖStA, AVA, Pergen-Akten, Sign. XVIII B, Kart. 17.

8 Reismanns Bericht an Pergen vom 22. 10. 1785 (wie Anm. 4): „wie es oft mit neuen zum bes[ten] des Staats abzielenden, obschon allerhöchsten Orten bestättigten Einrichtungen geschehen pf[le]get, daß selbe in die Länge hinaus gezohen [!] werden".

Entwurf von Anweisungen für die öffentliche Polizei in Prag.[9] Sie ähnelten den Dutzenden von Anweisungen, die in den vorangegangenen Jahren und Jahrzehnten zwischen Behörden und Beamten ausgetauscht worden waren und die eine Vorstellung davon vermittelten, wie das Amt und seine Träger funktionieren sollen; Anweisungen, in denen Reismann fast reumütig feststellte: „Unterzeichneter muß es frey bekennen, daß dieser Entwurf sehr unvollkommen sey, und in eine ganz andere Verfassung gebracht werden könnte. Die so häufigen Arbeiten, und die so verschiedenen Arten hierortigen Polizeÿverbesserungen haben denselben außer Stand gesetzt, bisher ein vollkommenes System zu verfassen. Es wird aber derselbe in der Folge alle seine Kräfte aufbithen [!], um das Mangelhafte zu ergänzen und seine allerunterthänigsten Pflichten auf das pünktlichste in Erfüllung zu bringen."[10]

Nicht, dass Reismann die Arbeit des Polizeidirektors in seinem ersten Jahr vernachlässigt hätte, im Gegenteil – sein Übereifer brachte ihn in Konflikt mit dem Prager Magistrat, als er z. B. selbst begann, der Prostitution und Zuhälterei verdächtige Personen zu verhaften. Dafür waren nach bisherigem Verständnis die städtischen Behörden zuständig, während die Polizei nur überwachen und Verdächtige dem Magistrat melden sollte.[11] Nach Ansicht des Historikers František Roubík waren die Kompetenzkonflikte eben auf das Fehlen klarer und allgemein anerkannter Regeln, aber auch auf das Selbstbewusstsein und den Ehrgeiz Reismanns zurückzuführen. Laut Hermann Oberhummer, dem Historiker der Wiener Polizei, erwies sich Reismann als „Niete", die zudem versuchte, ihre Kompetenzen zu überschreiten.[12]

Unzufrieden mit den Vorschlägen Reismanns beschloss Joseph II. im April 1786, den Prager und den Brünner Polizeidirektor für den 1. September nach Wien zu berufen, um gemeinsam mit den Wiener Behörden (Hofkanzlei und Polizeiminister) die bisherigen Erfahrungen in eine neue Instruktion zu überführen, die die Kompetenzen der verschiedenen Instanzen genau definieren sollte.[13] Bevor dies jedoch geschah, änderte der Monarch seine Meinung und entzog den Polizeidirektoren und ihren Mitarbeitern (mit Ausnahme der Wiener) das Recht, in Angelegenheiten der öffentlichen Sicherheit unabhängig zu entscheiden, und machte sie zu Exekutiv- und Aufsichtsorganen der Magistrate. Minister Pergen, der über diese Rückkehr zur städtischen Verwaltung nicht

---

9 Die Exemplare von Reismanns Bericht/Instruktion, datiert am 5. 12. 1785 in Prag, befinden sich samt allen Beilagen im Národní archiv [Nationalarchiv, weiter NA], Bestand České gubernium – Publicum [Böhmisches Gubernium – Publicum, weiter ČG-Publ], Sign. B II 34, Kart. 903; vgl. auch Roubík: Počátky/ 1926, 85–86, Anm. 135 (Roubík datiert den Bericht auf den 6. 12. 1785).

10 Ebd.

11 Roubík: Počátky/1926, 84.

12 Oberhummer, Hermann: Die Wiener Polizei. Neue Beiträge zur Geschichte des Sicherheitswesens in den Ländern der ehemaligen Österreichisch-Ungarischen Monarchie, Wien 1937, 50.

13 Walter, Friedrich: Die Organisierung der staatlichen Polizei unter Kaiser Joseph II., in: Mitteilungen des Vereins für Geschichte der Stadt Wien 7 (1927), 22–53, hier 35.

sehr glücklich war, begann gemeinsam mit dem Wiener Polizeidirektor Beer eine neue Instruktion zu entwerfen.[14]

In Prag traf diese Entscheidung Ende November 1786, also zeitgleich mit Reismanns Entlassung aus dem Amt, ein. Der Monarch hatte zuvor ein Gutachten des Wiener Direktors Beer angefordert, in dem es hieß, „daß [Reismann] zu diesem Amte und besonders nach Prag nicht hinlänglich fähig seÿ, auch nimmer werden würde". Ähnlich äußerte sich Pergen, dem zufolge „[Reismann] die einem Polizeÿ[beamten] so nöthige Vorsichtigkeit nicht besitze, und die Gränzen seines Amtes immer zu erweitern suche", und der ihm eher einen Platz in der Justiz empfahl, wo – offenbar im Gegensatz zum Bedarf an situativer Improvisation bei der Polizei – „der Gang und Ordnung vorgeschrieben sind, und immer die nämlichen bleiben". Joseph II. selbst fügte seine Zustimmung zur Entlassung der Stellungnahme Pergens hinzu; gleichzeitig ernannte er Reismann zum Landesrat.[15]

Der Misserfolg des ersten Prager Polizeidirektors bedeutete nicht, dass die neue Institution als solche gescheitert war, im Gegenteil: Während Reismanns eineinhalbjähriger Amtszeit verständigten sich die verschiedenen Akteure intensiv darüber, was die Aufgaben einer Polizei sein sollen und was „Polizei" überhaupt bedeutet. Man hatte auch in früheren Jahrzehnten über „Policey" oder „Polizei" gesprochen und geschrieben; nun war das aber mehr als nur ein Meinungsaustausch unter staatswissenschaftlichen Theoretikern über die Verwaltung des Landes, den freilich auch Joseph II. und seine Reformer aufmerksam verfolgt hatten.[16] Nach langen Vorbereitungen wurde im März 1785 die Stelle eines Polizeidirektors in Prag eingerichtet, Ende Mai in der Presse bekannt gegeben[17] und Reismann, von Kaiser Joseph und Pergen ausgewählt und ernannt, begann ab Juni energisch mit dem Aufbau des neuen Amtes.

War dies die Geburtsstunde der modernen Polizei in Böhmen? Ich habe das Bild eines Polizeidirektors gezeichnet, der im Bericht an Pergen die Personen auflistet, denen er geholfen hat oder die die Polizei in weniger als fünf Monaten registriert hat, und das nicht in der Absicht, eine unpersönliche Institution zu „vermenschlichen", wenngleich ihre Aktivitäten in den ersten Monaten und Jahren in der Tat stark davon abhingen, wer

---

14 Roubík: Počátky/1926, 86–90. Die Instruktion für die Polizeidirektoren und Kommissare der einzelnen Landeshauptstädte vom 14. 11. 1786 ist ediert ebd., 237–238 (Beilage XV); der zusammenhängende „Spiegel für das Polizeipersonal" von Pergen vom 13: 12. 1786 ebd., 239–244 (Beilage XVI).

15 ÖStA, AVA, Pergen-Akten, Sign. XVIII B, Kart. 17, Gutachten von Beer und Pergen (mit dem Vermerk Josephs II.) vom 23. 11. 1786.

16 Zu den Beratern des Kaisers in diesem Bereich gehörte unter anderem Joseph von Sonnenfels, vgl. Reinalter, Helmut: Joseph II. Reformer auf dem Kaiserthron, München 2011, 42. Zur Tätigkeit von Sonnenfels' im Polizeibereich vgl. auch Karstens, Simon: Lehrer – Schriftsteller – Staatsreformer. Die Karriere des Joseph von Sonnenfels (1733–1817), Wien–Köln–Weimar 2011, 345–369.

17 Kaiserlich-Königliche Prager Oberpostamtszeitung, Nr. 44 vom 31. 5. 1785, 346, Nachricht aus Prag vom 29. 5. 1785, Bekanntmachung des böhmischen Guberniums über die Ernennung Johann Jacob Reismanns zum Prager Polizeidirektor.

die Leitung innehatte. Obwohl die Ausführlichkeit dieses und die Unterwürfigkeit anderer Berichte dazu verleiten, wollte ich nicht ironisch eine tragische Figur auf die Bühne bringen oder besser gesagt eine Figur, die – trotz ihrer Probleme mit dem konservativen Umfeld – pedantisch versucht hat, die innovativen Absichten ihrer fernen Vorgesetzten zu erfüllen und zu übertreffen, um sie zuletzt doch zu enttäuschen. Reismann und seine Amtszeit lässt sich auch nicht als Verkörperung oder Umsetzung der bisher nur akademisch oder intern diskutierten Grundsätze der öffentlichen Verwaltung begreifen. Was die konkreten Aktivitäten betrifft, so tat die Polizeidirektion zunächst nichts Neues und übernahm weitgehend die Aufgaben bestehender Institutionen wie jene des Prager Magistrats oder der Polizei-(Sicherheits-)Kommission der Guberniums. Und doch bilden die Person des ersten Prager Polizeidirektors und das Datum seines Amtsantritts am 1. Juni 1785 einen Fixpunkt, auf den sich die Anfänge der modernen Polizeiarbeit in Böhmen zurückführen lassen.[18] Die scheinbare Faktizität dieses Punktes zeigt sich vor allem vor dem Hintergrund jener Ansätze, die die Polizei nicht primär als spezifische Institutionen, Organe, Personen und ihre Handlungen sehen, sondern als Ausdruck dessen, wie sich die Gesellschaft organisiert, wie sie sich kontrolliert oder wie sie für Sicherheit, Ordnung und andere Grundbedürfnisse sorgt (oder dies zumindest behauptet). In dieser Sichtweise hat die moderne Polizeiarbeit als Prinzip gesellschaftlicher (Selbst-)Organisation keinen eindeutigen Ursprung (es kann sich nicht einmal um die mythische Ersterwähnung des Begriffs handeln, da seine Bedeutung fließend und interpretationsabhängig ist) und schon gar keine typischen Vertreter, die ihre Prinzipien „erfinden" oder verkörpern und in die Praxis umsetzen.[19]

Reismann – und vor allem jener Reismann, der Berichte an vorgesetzte Behörden schreibt – ermöglicht dagegen nicht nur eine genaue Datierung der Anfänge der Polizei, sondern stellt durch seine Amtstätigkeit (die Prager Polizeidirektion und de facto die Polizei als solche sind mit seiner Ernennung entstanden) ein Objekt dar, das historisch einfacher zu denken ist. Mit seinem – zugegebenermaßen nie so formulierten – „die Polizei bin ich" bietet er uns die Möglichkeit, Geschichte (nicht nur jene der Polizei) nicht als Geschichte einer Funktion, eines Konzepts oder eines Diskurses zu denken,

---

18 Die traditionellen Darstellungen der böhmischen Polizeigeschichte betrachten die Gründung der Prager Polizeidirektion nicht als einen Meilenstein; vgl. Macek, Pavel/Uhlíř, Lubomír: Dějiny policie a četnictva I. Habsburská monarchie (1526–1918) [Die Geschichte der Polizei und Gendarmerie I. Die Habsburgermonarchie (1526–1918)], Praha 1997, 49. Das Gründungsdatum 1. 6. 1785 wird nicht einmal in der einschlägigen, was die Entstehung von Landespolizeidirektionen betrifft allerdings konfusen Übersichtsdarstellung erwähnt: Slušný, Jaromír: Světové dějiny policie. Středověk, novověk [Die Weltgeschichte der Polizei. Mittelalter, Neuzeit], Praha 2006, 700–701.

19 Als Beispiel einer solchen konzeptuell-analytischen Sichtweise, die Polizei eher als ein Organisations- bzw. Ordnungsprinzip, denn als konkrete Institution sieht, kann die Arbeit von Paolo Napoli genannt werden; Napoli, Paolo: Naissance de la police moderne. Pouvoir, normes, société, Paris 2003, 7: „Nous souhaitons plutôt proposer une analyse conceptuelle d'une « manière de créer l'ordre » qui depuis des siècles, se montre rebelle à toute systématisation juridique précise."

sondern vor allem als Geschichte von Herrschern, Ministern und ihren Untergebenen, ihren Ideen und ihrer Fähigkeit, diese durchzusetzen und neue Institutionen zu schaffen.

Reismann schrieb seinen ersten Bericht an Pergen im Oktober 1785 nicht nur, um dem zukünftigen Polizeiminister zu gefallen, den er während seiner „Ausbildung" Anfang des Jahres persönlich kennengelernt hatte. Der Bericht kann auch nicht auf den Versuch reduziert werden, seine Position zu rechtfertigen und sich als jemand darzustellen, der Josephs und Pergens progressive Pläne in einem skeptischen und konservativen Umfeld vorantreibt. Denn selbst wenn man dahinter vor allem Motive wie persönlicher Vorteil oder Selbstdarstellung sieht, kommt Reismann mit dem Bericht nicht nur konkreten Personen wie Pergen oder dem Wiener Polizeidirektor Beer entgegen, sondern auch einer bestimmten Gattung und Erwartungshaltung, die in reformaufklärerischen Kreisen verbreitet war. Hier haben wir es bereits mit einer bestimmten, zeitlich oder kulturell bedingten Art und Weise zu tun, die Welt zu sehen und offiziell zu beschreiben, die man auch als Diskurs bezeichnen kann. Durch seinen Bericht und andere offizielle Aktivitäten teilte und verbreitete Reismann diese Sichtweise. Zahlen spielten dabei eine wichtige Rolle.

Die 541 von der Prager Polizeidirektion bis zum 22. Oktober 1785 ausgestellten Pässe entsprechen relativ genau einer Tabelle vom Dezember desselben Jahres; diese verzeichnete bis Ende November 686 „genehmigte" Pässe.[20] Die nächste Tabelle gibt auf Grundlage von Polizeiberichten einen detaillierten Überblick über die Tätigkeit der Prager Polizei. Festgenommen wurden in einem halben Jahr vier Kirchendiebe, 135 „gewöhnliche" Diebe, 46 Personen, die Spiele nach der Sperrstunde betrieben, sechs „im verbotenen Hazardspiel betretene" Personen und 85 Personen wegen Erregung öffentlichen Ärgernisses; zudem 14 Infizierte, 88 Vagabunden, 149 Bettler, 140 Raufbolde, 92 Trunkenbolde, 30 „zu ungewöhnlichen Zeiten auf der Gasse schlafende" Personen, 295 „sonstige Verbrecher", sechs „Blödsinnige", 55 Verwundete, 18 Findelkinder und 26 „Gerettete". Zusätzlich zu den Festgenommenen bzw. eher Angehaltenen zählte die Polizeidirektion auch die nicht geretteten Personen, d. h. acht in der Moldau Ertrunkene und sieben Erstickte. Die Statistik umfasst auch zwei Personen, die von bösartigen, und drei, die von tollwütigen Hunden gebissen wurden, sowie die Tötung von fünf bösartigen und 13 tollwütigen Hunden. Erfasst und klassifiziert wurden auch jene „dem Publicum schädlichen Dinge", die die Polizei dem Magistrat zur Kenntnis gebracht hatte: 24 baufällige Häuser, 116 offen stehende Häuser, 60 verfaulte Bretter zum Abdecken von Wasserleitungen, 23 Keller- und andere Löcher, sechs kaputte Treppen und Brücken sowie 545 Mist- und Abfallhaufen.[21]

---

20 Die Tabelle stellt die Beilage Nr. XIII von Reismanns Bericht vom 5. 12. 1785 dar; ediert wurde sie von Roubík: Počátky/1926, 234.

21 Ebd., 232–233, Beilage Nr. XII, „Hauptauszug aus deren von 1. Juni bis 30. November unter nachstehenden Rubricken täglich gegebenen Rapporten".

Die numerische Erfassung in Tabellen war keine Innovation der Aufklärung. So wurde in Böhmen z. B. schon 1651 im so genannten Einwohnerglaubensverzeichnis ein Überblick über die Bevölkerung nach konfessionellen Kriterien erstellt. Etwa zur gleichen Zeit folgte ein zentrales Verzeichnis der steuerpflichtigen bäuerlichen Grundstücke (Steuerrolle) und der Personen, die die Osterbeichte abgelegt hatten. Schon damals ging es darum, über die Bevölkerung des gesamten Landes einen mehr oder weniger genauen Überblick zu erhalten, der auch als Grundlage dienen sollte für Maßnahmen, Vorkehrungen oder, wenn man so will, eine Politik. Reismanns Aussagen quantifizieren polizeiliche Tätigkeiten (Überwachung, Kontrolle, Berichterstattung) und ihre Gegenstände (selbst die Menge der bearbeiteten Akten wird quantifiziert)[22] und sind – vereinfacht ausgedrückt – Beispiele für die Spezialisierung der Polizei, aber auch dafür, wie im Bereich der Sicherheit oder der Verwaltung allgemein Kategorien geschaffen wurden, was zu beobachten und zu beschreiben war. In diesem Buch werde ich unter anderem untersuchen, ob diese Kategorien und Zahlen nur internen Zwecken dienten (Reismann musste ja seinen Vorgesetzten beweisen, dass er fähig war, die Wirklichkeit in vorgegebenen Rubriken zu erfassen) oder ob die festgestellten „Daten" auch bestimmte Amtshandlungen auslösten bzw. auf die „Realität" selbst zurückwirkten.

Auch wenn die Tabelle objektiv aussieht, wäre es falsch, daraus zu schließen, dass es auf den Straßen Prags etwa ein Drittel mehr Bettler (149) als Vagabunden (88) gab. Es geht dabei nicht so sehr darum, dass hier nur Personen erfasst werden, die von der Polizei als Bettler oder „Vagabunden" angehalten oder von den Streifen der Direktion gemeldet wurden, oder gar darum, dass die Zahlen von einzelnen Polizeibeamten, einschließlich des Direktors selbst, manipuliert worden wären. Aber wo ordnete die Polizei z. B. einen „Vagabunden" ein, der auch beim Betteln erwischt wurde? Ohne eine genauere Betrachtung von Einzelfällen können wir auch nicht wissen, ob unter den Erstickten etwa Erhängte waren oder ob es sich eher um Opfer von giftigen Dämpfen handelt. Auch können wir anhand der Tabelle nur vermuten, worin genau das „öffentliche Ärgernis" bestand.

Die Notwendigkeit zu zählen war für Reismann bereits offensichtlich, als er im Oktober 1785 seinen ersten informellen Bericht an Pergen schrieb. Neben den ungerundeten Zahlen der untergebrachten Personen, der festgenommenen Tunichtgute und der ausgestellten Pässe zeigt sein Bericht jedoch auch, dass der frischgebackene Polizeidirektor mehr als 4000 Personen in schwierigen Situationen Beistand geleistet und ihnen geholfen hatte. Wollte er seine Vorgesetzten beeindrucken? Zwar kann man zwei mit einem Bericht beschriebene Blätter sicher nicht als Essenz aufklärerischen Amtsverständnisses betrachten, doch erlauben wir uns – um den Raum abzustecken, in dem sich unsere weiteren Überlegungen bewegen werden –, ihre Bedeutung ein wenig zu überhöhen.

---

22 Ebd., 235, Beilage Nr. XIV, von Juni bis November 1785 sandte die Polizeidirektion beispielsweise 112 Berichte an übergeordnete Landes- und höhere Behörden, erhielt 217 Gesuche und bearbeitete 222 Beschreibungen (wohl von gesuchten Personen und Sachen).

Einerseits präsentierte sich Reismann in ihnen, wie es auch frühneuzeitliche Obrigkeiten taten, als Beschützer der Bedürftigen. Die Polizei war schließlich eine Institution, die gewissermaßen in die Fußstapfen der bestehenden Behörden trat, unter anderem mit dem Anspruch, von allgemeinem Nutzen zu sein, und so versuchte sie, Vertrauen aufzubauen. Die Bevölkerung der Städte sollte sich auf sie verlassen können. Intern oder gegenüber anderen Institutionen legitimierte sich die Polizei hingegen, indem sie ihr eigenes Handeln als exakt darstellte, unter anderem durch eine allgemeingültige Kategorisierung der städtischen Welt und eine präzise aussehende Quantifizierung – als ob es nicht ausreichen würde, die Menschlichkeit des Polizeidirektors zu betonen oder einfach zu schreiben, dass „etwa 15.000 Personen registriert und etwa 500 Pässe ausgestellt wurden". Es ist, als würden wir dabei zusehen, wie Zahlen zu einer grundlegenden Art und Weise werden, die Welt zu erfassen. In der Zahl verschwindet die Qualität jedes gezählten Einzelfalls; ihre Qualität macht ihr Gesamtwert im Zusammenhang mit der gezählten Erscheinung oder Kategorie aus. Die Zahl ist nicht ein bestimmter „Mensch in einer schwierigen Lage" oder, im Gegenteil, ein „Schurke"; die Zahl ermöglicht einen distanzierten und gleichen Zugang zu allen entpersonalisierten Objekten behördlichen Handelns.[23]

Auf den folgenden Seiten soll nicht darüber spekuliert werden, ob Reismann den Vorstellungen seiner Vorgesetzten von der neuen Polizei vielleicht nicht entsprach (ob er sich etwa die numerische Ausdrucksweise schlecht oder unvollkommen aneignete) und deshalb entlassen wurde oder ob er wegen persönlicher Differenzen mit der Prager Regierung oder mit Wien gekündigt wurde.[24] In Pergens Kommentaren zu diesem Schritt könnte man jedoch die Einschätzung der persönlichen Eigenschaften des ersten Prager Polizeidirektors, die sich als unvereinbar mit dem Amt erwiesen hatten (mangelnde Vorsicht, eine gewisse Willkür, Übereifer), von der allgemeinen Besonderheit der Polizeiarbeit unterscheiden, für die Reismann angeblich ungeeignet war – anders als in der Justiz, die Pergen als Ersatz für ihn empfahl, waren bei der Polizei „Gang und Ordnung" nicht vorgeschrieben und immer gleich.[25] Polizeiliche Arbeit scheint also die Fähigkeit vorauszusetzen, die Durchsetzung der Ordnung an die tatsächlichen Verhältnisse vor Ort anzupassen und nicht etwa bei der Verfolgung von Prostitution

---

23 Zur aufklärerischen „Berechenbarkeit" der Welt kritisch Horkheimer, Max/Adorno, Theodor W.: Dialektik der Aufklärung. Philosophische Fragmente, Frankfurt am Main 1998, 12–13. Zur Quantifizierung, Desubjektivierung und Dekontextualisierung ebenfalls Bödecker, Hans Erich: On the Origins of the „Statistical Gaze": Modes of Perception, Forms of Knowledge and Ways of Writing in Early Social Sciences, in: Becker, Peter/Clark, William (Hg.): Little Tools of Knowledge. Historical Essays on Academic and Bureaucratic Practices, Ann Arbor 2001, 169–195.

24 Slušný: Světové dějiny/2006, 701, schreibt (allerdings ohne die Quelle anzugeben), dass sowohl das böhmische Gubernium als auch der Prager Magistrat Reismann als einen „lästigen Repräsentanten Wiens" betrachteten.

25 Vgl. Anm. 15.

wahllos in Bürgerhäuser einzudringen. Die geforderte Flexibilität und Improvisations-
fähigkeit in Situationen, für die es keine vorgegebenen Normen gibt, war jedoch nicht
mit Reismanns angeblicher „Willkür" gleichzusetzen.

Es scheint, als sollte die Polizei ihre Ziele unbeobachtet erreichen und nicht in einen
offenen Konflikt mit den bestehenden Autoritäten treten; als bestünde ihre Aufgabe
darin, erwünschte soziale Phänomene zu fördern und negative unbemerkt zu unterdrücken. Sie beschränkte sich keineswegs auf die Überwachung der Bevölkerung, das
Sammeln von Informationen über sie und das Verhindern öffentlicher Unruhen, was
vor allem für die geheime oder politische Polizei charakteristisch ist, deren Schaffung –
so meinen einige Autoren – nach dem Ausbruch der Französischen Revolution Pergens
Hauptziel war.[26] Generell erscheint in den Aussagen des Wiener Ministers die Polizei
auch deshalb als eine neue Institution, weil sie das gerichtliche Verfahren, d. h. die
auf Gesetze gestützte, prozedural langsamere Entscheidung über die Rechtmäßigkeit
oder Richtigkeit von Handlungen, durch eine administrative, d. h. unmittelbare, aber
vorläufige, Entscheidung ersetzt. In dieser Hinsicht kann man hinter Pergens Ablehnung von Reismann eine allgemeinere, nicht personenbezogene Vorstellung von der
Funktionsweise der Institution erblicken.

Die zwiespältige Rolle der Polizei im öffentlichen Leben lässt sich gut mit dem
Slogan „helfen und schützen" beschreiben, der die Fahrzeuge der heutigen tschechischen
Polizei ziert. Freilich mag es im Wesentlichen um eine Werbestrategie gehen, welche
die Bevölkerung der Polizei annähern soll. In diesem Buch werde ich versuchen zu
zeigen, dass die moderne Polizei Ende des 18. Jahrhunderts nicht nur als repressive Kraft
entstanden ist, sondern auch als stimulierende, produktive und innovative Institution.
Nicht nur Reismann präsentierte sich in der offiziösen „Prager Oberpostamtszeitung"
als Modernisierer, als dort die Auszeichnung der Straßennamen angekündigt wurde.
Eine vergleichbare Pariser Zeitschrift, die „Gazette de France", hatte schon in den 1760er-
Jahren Artikel über die Einrichtung einer Feuerwehr, kostenloser Zeichenschulen und
einer nächtlichen Straßenbeleuchtung berichtet, Maßnahmen, die vom damaligen
Generalleutnant der Polizei (lieutenant général de police), Antoine de Sartine, initiiert
und gefördert wurden.[27]

Die mediale Berichterstattung über Reismanns und insbesondere de Sartines öffent-
lichkeitswirksamen Aktivitäten war kein Deckmantel für die polizeiliche Bespitzelung
und Kontrolle. Sie entsprachen der breiten Konzeption von Polizei, die fast bis zum Ende

---

26 Bernard, Paul B.: From the Enlightenment to the Police State. The Public Life of Johann Anton Pergen,
    Urbana–Chicago 1991, 115–169.
27 Vgl. Gazette de France vom 10. 5. 1765 und 11. 12. 1767 (Errichtung und Verbesserung der Feuerwehr),
    28. 6. 1765 (de Sartine schreibt in Zusammenarbeit mit der Königlichen Akademie der Wissenschaften
    einen Preis für den besten Entwurf für die nächtliche Straßenbeleuchtung aus), 7. 7. 1766, 14. 12. 1767
    und 8. 1. 1768 (öffentliche Zeichenschulen).

des 18. Jahrhunderts praktiziert wurde.[28] Im Gegensatz dazu würden wir die öffentliche Verwaltung – mit der Pflege des öffentlichen Raums, der Sicherheit in den nächtlichen Straßen oder der öffentlichen Bildung – heute nicht als Teil der Polizeiarbeit oder des Begriffs Polizei ansehen. Dennoch sind der Brand- und in gewissem Maße auch der Gesundheitsschutz auch heute zentral und „polizeiähnlich" organisiert, wobei es nicht bloß um einheitliche Telefonnummern geht, sondern auch um ihre Unterordnung und Koordination und den Beamtenstatus ihrer Mitglieder. Und selbst die heutige Polizei ist nicht auf die Abwehr tatsächlicher oder potenzieller Gefahren beschränkt.

Im Rahmen der „Prävention" lehrt die Polizei heute wie im 18. Jahrhundert, über die Ursachen gesellschaftlicher Gefahrensituationen („Risiken") nachzudenken und sucht der Bevölkerung alltägliche Verhaltensweisen zur Risikovermeidung zu vermitteln. Sie ist auch an der Einführung neuer Techniken und Technologien beteiligt, insbesondere im Bereich der Überwachung und Identifizierung (Videoüberwachung, automatische Erkennung von Körpermerkmalen und Biometrie im Allgemeinen), die sich im öffentlichen Raum oder im Alltag auf das Verständnis dessen auswirken können, was eine Person zu dem macht, was sie ist oder was sie zu sein vorgibt. Die in der zweiten Hälfte des 18. Jahrhunderts in den Großstädten als Polizeimaßnahmen eingeführten Verkehrsvorschriften sollten ebenfalls Gefahren vermeiden helfen und gleichzeitig den ordnungsgemäßen Verkehr von Personen und Gütern fördern.

Zweifelsohne haben sich die Bedeutung des Begriffs Polizei und ihre Befugnisse vom 16. bis zum 19. Jahrhundert verändert.[29] Die intensivsten Veränderungen haben gerade zu jener Zeit stattgefunden, als öffentliche Einrichtungen mit dieser Bezeichnung zentral eingerichtet wurden – in unserem Fall sind das die Polizeidirektionen in den Hauptstädten der Habsburgermonarchie.[30] Zwischen 1700 und 1800 hat sich auch die Bedeutung des Begriffs Staat etwas mehr als in anderen Epochen verändert, vor allem insofern, wie ihn breitere Bevölkerungsschichten verstanden haben. Dabei ging es nicht nur um ein vom Alltag abgehobenes theoretisches Wissen. Über die Polizei, das Polizeiamt oder das öffentliche Amt im Allgemeinen wurden in der zweiten Hälfte des 18. Jahrhunderts die Grundlagen für das Verhältnis des modernen Menschen zu „Amt"

---

28 Dazu am habsburgischen Beispiel Himl, Pavel: Agentury osvícenského blaha. „Francouzské" souvislosti reform policie v habsburské monarchii v druhé polovině 18. století (I. část) [Die Agenturen des aufklärerischen Wohls. „Französische" Zusammenhänge der Polizeireformen in der Habsburgermonarchie in der zweiten Hälfte des 18. Jahrhunderts (I. Teil)], in: Lorman, Jaroslav/Tinková, Daniela (Hg.): Post tenebras spero lucem. Duchovní tvář českého a moravského osvícenství, Praha 2009, 55–76.

29 Eine begriffsgeschichtliche Übersicht bietet Knemeyer, Franz Ludwig: Polizei, in: Brunner, Otto/Conze, Werner/Koselleck, Reinhart (Hg.): Geschichtliche Grundbegriffe. Historisches Lexikon zur politisch-sozialen Sprache in Deutschland, Bd. 4, Stuttgart ²1997, 875–897.

30 Mit den Polizeidirektionen in Brno/Brünn und Opava/Troppau werde ich mich hier nicht beschäftigen; zu den Anfängen derselben vgl. Chvojka, Michal: Die Errichtung und Genese der Polizeidirektionen in Brünn und Troppau im Rahmen der aufgeklärten josephinischen Reformen (1785–1787/89), in: Acta historica Universitatis Silesianae Opaviensis 9 (2016), 29–54.

und „Staat" sowie für das Erleben staatlicher Ämter gelegt, wie es bis heute besteht. Zu einer historisch-anthropologischen Studie macht dieses Buch die Frage, wie der Staat und die Ämter die Bürger „machen" und wie die Bürger den Staat und seine Institutionen am Leben erhalten, indem sie sie akzeptieren oder gezwungen werden, sie zu nutzen. Ein für die historisch-anthropologische Analyse geeigneter Ansatzpunkt kann gerade eine Reform sein, die eine neue Situation schafft und die notwendige Reaktion darauf hervorruft – sei es die Abschaffung eines religiösen Feiertags oder einer Wallfahrt oder vielleicht der erste Bericht des ersten Polizeidirektors. Die Betroffenen handeln nicht „aus dem Nichts", wenn sie mit einer neuen Anforderung, einer neuen Norm oder einer neuen Institution wie z. B. einem Polizeiinspektor konfrontiert werden, und die Gründe für die Akzeptanz oder Ablehnung des Neuen stehen ihnen nicht willkürlich zur Verfügung (so wie die Akteure, die Ereignisse und ihr Kontext dem Schriftsteller in dem Eingangszitat aus Věra Linhartovás Erzähltext zur Verfügung stehen). Dennoch ist eine solche Innovation in gewisser Weise ein Akt der Macht, der in einen bisher als unproblematisch empfundenen Alltag eingreift. Damit er akzeptiert wird, ist es wichtig, dass er sich in den Sinnzusammenhang, den das alltägliche Handeln für die Akteure hatte, einfügt oder ihn durch einen anderen ersetzen kann. Das werden wir am Beispiel der Polizei sehen.

Entscheidend für meine Interpretation ist das Zusammenspiel von Polizei und Staat – in einer modernen Konzeption, die sich auf Max Weber beruft, stellt die Polizei die einzige Kraft dar, die das Gewalt- und Zwangsmonopol innerhalb des Staates (aber nicht außerhalb seiner Grenzen) besitzt und die Freiheiten seiner Bürger einschränken kann.[31] Dem Anthropologen David Graeber zufolge ist diese Möglichkeit, gegen eine Person Gewalt anzuwenden (und ihr beispielsweise mit einem Stock auf den Kopf zu schlagen), vereinfacht gesagt nur eine extreme Form derselben bürokratischen Gewalt, die uns zwingt, Ausweispapiere vorzulegen oder die Spalten eines Formulars auszufüllen. Diese vorgeschriebenen Formen und Normen nicht zu respektieren führe im Endeffekt zur Anwendung physischer Gewalt.[32] Wenn sich ein Bürger der Kontrolle durch die Sozial- oder Steuerbehörden über längere Zeit widersetzt, wird die Polizei schließlich die Tür seiner Wohnung eintreten und ihn vorführen. So gesehen ist der Staat kein Gesellschaftsvertrag, den jeder freiwillig eingeht und aufgrund seiner unbestreitbaren Vorteile akzeptiert, sondern ein von den Bürgern losgelöstes und ihnen de

---

31 Vgl. Reinhard, Wolfgang: Geschichte der Staatsgewalt. Eine vergleichende Verfassungsgeschichte Europas von den Anfängen bis zur Gegenwart, München 1999, 363. Eine von Webers Definitionen von Staat findet sich in seiner Vorlesung: Weber, Max: Politik als Beruf, München–Leipzig 1919, 4: „Staat ist diejenige menschliche Gemeinschaft, welche innerhalb eines bestimmtes Gebiets – dies, das ‚Gebiet', gehört zum Merkmal – das Monopol legitimer physischer Gewaltsamkeit für sich (mit Erfolg) beansprucht."
32 Graeber, David: The Utopia of Rules. On Technology, Stupidity, and the Secret Joys of Bureaucracy, Brooklyn–London 2015, 58.

facto aufgezwungenes Projekt des Zusammenlebens, das auf der Grundlage der Angst vor Gewalt funktioniert.

Der Polizist tritt die Tür „von Amts wegen" ein. Er fungiert als uniformierter, anonymer „Arm der Justiz", dessen Identifikationsnummer nur dazu dient, möglichen Übergriffen nachzugehen. Anders als in einer Kriegssituation sollte diese Gewaltanwendung geregelt, dokumentiert und von jemandem kontrolliert werden, der nicht der Polizei angehört. Das Recht, eine Privatwohnung zu betreten, steht unter genau beschriebenen Umständen der Behörde zu, nicht der Person, die es ausübt. Die Befugnis der neuen Behörde, „Häuser und Freiräume" zu betreten, weckte häufig den Unmut oder zumindest das Misstrauen des Bürgertums gegenüber der Polizei. Damit wurde auch Johann Jakob Reismann kurz nach seinem Amtsantritt konfrontiert, als er in Prag allzu eifrig die Prostitution und die damit verbundenen Geschlechtskrankheiten zu bekämpfen begann. Die Schwelle der Privathäuser sollte für die Polizeidirektion eine unüberwindbare Grenze bleiben.[33] Als 1773 in Wien eine der vielen Polizeireformen im Gange war, lehnte die böhmisch-österreichische Hofkanzlei das Pariser Modell ab, das angeblich „auf einer unzehlbaren Menge in allen Häusern und Gesellschaften verbreiteter Ausspäher beruhe, welches mit den Begriffen der bürgerlichen Freyheit unerträglich seyn dörfte".[34]

Polizeiuniformen und Uniformen im Allgemeinen sind nicht unwichtig. Wie wir weiter unten sehen werden, sollten die Uniformen den pensionierten Soldaten oder Invaliden, aus denen sich die Polizeimannschaft in der Anfangszeit zusammensetzte, Ansehen in der Öffentlichkeit verschaffen. Sie waren aber auch ein Ausdruck der Entpersönlichung des Amtes, wenngleich dies wohl nicht der Grund für die Einführung einer einheitlichen Kleidung für Hof- und Landesbeamte war.[35] Von solchen „entpersönlichten" (Staats-)Ämtern konnte jedoch in der Habsburgermonarchie vor allem außerhalb der größeren Städte erst ab Mitte des 19. Jahrhunderts gesprochen werden. Wie in den vorangegangenen Jahrhunderten wurde die staatliche Verwaltung größtenteils in delegierter Funktion von Beamten der Städte und „privaten" Herrschaften ausgeübt. Nach und nach wurden ihnen jedoch einheitliche Qualifikationsanforderungen auferlegt und die Verwaltung selbst wurde in Bezug auf Akte und Formulare vereinheitlicht. Die katholischen Pfarrer, die 1784 angewiesen wurden, einheitliche Matrikelbögen zu führen,

---

33 Roubík: Počátky/1926, 84, Anm. 133. Die Polizeidirektion soll auch durch die Verfolgung und Verhaftung von an der Prostitution beteiligten Personen in die Kompetenzen des Prager Magistrats eingegriffen haben. Reismanns ausführliche Äußerung zu den Problemen der öffentlichen Sicherheit in Prag vom 3. 8. 1785, die auch Roubík als Grundlage diente, findet sich in NA, ČG-Publ, Sign. B II 34, Kart. 903.

34 ÖStA, AVA, Hofkanzlei, IV. M. 1 Niederösterreich, Kart. 1326, Wien, 24. 4. 1773, an Maria Theresia gerichtetes Gutachten der böhmisch-österreichischen Hofkanzlei über den Vorschlag der niederösterreichischen Landesregierung zur Reform der Polizei (unterzeichnet von Kanzler Graf Blümegen).

35 Laut Heindl, Waltraud: Gehorsame Rebellen. Bürokratie und Beamte in Österreich, Bd. I (1780–1848), Wien–Köln–Graz ²2013, 264–265, bekamen diese Beamten erst im Jahre 1814 eine Uniform.

können als Beispiele der im Staatsauftrag einheitlich handelnden niederen Beamten betrachtet werden. Wollte man die schrittweise Entwicklung zwischen 1700 und 1850 in einem Satz zusammenfassen, so könnte man sagen, dass sich der „neue Beamte" vom früheren Hauptmann einer Herrschaft, der von den Abgaben der Untertanen existenziell abhängig war (von denen er auch Steuern für den Herrscher einzog und denen er Pässe ausstellte), unter anderem dadurch unterscheidet, dass er ausschließlich vom Ärar, also dem Staat, eingestellt, bezahlt und angeleitet wurde. Nicht zuletzt war dies auch das josephinische Ideal des Klerikers.

Wenn wir die Polizei an der Wende vom 18. zum 19. Jahrhundert betrachten, so richtet sich unser Blick zwangsläufig auf die Städte. Wie die Verstaatlichung bestehender oder die Einführung neuer Ämter auf dem Lande wahrgenommen wurde, wo damals noch die Mehrheit der Bevölkerung lebte, entzieht sich daher weitgehend unserer Aufmerksamkeit. Doch nicht nur bei Reismann lässt sich ein gewisses Spannungsverhältnis oder sogar Konkurrenz zwischen den bestehenden Institutionen der Selbstverwaltung (obwohl auch die Stadträte bzw. die Magistrate in den böhmischen Ländern nach 1784 in erheblichem Maße zentral reguliert wurden) und den „von oben" aufgebauten staatlichen Behörden ohne jede Verbindung zu den städtischen Gemeinden feststellen. Aber so wenig man sagen kann, dass die Vereinheitlichung der Verwaltung eine Erfindung des aufklärerischen Staates war, so kann man meines Erachtens behaupten, dass das Leben eines Menschen freier oder einfacher war, solange über seine Existenz oder Identität nicht eine andere Person (ein Beamter) entschied, die ihm ein Papier (einen Ausweis) ausstellte, oder wenn die soziale Unterstützung nicht vom Staat bezahlt, sondern von der Gemeinschaft geleistet wurde, wie es manchmal für das Mittelalter behauptet wird. Die Gegenüberstellung eines übersichtlichen – harten, aber humanen – Mittelalters und einer entmenschlichten, ja maschinenhaften Moderne ist freilich eine Reaktion auf den Fortschrittsgedanken, die auch die fast dämonisierte Vorstellung von den „alten Regimen" relativieren soll, auf deren Überwindung die Aufklärung ihre Legitimation gründete. Am Beispiel der Polizei befasst sich mein Buch mit dem Status und der Nutzung der modernen Behörde und geht der Frage nach, ob die einheitliche, zentrale Organisation der Verwaltung, die finanzielle Unabhängigkeit von den „verwalteten Personen" oder den erhobenen Bußgeldern, die vorgeschriebenen Kommunikationsformen innerhalb des Amtes oder nach außen und vielleicht sogar die erwähnten Uniformen den Amtsinhabern eine neue Art von Legitimität verliehen. Wir wollen der Frage nachgehen, inwieweit diese Ämter der „alten Gesellschaft" aufgezwungen wurden oder ob sie nicht auch als Lösung für Probleme – wie etwa jenes der öffentlichen Sicherheit – akzeptiert wurden.

Die Gesellschaft von einem Zentrum aus über große Entfernungen zu verwalten, setzte nicht nur eine schnelle und effiziente Kommunikation voraus, sondern auch, Wissen über diese Gesellschaft zu akkumulieren sowie den verschiedenen Behörden in etwa gleiche Vorstellungen vom Gegenstand ihrer Tätigkeit zu vermitteln. Obwohl Herrscher, Landes- und Kommunalverwaltungen schon seit dem Mittelalter Informationen über ihre Untertanen (z. B. über steuerpflichtige Vermögen) sammelten, markiert in diesem Fall die Statistik den symbolischen Einschnitt. Der Staat betreibt sie als Wissen über sich selbst und ordnet sie dem Nutzen für den Staat unter (so wie z. B. frühere Beschreibungen von Wallfahrtsorten und Auflistungen von Wundern oder „frommen Vermächtnissen" einer eigenen Logik folgten). Die Statistik zielt auf umfassendes, allgemeingültiges Wissen ab; doch je komplexer die zu erfassende Wirklichkeit ist, desto differenzierter müssen ihre Kategorien sein. Statistik ist eine umfassende, methodisch geleitete und vereinfachte Darstellung der Wirklichkeit. Die Reflexion und Vermittlung dessen, was man wie erfasst, wie man richtig über die Gesellschaft berichtet, halte ich für ein allgemeines Merkmal moderner Behördentätigkeit, das Aufmerksamkeit verdient.

Die Rubriken der Tätigkeitsberichte der Prager Polizeidirektion vom Dezember 1785 sind in ihrer Gesamtheit alles andere als selbstverständlich. Ihre Zusammenstellung war vermutlich Reismanns Werk; ihre Kategorien knüpften aber zum Teil an die Arbeit früherer Gremien an, insbesondere der Stadthauptleute und der gubernialen Sicherheitskommission (die z. B. Daten über festgenommene und transportierte Landstreicher oder Bettler sammelte).[36] Die Hauptleute und Sicherheitskommissionen erfassten allerdings noch nicht die Zahl der vor dem Tod Geretteten oder der zu ungewöhnlichen Zeiten auf der Straße Schlafenden; das war ein Novum, egal, ob es sich dabei um einen Auftrag aus Wien oder um eine Initiative Reismanns handelte, die auf seinem Studium theoretischer Schriften zur „Polizey" beruhen mochte. Wir können in ihnen eine gegen Müßiggang gerichtete, populationistische Ausrichtung der Polizei erkennen, der es um den Bevölkerungsstand ging.[37] Es wird uns aber auch interessieren, wie die Polizei z. B. die Rettung von Personen in Lebensgefahr unterstützte und wie sie selbst dabei aktiv war.

„Die Behörde" als Regierungsform oder Verwaltungsinstitution ist nicht erst eine moderne Angelegenheit. Man kann auch nicht sagen, dass erst neuzeitliche Behörden ihren Tätigkeitsbereich künstlich festlegten, während sich traditionelle Behörden lediglich mit bereits bestehenden Problemen befassten (Untertanenabgaben, Steuern oder Sakramente sind auch keine selbstverständlichen Verwaltungsaufgaben). Indem sie einem bestimmten Lebens- oder Handlungsbereich (z. B. dem Export von Edelmetallen oder überhaupt dem grenzüberschreitenden Austausch von Waren, Personen,

---

36 Zur Prager Sicherheitskommission zwischen den Jahren 1749 und 1785 Roubík: Počátky/1926, 18–25.

37 Dem Müßiggang als „politisches Delikt" entgegenzuwirken zählte auch Reismanns Universitätslehrer Joseph Ignatz Butschek zu den Aufgaben der Polizei; ders.: Abhandlung von der Polizey überhaupt und wie die eigentlichen Polizeygeschäfte von gerichtlichen und anderen öffentlichen Verrichtungen unterschieden sind, Prag 1778, Lehrsatz 14 „Aus der Polizey": „Aus diesem Grunde ist es zu ersehen, daß der Müßiggang ein wirkliches politisches Laster sey, und daß die Polizey nie genug geschäftig seyn kann, um denselben unter allen erdenklichen Gestalten auszurotten". Gleichzeitig definiert Butschek die Bevölkerung bzw. Sorge um deren Vermehrung als erstes Anliegen der Behörden. Konkrete Maßnahmen, die Reismann hätte übernehmen können, führt er allerdings nicht an.

Ideen oder auch Mikroorganismen im Allgemeinen) Bedeutung beimisst, bestimmt die Behörde bzw. der sie errichtende Souverän nicht nur den Gegenstand ihrer Tätigkeit, sondern schafft damit gewissermaßen eine gesellschaftlich relevante Realität, „worüber man spricht" und „womit man sich befasst".

Dieses „Agenda-Setting" hat auch eine historische Dimension. Im Gegensatz zu den Sozialwissenschaften hat Geschichtsschreibung zu ihrem Interessensgegenstand, der vergangenen Wirklichkeit, meist nur über schriftliche Zeugnisse Zugang. Die von uns genutzten Dokumente wurden zu einem anderen Zweck geschaffen, als unsere Quelle zu werden – eine ziemlich banale, aber immer wieder vergessene Feststellung. Im 18. Jahrhundert wendete sich das Interesse von einer umfassenden Beschreibung oder Charakterisierung des Auslands den europäischen Staaten selbst zu. Ihre regelgeleitete (Selbst-)Erforschung galt – wie die Aufklärer gerne betonten – als Voraussetzung für rationales Regieren. Die Debatte darüber, wie man richtig erkennt und beschreibt, verlagert sich aus den Reiseberichten auf die universitären Lehrstühle für Staatswissenschaft (im deutschen Sprachraum Polizeywissenschaft genannt) und Statistik, aber auch in die Büros von Polizeipräsidenten, Kreiskommissaren oder Bürgermeistern, bzw. in die verschiedenen Texte, die dort entstanden. Mit etwas Übertreibung könnte man also sagen, dass die im Entstehen begriffene Staatsverwaltung samt Polizei für sich selbst klärte, wie sie die Realität beschreiben und mit welchen Begriffen und Kategorien sie sie erfassen sollte. Es ist diese Reflexion oder, sagen wir, Didaktik der behördlichen Berichterstattung, die uns einen kritischen Zugang zu den zeitgenössischen Verzeichnissen, Berichten, Topographien und anderen offiziellen Dokumenten ermöglicht.

Spricht man vom (modernen) Staat als bürokratischem Staat, so bedeutet dies nicht nur eine Zunahme des Schriftverkehrs, sondern auch, dass die Herstellung, Verbreitung und weitere Bearbeitung (Archivierung) dieser Dokumente einen wesentlichen Teil der internen Amtsgeschäfte und des Verhältnisses zu den Bürgern ausmacht. So können besonders Forschende, die sich, von früheren Epochen herkommend, mit Verwaltungsdokumenten des späten 18. Jahrhunderts beschäftigen, den Eindruck gewinnen, dass der Schriftverkehr zu einer Sache oft weit mehr Raum einnimmt als ihre Erledigung. Einigen Autoren zufolge besteht das eigentliche Wesen und Selbstverständnis des modernen Staates in der Produktion von Schriften, die alle behördlichen Vorgänge sowohl benennen als auch darstellen.[38]

---

38 Bourdieu, Pierre/Christin, Olivier/Will, Pierre-Étienne: Sur la science de l'État, in: Bourdieu, Pierre: Science de l'État, Paris 2000, 3–9, hier 5: „une littérature particulièrement abondante qui ne se laisse pas réduire à la catégorie d'écrits sur l'État ou de traités politiques. Souvent anonyme et technique, parfois rédigée dans une langue codée, plus ou moins inaccessible aux profanes, elle est pourtant loin d'être dépourvue de tout enjeu théorique et elle véhicule des représentations de l'État qui sont constitutives de la réalité même de l'État parce que elles ont contribué durablement à sa formation et à sa transformation".

Obwohl die Gründung der Prager Polizeidirektion genau datierbar ist,[39] können wir unmöglich den genauen Moment angeben, ab wann es eine Behörde, einen Beamten oder eine Verwaltungstätigkeit gibt, durch die sich die bürokratischen Gesellschaften westlichen Zuschnitts von ihren vormodernen Vorgängerinnen unterscheiden. Johann Jakob Reismann konnte sich in seiner amtlichen Tätigkeit nicht willkürlich auf „irgendetwas" konzentrieren, ebenso wenig wie er in seinen Berichten nach Wien „irgendetwas" schreiben konnte – in den gegebenen politischen, kulturellen und auch sprachlichen Kontexten baute er auf Jahrzehnte alte Reformprojekte in der Stadt- und Staatsverwaltung auf. „Seine" erste Polizeidirektion war in dieser Hinsicht nicht neu. Zudem hatten sich in Europa schon seit dem Mittelalter staatliche Strukturen herausgebildet, die Auswirkungen auf das Leben der Bevölkerung (Besteuerung, militärische Organisation, Justiz, innere Sicherheit) hatten. Dass wir dennoch geneigt sind, von der Aufklärung als einer Zäsur für Staat und Gesellschaft zu sprechen, liegt zum einen an der Art und Weise, wie die Aufklärung sich selbst verstand, darstellte und legitimierte, und zum anderen daran, dass die von ihr angeregten Reformmaßnahmen tatsächlich nach und nach jeden Einzelnen erreichten. Dieses Buch will einen Beitrag zur Interpretation, aber auch zu einer gewissen Rehabilitierung des inzwischen oft verkannten Erbes der Aufklärung leisten.[40]

Wir alle wissen, dass der Staat uns „im Griff hat", und er hat uns umso mehr, je weniger wir uns dessen im Alltag bewusst sind. Nur wenige werden einen Personalausweis oder Reisepass und die Identifizierungsverfahren ablehnen, denen wir bei ihrer Ausstellung unterworfen sind. Wenn Dokumente verloren gehen, kümmern wir uns zuerst um den Ersatz von staatlichen Ausweispapieren (weil wir wissen, dass unsere Existenz als Person an sie gebunden ist) – bezeichnenderweise nach der Sperrung der Bankkarte. Wenn es brennt, rufen wir die Feuerwehr; wenn jemand krank ist, rufen wir den Krankenwagen; in ernster Gefahr verzichten nur wenige Menschen auf polizeiliche Unterstützung und setzen stattdessen auf Selbsthilfe. Niemand stellt den massiven Einsatz der Polizei bei gesellschaftlichen Gefahren wie Naturkatastrophen oder Terroranschlägen in Frage.

Auch wenn es uns als Nutzern moderner staatlicher Dienstleistungen (wie Bildung, Gesundheit, Grundbuchamt und anderer Verwaltungsdienste) so erscheinen mag, ist ein solcher Staat nicht selbstverständlich. Auch die Ausweisdokumente, die uns von Staats wegen eine unveränderliche Identität zuschreiben und damit bestimmte Rechte und Freiheiten garantieren, sind keine historische Selbstverständlichkeit.

In der Kritik des modernen Staates treffen diejenigen, die diese Freiheiten, einschließlich Bildung, Gesundheit und Sicherheit, aus eigenen Mitteln finanzieren wollen, auf

---

39 Diese Wende ist nicht ganz ohne Zweifel mit dem Amtsantritt von Johann Jakob Reismann als Polizeidirektor am 1. 6. 1785 zu datieren, denn die Prager Oberpostamtszeitung Nr. 32 vom 19. 4. 1785 schrieb anlässlich der Hochwassermaßnahmen: „Der Tit. Hr. k. Appellationsrath Freyherr von Lamotte als Polizeydirektor war zu allen Stunden und überall gegenwärtig […]".

40 Eine Inspiration war für mich hier das Buch von Todorov, Tzvetan: L'esprit des Lumières, Paris 2006.

diejenigen, die von einem autonomistischen Standpunkt aus die Präsenz des Staates in Bereichen ablehnen, wo er ihrer Meinung nach nichts zu suchen hat (Impfungen, Geburten, Hygiene und sogar die Wahl und Form von Namen). Die Verteidiger des Staats, wie wir ihn seit zwei Jahrhunderten kennen, erscheinen bestenfalls als erzkonservative „Alt-Etatisten", im schlimmsten Fall als Anhänger des Bespitzelns, des Totalitarismus und schließlich der Modernität der Konzentrationslager. Obwohl es sich gerade in einer geschichtswissenschaftlichen Arbeit anböte, möchte ich dem Leser nicht als einzige negative Alternative zu einem restriktiven und repressiven Staat und seiner Polizei eine vormoderne Gesellschaft vor Augen führen, die der Unwissenheit, dem Aberglauben, der Vormundschaft und der falschen Autorität verhaftet ist, wie Immanuel Kant sie 1784 implizit in seiner Antwort auf die Frage „Was ist Aufklärung?" darstellte.[41] Trotz der zunehmend komplexen und als Selbstzweck erscheinenden Bürokratie bzw. des Gefühls, dass sie das Eigentliche der menschlichen Existenz verwässert, möchte ich auf die grundlegenden Prinzipien und Motive einiger Verwaltungsreformen eingehen und die scheinbar paradoxe Frage stellen, ob der (post-)aufklärerische Staat mit seiner Bürokratie nicht (auch) befreiend war.

---

41 Zur Frage der wahren und falschen Aufklärung unter anderem van Dülmen, Richard: Kultur und Alltag in der Frühen Neuzeit. 3. Religion, Magie, Aufklärung, München 1994, 212–226.

2. Von Paris über Wien und Prag bis nach Wegstädtl: Die neue Polizei in Theorie und Praxis

„Hat das Volk eine gesunde, vernünftige Denkart, oder ist es von schädlichen Vorurtheilen eingenommen? Welches sind diese Vorurtheile, welches ihre Quelle?"[1] Das Handbuch für die Durchführung von „Kreisbereisungen" von 1783 macht zwar weder Angaben, wer dieses „Volk" sein soll, noch auf welche Weise man herausfinden könne, wie es denkt, und es gibt erst recht keine Hinweise darauf, was schädliche Vorurteile sein sollen. Den Beamten, für die das Handbuch bestimmt war, war das wohl alles klar. Und wenn der neu ernannte Kreiskommissar, der mit dem „Volk" bisher wenig Kontakt gehabt hatte, sich nun auf seine erste Bereisung begab und doch Zweifel hatte, wie ein Bericht zu erstellen sei, konnte er eine – ebenfalls gedruckte – Vorlage nutzen. Dort brauchte man nur die konkreten Angaben einzufügen: „Die Anlage und natürliche Fähigkeit kann den Bewohnern dieses Bezirks eben nicht abgesprochen werden: diese offenbaret sich leicht, wenn man mit ihnen länger spricht. Gleichwohl herrschen alle Vorurtheile, durch welche Aberglauben und Knechtschaft den Menschen abwürdigen. Das schädlichste Vorurtheil ist, daß sie bei Krankheiten, bei Vieh und Menschen nicht zu einem Artze, sondern zu einem Scharfrichter oder alten Weibe ihre Zuflucht nehmen, am gewöhnlichsten einen Geistlichen um Anhänge, Lukaszeddel und andere solche Mittel angehen. Die Zuversicht zu diesen und die darob verabsäumten natürlichen Hilfsmittel macht, daß viele Menschen, besonders aber Kinder verwahrlost werden, weil die Weiber am meisten an solchen Aberglauben hängen. Da diese Vorurtheile am meisten um … und … wahrgenommen werden, wo sich 3 … Klöster befinden, so ist sehr zu vermuthen, daß die Mönche solche aus Eigennutz zu unterhalten, und zu verbreiten suchen. Überhaupt ist der Mangel des Unterrichts an dieser, wie an vielen anderen Unordnungen Ursache, nun vernünftige Seelsorger und Schulanstalten können dieselben ausreuten."[2]

Traditionelle Heilmethoden und deren traditionelle Vertreter respektive der blinde Glaube an diese hielten die Menschen in geistiger Knechtschaft und führten zu gesundheitlichen Schäden, ja sogar zum Tod, insbesondere bei Frauen. Dagegen müssten Vernunft und Bildung gesetzt werden. Als habe Immanuel Kant selbst diese geradezu

---

1 Gegenstände über welche von den Kreiskommissären bei Bereisung eines Bezirks Beobachtungen zu machen sind, Wien 1783. Ein Exemplar findet sich z. B. im ÖStA, AVA, Hofkanzlei, Sign. III A 5, Kart. 397; weitere Exemplare ebd., https://www.archivinformationssystem.at/detail.aspx?ID=3567501 [letzter Zugriff 27. 12. 2023].

2 ÖStA, AVA, Hofkanzlei, Sign. III A 5, Kart. 397, vorgedruckte Musterantworten für die Kreisbereisungsberichte, undatiert.

mustergültige Antwort auf die Frage nach den Vorurteilen den Kreisbeamten diktiert, Kant, der zu jener Zeit ganz ähnliche Gedanken über die Aufklärung entwickelte.[3] Als seien alle, die im letzten Drittel des 18. Jahrhunderts über die Landbevölkerung schrieben, der Auffassung gewesen, dass diese abergläubisch und in einem gewissen Maße rückständig sei.[4] Ob der uns unbekannte Kommissar des Taborer Kreisamtes diese Gedankengänge teilte, wissen wir nicht, es scheint jedoch, als habe er bei der Abfassung des Berichts über die Inspektion des ihm anvertrauten Kreises im Jahr 1787 gerade das Wiener Muster vor sich auf dem Tisch liegen gehabt. Bei der Beantwortung der eingangs erwähnten Frage teilte der Kommissar etwas unbeholfen mit, „[d]ie Anlage zur natürlichen Fähigkeit kann den Bewohnern dieses Kreises nicht gänzlich abgesprochen werden. Daß aber hie und da verschiedene Aberglauben herrschen, rühret […] daher, weilen ebenfalls noch Seelsorger anzutreffen, welche durch ihre unbescheidene Vorstellungen das Landvolk treüherzig machen und hiedurch von ein und andern Mütrechen [Mütterchen?] ein geschenck entweder an Gelde oder Naturalien oder nur eines Stipendii theilhaftig zu werden […] zu erschleichen suchen. Welches aber nach und nach durch Anstellung ehrbar denkender Seelsorger ausgerottet werden durfte." Auch die Antwort des Kommissars auf die Frage nach den größten Lastern der Bevölkerung des Bezirks entspricht dem Wiener Muster: nämlich Trunkenheit.[5]

Beide Fragen stammen aus dem ersten Abschnitt des Handbuchs für Kreisbereisungen, der sich mit der Bevölkerung befasst. Im Gegensatz zu den folgenden Abschnitten über wirtschaftliche, militärische oder sicherheitspolitische Fragen wurde hier von den Beamten nicht nur verlangt, spezifische Informationen über Maßnahmen und Institutionen oder geografische und kulturelle Bedingungen zu liefern, sondern auch

---

3 Kant, Immanuel: Beantwortung der Frage: Was ist Aufklärung, Berlinische Monatsschrift 1784, 12. Stück, 481–494: „Aufklärung ist der Ausgang des Menschen aus seiner selbst verschuldeten Unmündigkeit. Unmündigkeit ist das Unvermögen, sich seines Verstandes ohne Leitung eines anderen zu bedienen. Selbstverschuldet ist die Unmündigkeit, wenn die Ursache derselben nicht am Mangel des Verstandes, sondern der Entschließung und des Muthes liegt, sich seiner ohne Leitung eines anderen zu bedienen. Sapere aude! Habe Muth dich deines eigenen Verstandes zu bedienen! ist also der Wahlspruch der Aufklärung."

4 In der geistesgeschichtlichen Arbeit von Kutnar, František: Sociálně myšlenková tvářnost obrozenského lidu. Trojí pohled na český obrozenský lid jako příspěvek k jeho duchovním dějinám [Die soziale und geistige Charakteristik des Volkes der Wiedergeburt. Drei Betrachtungen über das böhmische Volk der Wiedergeburtsperiode als Beitrag zu dessen Geistesgeschichte], Praha 1948, 50, wird in diesem Zusammenhang unter anderem die Schrift von Trenck, Friedrich Freiherr von: Meine Gedanken über die unsichtbare Leibeigenschaft des Königreichs Böhmen. Eine patriotische Abhandlung, Wien – Prag 1782, erwähnt. Die Schuld an der Rückständigkeit der Bevölkerung schreibt Trenc unter anderem der Geistlichkeit zu (43): „Bisher war Böhmen die Goldgrube der Kuttenträger, das Gefängnis der Redlichkeit, die Senkgrube des menschlichen Verstandes, der Thron der römischen Politik, die Peitsche der Gelehrsamkeit, das Fegfeuer der Bauern, ein Tummelplatz der Soldaten, und das Paradies aller hartherzigen Verwalter etc. und Menschenfeinde."

5 Státní oblastní archiv [Staatliches Regionalarchiv, weiter SObA] Třeboň, Krajský úřad [Kreisamt, weiter KÚ] Tábor, Sign. Publ. 14, Kart. 83, Tábor, 30. 3. 1788, Kreisbereisungsbericht aus dem Jahr 1787 (Konzept).

allgemeinere Beobachtungen über die Merkmale und Eigenschaften der Bevölkerung. Schiffbare Flüsse, die Größe der Pfarrbezirke oder die Verbreitung von Schulen konnten leicht beschrieben oder aufgezählt werden, doch wie sollte der Beamte, der seine Karriere oft gerade als Kreiskommissar begann,[6] nur durch Augenschein den Gesundheitszustand, die körperliche Kraft und Zufriedenheit des Volkes bestimmen, woher sollte er wissen, ob dieses „arbeitsam oder träge" war, „zu welchen Beschäftigungen […] es mehr Anlage, Fähigkeit, Hang [zeigte]", oder „welche Leidenschaften, Tugenden, Laster […] vorzüglich" herrschten? Da wäre nicht verwunderlich, wenn er aus Unerfahrenheit zu vom Wiener Zentrum vorformulierten Antworten griff, und das auch noch drei Jahre, nachdem die Kreisbereisungen auf diese Weise eingeführt worden waren. Die Kreisbeamten hielten sich ziemlich genau an den Wortlaut der Fragen im Handbuch, auch wenn sie nicht immer alles in ihre Berichte übernahmen.[7]

Stellten die Inspektionsberichte also die reale Situation der Bewohner der Kreise dar und sind deshalb als eine Art statistische oder ethnografische Daten zu betrachten, oder entsprangen Trunksucht und Aberglaube eher den Vorstellungen der Aufklärer über die Landbewohner, wie sie in den Musterantworten enthalten sind? Und sind die Verfasser von Beschreibungen, Volkszählungen oder anderen Erhebungen in früheren Zeiten nicht ähnlich stereotyp an die Objekte ihrer Erhebungen herangegangen? Wir können weder den Verlauf der Inspektion des Taborer Kreises von 1787 rekonstruieren noch etwas zur Denkweise des unbekannten Beamten sagen, der den Bericht verfasste. Es versteht sich von selbst, dass die Darstellung der Wirklichkeit im Bericht nicht nur der Sichtweise des Verfassers entspricht, sondern vor allem dem Zweck, zu dem der Bericht verfasst wurde. Deshalb interessieren uns der Verlauf und der Zweck der Inspektionsreisen und die daraus resultierenden Berichte.

Regelmäßige Kreisinspektionen wurden in Böhmen im Rahmen der Kreisverwaltungsreformen 1782–1784 eingeführt. Wie ich im Folgenden erläutern werde, bedeutete das für die Gebiete außerhalb Prags in etwa das Gleiche wie die Errichtung der Polizeidirektionen in Prag, Brünn und Troppau/Opava im Jahr 1785. Eine grundlegendere Änderung fand bereits 1751 in den Kreisämtern statt, die – wie es in der neueren Literatur heißt – „verstaatlicht" wurden.[8] Dabei handelte es sich nicht um eine unwesentliche Umgestaltung. Es ging um die Errichtung einer Infrastruktur mit dem Anspruch, jeden

---

6 Ondo Grečenková, Martina: Ve službách obecného blaha. Vzdělanostní a profesní ititnerář osvícenských úředníků [Im Dienst des Gemeinwohls. Bildungs- und Berufslaufbahn von Beamten der Aufklärungszeit], in: Pánek, Jaroslav (Hg.): Vlast a rodný kraj v díle historika. Sborník prací přátel a žáků věnovaných profesoru Josefu Petráňovi. Praha 2004, 473–494, hier 492.

7 NA, ČG-Publ, Sign. 51–3, Kart. 1.275, Jitschin/Jičín, 30. 12. 1792, Protokoll der Bereisung des 3. Bezirkes des Bidschower Kreises (unterzeichnet von Kreiskommissar Johann Prochaska), „Bericht über jene Gegenstände, welche beÿ Bereisung des 3ten Bezirks, inhalt beÿliegendem Prothokoll anmerkungen von No 1. bies inclusive 8. durch Beobachtungen pro Ao. 1792 erhoben worden sind".

8 Das Standardwerk von Janák, Jan/Hledíková, Zdeňka/Dobeš, Jan: Dějiny správy v českých zemích od počátků státu po současnost [Die Verwaltungsgeschichte der böhmischen Länder von den Anfängen des

und jede zu erreichen; es ging buchstäblich um die Formierung des Staates. Mitte des 18. Jahrhunderts bekamen die böhmischen Kreisämter einen festen Sitz und die aus dem Ärar bezahlten Beamten einschließlich eines höchsten, des Kreishauptmannes, rückten ein weiteres Stück von der Ständevertretung ab. Was aber die „infrastrukturelle Macht" anbelangt, so stellten diese Behörden schon seit vielen Jahren Steuererhebungen, Rekrutierungen sowie Truppenquartiere im Kreis sicher oder führten ab den zwanziger Jahren des 18. Jahrhunderts regelmäßig Landstreicher- und Bettlerstreifen durch.[9] Einerseits führten sie den Willen und die Entscheidungen des Landesherrn und seiner Behörden aus und standen in zunehmend intensivem Kontakt mit ihnen. Andererseits fehlte es den Kreisämtern in der Exekutive aber an Personal, sodass sie auf die Zusammenarbeit mit den Städten und Herrschaften angewiesen waren. Dies änderte sich nach 1751 auch nicht wesentlich.

Bereits seit Ende der 1760er-Jahre wurde zwischen Prag und Wien über die Aufstockung der Kreisbediensteten (über den bisherigen Kreishauptmann und seinen Sekretär hinaus) und deren finanzielle Absicherung diskutiert. Als Ende 1783 die Stellen des ersten, zweiten und dritten Kreiskommissars errichtet wurden, sollten die Kreise in feste Bezirke geteilt werden, in denen diese neuen Beamten die Aufsicht führen sollten. Die Idee, die Kommissare direkt in den Bezirken anzusiedeln, setzte sich nicht durch. Stattdessen sollten die Kreiskommissare jedes Jahr eine besondere Bezirksinspektion durchführen – dies, obwohl sie ohnehin aus den unterschiedlichsten Gründen das Jahr über in den Städten und Dörfern präsent waren.[10] Durch die Entscheidung Josephs II. vom 5. Januar 1784 bzw. durch das Hofdekret vom 24. März 1784 wurde das uns bekannte, im Jahr zuvor herausgegebene Handbuch als Grundlage für die Kreisbereisungen bestimmt.[11]

Staats bis zur Gegenwart], Praha 2005, 160–162, spricht in diesem Zusammenhang über „Verstaatlichung der Kreisverwaltung im Jahre 1751".

9 Zu den letztgenannten sogenannten Landesvisitationen Himl, Pavel: Zrození vagabunda. Neusedlí lidé v Čechách v 17. a 18. století [Geburt des Vagabunden. Nichtsesshafte in Böhmen im 17. und 18. Jahrhundert], Praha 2007, 95–104.

10 Rieger, Bohuslav: Zřízení krajské II. Ústrojí správy krajské v letech 1740–1792 [Kreisverfassung II. Die Konstitution der Kreisverwaltung in den Jahren 1740–1792], Praha 1892, 233–260, hier unter anderem 254. Zu den böhmischen Kreisen auch Tinková, Daniela: Osvícenství v českých zemích. I. Formování moderního státu (1740–1792) [Aufklärung in den böhmischen Ländern. I. Die Formierung des modernen Staates (1740–1792)], Praha 2022, 339–340. Die Reorganisierung ordnete Joseph II. per Dekret vom 27. 10. 1783 an, zur Einteilung der Kreise in Bezirke und deren Zuweisung an einzelne Kommissare kam es erst am 27. 5. 1785. Das einschlägige Hofdekret findet sich unter anderem im ÖStA, AVA, Hofkanzlei, Sign. III A 5 (Kreisämter), Kart. 397, Beilage „Eintheilung deren Kreisen in die Bezirke für die Würckl. Kreis Commissarien".

11 Zur Entscheidung des Herrschers siehe Osterloh, Karl-Heinz: Joseph von Sonnenfels und die österreichische Reformbewegung im Zeitalter des aufgeklärten Absolutismus. Eine Studie zum Zusammenhang von Kameralwissenschaft und Verwaltungspraxis, Lübeck–Hamburg 1970, 239, Anm. 23. Zum Hofdekret Beidtel, Ignaz: Geschichte der österreichischen Staatsverwaltung 1740–1848, Bd. 1, 1740–1792, Innsbruck

Abb. 1 *Gegenstände über welche von den Kreis-kommissären bei Bereisung eines Bezirks Beobach-tungen zu machen sind, Wien 1783*

Obwohl es sich um einen der ersten Texte dieser Art in Böhmen handelte, entstanden die „Gegenstände, über welche von den Bezirkskommissären bei Bereisung eines Bezirks Beobachtungen zu machen sind" keinesfalls aus dem Nichts. Die „Verstaatlichung" der regionalen Verwaltung in der zweiten Hälfte des 18. Jahrhunderts beruhte auf der Überzeugung, dass es zur Erfüllung zentral angeordneter Anforderungen notwendig war, auf allen, auch auf den untersten Ebenen „den Staat zu schaffen", d. h. die Funktionsweise gerade der Kreisämter zu regeln und zu rationalisieren, die Auswahl des Verwaltungspersonals zu systematisieren und auf Fachwissen oder Qualifikation zu gründen. Der Fokus sollte weniger auf einer standesgemäßen Herkunft als auf Fähigkeiten liegen, die man sich durch ein Studium aneignen konnte. In Prag begann Johann von Mayern ab 1773 Vorlesungen über die Kreisverwaltung und ihre Akten zu halten. Dieser Sekretär des Kaurzimer Kreises etablierte auch die „kreisamtliche Wissenschaft" als eigenständige Disziplin, indem er 1776 ein Lehrbuch als Grundlage für seine Kurse herausgab, die Interessenten für eine Beamtenlaufbahn fortan besuchen mussten.[12]

1896, 322. Das Hofdekret (datiert nicht auf den 24., sondern auf den 11. 3. 1784) ist hier auf den S. 459–469 abgedruckt. Es enthält den gesamten Text des Handbuchs, der von der im ÖStA aufbewahrten Fassung geringfügig abweicht.

12 Rieger: Zřízení/1892, 63–69; Mayern, Johann Edler von: Einleitung zur kreisämtlichen Wissenschaft im Königreiche Böheim, zum Nutzen und Gebrauch derer, die sich von solchen einen Begriff beylegen wollen, Prag 1776.

Nicht nur die Beamtenausbildung, sondern auch die Praxis der Behörden sollte auf den theoretischen Grundlagen beruhen, die von der Staatswissenschaft formuliert wurden. Diese entwickelte sich in der Habsburgermonarchie ab den 1760er-Jahren. Ihr wichtigster Vertreter, dessen Name hier nicht zum letzten Mal genannt werden wird, ist Joseph von Sonnenfels. Er wurde 1781 zunächst damit beauftragt, eine Systematik zur Ordnung der Schriften aller Kreisämter der Monarchie auszuarbeiten. Wie bei Mayern ging dann der „ordnende Blick" vom Papier auf die Realität über. 1783 entstand in der politischen Kompilationskommission, deren Referent Sonnenfels war, das erwähnte Handbuch für die Bezirksbereisungen. Dessen dritter, mit „Politikum" betitelter Teil orientierte sich strukturell an Sonnenfels' grundlegendem und damals bereits mehrfach veröffentlichtem Lehrbuch der Staatswissenschaft „Grundsätze der Polizey, Handlung und Finanz(wissenschaft)" bzw. dessen erstem Band, der der öffentlichen Verwaltung (Kapitel „Bevölkerung") gewidmet ist.[13] Hauptthema des Handbuchs ist – neben Fragen der Religion, der Bildung und der Erziehung – die (innere) Sicherheit, die in öffentliche und private Sicherheit aufgeteilt wird. Das Inspektionshandbuch ebenso wie Sonnenfels' Kompendium unterscheiden hier zwischen Privatsicherheit der Handlungen, Privatsicherheit der Personen, Privatsicherheit der Ehre sowie Privatsicherheit der Güter.[14]

Die Fragen, die sich die Kreiskommissare zu stellen hatten, hatten jedoch kaum Vorlage im Lehrbuch.[15] Von einer mehrseitigen Abhandlung über Beschimpfungen und Ehrlosigkeit aus dem Lehrbuch blieb im Handbuch nur die Frage übrig, ob Vorurteile gegen Scharfrichter, Schergen, Abdecker und uneheliche Kinder ausgeräumt wurden.[16] Ähnlich verhält es sich auch mit der Frage der öffentlichen Sicherheit selbst: Sonnenfels

---

13 Osterloh: Joseph von Sonnenfels/1970, 239: „Zu diesem Zweck formte er die einzelnen Abteilungen seines Lehrbuches zu einem Skelett von Fragen um, mit dessen Hilfe sich der Kreisbeamte schnell ein Bild über die abzustellenden Mißstände in seinem Bezirk machen konnte"; Becker, Peter: „Kaiser Josephs Schreibmaschine": Ansätze zur Rationalisierung der Verwaltung im aufgeklärten Absolutismus, in: Wunder, Bernd (Hg.): Pensionssysteme im öffentlichen Dienst in Westeuropa (19./20. Jh.), Baden-Baden 2000, 223–254, hier 241, schließt auf Sonnenfels' Anteil am Handbuch unter Verweis auf Beidtel, Ignaz: Geschichte der österreichischen Staatsverwaltung 1740–1848, Bd. 1, 1740–1792, Innsbruck 1896, 322. Letzterer wiederum stützt seine Meinung auf die Übereinstimmung zwischen der Struktur des Handbuches und der Gliederung der „Polizei", d. h. der öffentlichen Verwaltung im Lehrbuch von Sonnenfels: „Sie ist wahrscheinlich von Sonnenfels, stimmt wenigstens mit der Einteilung in seinen Werken genau überein." Zum engen Verhältnis zwischen Sonnenfels' Werk und Praxis auch Bělina, Pavel/Kaše, Jiří/Kučera, Jan P.: Velké dějiny zemí Koruny české, sv. X: 1740–1792 [Große Geschichte der Länder der böhmischen Krone, Bd. X: 1740–1792], Praha–Litomyšl 2001, 213.

14 Ich arbeite hier mit der 3., verbesserten und geänderten Auflage: Sonnenfels, Joseph von: Grundsätze der Polizey, Handlung und Finanzwissenschaft, Bd. 1, Wien ³1777.

15 Osterloh: Joseph von Sonnenfels/1970, 239, behauptet dagegen, „Zu den einzelnen Rubriken des Entwurfs – ‚Bevölkerung', ‚Militare', ‚Politikum', ‚Kommerziale' und ‚Kamerale' –, die wiederum in Analogie zu den ‚Grundsätzen' untergliedert waren, hatte Sonnenfels jeweils die wichtigsten Punkte seines Lehrbuchs notiert."

16 Sonnenfels: Grundsätze/1777, 417–421.

zufolge erstreckt sie sich auf das Verhältnis zwischen den Ständen, den Bürgern, deren Gruppierungen und dem Staat. Im Handbuch dagegen wird die öffentliche Sicherheit unsystematisch auf die Unverletzlichkeit der Grenzen, die Ausübung der Amtsgewalt durch Vorgesetzte, die Hierarchie der Gerichte und die Aufsicht des Kreisamts über die Veröffentlichung der päpstlichen Bullen reduziert. Das Handbuch beinhaltet neben den Kapiteln „Politikum" und „Bevölkerung" auch Abschnitte über das Militär sowie über Kommerziale (Wirtschaft und Handel) und Kamerale (Zölle, Steuern und Abgaben) und folgt damit strukturell eher der Einteilung der Akten in den Kanzleien als dem Traktat von Sonnenfels.

So wie die Anweisung, was während einer Kreisinspektion besonders zu beachten sei, in gedruckter Form an alle Kreiskommissare gelangte, gingen deren Berichte auch in umgekehrter Richtung an die Landesregierung (Gubernium) und diese berichtete über die Verhältnisse in den Kreisen und die dort getroffenen Maßnahmen weiter nach Wien. 1787 erfuhr die Hofkanzlei beispielsweise, dass sich unter der Bevölkerung der böhmischen Kreise hartnäckig Alkoholismus, sittenwidriges Verhalten, Müßiggang und Aberglaube hielten.[17]

Wie wir später sehen werden, wurden die Inspektionen durch Kommissare ab den 1790er-Jahren um „Polizeiberichte" ergänzt, die in einem viel kürzeren, monatlichen Rhythmus von den Städten und Herrschaften selbst an die Kreise und über diese an das Gubernium zu liefern waren. Obwohl sie zunächst keine vorgeschriebene Struktur aufwiesen, schulte die Praxis der Kreisinspektionen und die Tätigkeit der Kreiskommissare auch die lokalen, bis dahin „noch nicht staatlichen" Beamten darin, wie sie die Realität wahrzunehmen und zu erfassen hatten.

Der Staat und die Kleinstadt

Als der Kommissar des (Jung-)Bunzlauer Kreises im September 1789 Wegstädtl/Štětí, eine Stadt mit 125 Häusern, bereisen sollte[18], forderte er die Ortsvorgesetzten im Voraus auf, den reibungslosen Ablauf dieser Inspektion vorzubereiten und, wie anderswo, Tabellen über die Einwohnerzahl, den Viehbestand und einen Überblick über die (wirtschaftlichen) Aktivitäten der Stadtbewohner zu erstellen. Außerdem sollten sie angeben, wie viele Infanterie- und Kavalleriesoldaten gegebenenfalls dort untergebracht werden konnten und schließlich Informationen über die Anzahl hölzerner Schornsteine

---

17 ÖStA, AVA, Hofkanzlei, Sign. III A 5, Kreisämter, Kart. 398, Prag, 18. 9. 1788, Zusammenfassung von Kreisbereisungen für das Jahr 1787, angefertigt vom böhmischen Gubernium (unterzeichnet von Prokop Lažanský) für die Hofkanzlei.

18 Schaller, Jaroslaus: Topographie des Königreichs Böhmen, Bd. 4: Bunzlauer Kreis, Prag 1786, 193.

Abb. 2 *Vedute von Wegstädtl/Štětí, 1. Hälfte des 19. Jahrhunderts*

sammeln.[19] Es ist davon auszugehen, dass die Wegstädtler Vorgesetzten bereits von früheren Besuchen wussten, wie solche Inspektionen abliefen. Vier Jahre zuvor, offensichtlich bei der ersten Inspektion, waren die Anforderungen weniger routiniert gewesen. Der Kreiskommissar ließ zwei Vertreter des Stadtrats, den Syndikus, zwei Älteste und einen Ausschuss von vier Bürgern zu vorbestimmter Stunde vorladen, die neben dem Auszug aus dem Grundbuch, dem Steuerverzeichnis und dem Verzeichnis der Einwohner auch eine Aufstellung des Viehbestands mitbringen sollten, außerdem ein Dutzend Verordnungen, Erlässe und Patente, durchweg aus dem ökonomischen Bereich.[20]

---

19 Státní okresní archiv Litoměřice se sídlem v Lovosicích [Staatliches Bezirksarchiv Litoměřice mit Sitz in Lovosice, weiter SOkA Litoměřice], Archiv města [Stadtarchiv, weiter AM] Štětí, Kreisbereisungen (1781–1794), Kart. 50, Jungbunzlau, 13. 9. 1789, „Ankündigung der 1789 jährigen Kreisbereisung". Alle weiteren Informationen über die Kreisbereisungen in Wegstädtl stammen aus diesem Bestand. Für die Recherche in diesem Bestand bedanke ich mich bei Petr Kopička.

20 SOkA Litoměřice, AM Štětí, Kreisbereisungen (1781–1794), Kart. 50, Kreisbereisung in Wegstädtl am 30. 1. 1785.

Detailliertere Informationen aus Wegstädtl liegen uns erst ab dem Jahr 1792 vor – damals war bei der Inspektion der gesamte Stadtrat anwesend und der Verlauf der Inspektionsreise wurde in einem Protokoll festgehalten.[21] Der kurz zuvor ernannte Kreiskommissar, Ritter Dominik Joanelli, zu dessen Bezirk die Herrschaft Mělník einschließlich Wegstädtl gehörte,[22] reiste bereits am Vorabend in die Stadt und übernachtete beim Ersten Stadtrat Johann Christoph Mück. Am nächsten Tag, dem 16. August, begann die Inspektion in Anwesenheit des Kommissars, des Bürgermeisters, des Ersten Stadtrats und eines Gemeindevertreters in der örtlichen Pfarre. Ihr Administrator musste das Tauf-, Trauungs- und Sterberegister vorlegen sowie eine Sammlung kirchlicher Patente und ein Brevier zur Einsichtnahme der überklebten (weil anstößigen) Stellen im Text. Während es bei den Korrekturen im Gebetbuch nichts auszusetzen gab, äußerte der Kommissar seine Unzufriedenheit über die Unordnung in der Patentensammlung. Er begrüßte Stadtrat Mücks Vorschlag, von nun an nicht nur in der Wegstädtler Matrikel, sondern überhaupt in allen Matrikeln nicht nur das Taufdatum, sondern auch das tatsächliche Geburtsdatum zu verzeichnen. Darüber hatte angeblich auch das Kreisamt bereits nachgedacht. Außerdem sollte der Pfarrer dafür sorgen, dass die Trauzeugen und Paten an den dafür vorgesehenen Stellen eigenhändig unterzeichneten.[23]

Eigentlich hätte die Inspektion für unsere Zwecke gar nicht weiter durchgeführt werden müssen, denn bereits im ersten Punkt lassen sich in konzentrierter Form viele Prinzipien der staatlichen Verwaltung entdecken, wie sie mittels Verordnungen und Patente in der Habsburgermonarchie seit Mitte des 18. Jahrhunderts gestaltet worden waren. Der Klerus wurde als selbstverständlicher Teil der staatlichen Verwaltung betrachtet und 1784 vom Staat beauftragt, für die gesamte christliche Bevölkerung – und nicht nur für die Katholiken – gemäß einer zentralen Vorlage Matrikel zu führen.[24] Dabei ist für diese Erfassung charakteristisch, dass sich bei der Registrierung die Aufmerksamkeit von der Taufe auf die Geburt bzw. das Geburtsdatum verlagerte. Auch die

---

21 SOkA Litoměřice, AM Štětí, Kreisbereisungen (1781–1794), Kart. 50, Wegstädtl, 16. 8. 1792, „Prothokoll der 53sten Wegstädtler Rathsitzung".

22 SOkA Litoměřice, AM Štětí, Kreisbereisungen (1781–1794), Kart. 50, Jungbunzlau, 15. 3. 1792, Bericht über die Ernennung Dominik Joanellis zum 3. Kreiskommissar (unterzeichnet vom Kreishauptmann Stránský; Abschrift); sowie Bunzlau, 1. 4. 1792, über die Einteilung der im Kreis liegenden Herrschaften in drei Bezirke (unterzeichnet vom Kreishauptmann Stránský; Abschrift).

23 Der Kommissar wiederholte hier die entsprechende Anordnung aus dem Hofdekret vom 6. 10. 1788 (in Böhmen wurde es am 23. 10. veröffentlicht); Handbuch aller unter der Regierung des Kaisers Joseph des II. für die k. k. Erbländer ergangenen Verordnungen und Gesetze, Bd. 15: 1788, Wien 1789, 952.

24 Das Matrikelpatent vom 20. 2. 1784 zusammen mit den Mustertabellen findet sich unter anderem in der Sammlung der kaiserl. königl. landesfürstlichen Verordnungen für das Jahr 1784, Laibach (o. J.), 52–57. Bereits in diesem Erlass ist vom „Buch zur Einzeichnung der Gebohrnen" und nicht vom Taufregister die Rede; es wird hier auch die eigenhändige Unterschrift der Trauzeugen gefordert. Die ordentliche Matrikelführung hatten neben den Bischöfen auch die Kreisbeamten zu beaufsichtigen.

eigenhändige Unterschrift der Zeugen macht die Verzeichnisse eher zu einem weltlichen Dokument, das nicht mehr allein in die Zuständigkeit des Repräsentanten einer der Kirchen fällt. Der Staat griff nicht nur durch die Zensur der liturgischen Schriften und das Erlassen von Patenten in Kirchenangelegenheiten ein[25] (wobei bemerkenswert ist, dass für die Inspektoren auch das Ordnungssystem der Patente wichtig war, d. h. die Möglichkeit, sich trotz ihrer relativ großen Zahl leicht zu orientieren). Insgesamt ordnete sich der Staat die Kirche unter, was in der Befugnis bereisender Komissare zum Ausdruck kam, während der Kreisinspektionen die Tätigkeit der Kirche(n) zu kontrollieren. Auch die Beeinflussung der Gläubigen bzw. Bürger durch die Religion wurde als öffentliche Angelegenheit erachtet. Die Frage nach der musterhaften und genauen Führung der Matrikel stand übrigens an erster Stelle des Kreisinspektionshandbuchs, im Abschnitt „Bevölkerung", während die Religion als solche (die Stellung des Klerus, die Größe der Pfarrbezirke, Gottesdienst) den Abschnitt „Publikum" dominierte.

Auf die Religion folgten im Handbuch die Erziehung und der Unterricht, und auch die Wegstädtler Inspektoren begaben sich zusammen mit dem Pfarrer anschließend zur örtlichen Trivialschule. Assistiert vom kranken Lehrer Johann Anton Naprávník und seinem Gehilfen Anton Černý legten dort die Kinder in Anwesenheit der Inspektoren die vorgeschriebenen Prüfungen in Lesen, Schreiben und Rechnen ab und der Pfarrer prüfte sie im Katechismus. Offensichtlich war dies für die Schüler nichts Ungewöhnliches. Regelmäßige, der Öffentlichkeit zugängliche Prüfungen finden sich bereits in der Allgemeinen Schulordnung von 1774.[26] Die Delegation brachte ihre besondere Zufriedenheit mit den Ergebnissen zum Ausdruck, hielt vor den Kindern, dem Klerus, dem Schulmeister und seinem Gehilfen eine Ansprache (offensichtlich über die Bedeutung der Bildung) und zog wieder von dannen.

Nachdem sich der Pfarrer verabschiedet hatte, wurde der Polizeiviertelaufseher, der Gerichtsdiener und der Polizeiwächter vor den Kreiskommissar gerufen, denn als nächstes standen die „Polizeiangelegenheiten" auf der Tagesordnung. Der Begriff „Polizei" war in den 1790er-Jahren noch relativ weit gefasst, dies zeigt sich darin, dass die Inspektoren zuerst zu den Wegstädtler Bäckern gingen. Bei Josef Kulhánek hatte sowohl das Schwarz-

---

25 Beim Brevier wurde die Anordnung, bestimmte Stellen zu überkleben bzw. unleserlich zu machen (unter anderem Abschnitte über die Macht des Papstes den Monarchen abzusetzen am Fest Gregors VII.) bereits am 7. 5. 1774 erlassen und durch das Hofdekret vom 15. 6. 1782 erneuert; siehe Handbuch aller unter der Regierung des Kaisers Joseph des II. für die k. k. Erbländer ergangenen Verordnungen und Gesetze, Bd. 2: 1780–1784, Wien 1785, 242–243.

26 Allgemeine Schulordnung für die deutschen Normal-, Haupt- und Trivialschulen in den sämtlichen Kaiserl. Königl. Erbländern, Wien 6. 12. 1774, Punkt 22: „weswegen auch jedermann, der Belieben trägt, der Zutritt zu dergleichen Prüfungen offen steht, und ihm die Schüler, jedoch nur über Dinge, die in den Lesebüchern enthalten sind, zu befragen gestattet ist". Zum Verlauf der Prüfungen in Böhmen auch Belšíková, Šárka/Gaži, Martin/Hansová, Jarmila: Opat Bylanský a obrazy zlatokorunské školy. Osvícenství zdola v okrsku světa [Der Abt Bylanský und die Bilder der Goldenkroner Schule. Die Aufklärung „von unten" im Umkreis der Welt], České Budějovice 2013, 83.

als auch das Weißbrot das vorgeschriebene Gewicht, bei einem anderen Bäcker verlief die Inspektion jedoch ergebnislos, da Johann Heller nicht gebacken hatte. Der Kommissar kontrollierte dann das Gewicht der Talglichter (wahrscheinlich beim Hersteller oder Verkäufer) und schließlich begutachtete er im Rathaus die Feuerlöschwerkzeuge und empfahl, die Behälter stets mit Wasser gefüllt zu halten.

Im Rathaus war der Kreiskommissar in erster Linie an den Protokollen interessiert, mit anderen Worten, an den Schriftstücken, die der Stadtrat über verschiedene Aktivitäten führte. Ihm wurden vorgelegt:

- das Einreichungsprotokoll für das laufende Jahr, einschließlich des Registers
- das Protokoll der Ratssitzungen
- das Patenten- und Normalienbuch einschließlich der Auszüge und des Registers
- das Strafprotokoll mit Register
- das Rechnungsprotokoll
- das Preisregulierungsprotokoll („Taxprotokoll")
- das Sterbe- und Beschauregister
- das Protokoll der Nachlassverwaltung
- das Waisenprotokoll
- das „Vormerksbuch aller von dem Wohllöblichen Königlichen Bunzlauer Kreisamte beim Stadtrath seit Anfang dieses Jahrs eingelaufenen besonderen Verordnungen und Befehlen, der hierauf erfolgten Erledigungen oder aus eigener Veranlassung erstatteten Berichten und Anzeigen, gemäß königl. Kreisamter Verordnung Nro. 248 vom 30ten April 1787 Absatz 3^tio Litt. D."
- das „Militärbequartierungsprotokoll" des laufenden Jahres, das vom ersten Stadtrat Mück erstellt worden war
- das „Vorspannregister"
- das Buch der Handwerksgesellen und ihrer Kundschaften zusammen mit einem Faszikel der aufbewahrten Kundschaften
- anlässlich der letzten Kreisinspektion vom Kreiskommissar gemachte schriftliche Notizen samt einer Sammlung der Verordnungen, die im Zusammenhang mit der Inspektion erlassen worden waren
- „das Konskriptionsbuch mit dessen Summarien"
- ein Inventar des Stadtarchivs und der Registratur einschließlich der Gerichts- und Stadtbücher.

Im Gegensatz zu einigen Tabellen, die wie üblich für den Kommissar zur Mitnahme vorbereitet worden waren,[27] waren die Protokolle zur Einsichtnahme oder zur Kontrolle

---

27 Es handelte sich um ein Verzeichnis der Einwohner und ihrer Wirtschaftsaktivitäten, eine Tabelle der Bodennutzung und des Viehstandes (Tabelle der landwirtschaftlichen Innovationen), einen Ausweis über die potenziellen Militärquartiere und Pferdeställe, einen Ausweis der Ernteerträge von allen Getreidesorten und ein Register der bestehenden hölzernen Schornsteine.

bestimmt und sollten die laufende amtliche Tätigkeit in den verschiedenen Bereichen belegen. Es erstaunt eigentlich, wie viele Agenden der Stadtrat in einer Kleinstadt wie Wegstädtl aufwies. Kommissar Joanelli lobte nicht nur die Protokollführung, sondern auch die Tatsache, dass alle anderen Akten in den Faszikeln chronologisch geordnet und weiter nach Gegenständen und Hausnummern gegliedert waren. Die Kommissäre erklärten, dass sie „der für heuer der Reihe nach am allerersten untersuchten Stadt Wegstädtl im Hauptberichte an die hohe Landestelle besonders eingedenk seyn und für den Magistrat ein Belobungsdekret auswirken wollen".[28] Es scheint, als sei die Führung und Aufbewahrung schriftlicher Aufzeichnungen der Hauptgegenstand der Kontrolle und die wichtigste Tätigkeit des Stadtrats gewesen. Der Kommissar empfahl außerdem, die alte Geschirr- und Wagenkammer unter dem Rathaus zu einem feuerfesten Archiv umzubauen. Der Zustand der Rats- und Gerichtsgebäude und der darin archivierten Register sollte übrigens auch laut Inspektionshandbuch überprüft werden.

Ob Kommissar Joanelli am Ende der Inspektion den Stadtvertretern tatsächlich alle Fragen stellte, wie das Protokoll Glauben macht, ist nicht sicher, denn es handelte sich um mehrere Dutzend Fragen in verschiedenen Bereichen. Um nur ein paar herauszugreifen: „Sind Vorkehrungen zur Rettung der Verzweifelnden und Wahnsinnigen gemacht?" „Finden sich etwan hin und wieder an öffentlichen Oertern eckelhafte Gegenstände, oder Menschen, welche durch ihre Gestalt zu Mißgeburten Gelegenheit geben können?" „Werden nicht etwan die Verstorbenen zu früh oder übereilt begraben?" „Sind Armenkassen, Versorgungshäuser, andere Armeninstitute und Witwenkassen vorhanden?" „Bestehen Monopolien? Auf welche Art wären sie aufzuheben?" „Wie sind die Postämter bestellt?" usw. Der Kommissar erwähnte zudem ausdrücklich den Wachtmeister und den Gefängniswärter Anton Maibus und sprach sich für eine Erhöhung von dessen Gehalt aus kommunalen Mitteln aufgrund der Zunahme seiner Aufgaben infolge der neuen Regelung der Justizangelegenheiten aus. Auch in diesem Detail können wir ein Merkmal beobachten, das zumindest für die Habsburgermonarchie der zweiten Hälfte des 18. Jahrhunderts gilt, nämlich die Übertragung der öffentlichen Verwaltung auf Städte und Herrschaften auf deren eigene Kosten.

Abschließend drückte der Kommissar noch einmal seine Zufriedenheit mit der Inspektion aus und verließ Wegstädtl. Das Ratsprotokoll hielt „zur künftigen Belehrung" nicht nur den gesamten Verlauf der Inspektion fest, sondern auch das Lob, das ein paar Monate später das Gubernium (13. April 1793), bzw. das Jungbunzlauer Kreisamt (13. Mai 1793) gegenüber dem ersten Ratsherrn von Wegstädtl Mück für die ordnungsgemäße Führung der Registratur ausdrückte. Erst zwei Wochen später, am 31. Mai 1793, traf eine kommentierte Zusammenfassung jener Berichte in Wegstädtl ein, die das Bunzlauer Kreisamt auf der Grundlage der Inspektionen in Städten und Dörfern des

---

28 SOkA Litoměřice, AM Štětí, Kreisbereisungen (1781–1794), Kart. 50, Wegstädtl, 16. 8. 1792, „Prothokoll der 53sten Wegstädtler Rathsitzung".

gesamten Kreises im Vorjahr angefertigt hatte. Wegstädtl schnitt gut ab, nur einer der Kritikpunkte traf für diese vorbildliche Stadt zu – es gab dort noch immer Schornsteine (sogar neu angeschaffte) und Dachrinnen aus Holz. In anderen Ortschaften fehlten Hausnummern oder sie waren unleserlich. Ähnlich verhielt es sich mit Schildern mit Orts- und Straßennamen. Auch gefährdeten Häuser in schlechtem Zustand die Sicherheit der Bewohner. Die Vertreter der Städte und Herrschaften sollten deren Eigentümer ohne Verletzung der Eigentumsrechte dazu bewegen, die Häuser zu reparieren und ansonsten mit dem Zwangsverkauf drohen. Friedhöfe wurden nicht überall aus den Zentren der Dörfer an deren Rand verlegt; anderswo wieder vernachlässigten örtliche Beamte die Qualität der Straßen. Vielerorts liefen Hunde frei herum. Untertanen im Kreis weigerten sich, den Zehnten an den Klerus und Beiträge für die Lehrer zu zahlen und anstatt Chirurgen oder Hebammen zu entlohnen, zogen sie es vor, sich an Quacksalber zu wenden. Schließlich gab es auch interne Missstände. Einige Stadtverwaltungen und Wirtschaftsbehörden führten keine alphabetischen Register der Patentbücher. Mit einem besonderen Erlass machte das Kreisamt auf faules Gesinde aufmerksam, über das während der Inspektion im ganzen Kreis geklagt worden war und dessen Lebensweise sich angeblich negativ auf Wohlergehen und Moral der Landbevölkerung auswirkte. Die Lösung sahen die Behörden darin, dass die zuständige Herrschaft Flachs und Wolle liefern sollte, die das Gesinde gegen eine Gebühr spinnen sollte, außerdem sollte es von den Geistlichen in den Schulen zu weiteren wirtschaftlichen Aktivitäten angespornt werden.[29] Offensichtlich waren die Auswirkungen der Inspektion noch fast ein Jahr lang spürbar.

Das Stadtarchiv Wegstädtl mit den darin aufbewahrten Dokumenten, auf deren Sicherheit und Ordnungsmäßigkeit der Kommissar so viel Wert legte, bestätigt den Eindruck, dass viele Probleme bei den Inspektionen immer wieder auftauchten. Das Fehlen von Hausnummern, unleserliche Wegweiser, baufällige Häuser, der nachlässige Umgang mit den Einwohnerverzeichnissen und fehlende Indices in den Patentbüchern, der schlechte Zustand einiger Straßen und der Mangel an „brauchbaren" Hebammen wurden von der Bunzlauer Behörde auch im Jahre 1793 im ganzen Kreis festgestellt.[30] Zwei Jahre später fanden die Kreiskommissare von diesen Kritikpunkten in Wegstädtl nur noch einen Mangel an Hebammen: Es gab „nur eine geprüfte Hebam […], zu welcher kein Vertrauen gesetzt wird, so muß veranstaltet werden, daß noch ein fleißiges Weib beim Physicat unterrichtet und daselbst geprüft werde, um in diesem Fache der

---

29 SOkA Litoměřice, AM Štětí, Kreisbereisungen (1781–1794), Kart. 50, Jungbunzlau, 31. 5. 1793, Schlussfolgerungen aus Kreisbereisungen des Jahres 1792; Jungbunzlau, 15. 8. 1793, Anordnungen in Sachen des faulen Gesindes (unterzeichnet von Stránský, Abschrift).

30 SOkA Litoměřice, AM Štětí, Kreisbereisungen (1781–1794), Kart. 50, Jungbunzlau, 15. 4. 1794, Rundschreiben des Kreisamtes mit Mängeln, die im Jahr 1793 bei der Kreisbereisung festgestellt wurden (unterzeichnet von Stránský, Abschrift).

Menschheit zu Hülfe zu kommen".[31] Gleich anschließend erklärte der Kommissar aber, dass das Patentbuch in Ordnung sei, und auch sonst machte Wegstädtl den Eindruck einer Vorzeigestadt. Zugleich jedoch enthält der entsprechende Eintrag aus dem Jahr 1795 noch insgesamt 39 Beanstandungen. Darunter findet sich Kritik an gefährlichen Verhaltensweisen wie dem Schießen bei Fronleichnamsprozessionen, nachlässigem Schulbesuch oder dem Schnapstrinken von Kindern, was im Erwachsenenalter zu schädlicher Trunkenheit führe. Der Wandel der vormodernen Gesellschaft in die moderne Disziplinargesellschaft scheint kurz und bündig in der Anweisung an einen Familienvater von Wegstädtl gefasst, er solle seine beiden körperlich behinderten („kriplhaften") Söhne nicht „am Wagerl an die Bettlstraße" ausstellen oder sie zum Betteln in die Nachbarschaft schicken. Nach dem Gesetz musste die Gemeinde für den Unterhalt der Kinder armer Eltern aus ihren eigenen Mitteln oder aus den Mitteln des Armeninstituts aufkommen. Die meisten Beschwerden betrafen jedoch interne Angelegenheiten der Stadt: das Fehlen von Kassenbüchern oder die unsachgemäße Führung von Amtsdokumenten, insbesondere von Rechnungsbüchern. Der Rat und die Schreiber wurden angewiesen, die Amtsgeschäfte im Rathaus und nicht in Privathäusern zu führen und sich nicht willkürlich in die Ausübung der Amtsgewalt einzumischen – diese stand allein dem Bürgermeister und den zuständigen Kommissaren zu.

Diese Beschränkung der Befugnisse (und auch der Wahl) des Stadtrats nicht nur in Bezug auf kommunale, sondern auch auf übertragene „staatliche" Angelegenheiten, war eine Folge der josephinischen Regulierung der Stadtverwaltung von 1786–1787, die vor allem in kleineren Städten wichtige Entscheidungen dem Syndikus anvertraute, d. h. rechtlich qualifizierten und geprüften Personen, die vom Staat bestellt und bezahlt wurden. In Wegstädtl war der Bürgermeister jedoch auch weiterhin an der Ausübung der öffentlichen Gewalt beteiligt.[32]

Auch die traditionellen Punkte der Inspektionen wurden nicht vergessen: Die „Polizei" von Wegstädtl sollte auf Hunde achten, die ohne Halsband herumliefen, auf die

---

31 SOkA Litoměřice, AM Štětí, Kreisbereisungen (1781–1794), Kart. 50, Wegstädtl, 13. 10. 1795, (Stadt)Protokoll mit bei der Kreisbereisung von 1795 geäußerten Kritikpunkten, Punkt 26.

32 In den Wegstädtler Quellen ist vom Magistrat, dessen Repräsentanten und vom Stadtrat die Rede, es kommt dort aber auch der Syndicus vor. Demzufolge würde Wegstädtl zu den Städten 2. Kategorie mit teilweise reguliertem Magistrat gehören. Dazu Janák/Hledíková/Dobeš, Dějiny správy/2005, 223–225. Urfus, Valentin: Právní postavení českých měst a rakouský absolutismus v období národního obrození [Rechtliche Stellung der böhmischen Städte und österreichischer Absolutismus in der Zeit der nationalen Wiedergeburt], in: Sborník archivních prací [weiter SAP] 19 (1969), 386–440, hier 399–401 beschreibt die Folgen der Regulierung der Magistrate: „Die städtischen Ämter wurden auf ganz neue Art und Weise in das einheitliche System der staatlichen Verwaltungsorgane eingegliedert und wurden somit zu dessen festen Bestandteilen. [...] Diese sich neu formierende städtische bürokratische Schicht übernahm nun, zusammen mit den kreisamtlichen Beamten, eine höchst bedeutende Rolle auf der untersten Stufe des Staatsapparats." [übersetzt von P. H.].

Schließung von Geschäften und Gaststätten an Sonn- und Feiertagen sowie auf verbotene Spiele und generell auf die Einhaltung der Polizeiverordnungen vom 30. April 1787 und 23. November 1789. Die erstere war für Prag gedacht, die zweite für die Magistrate von Städten und Gemeinden. Polizeiordnungen für Prag waren von den Habsburger Herrschern wiederholt bereits seit dem 16. Jahrhundert erlassen worden,[33] und es ließe sich daher einwenden, dass der Rückgriff auf ähnliche Normen im letzten Drittel des 18. Jahrhunderts nichts Neues bedeutete. Wie ich später ausführen werde, liegt das Novum hier weniger in der Existenz von Normen oder des Begriffs „Polizei" selbst, sondern in einem mehr oder weniger ordentlich funktionierenden Beamten- und Kommunikationsnetz, das zentral formulierte Forderungen an das Verhalten der Bevölkerung an spezialisierte Beamte in Städten, Gemeinden und Dörfern wie Wegstädtl weiterleitete und so die Chancen für ihre Umsetzung erhöhte. Hierzu gehört auch, dass im Vergleich zu früheren Perioden die offizielle Kommunikation bewusst zwei- oder mehrdirektional geführt wurde, mit anderen Worten, wie Erkenntnisse selbst aus dem abgelegensten Dorf – etwa durch Kreisbereisungen – zurück zum Zentrum der Entscheidungsfindung, in unserem Fall zur Landesregierung, gelangten und wie diese „Erkenntnisse" überhaupt generiert wurden.

Damit die Beamten von Wegstädtl nicht vergaßen, ihren vorgesetzten Stellen die Berichte, Tabellen, Verzeichnisse, Rechnungen und anderen Dokumente rechtzeitig zu schicken, wurde nach 1792 als eine Art Hilfsmittel ein „monatlicher Anzeiger" erstellt. Mit Ausnahme des Februars sollten von Januar bis April an das Bunzlauer Kreisamt, aber ebenso z. B. das Zollamt in Mělník etwa vier bis fünf Dokumente pro Monat geschickt werden, die Schulen, Invaliden, verkaufte Waren, Schlachtvieh, Bier, Frühjahrsaussaat, die Totenbeschau, die Bienenstöcke, aber auch das Wirtschaften selbst (Gemeinderechnungen) betrafen. Bis zum 26. eines jeden Monats schickte der Magistrat den regelmäßigen Polizeibericht an das Kreisamt, das ihn an das Gubernium weiterleitete. Für den Februar verlangte der „Anzeiger" keinen weiteren Bericht, erinnerte aber die Wegstädtler an den Todestag Josephs II. und den obligatorischen feierlichen Gottesdienst aus diesem Anlass.[34] Der Monarch, unter dessen (Mit-)Regentschaft in der Habsburgermonarchie und ihrer Verwaltung weitreichende Reformen durchgeführt worden waren, wurde nach seinem Tod zum Gegenstand obligatorischer Verehrung. Obwohl es ihm fern lag, sich selbst verherrlichen zu lassen, schienen nun seine Person

---

33 Am 25. 1. 1587 erneuerte Rudolph II. die von Ferdinand I. erlassene Polizeiordnung für Prag; Kulířová, Květa/Sander, Rudolf: Patenty. Katalog sbírky patentů Státního ústředního archivu v Praze [Patente. Katalog der Patentsammlung des Hauptstaatsarchivs in Prag], Praha 1956, 19, Nr. 116.

34 SOkA Litoměřice, AM Štětí, Kreisbereisungen (1781–1794), Kart. 50, „Chronologisches Direktorium aller von der organisirten Gerichtsstelle der Munizipalstadt Wegstädtl bei dem kaiser-königlichen Kreisamte von Zeit zu Zeit einzureichenden Berichten, Tabellen, Verzeichnissen, Rechnungen, dann sonstigen Beobachtungen".

und Majestät zum Gegenstand eben der Verstaatlichung geworden zu sein, deren Initiator er gewesen war. Als hätte der Apparat, den er in Gang gesetzt hatte, sich seiner bemächtigt.

Das Räderwerk der französischen Wundermaschine

Im Frühjahr 1777, als er noch Mitregent war, brach Joseph II. zu einem lange aufgeschobenen Besuch nach Frankreich auf. Er ließ sich dabei unter anderem von seinem Interesse an Innovationen im Handel, in der Industrie, in der Landwirtschaft, in der Armee und in der Landesverwaltung einschließlich der Polizei leiten. Dabei traf er auch mit Lenoir, dem Pariser Polizeidirektor bzw. dem Lieutenant géneral de police, zusammen.[35] Wiederholt begegnete er auch Lenoirs Vorgänger im Amt, Antoine de Sartine, obwohl er mit diesem hauptsächlich über die Marine sprach, die de Sartine seit 1774 als Minister befehligte.[36] Auch wenn Joseph wie üblich als Graf Falkenstein inkognito reiste, verbreitete sich die Nachricht über den Aufenthalt des Bruders der französischen Königin in Windeseile im Lande und seine Bewunderer ersuchten um Audienz. Auch ein gewisser Lemaire (Le Maire), königlicher Kommissar im Châtelet von Paris, wandte sich im Mai 1777 mit einem solchen Gesuch an den französischen Botschafter. Er stellte sich als „Autor einer Schrift über die Polizei dieser Hauptstadt, die er für die kaiserliche und königliche Majestät erstellen sollte, und für die die Kaiserin und Königin ihm ihre gnädige Zufriedenheit ausgedrückt hatte" vor.[37] Es ist nicht gesichert, ob Lemaire tatsächlich eine Audienz gewährt wurde, in Josephs Tagebuch wird er nicht unter den wichtigen Personen erwähnt. Der habsburgische Botschafter in Paris, Florimond-Claude Mercy-Argenteau, kannte ihn höchstwahrscheinlich. Die Majestäten, für die Lemaire den Bericht über die Pariser Polizei schrieb, waren Maria

---

35 Wagner, Hans: Die Reise Josephs II. nach Frankreich 1777 und die Reformen in Österreich, in: Österreich und Europa. Festgabe für Hugo Hantsch zum 70. Geburtstag, Graz–Köln–Wien 1965, 221–246, hier 222, 227.

36 ÖStA, Haus-, Hof- und Staatsarchiv [weiter HHStA], Hofreisen, Kart. 9, Reisetagebuch Josephs II. vom April – Juli 1777, diktiert dem Sekretär Koch, 167–168; Treffen mit Lenoir am 22. 5., 168–169; Treffen mit de Sartine am 23. 5., 174; Treffen mit de Sartine am 29. 5; ÖStA, HHStA, Hofreisen, Frankreich Varia, Kart. 38, Tagebuch des Besuchs aus der Feder des Botschafters Mercy-Argenteau, 23. 5. „L'Empereur eut une longue conversation avec le Sr de Sartine qui rendit compte à Sa Majesté de tout ce qu'Elle voulut Savoir Sur l'état actuel de la marine de France."

37 ÖStA, HHStA, Belgien DD-B, Archiv Mercy-Argenteau, Fasc. 10, Nr. 525–526, Brief Le Maires an den Botschafter Mercy-Argenteau und Gesuch um Audienz vom 4. 5. 1777, „Le S. Le Maire conseiller du Roy commissaire au Châtelet de Paris, auteur d'un Memoire sur la Police de cette Capitale qu'il a été chargé de composer pour leur Majestés Imperiales et Royales et dont l'Imperatrice Reine a daigné lui faire temoigner sa satisfaction".

Theresia und Joseph II., und der Botschafter spielte bei seiner Erstellung eine wichtige Rolle.[38]

Das Interesse an der Pariser Polizei hing mit den Reformen der Wiener Polizei zusammen. Obwohl die Sicherheits- und Ordnungsprobleme in den Großstädten mit den öffentlichen Angelegenheiten etwa in Wegstädtl scheinbar nichts gemeinsam hatten, versuchte die aufklärerische Staatswissenschaft, sie in einen Rahmen zu fassen und nach ähnlichen Grundsätzen zu organisieren. Nach der Einrichtung der Polizei in der Residenzstadt der Monarchie folgten die Hauptstädte der einzelnen Länder (Provinzen). Die Polizeiverordnung vom November 1789 hatte die Aufgabe, die Überwachung und Organisation des öffentlichen Lebens in den böhmischen Städten und Herrschaften zu vereinheitlichen und sie durch die bereits erwähnten Polizeiberichte mit dem Zentrum der Provinzen zu verbinden.

Die Reform der Polizei in Prag und auf dem „Lande" wurde unter der Aufsicht des Wiener Polizeiministers Pergen durchgeführt. Mit ein wenig Übertreibung könnte man sagen, dass zwischen den 1760er- und den 1790er-Jahren einige der Prinzipien der Polizeiorganisation und -arbeit ihren Weg von Paris bis nach Wegstädtl fanden.

Städte, Gemeinden und Herrschaften in der Habsburgermonarchie verfügten in der zweiten Hälfte des 18. Jahrhunderts zwar nicht unbegrenzt, aber doch über eine gewisse Autonomie, die sich darin äußerte, dass sie ihre eigenen Beamten bestallten, die die Einhaltung der zunehmend zentral erlassenen Normen gewährleisten sollten. In dieses Umfeld versuchte die absolutistische Macht zunehmend einzugreifen, indem sie neue landesherrliche Ämter schuf oder die bestehenden Ämter ihrer zentralen Autorität zu unterstellen suchte. Gleichzeitig stand die habsburgische Macht in gewisser Weise in Konkurrenz zu den einzelnen Ländern der Monarchie, deren Vertreter oft die Landstände repräsentierten und gleichzeitig, als Provinzialbeamte, den Landesherrn. Ein typisches Beispiel war das Oberhaupt der gesamten königlichen Exekutivgewalt in Böhmen, seit 1763 der Präsident des Guberniums, der die ganze Zeit zugleich den traditionellen Titel des „obersten Burggrafen" trug.[39]

Ähnlich kompliziert war die Situation in der Residenzstadt Wien, die zu Niederösterreich gehörte. Nach Abschaffung der Stadtwache Anfang der 1740er Jahre wurden die Ordnungsaufgaben eine Zeit lang von Beamten und Kommissaren aus dem Bürgertum übernommen, die von der niederösterreichischen Landesregierung ausgewählt wur-

---

38 Zur Entstehung von Lemaires Denkschrift über die Pariser Polizei im Kontext der Beziehungen zwischen Habsburgermonarchie und Frankreich Himl, Pavel: „Une machine merveilleuse" de police dans la monarchie des Habsbourg dans les années 1770 et 1780, in: Lebeau, Christine/Schmale, Wolfgang (Hg.): Images en capitale: Vienne, fin XVIIe – début XIXe siècles, Bochum 2011, 305–317.

39 Quellenmäßig unübertroffen ist bis heute der Aufsatz von Roubík, František: K vývoji zemské správy v Čechách v letech 1749–1790 [Zur Entwicklung der Landesverwaltung in Böhmen in den Jahren 1749–1790], in: SAP 19 (1969), 41–188.

den.[40] 1767 erreichte Maria Theresia ein anonymer Vorschlag zur Einrichtung einer unabhängigen Polizeidirektion in Wien. Der Vorschlag stach nicht so sehr dadurch heraus, wie er die Zuständigkeitsbereiche der Polizei definierte (sie reichten von der öffentlichen Ordnung und Sauberkeit über Feuerschutzbestimmungen, die Versorgung der Bevölkerung bis hin zur Ordnung in den Wirtshäusern und der Überwachung der Preise), sondern dadurch, dass die Wiener Polizeidirektion bzw. ihr Chef ausschließlich der Herrscherin unterstellt sein sollten.[41] Laut Ingeborg Mayer basierte der Vorschlag auf den Überlegungen von Justi und Sonnenfels und verriet einige Kenntnisse über die Struktur der Zentralbehörden, weshalb nicht auszuschließen ist, dass der Anstoß dazu direkt von Joseph II. kam. Seinen eigenen Worten zufolge hatte sich der Autor vom „Beispiel anderer zivilisierter Reiche und Länder" inspirieren lassen.[42] Ob es sich dabei um das französische Modell handelt, wie einige Forscher annehmen,[43] wissen wir nicht mit Sicherheit. Jedenfalls wurde der Vorschlag in der Folge sowohl von der Hofkanzlei als auch von der betroffenen (oder besser gesagt übergangenen) niederösterreichischen Landesregierung abgelehnt, da er nichts Neues enthalte, was die Landesregierung nicht bereits besorgt habe. Außerdem würde man mit einem Polizeidirektor eine zu mächtige Funktion schaffen und Entscheidungen in komplexen und „heiklen" Angelegenheiten an eine einzige Person übertragen, was doch problematisch werden könne.[44] Maria Theresia ließ daraufhin von der niederösterreichischen Landesregierung einen Überblick über alle „Hauptgegenstände und Zweige der Polizeiy" erstellen. Demnach umfasste das Polizeisystem die folgenden Bereiche: Bevölkerung, Gesundheitswesen, Religion und Sitte, Märkte, Gewerbe und Industrie, Armenfürsorge, Bauwesen, Sicherheit und die eigentliche Polizeiverwaltung.[45] Laut Bernard standen auch hinter diesem Konzept,

---

40 Bibl, Viktor: Die Wiener Polizei. Eine kulturhistorische Studie, Leipzig–Wien–New York 1927, 205.

41 Mayer, Ingeborg: Polizeiwesen in Wien und Niederösterreich im 18. Jahrhundert. Reform und Kompetenzenverteilung, in: Unsere Heimat 57 (1986), 75–91, hier 79. Der anonyme Entwurf wird detailliert vorgestellt ebenfalls in Dies.: Studien zum Polizeiwesen in Wien und Niederösterreich von seinen Anfängen bis zum Ausgang des 18. Jahrhunderts, Wien 1985 (Diss.), 137–142. Zum Entwurf auch Bibl, Die Wiener Polizei/1927, 210; Bernard, From the Enlightenment/1991, 121; Maršan, Robert: Dějiny policejní organisace rakouské, sv. I. II.: Zeměpanská policejní organisace v letech 1749–1780 [Geschichte der österreichischen Polizeiorganisation Bd. I. II.: Landesfürstliche Polizeiorganisation in den Jahren 1749–1780], Praha 1911, 118–121.

42 Mayer: Studien/1985, 138, „nach dem Beyspiel anderer gesiteten Reichen und Landschaften eine Polizey-Direction mit Nuzen bestellet werde".

43 Diese Vermutung äußerte Maršan: Dějiny/1911, 117, „dem Anonym schwebte französisches Muster, wohl durch preußische Vermittlung, vor" [übersetzt von P. H.]. Der Grund dafür war, dass der Polizeidirektor im Entwurf eine ähnlich starke Stellung hatte wie in Paris sowie, dass eine als Polizeidirektor betitelte Person seit 1742 an der Spitze der Berliner Polizei stand.

44 Mayer: Polizeiwesen/1986, 80; Dies., Studien/1985, 148–149.

45 Mayer: Studien/1985, 144–146; dass der Entwurf von der niederösterreichischen Landesregierung stammte, behauptet auch Walter, Organisierung/1927, 23.

das die Zuständigkeit der Polizei in ein breites Spektrum öffentlicher Tätigkeiten auf-
fächerte, Justi und Sonnenfels. Dies würde auch eine Definition nahelegen, nach der
die Polizei „nichts anderes ist, als eine kluge Einleitung des Wohls einzelner Familien
zur Wohlfahrt des ganzen Staates, welcher eine Gesellschaft von Menschen ist, die
mit gemeinsamen Kräften ihr allgemeines Wohl zu erhalten sich vereinbaret haben,
so erfolget auch hieraus, daß der erste und vornehmste Gegenstand der Polizey der
Bevölkerungsstand sei. Denn das Dasein der Menschen machte die Polizey-Verfassung
und Aufsicht, die Lehren der Religion, die Verbesserung und Erhaltung guter Sitten,
die Entdeckungen der Industrie und Kultur des Landes und alle übrigen Anstalten
der Staatsklugheit notwendig".[46] Gerade wegen des Umfangs ließ sich dieses System
in der Praxis nicht anwenden.[47] Wahrscheinlich blickte Maria Theresia oder ihr Umfeld an dieser Stelle nach Paris, wo bereits seit hundert Jahren eine Polizeidirektion
unter der Leitung eines Lieutenant général de police existierte. Im Auftrag von Maria
Theresia wies der Kanzler und Außenminister Kaunitz Anfang März 1768 den habsburgischen Botschafter in Paris, Mercy-Argenteau, an, vom dortigen Ministerium, genauer
gesagt vom durch dieses beauftragten Polizeileutnant, „einen haupt-Unterricht von
der Verfassung dortigen Stadtwesens, und deßen sowohl inneren als außeren Trieb-
und Führungsarten mittheilen zu lassen". Auf der Basis genauer Kenntnisse wollte die
Monarchin sodann über die Einführung ähnlich vorteilhafter Maßnahmen in ihrer
Residenzstadt entscheiden.[48] Der Botschafter sollte sich nicht nur mit der bekannten
Abhandlung über die Polizei von Delamare begnügen, um die ihn Kaunitz gebeten
hatte, sondern sich auch darüber informieren, wie die Vorschriften in der Praxis tatsächlich angewandt wurden, sowie über geheime, der Öffentlichkeit nicht bekannte
Maßnahmen. Die Habsburger interessierten sich ausdrücklich für den Polizeidirektor –
den „über das gemeine Stadtwesen bestellte[n] Aufseher" –, bzw. für eine solche insti-
tutionalisierte Ordnung, die es erlaubte, sich „von der häuslichen Aufführung und den
oft unerlaubten Ernährungs-Arten der Bürger selbst" zu informieren und entweder alle
Ordnungswidrigkeiten zu verhindern, oder sie, wenn sie bereits im Gange waren, im
Weiteren zu unterbinden und dafür zu sorgen, dass der Schuldige seiner angemessenen
Bestrafung zugeführt werde.

Mit Kanzler Kaunitz und Botschafter Mercy-Argenteau wurde der Wissenstransfer
„über die Polizei" von Personen realisiert, die mit der französischen Verwaltung und den
französischen Verhältnissen bestens vertraut waren. Dabei war es sicher von Bedeutung,
dass Kaunitz, der von 1750 bis 1752/53 als Botschafter in Paris diente, auch Mitarchitekt
der französisch-habsburgischen Annäherung war, die als „renversement des alliances"

---

46 Der Entwurf des Polizeisystems von 1768 wird wiedergegeben bei Bibl, Die Wiener Polizei/1927, 211–214,
  das Zitat auf den S. 211–212.
47 Bernard: From the Enlightenment/1991, 121–122.
48 ÖStA, HHStA, Frankreich Weisungen, Kart. 137, Wien, 2. 3. 1768, Weisung des Kanzlers Kaunitz an den
  Botschafter Mercy-Argenteau.

bekannt ist, und dass Mercy-Argenteau um diese zu besiegeln, 1770 die Hochzeit des Thronfolgers, des zukünftigen Ludwig XVI., mit Marie Antoinette ausgehandelt hatte. Nicht nur dank dieser Verbindungen bestand zwischen Paris und Wien ein intensiver Informationsfluss – ein Strom geheimer und offizieller diplomatischer Korrespondenz, aber auch von Büchern, Pamphleten, Zeitschriften und anderen Druckerzeugnissen. Aufgrund der Konjunktur des gedruckten Wortes in Frankreich in der zweiten Hälfte des 18. Jahrhunderts war dieser Strom zwar etwas einseitig, aber das bedeutet keineswegs, dass Mercy-Argenteau, Kaunitz, Maria Theresia oder Joseph II. unkritisch gegenüber allem gewesen wären, was aus Frankreich kam.[49]

Die freundschaftliche Verbundenheit beider Höfe – so die Sprache der diplomatischen Depeschen – war auch die Rechtfertigung des französischen Außenministers, Herzog Choiseul, für die Bereitschaft, Informationen über die Polizeiorganisation von Paris zu gewähren, die sonst als Staatsgeheimnis galten. Er habe sich versichern lassen, dass sie ausschließlich dazu verwendet würden um „bei uns [in Wien, P. H.] nützliche Maßnahmen nach dem Vorbild der hiesigen Polizei einzuführen" und wies den Pariser Polizeidirektor an den Bericht zu verfassen und an Mercy-Argenteau weiterzuleiten.[50] Doch der Botschafter hatte Sorge, dass der Bericht rein beschreibenden Charakter haben könnte, dass er „das bloße Mechanicum" enthalten würde oder eine Liste von Polizeibeamten und ihren Assistenten und dass er nicht über die bereits erwähnte Abhandlung Delamares hinausgehen würde.[51] Daher wandte er sich mit sechzehn Fragen zu verschiedenen Aspekten der Polizeiarbeit direkt an Antoine de Sartine, den Lieutenant général. Neben dem Polizeipersonal interessierte ihn, wie die Informationen über gemeldete Einwohner und Ausländer gewonnen wurden, ob die Polizei freiwillige Denunziationen förderte oder Prostituierte zur Spionage einsetzte.[52]

Mercy-Argenteau rechnete damit, dass die Erstellung des Berichts länger dauern würde.[53] In der Zwischenzeit war er – ebenso wie seine Kollegen in anderen Ländern – beauftragt, auf der Grundlage des Handbuchs von Anton Friedrich Büsching eine

---

49 Zu den Kulturkontakten zwischen den beiden Ländern unter Berücksichtigung der französischen Verwaltung vgl. Himl, Agentury/2009, 65–71. Dem traditionellen dynastisch-diplomatischen Zugang folgt die Biographie des Botschafters: Hasquin, Hervé: Diplomate et espion autrichien dans la France de Marie-Antoinette. Le comte de Mercy-Argenteau 1727–1794. Waterloo 2014, zur kritischen Haltung des Botschafters gegenüber Frankreich unter anderem 173–178.

50 ÖStA, HHStA, Frankreich Berichte, Kart. 138. Paris, 17. 3. 1768, Bericht von Mercy-Argenteau an Kaunitz.

51 Delamare, Nicolas: Traité de la police où l'on trouvera l'histoire de son etablissement, les fonctions et les prerogatives de ses magistrats, toutes les loix et tous les reglements qui la concernent, Bd. I–IV, Paris 1705–1738.

52 Die Fragen werden in der Einleitung der Edition zitiert: Gazier, Augustin (Hg.): La police de Paris en 1770. Mémoire inédit composé par ordre de G. de Sartine sur la demande de Marie-Thérèse, Paris 1879, 4–5.

53 ÖStA, HHStA, Frankreich Berichte, Kart. 138, Paris, 9. 9. 1768, Mercy-Argenteau an Kaunitz.

systematische Übersicht über die inneren Verhältnisse in Frankreich zu erstellen.[54] Bei dieser Gelegenheit beklagte er, dass es unmöglich sei, nicht nur bei einer äußeren Beschreibung zu bleiben, sondern zum Kern dieser Verhältnisse vorzudringen oder – besser gesagt – die Verflechtungen der verschiedenen Instanzen hinsichtlich ihrer Kompetenzen zu durchdringen (auch hier benutzte er den Ausdruck „bloße[s] Mechanicum"). Dieser Versuch gestalte sich ähnlich schwierig wie im Fall der Polizei und ihrer Funktionsweise.[55]

Schließlich dauerte es zwei weitere Jahre, bis zum 22. Mai 1771, bis der Botschafter nach Wien melden konnte, dass der Bericht („mémoire") über die Pariser Polizei fertiggestellt sei. Er hatte ihn von de Sartine erhalten, aber auch seinen eigentlichen Autor, den Kommissar Jean-Baptiste-Charles Lemaire, getroffen, der „unter allen seinen Collegen den Ruf einer vorzüglichen Kenntnis des Politzeywesens hat". Beim Austausch von Höflichkeiten bot Lemaire an, den Bericht bei Bedarf zu ergänzen oder zu präzisieren. Daraufhin schlug Mercy-Argenteau Kaunitz vor, ihn mit einem Geschenk zu belohnen.[56] Während der habsburgische Vertreter und durch seine Person der Wiener Hof Kontakt zum Polizeichef und späteren Marineminister de Sartine pflegte, verschwand Lemaire bis 1777 aus dessen Berichten, bis dieser während der Frankreichreise von Joseph II. darum ansuchte, von diesem empfangen zu werden.

Der Bericht selbst ging jedoch nicht verloren. Einen Monat nachdem er ihn erhalten hatte, schickte Mercy ihn nach Wien.[57] Das mehr als 100-seitige Exemplar, das im Österreichischen Staatsarchiv aufbewahrt wird, enthält sowohl eine Liste mit Antworten auf die vom Botschafter formulierten Fragen als auch eine umfassende zweiteilige Abhandlung über die Zuständigkeitsbereiche der Gerichtspolizei („police judiciaire") und über die Machtausübung durch die Polizeibeamten verschiedener Ebenen.[58] Wenn

---

54 Büsching, Anton Friedrich: Vorbereitung zur gründlichen und nützlichen Kenntnis der geographischen Beschaffenheit und Staatsverfassung der europäischen Reiche und Republiken, Hamburg 1761.

55 ÖStA, HHStA, Frankreich Berichte, Kart. 142, Paris, 3. 5. 1769, Bericht von Mercy-Argenteau: „[…] ein anderes Beyspiel äussert sich bey der zufolge eines König. Befehl mir schon so längst Versprochenen und gleichwohl noch nicht ertheilten Erläuterung des hiesigen Policey-Weesens; hierbey will es gleichwohl nur auf das blosse Mechanicum der Policey ankommen, um wie viel schwerer würde die Arbeit ausfallen, wenn sie zugleich die Grund Verfassung der Policey, nämlich das Verhältnis des Lieutenant Général de Police gegen das Chatelet, das Chatelet gegen das Parlament und dessen Procureur Général, und des Procureur Général gegen den H. Grafen von St. Florentin als zu dessen Departement die Policey der Stadt Paris gehöret, erläutern sollte".

56 ÖStA, HHStA, Frankreich Berichte, Kart. 147, Paris, 22. 5. 1771, Mercy-Argenteau an Kaunitz.

57 ÖStA, HHStA, Frankreich Berichte, Kart. 147, Paris, 22. 6. 1771, Mercy-Argenteau an Kaunitz.

58 ÖStA, HHStA, Frankreich Varia, Kart. 34, „Memoire de Mr de Sartine sur la Police en France, en réponse aux questions qui lui ont été adressées par Mr. le comte de mercy d'ordre de sa cour". Das Manuskript wurde später auf den 3. 12. 1768 zurückdatiert. Die Autorenschaft Lemaires wird durch die abschließende Anmerkung belegt: „Rédigé suivant les ordres de Mr de Sartine, par Jean Baptiste Charles Lemaire, Conseiller du Roi, Commissaire au Châtelet de Paris". Die „Gerichtspolizei" („police judiciaire") hatte das Recht, nicht nur Personen festzunehmen und zu untersuchen, sondern auch Strafen zu verhängen.

es die ursprüngliche Absicht von Kaunitz gewesen war, den weiten Sonnenfelsschen Begriff der Polizei auf Grundlage der französischen Praxis einzugrenzen, ähnelte der Bericht dem umfassenden Vorschlag aus dem Jahr 1768, vielleicht mit Ausnahme der Fürsorge für die Bevölkerung, die im französischen Bericht fehlte, die aber für Justi und Sonnenfels wesentlich gewesen war. Sein zweiter Teil, der sich mit der praktischen Polizeiarbeit befasst, wurde jedoch zum Gegenstand der Diskussion bei der Reorganisation der Wiener Polizei.

Im französischen Kontext ist der Bericht von Lemaire aufgrund des Umfangs und systematischen Charakters in das Genre der „Polizeitraktate" einzuordnen, die im gesamten 18. Jahrhunderts oft utopische Überlegungen zur Verbesserung der polizeilichen und staatlichen Angelegenheiten sowie der Gesellschaft insgesamt darstellten.[59] Die einzelnen Texte bezogen sich oft aufeinander und Kommissar Lemaire selbst stützte sich beim Verfassen seines Textes auf kürzere Berichte und Notizen über die polizeilichen Aktivitäten von Vorgängern und Kollegen.[60] Im Gegensatz zu Delamares Abhandlung und anderen Berichten erschien der Text von Lemaire damals auf Französisch nicht in gedruckter Form, angeblich wegen seines zum Teil geheimen Charakters. Dennoch war er in Frankreich nicht völlig unbekannt. Implizit bezog sich der Nachfolger von de Sartine im Amt des Polizeidirektors, Jean-Charles-Pierre Lenoir, auf ihn, als er 1780 – angeblich auf Bitten Maria Theresias – als dessen Anhang einen Bericht über verschiedene Pariser Sozialeinrichtungen veröffentlichte.[61] Lenoir hatte vielleicht sogar die Absicht, Lemaires Text zu veröffentlichen, benutzte ihn aber letztlich nur, um seine eigenen polizeilichen „Memoiren" zu schreiben.[62] Offenbar hat sich das Manuskript dadurch unter anderem als Beleg für das im Ausland herrschende Interesse am Pariser Polizeimodell erhalten.[63] Aus ähnlichen apologetischen Gründen, als Zeugnis für den vormodernen Vorläufer der Pariser Polizeipräfektur, die 1800 von Napoleon gegründet worden war, wurde ein Exemplar von Lemaires Text, das in Frankreich aufbewahrt wur-

---

59 Van Damme, Stéphane: Paris, capitale philosophique: De la Fronde à la Révolution. Paris 2005, 87–89.

60 Milliot, Vincent: Écrire pour policer: les «mémoires» policiers, 1750–1850, in: Milliot, Vincent (Hg.): Les Mémoires policiers 1750–1850. Écriture et pratiques policières du Siècle des Lumières au Second Empire, Rennes 2006, 15–41, hier 21.

61 Lenoir, Jean Charles Pierre: Détail sur quelques établissemens de la ville de Paris demandé par sa Majesté Impériale la Reine de Hongrie, Paris 1780.

62 Milliot: Écrire pour policer/2006, 16, Anm. 6; Milliot, Vincent: Jean-Charles-Pierre Lenoir (1732–1807), lieutenant général de police de Paris (1774–1785). Ses «mémoires» et une idée de la police des Lumières, in: Mélanges de l'École française de Rome 115 (2003), 777–806, hier 786.

63 Um die Pariser Polizei gegen die Anschuldigung, sie sei ein Instrument der absolutistischen Regierung gewesen, zu verteidigen, erwähnt Jacques Peuchet ihren Vorbildcharakter zu Beginn der Restauration im Vorwort zu seiner Sammlung der Polizeiverordnungen und -vorschriften; Peuchet, Jacques: Collection des lois, ordonnances et réglements de police depuis le 13e siècle jusqu'à l'année 1818, seconde série, Police moderne de 1667 à 1789, Bd. VIII: Juillet 1766 à 1772, Paris 1819, XXIX.

de, schließlich 1879 vom Historiker Augustin Gazier „entdeckt" und veröffentlicht.[64] Erstmals gedruckt wurde das „mémoire" jedoch schon viel früher, und zwar in einer deutschen Übersetzung, die 1790 anonym in Wien erschien.[65] Die Umstände dieser Veröffentlichung sind jedoch völlig unbekannt.[66]

Lemaires Text verbreitete allerdings schon kurz nach seiner Übersendung an die Kaiserin, noch im französischen Original und im Manuskript, die Kenntnis um die Organisation der Pariser Polizei unter den höchsten Wiener Behörden. Maria Theresia leitete den Bericht an die niederösterreichische Landesregierung weiter, die auf seiner Grundlage einen weiteren Vorschlag zur Polizeireform ausarbeiten sollte.[67] Dieser 1771 verfasste Vorschlag sah vor, Wien in vier und die Vororte in acht Bezirke aufzuteilen und in jedem von ihnen einen eigenen Polizeivorsteher („Aufseher") einzusetzen. Sie sollten von Kommissaren aus den Reihen der Bürger unterstützt werden.[68] Laut der – wiederum kritischen – Reaktion der Hofkanzlei stammte die Idee, das Stadtgebiet aufzuteilen und die Verantwortung der lokalen Amtsträger zu stärken, gerade aus der „Parisischen Polizey Einrichtung".[69] Schwachpunkt des Vorschlags waren die hohen Kosten der Polizeiarbeit – sowohl für die bürgerlichen Viertelkommissare (die zumindest von der Handwerkssteuer befreit waren), als auch für potenzielle, in Paris vermeintlich übliche Spione. Nur am Rande wird erwähnt, dass der Polizeivorsteher („Polizeioberaufseher", von einem Direktor oder Lieutenant war noch nicht die Rede) 2000 Gulden pro Jahr erhalten sollte. Dennoch billigte die Kaiserin den Vorschlag der Regierung und legte fest, dass ein Teil der Kosten für die Polizeiorganisation (4000 Gulden) von der Stadt Wien zu übernehmen sei.[70]

---

64 Gazier (Hg.): La police de Paris en 1770/1879.
65 Abhandlung von der Polizeyverfassung in Frankreich. Aus dem Französischen übersetzt, Wien 1790.
66 Die Schrift ist beim Verleger und Buchhändler Christoph Peter Rehm erschienen, der in Wien seit der Mitte der 1780-er Jahre ein breites Spektrum an Konsumliteratur von Almanachen und Kalendern über religiöse Literatur, Predigten bis hin zu Theaterstücken (oftmals als „Piraten-Nachdrucke") herausgab. Vgl. Kohlmayer, Ursula: Der Verlag Christoph Peter Rehm (1785–1821), Wien 1997 (Diplomarbeit), 32–33, im Verzeichnis der Veröffentlichungen für das Jahr 1790 fehlt die Abhandlung über die Pariser Polizei allerdings.
67 Oberhummer: Die Wiener Polizei/1937, 28, datiert diese Verfügung auf den 16. 1. 1773. Da aber die Hofkanzlei an diesem Tag bereits zu diesem Vorschlag Stellung nahm, muss dessen Anfertigung früher verfügt worden sein.
68 Maršan: Dějiny/1911, 126–128.
69 ÖStA, AVA, Hofkanzlei, Sign. IV M 1, Niederösterreich, Kart. 1326, Wien, 16. 1. 1773, Stellungnahme der Hofkanzlei zum Vorschlag der niederösterreichischen Regierung, die Polizeiorganisation zu verbessern: „Die antragende Untertheilung dieser 12 Polizey-Aufseher scheinet aus dem form der Parisischen Polizey Einrichtung hergeleitet zu seyn. Die große und stark bevölkerte Stadt Paris befindet sich in 20 quartieren eingetheilt, jedes quartier hat seinen Polizey-Unteraufseher, welche Commissaires des quartiers genennet werden, und in kleinen fällen zu entscheiden haben, in wichtigeren aber dem lieutenant de police die berichte abstatten müssen."
70 Maršan: Dějiny/1911, 132.

Die Kostspieligkeit war auch einer der Kritikpunkte der Hofkanzlei am Vorschlag der niederösterreichischen Regierung bzw. ihrer französischen Inspiration vom April 1773. Als eine der Haupttätigkeiten der Polizei war im Vorschlag die Suche nach verdächtigen Personen und deren Überwachung vorgesehen. In Paris wurde dies von einer großen Zahl bezahlter Spione, den sogenannten Mouches, übernommen. Neben finanziellen Einwänden wurden in Wien auch rechtliche und moralische Bedenken gegen diese Methode der Polizeiarbeit vorgebracht – der Einsatz von Spionen sei „mit den Begriffen der bürgerlichen freyheit unerträglich" – und in der weiteren Stellungnahme spricht die Hofkanzlei von Mitteln, die kaum mit den „reinen begrifen der religion, mit der anständigkeit der Sitten, mithin auch mit den echten grundsätzen der staatsverfassung" vereinbar seien, womit auch die Beschaffung von Informationen aus dem Prostitutionsmilieu gemeint gewesen sein kann, nach der übrigens auch der Botschafter Mercy-Argenteau ausdrücklich gefragt hatte, als er den Pariser Bericht in Auftrag gab.[71]

Zu dieser Zeit erfolgte trotz der uneinheitlichen Haltung der Zentralbehörden eine gewisse Reorganisation der Polizei: Die zwölf Bezirke Wiens wurden mit jeweils einem Polizeiinspektor („Aufseher") besetzt, denen noch ein „Polizey-Ober-Aufseher" übergeordnet war, und zugleich wurde für sie ein höheres Gehalt festgelegt.[72] Die Polizei blieb jedoch der niederösterreichischen Landesregierung bzw. ihrer Sicherheitskommission unterstellt.[73] Das Fehlen eines einzigen übergeordneten Kommandanten, der direkt dem Landesherrn unterstellt gewesen wäre, ließ das Korps der Wiener städtischen Aufseher in den Augen der Vertrauten Maria Theresias weder tatkräftig noch brauchbar erscheinen um die Sicherheitsinteressen der Monarchie durchzusetzen. Im Wesentlichen war die Wiener Polizei vom französischen Modell weit entfernt. Vom außenpolitischen Blickwinkel her hatten die Repräsentanten der Habsburgermonarchie jedoch direktere Erfahrung mit den Tätigkeiten der Pariser Polizei als das bloße Studium des Berichts von Lemaire. Von der eher uninteressanten Überwachung der Ordnung auf den Straßen der Städte oder der Qualität und der Preise von Lebensmitteln kommen wir deshalb nun zum Bereich der Diplomatie und den „Affären der Mächtigen".

Im August 1774 kam Pierre-Augustin Caron de Beaumarchais, der Autor der später berühmten (und skandalösen) *Hochzeit des Figaro*, nach Wien. Er reiste in einer geheimen Mission, von deren Bedeutung er sogar Maria Theresia überzeugen konnte,

---

71 ÖStA, AVA, Hofkanzlei, Sign. IV M 1 Niederösterreich, Kart. 1326, Wien, 24. 4. 1773, für Maria Theresia bestimmte Stellungnahme der Hofkanzlei zum Vorschlag der niederösterreichischen Regierung (unterzeichnet von Blümegen), „[…] weil zu Paris die Ausforschung verdächtiger Menschen, und der größte Theil der Polizey lediglich auf einer unzehlbaren Menge in allen häusern und gesellschaften verbreiteter ausspäher beruhe, welches mit den begriffen der bürgerlichen freyheit unerträglich seyn dörfte, weil endlichen dabey auch solche Mittel angewendet werden, welche sich mit den reinen begrifen der religion, mit der anständigkeit der Sitten, mithin auch mit den echten grundsätzen der staatsverfassung kaum vereinbahren zu lassen scheinen".

72 Oberhummer: Die Wiener Polizei/1937, 27.

73 Mayer: Studien/1985, 151–152.

die ihm in dieser Angelegenheit Audienz gewährte.[74] Beaumarchais sollte im Auftrag des französischen Königs Ludwig XVI. und des Polizeidirektors de Sartine zunächst in London, dann in den Niederlanden und nun in Wien die Veröffentlichung und Verbreitung eines Pamphlets über Königin Marie Antoinette zu verhindern versuchen, hinter dem angeblich ein venezianischer Jude namens Guillaume Angelucci steckte. Kanzler Kaunitz kam jedoch aufgrund mehrerer Unstimmigkeiten zu dem Schluss, Beaumarchais könne das Pamphlet selbst verfasst haben und nun danach trachten, sich die Kosten für das angebliche Verschwinden der Schrift bezahlen zu lassen, und zwar von jenen Personen, die am meisten von deren Verschwinden profitierten – neben der Königin von Frankreich waren dies auch Maria Theresia, de Sartine und der Herzog Choiseul. Daher ließ Kaunitz Beaumarchais am 22. August verhaften und es ist nicht ohne Interesse, dass als Kommissar für die Aufnahme seiner Aussage Joseph von Sonnenfels eingesetzt wurde. Gleichzeitig hatte Botschafter Mercy-Argenteau in Paris beim König oder bei de Sartine, der inzwischen zum Marineminister ernannt worden war, die Umstände von Beaumarchais' Auftrag in Erfahrung zu bringen, etwa, ob dieser nicht selbst zuerst mit der Information über das Pamphlet gekommen sei.[75] Bei einem dreistündigen Treffen teilte de Sartine dem Botschafter am 6. September mit, dass er erst durch Beaumarchais von dem Pamphlet erfahren habe, bestritt aber, dass sein Vertrauter die Affäre selbst inszeniert hätte haben können.[76]

Nach der Fürsprache von de Sartine und einer Erklärung von Ludwig XVI. wurde Beaumarchais freigelassen und kehrte mit versiegelten Dokumenten nach Frankreich zurück. Dort endete die ganze Angelegenheit für ihn günstig, denn er erhielt 72.000 Livres für die Kosten des Kaufs und der Vernichtung des Pamphlets.

Während der französische Hof Kaunitz' Verdacht eher keinen Glauben schenkte, pflegten Antoine de Sartine und Mercy-Argenteau seit dem Bericht von Lemaire recht gute Beziehungen. Auch war angeblich das „mir schon längsten gewidmete Vertrauen und Freundschaft" der Anlass gewesen, dass de Sartine dem Botschafter gegenüber seinen Verdacht über die Herkunft des Pamphlets geäußert hatte.[77] Als er Ende September 1774 in einem Bericht an Kaunitz die neu ernannten Minister charakterisierte, bemerkte der Botschafter über de Sartine: „Es hat Monsieur de Sartine beÿ der bisher geführten Oberverwaltung des Policeÿ-Wesens den durchgängigen Ruf vieler bescheidenheit,

---

74 Falls nicht anders angegeben, entnehme ich die Informationen zur Beaumarchais-Affäre der älteren Arbeit von Arneth, Alfred von: Beaumarchais und Sonnenfels, Wien 1868. Dazu auch Burrows, Simon: A King's Ransom. The Life of Charles Théveneau de Morande, Blackmailer, Scandalmonger & Master-Spy, London 2010, 76–78.

75 Arneth: Beaumarchais/1868, 48–49.

76 ÖStA, HHStA, Frankreich Berichte, Kart. 154, Paris, 11. 9. 1774, Mercy-Argenteau an Kaunitz. Burrows: A King's Ransom/2010, 77, zufolge gab de Sartine unter dem Druck der Indizien zwar zu, dass Beaumarchais selbst Mitverfasser des Pamphlets sei, er konnte es aber nicht öffentlich gestehen, um vor dem Wiener Hof das Gesicht nicht zu verlieren.

77 ÖStA, HHStA, Frankreich Berichte, Kart. 154, Paris, 11. 9. 1774, Mercy-Argenteau an Kaunitz.

Menschenliebe und Redlichkeit erhalten: beÿ dem neu überkommenen Departement des Seewesens will es aber darauf ankommen, ob er den hierzu gehörigen nachdrucklichen Ernst und Standhaftigkeit in hinlänglicher Maße besitze. da auch diese seine neue Arbeit von der vorigen ganz unterschieden ist, als wird sehr gezweifelt werden, ob er derselben gewachsen seÿ."[78]

Höher als seine spätere Tätigkeit als Minister schätzte nicht nur Mercy-Argenteau, sondern auch der Abbé Géorgel de Sartines polizeiliche Aktivitäten ein, der in der zweiten Hälfte des Jahres 1774 den französischen Botschafter in Wien vertreten hatte. Wahrscheinlich im Sommer, als de Sartine noch für die Pariser Polizei zuständig war, wandte Kanzler Kaunitz sich über Géorgel bzw. den französischen Außenminister mit einer Anfrage an ihn, eine Person ausfindig zu machen, die dem habsburgischen Hof einige Schwierigkeiten bereiten konnte und die sich angeblich getarnt in Paris versteckte. Allerdings konnte binnen drei Monaten nicht mehr herausgefunden werden, als dass die betreffende Person sich nur kurz in Paris aufgehalten hatte und dann an Bord eines Schiffes nach Ägypten gegangen war. Kaunitz gab sich mit dieser Information nicht zufrieden: „Wie sehr die Pariser Polizei doch gelobt wird, aber jetzt sehe ich, dass sie nicht besser ist als anderswo," berichtet Géorgel in seinen Memoiren. De Sartine fühlte sich dadurch so verletzt, dass er begann intensiver nachzuforschen. Nach weiteren Monaten, als die Angelegenheit fast vergessen war, brachte ein Kurier Géorgel die Information, dass die gesuchte Person sich in der Wiener Leopoldstadt bei einem türkischen Händler befände, türkisch gekleidet wäre und eine schwarze Augenklappe trüge. Auf der Basis dieser Information wurde der Gesuchte dann auch sogleich verhaftet. Daraufhin sparte Kaunitz nicht an öffentlichem Lob und dankte de Sartine im Namen der Kaiserin. „Das Räderwerk einer solchen Wundermaschine muss ein Meisterwerk sein," soll er oft über die Pariser Polizei gesagt haben.[79]

Diese von Paris aus gesteuerte Maschine, die eine gesuchte Person verkleidet in einem Wiener Vorort ausfindig machen konnte, entsprach in Géorgels Memoiren den Vorstellungen, die sich Kaunitz als Architekt des habsburgischen Absolutismus und Zentralismus von einer effektiv funktionierenden Staatsgewalt machte. Während die Wiener Seite im Jahr 1768 daran interessiert war, wie die Pariser Polizeibeamten Informationen über in- und ausländische Personen in einer, wenn auch großen und undurchsichtigen, Stadt sammeln konnten, schien diese Maschine auch Hinweise und Beschreibungen zu übermitteln, anhand derer man Personen in einigen weiter entfernten Ländern identifizieren konnte, wobei weder die verschiedenen Zwischeninstanzen

---

78 ÖStA, HHStA, Frankreich Berichte, Kart. 154, Paris, 28. 9. 1774, Mercy-Argenteau an Kaunitz.

79 Die Geschichte samt Zitaten entnehme ich aus Abbé Géorgel: Mémoires pour servir à l'histoire des événements de la fin du dix-huitième siècle depuis 1760 jusqu'en 1806–1810, Bd. 1. Paris 1820, 377–380, hier 378: „On nous avoit tant vanté la police de Paris, me dit le prince de Kaunitz; mais je vois bien qu'elle n'est pas meilleure là qu'ailleurs"; 379: „[…] il [Kaunitz] disoit souvent que le rouages d'une machine aussi merveilleuse devoient être des chefs-d'œuvres" [Übersetzung im Text P. H.].

noch die individuellen Beamten eine Rolle spielten. Kaunitz' Bewunderung dürfte also keine reine literarische Fiktion Géorgels gewesen sein. Denn auch Kaunitz' Reform der zentralen Behörden der Habsburgermonarchie zwischen 1760 und 1763 war von der Idee eines Uhrwerks geleitet, das nach kausal-mechanischen Gesetzen „laufen" sollte.[80] Im Falle der Polizei stellte ein solches Uhrwerk mehr als ein „bloßes Mechanicum" dar, d. h. ein unflexibles System von Institutionen, Beamten und Normen, wie Botschafter Mercy-Argenteau schrieb. Es beinhaltete auch das Wissen um ihre Dynamik und die Fähigkeit, die nicht immer berechenbaren Beamten so einzusetzen, dass es mehr oder weniger funktionierte, d. h. dass derjenige, der die Maschine „kontrollierte", mit ihr seine Ziele erreichen konnte.

Die Tatsache, dass die Polizei nicht nur in Kaunitz' Vorstellung ein Instrument zur Ausübung absolutistischer Macht sein sollte, brachte sie näher an die Metapher vom Staat als Maschine, wie sie der Kanzler von Justi und anderen Kameralisten kannte. Im Gegensatz zur Metapher oder Idee des Staates als (politischer) Körper, dessen Teile von Natur aus miteinander verbunden sind und ein gemeinsames Interesse verfolgen, wird nach Justi der Staatsapparat aufgebaut und verwaltet, um das „das Wohl des Staates", d. h. ein „äußeres" Ziel, zu erreichen, das derjenige bestimmt, der die Maschine konstruiert und kontrolliert – der absolutistische Herrscher. Die Tatsache, dass das Ziel eines solchen Staates nicht das Wohl der einzelnen Bürgerinnen und Bürger ist, sondern dass diese als Teile einer Maschine dienen, um andere Ziele zu erreichen, z. B. wirtschaftlichen Wohlstands oder der Landesverteidigung, und dass der Staat als Maschine auch ein „Deckmantel für Tyrannei" sein kann, auf all das wurde bereits von zeitgenössischen Kritikern wie beispielsweise Lessing hingewiesen.[81]

Die Metapher vom Staat als Maschine verbreitete sich in der Praxis und im universitären Unterricht der Staatswissenschaft und wurde gleichzeitig auf verschiedene Weise modifiziert. Johann von Mayern bezeichnete in seinem Lehrbuch der Kreisverwaltung für Böhmen aus dem Jahr 1776 gerade die Kreisämter als Triebfedern der Maschine der politischen Organisation des Landes. Wenn die Kreisbeamten durch ihre Untätigkeit die Maschine nicht in Gang hielten, untergrüben sie die Autorität der Zentralregierung (des Guberniums) und die Fähigkeit des Staates Gesetze und Vorschriften durchzusetzen. Die Kreisämter seien das Bindeglied zwischen dem Gubernium und den Kreisbewohnern, mit denen allerdings immer noch die einzelnen Herrschaften oder Städte gemeint

---

80 Unter anderem Stollberg-Rillinger, Barbara: Maria Theresia. Die Kaiserin in ihrer Zeit. Eine Biographie, München 2017, 234–245.

81 Ich stütze mich hier auf das grundlegende Werk von Stollberg-Rillinger, Barbara: Der Staat als Maschine. Zur politischen Metaphorik des absoluten Fürstenstaates, Berlin 1986, 105–116, zu Lessing 112. Auf S. 111 zitiert die Autorin aus Justis Policey-Wissenschaft (§ 17): „Die Unterthanen, wenn sie mit der Glückseeligkeit des Staats übereinstimmende Fähigkeiten und Eigenschaften haben sollen, müssen 1. vernünftige, 2. nützliche und 3. nicht überlästige Mitglieder des gemeinen Wesens seyn"; vgl. auch Dies.: Maria Theresia/2017, 182–183.

waren.[82] Die Maschine muss hier also nicht unbedingt der Staat als Gesamtheit seiner Bewohner sein, sondern die politische Verfassung des Landes.

Unabhängig von Bedeutungsnuancen ist das, was Polizei und Staat diesem Verständnis nach gemeinsam haben, ihre „Konstruiertheit" und Instrumentalität sowie ihre Einsetzbarkeit als Instrumente zu einem bestimmten Zweck. Die Bestandteile der „wunderbaren Polizeimaschine" waren jedoch – im Gegensatz zu Justis Staatsvorstellung und ähnlich wie bei Mayern – nicht die Bürger selbst, obwohl es interessant ist, dass die Polizei von Paris, Wien und Prag zu bestimmten Zeiten mit freiwilligen oder halbprofessionellen bürgerlichen Kommissaren oder Aufsehern arbeitete. Diese Situation, in der Bürger von anderen Bürgern beaufsichtigt wurden, war jedoch weit von Selbstverwaltung jeglicher Art entfernt, denn die Kommissare wurden von der städtischen oder Landesobrigkeit ausgewählt. Außerdem wurde dieses Modell, wie wir sehen werden, spätestens in den 1780er-Jahren aufgegeben und allmählich wurde Professionalität zur Voraussetzung für die Polizeiarbeit. Dennoch geht mit der modernen Polizei immer eine gewisse Zweideutigkeit einher: Einerseits soll sie vor allem in den (Groß-)Städten das Leben organisieren, sichtbar sein und im Interesse aller Einwohnerinnen und Einwohner handeln; andererseits soll sie den Staat vor inneren Feinden schützen und von dieser Eigenschaft sollen die Bürger de facto nicht wissen. Diese Doppeldeutigkeit findet ihren Ausdruck in der Aufteilung in öffentliche und geheime Polizei und ist mit dem Namen von Johann Anton Pergen verbunden, der in den 1780er-Jahren die Szene betrat.

Josephs unsterbliches Denkmal und Reismanns Scheitern

Einer einfachen Anwendung des Pariser Modells standen neben den Vorbehalten der Landesbehörden und Hofämter – etwa wegen der hohen Kosten oder dem Einsatz von Spitzeln und Prostituierten – auch strukturelle Hindernisse entgegen. Die Verwaltung der Habsburgermonarchie war deutlich anders als in Frankreich organisiert: In den 1770er-Jahren waren die ständischen Behörden noch nicht zur Gänze durch die Zentralisierungsbestrebungen verdrängt worden. Außerdem unterschied sich die Verwaltung der einzelnen habsburgischen Länder aus historischen Gründen voneinander – nicht nur die der so genannten Erblande im westlichen Teil der Monarchie von Ungarn, sondern auch jene der Erblande untereinander, Böhmen von Mähren, und diese letzteren böhmischen Länder von den österreichischen Ländern. Die komplizierten Haugwitzschen Reformen ab den späten 1740er-Jahren vereinheitlichten die politische,

---

82 Mayern: Einleitung/1776, 3: „Dieses Amt ist eine dem hohen Landesgubernio unterstehende Mittelstelle, zwischen gleich besagtem königl. Gubernio und den Kreisinsassen: dann die wahre Triebfeder, mittels welcher die ganze Maschine der politischen Landesverfassung in Bewegung gesetzt wird."

gerichtliche und finanzielle Verwaltung schrittweise.[83] In den 1780er-Jahren waren dann – vereinfacht ausgedrückt – die niedrigeren Verwaltungsebenen der Städte und Kreise an der Reihe. In diesem Zusammenhang sind auch die folgenden Polizeireformen, insbesondere die Schaffung der Polizeidirektionen, zu sehen. Trotz aller Vorbehalte gegenüber dem französischen Modell wurde Wien ab 1776 nach dem Pariser Vorbild in Polizeibezirke eingeteilt: die Innenstadt in vier und die Vororte in acht. In jedem dieser Bezirke war ein Bezirksaufseher oder Bezirksdirektor für die Sicherheit und öffentliche Ordnung zuständig. Diese Polizeibeamten waren nicht dem Magistrat, sondern der niederösterreichischen Landesregierung unterstellt. Da nicht ganz klar war, ob und welche Angelegenheiten sie an die Regierung weiterzuleiten hatten und welche Fälle sie selbst erledigen konnten, spricht Ingeborg Mayer in diesem Zusammenhang von den Anfängen der Verselbstständigung der Wiener Polizeidirektion.[84] Ihre Inspektoren sollten neben der Ordnung auch die Arbeitsverhältnisse der Handwerks- und Stadtdiener überwachen, durften aber keine Haushalte betreten. In der Stadt war ihnen zudem die militärisch organisierte Polizeiwache zur Seite gestellt. Obwohl diese bzw. ihre Vorgängerin, die so genannte „Stadtguardia" oder „Rumorwache", historisch gesehen vom Stadtrat und später von der niederösterreichischen Regierung eingerichtet worden war, wurde das Reglement für die Militärpolizei in der Residenzstadt 1775 von der Kaiserin erlassen (es wurde später zur Grundlage für Polizeimannschaften in anderen Städten der Monarchie). Eine militärisch organisierte Wache mit einem Hauptmann, einem Leutnant, Unteroffizieren und Korporalen sollte ein breites Spektrum an Aufgaben wahrnehmen – von der Überwachung des Verkehrs, der Sauberkeit und Sicherheit auf den Straßen über die nächtliche Beleuchtung bis hin zu Patrouillen in Gasthäusern und Cafés.[85] Darüber hinaus wurde ab den 1750er-Jahren in Wien und anderswo ein „Meldewesen" eingeführt, um alle Personen zu erfassen, die sich – wenn auch nur vorübergehend – in der Stadt aufhielten. Dazu gehörten Dutzende oder Hunderte für Straßen und Viertel zuständige (Unter-)Kommissare, die Informationen über die Belegung der

---

83 Zum „Reformsturm" vgl. die Übersichtsdarstellung bei Vocelka, Karl: Österreichische Geschichte 1699–1815. Glanz und Untergang der höfischen Welt. Repräsentation, Reform und Reaktion im habsburgischen Vielvölkerstaat, Wien 2001, 354–361. Zu den böhmischen Ländern vgl. Bělina/Kaše/Kučera: Velké dějiny, Bd. X: 1740–1792/2001, 45–50.

84 Zur Wiener Polizeireform, der die „[n]eue Polizeiverbesserung und Einteilung der Vorstädte Wiens in Polizeibezirke" vom 3. März 1776 zugrunde lag, Mayer, Studien/1985, 153–155 (einschließlich der Beschreibung der Polizeibezirke). Zur auf diesem Erlass basierenden Tätigkeit der Aufseher Maršan, Dějiny/1911, 135–138.

85 Die erste, theresianische Version dieses „Reglements" vom 24. 11. 1775 findet sich unter anderem im Niederösterreichischen Landesarchiv [weiter NÖLA] St. Pölten, Polizeioberdirektion [weiter POD] Wien, Kart. 1. Zur Wiener „Polizei-Militärwache" sowie ihren Vorgängerinnen (Stadtguardia, Rumorwache) Oberhummer, Die Wiener Polizei/1937, 29–38.

einzelne Häuser sammelten.[86] In dem Bemühen, alle Personen in der Monarchie zu erfassen, also nicht nur Ausländer, sondern auch Menschen, die vom Land in die großen Städte zogen, kam die bestehende Verwaltung an ihre Grenzen. Um Personen, die sich außerhalb ihrer Herrschaften oder Städte bewegten, zu kontrollieren und abzuschieben, richteten die Landesregierungen Kommissionen ein, die oft als Sicherheits- oder explizit Polizeikommissionen bezeichnet wurden; das Prager Gubernium tat dies 1749.[87] Diese „Regierungs-" Kommission war theoretisch für das ganze Land zuständig, konzentrierte sich in Sicherheitsfragen aber in erster Linie auf Prag, wo sie eine Rolle spielte, die anderswo in Böhmen den Kreisämtern zukam. In den österreichischen Erblanden wurden die Kreisämter erst Mitte des 18. Jahrhunderts nach dem Vorbild Böhmens eingerichtet. Auf die Wiener Situation hatten wiederum die hier ansässigen zentralen Behörden der Monarchie größeren und unmittelbareren Einfluss und standen gewissermaßen in Konkurrenz zur niederösterreichischen Landesregierung. Gleichzeitig wurden ab den 1750er-Jahren die ursprünglich städtischen Ordnungsbehörden so reformiert, dass sie mit den Landesbehörden wenigstens kooperierten. Auch die Zusammenarbeit der Behörden über die Grenzen der verschiedenen Länder der Monarchie hinweg erwies sich als unzureichend im Umgang mit Landstreichern und anderen Nichtsesshaften oder Ausländern. In der Absicht, die Staatsverwaltung weiter zu vereinheitlichen und zu zentralisieren, beschloss Joseph II. 1782, die niederösterreichischen ständischen Behörden zu verkleinern und mit der Landesverwaltung zu verschmelzen. Johann Anton Pergen, der seit 1775 als Landmarschall dem niederösterreichischen Landtag vorstand, wurde damit zugleich Präsident der niederösterreichischen Landesregierung;[88] er nahm damit eine ähnliche Doppelstellung ein wie der Präsident des böhmischen Guberniums. Teil der Reform sollte sein, ein eigenes Kreisamt für Wien zu schaffen und dieses enger in die Landesverwaltung einzubinden.[89] Joseph II. schlug vor, dass ein solches Kreisamt von einem Stadthauptmann oder Polizeipräsidenten geleitet werden sollte, der für die Innenstadt („innerhalb der Linien") zuständig sein sollte.[90] Auf Vorschlag Pergens wurde das Amt jedoch schließlich geteilt – neben dem Stadthauptmann, der die allgemeine Verwaltung besorgen sollte, wurde Anfang April 1782 Franz Anton Beer zum Wiener Polizeidirektor ernannt, der nicht von der Regierung, sondern nur vom „Landeschef", also Pergen, abhängig war und nur für geheime Aufgaben zuständig sein

---

86 Mayer Studien/1985, 156–157. Maršan, Dějiny/1911, 138, zufolge hat gerade die Reform des Jahres 1776 die Existenz der bürgerlichen Kommissare beendet.

87 Roubík, Počátky/1926, 18–25. In den österreichischen Ländern reichen ähnliche Kommissionen in die 1720er-Jahre zurück; ausführlich dazu Maršan, Dějiny/1911, 31–59.

88 Zu Veränderungen der niederösterreichischen Landesverwaltung Gutkas, Karl: Geschichte Niederösterreichs, München 1984, 174–176; weiter Bernard, From the Enlightenment/1991, 116–119.

89 Mayer, Polizeiwesen/1986, 82.

90 Zu Josephs Entwurf der „Hauptgrundsätze" vom 1. 3. 1782 Walter, Organisierung/1927, 28.

sollte. So entstand erstmals in der Habsburgermonarchie das Amt des Polizeidirektors und die um ihn herum organisierte Polizeidirektion; dieses Wiener Modell wurde
später auch in anderen Kronländern, wie etwa den böhmischen, umgesetzt und bildet
bis heute die Grundlage für die Organisation des staatlichen Sicherheitsapparats in
den europäischen Ländern. In einem Umfeld mit einer starken justi-sonnenfelsischen
Tradition, wo man unter Polizei im Grunde die gesamte innere Verwaltung des Landes
verstand, begann sich diese Bezeichnung auf die öffentliche und geheime Sicherheit
zu beschränken. Wie ich in den folgenden Kapiteln zeigen werde, dauerte es in allen
Teilen der Monarchie sehr lange, bis geklärt war, was Polizei bedeutet und worin ihre
Aufgaben bestehen. Es liegt auf der Hand, dass die Funktionen und Befugnisse des
Polizeichefs in den 1780er-Jahren nicht aus dem Nichts entstanden, sondern dass Beer
und insbesondere Pergen einen erheblichen Einfluss auf ihre Einrichtung hatten. Joseph II. wollte Wien eher in die bestehende Kreis- (und damit Landes-)Verwaltung
integrieren; die Polizeidirektion stellte hingegen eine neue Institution dar, die über den
Landeschef direkt dem Monarchen unterstellt war. Für das, was uns interessiert, nämlich wie sich die Polizei als gesellschaftliche Institution etablierte, wie sie funktionierte
und wahrgenommen wurde, ist es nicht so wichtig, ob Pergen so seine persönlichen
politischen Ambitionen verwirklichte, wie sein Biograph Paul Bernard behauptet.[91]
Viel interessanter ist es, anhand der Eingaben Pergens und Beers an den Monarchen
nachzuzeichnen, wie sie den Auf- und Ausbau der Polizeiorganisation zu begründen
und durchzusetzen wussten. Der Posten des Wiener Polizeidirektors wurde am 1. Mai
1782 eingerichtet, und bereits Ende November und Anfang Dezember machte Beer
über Pergen Joseph II. die ersten Verbesserungsvorschläge. Er beklagte sich über die
Untätigkeit des Wiener Stadtgerichts (seine Formulierung, das Gericht arbeite „in einem
maschinenmäßigen Dienst", war eindeutig negativ gemeint) und forderte, dass die Polizeiwachen nicht dem Gericht, sondern der Polizeidirektion unterstellt werden sollten.
Die Wiener Polizei bliebe isoliert und in ihrem Wirkungskreis zu sehr eingeschränkt,
wenn Beamte von außerhalb der Residenzstadt nicht mit ihr zusammenarbeiteten.[92]
Pergen verknüpfte diese Forderungen dann mit der allgemeinen Aufgabe der Polizei,
die seiner Ansicht nach in erster Linie für die Sicherheit zuständig sein sollte: „Die
Sicherheit des Landesherrn und aller seiner Diener und Untertanen, insgesamt und
einzeln, sowohl für ihre Person wie für ihre Habschaften, ist eigentlich diejenige Polizey,
ohne welche der Staat selbst keine Sicherheit erhalten kann". Erhöhte Wachsamkeit sei
umso notwendiger, „als Euer Majestät Großmut und Menschenliebe die Todesstrafe
und Tortur, wo nicht ganz aufgehoben, wenigstens […] merklich vermindert haben."
So verband Pergen den erhöhten Bedarf an Polizei als Instrument zur „geschwinde[n]

---

91 Bernard: From the Enlightenment/1991, 123, 126–127, 134.
92 Aus Beers „Entwurf zur Verbesserung der allgemeinen Polizey und Sicherheit" vom 30. 11. 1782 zitiert
    Walter: Organisierung/1927, 30–31.

und sicher[en] Entdeckung und Habhaftwerdung" in- und ausländischer Straftäter mit der Lockerung des Strafrechts und seiner verminderten Abschreckungswirkung.[93] Beer und vor allem Pergen betonten die Rolle der Polizei nicht als „Agentur des staatlichen Wohls", sondern als Garant für Sicherheit. Insbesondere der Schutz des Souveräns war keine rein städtische Angelegenheit mehr, sondern erforderte eine Koordinierung über die Grenzen der verschiedenen Länder der Monarchie hinweg, eine Koordinierung, die im Gegensatz zu früheren Sicherheits- und anderen Kommissionen der Zuständigkeit der Landesregierungen entzogen werden sollte. Die diskursive Darstellung der neuen Konzeption und Aufgaben der Polizei schien also ein „objektives Bedürfnis" zu schaffen, ihre territorialen Kompetenzen zu erweitern. Zweifelsohne stand Pergen hinter dieser Konzeption von Polizei – egal, welches Gewicht wir seinem Ehrgeiz beimessen, Leiter einer gesamtösterreichischen Polizeiorganisation zu werden.[94] Für Joseph selbst scheint die Schaffung eines Amtes zum Schutz der Staatssicherheit und des Monarchen, das zu einer Art Geheimpolizei tendieren würde, keine Priorität gewesen zu sein; seinem Biographen Beales zufolge wollte der Kaiser vor allem über die inneren Verhältnisse der Monarchie informiert sein.[95] Sein Hauptziel war die Zentralisierung und Vereinheitlichung der Verwaltung, und hierfür war die Polizei für ihn eines der Mittel, nicht jedoch der Endzweck. Ab Ende 1782 strebte der Monarch auch Änderungen in der Prager bzw. der böhmischen Landesverwaltung an, nämlich die Aufhebung der meisten Gubernialkommissionen, einschließlich der Sicherheits- und Polizeikommission, und die administrative Vereinheitlichung Prags, d. h. die Abschaffung der vier getrennten Magistrate von Alt- und Neustadt, Kleinseite und Hradschin sowie die Abschaffung der drei königlichen Stadthauptleute.[96] In ähnlicher Weise hatte ein Jahr zuvor, im November 1781, der Präsident des böhmischen Guberniums, Karl Egon Fürstenberg, vorgeschlagen, die Agenden der Sicherheitskommission einem Polizeidirektor anzuvertrauen, der für alle vier Prager Städte zuständig sein sollte.[97] Doch sein Amtsnachfolger, Franz Anton Nostitz, stand Josephs Vorschlägen eher zurückhaltend gegenüber. In der Frage der Vereinigung der Prager Städte und der Abschaffung der Sicherheitskommission war er der Meinung, dass die Sicherheitsagenda und der Kontakt mit dem Gubernium dann von einem „lieutenant de police" übernommen werden sollten. Eine ähnliche Funktion, nämlich ein Polizeidirektor als Bindeglied zwischen Magistrat und

---

93 Zur Pergens Denkschrift an den Kaiser vom 3. 12. 1782 Bibl: Die Wiener Polizei/1927, 227. Vgl. dazu auch Roubík: Počátky/1926, 50–51.

94 Bernard, From the Enlightenment/1991, 134–135.

95 Beales, Derek: Joseph II. Bd. 2. Against the World, 1780–1790, Cambridge 2009, 554, „Joseph seems to have been surprisingly unenthusiastic about the whole business. When people warned him of reported conspiracies, he generally refused to believe in them. [...] Joseph's main motive was to find things out, to know what was going on."

96 Roubík, Počátky/1926, 51.

97 Roubík, K vývoji/1969, 103.

Gubernium, war auch in einer umfangreichen Instruktion vorgesehen, die Nostitz auf Weisung aus Wien hin verfasst hatte. Sie wurde im Mai 1784 genehmigt und legte die polizeilichen Befugnisse des nunmehr vereinigten Magistrats fest.[98] Noch im Sommer lehnte jedoch die Hofkanzlei sowohl die Einrichtung des Postens eines „lieutenant de police" als auch den Entwurf eines Patents ab, das auf dieser Instruktion beruhte; das Gubernium sollte Joseph Ignatz Butschek, den Prager Professor für politische Wissenschaften, damit beauftragen, einen neuen Vorschlag auszuarbeiten.[99] Am 10. August 1784, also noch während der Verhandlungen über den Posten des Prager Polizeidirektors, teilte das Gubernium den Prager Bürgern mit, dass sie sich in „Polizei- und Sicherheitsangelegenheiten" an den soeben vereinigten Magistrat oder an die von den Magistratsräten ernannten Kommissare in den drei „Hauptvierteln" Altstadt, Neustadt und Kleinseite-Hradschin wenden sollten.[100] Interessanterweise unterschied die Verordnung nicht näher definierte Sicherheitsagenden von „Polizeisachen", die – etwas widersprüchlich zu jenem Profil, das Pergen der Polizei geben wollte – immer noch die Überwachung von Lebensmittelgewerbe, Handel, Märkten und Preisen miteinschlossen. Der niederösterreichische Regierungspräsident Pergen ließ jedoch nicht nach, Joseph II. direkt von der Sinnhaftigkeit der Vereinheitlichung und Zentralisierung der Polizei in der gesamten Monarchie überzeugen zu wollen. In einem längeren Vortrag vom 22. Juli 1784, den Beer für ihn verfasst hatte, betonte er, dass die Hauptaufgabe der Polizei die Suche nach Verbrechern oder verdächtigen Personen sei, und diese könne nur dann erfolgreich sein, wenn die einschlägigen Informationen von den Grenzen der Monarchie und aus ihren Provinzen in Wien zusammenliefen. Damit „die Polizey durch alle Theile der Monarchie mit Einförmigkeit, so zu sagen aus einem Mittelpunkt" geleitet werden könne, sei es notwendig, sie in allen Teilen der Monarchie zu vereinheitlichen. Damit könne ein Grad an Kohärenz erreicht werden, mit dem selbst Länder, in denen diese Institution auf die Residenzstädte beschränkt sei – hier spielt er natürlich auf Frankreich an – nicht mithalten könnten. „Es könnte unter vielen andern noch dieß ein unsterbliches Denkmal Eu. Mt. glorreichster Regierung werden, wenn in der

---

98 Roubík, Počátky/1926, 54–59.

99 Neben Roubík, Počátky/1926, 59–60, vgl. auch Protokolle der für Böhmen bestimmten Verordnungen der Hofkanzlei; ÖStA, AVA, Hofkanzlei, Protokoll Böhmen, Bd. 9 (1784, 2. Teil), S. 843, Nr. 249, Wien, 15. 7. 1784, Zirkular an die höchsten böhmischen und österreichischen Behörden mit der negativen Stellungnahme zur Errichtung des Posten eines „Lieutenant de police"; S. 890, Nr. 30, Wien, 5. 8. 1784, Dekret an das böhmische Gubernium, in dem das Polizeipatent für Prag abgelehnt wird. Der Staatswissenschaften an der Prager Universität lehrende Joseph Ignatz Butschek studierte unter anderem bei Joseph Sonnenfels, dazu Klabouch, Jiří: Osvícenské právní nauky v českých zemích [Die Rechtswissenschaften der Aufklärung in den böhmischen Ländern], Praha 1958, 209–211.

100 Handbuch aller unter der Regierung des Kaisers Joseph des II für die K. K. Erbländer ergangenen Verordnungen und Gesetze […], Bd. 6: 1784, Wien 1786, 160–162, Verordnung des böhmischen Guberniums vom 10. 8. 1784. Als Konzept findet sich die Verordnung auch in NA, ČG-Publ, Sign. B II 34, Kart. 903.

österreichischen Monarchie die Polizey-Verfassung in Zukunft auf die dermalen un-maaßgebigst projecirte Art gegründet würde", suchte Pergen den Monarchen durch Schmeicheleien für seine Sache zu gewinnen.[101] Pergen und Beer zufolge sollten die in Wien ausgebildeten Polizisten an die Grenzübergänge und in die Hauptstädte der verschiedenen Länder entsandt werden. Diese „Direktoren" wären den Landeschefs oder Gubernialpräsidenten jedoch nur insoweit unterstellt, als ihre Hauptaufgabe, der Geheimdienst, die Öffentlichkeit betraf. Andernfalls wären sie der Wiener Polizei bzw. über Pergen direkt dem Monarchen unterstellt. Um verdächtige Personen beobachten zu können, sollte ein System entwickelt werden, um Aufenthaltsorte (insbesondere von Ausländern) zu melden und Passagierlisten von Postwagenverbindungen zu kontrollie-ren sowie Geheimagenten aus der Bevölkerung und die Zusammenarbeit mit anderen Ämtern zu nutzen.[102]

Obwohl Joseph eine solche Zentralisierung und Reduktion der Polizei auf geheime staatlich-politische Angelegenheiten ablehnte und die polizeilichen Befugnisse in öffent-lichen Angelegenheiten weiterhin bei den Landeschefs und der ihnen übergeordneten böhmisch-österreichischen Hofkanzlei belassen wollte, bemühte sich Pergen um die Ausgliederung der geplanten Polizeibehörden in den Landeshauptstädten aus dem Zu-ständigkeitsbereich der kollektiven Verwaltungsgremien (Landesregierungen und Hof-kanzlei), sodass diese nur der Wiener Polizeidirektion unterstellt wären.[103] Mit Josephs Zustimmung wurde Pergens Vorschlag für die Organisation der öffentlichen Polizei am 12. August 1784 mit der Bitte um Stellungnahme dem böhmisch-österreichischen und dem ungarischen Hofkanzler und über diese den obersten Behörden der ein-zelnen Länder vorgelegt.[104] Angesichts dessen, wie sehr Pergen auf der Einrichtung einer Polizei bestand, verwundert es, dass dieser Vorschlag fast ein halbes Jahr lang unbeantwortet blieb (das böhmische Gubernium betraute mit der Antwort unter ande-rem die noch immer bestehende Polizei- und Sicherheitskommission).[105] Gleichzeitig blieben in Prag neben den neu geschaffenen Magistratskommissaren auch die Stadt-hauptleute im Amt.[106] Nach einer Ermahnung durch den Monarchen erreichte der

---

101 Zu Pergens Vorschlag vom 22. 7. 1784 sowie seinen weiteren Verhandlungen mit Joseph II. vgl. Walter: Organisierung/1927, 32–33 (Zitat auf S. 32). Der Entwurf wird ausführlich wiedergegeben auch bei Roubík: Počátky/1926, 62–64.

102 Roubík: Počátky/1926, 63–64.

103 Roubík, Počátky/1926, 63–64.

104 Walter, Organisierung/1927, 34, zufolge sollten sich zum Entwurf die Landesregierungen von Böhmen, Mähren, Galizien sowie Ober- und Innerösterreich geäußert haben. Das Dekret, mit welchem in Prag, Lemberg, Troppau, Brünn, Linz und Graz die Polizei nach dem Wiener Muster sowie die Stellen der Polizeidirektoren errichtet wurden, findet sich in ÖStA, AVA, Hofkanzlei, Protokoll Böhmen, Bd. 9 (1784, 2. Teil), S. 972, Nr. 205. Vgl. auch NA, ČG-Publ, Sign. B II 34, Kart. 903, Wien, 12. 8. 1784, Kanzler Leopold Kolowrat an böhmisches Gubernium.

105 NA, ČG-Publ, Sign. B II 34, Kart. 903, Wien, 28. oder 29. 8. 1784.

106 Roubík, Počátky/1926, 70–71.

böhmisch-österreichische Kanzler Kolowrat jedoch im März 1785, dass die künftigen Polizeidirektoren in den meisten Agenden den Landeschefs und damit indirekt der Hofkanzlei unterstellt blieben und nur die staatlichen (geheimen) Angelegenheiten in Pergens Zuständigkeit fielen.[107] Für den transitorischen Charakter der josephinischen Reformen ist bezeichnend, dass diese Debatte über die Polizei und die Befugnisse der neuen Beamten noch zu einem Zeitpunkt geführt wurde, als bereits neue Polizeidirektoren – zunächst nur für Prag und Brünn – ausgesucht wurden. So hatte etwa das Prager Gubernium Mitte Februar 1785, nicht lange bevor Reismann und Okacz ernannt wurden, als Antwort auf Pergens Vorschlag vom August des Vorjahres einen eigenen Entwurf einer Polizeiordnung nach Wien geschickt, der im Dezember 1784 von einer Sonderkommission in Zusammenarbeit mit Professor Butschek ausgearbeitet worden war.[108] Es überrascht nicht, dass Pergen Butscheks traditionelle, weit gefasste Konzeption von Polizei erneut ablehnte. Als im März 1785 Johann Jakob Reismann und Jan Nepomuk Okacz/Okáč zu den Polizeidirektoren von Prag und Brünn ernannt wurden, enthielten die entsprechenden Dokumente, wie František Roubík schreibt, eine auf die Sicherheitsagenda verengte Pergensche Konzeption von Polizei. Im nach Prag übersandten Hofdekret zu Reismanns Ernennung hieß es, der Polizeidirektor solle sich „ausser jenen Polizeifällen die den Staat selbst unmittelbar betreffen, und folglich wegen ihrer besonderen Wichtigkeit auch von ihm directe jederzeit dem niederoesterreich. Landmarschalle, und Regierungspräsidenten Grafen von Pergen einzuberichten sind, sonst in allen übrigen Polizeianliegenheiten […] an den Landeschef zu verwenden haben".[109] Unter den Begleitdokumenten, in denen die Position der Direktoren verankert wurde, befanden sich allerdings auch Vorschläge und Konzepte aus der Frühphase der Verhandlungen im Sommer 1784, was den Eindruck erweckt, dass die späteren Vorbehalte des Obersten Kanzlers und auch des böhmischen Guberniums unberücksichtigt blieben.[110] Einer von ihnen, ein undatierter anonymer Entwurf für polizeiliche

---

107 Walter, Organisierung/1927, 34.

108 Roubík, Počátky/1926, 73, Anm. 117. Es ist mir nicht gelungen, Butscheks Entwurf der Polizeiordnung für Prag vom 29. 1. 1785 zu finden. Im NA, ČG-Publ, Sign. B II 34, Kart. 903, wird seine Stellungnahme zu den laufenden Kommentaren der Kommission vom 4. 12. 1784 und das guberniale Begleitschreiben an den Herrscher, datiert in Prag am 14. 2. 1785, aufbewahrt.

109 NA, Dvorské dekrety [Hofdekrete, weiter DD], Wien, 26. 3. 1785, Reismanns Ernennungsdekret (unterzeichnet von Kolowrat). Das Dekret setzte Reismanns Gehalt auf 1500 Gulden fest. Explizit wird dort auch der Entwurf der Polizeiordnung von Butschek abgelehnt: „Wo übrigens Ihm Gubernium noch besonders hiermit erinnert wird, daß von dem Vorschlage des Professors Butschek gar kein Gebrauch zu machen seye." Die Beilagen dieses Dekrets, darunter auch der zurückgeschickte Bericht des böhmischen Guberniums über die Prager Polizeimaßnahmen vom 14. 2. 1785, der Reismann als eine der Unterlagen für die Ausarbeitung der Instruktion dienen sollte, finden sich auch im NA, ČG-Publ, Sign. B II 34, Kart. 903.

110 NA, ČG-Publ, Sign. B II 34, Kart. 903; Roubík, Počátky/1926, 76. Basierend auf Roubík werden die Anfänge der Prager Polizeidirektion auch in Bělina, Pavel/Hlavačka, Milan/Tinková, Daniela: Velké

Maßnahmen in den Hauptstädten der Monarchie, definiert Polizei im Verhältnis zu den bestehenden Landesbehörden, d. h. den Regierungen oder Gubernien, wie folgt: „Es beschäftigt sich nämlich die Polizeÿ im eigentlichen Sinne genommen nur mit Ausübung der Anstalten zu Beseitigung aller Gefährlichkeiten, welche auf die Sicherheit der Personen, und des Eigenthums Einfluß haben können, dann mit Auffindigmachung der Verbrecher von aller Gattung. Wohingegen die politischen Behörden sich mit Handhabung der allerhöchsten Generalien und mit der Anordnung alles dessen bemengen, was auf die gesetzmäßige Ordnung, auf die Bequemlichkeit, mithin auf die Wohlfahrt des Publikums Bezug hat." Daher sei der Vorschlag, in den verschiedenen Ländern der Monarchie ein und dieselbe Polizei einzurichten, kein Eingriff in die Kompetenzen der politischen Behörden der Länder; diese bleiben für das „allgemeine Regieren" zuständig. Die Polizei beschränkt sich darauf, für die Befolgung der entsprechenden Anordnungen zu sorgen bzw. darauf, dass die öffentliche Ruhe und Sicherheit betreffenden Anordnungen möglichst reibungslos umgesetzt werden. „Es schlägt zum Beispiele in die Amtshandlung der Polizeÿ nicht unmittelbar ein, zu invigilieren, ob die heilsamen landesfürstlichen General Gebote wegen Heiligung der Sonntäge beobachtet werden, weil die Sicherheit gewiß nicht darunter leidet, wenn Feilschaften an solchen Tägen öffentlich verkauft, schwere Güterwägen gepackt, die Spektakeln und andere Spiele in öffentlichen Örtern vor der gesetzten Stunde unternommen werden u. d. gl."[111]

Ungeachtet der unterschiedlichen Auffassungen von Polizei nahmen nach der Ankunft Reismanns aus Wien die polizeiliche Institution, ihre Funktionen und Befugnisse in Prag allmählich konkrete Formen an. Am 23. April 1785 trat unter dem Vorsitz des Obersten Burggrafen eine Sonderkommission des Guberniums zusammen, die sich ausschließlich mit der Einrichtung des Postens des Polizeidirektors und der Übergabe der Agenda befasste. Aus dem Ernennungsdekret und den Anweisungen leitete die Kommission ab, dass der Polizeidirektor nur für Angelegenheiten der öffentlichen Sicherheit im engeren Sinn zuständig war; für andere „Polizeygegenstände" nur insoweit, als er den Gerichten, dem Magistrat und dem Gubernium rechtswidriges Verhalten melden sollte. Darunter fielen also auch andere Verstöße gegen die öffentliche Ordnung, die zwei Jahre später im josephinischen Strafgesetzbuch aufgeführt wurden, und vermutlich auch Pergens Ausforschen von Verbrechern. Die Schaffung des Postens des Polizeidirektors sollte in der Presse bekannt gegeben werden, Reismann das Kommando über die städtische Sicherheitswache übernehmen und das Militär ihn und nicht mehr den Präsidenten der Sicherheitskommission unterstützen. An die Stelle der Sicherheitskommission trat der Polizeidirektor insofern, als er in Zukunft für den Schub zuständig

---

dějiny zemí Koruny české [Große Geschichte der Länder der böhmischen Krone], Bd. XI.a: 1792–1860, Praha–Litomyšl 2013, 56–64, dargestellt.

111 NA, ČG-Publ, Sign. B II 34, Kart. 903, wahrscheinlich von Pergen stammender „Entwurf über die zufolge der allerhöchsten Gesinnung in den Hauptstädten der Provinzen einzurichtende Polizeyanstalten nach dem hiesigen Fuß" (eine der Beilagen zu Reismanns Ernennungsdekret).

Abb. 3 *Siegel der Prager Polizeidirektion auf dem Brief Johann Jacob Reismanns von Riesenberg an den Stadtrat vom 28. 4. 1786*

sein und dafür mit den Hauptleuten der benachbarten Kreise zusammenarbeiten sollte. Der Direktor sollte außerdem mit dem Magistrat bei der Überwachung des Aufenthalts von Personen in der Hauptstadt kooperieren.[112] Um die Schubagenda zu besorgen, bat Reismann das Gubernium, ihm die beiden Aktuare der scheidenden Sicherheitskommission zu überlassen; er musste jedoch abwarten, ob er auch über deren Mittel verfügen konnte. Obwohl die Wiener Polizei anders als Reismann in Prag nicht mit dem Schub beauftragt war, gestaltete sich das Passwesen in beiden Städten ähnlich: Der Prager Polizeidirektor musste sogar mit seiner Unterschrift bestätigen, dass der Passbeantragende keine gesuchte oder ansonsten verdächtige Person war. Nach Wiener Vorbild schlug Reismann auch vor, dass die Polizei Beschreibungen solcher Personen veröffentlichen solle, und er beabsichtigte Meldezettel an Hausbesitzer zu verteilen – zunächst ließ er 6000 Stück davon drucken. Gleichzeitig erteilte das Gubernium der ständischen Druckerei Schönfeld die pauschale Genehmigung Fahndungsbeschrei-

---

112 NA, ČG-Publ, Sign. B II 34, Kart. 903, Prag, 23. 4. 1785, Sitzungsprotokoll der Kommission.

bungen abzudrucken, die ihr vom Polizeidirektor übermittelt würden.[113] Schließlich forderte Reismann auch, dass in der Zeitungsankündigung der neuen Einrichtung ein Aufruf an die Bürgerinnen und Bürger enthalten sein sollte, sich auf Vorladung beim Polizeipräsidium einzufinden.[114] Gerade in den Bereichen, in denen der Polizeidirektor die bestehenden Behörden ablöste bzw. mit ihnen zusammenarbeiten musste, kam es kurz nach Reismanns tatsächlichem Amtsantritt und seiner Ankündigung[115] zu Komplikationen. Bei der Verbreitung von Personenbeschreibungen[116] gab es Probleme in der Kommunikation zwischen der Polizeidirektion und dem Gubernium und bei der Ausstellung von Pässen knirschte es zwischen der Direktion und dem Prager Magistrat.[117] Als Reismann aufgrund der Untätigkeit des Magistrats begann, Personen wegen Zuhälterei und Unzucht zu verhaften, überschritt er laut František Roubík die ihm durch die Instruktion übertragenen Befugnisse.[118] Reismann vertrat die Auffassung, dass es seine Pflicht sei, gegen Ausschweifungen vorzugehen, die die private bürgerliche Sicherheit störten, und dass zu solchen Ausschweifungen auch Zuhälterei und Prostitution gehörten, „weil durch die der Müßiggang, dieberey, Verführung der Jugend, und allerhand das Wohl einzelner Familien sowohl, als des Staats untergrabende Laster befördert werden".[119]

Obwohl Reismann während seiner Ausbildung in Wien einige Erfahrungen mit der Polizei gesammelt hatte, stellte für ihn der Aufbau der Prager Polizei eine Herausforde-

---

113 NA, ČG-Publ, Sign. B II 34, Kart. 903, Prag, 28. 5. 1785, Konzept.
114 NA, ČG-Publ, Sign. B II 34, Kart. 903, Prag, 9. 5. 1785, Reismanns Antwort an Gubernium.
115 NA, ČG-Publ, Sign. B II 34, Kart. 903, Prag, 17. 5. 1785, Gubernialdekret, mit dem die Errichtung der Polizeidirektion der Presse und den bestehenden Verwaltungsstellen angekündigt wird, einschließlich der mehrere Punkte beinhaltenden Antwort an Reismann; Prag, 31. 5. 1785, Protokoll der Übergabe der Agenda der bisherigen Sicherheitskommission (besonders der Sicherheitswache und der Schubdokumente) außer den Armenhäusern und dem Arbeitshaus an die Polizeidirektion (Reismann übernahm auch den Kommissionsaktuar Franz Anton Míka; außer Míka unterzeichneten das Protokoll Reismann und Johann Joseph La Moth).
116 NA, ČG-Publ, Sign. B II 34, Kart. 903, Prag, 13. 6. 1785, Gubernium an die Polizeidirektion (Konzept), die Polizeidirektion habe angeblich die Beschreibungen der gesuchten Personen, die sie aufgrund der Informationen aus den einzelnen Kreisen drucken ließ, an das Gubernium nicht zurückgestellt; Reismann widersprach dem.
117 NA, ČG-Publ, Sign. B II 34, Kart. 903, Prag, 7. 6. 1785, der Prager Oberbürgermeister Bernard Zahořanský von Worlík beschwerte sich beim Gubernium, dass der Polizeidirektor – im Unterschied zum Präsidenten der Sicherheitskommission – den Passwerbern, bei denen er nichts auszusetzen hat, lediglich einen von ihm unterfertigten Blankoschein ausstellt; laut Gubernium (Prag, 26. 6. 1785, Konzept) war dies genügend. Zu den Zuständigkeitsstreitigkeiten auch Roubík, Počátky/1926, 85, Anm. 134.
118 Laut Roubík, Počátky/1926, 84, überschritt Reismann den achten Paragraphen des fünften Absatzes der Instruktion vom August 1784, dem zufolge der Direktor „den Landeschef über alle Übertretungen der obersten Anordnungen der Landesstellen, die ihm mitgeteilt werden, verständigen muss, ohne davor selbst tätig zu sein" (Beilage IX).
119 NA, ČG-Publ, Sign. B II 34, Kart. 903, Prag, 3. 8. 1785, Reismann an Gubernium.

rung dar. Als neue Einrichtung sollte die Polizeidirektion die Tätigkeiten der bisherigen Behörden nicht nur übernehmen, sondern auch ändern. Damit einhergehend sollte Reismann ein Konzept bzw. eine Instruktion für sein Amt ausarbeiten, die die örtlichen Gegebenheiten reflektierte und die Notwendigkeit eines Polizeidirektors aufzeigte bzw. dessen Existenz im Vergleich zur bisherigen Situation rechtfertigte. Reismann schenkte dem Melde- und Fahndungswesen, das in der Habsburgermonarchie als Kern oder „Seele" des gesamten Polizeiwesens galt,[120] große Aufmerksamkeit, sodass dieses auch in der Liste der ausschließlichen Agenden der Prager Direktion an oberster Stelle stand.[121]

Abb. 4 *Ausgefüllter Meldezettel, Prag 25. 11. 1785*

Darin und vor allem bei der Verbreitung von Fahndungsbeschreibungen reichten die Befugnisse der Polizeidirektion über die Grenzen Prags hinaus. Bereits am 2. Juni 1785, dem Tag nach Reismanns Amtsantritt, wurde Hausbesitzern die Verpflichtung, der Polizeidirektion zumindest vierteljährlich Veränderungen in der Zusammensetzung ihrer Haushalte zu melden und die Ankunft neuer Gäste oder Mieter sogleich oder am nächsten Morgen mitzuteilen, vom Gubernium in Erinnerung gerufen. Vom Polizeidirektor beglaubigte Meldezettel sollten als Aufenthaltsnachweis für Mieter oder Gäste dienen.[122] Reismann übernahm die bestehenden Ordnungsorgane, die zivile Sicherheitswache und

120 Gruber, Stephan: Ununterbrochene Evidenz. K.K. Polizeibehörden und die Dokumentation von Identitäten 1782–1867, Wien 2013 (Diss.), 83–84.

121 Roubík: Počátky/1926, 223, Anlage X.

122 NA, ČG-Publ, Sign. B II 34, Kart. 903, Prag, 2. 6. 1785, Verordnung des böhmischen Guberniums.

die Militärwache. Dem Übergabeprotokoll zufolge bestand die Zivilwache aus insgesamt 95 Personen, darunter vier „Rottenmeister", ein „Vice-Rottenmeister", drei Gefreite, 61 Nacht- und 26 Tagwächter,[123] die die 2199 Prager Häuser und insgesamt 72.135 Einwohner beaufsichtigten.[124] Die Stadt war in Wachen aufgeteilt, die bei den Rathäusern und in den einzelnen Vierteln angesiedelt waren – fünf davon befanden sich auf der Kleinseite und dem Hradschin, sieben in der Altstadt und sechs in der Neustadt.[125] Der Vorgesetzte der Wachen in jedem dieser Stadtteile war ein „Rottenmeister", während der vierte dem Arbeitshaus auf der Kleinseite zugeordnet war. Laut einer umfassenden Anweisung, die Teil der Übergabeagenda war,[126] wurde der Nachtdienst in jedem Viertel durch Einheiten von vier Mann unter dem Kommando des jeweils Dienstältesten geleistet. Jeweils zwei Mitglieder einer Einheit hielten im Wachhaus Wache, während die anderen beiden in den Straßen des Viertels patrouillierten; nach zwei Stunden wechselten sie sich ab. Die Nachtpatrouillen waren für die Sicherheit in den Stadtvierteln zuständig. Sie kontrollierten, ob die Hauseingänge verschlossen waren, warnten vor Einbruchsversuchen, schritten bei Streitigkeiten ein und hielten nach möglichen Bränden Ausschau. Tagsüber blieb in jedem Wachhaus einer der Nachtwächter auch zum Tagwachdienst. Trotz der Unterstützung durch die Nachtwächter waren weniger Männer im Tagdienst – acht in der Altstadt, je füng in der Neustadt und der Kleinseite mit dem Hradschin und 8 Wachleute waren dem Zeughaus zugeteilt.[127] Die Leiter der Tagwachen waren Gefreite, die des Lesens und Schreibens mächtig sein sollten, da sie Protokolle führen, Berichte schreiben und auswärtige Festgenommene an das zuständige Kreisamt übergeben mussten. Zu den Aufgaben der Tagespatrouillen auf den Straßen gehörten auch Feuerwachen (in den Dienstanweisungen der einzelnen Bezirke war genau festgelegt, an wen und wo die einzelnen Wächter im Falle eines Brandes Meldung zu erstatten hatten) und, vor allem während der Gottesdienste, das Einschreiten gegen „Bettler, Vagabunden und verdächtige Personen", die vom Wachtmeister aufgegriffen und zur Hauptwache gebracht werden sollten, auch wenn er sie außer Dienst antraf. Eine gewisse Ordnung und Organisation demonstrierten die Sicherheitskräfte auch nach außen hin. Ihre Mitglieder trugen damals graue Oberbekleidung und graue Hosen mit Revers und Kragen sowie eine kaisergelbe Weste. Die Rottenmeister unterschieden sich von den einfachen Wachen durch ihren blauen Mantel und die weißen Federn an ihrem

---

123 NA, ČG-Publ, Sign. B II 34, Kart. 903, Prag, 31. 5. 1785, „Bestand der Sicherheitswache" (unterzeichnet von Johann Joseph La Moth, Johann Jakob Reismann von Riesenberg und Franz Anton Míka). Siehe auch Roubík, Počátky/1926, 140.

124 Roubík: Počátky/1926, 82, Anm. 129.

125 Die genauen Standorte der einzelnen Wachen vgl. bei Roubík, Počátky/1926, 140, Anm. 249.

126 NA, ČG-Publ, Sign. B II 34, Kart. 903, eine umfangreiche undatierte „Instruction für die Sicherheits Nacht-Wächter" enthält auch die Anweisungen für die Tagwachen in den einzelnen Vierteln.

127 NA, ČG-Publ, Sign. B II 34, Kart. 903, Prag, 31. 5. 1785, „Bestand der Sicherheitswache".

Hut, während letztere eine Kopfbedeckung mit schwarz-gelben Federn trugen.[128] Zur Bewaffnung und Ausrüstung der Wachen gehörten Säbel, Partisane und Pfeifen. Mit ihr sollten die Wachen bei einem Einsatz „Lärm schlagen" und Verstärkung herbeirufen. In der Dienstanweisung war „Lärm" nicht nur bei Bränden, Raubüberfällen, Schlägereien und Prügeleien einzusetzen, sondern war auch ein allgemeiner Hinweis auf unangemessenes Verhalten und auf die Notwendigkeit einzugreifen. Jeder Beamte trug sichtbar eine Patronentasche, auf der neben dem symbolischen Adler eine Nummer angebracht war.[129] Zusammen mit der Uniform, die die Beamten größtenteils aus eigenen Mitteln erwarben, „vereinheitlichten" die Nummern die Beamten und machten sie zum Teil einer Zahlenreihe oder eines Polizeikorps. Ähnlich wie in Wien, wo die Nummerierung 1776 eingeführt wurde, sollte sie auch in Prag in erster Linie die Identifizierung der Wächter im Falle von Konflikten mit der Bevölkerung ermöglichen.[130]

So organisiert und ausgerüstet erstattete die Zivilpolizeiwache am 2. Juni, am Tag nach seinem Amtsantritt bzw. seinem ersten Arbeitstag, Reismann Bericht: Sie hatte von der Armee drei preußische Deserteure übernommen, die über die Grenze abgeschoben werden sollten; ein acht Wochen altes Kind, das am Vortag von Wachtmeister Grülich in der „Alten Schule" auf dem Boden gefunden worden war, war dem Wälschen Spital übergeben worden; ein bösartiger Hund, der im Haus Nr. 235 bei einer Mieterin gefunden worden war und vielen Menschen Schaden zugefügt hatte, wurde auf Anordnung des Polizeipräsidiums vom Abdecker weggebracht und seine Besitzerin wurde mit Gefängnis bestraft; ein großer Knall, als dessen Ursache sich ein geborstener Reif an einer Zisterne herausstellte, hatte in der Nähe des Hybernerklosters einen Menschenauflauf verursacht.[131]

Nicht nur die Zivilpolizisten, auch die Militärpolizisten waren Reismann unterstellt. Sie waren zwar etwas anders organisiert, aber auch ihr Aufgabenbereich betraf den Alltag der Prager Bevölkerung. Dies zeigt eine Zusammenfassung von Reismanns Befehlen an die Militärpolizisten vom Juni 1785, die er seinem Tätigkeitsbericht vom Dezember anhängte:

---

128 Roubík: Počátky/1926, 141.
129 NA, ČG-Publ, Sign. B II 34, Kart. 903, Prag, 31. 5. 1785, kommissionelles Übergabeprotokoll (unterzeichnet von Johann Joseph La Moth, Johann Jakob Reisenberg und Franz Anton Míka).
130 Zur Nummerierung von Polizeisoldaten in Wien Tantner, Anton: Zur Kennzeichnungspflicht von PolizistInnen, http://adresscomptoir.twoday.net/stories/876868336/ [letzter Zugriff 28. 3. 2024]; das Polizeipatent für Wien vom 2. 3. 1776, in dem die Nummerierung festgelegt wird, im Theresianischen Gesetzbuch vgl. http://alex.onb.ac.at/cgi-content/alex?aid=tgb&datum=1780&size=45&page=632 [letzter Zugriff 28. 3. 2024]: „und ist zu dem ende, damit das Beschwerdeführen vielleicht dadurch, weil der Mann von der Wache dem Beleidigten unbekannt wäre, nicht erschwert, oder unmöglich gemacht werde, die ganze Mannschaft auf ihren Patrontaschen, die sie darum in Dienstverrichtungen beständig umhaben müssen, mit ausnehmbaren messingenen Nummer unterschieden, daß dergestalt genug sein wird, anzuzeigen, man sei von dem sovielten Numero beleidiget worden".
131 NA, ČG-Publ, Sign. B II 34, Kart. 903, Prag, 2. 6. 1785, „Polizeÿ Wacht Rapport".

2. Juni: Die Polizei soll auf die Kennzeichnung von Gefahren bei der Errichtung und Reparatur von Gebäuden achten.

3. Juni: Die Polizei soll das Entleeren von Toiletten und das Ausgießen von Nachttöpfen und unsauberem Wasser auf die Straße unterbinden.

4. Juni: Die Polizei soll Aufzeichnungen über den Verkauf von Waren, den Bierausschank und musikalische Darbietungen während der Gottesdienste an Sonn- und Feiertagen führen und Bettler festnehmen, die Menschen in Kirchen belästigen.

5. Juni: Die Polizei soll der Direktion Bettler und umherziehende Musikanten melden.

6. Juni: Die Polizei soll den auf die Wände gemalten Namen „Pater Nagel" abkratzen und übermalen und die Verbreiter dieser Beleidigung verhaften.

7. Juni: Die Polizei soll auf das Auftauchen von verächtlichen Reden, Bildern und Liedern gegen die Religion, den Papst und die Moral achten.

8. Juni: Die Wachleute sollen die Durchfahrt auf den Straßen sichern und gegen Holzkonstruktionen sowie Fässer, Stände und geparkte Wagen einschreiten, ebenso gegen Pfähle und unsachgemäß eingelassene oder niedrige Steine vor den Häusern, die die Durchfahrt behindern.

9. Juni: Die Mannschaft soll Geschwindigkeitsüberschreitungen, Überholvorgänge und Straßenblockaden verhindern und Kindern verbieten, auf den Straßen herumzurennen und sich an Wagen festzuhalten.

10. Juni: Besondere Aufmerksamkeit soll die Polizei ungewöhnlich großen Menschenansammlungen widmen.

11. Juni: Die Wachleute sollen nach Glücksspielern suchen und während der Sonn- und Feiertagsgottesdienste das Kartenspielen unterbinden.

12. Juni: Die Polizisten sollen alle Blumentöpfe, die ungesichert in den Fenstern stehen, aufzeichnen und die Liebhaber solcher Blumentöpfe sollen höflich ermahnt werden, sie mit Halterungen zu versehen.

13. Juni: Das Polizeipräsidium ordnet nachdrücklich an, unehrenhafte und infizierte Frauen aufzuspüren, um dem offensichtlichen Laster der Unzucht vorzubeugen.

14. Juni: Die Polizisten wurden angewiesen, der staatsfeindlichen Umtriebe verdächtige Personen auszuforschen und festzunehmen.

15. Juni: Die Polizisten sollen täglich berichten, welche Straßen gepflastert werden.

16. Juni: Die Mannschaft soll gegen Hausierer und den betrügerischen Verkauf von Lebensmitteln vorgehen.

17. Juni: Die Mannschaft soll das Bürgertum höflich auffordern, bei der freitäglichen Geldsammlung zugunsten der Armen zu spenden.

18. Juni:	Die Mannschaft soll die Beschreibungen von gesuchten Straftätern und gestohlenen identifizierbaren Gegenständen sorgfältig lesen und die Stände häufiger durchsuchen.
19. Juni:	Die Mannschaft soll weder jungen Burschen noch Erwachsenen erlauben, in der Moldau zu schwimmen.
20. Juni:	Der Befehl vom 12. Juni, Blumentöpfe betreffend, wird wiederholt.
21. Juni:	Die Mannschaft soll auf Feuer und Licht Acht geben und bei Bränden den Betroffenen zu Hilfe kommen, um ihr Eigentum zu retten und die Schuldigen zu zu anhalten.
22. Juni:	Die Mannschaft soll keine Heuwagen vor Wirtshäusern und auf den Straßen dulden.
23. Juni:	Die Polizei soll dafür sorgen, dass öffentliche Gasthäuser und Privathäuser geschlossen gehalten werden und dass die Gäste nicht bei geschlossenen Türen spielen oder sitzen.
24. Juni:	Die Mannschaft soll nächtliche Rundgänge durch die Buden und Stände machen und darin schlafende Personen aufgreifen.
25. Juni:	Die Mannschaft soll keine nächtlichen Störungen dulden und an Sonn- und Feiertagen keine Musik erlauben; wenn sie erlaubt ist, soll sie darauf achten, die festgesetzten Stunden einzuhalten.
26. Juni:	Die Polizeiwache soll gehörig vorgehen, wenn Militärmusiker „türkische Musik" spielen wollen.
27. Juni:	Die Polizeiwache soll versuchen, Streitparteien auf der Straße gütlich voneinander zu trennen und sie festnehmen, wenn dies nicht gelingt.
28. Juni:	Die Polizisten sollen darauf achten, dass Leichen in der vorgeschriebenen Tiefe von 5 bis 6 Fuß begraben werden, dass allzu frische Gräber nicht angetastet werden und dass die Toten nicht zu lange in der Leichenkammer liegen.
29. Juni:	Die Mannschaft soll abendliche Andachten an den Statuen in den Straßen und die übermäßige Pracht, Ausschmückung und Beleuchtung von Bildern in Privathäusern nicht dulden.
30. Juni:	Die Polizisten wurden daran erinnert und dazu angehalten, alle Anordnungen zu befolgen.[132]

In den folgenden Monaten nahm, zumindest laut Protokoll, die Intensität der Befehle ab. Sie betrafen jedoch weiterhin verschiedene Sicherheitsaspekte (Verkauf von ungesunden Lebensmitteln, nächtliche Beleuchtung, nicht abgedeckte Löcher in den Straßen) sowie Aberglauben und Straßenandachten. Manchmal bezogen sie sich auch auf die eigentliche

---

132 NA, ČG-Publ, Sign. B II 34, Kart. 903, Prag, 2. 6. 1785, „Protokol derer von der Kays. König. Polizeÿ Direction an die Militar Polizeÿ Trouppe erlassenen und auf hohen Generalien und Gubernial Verordnungen gegründeten Befehlen" vom 2. 6. bis 14. 11. 1785.

Ausübung des Dienstes: Am 16. September warf die Direktion den Polizeisoldaten vor, dass sie die Bürger bei der Verfolgung illegaler Handlungen mitunter grob und rüde behandelten; am 5. November wurde erneut angeordnet, dass ein Mann der Tageswache immer in der ihm zugewiesenen Straße auf dem Posten sein sollte, während der andere im Wachhaus bleiben und häufiger in seinem Viertel patrouillieren sollte.

Reismann war jedoch mit dem Zustand der Zivil- und Militärpolizei nicht zufrieden und forderte in einem Bericht von Anfang Dezember 1785 eine Aufstockung sowohl der Wachen als auch der Polizeimittel und fügte unter anderem einen Entwurf für ein neues Reglement für die Militärpolizei bei. Die Männer sollten einfache Soldaten sein, mit einem Korporal als Befehlshaber der Patrouillen und einem Feldwebel als Befehlshaber der gesamten Truppe; sie alle sollten dem Polizeidirektor und dem Gubernialpräsidenten unterstellt sein.[133] Die Regeln verpflichteten die Männer zu Würde, gegenseitigem Respekt und Gehorsam sowie zu Ordnung und Sauberkeit. Es wurde Wert auf eine gewisse Selbstregulierung der Soldaten gelegt – der Korporal sollte sie nicht nur für etwaige Fehler tadeln, sondern „ihnen die Art zeigen, wie selbe können vermieden werden". In ähnlicher Weise sollte der Feldwebel die Männer anleiten, indem er jedem von ihnen vor allem den Ehrgeiz einflößte, sich die Achtung der anderen zu verdienen und aufzusteigen. Im Umgang mit der Öffentlichkeit sollten Diskretion und Besonnenheit vorherrschen. Wenn ein Soldat Wache hielt, sollte er sich bewusst sein, „dass er (wo er immer stehe) zur Sicherheit des Orts ausgestellt seÿe, und von ihm zu dieser Zeit das Heÿl der Bürger, auch nach Beschaffenheit das Beste der ganzen Stadt abhänge". Wurde der Wache eine Frage gestellt, so hatte sie kurz und knapp zu antworten und durfte keine ausführlichen Erklärungen abgeben; gegenüber den Fragestellenden sollte sie Distanz wahren. Die Patrouillen sollten sich äußerst leise und unmerklich bewegen und beim geringsten Anstoß sofort anhalten, um umso leichter einschreiten zu können. Bezeichnenderweise flößte die Instruktion den Wachen ein, sie repräsentierten direkt die landesherrliche Macht.[134]

Wie wir bereits wissen, scheiterte Reismann mit seinen Plänen. Sowohl das böhmische Gubernium als auch die Wiener Hofbehörden äußerten sich Anfang Dezember 1785 ablehnend zu seinen Vorschlägen für die künftige Organisation der Polizei;[135] mit den zahlenmäßigen Darstellungen seiner verschiedenen Tätigkeiten überzeugte

---

133 NA, ČG-Publ, Sign. B II 34, Kart. 903, Prag, 10. 11. 1785, „Reglement für den Gemeinen Mann beÿ der Kais. König. Polizeÿ Militair Trouppe in Prag".

134 Ebd.: „Alle jene Schildwachen, so mit dem Gewehr stehe, präsentiren Niemand[en] andern, als S. Majestät dem Kaÿser, dem Herrn Obristburggrafen […]".

135 Das guberniale Gutachten vgl. unter anderem im NA, ČG-Publ, Sign. B II 34, Kart. 903, Prag, 5. 1. 1786 (Konzept); die Anmerkungen des Guberniums und der Hofkanzlei finden sich auch im ÖStA, AVA, Pergen-Akten, Sign. XVIII B, Kart. 17 (Polizeiverwaltung Böhmen), undatiert; die Stellungnahme der Hofkanzlei, Hofkammer und Bankodeputation ebd., Hofkanzlei, IV M. I. Böhmen, Kart. 1.318, Wien, 15. 5. 1786.

der Prager Direktor nicht. Zunächst wurden die Probleme in der Polizeiorganisation jedoch nicht nur als Reismanns Versagen wahrgenommen. Der zeitgleich ernannte Brünner Polizeidirektor Jan Nepomuk Okacz trat sein Amt erst Ende Oktober 1785 an.[136] Auch zu seinen Hauptaufgaben, die er von städtischen Ämtern und Kreisbehörden übernahm (im Gegensatz zu Prag war Brünn Sitz eines Kreisamtes), gehörte die Meldung von Aufenthalt und die Kontrolle von Reisenden; er übernahm außerdem die städtische Polizeiwache und war gemeinsam mit seinen Untergebenen dem Misstrauen der städtischen Beamten und des Kreishauptmanns ausgesetzt.[137] Da Prag und Brünn bei der Einführung des Wiener „Polizeisystems" am weitesten fortgeschritten waren – die Direktionen wurden allerdings auch in anderen Landeshauptstädten wie Pressburg, Buda oder Troppau[138] eingerichtet – berief Joseph II. am 1. September 1786 Reismann und Okacz und wahrscheinlich auch ihre Kollegen von anderswo nach Wien zu Beratungen unter anderem mit dem dortigen Direktor Beer.[139]

Es ist nicht sicher, ob es Josephs Unzufriedenheit mit Reismann im Besonderen[140] oder allgemeinere Probleme waren, die während der Wiener Konsultationen auftraten, die den Kaiser dazu veranlassten, per Verfügung vom 20. September 1786 den Landespolizeidirektoren entschieden jede eigenständige Kompetenz in öffentlichen Angelegenheiten zu entziehen und sie (wieder) zu Exekutiv- und Aufsichtsorganen der Landesregierungen oder Magistrate zu machen. Die Polizeidirektoren durften – außer in geheimen Angelegenheiten – keine eigenen Entscheidungen treffen und nicht

---

136 Zu den Anfängen der Brünner Polizeidirektion Hurt, Rudolf: Dějiny policejního ředitelství v Brně (Organisační vývoj) [Geschichte der Polizeidirektion in Brünn (Entwicklung der Organisation], 8, Manuskript Nr. 4/74, Bibliothek des Museums der Stadt Brünn (für die Zugänglichmachung bedanke ich mich bei Dana Olivová und Tereza Sojková); weiter Chvojka: Die Errichtung/2016, 39–54.

137 Zu den Vorbehalten der Öffentlichkeit, des Stadtrates und des Kreishauptmanns Althan Hurt: Dějiny, 13–14; weiter Moravský zemský archiv [Mährisches Landesarchiv, weiter MZA], Policejní ředitelství [Polizeidirektion, weiter PŘ] Brno (B 26), Inv. Nr. 4199, Richtlinien für Organisation und Agenda der Polizeidirektion, Beamtenstatus (1785–1899), Kart. 3330. Bei den Recherchen im Mährischen Landesarchiv war mir Jiří Dufka behilflich.

138 Unter anderem Walter, Die Organisierung/1927, 34–35.

139 Roubík: Počátky/1926, 86–87, Anm. 136; dem Vermerk zufolge, mit dem Joseph II. Reismanns Vorschlag vom Mai 1786 versah, sollen auch die Polizeidirektoren aus Ofen und Preßburg nach Wien eingeladen worden sein, ÖStA, AVA, Pergen-Akten, Sign. XVIII B, Kart. 17. Laut dem einschlägigen Hofdekret wurden die Direktoren einberufen, „da es scheinet, daß die von den Polizeÿ direktoren in den Ländern bisher entworfene Plane zu den Polizeÿanstalten nicht ganz zu dem abzielenden Zwecke führen dörften", NA, DD, Wien, 15. 5. 1786.

140 Laut Roubík: Počátky/1926, 88, hatte Joseph II. bei seinem Besuch Prags im Jahr 1786 Gelegenheit Reismann persönlich kennenzulernen. Weitere Quellen zu dieser Reise konnten bis jetzt nicht gefunden werden. Schiffner, Joseph: Neuere Geschichte der Böhmen von der Thronbesteigung Kaisers Joseph II. bis zum Frieden von Paris, Prag 1816, 45, führt zum 10.–20. September 1786 lediglich an, „Nach aufgehobenem Lager kam er [Josef II.] nach Prag, untersuchte die hier getroffenen Anstalten, errichtete Institute, und reiste dann nach Josephstadt".

mit Pergen kommunizieren; die Polizeiwache war von nun an wieder den Stadträten unterstellt.[141] Pergen und Beer konnten sich der Zunichtemachung ihrer Arbeit und der faktischen Rückkehr zu den Verhältnissen vor 1782 nur insofern widersetzen, als sie die Unabhängigkeit der Wiener Polizeidirektion verteidigten. Im Geiste von Josephs Kehrtwende musste Pergen jedoch neue Instruktionen für die Polizeidirektoren und -kommissare in den anderen Hauptstädten ausarbeiten. Demnach hatte der Polizeidirektor im Auftrag des Landeschefs und als sein Stellvertreter nunmehr lediglich dafür zu sorgen, dass der Magistrat alle sicherheitspolizeilichen Maßnahmen ordnungsgemäß durchführte; die Magistrate kümmerten sich weiterhin unter anderem um die Aufenthaltsmeldungen und das gesamte einschlägige Personal war ihnen unterstellt.[142] In Brünn beispielsweise war es wieder der Magistrat, der die täglichen Berichte der Wachen entgegenzunehmen und zusammen mit den Anmeldungen von Ausländern der Polizeidirektion vorzulegen hatte.[143] Wien sollte in Sachen Polizeiorganisation Vorbild und „Lehrmeister" bleiben; von dort aus sollten, wie Joseph II. selbst betonte, den einzelnen Direktoren Polizeikommissare in begrenzter Zahl zugewiesen werden und umgekehrt sollten Personen aus den Provinzen zur Ausbildung nach Wien geschickt werden.[144]

Auf die persönlichen Eigenschaften der Polizeibeamten geht auch der „Spiegel für das Polizeipersonal" ein, der vermutlich Ende 1786 von Pergen für die reorganisierten Direktionen erstellt wurde. Es war eine Art Handbuch für die Auswahl von Männern, die für den Polizeidienst geeignet waren. Im Text wird betont, dass ein Polizeibeamter in der Lage sein müsse, zwischen dem „politico-publicum", d. h. der allgemeinen Verwaltung, die nur der Landesregierung obliege, und den Sicherheitsfragen im engeren Sinne zu unterscheiden. Die wünschenswerten Eigenschaften der Bewerber für den Dienst wurden in drei Gruppen unterteilt: solche, die jeder Beamte besitzen sollte, wie Loyalität, Eifer, Verschwiegenheit, Uneigennützigkeit, Unparteilichkeit, sodann die für die Polizeiarbeit erforderlichen geistigen Eigenschaften, zu denen Wachsamkeit, gesunder Menschenverstand, Menschenkenntnis, Besonnenheit, Diskretion, Ausdauer und ein gutes Urteilsvermögen gehören, und schließlich Eigenschaften, die eher körperlicher

---

141 Roubík, Počátky/1926, 88; Walter: Die Organisierung/1927, 36. Der Prager Magistrat erhielt eine Abschrift des einschlägigen Hofdekrets (datiert in Wien am 15. 11. 1786) vom Prager Appellationsgericht erst am 22. 12. 1786; Archiv hlavního města Prahy [Archiv der Hauptstadt Prag, weiter AHMP], Magistrát hlavního města Prahy [Magistrat der Hauptstadt Prag, weiter MHMP] I.-Publ, 1786, Kart. 66, Sign. I/93. Für die Hilfe bei der Suche nach Polizeiquellen in diesem Bestand bedanke ich mich bei Martina Maříková und Jana Konvičná.

142 Roubík: Počátky/1926, 236–238, Beilage XV., Wien, 12. 11. 1784, von Joseph II. am 14. 11. gebilligte „Amts-Instruction für die sämtliche Polizeidirektoren und Kommissarien in den Provinzialhauptstädten". Verschiedene Versionen dieser Instruktion befinden sich auch im ÖStA, AVA, Hofkanzlei, IV. M. I. Böhmen, Kart. 1318, und Mähren-Schlesien, Kart. 1324.

143 Hurt: Dějiny, 15.

144 Roubík: Počátky/1926, 238, billigender Zusatz Joseph II. vom 14. 11. 1786.

Natur sind, wie Ordentlichkeit, Gehorsam, Pünktlichkeit und eine gute Physis. Neben der Ergebenheit gegenüber dem Souverän und dem Staat sollte ein Polizist auch ein „Menschenfreund" sein, der alles daran setzt, z. B. die Unschuld eines Verfolgten zu klären oder einen an Leben oder Eigentum bedrohten Mitbürger zu retten.[145] Diese beiden polizeiinternen Normen, die Instruktion und der „Spiegel", wurden den Landespolizeidirektoren von den Wiener Beratungen mitgegeben. Außerdem wurde jedem von ihnen ein Kommissar und ein Schreiber zugewiesen; nur die Direktoren von Prag, Buda und Lemberg hatten Anspruch auf zwei Kommissare.[146] Anstelle des entlassenen Reismann ernannte Joseph II. am 27. November 1786 für den Prager Posten zunächst den Brünner Direktor Okacz – in Brünn sollte ihm Direktor Herbel aus Troppau folgen.[147] Kurz darauf änderte der Monarch jedoch aus unbekannten Gründen seine Entscheidung ab und berief Major Franz Amschell (sein Name erscheint auch in der Form Ambschell) aus Pressburg nach Prag. In einer Situation, in der die polizeilichen Angelegenheiten wieder durch den Magistrat und das Gubernium verwaltet wurden, stabilisierte Amschell das Amt in Prag und gab ihm nach den unsicheren und etwas turbulenten Anfängen unter Reismann in der Öffentlichkeit ein klareres Profil.

Amt, Wache und Kommissare: Die Polizei in den Händen des Magistrats

Da der Wechsel an der Spitze der Prager Polizeidirektion nicht reibungslos verlief und weil Amschell von auswärts nach Prag kam, sollten die polizeilichen Agenden, insbesondere Registratur und Polizeifonds, noch durch Reismann als ehemaligem Direktor an den Magistrat übergeben werden. Das Gubernium gestattete dem Stadtrat, drei eigene Polizeikommissare für das Meldewesen anzustellen.[148] Erst auf eine Mahnung hin begann der Magistrat im Frühjahr 1787 an einem Plan für eine neue, kommunal kontrollierte Polizei zu arbeiten.[149] Dazu gehörte auch eine von Reismann nicht durchgesetzte,

---

145 Roubík: Počátky/1926, 93, 239–244, Beilage XVI, „Spiegel für das Polizey-Personal, worinnen das Pflichtmässige, das Industriose und das Mechanische eines Polizeybeamten entwickelt wird" (13. 12. 1786).

146 Walter: Die Organisierung/1927, 37.

147 Hurt: Dějiny, 14.

148 AHMP, MHMP I. – Publ, 1787, Sign. II/65, Kart. 139, Prag, 21. 2. 1787, die sich auf das Hofdekret vom 27. 11. 1786 berufende guberniale Verordnung zeigt unter anderem die Zusammensetzung der Einnahmen des Prager Polizeifonds – die insgesamt 8872 Gulden setzten sich unter anderem aus den Beiträgen aus den Kontributionskassen der einzelnen Viertel und Stadtteile zusammen; die 1500 bzw. 500 Gulden, die die böhmischen Stände und die Kaufmannschaft beisteuerten, waren zweckgebunden für das – bis dahin noch nicht bestehende – Arbeitshaus und Armeninstitut bestimmt und wurden daher vorübergehend von der Polizeiwache genutzt.

149 Die Mahnung des Guberniums findet sich im AHMP, MHMP I. – Publ, 1787, Sign. II/165, Kart. 139, Prag, 1. 4. 1787.

aber schließlich doch vom Gubernium genehmigte Aufstockung der Polizeiwache auf 150 Mann, die von sieben bzw. nach einer Änderung von sechs Korporalen und drei Feldwebeln befehligt werden sollte, an deren Spitze ein Polizeileutnant stand.[150] Bei den Verbesserungsvorschlägen für den Betrieb und die Finanzierung der Polizei bezog sich das Gubernium bemerkenswerterweise häufig auf das Wiener Vorbild. Von den fünfzig bürgerlichen Zivilisten, aus denen die Wache damals bestand, sollten diejenigen, die der Polizeidirektor für diensttauglich erachtete, dort verbleiben, aber in Zukunft sollten ausschließlich militärische Halbinvaliden rekrutiert werden, auch weil die Kosten dafür zum Teil aus militärischen Mittel gedeckt werden konnten.[151] Dieses Ziel wurde jedoch noch längere Zeit nicht erreicht. Mangels Halbinvaliden durften im September 1788 weiterhin Zivilisten als „Polizeisoldaten" eingesetzt werden.[152]

Verankert wurde die Rückkehr zur kommunalen Verwaltung der Sicherheitsangelegenheiten in der am 30. April 1787 erlassenen Polizeiordnung. Diese wurde vom Prager Magistrat verfasst und enthielt in 54 Artikeln eine Zusammenfassung der Vorschriften und Maßnahmen für verschiedene Bereiche des städtischen Lebens.[153] Dass es sich um eine Kompilation handelte und nicht um eine ausgefeilte, in sich schlüssige Norm, drückt sich etwa in den unterschiedlichen Währungen für Verwaltungsstrafen aus – für die Nichtkennzeichnung von Baustellen wurden im dritten Artikel vier Gulden erhoben, während das Verbot, ohne Erlaubnis unter Straßen und Plätzen Keller zu graben, in der unmittelbar folgenden Bestimmung mit zehn Reichstalern sanktioniert wurde.[154] Wie bei anderen normativen Texten (Patenten, Verordnungen), die damals in den böhmischen Ländern meist zweisprachig veröffentlicht wurden, ist auch hier die tschechische Fassung ungenau bzw. entspricht der deutschen nur annähernd; der Verwaltungs- und Sicherheitsdiskurs in der Monarchie entwickelte sich vor allem auf Deutsch. Obwohl die Begriffe „policie" oder „policejní", insbesondere in Bezug auf den Direktor, im

---

150 AHMP, MHMP I. – Publ, 1787, Sign. II/165, Kart. 139, Prag, 25. 3. 1787, Entwurf des Jahresbudgets der Prager Polizei; Prag, 29. 5. 1787, guberniale Berichtigung des Budgetentwurfs, hier unter anderem „Uibrigens wird der Antrag, die Polizeiwache auf 150 Gemeine zu vermehren, 3 feldwäbels und 7 Korporaln, dann einen Lieutenant zu derenselben Leitung anzustellen, mit dem Beisatz genehmiget, daß 6 Korporaln genug seÿen, der siebente also erspart werden müsse".

151 AHMP, MHMP I. – Publ, 1787, Sign. II/165, Kart. 139, Prag, 29. 5. 1787, guberniale Berichtigung des Budgetentwurfs. Dazu im Kontext der Rückführung der Polizei in die Stadtverwaltung Bastl: Spojení/ 2003, 44.

152 NA, Policejní ředitelství Praha I. (1759–1855) [Polizeidirektion Praha I. (1759–1855), weiter PŘ I.], Inv. Nr. 244/Lit. F, Kart. 3, Prag, 18. 9. 1788 (unterzeichnet von Prokop Lažanský).

153 Roubík: Počátky/1926, 94.

154 Von der Polizeiordnung wurden Tausende Exemplare gedruckt, Roubík: Počátky/1926, 94. Das hier benutzte Exemplar findet sich im SObA Litoměřice, KÚ Litoměřice, Sign. Publ. 16, kart. 538, Prag, 30. 4. 1787, „Verordnung von dem k. k. böhmischen Landesgubernium verschiedene Polizeianstalten in der Stadt Prag betreffend"/„Nařízení od královského českého Gubernium, týkaje se rozličných politických ustanovení v městech Pražských".

Tschechischen nicht unbekannt waren, spricht der Erlass von „polityckých ustanovení" (Polizeianstalten) oder „polityckému úřadu" (Polizeiamt oder einfach Polizei). Auch in einer späteren Verordnung ist nicht von Polizei die Rede, sondern von „polityká stráž" („Polizeywache"), „politycké pravidla" („Polizeygesetze") oder „politické ustanovení" („Polizeyverordnungen").[155] Auf die mangelnde terminologische Kontinuität verweist die Tatsache, dass in der deutschen Version dieser Magistratsverordnung vom November die ältere Schreibweise „Polizey" zur Anwendung kommt, während die guberniale Polizeiverordnung vom April 1787 die neuere Form „Polizei" enthält. Daraus lässt sich allerdings sicherlich nicht auf einen Konservatismus der städtischen Behörden oder die Modernität der Landesbehörden schließen.

Die Paragraphen der Polizeiordnung vom April 1787 zielten nach eigenen Worten darauf ab, „Ruhe, Ordnung, Sicherheit und öffentliche Anständigkeit" zu gewährleisten. Obwohl sie nicht sehr direktiv aufgebaut ist, werden Hausverwalter, Vermieter und Mieter gleich zu Beginn an die Verpflichtung erinnert, alle kurzfristig Untergebrachten bis spätestens 9 Uhr des folgenden Tages über einen offiziellen Meldezettel zu melden. Zu wissen, wer sich in der Stadt aufhält, sollte das Hauptziel einer jeden Polizeibehörde sein. Der Großteil der Paragraphen ist der Sicherheit von Personen und Gütern im weitesten Sinne gewidmet, was Gesundheits- und Hygienemaßnahmen (die Sicherheit verkaufter Lebensmittel, das Verbot des Ausgießens von Toiletten auf der Straße) und Brandschutz einschloss. Vorbeugende Maßnahmen wie Geländer oder Warnschilder sollten verhindern, dass Menschen in (Bau-)Gruben, von Abhängen oder Brücken stürzten; das Baden galt allgemein als gefährlich.[156] Ziel der Verkehrsvorschriften war nicht nur Unfälle zu verhindern, sondern auch den ungehinderten Transport von Personen und Gütern zu gewährleisten. Die Sicherheit ist in der Polizeiverordnung an die öffentliche Ordnung geknüpft. Auf der Straße abgestellte Wagen oder unkontrolliert aufgestellte Hütten von Marktverkäufern gewährten, wie es dort heißt, vor allem nachts verdächtigen Personen Unterschlupf. Große Menschenansammlungen stellten nicht nur eine potenzielle Ruhestörung, sondern auch ein Gesundheitsrisiko dar. Die öffentliche Ordnung betrifft vor allem das Bettelverbot und das Verbot des Verkaufs von Waren und Dienstleistungen während der Sonn- und Feiertagsgottesdienste sowie die Bestimmungen über die Nachtruhe (der Nachtruhe und den Feiertagen sind eigene Abschnitte gewidmet). Mit dem Begriff des „öffentlichen Anstands" trat eine „moralische" Sicherheit in die normative und polizeiliche Praxis ein. Damit werde ich mich später noch eingehender befassen. In der Prager Polizeiverordnung von 1787

---

155 NA, PŘ I., Inv. Nr. 121, Kart. 2, Nr. 551, Verordnung des Prager Magistrats vom 23. 11. 1787 über das ungebührliche Verhalten gegenüber der Polizeiwache.

156 „Verordnung von dem k. k. böhmischen Landesgubernium verschiedene Polizeianstalten in der Stadt Prag betreffend", Prag, 30. 4. 1787: „ist im Sommer das Baaden der Kinder und auch erwachsener Leute in den Flüssen, Bächen, Teuchten und Mühlgräben, sowie das Spielen der Kinder nahe am Wasser und auf öffentlichen Strassen, besonders bei der Dämmerung und zur Nachtzeit verboten […]".

finden sich Verbote bestimmter Andachtsformen und abergläubischer Handlungen, nicht genehmigter häuslicher Musik- und Theateraufführungen oder des Glücksspiels. „Anstand" wird nicht mehr ausschließlich als religionskonformes Verhalten definiert; die Bürger sollten auch vor unwirksamer, äußerlicher oder kostspieliger Frömmigkeit oder vor dem, was sie (auch durch übermäßige Emotionalität) von ihren Pflichten ablenkte, geschützt werden. Wie das Strafgesetzbuch aus demselben Jahr schützte jedoch auch die Polizeiverordnung die Religion grundsätzlich, wie Artikel 10 zeigt: „Ist das Anheften und Ausstreuen der Pasquille, so wie alle unflätige Bilder und Gesänge, deren Ausrufen, dann alle ärgerliche Gespräche wider die Religion und gute Sitten, unter der den Umständen angemessen werdenden Strafe verboten."[157]

Bei der Anwendung und Durchsetzung der Bestimmungen der Polizeiverordnung vom April 1787 hatte der Prager Magistrat nun ein viel größeres Mitspracherecht. Er verfügte über ein eigenes Polizeiamt, das von einem Magistratsrat geleitet wurde und sich im Altstädter Rathaus befand, wo auch die Polizeiakten aufbewahrt wurden.[158] In der Altstadt, der Neustadt und auf der Kleinseite mit dem Hradschin übten drei Bezirkspolizeikommissare, die dem Magistrat unterstanden, die polizeiliche Aufsicht aus. Da sie jedoch nicht die gesamte Agenda abdecken konnten, wurden ihnen „Stadtviertler", d. h. vom Ärar bezahlte Bürger, zugewiesen, die ab Mitte des 18. Jahrhunderts mit bestimmten Verwaltungsaufgaben, vor allem im Steuerbereich, betraut wurden. Darüber hinaus beteiligten sich auch die so genannten Zehner unter den Handwerksmeistern und die Polizeiwachen unentgeltlich an der Polizeiarbeit.[159]

Während der gesamten Zeit, in der die Polizeiverwaltung eine Magistratsagenda war, gab es in Prag zweierlei Polizeikommissare. Wie der Schematismus von 1789 zeigt, gab es neben den städtischen „Polizeykommissaren" Thám, Heimbacher und Haas, deren Posten vor allem zur Meldung und Kontrolle des Aufenthalts eingerichtet wurden, die Kommissare bei der „Polizeydirektion im Königreich Böhmen" Glaser und Ferner sowie den Unterkommissar Míka.[160] Ihre Tätigkeit war weniger an einzelne Bezirke gebunden, sondern sie sollten dem Polizeidirektor zur Seite stehen. Der Direktor Franz Amschell selbst fungierte zu dieser Zeit, außer hinsichtlich der Leitung der geheimen Agenda, nicht als öffentliches Exekutivorgan, sondern hauptsächlich als Vermittler zwischen Magistrat und Gubernium (er übermittelte z. B. die Polizeiprotokolle des

---

157 Ebd.

158 Das „Protokoll in Polizeisachen" zu führen ist dem Magistrat vom Gubernium erst einige Monate nach der Übernahme der Polizeikompetenzen angeordnet worden; NA, PŘ I., Inv. Nr. 126, Kart. 2, Nr. 605, Prag, 27. 11. 1787, Präsident des Guberniums an den Prager Magistrat.

159 Roubík: Počátky/1926, 95–97.

160 Schematismus für das Königreich Böhmen 1789, Prag 1789, 63 und 151.

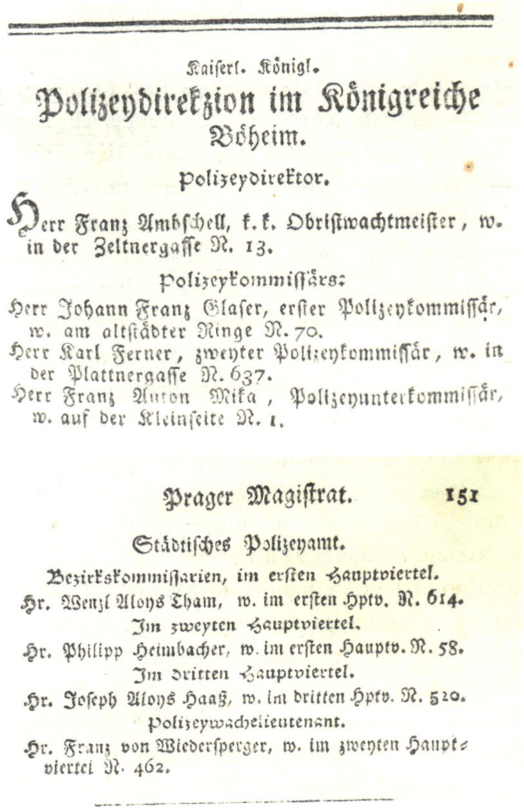

Kaiserl. Königl.
Polizeydirekzion im Königreiche Böheim.

Polizeydirektor.

Herr Franz Ambschell, k. k. Obristwachtmeister, w. in der Zeltnergasse N. 13.

Polizeykommissärs:

Herr Johann Franz Glaser, erster Polizeykommissär, w. am altstädter Ringe N. 70.
Herr Karl Ferner, zweyter Polizeykommissär, w. in der Plattnergasse N. 637.
Herr Franz Anton Mika, Polizeyunterkommissär, w. auf der Kleinseite N. 1.

Prager Magistrat. 151

Städtisches Polizeyamt.

Bezirkskommissarien, im ersten Hauptviertel.
Hr. Wenzl Aloys Tham, w. im ersten Hptv. N. 614.
Im zweyten Hauptviertel.
Hr. Philipp Heimbacher, w. im ersten Hauptv. N. 58.
Im dritten Hauptviertel.
Hr. Joseph Aloys Haaß, w. im dritten Hptv. N. 520.
Polizeywachelieutenant.
Hr. Franz von Wiedersperger, w. im zweyten Hauptviertel N. 462.

Abb. 5 *Prager Polizeidirektion und städtisches Polizeiamt im Schematismus für das Königreich Böhmen, 1789*

Magistrats oder schwerwiegendere Polizeifälle an das Gubernium).[161] Er überprüfte als Landesbeamter außerdem bestimmte polizeiliche Tätigkeiten und gab Rückmeldungen dazu. Sowohl er als auch die Polizei- bzw. Stadtwachen (insbesondere die Stadtviertler) direkt erstatteten dem Magistrat bzw. seinem „politischen" Senat in dieser Zeit Bericht über Sicherheitsprobleme (z. B. Hindernisse auf der Straße, Sturzgefahren, Hinausbringen und Abladen von Müll und Toiletten direkt auf der Straße).[162] Der Senat des

161 NA, PŘ I., Inv. Nr. 209, Kart. 3, Nr. 1689, Prag, 25. 9. 1788, Gubernium an den Prager Magistrat (unterzeichnet Prokop Lažanský); der Magistrat soll „in Hinkunft auch alle jene auf die Polizeÿ sich gründende politische Verbrechen erstattenden Berichte mittels der Polizeÿdirection anher abgeben".

162 AHMP, MHMP I. – Publ, 1787, Sign. II/129, Kart. 138, Prag, 2. 5. 1787, „Tit. H. Politzeÿ-Director zeiget an die Unordnungen auf deren [!] Marktplätzen, und andere mehrere in der Stadt vorkommende

Magistrats betraute dann meist städtische Beamte – Stadtviertler, Gemeindewirt bzw. Stadtamtmann – mit der Beseitigung.

Auch die Position der Polizeidirektion in Bezug auf die Aufenthaltskontrolle oder -meldung änderte sich. Das Gubernium übermittelte dem Magistrat eine spezielle Norm mit einer Anweisung, wie der Aufenthalt von Ausländern in Prag mittels der – bereits unter Reismann eingeführten – Meldezettel zu überwachen sei.[163] Deren tägliches Einsammeln wurde dem städtischen Polizeiamt im Altstädter Rathaus bzw. in den weiter entfernten Bezirken den einzelnen Viertlern übertragen. Das Polizeiamt wertete die Meldezettel auch aus, verglich sie mit den Beschreibungen der gesuchten Personen und trug sie in das Protokoll ein. Der Polizeidirektion wurden sie im Zug dieses Verfahrens lediglich zur Kontrolle vorgelegt. So war in den folgenden Jahren das städtische Polizeiamt in Fragen des Melderechts das ausführende Organ; die Polizeidirektion war eher eine beratende und fachliche Institution – im Juni 1788 war es der Polizeidirektor Amschell, der eine neue Instruktion für die polizeiliche Tätigkeit der Stadtviertler entwarf.[164]

Neben den Bezirkskommissaren und Viertlern war die Polizei in Prag durch die Polizeiwache oder „Polizeisoldaten" vertreten. Zu dieser Zeit war die Wache nicht dem Polizeidirektor, sondern dem Magistrat unterstellt, dem auch die Kommandanten zu berichten hatten.[165] Bei Missachtung oder Gehorsamsverweigerung gegenüber der Wache ordnete das Gubernium die Verhaftung aller Personen an, die sich so verhielten. (Die Tatsache, dass der Text ausdrücklich eine Sonderbehandlung für adlige Personen vorsah, lässt vermuten, dass dies als Reaktion auf einen Fall geschah, in dem die Wache von einem Adeligen respektlos behandelt wurde.)[166] Der Prager Stadtrat präzisierte diese Anordnung in einer eigenen Verordnung vom 23. November 1787. Diese rechtfertigte die vorgesehene entehrende Bestrafung (öffentliche Zurschaustellung des Delinquenten

---

Unordnungen". Der „Senat in Polizeisachen" stellte ein Gremium des Magistrats dar, wo geringere Übertretungen und Missstände behandelt wurden.

163 AHMP, MHMP I. – Publ, 1787, Sign. II/165, Kart. 139, Prag, 19. 6. 1787, das Gubernium leitet den von ihm modifizierten „Unterricht über das Anzeigewesen" an den Prager Magistrat weiter (mitunterzeichnet von Franz Joseph Saurau, zu der Zeit Gubernialrat). Der „Unterricht" selbst, von Roubík: Počátky/1926, 251–259, unter dem Titel „Manipulationspolizeiordnung für den Prager Magistrat" ediert, findet sich im erstgenannten Bestand nicht, wohl aber die begleitenden Akten, z. B. die Ausführung der aus ihm resultierenden Pflichten und Regeln oder das Konzept der Anweisung des Magistrats für das Polizeiamt (Prag, 20. 7. 1787).

164 Amschells Instruktion vom 13. 6. 1788 wurde von Roubík: Počátky/1926, 260–262, ediert.

165 NA, PŘ I., Inv. Nr. 101, Kart. 2, Nr. 243, Prag, 9. 8. 1787, Anleitung, wie die Polizeifälle gemeldet werden sollten: „[…] der Polizeÿwachoffizier hätte alle beÿ der Polizeÿwache vorkommende Gebrechen unmittelbar dem Magistrate anzuzeigen, und so dann erst in nötigen Fällen von da aus die Berichte an die Landesstelle zu erstatten wären".

166 NA, PŘ I., Inv. Nr. 121, Kart. 2, Nr. 551, Prag, 8. 11. 1787, Erlass des Guberniums (Kopie, unterzeichnet von Cavriani, Rosenthal).

mit einem Schild mit dem Vergehen) oder eine Geld- oder Gefängnisstrafe damit, dass „die Polizeiwache eines theils zur Sicherheit des Publikums angestellet ist, folglich von Jedermann, wer er auch immer sey, anständig behandelt werden muß; andern theils aber die zur Erhaltung der Ruhe und Ordnung erflossene Polizeygesetze ohne Wirkung bleiben, und ganz vereitelt werde würden, wenn die auf Uebertretung derselben festgesetzte Strafe nicht auf jeden Fall werkthätig erfolgete".[167]

Die Wache wurde keineswegs ohne Weiteres respektiert; ihr Eingreifen führte manch- mal zu gegenseitigen Beleidigungen. So beobachtete Ende Juni 1786 eine Streife in der Karpfengasse/Kaprova, wie die Frau eines Grießlers den Nachttopf aus dem Haus Nr. 663 auf die Straße schüttete. Als der Polizeisoldat feststellen wollte, um wen es sich handelte, kam der Grießler selbst, Wenzl Rot, heraus und beschimpfte ihn lautstark. Ebenso erging es dem Korporal, der die Hausnummer und den Namen der Frau in Erfahrung bringen wollte. Daraufhin forderte Polizeileutnant Volpert in einem Bericht im Namen der gesamten Mannschaft Genugtuung. Rot verteidigte sich damit, dass es in seinem Haus keine Toilette im Erdgeschoss gäbe, dass nur Urin im Nachttopf gewesen wäre und dass seine Frau durch das polizeiliche Eingreifen so erschrocken wäre, dass sie im Haus fiel und Gefahr bestünde, dass sie erkranken würde. Außerdem sei nicht klar gewesen, dass es sich um das Einschreiten eines Polizeisoldaten gehandelt hätte. Dennoch gab der Grießler sein Fehlverhalten gegenüber dem Wachmann zu und bat um Entschuldigung, die ihm bei der direkten Gegenüberstellung der beiden Parteien auch gewährt wurde. Der Polizeikorporal wiederum sollte klären, warum das Haus keine Toilette hatte.[168] Aus diesem und anderen Fällen von Ungehorsam wird deutlich, dass die Polizeiwache („Mannschaft") noch nicht als unpersönliche Institution agierte und sich genauso in ihrer Ehre gekränkt fühlen konnte wie jeder Bürger bzw. jede Bürgerin.

Die Konflikte zwischen den Polizeiwächtern bzw. Bezirkskommissaren und der Be- völkerung nahmen offenbar kein Ende und kamen Joseph II. zu Ohren, der darauf per Hofdekret reagierte. Der Monarch sah die Schuld nicht nur bei den rebellischen Prager Bürgern. Auch die Wächter selbst sollten sich „anständig und gemäßigt" verhalten; täten sie dies – wie die örtlichen Bürger ausdrücklich beklagten – nicht, so könne dies wiederum zu Trotzreaktionen der Einwohner führen. Darüber hinaus schaffte Joseph im Geiste seiner utilitaristischen Rechtsauffassung auch die Bestrafung durch öffentliches Anprangern mit einer entehrenden Inschrift per Dekret ab.[169]

Umgekehrt konnte jedoch sogar der Kontakt mit der Polizei an sich bereits als ent- ehrend empfunden werden. In dieser Hinsicht stand die Polizei in der Tradition der

167 NA, PŘ I., Inv. Nr. 121, Kart. 2, Nr. 551, Prag, 23. 11. 1787, Anordnung des Magistrats.
168 AHMP, MHMP I. – Publ, 1786, Sign. II/10, Kart. 67, Prag, 26. 7. 1786, Polizeiwachrapport; Prag, 2. 8. 1786, Konfrontation mit Wenzl Rot.
169 NA, PŘ I., Inv. Nr. 245, Kart. 3, Prag, 15. 7. 1788, Gubernialpräsident Cavriani teilt dem Prager Magistrat die Verfügungen des Hofdekrets vom 3. 7. über Polizeistrafen sowie Kompetenzen der Polizei(wache) mit.

früheren Beamten, Stadtbediensteten und zum Teil auch der Henker und Abdecker, an deren allgemeiner Herabsetzung auch Maria Theresias Erlässe nicht viel änderten, die sie auf die gleiche Stufe der Ehrbarkeit heben sollten wie die übrige Bevölkerung. So empfand es der Gubernialbeamte Philipp Heinrich Walter als Schande, dass sein achtzehnjähriger Sohn Johann am 21. August 1788 wegen angeblichen illegalen Spiels verhaftet und vom Bezirkskommissar und der Polizei „öffentlich" erst zum Altstädter Rathaus und dann über den Platz zum Kleinseitner Rathaus geführt wurde. Da bei ihm jedoch nichts gefunden wurde, ließ Kommissar Thám ihn noch am selben Abend wieder frei. Vater und Sohn verlangten die Bestätigung, dass Letzterer sich nichts zu Schulden hatte kommen lassen, und der Vater wandte sich sogar an seinen eigenen Vorgesetzten, den Gubernialpräsidenten.[170]

Die Prager Bürger protestierten auch weiterhin gegen das Vorgehen der Polizei, d. h. der Kommissare, der Wachen und des Amtes, insbesondere wenn diese die hohen Geldstrafen einforderten, die in der Polizeiordnung vom April 1787 festgeschrieben worden waren. Im Mai 1789 wandten sich rund 800 Prager mit einer ähnlichen Beschwerde sogar an den Kaiser.[171] Die Unverhältnismäßigkeit der Bußgelder wurde vom Polizeidirektor Amschell in einem Gutachten bestätigt, woraufhin der Monarch anordnete, sie nicht weiter durch Exekution einzutreiben und die Berufungen der Bevölkerung dagegen an das Gubernium weiterzuleiten. Neben anderen Faktoren dürfte der Vorwurf des Amtsmissbrauchs und des hochmütigen Verhaltens, der sich gegen die jungen Bezirkspolizeikommissare richtete, dazu geführt haben, dass einer von ihnen, der 24-jährige Václav/Wenzel Thám, im Herbst 1789 mehr oder weniger gezwungen wurde, sein Amt niederzulegen. (Thám, heute eher als Theaterschaffender bekannt, war schon 1784, also vor Gründung der Direktion, in die Polizei eingetreten und wurde zwei Jahre später Altstädter Kommissar.)[172] In seinem Rücktrittsschreiben bemühte er sich, seine Verdienste hervorzuheben: Unbestritten sei die Ergreifung von 25 gesuchten Personen, in zwei Fällen angeblich unter Einsatz des eigenen Lebens.[173] Allerdings wurden Tháms Fleiß, Pünktlichkeit und Ordnungsliebe bei der Büroarbeit auch vom Polizeiamt in Frage gestellt, das außerdem auf mangelnde Arbeitsdisziplin, Veruntreuung von Amtsgegenständen und Schulden hinwies. Ob auch Alkohol für diese Probleme mitverantwortlich war, ist heute noch Gegenstand der Spekulation. Jedenfalls hatte die Prager Polizei ein Autoritätsproblem und das nicht nur wegen der Strenge oder der

---

170 Es war der Polizeipräsident Amschell, der dem städtischen Polizeiamt die Ansicht des Gubernialpräsidenten mitteilte; NA, PŘ I., Inv. Nr. 236, Kart. 3, Nr. 2906, Prag, 4. 9. 1788.

171 Roubík: Počátky/1926, 98–99.

172 Vondráček, Jan: Dějiny českého divadla. Doba obrozenská 1771–1824 [Geschichte des tschechischen Theaters. Die Zeit der nationalen Wiedergeburt 1771–1824], Praha 1956, 190–192; hierauf basierend auch Kačer, Miroslav: Václav Thám, Praha 1965, 61–62. Václav Thám war unter anderem auch der erste Übersetzer des Librettos von Mozarts Zauberflöte ins Tschechische.

173 Vondráček: Dějiny/1956, 191, Tháms Rücktrittsschreiben vom 21. 9. 1789.

Exzesse der Bezirkskommissare. Die Einsätze der Polizeiwachen, vor allem die öffentlichen, wurden sowohl von Bürgern wie dem Grießler Rot als auch von höhergestellten Personen missbilligt. Die der Stadt von den Regimentern zugewiesenen Polizeisoldaten wiederum verwehrten sich dagegen, von den städtischen Beamten als Nachtwächter bezeichnet zu werden.[174] Dass nicht einmal die Repräsentanten der Stadt die Polizei immer unterstützten, zeigt auch die Entscheidung des Kaisers von 1788, jene Personen von der Kandidatur für den Stadtrat auszuschließen, die sich gegenüber der neuen Polizeiorganisation „lau und unthätig" verhielten. Der Gubernialpräsident präzisierte, dass dies in Prag den damaligen Bürgermeister Zahořanský von Worlik und seinen Stellvertreter beträfe.[175]

Mit der „neueingeführten Polizeiordnung" war eindeutig die Einrichtung des Polizeidirektors bzw. der Polizeidirektion selbst gemeint und nicht etwa die Übertragung der Polizeibefugnisse auf den Magistrat im September 1786. Doch auch dieses Arrangement sollte nicht lange Bestand haben, denn es gelang Pergen Joseph II. im letzten Jahr seines Lebens davon zu überzeugen, zur 1785 für die Landeshauptstädte entworfenen Polizeiorganisation zurückzukehren. Infolgedessen wurden die Entscheidungs- und Exekutivbefugnisse in polizeilichen, im engeren Sinn sicherheitspolizeilichen Angelegenheiten den städtischen Behörden bzw. Magistraten (wieder) entzogen und erneut dem Polizeidirektor anvertraut.[176] Auch wenn das Verhältnis des lokalen Polizeidirektors zum Landeschef in den folgenden Jahren noch geregelt werden musste – wenn also geklärt werden musste, ob und in welchen Angelegenheiten er direkt mit dem Polizeioberdirektor von Wien oder mit Pergen, der ab 1793 Leiter der höchsten Polizeibehörde in der Monarchie wurde, kommunizieren durfte –, zum Organ der Stadtregierung wurde der Polizeidirektor nie wieder. Zwar erfolgten noch später Veränderungen in der „polizeilichen" Unterordnung der Landeschefs gegenüber dem Herrscher, seiner

---

174 NA, PŘ I., Inv. Nr. 123, Kart. 2, Nr. 561, Prag, 23. 11. 1787, Amschell an den Prager Magistrat; die diesbezügliche Note wurde vom Magistrat am 14. 3. 1788 erlassen.

175 Das auf dem Handbillett beruhende Hofdekret vom 28. 7. 1788, https://alex.onb.ac.at/cgi-content/alex?aid=hvb&datum=1788&page=2081&-size=45 [letzter Zugriff 28. 3. 2024], wurde von Cavriani ergänzt und dem Prager Magistrat am 7. 8. 1788 mitgeteilt; NA, PŘ I., Inv. Nr. 195, Kart. 3, Nr. 1340, der Herrscher sei entschlossen, „denjenigen, die sich beÿ der neueingeführten Polizeÿordnung lau und unthätig bewiesen haben, worunter besonders der Bürgermeister und Vicebürgemeister der Stadt Prag anzumerken sind, künftig die Exclusivam zur neuen Wahl zu geben, wodurch sie nicht mehr zur Wahl gelangen können".

176 Dazu für Böhmen ausführlich Roubík: Počátky/1926, 100–111, besonders 103, Pergen teilt Cavriani, dem Präsidenten des Guberniums, sowie anderen Landeschefs die kaiserliche Entscheidung mit, zum Stand der Polizeiorganisation vor dem 20. 9. 1786 zurückzukehren (vgl. auch Walter: Die Organisierung/1927, 39); weiter 105, Pergens Verfügung an Cavriani hinsichtlich der neuen Polizeiorganisation vom 10. 10. 1789. Die wiederaufgenommene, 31 Punkte umfassende Definition der Kompetenzen der Polizeidirektion ebd., 263–266.

Hofkanzlei bzw. Pergen als Polizeiminister. In Prag bedeutete die Rückkehr zur josephinischen zentralisierten Polizei in 1789 aber, dass nicht nur die Sicherheit des Monarchen, des politischen Systems oder seiner Institutionen (als Gegenstand der Geheimpolizei), sondern auch die Sicherheit der Bevölkerung (als Gegenstand der öffentlichen Polizei) als staatliches Anliegen konzipiert wird. Damit war der Grundstein für eine Polizei im heutigen Sinne gelegt.

Obwohl die Polizeiordnung von 1787 für die Prager Bevölkerung noch in Kraft war, musste 1789 nicht nur in Prag, sondern auch in den anderen Landeshauptstädten genau differenziert werden, welche Befugnisse in Sachen öffentliche Sicherheit und Ordnung beim Magistrat verblieben und welche durch die nun vom Magistrat unabhängigen Polizeidirektionen ausgeübt werden. Die Instruktion vom 10. Oktober 1789 legte die Bereiche fest, die nunmehr ausschließlich in die Zuständigkeit der Polizei fielen.[177] Dazu gehörten vor allem das gesamte Meldewesen sowie die Öffnungszeiten der Gaststätten und deren mögliche Verlängerung, die Genehmigung öffentlicher und privater Musik- und Theateraufführungen, die Kontrolle von Aufführungen, Redouten und Feuerwerken, des Glücksspiels und der Fahrgeschwindigkeit sowie alle Ermittlungen zu Lebensrettungen. Während der Magistrat die Maßnahmen zur Erhaltung der Sauberkeit und der öffentlichen Gesundheit sowie zur Verhinderung von „unglücklichen Zufällen" zu treffen hatte, oblag es der Polizei, dementsprechende Verstöße zu ahnden. Die Polizei hatte auch immer dann ein gewichtiges Wort mitzureden, wenn bei öffentlichen Anlässen oder in öffentlichen Einrichtungen Ordnung, Ruhe oder Sicherheit auf dem Spiel standen; ausdrücklich galt das z. B. für Überschwemmungen.[178] Bei Passanträgen bestätigte die Polizeidirektion lediglich durch „Vidieren", dass der Antragsteller nicht per Haftbefehl gesucht wurde oder verdächtig war. Die Polizeiwache sollte zwar dem Landeschef bzw. der Polizeidirektion unterstellt sein, doch konnte auch der Magistrat über sie verfügen.[179] Demgegenüber fielen die Maßnahmen zur Brandbekämpfung ausschließlich in die Zuständigkeit der Magistrate. Im Januar 1790 legte eine Sonderkommission die Befugnisse der Polizei noch einmal genau fest – ihre Zuständigkeit endete dort, wo die Zuständigkeit der bürgerlichen Gerechtigkeit bzw. der Justiz begann. Sie hatte auch die Befugnis, Gefängnisstrafen oder Geldstrafen zu verhängen. Deren Verhängung bedurfte jedoch einer sofortigen Bestätigung durch die zuständi-

---

177 Roubík: Počátky/1926, 263–266, Beilage XX; Walter: Die Organisierung/1927, 40–42. Eine Fassung dieser Instruktion („Verzeichniß der wesentlichen Gegenstände welche die Polizeÿämter in den hauptstädten ausschliessend zu behandeln haben und beÿ welchen der Magistrat eintritt") befindet sich auch im NA, Presidium českého gubernia [Präsidium des böhmischen Guberniums, weiter PG], Sign. 22b, Kart. 44.
178 Roubík: Počátky/1926, 265, Punkt 26, diese Kompetenz der Polizei bezog sich auf „alle öffentlichen Anstalten, wo es um Ordnung, Ruhe und Sicherheit zu thun ist".
179 Roubík: Počátky/1926, 266, Punkt 29.

ge Justizbehörde, die für Stadtbewohner im Falle von Polizeidelikten der Magistrat darstellte.[180]

Die Veränderungen, die die Wiederherstellung des josephinischen Systems ab Anfang der 1790er-Jahre mit sich brachte, bedeuteten in gewissem Maße auch eine „Verpolizeilichung" der meisten Städte außerhalb Prags, ihre administrative Aufteilung, die Vereinheitlichung der polizeilichen Normen sowie eine neue Art der Informationsbeschaffung und überhaupt der Kommunikation mit der Hauptstadt; deshalb werde ich diesen Aspekten besondere Aufmerksamkeit widmen. Diese Maßnahmen sowie die Unabhängigkeit der Prager Polizei von den städtischen Behörden als solche blieben von den nachfolgenden Veränderungen an der Spitze der Polizeiorganisation in Wien unberührt. Diese betrafen nach dem Tod Joseph II. im Februar 1790 hauptsächlich die Geheimpolizei, deren Aktivitäten vor allem vom Adel und der Beamtenschaft kritisch wahrgenommen werden konnten. František Roubík schreibt jedoch, dass auch breitere Bevölkerungsschichten mit den polizeilichen Maßnahmen unzufrieden waren, da „die neuen Polizeidirektionen systematisch daran arbeiteten, die Laster zu beseitigen, die unter der vorherigen trägen Polizeiverwaltung in der öffentlichen Polizeiarbeit um sich gegriffen hatten".[181] Die übermäßige Machtkonzentration in Pergens Händen soll auch den höchsten Beamten der Hofkanzlei, darunter Graf Kolowrat, missfallen haben.[182] Die ungarischen Stände nutzten den Thronwechsel als erste und erreichten im März 1790 die vollständige Abschaffung der Polizeidirektion in Buda, für sie ein Symbol des Wiener Zentralismus.[183] Obgleich Pergen im Mai 1790 als niederösterreichischer Landmarschall abgesetzt wurde, blieb er zunächst Polizeichef. Er verteidigte das zentralisierte josephinische Polizeiwesen[184] gegenüber Leopold II. und den Kritikern aus Ungarn und machte zu dieser Zeit sogar den (nicht umgesetzten) Vorschlag, eine Art Landgendarmerie auf militärischer Basis zu schaffen. Sein Sturz war letztlich auf Zweifel an der Rechtmäßigkeit der Inhaftierung bestimmter Personen in Polizeigefängnissen zurückzuführen – der neue Kaiser, der in der Toskana Träger der Aufklärung gewesen war, mag darin einen Ausdruck polizeilicher Willkür gesehen haben, die sich der richterlichen Entscheidungsgewalt entzog.[185] Nach einem erfolglosen Briefwechsel mit Leopold legte Johann Anton Pergen schließlich am 18. März 1791 sein Polizeiamt nie-

---

180 Walter: Die Organisierung/1927, 42.
181 Roubík: Počátky/1926, 109 [übersetzt von P. H.].
182 Bernard: From the Enlightenment/1991, 172.
183 Laut Bernard: From the Enlightenment/1991, 173, hatte die Aufhebung der Pergenschen Polizei in Ungarn den Anstieg der Kriminalität zu Folge, worauf der Landtag einige Jahre später mit besonderen Maßnahmen reagieren musste. Angeblich konnte sich Graf Kaunitz bei dieser Gelegenheit die Anmerkung nicht verkneifen, in allen zivilisierten Ländern gäbe es ähnliche Maßnahmen schon lange.
184 Die umfangreiche Eingabe Pergens an den Kaiser vom 2. 12. 1790 wird von Roubík: Počátky/1926, 111–113, wiedergegeben.
185 Bernard: From the Enlightenment/1991, 174–175.

der. Die Polizeidirektoren in den Landeshauptstädten waren fortan den Landeschefs unterstellt, die wiederum dem Obersten Kanzler unterstanden.[186] Für eine Neukonzeption der Polizei wandte sich der Monarch an den bewährten Joseph von Sonnenfels, in dem manche Historiker sogar den Architekten von Pergens Untergang sehen.[187] Damit kehrte Sonnenfels von seiner Universitätslaufbahn zu seiner Rolle als Theoretiker der (weit gefassten) Polizei zurück, an der er während der Regierungszeit Maria Theresias gearbeitet hatte.[188] Obwohl nicht nur Sonnenfels' Gegner den allumfassenden und undurchführbaren Charakter seines Vorschlags kritisierten (wie auch das Fehlen einer Geheimpolizei, die für einen modernen Staat angeblich unverzichtbar war), wurde dieser zur Grundlage der neuen Polizeiorganisation, die am 1. Januar 1792 ins Leben gerufen wurde.

Noch vor der Veröffentlichung des entsprechenden Erlasses wurde in Prag der Polizeidirektor ausgewechselt – Franz Amschell wurde Ende September 1791 in der Polizeidirektion in der Nikolandergasse/Mikulandská durch den Gubernialrat Baron Johann Josef La Moth ersetzt.[189] Dieser hatte mehrere Jahre Polizeierfahrung, da er vor 1785 der Sicherheitskommission des Guberniums angehört hatte – vermutlich in dieser Eigenschaft bezeichnete ihn die Schönfeldsche Zeitung vor der Ernennung Reismanns sogar als „Polizeidirektor"[190] – und er war auch an der Übergabe der Agenden der Kommission an die neue Direktion beteiligt. Auf seine Erfahrungen bezog sich La Moth auch in einem Vorschlag für ausschließliche Polizeibefugnisse, den er und der Prager Bürgermeister wenige Tage nach seinem Amtsantritt an den Präsidenten des böhmischen Guberniums richteten. Darin zählte er die Bereiche auf, in denen die Polizei bzw. die Polizeiwachen selbstständig handeln sollten, ohne sich vorher mit einer anderen Behörde, insbesondere dem Magistrat, abzustimmen, unter anderem um unnötigen Schriftverkehr zu vermeiden.[191] Sie sollten die Einhaltung der Polizeiverordnung vom April 1787 überwachen; bei Problemen wie Schutthaufen oder gefährlichen Kellerlöchern sollten sie beispielsweise direkt mit den Hauseigentümern sprechen dürfen, während die Sauberkeit der Straßen, die Gehwege oder das Straßenpflaster in die Zuständigkeit des Magistrats fielen. Die Direktion überwachte die Ordnung zusammen mit den Viertlern, die jeden Sonntag Meldung erstatten mussten. Auf Grundlage eines

---

186 Walter: Die Organisierung/1927, 52–53.

187 Roubík: Počátky/1926, 113.

188 Zu Sonnenfels' Vorschlag unter anderem Karstens: Lehrer/2011, 360–361.

189 Roubík: Počátky/1926, 115. Der Kaiser billigte während seines Krönungsaufenthaltes in Prag den Personalvorschlag von Gubernialpräsidenten Rottenhan, wie es dem Letzteren am Oberste Kanzler Kolowrat am 29. 9. 1791 mitteilte; NA, PG, Sign. 3, Kart. 82. Franz Amschell kehrte als Major zur militärischen Laufbahn zurück. Der Name La Moth taucht in den Quellen auch in der Form Lamoth bzw. Lamotte auf.

190 Vgl. hier Kapitel 1, Anm. 39.

191 NA, PG, Sign. 15c, Kart. 234, Prag, 18. 12. 1791 (unterzeichnet von La Moth, Bürgermeister Andreas Steiner und Gubernialrat Georg Karl); ebd. auch Begleitschreiben von La Moth an Rottenhan vom 21. 12. 1791. Die Kritik von „Schreibereien" kommt in den inneramtlichen Normen häufig vor.

Vorschlags ermächtigte das Gubernialpräsidium die Polizei, auswärtige „Vagabunden" und Bettler zwangsweise in ihre Herkunftsorte abzuschieben.[192] La Moth beanspruchte „Vagabunden" und Bettler festnehmen und verhören zu dürfen, die auswärtigen abzuschieben und von den Pragern die „unverbesserlichen" herauszufiltern, die er dem Magistrat zur gerichtlichen Bestrafung übergeben sollte.

Die Wiener Polizeieinrichtung vom November 1791, die zum Teil auf den Ideen von Sonnenfels beruhte, hatte keinen nennenswerten Einfluss auf den Prager Vorschlag, obwohl sie als mögliches Modell nach Böhmen weitergeleitet worden war.[193] Im Gubernium war ein interessantes Projekt zur „Reorganisation" der Prager Polizei auf dessen Grundlage entstanden, als Leopold II. unerwartet in Wien verstarb, was zu erneuten Änderungen in der Organisation der Polizei führte. Im (anonymen) Prager Projekt ist Sonnenfels' umfassendes Konzept an der Einbeziehung medizinischer Dienste in die Polizeiarbeit erkennbar – die vier Polizeikommissare, die für neun Bezirke zuständig waren, sollten demnach durch vier Ärzte, vier Chirurgen und vier Hebammen oder Geburtshelferinnen ergänzt werden, die „den Armen unentgeltlich dienen" sollten.[194] Der Bedarf an Polizeikräften in allen neun Bezirken wird im Plan mit 200 beziffert; die neun Bezirke sollten in größerem Umfang als bisher der Polizeidirektion unterstellt werden. Eine zentrale Rolle bei dem Projekt spielten die Polizeikommissare, von denen einer in einem speziellen Büro auf der Kleinseite und die übrigen drei auf der anderen Seite der Moldau, vermutlich im Hauptgebäude, untergebracht werden sollten. Die Beschreibung ihrer Aktivitäten scheint eine intensivere und geheime polizeiliche Überwachung vorwegzunehmen, die von der Furcht vor revolutionärer Stimmung motiviert war. Die Kommissare sollten nicht nur die gesamte Bevölkerung „ihrer" Bezirke und deren Aktivitäten kennen und über ungewöhnliche Zusammenkünfte wachen, sondern sie selbst oder untergeordnete Beamte sollten unter verschiedenen Vorwänden und in Verkleidung Wirtshäuser besuchen, bei dortigen Gesprächen anwesend sein und auch „Klubs" und andere geschlossene Gesellschaften überwachen, um deren Mitglieder kennenzulernen und zu wissen, was dort vor sich ging.[195]

---

192 Roubík: Počátky/1926, 116.

193 Roubík: Počátky/1926, 115; der Autor führt meines Erachtens jedoch ein falsches Jahr an, die Polizeiordnung für Wien wurde zum 1. 11. 1791 (und nicht 1790) erlassen.

194 Anonyme Anmerkungen zur Reorganisierung der Prager Polizei nach dem Wiener Muster vom 3. 3. 1792 finden sich im NA, PG, Sign. 15c, Kart. 234. Zu den „Polizeiärzten" im Entwurf von Sonnenfels Bernard: From the Enlightenment/1991, 177.

195 NA, PG, Sign. 15c, Kart. 234. Die Tatsache, dass das Projekt auf die Beseitigung der Revolutionsgefahr abzielte, wird aus der Forderung ersichtlich, dass zwei der Kommissare Französisch und Italienisch beherrschen sollen und dass auch jemand vom Kanzleipersonal beider Sprachen mächtig sein sollte. Zu den Maßnahmen, die sich in Böhmen zu dieser Zeit gegen Franzosen und Italiener richteten, vgl. Mejdřická, Květa: Listy ze stromu svobody [Die Blätter vom Freiheitsbaum], Praha 1989, 80. Zu den Kompetenzen der Kommissare sollte aber auch die Aufsicht über die Armen sowie über öffentliche Anstalten wie Kranken-, Gebär- und Arbeitshäuser gehören.

Die Furcht vor den Auswirkungen der Ereignisse im revolutionären Frankreich, mit dem sich das Habsburgerreich seit dem Frühjahr 1792 im Krieg befand, auf die Mentalität der heimischen Bevölkerung und auf die geheimen „Jakobiner"-Gesellschaften, die letztlich die Abschaffung der Monarchie anstrebten, veränderte auch die Erwartungen an die Polizei und den Staatsapparat im Allgemeinen bereits gegen Ende der Regierungszeit Leopolds und insbesondere nach der Thronbesteigung seines Sohnes Franz II. Jene Polizei, die hauptsächlich auf die Kontrolle der Bevölkerung einschließlich der Landstreicher, Bettler und Ausländer abzielte, gewann nun die Oberhand über die „Wohlfahrtspolizei" von Sonnenfels, die sich um die verschiedenen Bedürfnisse der städtischen Bevölkerung kümmerte, und das geschah nicht zuletzt, weil sie billiger erschien. Knapp ein halbes Jahr später berief der Monarch daher den Schöpfer dieses enger gefassten Polizeisystems, Graf Pergen, in den Dienst zurück.[196]

Pergens Rückkehr bzw. seine Ernennung zum Polizeiminister für alle habsburgischen Erblande wurde Anfang Januar 1793[197] bekannt gegeben und unmittelbar danach machte sich der Graf trotz seines fortgeschrittenen Alters daran, den josephinischen Polizeiapparat wiederherzustellen – allerdings mit der Ausnahme, dass die Landespolizeidirektoren nun zwar direkt mit dem Polizeiminister kommunizieren konnten, jedoch den Landeschefs unterstellt waren.[198] Um die Öffentlichkeit nicht zu verärgern, ließ Pergen z. B. die Polizeiärzte in Wien weiter bestehen.[199] In Prag wurde weder dieses noch andere Elemente von Sonnenfels' Vorschlag je implementiert, und so blieb hier das josephinische Modell die ganze Zeit über bestehen, wie der Minister im Januar 1793 vom Präsidenten des Guberniums Prokop Lažanský erfuhr. Pergen legte daraufhin dem Kaiser ein neues Projekt für eine „österreichische Staatspolizei" vor und erließ nach Besprechung mit den Landeschefs auch ein Rundschreiben an alle Erblande, wonach die Suche nach verdächtigen Personen die Hauptaufgabe der Polizei in Stadt und Land sei.[200] Die Polizei hatte das Recht, Personen in Gewahrsam zu nehmen, durfte sie aber nicht länger als drei Tage ohne Verhör festhalten; nach dem Verhör mussten die Verhafteten einem ordentlichen Gericht übergeben werden.[201]

1793 zählte allein die Prager Polizeidirektion ohne Wachpersonal dreißig Personen. Direktor La Moth wurde von drei erfahrenen Polizeikommissaren – Glaser, Ferner und

---

196 Zu den Verhandlungen über die Rückkehr Pergens vgl. Bernard: From the Enlightenment/1991, 184–186.

197 Das Hofdekret vom 4. 1. 1793 siehe http://alex.onb.ac.at/cgi-content/alex?aid=pgs&datum=1793&page=20&size=45 [letzter Zugriff 28. 3. 2024].

198 Roubík: Počátky/1926, 118–119.

199 Bernard; From the Enlightenment/1991, 188.

200 Roubík: Počátky/1926, 120–122. Der Briefwechsel zwischen Pergen und Lažanský aus dem Jahre 1793 befindet sich unter anderem im ÖStA, AVA, Pergen-Akten, Sign. XVIII B, Kart 17, darunter auch „Bemerkungen zur Absicht auf die Beschleinigung und Beförderung des Polizeidiensts" (undatiert, wohl 1793) und „Unterricht für die Stadtviertler zur Aushülfe der Bezirkskommissare und Besorgung des Anzeigewesens".

201 Roubík: Počátky/1926, 123, Anm. 216.

Míka – und drei Kommissaren, die ursprünglich beim städtischen Polizeiamt tätig gewesen waren – König, Heimbacher und Haas –, direkt in den Bezirken unterstützt; dieses Arrangement ähnelte übrigens der Struktur der Kreisämter mit einem Kreishauptmann und etwa drei Kreiskommissaren. Außerdem gab es in den Bezirken sieben städtische Viertler, die als einzige aus städtischen Mitteln bezahlt wurden. Dieses Personal wurde durch acht „Revisoren" ergänzt, die für die Märkte, und sieben weitere Beamte, die für den Holzhandel zuständig waren. Die Militärpolizeiwache bestand zu dieser Zeit aus insgesamt 163 Personen – einem Offizier, drei Feldwebeln, einem Fourier, einem Profoss, neun Korporalen, vier Gefreiten und 144 einfachen Soldaten.[202]

Wie František Roubík schreibt, blieb die Prager Polizei in dieser Form in der ersten Hälfte des 19. Jahrhunderts bestehen,[203] obwohl es natürlich ständig zu personellen und kleineren organisatorischen Veränderungen kam. Dies galt natürlich auch für den Posten des Polizeidirektors. Bereits am 11. Februar 1794 wurde Joseph Anton Wratislaw von Mittrowitz, der frühere Hauptmann des Klattauer Kreises, anstelle des entlassenen Johann Josef La Moth zum Stadthauptmann ernannt.[204] 1804 folgte ihm Anton Friedrich Mittrowsky von Nemyšl, der 1805 von Prokop Hartmann und 1807, als das gesamte Amt umorganisiert wurde, von Franz Anton Kolowrat Liebsteinsky abgelöst wurde. Auch wenn sich die Polizei unter Pergens Führung und auch nach seinem endgültigen Rücktritt 1804 vor allem auf den Staatsschutz konzentrierte, war es in der Person des ehemaligen Kreishauptmannes Wratislaw und seinem alt-neuen Titel „Stadthauptmann" so, als ob Polizei und Stadtverwaltung wieder verknüpft wären, so wie es auf dem Land durch die Kreisämter der Fall war. Nicht die geheime Staatspolizei, die am häufigsten mit der Herrschaft Franz II. (I.) in Verbindung gebracht wird, wird uns in weiterer Folge interessieren, sondern der Zusammenhang zwischen den Polizeireformen und der Ausübung der staatlichen oder – wenn man so will – öffentlichen Zentralmacht gegenüber jedem einzelnen Einwohner bzw. jeder einzelnen Einwohnerin des Landes. Nach einem Exkurs zum Pariser Modell und den Ursprüngen des modernen Polizeiwesens in Wien

---

202 ÖStA, AVA, Pergen-Akten, Sign. XVIII B, Kart. 17, Prag, 23. 3. 1793. Die 144 Polizeisoldaten werden namentlich zusammen mit weiteren Angaben für das Jahr 1794 im „Personalstand der Prager Polizeytrouppe", der auf Ansuchen des Guberniums vom neuen Stadthauptmann/Polizeidirektor vorgelegt wurde, angeführt; NA, PG, Sign. 15c, Kart. 235, Prag, 7. 11. 1794.

203 Roubík: Počátky/1926, 124, 144.

204 Wratislaw konnte jedoch das Amt nicht gleich übernehmen, sodass der Gubernialpräsident die Publikation des Ernennungsdekrets verzögerte. La Moth bewarb sich inzwischen um den Posten des Elbogener Kreishauptmannes, allerdings ohne Erfolg, da er als Gubernialrat in Prag benötigt wurde. Als Entschädigung wurde ihm vom Gubernialpräsidenten Rottenhan das Einkommen von 1000 Gulden, das La Moth früher als Polizeidirektor bezogen hatte, zuerkannt. Nachdem der Oberste Kanzler Kolowrat diese Zahlung am 1. 3. 1794 ablehnte, schritt La Moth dazu, seine Arbeit als Polizeidirektor in einer Eingabe an den Kaiser zu verteidigen (Prag, 18. 4. 1794, „die sonst so häufige Klagen gegen die Polizey verschwanden", nachdem sich La Moth des Amtes angenommen habe); die diesbezüglichen Quellen befinden sich im NA, PG, Sign. 3, Kart. 82.

und vor allem in Prag wenden wir uns nun den Gebieten abseits der Hauptstädte der Habsburgermonarchie zu.

Die Polizeiorganisation auf dem Land: Teile und Berichte

In der Geschichtsschreibung wird die Polizei vor allem als Phänomen von Groß- oder Landeshauptstädten wahrgenommen und auch wir haben sie bisher so dargestellt. Obwohl sich das Ständesystem gegen Ende des 18. Jahrhunderts nicht wesentlich veränderte und in Böhmen der Landadel, auf dessen Gütern noch immer die Mehrheit der Bevölkerung lebte, eine bedeutende Rolle spielte, wurden die großen Städte zu einer Art Labor für die aufgeklärten Reformen. Hier lebten immer mehr Menschen und ihre Versorgung, ihre Gesundheit oder sogar ihr Aufenthalt und ihr Zusammenleben wurden Gegenstand neuer Vorschriften. Nicht, dass die Zentral- und Landesbehörden bloß auf „objektiv auftretende" Probleme im Zusammenhang mit dem Bevölkerungswachstum der Großstädte reagiert hätten. Die Städte waren auch geeignet, um Maßnahmen auszuprobieren, einzuführen oder zu verbessern, die nicht unmittelbar durch die Umstände erzwungen wurden – beispielsweise die Straßenbeleuchtung. In der Habsburgermonarchie spielte Wien, die Residenzstadt des Herrscherhauses, die führende Rolle.[205]

In den böhmischen Ländern war die Regulierung der Magistrate bzw. Stadträte zwischen 1788 und 1791 ein wichtiger zentraler Eingriff in die städtischen Angelegenheiten.[206] In diesem Zusammenhang sollten „auf dem Lande" „Polizeiwächter" eingesetzt werden; ein Hofdekret vom Mai 1788 legte die Grundsätze für ihre Entlohnung fest. Nach dieser Norm sollte der Prager Polizeiapparat als Vorbild für andere Städte dienen.[207] Für die Städte in den Kreisen wurde die Prager Polizeiverordnung vom 30. April 1787 unmittelbar nach ihrer Veröffentlichung angewandt; in Leitmeritz/Litoměřice betonte man dabei vor allem die Sauberkeit und Befahrbarkeit der Straßen.[208]

---

205 Joseph II. beauftragte so beispielsweise Johann Nepomuk Buquoy mit der Reform der Armenfürsorge in Wien nach dem Vorbild des Armeninstituts, das durch die Gesellschaft der Nächstenliebe auf der buqouyischen Herrschaft Gratzen/Nové Hrady in Südböhmen betrieben wurde; Buquoy, Margarethe: Johann Graf von Buquoy, ein Sozialreformer im Zeitalter der Aufklärung. Feldkirchen–Westerham 2004, 77–110.

206 Urfus: Právní postavení/1969, besonders 407, 411–413.

207 Das Hofdekret vom 23. 5. wurde in Böhmen am 5. 6. 1788 publiziert: „da die Polizeiwächter auf dem Lande, so viel es immer thunlich ist, nach dem Fuß, wie in Prag reguliret werden müssen"; http://alex. onb.ac.at/cgi-content/alex?aid=hvb&datum=1788&page=763&size=45 [letzter Zugriff 28. 3. 2024].

208 SObA Litoměřice, KÚ Litoměřice, Sign. Publ 16/1, Kart. 538, Prag, 25. 6. 1787, aus der Verordnung von Prokop Lažanský folgt, dass es sich nicht nur um die Kreisstädte allein handelte; weiter ebd., Leitmeritz, 11. 9. 1787, Verordnung des Leitmeritzer Kreisamts an die Stadt Leitmeritz (Konzept).

Obwohl es also schon während der Zeit, als die Prager Polizei vom dortigen Magistrat geleitet wurde, zu einer gewissen Vereinheitlichung der Ordnungsaufsicht in Böhmen kam, hinderte dies Pergen nicht daran, die Rückkehr zum von ihm 1789 entworfenen System vor Joseph II. gerade mit der Notwendigkeit einer einheitlichen und zentral gesteuerten Polizeiorganisation im gesamten westlichen Teil des Habsburgerreiches zu legitimieren. Sein Reformvorschlag grenzte sich zwar von der Pariser Polizei ab, versuchte aber gleichzeitig eines ihrer charakteristischen Merkmale für die Monarchie zu übernehmen – eine Neuaufteilung der Stadt auf der Basis polizeilicher Kriterien. Dies sollte nicht nur für die großen, sondern prinzipiell für alle Städte gelten. Die Ähnlichkeit der Verwaltungsstruktur sollte zu einer besseren Verbindung zwischen dem Zentrum und dem „Land" und zu einem effizienteren Informationsaustausch, insbesondere über die sich im Land aufhaltenden Ausländer, beitragen.[209] Der oberste Burggraf und Gubernialpräsident Cavriani, der Pergen über die bestehende Aufteilung Prags in drei Bezirke und sieben Viertel berichtete, äußerte sich positiv über die Verbindung der Polizei auf dem Land und in der Hauptstadt. Er schlug vor, der Prager Polizeidirektor solle zunächst das Land bereisen und für die Einführung der neuen Polizei geeignete Städte – Cavriani nannte in erster Linie die Kreisstädte –, sowie für die lokalen Polizeidienststellen geeignete Personen vorschlagen.[210]

Die Einteilung der Städte in Bezirke wurde am 10. Oktober 1789[211] angeordnet und auch in der Einleitung des „Amtsunterricht[s] in Polizei- und Sicherheitssachen" erwähnt, der nach langwierigen Verhandlungen am 23. November 1789 für die Munizipalstädte und -märkte erlassen wurde.[212] Dabei handelte es sich im Grunde um eine Instruktion bzw. ein Handbuch für die Stadträte. Es sah vor, das Gemeindegebiet, soweit noch nicht geschehen, in Bezirke aufzuteilen, mit deren Beaufsichtigung zuverlässige Bürger betraut werden sollten. Diese konnten in größeren Ortschaften selbständigen Polizeikommissaren unterstellt werden. In drei Abschnitten systematisiert und erläutert der Text, worauf diese Wachleute und Magistrate zu achten hatten. Er unterschied einerseits zwischen der Sicherheit von Personen und Gütern, die durch Unachtsamkeit, Böswilligkeit oder Zufälle bedroht sind, und andererseits der Aufrechterhaltung der öffentlichen Ordnung sowie der Gefährdung der Staatssicherheit durch ausländische Emissäre oder auch Geldfälscher.

---

209 Roubík: Počátky/1926, 100–101.

210 Roubík: Počátky/1926, 102–103, Anm. 167; die Antwort Cavrianis auf die Frage von Pergen vom 23. 3. 1789 befindet sich im Original im ÖStA, AVA, Pergen-Akten, Sign. XVIII B, Kart. 17, Prag, 25. 4. 1789.

211 Roubík: Počátky/1926, 105.

212 Der Titel lautet „Amtsunterricht in Polizei- und Sicherheitssachen für die Magistrate der Munizipalstädte und Märkte im Königreiche Böhmen"; ein Exemplar (mit Korrekturen) findet sich unter anderem im NA, PG, Sign. 22b, Kart. 44. Walter: Die Organisierung/1927, 40, zufolge schickte Pergen einen gedruckten Entwurf dieser Norm bereits am 19. 6. 1789 an den Landeschef. Im Folgenden wird diese Norm als „Amtsunterricht" bezeichnet.

Die von Pergen initiierte umfassende Polizeireform sollte landesweit am 1. Januar 1790 in Kraft treten. Zuvor informierten alle böhmischen Städte[213] das Gubernium über ihre Verwaltungsgliederung und die Namen der Aufseher bzw. Kommissare. Nach der Anweisung von Gubernialpräsident Cavriani, die Ende November 1789 in den Kreisen eintraf, sollte es sich dabei nicht um „vom Staat bezahlte Polizeikommissare" handeln; vielmehr sollten die bereits vorhandenen Ordnungshüter die Einhaltung des oben genannten „Amtsunterrichts" überwachen. Die tatsächliche Einteilung der Städte in Bezirke und die Zuweisung einzelner Aufseher überließ Cavriani dem Ermessen der Kreishauptleute.[214] Der Hauptmann des Taborer Kreises, Franz Streeruwitz, ließ sich mit seinem Rundschreiben an die Stadträte und Herrschaften im Kreis fast bis Weihnachten Zeit; das hinderte ihn nicht daran sie dann aufzufordern, ihm innerhalb von 24 Stunden Pläne für die Einteilung in Bezirke, ihre Besetzung mit bürgerlichen Aufsehern und den ihnen vorgesetzten lokalen Beamten vorzulegen. Nicht nur die Städte sollten für die ununterbrochene Überwachung und Kontrolle der einreisenden Ausländer und die regelmäßige Berichterstattung zuständig sein; auf den Herrschaften auf dem Land, die nicht direkt unter den „Amtsunterricht" fielen, waren die herrschaftlichen Beamten dafür verantwortlich.[215] Allerdings reichten nicht alle Gemeinden des Taborer Kreises den Plan fristgerecht ein, weshalb am 29. Dezember der Kreisdragoner losgeschickt wurde, um die fehlenden abzuholen. Noch am 30. Dezember urgierte das Kreisamt beispielsweise den Plan vom Jistebnitzer Oberamt oder dem Magistrat von Pilgram/Pelhřimov. Die Liste der 40 Gemeinden des Leitmeritzer Kreises und ihrer Bezirke und Aufseher ist sogar mit dem 4. Januar 1790 datiert.[216]

Es ist nicht klar, ob die Städte überall neu und nach dem gleichen Prinzip eingeteilt wurden oder ob ihre bestehende Einteilung übernommen wurde. Im Berauner Kreis wurden beispielsweise zunächst „wohlverhaltene Bürger, deren Rechtschaffenheit, Uneigennützigkeit und Thätigkeit bekannt und geprüft ist" als Polizeiaufseher ausgewählt und erst dann die Gemeinden in die entsprechende Anzahl von Bezirken aufgeteilt. In größeren Städten waren es vier bis fünf, in anderen Städten drei bis vier und in kleinen Städten zwei bis drei.[217] Auch die Tabelle, die der Taborer Kreishauptmann Streeruwitz

---

213 Laut Roubík: Počátky/1926, 106, Anm. 172, wurden bei dieser Gelegenheit insgesamt 487 Städte und Märkte gezählt. Ein vom Registrator Leopold Hartmann angefertigter Auszug aus dem Generallandeskataster führt zu dieser Zeit 546 Gemeinden an; NA, PG, Sign. 22b, Kart. 44, Prag, 14. 11. 1789.

214 Cavrianis Begleitschreiben zum „Amtsunterricht" für die Kreishauptleute (Prag, 23. 11. 1789) findet sich unter anderem im SObA Třeboň, KÚ Tábor, Sign. Publ. 16, Kart. 90, bzw. im SObA Litoměřice, KÚ Litoměřice, Sign. Publ. 16/1, Kart. 538.

215 SObA Třeboň, KÚ Tábor, Sign. Publ. 16. Kart. 90, Tábor, 22. 12. 1789, kreisamtliches Rundschreiben (unterzeichnet von Kreishauptmann Streeruwitz), mit dem Ziel erlassen, „damit jenes, so in der Unterricht [!] vorkommt, ohnunterbrochen beobachtet werde".

216 SObA Litoměřice, KÚ Litoměřice, Sign. Publ. 16/1, Kart. 538, Leitmeritz, 4. 1. 1790.

217 NA, PG, Sign. 22b, Kart. 44, Prag, 31. 12. 1789, Bericht des Berauner Kreishauptmannes Maximilian von Ehrenburg an den Gubernialpräsidenten.

zu Silvester 1789 nach Prag schickte, weist auf eine gewisse Korrelation zwischen der Größe der Stadt und der Anzahl der Bezirke hin. Einzig die Kreisstadt Tábor, die mit 387 Häusern nur vier Bezirke hatte, stellte eine Ausnahme dar, während die zweite königliche Stadt im Kreis, Pilgram, mit 343 Häusern elf Bezirke hatte. Ähnlich war es im nahe gelegenen Patzau/Pacov, dessen 332 Häuser ebenfalls in elf Bezirke aufgeteilt wurden. Potschatek/Počátky, wo es etwa 100 Häuser weniger gab als in Patzau (231), hatte sieben Bezirke. Von den anderen Städten auf den Herrschaften war Neuhaus/ Jindřichův Hradec mit 229 Häusern in acht Bezirke aufgeteilt, während die überraschend vergleichbaren Königseck/Kunžak (209 Hausnummern) und Tremles/Strmilov (196 Hausnummern) jeweils sechs Bezirke hatten. Die übrigen Städte des Kreises wurden in ein bis drei Bezirke eingeteilt.[218] Vergleicht man die Anzahl der Bezirke und deren Vorsteher im Taborer und Berauner Kreis, so kann man davon ausgehen, dass die Städte zwar Ende 1789 neu eingeteilt wurden, dass dies aber direkt in den Kreisen und nicht nach einer landesweit einheitlichen Methodik geschah.

Mit der Aufsicht in den Vierteln wurden im Taborer Kreis meist örtliche Handwerksmeister betraut. Die Aufsicht über sie und die Einhaltung des „Amtsunterrichts", insbesondere seines dritten, der Staatssicherheit gewidmeten Teils, oblag in der Regel Dorfrichtern, (ehemaligen) Bürgermeistern, Ratsherren oder Stadtschreibern, in Bechyně z. B. mit der Bezeichnung „Polizeihauptkommissar". In Kamenitz (an der Leipa)/Kamenice nad Lipou wurde der Polizeikommissar von zwei speziellen Polizei-„Revisoren" unterstützt, in Patzau von zwei Gemeindeältesten. Am professionellsten erscheint das Polizeipersonal in der Kreisstadt Tábor: Es bestand aus dem „Leutnant" und Ratsherrn Antonín Kalivoda, weiter einem Polizeikommissar, einem Polizeirevisor und einem Gerichtsdiener sowie zwei Revisoren. Antonín Nejedlý, der Dorfrichter von Neucerekwe/Nová Cerekev, Ludvík Pelíšek, ein Lehrer aus Boschejow/Božejov, oder Mathias Hirsch, der Bürgermeister von Schamers/Číměř, und Tomáš Kaplický, der Dorfrichter, werden in der Tabelle ausdrücklich als Protokollführer genannt. In Schamers, Obercerekwe/Horní Cerekev und Mühlhausen/Milevsko war es wiederum die jeweilige Obrigkeit, die sich verpflichtete allmonatlich Berichte vorzulegen.

Damit werden zwei besondere Aufgaben genannt, die die „Polizeibeauftragten" vor Ort neben der Umsetzung des „Amtsunterrichts" selbst zu gewährleisten hatten: Die Einführung der Polizei auf dem Lande ging mit dem Bestreben einher, alle sich im Lande aufhaltenden Ausländer zu erfassen. Wie die Prager Viertler, so waren auch die bürgerlichen Aufseher verpflichtet, in ihren Bezirken den Aufenthalt von Ausländern zu melden. Name, Stand, Zeit und Grund der Ankunft, die Nummer des Hauses, in dem sie

---

218 SObA Třeboň, KÚ Tábor, Sign. Publ. 16. Kart. 90, und ebenso NA, PG, Sign. 22b, Kart. 44, Tábor, 31. 12. 1789, Tabelle mit der Einteilung der Städte und Märkte des Taborer Kreises in Polizeibezirke mit entsprechenden bürgerlichen Aufsehern. Die Angaben zu Häuserzahlen bzw. Hausnummern entnehme ich dem einschlägigen Band aus Schaller, Jaroslaus: Topographie des Königreichs Böhmen, Bd 14: Taborer Kreis. Prag–Wien 1790.

sich aufhielten, sowie eine „Anmerkung über der Fremden Leibes und Gesichtsgestalt" sowie ihre Kleidung sollten dann für die gesamte Stadt in summarischen Protokollen festgehalten werden. Ebenso sollten die Behörden auf dem Land die Ausländer in den einzelnen Dörfern erfassen.[219]

Die zweite, wichtigere Änderung war die Einführung regelmäßiger monatlicher „Polizeiberichte". Deren Grundsatz wurde vom Taborer Kreishauptmann Streeruwitz kurz und bündig formuliert: „[…] daß jeder Magistrat monatlich über die in der Munizipalstadt, oder in den Markt vorgekommene wichtigere Vorfälle dem Kreisamt bericht zu geben und von dem leztern an das hochl. Löbl. Landes Gubernium ebenfalls monatlich die weitere Anzeige ohnausbleiblich abzustatten seye". Die seit 1784 bestehenden Kreisbereisungen, die ich zu Beginn dieses Kapitels am Beispiel von Wegstädtl beschrieben habe und deren Effektivität – vor allem bei der Überwachung verdächtiger Personen – Graf Pergen fünf Jahre später bezweifelte,[220] sollten dem Taborer Kreishauptmann zufolge beibehalten werden.[221] Der Unterschied lag nicht nur in der Häufigkeit. Die Kreisbereisungen wurden von den Kreisämtern oder ihren Bezirkskommissaren durchgeführt, während die Polizeiberichte in allen Städten und Gemeinden von örtlichen Beamten oder „Laien"-Kommissaren zu erstellen waren.[222] Grundlage für die Kreisbereisungen und die Berichte über sie war das erwähnte Handbuch „Gegenstände, über welche von den Kreiskommissären bei Bereisung eines Bezirks Beobachtungen zu machen sind" und die Datenerhebungen vor Ort, während die Polizeiberichte zumindest anfangs ohne feste Gliederung erstellt wurden. Stattdessen antwortete das Gubernium bzw. sein Präsident monatlich auf die zusammenfassenden Berichte der Kreise und lenkte auf diese Weise die Aufmerksamkeit der Kreis- und indirekt auch der lokalen Beamten. So entstand ein Netzwerk wechselseitiger Kommunikation, in dem verhandelt wurde, was Gegenstand der (staatlichen) Verwaltung sein sollte, woran der Staat interessiert war und indirekt auch, was der Staat war.

---

219 NA, PG, Sign. 22b, Kart. 44, Formular des Protokolls über den Aufenthalt der Ausländer (Beilage der Tabelle mit der administrativen Einteilung des Taborer Kreises vom 31. 12. 1789). Die Aufgaben der ländlichen Herrschaften fasste der Taborer Kreishauptmann in einer besonderen Note vom 22. 12. 1789 zusammen (SObA Třeboň, KÚ Tábor, Sign. Publ. 16, Kart. 90): „[…] daß auch in Dörfern und einschichtigen Wohnungen niemand, der sich volkommen nicht zu legitimiren weiß, geduldet werden dörfe, daß die aufenthaltgeber ohnnachtsichtlich zu bestrafen- und daß hierwegen genaue visitationes vorzunehmen seyen […] weilen alle Dominien für die Sicherheit auf dem flachen Land zu sorgen schuldig sind".

220 Pergen soll sich in diesem Sinne in einer Denkschrift an Joseph II. vom 12. 3. 1789 geäußert haben; Roubík: Počátky/1926, 102.

221 SObA Třeboň, KÚ Tábor, Sign. Publ. 16, Kart. 90, Rundschreiben vom 22. 12. 1789.

222 Gleich im Jänner 1790 traf von einem Beamten der Mühlhausener Herrschaft, Antonín Josef Joscht, beim Taborer Kreisamt die Frage ein, aus welchen Mitteln die vier bürgerlichen Polizeiaufseher, die durch die Ausübung der Funktion ihr Handwerk vernachlässigten, entschädigt werden sollten; SObA Třeboň, KÚ Tábor, Sign. Publ. 16, Kart. 90, Mühlhausen, 11. 1. 1790.

Während Pergens Position nach dem Tod Josephs II. im Februar 1790 ins Wanken geriet (sodass der Graf schließlich im Frühjahr 1791 vorübergehend sein Amt als Polizeipräsident niederlegte), entwickelte sich in den böhmischen Kreisen langsam das von ihm initiierte „Polizei- und Sicherheitswesen". Im August 1790 berichtete Cavriani an Pergen, dass die neue Polizeieinrichtung in allen böhmischen Städten „nicht nur ganz willig, sondern auch mit wahrer Dankbarkeit" aufgenommen wurde. In den größeren Städten seien vier bis neun Bezirke geschaffen worden, in den kleineren bis zu vier Bezirke. Überall gebe es ausreichend Personal und die bürgerlichen Aufseher meldeten alle polizeilichen Angelegenheiten den Stadträten. Die Kreishauptleute und -kommissare überwachten die Einhaltung des „Amtsunterrichts" und anderer Instruktionen bei den Kreisbereisungen. Die neue Form der Überwachung ergänzte offensichtlich die ältere. Gleichzeitig übermittelten die Stadtverwaltungen monatliche Polizeiberichte an die Kreisämter, die wiederum – wenn auch nicht immer rechtzeitig – zusammenfassende Kreisberichte an das Gubernium schickten. Die Kreisberichte wurden zunächst an den Prager Polizeidirektor zur Einsichtnahme weitergeleitet; bisher – schrieb Cavriani – sei sein Eingreifen in den Kreisen nicht vonnöten gewesen; etwaige Mängel seien direkt von den Kreishauptleuten behoben worden. Auf dem Lande waren es die lokalen Obrigkeiten, zum Teil mit Hilfe der Dorfrichter und Geschworenen, die dafür sorgten, dass sich dort niemand aufhielt, der sich nicht ausweisen konnte.[223]

Die Berichte, die vom böhmischen Gubernium im Laufe der nächsten etwa zehn Jahre gesammelt wurden, zeigen jedoch, dass sie nicht immer so regelmäßig erstellt wurden, wie Cavriani anfangs Pergen gegenüber behauptete. So sandten 1793 nur acht oder neun der vierzig Städte und Gemeinden des Leitmeritzer Kreises Berichte ein.[224] Diese trafen oft verspätet ein; umgekehrt berichteten manche Stadt- oder Dorfbehörden sogar schon vor Monatsende.[225] 1801 äußerte das Gubernialpräsidium sogar den Verdacht, dass das Leitmeritzer Kreisamt die Teilberichte mehrerer Herrschaften gar nicht abwartete und den zusammenfassenden Bericht ohne diese ausfüllte und zwar so, als wären sie ohne irgendwelche Feststellungen eingetroffen.[226] Bevor wir uns jedoch näher mit dem polizeilichen Berichtswesen befassen, wollen wir uns kurz jenen Personen widmen, die in den Städten, Gemeinden und auf den Herrschaften die „Polizei" darstellten und oft für die Berichte zuständig waren.

---

223 Cavrianis Bericht an Pergen findet sich im ÖStA, AVA, Pergen-Akten, Sign. XVIII B, Kart. 17, Prag, 10. 8. 1790. Er wird auch bei Roubík: Počátky/1926, 111, erwähnt; Übersicht über die Einteilung aller Städte und Märkte in Polizeiviertel ebd., 275–277, Beilage XXII.

224 SObA Litoměřice, KÚ Litoměřice, Sign. Publ 16/4, Kart. 626, Prag, 27. 9. 1793, Kritik des Gubernialpräsidenten; Leitmeritz, 17. 3. 1794, Bericht des Leitmeritzer Kreishaptmannes J. V. Reiski.

225 NA, PG, Sign. 15b, Kart. 222, Prag, 7. 2. 1793, Antwort („Erinnerungen") des Guberniums auf die Polizeiberichte vom November 1792. Die unregelmäßige Einsendung der Polizeiberichte wird in der Antwort des Guberniums an den Leitmeritzer und Jungbunzlauer Kreis bemängelt; ebd., Kart. 225, Prag, 13. 7. 1796.

226 NA, PG, Sign. 15b, Kart. 226, Prag, 1. 4. 1801, Erledigung der Kreisberichte vom Februar 1801.

Kommissare, Revisoren, Inspektoren, Aufseher

Im März 1790, weniger als drei Monate nach der Einführung des neuen Polizeiwesens, erhielt der Stadtrat des südböhmischen Nettolitz/Netolice folgenden Brief: „Verehrter Magistrat! Die Unterzeichneten sind am vorigen Sonntag, den 21 Marti, gegen halb zwölf Uhr, pflichtgemäß in die Wirtshäuser gegangen, um sich dort umzusehen, dass es nirgends zu Streitigkeiten käme; als sie aber in das Haus von Joseph Fanta kamen, wo sich der Stadtrat Petr Pinsker sowie Martin Waldhauser, Joseph Fanta, Michal Svačina, Joseph Honza und andere amüsierten, ging sie, noch bevor sie etwas sagen konnten, besagter Herr Peter Pinsker an mit den Worten: ‚Was wollt ihr hier? Warum seid ihr hier hergekommen, wollt ihr uns befehlen, nach Hause zu gehen?‘ Als sie aber ganz ruhig erwiderten, sie seien nicht deshalb gekommen, sondern gingen die Wirtshäuser ab, um Streitigkeiten, die hier und da entstanden waren, zu schlichten und zum Wohle der Stadt verdächtige Leute zu vertreiben. Aber sogleich entgegnete ihnen Martin Waldhauser, von Herrn Pinsker bestärkt, auf ehrabschneidende Weise, sie sollten sich nur in schlechte und verdächtige Häuser wagen, und wies ihnen die Tür." Wegen dieser Schmähung weigerten sich die fünf unterzeichnenden Polizeirevisoren, ihren Dienst fortzusetzen, und baten den Magistrat, sie zu entlassen. Widrigenfalls seien sie bereit, sich mit ihrer Beschwerde ans Kreisamt zu wenden.[227] Vier der Petenten warteten drei Monate vergeblich, bevor sie sich erneut an den Magistrat wandten – ihres Auftrags wollten sie unter anderem deswegen entbunden werden, weil sie „diese Aufgabe sehr in Anspruch nehme und sie bis zu diesem Zeitpunkt kein Gehalt erhalten haben und sich vor Ort viele bittere Worte und Vorwürfe anhören mussten".[228]

Der Nettolitzer Stadtrat, dem auch Petr Pinsker, einer der Gäste in Fantas Wohnung in jener Märznacht, angehörte, stellte sich jedoch offenbar taub und die Revisoren nahmen ihre Aufgaben weiterhin wahr. Die Beleidigungen und Verleumdungen gingen jedoch weiter, wie aus ihrem Bericht vom November 1790 hervorgeht, den die Revisoren Jiří Mařík, Wenzl Zyh (Zich) und Johannes Vlček direkt an die Landesbehörde richteten. Nachbarn, die sie um elf oder sogar um zwei Uhr nachts beim Trinken oder Kartenspielen in den Bürgerhäusern antrafen, verspotteten sie mit den Worten, sie könnten bis zum Morgengrauen trinken. Zu einer Auseinandersetzung kam es am 29. November, als sie „nachts um halb eins bei Simon Beránek zwei Brüder, nämlich Johann Michálek und Thomas Michálek, wegen viel Geschrei und Fluchen gemäß der Verordnung abführen wollten, doch Johann Michálek lief weg, Thomas aber wurde befohlen, in Arrest zu gehen, worauf er jedoch ausfällig wurde; als man ihn wegen dieser Unhöflichkeit

---

227 SOkA Prachatice, AM Netolice, Sign. I-Ch-a, Kart. 40, Netolice, 26. 3. 1790. Gesuch der Polizeirevisoren Jiří Mařík, Franc Antonínovič, Kašpar Vincenc, Jan Vlček und Wentzl Zyh um Dienstentlassung [dieses und weitere Zitate übersetzt von P. H.].

228 SOkA Prachatice, AM Netolice, Sign. I-Ch-a, Kart. 40, Netolice, 30. 6. 1790 (unterzeichnet von Jiří Mařík, Wentzl Zyh, Jan Vlček und Kašpar Vincenc).

einen Grobian nannte, antwortete der betreffende jedoch: du selbst bist ein größerer Grobian als ich. Dies geschah in Anwesenheit von drei Nachbarn, von denen einer, Martin Křenek, dem Tomáš Michálek ein Signal und eine Möglichkeit zu fliehen gab, was dieser auch tat." Die Beschwerdeführer weigerten sich, ihre polizeilichen Aufgaben weiterhin wahrzunehmen, und waren bereit, vor dem Kreisamt mündlich zu bezeugen, zu „welchen Widrigkeiten gegen die höchste Ordnung und Unhöflichkeiten es gegen uns käme".[229]

Jiří Mařík, Wenzl Zyh (Zich) und Johannes Vlček umgingen den üblichen Amtsweg, indem sie ihre Anzeige nicht dem Nettolitzer Magistrat übergaben, der sie bearbeiten und im Namen der Stadt weiterleiten sollte, sondern sie schickten sie – Unwissen vortäuschend – direkt an das Kreisamt. So kam aber endlich Bewegung in die Sache. Der Prachiner Kreishauptmann belehrte die Nettolitzer nicht nur über die Polizeierlässe, insbesondere in Bezug auf die Schließzeiten der Gaststätten und das Glücksspiel, sondern auch über die Verpflichtung des Stadtamts, den Revisoren – als den „Wohltätern der Stadt" – Hilfe und Unterstützung zu leisten. Die Vergehen aller im Bericht der Revisoren vom November genannten Personen sollten vom Magistrat untersucht und ein Bericht ans Kreisamt geschickt werden.[230]

Am 17. Dezember 1790, also bereits nach Ablauf der Frist, konstituierte sich tatsächlich ein Ausschuss des Nettolitzer Stadtrats unter Leitung von Bürgermeister Adalbert Moller und verhörte den wegen Beleidigung angeklagten Adalbert Gregor sowie Johann Michálek und Wentzel Pícha, denen verbotenes Kartenspielen vorgeworfen wurde. Michálek wurde zudem ungebührliches Benehmen zur Last gelegt und Martin Křenko, dass er zwei weitere potenzielle Straftäter vor der Polizeistreife gewarnt habe. Alle leugneten ihre Schuld – sie seien zwar nach der Sperrstunde im Wirtshaus gewesen, hätten aber versucht, Musik und Lärm niedrig zu halten; sie hätten zwar Karten gespielt, aber nur erlaubte Spiele; ihre Worte hätten jemand anderem gegolten und dafür, dass jemand den Revisoren entkommen sei, könnten sie nichts.[231] Der Stadtrat pflichtete der Version der Angeklagten bei und schickte den Bericht beinahe mit Genugtuung ans Kreisamt. Nicht nur die behaupteten individuellen Verstöße, sondern auch die Vorwürfe, dass in Nettolitz die polizeilichen Vorschriften nicht eingehalten würden und dass die Revisoren keine Unterstützung durch die Stadt erhielten, hätten sich als unbegründet erwiesen. Der Stadtrat forderte daher das Kreisamt auf, die Beschwerde

---

229 SOkA Prachatice, AM Netolice, Sign. I-Ch-a, Kart. 40, Netolice, 2. 12. 1790 (unterzeichnet von Jiří Mařík, Wentzl Zyh und Johannes/Jan Vlček).

230 SOkA Prachatice, AM Netolice, Sign. I-Ch-a, Kart. 40, Netolice, Písek, 9. 12. 1790, Brief des Prachiner Kreishauptmannes an den Nettolitzer Stadtrat.

231 SOkA Prachatice, AM Netolice, Sign. I-Ch-a, Kart. 40, Netolice, 17. 12. 1790, Untersuchungsprotokoll, dessen Teile vom Bürgermeister Adalbert Anselm Moller, den Stadträten Paul Joseph Ryneš, Adalbert Joannes Bláha bzw. dem Stadtschreiber, den drei klagenden Revisoren sowie den Beschuldigten unterzeichnet sind.

mit allem Nachdruck zurückzuweisen.[232] Da nun Wort gegen Wort stand, hielt sich das Kreisamt an das einzige nachgewiesene Vergehen, nämlich die nächtliche Ruhestörung; dafür sollte der Stadtrat in Anwesenheit der Revisoren alle Beschuldigten rügen. Offensichtlich wollte das Kreisamt die Position der Revisoren auf jede erdenkliche Weise stärken und forderte dazu erneut auch den Stadtrat auf. Im Übrigen, fügte der Kreishauptmann hinzu, würden die Revisoren in ihrer Funktion „gewiss alle Unterstützung bei der Landesstelle fünden".[233]

Der Fall Nettolitz zeigt, dass sich die Vertreter des „neuen Polizeiwesens" im ersten Jahr nach seiner Einführung bei der Bevölkerung der Landstädte oder ihrer Selbstverwaltung keineswegs ihrer Autorität sicher sein konnten. Die Revisoren wurden von den Stadträten ausgewählt und in Nettolitz erstellten sie auch die Unterlagen für die monatlichen Polizeiberichte. Sie waren jedoch weit davon entfernt, eine staatliche Einrichtung zu sein, obwohl die Kreisämter zumindest versuchten ihre Unterstützung durch das Gubernium zu betonen. Im Grunde waren sie Bürger, die ihre Nachbarn dazu zu bringen versuchten, sich an Regeln wie z. B. die Sperrstunde oder das Verbot bestimmter (Karten-)Spiele zu halten. Im direkten Kontakt präsentierten sich die Revisoren selbst jedoch nicht als Verteidiger dieser eher abstrakten Normen, die dem Interesse des Staats entsprachen, sondern legitimierten sich durch ihre Nützlichkeit für das Gemeinwesen und die Bewohner der Stadt: Ihre Aufgabe sei es „Ruhestörer zu beruhigen" und „zum Schutz der Stadt verdächtige Leute" auszuweisen. Einige Bürger fühlten sich daher gekränkt, wenn sie den Ordnungskräften gehorchen mussten, die ja für potenziell kriminelle Personen da waren. Die Position der Zivilrevisoren wurde auch vom Kreisamt untergraben, das den Aufruhr der Bürger nicht als Verstoß gegen die Polizeivorschriften, sondern de facto als individuellen Streit zwischen zwei Parteien bewertete, dessen Untersuchung noch bevorstand.

Eine Vorstellung davon, wer die örtlichen Polizeibeamten waren, und zwar schon vor 1790, geben uns wiederum die Quellen aus Wegstädtl. Schon vor der Einführung des „neuen Polizeiwesens" gab es hier zwei Polizeikommissare. Als im Juli 1786 auf Initiative des Bunzlauer Kreiskommissars Franz Ferdinand von Eberle die neuen Kommissare Ignatz Groß, ein Weber, und Franz Niesner, ein Schustermeister, ernannt wurden, stellte sich heraus, dass diese Stellen nach dem Tod von Groß' und Niesners Vorgängern vor einigen Jahren unbesetzt geblieben waren und sich der Stadtrat selbst um die polizeilichen Angelegenheiten gekümmert hatte.[234] Die Kommissare wurden nun zwar von der Stadt ausgewählt, doch bestätigt und vereidigt wurden sie offenbar vom

---

232 SOkA Prachatice, AM Netolice, Sign. I-Ch-a, Kart. 40, Netolice, 21. 12. 1790, Brief des Bürgermeisters und Stadtrats an das Kreisamt.

233 SOkA Prachatice, AM Netolice, Sign. I-Ch-a, Kart. 40, Netolice, Písek, 30. 12. 1790, Brief des Prachiner Kreishauptmannes an den Nettolitzer Stadtrat.

234 SOkA Litoměřice mit Sitz in Lovosice, AM Štětí, Kart. 70, Polizeiangelegenheiten, Wegstädtl, 11. 7. 1786, Bericht des Stadtrats an das Kreisamt über die Wahl der neuen Polizeikommissare; Jungbunzlau,

Kreisamt. Dieses ersuchten Groß und Niesner im folgenden Februar darum, sie im Amt zu bestätigen und um „die Ausmeß- und Bestimmung der eigentlichen Gränzen ihrer diesfälligen Amtspflichten, Schuldigkeiten, Observanz und Verrichtungen und wie weit sich im Gegentheil ihr Ansehen, Gewalt und Authorität erstreket". Vor allem aber wollten die beiden Handwerker, dass ihnen das Kreisamt für die Vernachlässigung ihrer Wirtschaft angemessene „Ersatz, Vergütung, Emolument und Dienstgehalt" zuspreche.[235] Sie bekamen aber nichts dergleichen, da ländliche Polizeidienststellen zu dieser Zeit im Wesentlichen nicht honoriert wurden.[236] Ihre Neuheit bzw. dass sie noch nicht stabilisiert waren, zeigen auch ihre wechselnden Bezeichnungen – für Kreis- und Gemeindeämter waren sie „Polizeikommissare", im Antrag nannten sie sich „Polizeirevisoren".

In ähnlicher Funktion begegnet uns Franz Niesner auch nach dem 1. Januar 1790, als in Wegstädtl vier Polizeibezirke eingerichtet wurden, die für insgesamt 672 Einwohner zuständig waren.[237] Die Polizeiaufseher wurden offenbar vom Wegstädtler Magistrat ernannt, und die Ernennung erweckt den Eindruck eines amtlichen Befehls, dem sich die Bürger zu fügen hatten. Anfang Februar 1792 wurde Franz Niesner mit der Aufsicht über den dritten Bezirk, den Kleinen Ring (rund um die Kirche Simon und Juda) und die Kirchengasse, betraut. Der bisherige Aufseher, der Strumpfwarenmeister Wentzl Kunta/Kunte, der 1790 ernannt worden war, zog in den zweiten Bezirk, der aus der Prager und Zebuser Straße bestand. Dort löste er Wentzl Taschka ab, ein Mitglied des Bürgerausschusses und Bäcker- und Zuckerbäckermeister.[238] Kunte wohnte in der Nr. 88, die weder im zweiten noch im dritten Bezirk lag. Der Grund für Taschkas

---

17. 7. 1786, Kreisamt fragt nach den vorherigen Polizeikommissaren; Wegstädtl, 12. 8. 1786, Antwort des Stadtrats.

235 SOkA Litoměřice mit Sitz in Lovosice, AM Štětí, Kart. 70, Polizeiangelegenheiten, Wegstädtl, 14. 2. 1787, Brief von Frantz Nisner und Ignatz Groß an das Kreisamt sowie an den Stadtrat von Wegstädtl gerichtete Bitte um Empfehlung.

236 Eine ähnlich negative Antwort bekam auch der Stadtrat von Libochowitz/Libochovice, als er im Dezember 1789 über die Besetzung der drei Stellen der Polizeiaufseher an das Leitmeritzer Kreisamt berichtete. Neben dem bisherigen Polizeikommissar Johann Oliva wurden Joseph Stuhlý und Mathes Dvořák in diese Funktion ernannt, die gleich darauf den Stadtrat um Gehaltsausmessung baten. Das Kreisamt verwies darauf, dass „zu Bewürkung einer guten Pollizeÿ Einrichtung in jedem Orte sammentl. Insassen uneigennützig und mit vereinigten Kräften beizutragen und den ihnen angemessenen dienstleistungen willig sich zu unterziehen haben"; SObA Litoměřice, KÚ Litoměřice, Sign. Publ 16/1, Kart. 538, Libochowitz, 14. 12. 1789 (unterzeichnet vom Bürgermeister Carl Hambacher und Stadtschreiber Johann Bielohorsky); weiter Antwort des Kreisamtes vom 5. 1. 1790 (Konzept).

237 Roubík: Počátky/1926, 275, Beilage XXII.

238 SOkA Litoměřice mit Sitz in Lovosice, AM Štětí, Kart. 70, Polizeiangelegenheiten, Wegstädtl, 3. 2. 1792, Mitteilung des Wegstädtler Stadtrates an Wentzl Kunte. Die Straßen und Plätze, die die Polizeibezirke in Wegstädtl bestimmten, entsprechen wegen später bedeutenden Umbauten nicht der heutigen Lage. Um die Revisoren zu identifizieren, benutzte ich unter anderem das alphabetische Verzeichnis der Wegstädtler Bürger vom 14. 2. 1791; ebd., Kart. 53.

Abberufung war die Unvereinbarkeit seines Berufs mit seiner Funktion als Polizeiinspektor, der unter anderem gerade die Bäcker kontrollieren sollte. Am selben Tag, dem 3. Februar 1792, wurde auch Wentzl Schulz wegen der Unvereinbarkeit des Gastwirts- bzw. Metzgergewerbes mit der polizeilichen Aufsicht aus seinem Amt als Aufseher im ersten Bezirk (Großer Ring) entlassen und durch den Bürger Ferdinand Klein ersetzt, dessen Haus Nr. 34 im zweiten Bezirk lag.[239] Die Unvereinbarkeit von Taschkas und Schulz' Berufen mit ihren polizeilichen Funktionen konstatierten sowohl das Kreisamt als auch das Mělníker Herrschaftsamt, was zu einer umfassenden Ablösung der ersten Generation der Wegstädtler Revisoren führte.[240] Im November desselben Jahres wurde der Strumpfwarenmeister Anton Klein anstelle von Wentzel Ostermann in den vierten Bezirk (Untere Straße und das Gebiet um die Lehmgrube) berufen.[241] Während Klein mehr als zehn Jahre in diesem eher peripheren Bezirk blieb,[242] fand unmittelbar danach im dritten Bezirk um die Pfarrkirche ein weiterer Wechsel statt. Franz Niesner wurde bereits ein halbes Jahr nach Amtsantritt entlassen und an seine Stelle trat der Handschuhmachermeister Johann Georg Ulbrich, der – wie Kunta/Kunte, der erste hiesige Aufseher – außerhalb des Bezirks, in der Nr. 85 am Großen Ring, wohnte.[243] Aber auch er blieb nicht lange im dritten Bezirk und wurde im Mai 1793 durch den Schuhmachermeister Joseph Strosche ersetzt.[244] Im selben Jahr fand auch im ersten Bezirk ein Wechsel statt – aus Altersgründen wurde Ferdinand Klein seiner Funktion entbunden und durch den Webermeister Josef Groß ersetzt, der tatsächlich im Bezirk, auf dem Großen Ring Nr. 75, wohnte.[245] Weitere Personalwechsel, die 1796 am gleichen Tag im zweiten und dritten Bezirk stattfanden, erwecken den Eindruck eines koordinierten Vorgehens. Nach drei Jahren bat Josef Strosche aus dem dritten Bezirk um seine Entlassung aus drei Gründen, unter anderem wegen seiner häufigen Abwesenheit von

---

239 SOkA Litoměřice mit Sitz in Lovosice, AM Štětí, Kart. 70, Polizeiangelegenheiten, Wegstädtl, 3. 2. 1792, Mitteilung des Wegstädtler Stadtrates an Ferdinand Klein.

240 SOkA Litoměřice mit Sitz in Lovosice, AM Štětí, Kart. 70, Polizeiangelegenheiten, Wegstädtl, 3. 2. 1792, Mitteilung an Wentzl Taschek, „Nachdeme sowohl das königliche Kreis- als schutzobrigkeitliche Oberamt anher zu verstehen gegeben, daß die Polizeiaufsicht mit dem Gewerbe eines Brodbäckers und Grüßlers auf keine Art vereinbarlich seÿe"; ebd., ähnliche Mitteilung an Wentzl Schulz.

241 SOkA Litoměřice mit Sitz in Lovosice, AM Štětí, Kart. 70, Polizeiangelegenheiten, Wegstädtl, 22. 11. 1792, Wegstädtler Stadtrat teilt Anton Klein seine Ernennung zum Polizeiaufseher im vierten Bezirk mit.

242 SOkA Litoměřice mit Sitz in Lovosice, AM Štětí, Kart. 70, Polizeiangelegenheiten, Wegstädtl, 27. 1. 1803, Resignation von Anton Klein (Abschrift).

243 SOkA Litoměřice mit Sitz in Lovosice, AM Štětí, Kart. 70, Polizeiangelegenheiten, Wegstädtl, 11. 9. 1792, Abberufung Niesners und Ernennung Johann Georg Ulbrichs (Abschrift).

244 SOkA Litoměřice mit Sitz in Lovosice, AM Štětí, Kart. 70, Polizeiangelegenheiten, Wegstädtl, 27. 5. 1793, Entscheidung des Stadtrats (Original).

245 SOkA Litoměřice mit Sitz in Lovosice, AM Štětí, Kart. 70, Polizeiangelegenheiten, Wegstädtl, 5. 12. 1793, Mitteilung des Stadtrates an Josef Groß.

der Stadt und den Anforderungen, die sein Beruf an ihn stellte.[246] Wentzl Kunta führte in seinem Gesuch neben seiner langen Dienstzeit auch sein fortgeschrittenes Alter an.[247] Der Magistrat gab beiden Gesuchen statt und setzte den Strumpfwarenmeister Joseph Karell im dritten und den Müller Johann Hoffmann im zweiten Bezirk ein. Karell blieb bis 1803 im Amt, Hoffmann war im zweiten Bezirk schon 1799 durch den Maurer Franz Strosche ersetzt worden[248] und im ersten Bezirk trat Anton Buhl im Juni 1800 die Nachfolge von Josef Groß an.[249]

Ende Januar 1803 verließen dann alle Wegstädtler Polizeiaufseher ihren Posten: Anton Buhl trat im ersten Bezirk ab, Franz Strosche im zweiten, Joseph Karell im dritten und Anton Klein im vierten Bezirk.[250] Franz Strosche bat in einem nicht sehr geschickten, mit Fehlern gespickten Schreiben um „entlassung seines Bolizey dienstes, nachdem ich durch Anordnung des k. Kreisamtes und L. Magistrads diese etlich Jahre durch Pflichtmäßig mein Dienst verrichtet hab". „So bitte unterzeichnender", fuhr er weiter fort, „einen anderen Bürger an meine Stelle zu setzen. Es laudet daß gemeine Sprichword umsonst stehts nicht schön, ich gedrößt mein Verlangen und Verbleibe ein gehorsamster Bürger Franz Strosser".[251] Der Wegstädtler Magistrat gab seinem Gesuch, das Strosche damit begründet hatte, den Polizeidienst nicht länger unentgeltlich leisten zu können, statt und merkte an, dass der Magistrat „ohnehin in dem Polizeifache durch Verminderung der Polizeiaufseher eine andere Einrichtung zu machen des Willens ist".[252] Über die Motive für den Rücktritt von Strosches Kollegen ist zwar nichts bekannt, aber selbst in der Reaktion auf den Rücktritt von Anton Klein ist vermerkt, dass der Stadtrat beabsichtige, „in diesem Fache eine andere ergiebigere Anordnung zu treffen".[253] Es bietet sich daher die Erklärung an, dass auch der Rücktritt der anderen Aufseher auf

---

246 SOkA Litoměřice mit Sitz in Lovosice, AM Štětí, Kart. 70, Polizeiangelegenheiten, Wegstädtl, 10. 6. 1796, Gesuch Josef Strosches.

247 SOkA Litoměřice mit Sitz in Lovosice, AM Štětí, Kart. 70, Polizeiangelegenheiten, Wegstädtl, 10. 6. 1796, Gesuch Wentzl Kuntas.

248 SOkA Litoměřice mit Sitz in Lovosice, AM Štětí, Kart. 70, Polizeiangelegenheiten, Verzeichnis der vom Wegstädtler Stadtrat erlassenen Polizeiverordnungen („Tag- und Bescheinigungszettel der Stadt Wegstädtler Rathsexpedizion in betreff verschiedener Polizeigegenstände") aus den Jahren 1797–1803, hier 3. 5. 1799.

249 SOkA Litoměřice mit Sitz in Lovosice, AM Štětí, Kart. 70, Polizeiangelegenheiten, 30. 6. 1800, Entlassung von Josef Groß und Dienstantritt von Anton Buhl.

250 SOkA Litoměřice mit Sitz in Lovosice, AM Štětí, Kart. 70, Polizeiangelegenheiten, 1803, Entlassung von Anton Buhl (9. 1.), Franz Strosche (20. 1.), Anton Klein (27. 1.) und Joseph Karell (29. 1.).

251 SOkA Litoměřice mit Sitz in Lovosice, AM Štětí, Kart. 70, Polizeiangelegenheiten, Wegstädtl, 17. 1. 1803, Gesuch Franz Strosches um Dienstentlassung. Die Namensform „Strosche" kommt in allen anderen Quellen vor.

252 SOkA Litoměřice mit Sitz in Lovosice, AM Štětí, Kart. 70, Polizeiangelegenheiten, Wegstädtl, 20. 1. 1803, Stadtrat nimmt Strosches Gesuch an.

253 SOkA Litoměřice mit Sitz in Lovosice, AM Štětí, Kart. 70, Polizeiangelegenheiten, Wegstädtl, 27. 1. 1803, Stadtrat von Wegstädtl nimmt die Rücktrittserklärung von Anton Klein an.

die fehlende finanzielle Vergütung ihrer Tätigkeit zurückzuführen war und dass die Änderung darin bestehen sollte, bezahlte Polizeibeamtenstellen zu schaffen.

Bis zu diesem Zeitpunkt war der einzige bezahlte Sicherheitsbeamte in Wegstädtl der in der Einleitung des Kapitels erwähnte Anton Maibus, der seit Ende der 1770er-Jahre im städtischen Dienst stand und 1791 zum Gefängnis- und Polizeidiener ernannt wurde. Neben den traditionellen Aufgaben, wie der Überwachung des Stadtgefängnisses, der Achtung und des Gehorsams gegenüber dem Bürgermeister und den Ratsmitgliedern, sollte Maibus neuerdings auch den vier Polizeiaufsehern sowie jenen Bürgern zur Verfügung stehen, die für die Einquartierung von Militär sowie Pferdegespanne zuständig waren. Außerdem sollte er sich mindestens einmal am Tag unaufgefordert in der Ratskanzlei melden, um Anweisungen entgegen zu nehmen.[254] Maibus wurde, wahrscheinlich aus Altersgründen, nach mehr als zwanzig Jahren im Frühjahr 1799 aus dem Dienst entlassen. Seine Stelle als Gefängnisaufseher übernahm der Schuhmachermeister Joseph Nießner, der bis dahin als Nachtwächter erwähnt wird.[255]

Darüber, ob und inwieweit der Wegstädtler Stadtrat nach 1803 die Polizeiverwaltung tatsächlich veränderte, lässt sich anhand der erhaltenen Quellen nur spekulieren. Bereits im Februar desselben Jahres wurde Wentzl Budansky (Buďánský) zum Polizeiaufseher ernannt.[256] In den späteren Jahren ist jedoch von „Polizeirevisoren" die Rede, ohne dass diese einem bestimmten Bezirk zugeordnet werden; die Bezirke verschwinden praktisch aus den Dokumenten. So trat im November 1810 der Polizeirevisor Gotfried Nüesche von seinem Amt zurück und wurde durch den Bürger Anton Heller ersetzt. Der Magistrat wies diesen an, „auf alle in sein Amt einschlagende öffent[liche] Vorfallenheiten ein obachtsames Aug [zu] tragen, auf Maß, Gewücht und Qualification der Polizeyfeilschaften genau zu invigiliren, endlich aber alles, was den allerhöchsten Polizeysatzung[en] auf welche imer Art zu wider sein, dann Gottesdienst, Ruhe, Ordnung, Sicherheit und öffent[liche] Anständigkeit beirren könnte, nach seinen möglichsten Kräften zu verhüten, endlich aber die diesfälligen starsinnigen und verwegenen Uibertreter dem gefertigten Magistrate als seiner vorgesetzten Obrigkeit zur gesetzlichen Amtshandlung

---

254 SOkA Litoměřice mit Sitz in Lovosice, AM Štětí, Kart. 70, Polizeiangelegenheiten, Wegstädtl, 10. 6. 1791, Ernennung von Anton Maibus zum Gefängnis- und Polizeidiener (Original).

255 SOkA Litoměřice mit Sitz in Lovosice, AM Štětí, Kart. 70, Polizeiangelegenheiten, Verzeichnis der vom Wegstädtler Stadtrat erlassenen Polizeiverordnungen („Tag- und Bescheinigungszettel der Stadt Wegstädtler Rathsexpedizion in betreff verschiedener Polizeigegenstände") aus den Jahren 1797–1803; Wegstädtl, 10. 3. 1799, Entlassungsdekret vom 30. 5. 1799 sowie Bestätigung über den 20,5-jährigen Stadtdienst; Ernennung von Nießner zum 30. 5. Am 30. 8. 1798 übermittelte der Stadtrat die kreisamtliche Anordnung vom 6. 8., die Nachtwachen betreffend, an Nießner. Nießner wurde bis dahin in den Quellen auch als „Nachtwächter" bezeichnet.

256 SOkA Litoměřice mit Sitz in Lovosice, AM Štětí, Kart. 70, Polizeiangelegenheiten, Wegstädtl, 19. 2. 1803.

ohnverzüglich anzuzeigen".[257] Durch den Eid als Polizeirevisor, den er am 31. Dezember 1810 ablegte, wurde Heller erneut an die Aufsicht über Maße und Gewichte erinnert sowie an die Pflicht, Verstöße sowohl dem Magistrat als seiner „vorgesetzten Obrigkeit" zu melden. Denselben Eid leisteten in Wegstädtl Vincenz Pulzert im Jahr 1811, der die Nachfolge von Ferdinand Klein als Revisor antrat, Wentzl Hoffmann im Oktober 1813 und Joseph Tautz Anfang 1816.[258] Im Text des Eides ist es der Magistrat, der eine Revisorstelle „verleiht"; in erster Linie wurde der Revisor immer noch auf Gott vereidigt und versprach weder dem Landesherrn, geschweige denn Staat oder Gesetz Gehorsam; auch das Kreisamt wird nicht erwähnt.

Wahrscheinlich gab es damals in Wegstädtl mehr Revisoren. 1820 kam es sogar zu einem Konflikt zwischen ihnen. Der soeben erwähnte Joseph Tautz hatte seinen „Kollegen" Ignatz Ostermann öffentlich so beleidigt, dass dieser bat, ihn der Funktion zu entbinden. Der Magistrat stellte sich jedoch mit der Begründung, es gehe ihm darum, den „friedfertigen und ordnungsliebenden Polizeÿaufseher" zu erhalten, auf Ostermanns Seite und entließ Tautz. Neben mangelnder Verschwiegenheit und Toleranz soll Tautz auch dem Alkohol gefrönt haben, eine Verletzung an der Hand soll ihm die Ausübung seines Amtes erschwert haben und obendrein übergab er sein Haus an seinen Sohn, was wahrscheinlich seinen bürgerlichen Status veränderte. Tautz' Nachfolger war der uns bereits bekannte Ferdinand Klein, der neun Jahre zuvor das Amt des Revisors übernommen hatte.[259]

Die Bezeichnung für die Funktion eines Bürgers, der in der Stadt für die polizeiliche Aufsicht zuständig war, schwankte auch zu Beginn des 19. Jahrhunderts noch, wenngleich „Revisor" überwog. Obwohl es mehr Revisoren gab, waren sie zu diesem Zeitpunkt offenbar nicht mehr an bestimmte Bezirke oder Viertel gebunden. Ihr Amt wird als „Dienst" bezeichnet, was die Vermutung zulässt, dass sie nun – unter anderem wohl nach den Erfahrungen mit unbezahlten Aufsehern – in irgendeiner Weise entlohnt wurden. Neben dem Revisor wurde in Wegstädtl jedoch auch die bezahlte Funktion des Polizeiwächters oder -soldaten eingeführt. 1807 schrieb der Magistrat im Auftrag des Kreisamtes bzw. des Guberniums einen entsprechenden Posten aus, um den sich die Bürger von Wegstädtl bewerben konnten. Dem erfolgreichen Kandidaten wurde ein

---

257 SOkA Litoměřice mit Sitz in Lovosice, AM Štětí, Kart. 70, Polizeiangelegenheiten, Wegstädtl, 21. 12. 1810, Entscheidung des Stadtrats. Die polizeilich geregelten Gewerbe wurden zentral gerade im Jahre 1810 eingeführt; SObA Litoměřice, KÚ Litoměřice, Sign. Publ 16/1, Kart. 928.

258 SOkA Litoměřice mit Sitz in Lovosice, AM Štětí, Kart. 70, Polizeiangelegenheiten, Wegstädtl, undatierter Eid von Vincenz Pulzert (Juni 1811); Wegstädtl, 12. 10. 1813, Eid von Wentzl Hoffmann; Wegstädtl, 4. 1. 1816, Eid von Joseph Tautz.

259 SOkA Litoměřice mit Sitz in Lovosice, AM Štětí, Kart. 70, Polizeiangelegenheiten, Wegstädtl, 11. 5. 1820, Beschwerde von Ignatz Ostermann; 15. 5. 1820, Antwort des Stadtrats auf die Beschwerde; 15. 5. 1820, Amtsenthebung von Joseph Tautz; 17. 5. 1820, Ernennung Ferdinand Kleins zum Polizeirevisor.

Gehalt von 60 Gulden pro Jahr und alle drei Jahre Kleidung versprochen.[260] Obwohl es sich dabei nicht unbedingt um eine Uniform handelte, zeugt die Stellung sowohl des Polizeirevisors als auch des Polizeisoldaten von der fortschreitenden Professionalisierung der Polizeiarbeit auch in kleinen böhmischen Städten. Vor 1803 rekrutierten sich die Polizeiaufseher in Wegstädtl aus ansässigen Bürgern, oft Handwerkern, die in den Städten immer noch Autorität genossen, obwohl die Zünfte seit der zweiten Hälfte des 18. Jahrhunderts eine immer geringere Rolle spielten. Leider wissen wir nicht genug über den sozialen Status der späteren Revisoren um sagen zu können, dass diese traditionelle Autorität durch einen honorierten Beamtenstatus ersetzt wurde.

Wie ich noch zeigen werde, war die entscheidende Veränderung in Kleinstädten wie Wegstädtl oder Nettolitz nicht die Einrichtung von Polizei-Viertlern oder -kommissaren, sondern ihre Einbeziehung in die regelmäßige und einheitliche Meldung von (aus der Sicht der Verwaltung) „bemerkenswerten Fällen". Die organisatorischen und personellen Veränderungen waren in den größeren Städten und vor allem in Kreisstädten bemerkbar. In Klattau z. B. waren offenbar ab 1790 vier Polizei-Viertelaufseher tätig. Mit dieser Funktion wurden die bereits vorhandenen, bezahlten Beamten des Stadtamts betraut. Es gelang ihnen jedoch nicht, sich neben ihren Hauptaufgaben auch um die Aufsicht über die einzelnen Bezirke zu kümmern, und so schlug das Klattauer Kreisamt 1792 vor, den fähigsten von ihnen, Franz Püchel, als besonderen „Polizeikommissar" mit einem Jahresgehalt von 50 Gulden, das leicht aus dem Stadthaushalt gedeckt werden konnte, einzustellen.[261] Einen dritten „Polizeisoldat", der aus den Einnahmen der Stadt dasselbe Gehalt erhalten sollte, genehmigte 1794 der Gubernialpräsident auch der Stadt Tabor.[262] Über bezahlte Kommissare oder Revisoren in den Kreisstädten entschied also das Kreisamt oder das Gubernium in Abstimmung mit dem jeweiligen Stadtrat. Als sich im Juli 1808 der Libochowitzer Bürgermeister mit der Bitte an das Leitmeritzer Kreisamt wandte, den neuen Polizeikommissar Joseph Ratzek zu vereidigen, verwies der Kreis ihn an das jeweilige Herrschaftsamt mit der Begründung, Libochowitz sei keine königliche, sondern eine Patrimonialstadt.[263] Die einzelnen Herrschaftsämter schickten die Eide jedoch zur Information an das Kreisamt. In Leitmeritz selbst legten die örtlichen

---

260 SOkA Litoměřice mit Sitz in Lovosice, AM Štětí, Kart. 70, Polizeiangelegenheiten, Wegstädtl, 13. 2. 1807, Ausschreibung der Stelle eines Polizeisoldaten durch den Stadtrat (aufgrund der gubernialen Verordnung vom 27. 12. 1806).

261 NA, PG, Sign. 15b, Kart. 222, Prag, 2. 10. 1792, Erledigung des monatlichen Polizeiberichts des Klattauer Kreises durch den Gubernialpräsidenten.

262 SObA Třeboň, KÚ Tábor, Sign. Publ 14. Kart. 84, Prag, 31. 12. 1794, Gubernialpräsident Stampach an das Taborer Kreisamt.

263 SObA Litoměřice, KÚ Litoměřice, Sign. Publ 16, Kart. 929, Libochowitz, 9. 7. 1808, Nachricht des Bürgermeisters über die Wahl des neuen Polizeikommissars; anschließende Antwort des Kreisamtes. Über den „Brauch", dass der Schlackenwerther Ratsherr direkt vom Elbogener Kreisamt als Polizeikommissar vereidigt wurde, wunderte sich das Gubernium in der Reaktion auf den einschlägigen Kreisbereisungsbericht aus dem Jahr 1789, NA, ČG-Publ, Sign. 51/10, Kart. 1276, Prag, 5. 1. 1790.

„Polizeirevisoren" ihren Eid entweder beim Kreisamt ab oder das Kreisamt bestätigte den vor dem Stadtrat geleisteten Eid, der den Revisor als seinen Beamten betrachtete.[264] Der Text des Eides verpflichtete die Revisoren jedoch – nachdem sie (noch immer obligatorisch) bei Gott geschworen hatten – gegenüber dem Kreisamt zur ordentlichen Erfüllung ihrer Aufgaben, auch wenn sie der Gemeinde insbesondere bei der Überprüfung von Maßen, Gewichten und der Genießbarkeit der angebotenen Waren sowie bei der „Abschaffung" des „liederliche[n] und herrenlose[n] Gesindl[s]" zur Verfügung stehen sollten.[265] Ab 1801, nach Abschluss des Friedens von Lunéville, enthielt der Eid der Polizeibeamten die Bedingung, nicht mit ausländischen Geheimgesellschaften in Verbindung zu stehen.[266]

Die Polizeinomenklatur wurde 1794 vom Präsidium des böhmischen Guberniums zusammengefasst, als die Bürgermeister von Königinhof/Dvůr Králové und Trautenau/Trutnov auf dem regelmäßigen Monatsbericht als „Polizeidirektoren" und der Jaroměřer Ratsherr Jelínek sogar als „Oberpolizeidirektor" unterzeichneten. Solche Titel standen der Gemeindeverwaltung natürlich nicht zu, „denn nur in der Residenzstadt Wien ist ein Polizeÿoberdirektor, in den Hauptstädten der Provinzen sind Polizeÿdirektoren, in den Provinzialstädten, wo regulirte Magistrate bestehen, sind Polizeÿkommissäre, und in anderen kleinen Städten Polizeÿaufseher".[267] Aber noch 1799 musste das Gubernium über das Kreisamt von Elbogen korrigierend eingreifen und dem Magistrat von Eger verbieten, die Pässe durchreisender Personen mit der Bezeichnung „Polizeidirektion" zu vidieren, die ihm nicht zustand.[268]

Der Unterschied zwischen den Polizeibeamten in den Landeshauptstädten und in anderen Städten lag zu dieser Zeit auch im äußerlich Sichtbaren – der Uniformierung. 1820 übermittelte der Teplitzer Magistrat dem Kreisamt ein Gesuch des dortigen neuen zweiten Polizeiinspektors, ihm die Anschaffung einer Uniform aus eigenen Mitteln zu

264 SObA Litoměřice, KÚ Litoměřice, Sign. Publ 16, Kart. 929, Leitmeritz, 9. 2. 1810, Leitmeritzer Bürgermeister teilt dem Kreisamt die Ernennung des neuen Polizeirevisors Prokop Záruba mit; Leitmeritz, 15. 2. 1810, Antwort des Kreisamts; am 8. 3. wurde das Kreisamt informiert, dass Záruba den Eid bereits bei der Stadt geleistet habe, bzw. gefragt, ob der Eid grundsätzlich nicht bei der Stadt geleistet werden könne, „da der Polizeÿ Revisor ein zum Magistrate gehöriger Beamter ist"; am 6. 5. 1810 sandte das Kreisamt den bestätigten Eid von Záruba nach Leitmeritz.
265 SObA Litoměřice, KÚ Litoměřice, Sign. Publ 16/41, Kart. 737, Leitmeritz, 12. 3. 1799, Bericht des Bürgermeisters Ignatz Baumann über die Auswahl der neuen Revisoren sowie von Joseph Gruß und Adalbert Salomon unterzeichneter Eid.
266 NA, PG, Kart. 85, Wien, 25. 4. 1801, Joseph Thaddäus von Sumerau an Gubernialpräsidenten Stampach sowie anschließende Durchführungsverordnung, datiert in Prag am 6. 5. 1801, und folgende Akten. Vgl. auch – ohne weitere Kommentare – Heindl: Gehorsame Rebellen/2013, 50.
267 NA, PG, Sign. 15b, Kart. 223, Prag, 16. 10. 1794, Erledigung der monatlichen Polizeiberichte des Königgrätzer Kreises durch den Gubernialpräsidenten.
268 NA, PG, Sign. 15c, Kart. 236, Prag, 18. 4. 1799, auf Veranlassung der Prager Stadthauptmannschaft vom 15. 4. 1799 erlassenes Gubernialverbot (Konzept).

gestatten, mit der Begründung, dass „die Uniformirung seinen dienstverrichtungen mehr Kraft und Nachdruck verschaffen, und diese Auszeichnung seinen Diensteifer erhöhen wird". Das Leitmeritzer Kreisamt lehnte den Antrag jedoch mit der lakonischen Begründung ab, dass „das Tragen besonderer Uniformen von höchsten Orten nur den k. k. Beamten gestattet worden ist".[269] Dabei erlangten nur einige Mitglieder der Polizeidirektionen in den Landeshauptstädten den Status von Beamten. So beklagte sich 1803 der Prager Stadthauptmann Wratislaw darüber, wie wenig attraktiv der Posten eines Bezirkskommissars in den Prager Vierteln sei, war doch die einzige Karriereperspektive der Posten des Oberkommissars. Zudem war keines der beiden Ämter damals mit dem Beamtenstatus und beispielsweise einem Pensionsanspruch verbunden.[270]

Der zu erwartende Durchzug russischer Truppen veranlasste 1805 Wratislaws Nachfolger, Stadthauptmann Prokop Hartmann, dazu, zumindest die provisorische Uniformierung für einen Prager Ober- und einen Bezirkspolizeikommissar zu beantragen. Dies sei für die Autorität der Polizei notwendig, denn es sei allgemein bekannt, dass „der Russe an Beamte in Uniform gewöhnt ist und nur den anerkennt, der sie trägt". Eine Situation, in der nicht nur die Polizeimannschaft als militärische Einheit, sondern auch die Prager Bürgergarde und die Schützen kaiserliche Abzeichen trugen, während die Polizeikommissare zivil gekleidet waren, war laut Hartmann dem Gehorsam und der Effizienz des Diensts im Allgemeinen nicht förderlich. Der Wiener Polizeiminister Sumerau verlieh schließlich – aber nur für die Verbleibdauer der russischen Truppen – einem Prager Ober- und einem Unterkommissar das Recht, die Uniform des Landeskommissars zu tragen.[271]

Während die Polizisten in Wien eine graue Uniform mit dunkelgrünen Aufschlägen 1806 bekamen, wurde die Uniformierung der Prager Stadthauptmannschaft bzw. Polizeidirektion und deren Exklusivität neu und auf Dauer erst durch ein Gubernialdekret von 1808 geregelt. Demnach sollten von nun an von allen Prager Polizeibeamten ein grauer Mantel mit grünem Revers (im Gegensatz zum früheren gelben Revers) und Kragen sowie eine weiße Weste und Hose getragen werden, vom Direktor/Stadthauptmann über die Kommissare bis hin zu den einfachen Wachtmeistern; nur die Breite und Verzierung des Revers sollten unterschiedlich sein. Wenn ein Polizist keine Uniform trug oder tragen konnte, machte ihn ein rot-weißes Band an seinem Hut sowohl in

---

269 SObA Litoměřice, KÚ Litoměřice, Sign. Publ 16/271, Kart. 1065, Teplitz, 28. 6. 1820, Brief des Stadtrates an das Kreisamt; Leitmeritz, 3. 7. 1820, Antwort des Kreisamts (Konzept).

270 NA, PŘ I., Inv. Nr. 1111, Kart. 33, Nr. 27a, Prag, 13. 12. 1803, Brief des Stadthauptmanns Wratislaw an den Gubernialpräsidenten (hier als Unterlage für die Reorganisation von 1807).

271 NA, PG, Sign. 15c, Kart. 239, Prag, 27. 10. 1805, Hartmanns Anfrage an Gubernialpräsidenten Wallis; Wien, 31. 10. 1805, Zustimmung des Polizeiministers Sumerau. Scheinbar ohne Zusammenhang mit dem Durchmarsch der russischen Truppen im Jahre 1805 suchte der Leutnant Josef Czech/Čech, Hauptmann des Prager Polizeimannschaft, um Offiziersabzeichen an, Prag, 2. 6. 1805, Czechs Gesuch an Kaiser (Abschrift).

Wien als auch in Prag erkennbar. Andere, die durch eine Uniform vorgaben, Beamte zu sein, sollten als Betrüger bestraft werden.[272] Das rot-weiße Band an der Kopfbedeckung war allerdings schon älter; 1802 ordnete der Monarch den Polizeibeamten ausdrücklich an es zu tragen. Dieser Zeitpunkt und die Tatsache, dass es insbesondere „bei Excessen, Auflauf oder anderen öffentlichen Anordnungen" getragen werden sollte, lässt darauf schließen, dass das Band in erster Linie für (Geheim-)Polizisten bestimmt war, die ansonsten in Zivil gekleidet waren und während der Kriege mit Frankreich über die öffentliche Ruhe wachten. Ein rot-weißes Band bei sich zu tragen, das im Notfall gleich am Hut befestigt werden konnte, wie es bis dahin bei Bränden praktiziert worden war, war ab 1802 auch für Wiener Polizisten vorgeschrieben.[273]

Die neue Uniformierung der Polizisten der Prager Stadthauptmannschaft im Jahr 1808 stand wahrscheinlich im Zusammenhang mit der ein Jahr zuvor erfolgten Reorganisation der Behörde. (Polizeireformprojekte gab es – auch im Zusammenhang mit dem neuen Strafgesetzbuch – bereits 1803–1804 gegen Ende der Amtszeit Wratislaws.[274]) Im Rahmen der Reorganisation selbst wurden die Kommissare im Juni 1807 „systematisiert", d. h. sie erhielten den Status von Landesbeamten, eine feste Besoldung aus dem Ärar, Pensionsansprüche und einen symbolischen Vorrang vor Gemeindebeamten.[275]

---

272 Zur Uniformierung in Wien NÖLA St. Pölten, POD Wien, Kart. 3/48, Wien, 6. 10. 1806, der Präsident der Polizeihofstelle Sumerau leitete die kaiserliche Entscheidung an die Wiener Polizeioberdirektion weiter. Für Prag NA, PŘ I., Inv. Nr. 1111, Kart. 33, Nr. 27a, Prag, 29. 4. 1808, Mitteilung des Gubernialpräsidenten Josef Wallis über die Uniformen bei der Prager Stadthauptmannschaft (unter anderem „Niemand darf sich durch Annahme einer solchen Uniform unrechtmässigerweise das Ansehen und den Karakter eines k. k. Polizeibeamten anmassen, und noch weniger sich unter diesem erborgten Scheine die Ausübung einer wirklichen Amtshandlung erlauben". Die Mitteilung findet sich auch im NA, ČG Publ, Sign. 53/1–2, Kart. 5102, oder im SObA Litoměřice, KÚ Litoměřice, Sign. Publ 16/1, Kart. 928.

273 NA, PŘ I., Inv. Nr. 753/888, Kart. 20, Prag, 17. 2. 1802, guberniale Verordnung an die Stadthauptmannschaft (mit Hinweis auf landesherrliche Entscheidung sowie Brief des Polizeiministers); für den Druck bestimmtes Manuskript der gubernialen Verordnung vom selben Datum; Anweisung an den Wiener Oberpolizeidirektor (Abschrift, undatiert); weiter NÖLA St. Pölten, POD Wien, Kart. 2, Wien, 21. 12. 1802, gedruckte Verordnung Pergens für Wien, sowie NA, PG, Sign. 15c, Kart. 237, Wien, 8. 2. 1802, für den Prager Gubernialpräsidenten Stampach bestimmte Anordnung Pergens.

274 Die Quellen zur geplanten Reform der Prager Stadthauptmannschaft aus den Jahren 1803–1807 finden sich im NA, PG, Sign. 15c, Kart. 239. Der neu ernannte Polizeidirektor von Prag Mittrowsky (der seine Ernennung zuerst ablehnte) äußert sich zum Plan seines Amtsvorgängers Wratislaw („Entwurf zu einem Organisationsplan für die k.k. Polizeÿdirekzion in der Hauptstadt Prag" vom 4. 12. 1804) und schlägt unter anderem vor, die verwirrende Doppelbenennung der Behörde (Polizeidirektion/Stadthauptmannschaft) zu Gunsten von „Polizeidirektion" zu beseitigen, Prag, 24. 1. 1805, Gutachten von Mittrowsky.

275 NA, ČG Publ, Sign. 53/209, Kart. 5106, Prag, 28. 6. 1807, Nachricht des Gubernialpräsidenten Wallis, mit welcher der kaiserliche Entschluss über Neuorganisierung der Stadthauptmannschaft vom 1. 6. dem Gubernium mitgeteilt wird, „wodurch diese ihrem Beruf und Wirkungskreis nach achtungswürdige Behörde, auch ihren inneren Kräften nach, und durch das derselben eingeräumte höhere Ansehen eine bede[uten]de Wichtigkeit gewinnt". Umfangreiche Quellen zur Reorganisierung der Prager Stadthaupt-

Abb. 6 *Entwurf der Uniform eines Prager Polizeikommissars samt Kragenstickereien für die einzelnen Ränge (von oben nach unten: Rat, Oberkommissar, Unterkommissar), 1808*

Die Stadthauptmannschaft selbst war auf 42 Personen angewachsen. Ihre Struktur blieb ähnlich wie zuvor, nur die Zahl der Ober- und Unterkommissare erhöhte sich um jeweils einen. Direkt der Hauptmannschaft/Direktion zugeordnet waren nun fünf Oberkommissare: in der Reihenfolge vom ersten bis zum fünften Andreas Eichler, Franz Melchers, Joseph Hoch,[276] Johann Konrad und Adalbert Langswert. Durch Vorsprechen und Prüfung wählte der Gubernialpräsident fünf Unterkommissare für die einzelnen Bezirke aus: den ehemaligen Gubernialpraktikanten Adalbert Graf für die Altstadt und die Judenstadt, den ehemaligen Magistratsauskultanten Franz Dubský für die Kleinseite und den Hradschin, seinen ehemaligen Kollegen Joseph Wentzl Blasky für die untere und den Praktikanten Joseph Eduard Preisler für die obere Neustadt, außerdem den ehemaligen Magistrats-Kriminalaktuar Ignaz Kopfenberger – nach Wiener Vorbild – als „Hauskommissar" direkt in der Direktion. Diese Unterkommissare wurden zugleich auch den einzelnen Oberkommissaren zugeteilt.[277] Das Personal für die Überwachung der Märkte und des Holzhandels blieb zahlenmäßig unverändert, aber es gab offenbar mehr Büroangestellte, unter denen zwei Passprotokollschreiber einen wichtigen Platz einnahmen. Auch die Polizeimannschaft wurde im Jahr der Neuorganisation 1807 erheblich verstärkt. Sie wurde vom Polizeihauptmann Josef Czech geleitet, dem Leutnant Anton Settele zur Seite stand (beide gehörten zur Polizeidirektion). Neben dem Furier, dem Profoss und fünfzehn Korporalen war die Mannschaft nun auf 230 Soldaten angewachsen.[278] Trotz der Reorganisation funktionierte die Mannschaft nicht immer optimal, wie ein kurioser Fall drei Jahre später zeigte, als zwei Polizeisoldaten

---

mannschaft/Polizeidirektion im Jahre 1807 und insbesondere zur Besetzung der Stellen der Kommissare finden sich auch im NA, PG, Sign. 15c 26, Kart. 523, und im NA, PŘ I., Inv. Nr. 1111, Kart. 33, Nr, 27a. Der Zustand nach der Reorganisierung wird auch im Schematismus für das Königreich Böhmen auf das Jahr 1808, II. Abteilung. Prag 1808, 12–14, festgehalten (es ist bemerkenswert, dass die Polizeidirektion hier unter den angeführten Landesbehörden gleich hinter dem Gubernium mit seinen Kommissionen aufgeführt wird).

276 Seit 1808 war Joseph Hoch bei der Wiener Polizeidirektion tätig, in den Jahren 1812–1816 kehrte er als Kreisbeamter nach Böhmen zurück, danach war er Polizeidirektor in Linz, bis er 1822 (zuerst provisorischer) Polizeidirektor in Prag wurde, wo er bis 1838 verblieb. Dazu Novák, Miroslav: Rakouská policie a politický vývoj v Čechách před r. 1848 [Die österreichische Polizei und die politische Entwicklung in Böhmen vor 1848], in: SAP 3 (1953), 43–167, hier 71–73, 154–155. Zur Versetzung Hochs zur Wiener Polizeidirektion NA, PG, Sign. 3/78, Kart. 319, Wien, 4. 10. 1808, Nachricht des Vizepräsidenten der Polizeihofstelle Hager an den Oberstburggrafen und Gubernialpräsidenten Wallis.

277 NA, PŘ I., Inv. Nr. 1111, Kart. 33, Nr. 27a, Prag, 22. 11. 1807, Präsidialnote, durch welche den einzelnen Kommissaren Aufgabenbereiche, aber auch Zimmer im Direktionsgebäude zugeteilt wurden.

278 NA, PŘ I., Kart. 29, Prag., 1. 2. 1808, das Personal der Prager Polizeibehörden/der Stadthauptmannschaft und seine Veränderung zwischen 1. 7. und 31. 12. 1807. Josef Czech/Čech hatte die Stelle des Polizeiwachhauptmannes in den folgenden 27 Jahren inne. Zu seiner Person Scholzová, Zuzana: Josef Alois Czech, velitel pražského policejního strážního sboru (1807–1835) [Josef Alois Czech, Befehlshaber des Prager Polizeiwachkorps (1807–1835)], in: Středočeský sborník historický 19 (2001), 19–33.

einem gewissen Franz Zwack, der sich als Polizeikommissar ausgab, dabei halfen, eine Straftat zu begehen.[279]

Bis zum Ende des Untersuchungszeitraums stabilisierte sich die Anzahl und Einteilung der Kommissare, wobei die fünf Unterkommissare später zu bloßen „Kommissaren" wurden. Regelmäßige Überblickstabellen über die Bediensteten der Polizeidirektion zeigen sowohl deren Dienstalter als auch ihre Befugnisse und eventuellen Versetzungen. Wie aus der Tabelle der Zuständigkeiten von Ende 1813 (Tabelle 2) hervorgeht, lag der geographische Schwerpunkt der Polizeiarbeit, d. h. der Ort, an dem die Polizei im Dienst am sichtbarsten war, natürlich in Prag. Gleichzeitig lieferte die Direktion, insbesondere der Polizeidirektor und einige der Oberkommissare, Informationen aus ihren „Datenbeständen" an die übergeordneten Gubernial- sowie Kreisbehörden und kommentierte Polizeiberichte aus dem ganzen Land. Wenden wir uns deshalb nun dem durch dieses Kommunikationsnetz vermittelten Sicherheitsdispositiv zu.

Allen möglichen Unglücksfällen vorbeugen

Ab Jahresbeginn 1790 sendeten die einzelnen Kreise bzw. Städte und Herrschaften monatliche Polizeiberichte an die Landesregierung. Noch 1807 bemängelte das Prachiner Kreisamt jedoch, „die von Monat zu Monat bisher eingesendeten Polizeyberichte entsprechen der Absich nach auf keine Weise, welche dabey vorgesetzt ist. Sowohl der Inhalt derselben als ihre form zeigen entweder von Undeutlichkeit der hierüber aufgefassten begriffe der Obrigkeiten, oder von jener Eilfertigkeit, welche das wesentliche der Pflicht versäumet, während sie den Schein der Erfüllung anzunehmen weiß". In einem Rundschreiben an alle Herrschaften und Städte, darunter auch an Nettolitz, führte der erste Kreiskommissar Rudolf Schirnding aus, was die Berichte enthalten sollten: erstens unvoreingenommene Informationen über die obrigkeitliche Amtspraxis, die der Staatsverwaltung ansonsten nicht zu Ohren kämen, zweitens eine Übersicht über die Umsetzung der Polizeiordnung und ihre Übertretungen und drittens „den Stoff zu allgemeinen Beobachtungen", vor allem über die Polizei im engeren Sinne, d. h. jene, die für die Sicherheit der Bürger sorge.[280] Zu beobachten und zu melden waren neben der Sicherheit von Personen auch alle Aspekte der Moral und Religion, die Verfügbarkeit von Nahrungsmitteln, die Gesundheit und „Bequemlichkeit" der Untertanen, die Marktordnung, die Sauberkeit usw.

---

279 NA, ČG Publ, Sign. 53/1–2, Kart. 5102, Prag, 27. 8. 1810, das Appellationsgericht berichtet dem Gubernium über den Fall; Prag, 14. 9. 1810, das Gubernium fordert die Stadthauptmannschaft auf, die Fälle, in denen die Polizeisoldaten die vorgesetzten Kommissare nicht kennen, zu eliminieren.

280 SOkA Prachatice, AM Netolice, Sign. I-V, Kart. 168, Písek, 8. 12. 1807, Mängel der monatlichen Polizeiberichte betreffendes Rundschreiben des Kreisamtes (unterzeichnet von Schirnding).

Das Kreisamt führte keine konkreten Beispiele für die richtige Anwendung oder aber die Verletzung von Normen an, die seiner Meinung nach regelmäßig in den Polizeiberichten hätten enthalten sein müssen; vielleicht war es dazu auch nicht berechtigt. Da die Berichte jedoch monatlich von der Landesregierung beantwortet wurden, ist anzunehmen, dass die lokalen Beamten sozusagen aus der Praxis lernten, worauf sie in den Berichten zu achten hatten. Die Kritik des Prachiner Kreisamts zeigt jedoch, dass offenbar nicht einmal fünfzehn Jahre ausreichen, um den Blick für die Vorstellungen der Vorgesetzten zu schärfen. Wenn es das Kreisamt 1807 störte, dass die Stadträte oft bloß formale Berichte schrieben oder einfach feststellten, dass für einen ganzen Monat nichts polizeilich Relevantes zu berichten war, so änderte sich das im Falle von Nettolitz auch in den folgenden Jahren nicht wesentlich. So meldeten die Nettolitzer für das gesamte Jahr 1813 keine einzige polizeilich relevante Angelegenheit. Nur wenige Einzelfälle störten diese Ruhe – 1817 lediglich der angebliche württembergische Deserteur Johann Schwarz, der am 17. Juli ohne Pass ertappt, verhört und auf das Kreisamt per Schub abgeführt wurde. 1811 wurden insgesamt fünf ausländische Personen wegen Landstreicherei oder Verdacht auf Diebstahl verhaftet. Dazu kamen noch Anton(ín) Malý, ein Bürger von Nettolitz, der angeblich am 25. September seine Frau auf offener Straße geschlagen hatte, und Johann Michálek, ein Schuhmacher aus Sahaj/Zahájí, der am 30. September betrunken auf der Straße herumgelärmt hatte, wofür er eine zweitägige Gefängnisstrafe absitzen musste. Am gleichen Tag wurde Jakob Schimma/Jakub Šíma aus Zerkowitz/Zvěrkovice in der Herrschaft Moldauthein/Týn nad Vltavou, der mit Waren für den Markt nach Nettolitz gekommen war, dortselbst ertrunken in einem Brunnen aufgefunden. Laut dem monatlichen Polizeibericht hatte er sich offenbar zu weit vorgelehnt und wurde von einem vollen Wassereimer mit hinabgerissen, „welche Meynung um so mehr wahrscheinlichkeit erhält, als kein anderer Grund angegeben werden kann". Für jede ärztliche Hilfe war es zu spät.[281]

Im ersten Jahrzehnt des 19. Jahrhunderts meldeten die Einwohner von Nettolitz dem Kreisamt und damit der Regierung keine allgemeinen Beobachtungen, sondern nur die „Polizeifälle", wenn eine Person gegen eine Norm (Passpflicht, Nachtruhe, Gewaltverbot) verstieß. Sogar Jakub Šímas Tod durch Ertrinken wurde als unglücklicher Unfall dargestellt, ohne auf verallgemeinerbare Lehren oder Maßnahmen hinzuweisen (so wurde z. B. nicht erwähnt, ob der Brunnen durch ein Geländer geschützt war, wie es die Zentralbehörden in früheren Jahren beim Bekanntwerden ähnlicher Unglücksfälle gefordert hatten). Die Tatsache, dass das Ertrinken überhaupt erfasst wurde, beruhte natürlich auf einer etablierten Praxis, die wiederum Bezug zu einer Norm oder allgemein formulierten Idee hatte (Ausschluss von Fremdverschulden, Prüfung der Umstände jedes Todesfalls, Vermeidung „unnötiger" Todesfälle). Nur in Bezug auf eine solche

---

281 SOkA Prachatice, AM Netolice, Sign. I-V, Kart. 168, Nettolitz, 31. 12. 1817, summarische Verzeichnisse der Polizeifälle für die Jahre 1811, 1813 und 1817 (Abschrift); Nettolitz, 4. 10. 1811, monatlicher Polizeibericht für September 1811.

Norm oder allen gemeinsame Vorstellung können Einzelfälle überhaupt wahrgenommen und registriert werden. In diesem Sinn lieferten die Nettolitzer Berichte „Stoff zu allgemeinen Beobachtungen".

Das Prachiner Kreisamt erwartete außerdem von den lokalen Polizeibeamten, dass sie Fällen, in denen kein Unglück oder eklatanter Verstoß gegen Gesetze oder Verordnungen vorlag, mehr Beachtung schenken sollten: „Der von einigen Obrigkeiten gemachte Unterschied zwischen wichtigen und minderwichtigen Vorfällen und die hiernach bestimmte Wahl in der Aufnahme derselben darf künftig nicht weiter staat [!] finden, weil der in einem kleinen Bezirk vorkommende einzelne Fall durch sein gleichmäßiges Erscheinen in mehreren Bezirken wichtig werden und zu allgemeiner Verfügung Stoff darbieten kann."[282] Das Kreisamt reagierte damit offenbar auf die Kritik des Guberniums von 1805, das sich nicht damit zufrieden gab, dass in vielen Polizeiberichten Formulierungen wie „keine erheblichen Gegenstände" auftauchten. Die Beamten vor Ort sollten die Schwere der Fälle nicht selbst beurteilen, sondern alle Fälle melden.[283] Was aber machte einen solchen – wenn auch scheinbar unbedeutenden – Fall aus? Musste er sich immer tatsächlich ereignet haben oder sollten die Beamten auch über bloße Umstände oder deren Zusammenwirken berichten, die zu einem „Fall" führen konnten? Wie wurde der Blick der städtischen, herrschaftlichen und kreisamtlichen Beamten für solche Umstände geschärft? Dies werden wir in den folgenden Zeilen zu beantworten versuchen.

Das wichtigste Handbuch, nach dem die Beamten vorzugehen hatten, war der „Amtsunterricht in Polizei- und Sicherheitssachen" vom November 1789. Dort nahm die Sicherheit im engeren Sinne, d. h. die Abwehr von Gefahren für Leben und Eigentum der Einwohner, den größten Raum ein. Als deren Hauptursachen wurden darin „Unvorsichtigkeit", „vorsetzliche Bosheit" und „außerordentliche Zufälle" identifiziert.[284] Großer Wert wurde auf die Verhütung von Gefahren gelegt; die Präventivmaßnahmen sollten so beschaffen sein, dass auch die „Unvorsichtigen", d. h. Kinder oder Betrunkene, weder tagsüber noch bei Nacht Gefahren ausgesetzt waren, „denn die Behutsamen machen gemeiniglich den mindern Theil aus". Dieses verhältnismäßig massenhaft ver-

---

282 SOkA Prachatice, AM Netolice, Sign. I-V, Kart. 168, Písek, 8. 12. 1807, Mängel der monatlichen Polizeiberichte betreffendes Rundschreiben des Kreisamtes (unterzeichnet von Schirnding).

283 NA, PG, Sign. 15b, Kart. 230, Prag, 17. 5. 1805, Antwort des Gubernialpräsidiums auf den Jungbunzlauer Polizeibericht vom Februar 1805: „Und da weiters bei durchlesung der berichte bemerket wird, daß viele behörden der Ausdrücke sich bedienen, ,daß keine erhebliche[n] Gegenstände vorgefallen – daß nichts wichtiges vorgefallen' – woraus fließt, daß doch etwas vorgefallen, welches aber den behörden nicht erheblich noch wichtig vorgekommen".

284 Ich benutze hier das korrigierte Exemplar, das im NA, PG, Sign. 22b, Kart. 44, Prag, 23. 11. 1789, aufbewahrt ist.

breitete[285] Druckerzeugnis besagt also, dass der Staat oder seine Beamten auch für Personen die Verantwortung übernehmen sollen, die weniger verantwortungsbewusst sind, als es die Norm voraussetzt. Neben nicht von Menschen verursachten Situationen, in denen Leben oder Eigentum gefährdet sein kann, nennt das Handbuch als Risikofaktoren „Bosheit" und die Gefahr von Diebstahl, Tötung oder Brandstiftung durch bestimmte Gruppen – „verdächtiges" bzw. „Raubgesinde", „Landstreicher", „herumstreifende Spielleute" und „nahrungsloses Volk". Daher war auch in den ländlichen Städten und Herrschaften die Kontrolle der Bewegung und Identität der Menschen fester Bestandteil der polizeilichen und verwaltungstechnischen Praxis. Auch lebensgefährliche oder sogar tödliche Unfälle nahmen in den Polizeiberichten bedeutenden Raum ein.

Am 26. August 1790 ordnete das Gubernium an, in allen Kreisen einen Bericht über einen vom Prachiner Kreisamt gemeldeten Unfall zu veröffentlichen, der sich am 12. August bei Nettolitz ereignet hatte. Beim Tonabbau waren dort ein Tagelöhner und zwei Fuhrleute ums Leben gekommen, als das ausgehöhlte Erdreich einbrach und sie und ihr Wagen darunter begraben wurden. Die Betroffenen hatten die Festigkeit des Bodens überschätzt und Warnungen von Passanten in den Wind geschlagen. Der Gubernialpräsident wies unter Berufung auf sein eigenes Dekret vom 10. August 1784 die Dorfrichter und andere Gemeindevertreter an, dort, wo Erde oder Lehm abgebaut wurde, Aushöhlungen hintanzuhalten.[286] Auf die gleiche Weise reagierte das Gubernium ein Jahr später im Juli 1791, als das Leitmeritzer Kreisamt meldete, dass in einem Steinbruch in Großkaudern/Chuderov auf der Herrschaft Schöbritz/Všebořice drei Personen verschüttet und eine davon getötet worden war. Nicht nur der Fall selbst wurde veröffentlicht, sondern auch die Strafen für den Dorfrichter und den Wirt, auf dessen Anweisung die Abgrabung stattgefunden hatte. Bei ihren Kreisbereisungen sollten die Kreiskommissare darauf achten, dass Ton ausschließlich durch Abraumabbau und nicht durch Aushöhlung gewonnen würde.[287] Als der Gubernialpräsident 1794 aus Polizeiberichten erfuhr, dass in zwei Kreisen erneut Menschen beim Tonabbau verschüttet worden waren, gab er seinen Beamten den Auftrag, zu überlegen, ob man die entsprechenden Anordnungen erneut in alle Kreise versenden oder beide Fälle zur Warnung in den Zeitungen veröffentlichen sollte.[288]

---

285 Im Jahre 1792 wurden weitere 800 Exemplare des „Amtsunterrichts" nachgedruckt und an die Kreise verschickt; NA, PG, Sign. 15b, Kart. 222, Prag, 16. 8. 1792, Erledigung der kreisamtlichen Polizeiberichte vom Mai 1792.

286 SObA Litoměřice, KÚ Litoměřice, Sign. Publ. 16/1, Kart. 538, Prag, 26. 8. 1790, Verordnung von Gubernialpräsident Cavriani.

287 NA, ČG Publ, Sign. 28/281, Kart. 1042, Leitmeritz, 25. 6. 1791, Bericht des Kreishauptmannes Reisky vom Unglücksfall; Prag, 2. 7. 1791, Gubernialverordnung für das Leitmeritzer sowie alle anderen Kreise (Konzept).

288 NA, PG, Sign. 15b, Kart. 223, Prag, 25. 11. 1794, präsidiale „Erinnerungen" zu den Polizeiberichten vom September 1794.

Auch die Sandsteinbrüche auf dem Gelände des Klosters Strahov hinter dem Prager Reichstor waren wiederholt Ziel lokaler Sicherheitsmaßnahmen. Die erste Warnung, dass dort mehr als 30 Sandsteinbrecher ums Leben kommen könnten, kam Ende November 1789 vom Prager Polizeidirektor Amschell und bezog sich auf den Fall einer Frau, die dort allerdings bereits am 10. Januar 1788 verschüttet worden war. Eine vom Gubernium angeordnete Untersuchung des Kreisamts Rakonitz/Rakovník ergab, dass trotz des Verbots des Abbaus in Gruben mit ausgehöhlten Rändern weiterhin ca. 15 Frauen auf dem Gelände Stein abtrugen, teilweise auch nachts und in neuen Löchern. Alle diese Gruben wurden während der Kommissionsinspektion geschlossen und den Frauen wurde gestattet, den Abbau und das Mahlen von Steinen in einer einzigen offenen Grube unter Aufsicht eines Wirtschaftsbeamten fortzusetzen, „was die Frauen einstimmig versprochen hatten". Die Prager Polizei sollte nun über die Einhaltung dieser „Sicherheitsmaßnahme" wachen.

Doch einem Bericht des Polizeidirektors Amschell an das Gubernium zufolge ereignete sich anderthalb Jahre später, Anfang Juli 1791, vor dem Strahover Tor erneut ein Unglück. Dabei wurden gleich neun Tagelöhnerinnen verschüttet und eine von ihnen, die im neunten Monat schwangere Barbara Hauschkin aus der Šárka, starb noch vor Ort. Dem herbeigerufenen Kleinseitner Chirurgen und Geburtshelfer Johann Pardubský gelang es jedoch mit Hilfe von Geistlichen aus Strahov und des Polizeisoldaten Josef Czech, einen bereits gut entwickelten Jungen auf die Welt zu bringen und wiederzubeleben. In der Folge kam es erneut zu einem Verbot des Sandsteinabbaus nicht nur vor dem Strahover Tor; auch eine ähnliche Grube in Smíchov nahe dem Kleinseitner Friedhof sollte vom Rakonitzer Kreisamt in Zusammenarbeit mit den Besitzern überwacht werden.[289]

Nachlässigkeit oder unzureichende Schutzmaßnahmen rügte und ahndete das Gubernium auch, wenn jemand ertrank – auch dies war Gegenstand des „Amtsunterrichts" vom November 1789, in welchem das Schwimmen in Flüssen und das Schlittschuhlaufen sogar – etwas naiv – ganz allgemein verboten wurden. So ordnete das Gubernialpräsidium 1793 an, Anna Maria Neumann aus Jermer/Jaroměř zusätzlich mit zwei Wochen gemeinnütziger Arbeit zu bestrafen, und zwar dafür, dass sie ihr Kind nicht beaufsichtigt hatte, welches ins Wasser gefallen und ertrunken war.[290] Als sich 1798 in

---

289 Alle Quellen zu diesen Vorfällen befinden sich im NA, ČG-Publ, Sign. 28/281, Kart. 1042, Prag, 28. 11. 1789, Meldung F. Amschells an das Gubernium; Prag, 29. 11. 1789, das Gubernium trägt dem Rakonitzer Kreisamt die Untersuchung auf (Konzept); Schlan/Slaný, 27. 12. 1789, Bericht des Rakonitzer Kreisamtes; Prag, 1. 1. 1790, das Gubernium ordnet polizeiliche Überwachung an (Konzept); Prag, 2. 7. 1791, Amschells Meldung über das Unglück; Prag, 1. 7. 1791, Visum et repertum des Chirurgen Johann Pardubský; Prag, 11. 7. 1791, Befehle des Guberniums an den Prager Magistrat, das Rakonitzer Kreisamt und die Polizeidirektion.

290 NA, PG, Sign. 15c, Kart. 222, Prag, 23. 12. 1793, präsidiale „Erinnerungen" zum Polizeibericht des Königgrätzer Kreises vom Oktober 1793.

Dubá ein ähnlicher Fall ereignete (dort ertrank ein zweijähriger Junge in einer „Pfütze" im Garten, nachdem er aus dem Blickfeld seines Vaters verschwunden war), ordnete das Gubernium über das Kreisamt an, insbesondere diejenigen Personen ausfindig zu machen und zu bestrafen, die versucht hatten, den Jungen, „wie es auf dem Lande gebräuchlich ist", wiederzubeleben, indem sie ihn auf den Kopf stellten, „wo dann die Erstickung eine nothwendige Folge seyn muß". Eine Teilschuld traf auch das Kreisamt bzw. den Kreisphysikus, die zugaben, dass es in dem Gebiet nur ungeprüfte Chirurgen gab.[291] Die Widerlegung der Vorstellung (und der Praxis), dass man Ertrinkenden durch Auf-den-Kopf-Stellen helfen könnte, war, wie auch das populäre Handbuch „Noth- und Hülfsbüchlein für Bauersleute" zeigt, Teil einer aufklärerischen Volksbildungskampagne in Gesundheitsfragen.[292] Angesichts dieser und ähnlicher Berichte erscheint die 1789 im „Amtsunterricht" geäußerte Überzeugung etwas naiv: „Es darf hier nicht berührt werden, was ohnehin jedermann weiß, daß man den aus dem Wasser gezogenen Personen übel berathen würde, sie jäh auf den Kopf zu stürzen, um das eingedrungene Wasser aus ihnen zu bringen, da dieß der Weg seyn würde, sie gewiß ersticken zu machen."[293] Das Verbot, Ertrunkene auf diese Weise zu behandeln, war allerdings noch älter. Als Reaktion auf den Fall aus Dubá von 1798 erneuerte die Prager Stadthauptmannschaft Verordnungen von 1769 und 1781, die nicht nur das Auf-den-Kopf-Stellen von Ertrunkenen verboten, sondern auch sie zu rollen oder an den Füßen aufzuhängen.[294] Als 1795 wieder jemand ertrunken war, verlangte das Gubernium ausdrücklich einen Bericht darüber, ob „medizinische" Rettungsversuche unternommen worden waren, sowie ein entsprechendes Gutachten („visum et repertum").[295]

Die Umzäunung von Brunnen etwa mit Geländern galt als wichtige Prävention gegen das Ertrinken. Im Jahr 1796 machte das Gubernialpräsidium sogar den Hradešiner Dorfrichter indirekt für den Tod des Bauernmädchens Anna Hettlin verantwortlich,

---

291 NA, PG, Sign. 15c, Kart. 225, Prag, 25. 10. 1798, präsidiale „Erinnerungen" zum Polizeibericht des Jungbunzlauer Kreises vom Juli 1798.

292 [Becker, Rudolph Zacharias]: Noth- und Hülfs-Büchlein für Bauersleute oder lehrreiche Freuden- und Trauer-Geschichte des Dorfs Mildheim. Gotha–Leipzig 1788, 333: „Stellt einen Ertrunkenen ja nicht auf den Kopf, rollt ihn nicht über Fässer und zerret und stößt ihn nicht gewalthsam: davon stirbt er, wenn er noch nicht todt ist." Ins Tschechische übersetzt und herausgegeben wurde das Handbuch bereits 1789 in Brünn und 1791 in Prag; dazu sowie zur Rettungspraxis vgl. Hudeček, Ondřej: „Obecný lid nejvíc ziskem k činům se popuzuje." Záchrany lidí před utonutím v Čechách na konci 18. století [„Das gemeine Volk wird meist durch Gewinn zu Taten gebracht." Rettung vor dem Ertrinken in Böhmen Ende des 18. Jahrhunderts], in: Cornova 6/2 (2016), 59–83, hier 64–65, Anm. 22.

293 NA, PG, Sign. 22b, Kart. 44, Prag, 23. 11. 1789.

294 NA, PG, Sign. 15b, Kart. 225, Prag, 16. 11. 1798, Stadthauptmannschaft erneuert die Maßnahmen vom 1. 7. 1769 und 17. 7. 1781, „kraft welchem ausdrücklich verbothen wird, die im Wasser ertrunckenen umzustürzen, selbe auf den Kopf zu stellen, oder auf einem Fasse zu wälzen, oder wohl gar bey den Füssen auf einem Stücke aufzuhängen".

295 NA, PG, Sign. 15b, Kart. 224, präsidiale „Erinnerungen" zum Polizeibericht des Kaurzimer Kreises vom Mai 1795 (Ertrinken Johann Vorlíčeks aus der Herrschaft Kaunitz/Kounice).

denn er hatte nicht berücksichtigt, dass die Umzäunung des Dorfbrunnens zu niedrig war. In solchen Fällen war immer der zuständige Beamte zu bestrafen.[296] So machte auch das Gubernium das Kreisamt verantwortlich, als im August 1799 ein achtjähriges Mädchen in einem ungesicherten Brunnen in Königgrätz/Hradec Králové ertrank. Da bereits im Königgrätzer Bericht vom Mai ein ähnlicher Fall vorgekommen war, „so gewinnet es das Ansehen, daß dortkreises auf die Einfassung und Umzäumung offener Brunnen, und sonstiger derley Wasserbehälter nicht geachtet werde, welches doch ein Gegenstand ist, auf welchen die k. Kreisämter bei der Bereisung der Bezirke zu sehen haben". Das Kreisamt ist hier der Vollstrecker der „Polizei", deren Hauptaufgabe es ist, „vorzubeugen, damit sich keine Unglücksfälle ergeben möchten, und nicht erst dann Fürsorge zu treffen, wann Unglücksfälle sich schon ergeben haben."[297] Die Königgrätzer Behörden hatten ihre Lektion jedoch offensichtlich nicht gelernt. Bereits im Oktober 1799 fiel der 76-jährige Martin Kuřil auf dem abendlichen Heimweg in einen ungeschützten Kanal mit Fäkalien und erstickte. Dem Gubernium blieb nichts anderes übrig, als dem Kreisamt und dem Magistrat erneut den § 13 der Prager Polizeiverordnung vom 30. April 1787 zu übermitteln, der bei Strafe von 4 Gulden anordnete, Gräben und Kanäle vor allem nachts gegen derartige Unfälle abzusichern.[298]

Neben der physischen Abriegelung von Gewässern sollten die Polizeibeamten Ertrinkungsunfälle auch auf andere Weise verhindern, etwa durch die Kontrolle von Personen, bei denen der Verdacht bestand, dass sie suizidgefährdet waren. Nachdem die Frau eines Dobřaner Ratsherrn im Januar 1797 mit ihrem Kind in einen Brunnen gestürzt und ertrunken war, ordnete das Pilsner Kreisamt an, „daß auf derley mit Wahnsinn behaftete Personen genaue Aufsicht getragen und selbe nie allein gelassen werden sollen, um durch diese Aufmerksamkeit für die Zukunft ähnlichen Unglücksfällen vorzubeugen".[299]

Ob durch Ertrinken oder auf andere Weise, sowohl tödliche Unfälle als auch der Freitod waren aus polizeilich-administrativer Sicht unerwünschte Phänomene. So kritisierte das Präsidium zwei Jahre später das Wirtschaftsamt in Nassaberg/Nasavrky und das übergeordnete Kreisamt Chrudim, weil sie die Melancholie und die Anzeichen einer

---

296 NA, PG, Sign. 15b, Kart. 225, Prag, 7. 1. 1796, präsidiale „Erinnerungen" zum Polizeibericht des Kaurzimer Kreises vom November 1795 (mit dem Zusatz „Welches daher in ähnlichen Fällen unausbleiblich zu geschehen haben wird").

297 NA, PG, Sign. 15b, Kart. 226, Prag, 1. 12. 1799, präsidiale „Erinnerungen" zum Polizeibericht des Königgrätzer Kreisamtes vom August 1799.

298 NA, PG, Sign. 15b, Kart. 226, Prag, 19. 12. 1799, präsidiale „Erinnerungen" zum Polizeibericht des Königgrätzer Kreisamtes vom Oktober 1799. Die im Text irrtümlich angeführte Datierung der Prager Polizeiordnung auf den 30. 4. 1789 (und nicht 1787) könnte ein Indiz dafür sein, dass diese Polizeiordnung und der tatsächlich im Jahre 1789 erlassene „Amtsunterricht" für Städte und Märkte durch die Beamten als ähnliche Normen wahrgenommen wurden.

299 NA, PG, Sign. 15b, Kart. 225, Prag, 3. 4. 1797, präsidiale „Erinnerungen" zum Polizeibericht des Pilsner Kreises vom Jänner 1797.

Abb. 7 *Ertrinkende Person*

Seelenkrankheit des Papierarbeiters Josef Ritschel nicht bemerkt hatten, die angeblich schon drei Wochen erkennbar gewesen waren, bevor er sich im Dorf Swidnitz/Svídnice erschoss.[300]

Die amtlichen Bemühungen, den Freitod von Personen um jeden Preis zu verhindern, nahmen manchmal kuriose Formen an. Am 13. Mai 1796 ertränkte sich Kateřina Svobodová, das 22-jährige Küchenmädchen des örtlichen Dorfrichters, in einem Teich auf der Herrschaft Rattaÿ/Rataje nad Sázavou. Zufällige Zeugen, der ortsansässige Jude Samuel Langer und ein Dienstknecht, versuchten, sie an der Tat zu hindern, jedoch ohne Erfolg. Langer musste Kateřinas Hand, die er im Wasser zu fassen bekommen hatte, loslassen, als er selbst zu sinken begann und zu ertrinken drohte. An dem tot geborgenen Mädchen fand der herbeigerufene Chirurg nichts „Unnatürliches" außer dem Gesicht, das sich durch das Ersticken blau verfärbt hatte, und zwei Tage später wurde Kateřina in Rattaÿ begraben. Auch eine spätere, vom Kaurzimer Kreisamt veranlasste

---

300 NA, PG, Sign. 15b, Kart. 226, Prag, 9. 12. 1799, präsidiale „Erinnerungen" zum Polizeibericht des Chrudimer Kreises vom September 1799.

Untersuchung konnte die Ursache für Kateřinas Freitod nicht klären.[301] Erst aus dem regelmäßigen Polizeibericht des Kaurzimer Kreises vom Juni erfuhr das Gubernium, dass eine unbekannte Frau Kateřina vor ihrer Tat besucht und ihr aus den Karten ein baldiges Unglück vorhergesagt hatte. Daraus, dass das Wirtschaftsamt in Rattaÿ in der Folgezeit überwachen sollte, ob die Kartenleserin wieder auf der Herrschaft auftauchen würde, und dass das Gubernium verfügte im Kreis ihre Personenbeschreibung zu veröffentlichen, lässt sich schließen, dass ihre Wahrsagerei als mögliche Bedrohung für das Leben oder die „Moral" der Einwohner angesehen wurde.[302] Gleichzeitig zeigt der Fall die Fähigkeit des Guberniums, Informationen aus verschiedenen Kanälen zu verknüpfen und in der Folge Präventivmaßnahmen zu ergreifen.

Selbst als der Freitod – zumindest in den Strafgesetzbüchern – den Stempel eines Schwerverbrechens und einer Sünde verloren hatte, war das Leben der Einwohner offenbar ein zu wertvolles Gut, als dass sie darüber hätten nach eigenem Gutdünken verfügen können, wie zwei Fälle vom Ende des 18. Jahrhunderts zeigen. Im Sommer 1799 versuchte Barbara Heumann, eine Witwe aus Pfraumberg/Přimda, sich zu erhängen. Sie könne, so sagte sie, die Demütigung nicht ertragen, dass ihre Tochter wegen unanständiger Äußerungen vor dem örtlichen Gericht, das über ihre Schulden verhandelte, mit anderthalb Stunden Gefängnis bestraft wurde. Das Meierhöfener Wirtschaftsamt regelte die Angelegenheit gütlich. Es erklärte Heumann, wie unglücklich sie gehandelt habe, und forderte sie auf, sich in ähnlichen Fällen künftig an die Behörde zu wenden, die ihr gerne entgegenkommen wolle. Das soll die Witwe beruhigt haben. Der Gubernialpräsident, der im Pilsner Kreisamtsbericht vom August 1799 über die Angelegenheit informiert wurde, war jedoch der Ansicht, es sei nicht die Aufgabe der Behörden, die Bevölkerung zu beruhigen.[303] Sowohl das Meierhöfener Herrschaftsamt als auch das übergeordnete Pilsner Kreisamt hätten es verabsäumt, gemäß § 125 des josephinischen Strafgesetzbuches zu handeln. Demnach sollte jeder Mensch, der versuchte, seinem Leben ein Ende zu setzen, so lange inhaftiert werden, bis er – wohl durch einen Geistlichen – überzeugt worden war, dass „die Selbsterhaltung gegen Gott, den Staat, und ihn

---

301 SObA Praha, Velkostatek [Herrschaft, weiter Vs] Rataje nad Sázavou, Inv. Nr. 511, politische Akten aus den Jahren 1795–1798, Kart. 337, Kaurzimer Kreisamt weist das Herrschaftsamt Rattaÿ an, die Angelegenheit zu untersuchen und darüber Bericht zu erstatten; Rattaÿ, 26. 5. 1796, Begleitbericht des Herrschaftsamtes an das Kreisamt; Rattaÿ, 25. 5. 1796, „Visum et repertum" des örtlichen Chirurgen (Abschrift); Rattaÿ, 14. 5. 1796, Note des Rattaÿer Amtes an den örtlichen Vikar (Abschrift).

302 NA, PG, Sign. 15b, Kart. 225, Prag, 16. 12. 1796, präsidiale „Erinnerungen" zum Polizeibericht des Kaurzimer Kreises vom Juni 1796.

303 NA, PG, Sign. 15b, Kart. 226, Prag, 1. 12. 1799, präsidiale „Erinnerungen" zum Polizeibericht des Pilsner Kreises vom August 1799, „So beruhigend nun dieses moralische Benehmen und Zureden des mayerhöfer Wirtschaftsamtes für diese Witwe gewesen seyn mag, so ist doch diese Amtshandlung mit der im 125. § des Gesetzes über Verbrechen und Strafen im 1sten Theile gegebenen Vorschrift gar nicht vereinbarlich". Gleichzeitig räumte das Gubernialpräsidium ein, dass die Strafe von 1,5 Stunden Arrest für verächtliche und grobe Reden vor Gericht unangemessen gewesen war.

selbst Pflicht" sei und „eine vollkommene Reue zeigt und Besserung erwarten" lasse. Bemerkenswerterweise wird in der zeitgenössischen tschechischen Übersetzung des Gesetzbuches die Erhaltung des eigenen Lebens nicht als Pflicht gegenüber dem Staat, sondern gegenüber „Vaterland oder Gemeinde" [„Wlasti neb Obcy"] bezeichnet.[304]

Die entsprechende Bestimmung des neuen Strafgesetzbuches von 1803 wurde auch 1805 vom Präsidenten des Guberniums angeführt, als er dem Magistrat von Komotau/ Chomutov bzw. dem übergeordneten Kreisamt von Saaz/Žatec ein fehlerhaftes Vorgehen im Fall Frantz Gentsch vorwarf. Dieser versuchte sich wegen seiner Armut das Leben zu nehmen, wurde aber gerettet und – wahrscheinlich zur Strafe – der Armee übergeben. Das Gesetz sah jedoch als einzig mögliche Strafe den Arrest vor, bis der Betroffene „durch sittliche, und physische Heilmittel zur Vernunft, und dem Erkenntnisse seiner, dem Schöpfer, dem Staate, und sich selbst schuldigen Pflicht zurückgeführet, über das Begangene Reue zeiget, und für die Zukunft dauerhafte Besserung erwarten läßt". Auch hier, in der deutschen Version, schuldet der Bürger die Erhaltung seines Lebens dem Staat und nicht etwa dem Vaterland.[305]

Aber auch bei vollzogenen Selbsttötungen waren die Behörden Kritik ausgesetzt. Am 23. Mai 1800 erhängte sich eine 62-jährige Witwe in Miletín. Nach den Ermittlungen des Bidschower Kreisamts wurde dabei keine Gewalt angewendet und das Miletíner Wirtschaftsamt erklärte, dass es sich nicht um vorsätzlichen Mord handle. Das Gubernialpräsidium warf den beiden nachgeordneten Behörden jedoch mangelnde Präzision bei der Einstufung der Tat und ihrer Umstände vor: Bei einem Freitod werde immer Gewalt angewendet, es könne aber nicht von einem vorsätzlichen Mord die Rede sein; die Behörden hätten richtigerweise befinden müssen, dass kein Fremdverschulden festzustellen sei.[306] 1806 beurteilte wieder das Chrudimer Kreisamt die Vorgehensweise des nachgeordneten Wirtschaftsamts Chotzen/Choceň falsch und genehmigte diese. Das Wirtschaftsamt hatte auf den Freitod des Häuslers Franz Kuderna § 90 StGB angewendet, der sich jedoch eigentlich auf Fälle bezog, in denen eine Person durch eigene „Reue" von ihrer Absicht Abstand genommen hatte. Nach Ansicht des Präsidiums des Guberniums hatten das Chotzener Wirtschaftsamt und das Kreisamt einen Fehler begangen, indem sie den Leichnam des Betroffenen durch einen Geistlichen auf dem

---

304 Siehe zweisprachige Edition des Gesetzbuches Allgemeines Gesetz über Verbrechen und derselben Bestrafung/Práva všeobecná nad provinĕními a jich trestmi, Wien/Vídeň 1787, 142.

305 NA, PG, Sign. 15b, Kart. 230, Prag, 17. 12. 1805, präsidiale „Erinnerungen" zum Polizeibericht des Saazer Kreisamtes vom November 1805. Weiter Gesetzbuch über Verbrechen und schwere Polizey-Uibertretungen. Zweyter Theil: Von schweren Polizey-Uibertretungen, und Verfahren bey denselben. Wien 1803, 49, § 91.

306 NA, PG, Sign. 15b, Kart. 226, Prag, 7. 9. 1800, präsidiale „Erinnerungen" zum Polizeibericht des Bidschower Kreisamtes vom August 1800.

Friedhof bestatten ließen, obwohl das Strafgesetzbuch eine Bestattung in Begleitung von Wachleuten bzw. Büttteln außerhalb des geweihten Bodens vorschrieb.[307]

Während die Behörden im Umgang mit Freitod und den Personen, die ihn wählten, im Rahmen der neuen Strafgesetze mitunter unsicher waren, konnten sie auf langjährige Erfahrungen zurückgreifen, wenn es um Personen und Gruppen ging, die angeblich eine Gefahr für das Leben und Eigentum der Bevölkerung darstellten. Aus Sicht des polizeilichen „Amtsunterrichts" vom November 1789 hatten Freitod, Mord, Diebstahl sowie öffentliche Zusammenrottungen und Schlägereien gemeinsam, dass es sich um Bedrohungen „aus vorsetzlicher Bosheit" handelte. Verhindert werden sollten sie durch eine strenge Überwachung sowohl suizidgefährdeter Personen als auch „verdächtige[n] Gesindel[s]".[308] „Landstreicher", fahrende Schauspieler und Menschen ohne Lebensunterhalt bezeichnete der „Amtsunterricht" im Sinne eines jahrhundertealten Stereotyps als Gruppen, seitens derer der Bevölkerung Diebstahl und Gewalttaten drohten. Und obwohl diese eine ganz andere Art der Gefahr darstellten als jene Ausländer, die mit dem revolutionären Frankreich nach 1789 oder 1792 zu tun hatten, wurde auch ihre Überwachung in den frühen 1790er-Jahren intensiviert. Im Vergleich zur früheren pauschalen Ausweisung ausländischer „Vagabunden" aus dem Land änderte sich jedoch sowohl die Delegitimierung der nicht-sesshaften Lebensweise als auch die Behandlung von Menschen mit unklarer Landeszugehörigkeit, insbesondere der Gruppen, die zeitgenössisch „Zigeuner" genannt wurden – darauf werden wir später noch genauer eingehen; zuvor betrachten wir die Rolle und die Maßnahmen der verschiedenen Behörden.

1794 nahm das Bidschower Kreisamt diese Gruppen nicht nur als Bedrohung für die Landbevölkerung wahr, sondern auch als schlechtes Beispiel, das sie durch ihren „Müßiggang" und ihre „betrügerische Lebensweise" abgäben.[309] In einem Gubernialdekret aus dem vorangegangenen Jahr hieß es, vor allem die bürgerliche Gesellschaft sei von „Vagabunden" betroffen: „Müßiggänger, Vagabunden und Taugenichts" müssten entweder für den Staat nutzbar gemacht werden oder dürften zumindest keinen Scha-

---

307 NA, PG, Sign. 15b, Kart. 231, Prag, 12. 6. 1806, präsidiale „Erinnerungen" zum Polizeibericht des Chrudimer Kreisamtes und zu den Teilberichten vom April 1806. Die §§ 90–92 des StGB von 1803 (Gesetzbuch über Verbrechen und schwere Polizey-Uibertretungen, 2. Teil, 48–49), die den Umgang mit den durch Freitod Gestorbenen bzw. ihren Körpern regeln, stehen am Anfang des achten Hauptstücks, das sich mit den Polizeiübertretungen „gegen die Sicherheit des Lebens" beschäftigt.

308 „Diesen Ereignissen wird größtentheils vorhinein gesteuert, wenn die Wächter, deren jede Ortschaft nach Maaß ihres Umfanges mehrere, oder doch einen haben muß, zu ihrer Schuldigkeit streng angehalten werden, folglich stäts, zumal zur Nachtzeit, fleissig patroulliren, und dem verdächtigen Gesinde allenthalben auf die Spur nachgehen", NA, PG, Sign. 22b, Kart. 44.

309 NA, PG, Sign. 15b, Kart. 223, Jitschin, 19. 5. 1794, das Bidschower Kreisamt berichtete an das Gubernium über die Festnahme einer „Zigeunergruppe".

den anrichten.[310] 1802 sprach die Prager Stadthauptmannschaft/Polizeidirektion von „Vagabunden", die der „bürgerlichen Sicherheit" schadeten, das Gubernium hingegen verwendete in diesem Zusammenhang den Begriff „öffentliche Sicherheit".[311]

In der Praxis sollten die Kreisämter nicht auf eine zentrale Anweisung warten, sondern wenn Vagierende in ihrem Bezirk aufgegriffen wurden, von sich aus eine Streife und den anschließenden zwangsweisen Schub der Vagierenden an ihre Wohnorte organisieren,[312] vor allem wenn diese aus den habsburgischen Erblanden stammten.[313] Die Entscheidung über „Ausländer", d. h. Personen ohne festen Wohnsitz oder Geburtsort in den Erblanden, wurde, insbesondere wenn der Status der Inhaftierten unklar war, der Prager Polizeidirektion übertragen. Diese hatte, wie die frühere Sicherheitskommission, einen de facto landesweiten Auftrag. Die Zuständigkeit der Kreisämter beschränkte sich zwar hauptsächlich auf ihre eigenen Bezirke. Sie konnten aber direkt mit anderen Kreisen kommunizieren, insbesondere mit den angrenzenden; so tat es z. B. der Klattauer Kreis, der Ende 1799 Informationen über den Raub an einer Müllerin im Pilsener und im Prachiner Kreis veröffentlichte. Die Beschreibung der mutmaßlichen Diebesbande musste jedoch zur landesweiten Veröffentlichung in der Zeitung ans Gubernium gesandt werden.[314]

Bei der Organisation des zwangsweisen Abtransports von inländischen Landstreichern in ihre Heimatstädte, des so genannten „Schubs", spielte die Prager Polizeidirektion/Stadthauptmannschaft – ebenso wie ihre Vorgängerin, die gubernine Sicherheits- oder Polizeikommission – nur eine untergeordnete Rolle. Dieses System eines zentral koordinierten Umgangs mit Nichtsesshaften entwickelte sich in der Habsburgermonarchie

---

310 NA, PG, Sign. 15b, Kart. 222, Prag, 8. 10. 1793, das Gubernium ordnet an, die Kreisämter hätten die gegen fahrende Leute gerichteten Normen zu beachten, und äußert seine Verwunderung darüber, dass solcherart Personen, die an die Polizeidirektion geliefert wurden, zuvor lange ohne Pass im Lande herumgezogen seien.

311 Es handelt sich um Stellungnahmen der Behörden im Fall einer „Zigeunergruppe", die am Ende des Jahres 1801 in der Nähe von Klattau/Klatovy festgenommen wurde; NA, PG, Sign. 15b, Kart. 228, Prag, 5. 1. 1802, Note der Prager Stadthauptmannschaft (unterzeichnet vom stellvertretenden Stadthauptmann Ignaz Carl Chorinsky); Prag, 11. 1. 1802, für das Klattauer Kreisamt bestimmte Entscheidung des Gubernialpräsidiums („die Zahl der brod- und nahrungslosen Leute sich allerdings vermehret und hiedurch die öffentliche Sicherheit ganz besonders gefährdet ist").

312 NA, PG, Sign. 15b, Kart. 222, Prag, 1794, präsidiale „Erinnerungen" zum Polizeibericht des Königgrätzer Kreisamtes vom Dezember 1793 bzw. Reaktion auf die Festnahme einer „Zigeunergruppe" in Wamberg/ Vamberk. Die Erwartung, die das Gubernium an das Vorgehen des Kreisamts stellte, wurde mit der Wendung „welches in künftigen ähnlichen Fällen immer zu geschehen hat" zum Ausdruck gebracht.

313 NA, PG, Sign. 15b, Kart. 223, Prag, 27. 5. 1794, guberniale Antwort auf den Bericht des Bidschower Kreisamtes vom 19. 5. 1794.

314 NA, PG, Sign. 15b, Kart. 226, Prag, 19. 4. 1800, präsidiale „Erinnerungen" zum Polizeibericht des Klattauer Kreisamtes vom Dezember 1799; das Gubernium warf dem Kreisamt vor, die Beschreibung der Gruppe erst mit dem monatlichen Polizeibericht eingesandt zu haben.

seit den 1720er-Jahren[315] und wurde in den böhmischen Ländern durch Verordnungen aus den Jahren 1756, 1767 und 1780 weiter geregelt. 1794 wurden diese Normen erneut veröffentlicht und aktualisiert: Das Kreisamt, auf dessen Gebiet die Person aufgegriffen worden war, entschied über deren Abschiebung und stellte auch die entsprechenden Pässe mitsamt einem angegebenen Transportweg aus. In Prag war dies die Aufgabe der Polizeidirektion. Die Orte, an denen eine Begleitperson die Abgeschobenen an andere übergab, sowie die Zielorte (Heimatorte) und Herrschaften hatten nach einem Muster eine Bescheinigung über den Empfang der Person (ein so genanntes Rezepisse) auszustellen. Diese Bescheinigungen wurden einmal im Monat an das Kreisamt geschickt, das den Schub verfügt hatte. Wenn dieser jedoch über Kreisgrenzen hinweg erfolgte, sollten die Durchgangs- oder Zielorte des Schubs nicht direkt mit dem fremden Kreisamt kommunizieren, sondern das Rezepisse dem eigenen Kreisamt übergeben, das es dann an das Kreisamt weiterleitete, von dem der Schub ausgegangen war. Fälle, in denen das Kreisamt einen Monat nach Beginn des Schubs noch keine Rückmeldung vom Zielort erhalten hatte, waren außerdem dem Gubernium gegenüber meldepflichtig.[316] Dem Schub- und insbesondere Passsystem ist das nächste Kapitel gewidmet. Bereits hier zeigt sich aber, wie sich der in den neuen Polizeinormen verankerte präventive Schutz von Leben und Eigentum unmittelbar in der Verstärkung der allgemeinen Überwachung und Kontrolle niederschlug, wenn auch die aufgrund wiederholter Kritik erhobenen Zweifel vermuten lassen, dass er nicht immer konsequent umgesetzt wurde.

Regelmäßige Berichte und Rückmeldungen sollten dafür sorgen, dass die Beamten auf Gemeinde- und Kreisebene ständig aktiv und aufmerksam waren – und das nicht nur bezüglich nicht-sesshafter Gruppen. Obwohl die „Polizey-Ordnungen" Wolfgang Reinhard zufolge seit dem 16. Jahrhundert auf Prävention ausgerichtet waren,[317] sehe ich im Untersuchungszeitraum ein Novum darin, dass auch Beamte der untersten Ebene methodisch angeleitet wurden, den Kontext und vor allem die möglichen Folgen menschlichen Handelns zu antizipieren und zu reflektieren. Josef von Sonnenfels zufolge sollte die Polizei präventiv eingreifen, wenn einem Unglück oder Schaden menschliches Verschulden zugrunde lag. Alle vom menschlichen Willen unabhängigen unglücklichen

---

315 Wendelin, Harald: Das Schubwesen, in: Heindl, Waltraud/Saurer, Edith (Hg.): Grenze und Staat. Paßwesen, Staatsbürgerschaft, Heimatrecht und Fremdengesetzgebung in der österreichischen Monarchie 1750–1867, Wien–Köln–Weimar 2000, 231–293.

316 NA, PG, Sign. 15b, Kart. 223, Prag, 11. 9. 1794, Erneuerung der Schubnormen (im präsidialen Entwurf wird das Schubsystem als „dieses mit der öffentlichen und privaten Sicherheit so wesentlich verbundene Geschäft" bezeichnet). Im selben Jahr verfügte das Gubernium aus ökonomischen Gründen, dass die für die Prager Polizeidirektion bestimmten Recepisses jeden Monat zusammen mit den Polizeiberichten direkt an dieselbe geschickt werden sollen, vgl. NA, PG, Sign. 15b, Kart. 223, Prag, 21. 11. 1794. Einige Kreisämter übertrieben es allerdings, indem sie dem Gubernium alle Rezepisse, d. h. auch jene, die andere Kreisämter ausgestellt hatten, übersandten; NA, PG, Sign. 15b, Kart. 225, Prag, 13. 7. 1796, präsidiale „Erinnerungen" zum Polizeibericht des Elbogener Kreisamtes vom Mai 1796.

317 Reinhard: Geschichte der Staatsgewalt/1999, 364.

Umstände (Stürme, Missernten usw.) betrachtete er als „Zufälle", die letztlich nicht verhindert werden konnten, nur ihre Folgen wie z. B. Hunger ließen sich beseitigen oder abmildern. Wie Sonnenfels jedoch am Beispiel einer Flut aufzeigte, sah er auch Zufälle bzw. Unfälle und deren Folgen als vorhersehbar an.[318] Eng an seine Sichtweise angelehnt argumentieren dann auch andere Normen wie das 1794 erstmals erschienene populäre Handbuch des Prager Polizeikommissars Andreas Chrysogon Eichler „Die Polizei praktisch": „Die Polizei muß daher über die Zufälle vorher nachdenken, aus der Natur des zu besorgenden Falles die Vorkehrungen, welche, wenn der Fall wirklich eintritt, anzuwenden wären, abstrahiren, d. i. schon im voraus darnach einrichten, und selbe auch denjenigen mittheilen, die man zur Vollstreckung derselben bei der wirklichen Ereignung nöthig hat".[319]

In den Polizeiberichten aus den Kreisen vom Oktober 1795 finden sich mehrere Beispiele für diese Denkweise. So berichtete das Berauner Kreisamt über ein „Unglück", das sich in der Brauerei von Konopischt/Konopiště ereignet hatte: Der aus Beneschau/Benešov stammende Maler Josef Zelenka kam zu Tode, als er betrunken in den Keller stürzte. Weder der Braumeister Johann Lepitsch noch der Dienstknecht Franz Jerzabek entgingen der Bestrafung durch das Kreisamt – letzterer, weil er eine frühere Anweisung des Wirtschaftsdirektors des Gutes, das Kellerloch zu sichern, nicht befolgt hatte. Aber selbst der Wirtschaftsdirektor wurde vom Kreisamt daran erinnert, „in solchen Gegenständen, wo die Menschen der Gefahr ausgesetzt sind, es nicht bloß beim Anordnen bewenden zu lassen, sondern nach Amtspflicht von der Befolgung der Anstalt sich zu überzeigen". Dem Untersuchungsbericht zufolge gab es jedoch noch weitere gefährliche Umstände: Zelenka war bereits betrunken in der Brauerei angekommen, hatte dort weiter getrunken und war im Dunkeln ohne Laterne weggegangen, sodass er auch „in den nächste erliegenden Teich hätte fallen können".[320] Abgesehen davon, dass der „Amtsunterricht" von 1789 ausdrücklich vor dem Sturz von Betrunkenen und

---

318 Sonnenfels, Joseph von: Grundsätze der Polizey, Handlung und Finanzwissenschaft, Bd. 1, Wien [5]1787, 67–68, 547: „Den Zufall selbst abzuwenden, liegt also nicht in der Gewalt der öffentlichen Verwaltung. Aber einige Zufälle kann man wenigstens vorsehen; die wichtigsten Folgen aller Zufälle zum voraus denken", weiter siehe 551–562.

319 Eichler, Andreas Chrysogonus: Die Polizei praktisch oder Handbuch für Magistrate, Wirtschaftsämter, Aerzte, Wundaerzte, Apotheker, u.s.w. dann für alle, denen die Aufsicht auf die Polizeigegenstände oblieget, oder die von ihr gründlich unterrichtet seyn wollen, mit Anführung der ergangenen Gesetze und Verordnungen, Prag 1794, 151. Eichler übernahm von Sonnenfels auch die Überschwemmung als Beispiel für einen typischen Zufall sowie die Einteilung der Maßnahmen in solche, die vor, während und nach einem Ereignis zu treffen wären.

320 NA, PG, Sign. 15b, Kart. 224, Prag, 28. 12. 1795, Gubernialauszug aus den monatlichen Polizeiberichten der Kreisämter vom Oktober 1795 mit Erinnerungen des Präsidiums, hier zum Bericht des Berauner Kreisamtes. Das Vorgehen des Kreisamtes wurde vom Gubernium gebilligt, nur mit dem – zu der Zeit üblichen – Zusatz, dass die Johann Lepitsch auferlegte Geldstrafe nicht an das Armeninstitut, sondern an den Polizeifonds hätte abgeführt werden sollen.

Kindern in Kellerlöcher warnte, war der Fall Zelenka auch insofern exemplarisch, als er dazu diente, auf eine andere potenzielle Gefahr hinzuweisen, die in den Normen und Erziehungsschriften häufig thematisiert wurde – das Ertrinken.

Ein Bericht aus dem Bidschower Kreis vom Oktober 1795 sprach hingegen von „Glück". In den Städten und Dörfern der Herrschaft Starkenbach/Jilemnice war im Oktober das häusliche Trocknen von Flachs verbreitet, was im Jahr 1795 an einigen Stellen zu Bränden führte, die „zum Glücke" rechtzeitig gelöscht werden konnten. Dem Bericht zufolge kam es zu dem „schädlichen" Flachstrocknen in den eigenen Häusern entweder, weil weitab von anderen Gebäuden stehende Gemeinde-„Flachdörrhäuser" fehlten, oder weil die Bewohner ihren Flachs dort nicht trocknen wollten. Das Kreisamt griff daher einen Vorschlag des Starkenbacher Wirtschaftsamtes auf und ordnete an, umgehend dort, wo es keine Trockenhäuser gab, aus Gemeinde- oder herrschaftlichen Mitteln solche zu bauen, sodann alle Untertanen zu deren Nutzung zu verpflichten und zu überwachen, dass niemand seinen Flachs zu Hause trockne. Im Falle eines Brandes sollten dann sowohl die ungehorsamen Einwohner als auch der Dorfrichter oder Bürgermeister zur Verantwortung gezogen werden. Darüber hinaus stimmte das Gubernium dem Initiativvorschlag des Bidschower Kreisamtes zu, im ganzen Land Warnungen zu veröffentlichen, da die Situation in der Starkenbacher Herrschaft offenbar keine Ausnahme war.[321]

Der Brandschutz war in der zweiten Hälfte des 18. Jahrhunderts ein häufiges Thema staatlicher Politik. Bei den Kreisbereisungen wurde unter anderem regelmäßig die Existenz von hölzernen Schornsteinen kritisiert und die Feuerlöschausstattung der Gemeinden überprüft.[322] Dies war eine der konkretesten Möglichkeiten, um sich auf Katastrophen vorzubereiten und ihre Folgen zu begrenzen. In den Augen der Behörden erhöhte das häusliche Flachstrocknen die Feuergefahr so sehr, dass sie die Verantwortung dafür automatisch den Vorstehern jener Gemeinden aufbürdeten, die kein Trockenhaus hatten oder deren Einwohner es nicht benutzten.

Direkt in der Hauptstadt des Klattauer Kreises verunglückte 1795 der Schornsteinfeger Ma[t]thias Janeck. Er erlitt bei der Reparatur des Schornsteins des Bürgers Bernard

---

321 NA, PG, Sign. 15b, Kart. 224, Prag, 28. 12. 1795, Gubernialauszug aus den monatlichen Polizeiberichten der Kreisämter vom Oktober 1795 mit Erinnerungen des Präsidiums, hier zum Bericht des Bidschower Kreisamtes.

322 Z. B. NA, ČG-Publ, Sign. 51–1, Kart. 1275, Prag, 16. 10. 1788, Anmerkungen des Guberniums zu den Kreisbereisungsberichten vom Jahr 1787: „Die Bereisungskommissäre müssen sich daher in allen Gelegenheiten bemühen, die Beischaffung der Feuerlöschgeräthschaften in allen Orten zu bewirken, vorzüglich aber darauf zu sehen, daß die hölzernen Rauchfänge bei alten, sowohl als auch bei neuen Gebäuden gänzlich abgebracht, dafür gemauerte Schornsteine aufgeführt, alle feuerfangende Materialien auf den Böden und in Häusern von den Schornsteinen in der vorgeschriebenen Entfernung gehalten, besonders aber das Flachsdürren in Oefen, das Spannbrennen und Tobakrauchen auf den Gassen, in Höfen, Stallung, Scheuern und Schupfen und auf den Böden sorgsamst eingestellet und das Herumgehen mit Lichtern und Laternen nicht gestattet werde."

Koutecký einen epileptischen Anfall, fiel vom Gerüst und erlag nach wenigen Stunden seinen Verletzungen. „Zur künftigen Abwendung derlei Unglücksfälle" verbot der Magistrat dem Klattauer Maurermeister bei Höhenarbeiten nicht nur epilepsiekranke, sondern auch nicht schwindelfreie Lehrlinge einzusetzen, was freilich eine Kenntnis oder Feststellung ihrer gesundheitlichen Verfassung voraussetzte.[323] Indem das Gubernium den Bericht in seine „Erinnerungen" aufnahm, sorgte es dafür, dass diese Vorsichtsmaßnahme auf das ganze Land ausgedehnt wurde, so wie es dies regelmäßig in Fällen von Ertrinken, Ersticken durch nicht fachgerechte Verbrennung von Brennstoffen oder anderen Vergiftungen tat.

Die Vorbeugung bestand in der Vorwegnahme von Situationen, die für das Leben, die Gesundheit, das Eigentum oder die Ehre der Einwohner schädlich waren (sog. „Unglücksfälle"). Die Beamten verallgemeinerten konkrete Fälle und übertrugen aufgrund von Normen oder früheren polizeilichen Berichten die Gefahr auf andere, analoge Situationen – Betrunkene konnten durch einen Sturz in einen Keller oder einen Teich zu Schaden kommen; bei Höhenarbeitern waren Epilepsie und Schwindelanfälligkeit gleichermaßen gefährlich. Vorbeugung oder Vorausschau war ein wesentlicher Bestandteil der Idee der Polizei und der Polizeiarbeit. Vincent Milliot wies am Beispiel Frankreichs darauf hin, dass die Gefahren oder Risiken, mit denen das präventive Denken rechnet, sich nicht notwendigerweise auf einen ausgewogenen und unveränderlichen Zustand der Gesellschaft beziehen, den der Staat aufrechterhält und schützt (und somit allgemein auf einen absolutistischen Staat), sondern dass eine solche Voraussicht auch auf den Schutz gemeinsamer, gesellschaftlich geteilter Werte in einem wirtschaftlich offenen, liberalen Staat gerichtet sein kann und dass die vorbeugende Polizei als Verwaltungsmodell nicht nur im „klassischen Zeitalter" Frankreichs, d. h. im vorrevolutionären und vormodernen 17. und 18. Jahrhundert, anzutreffen ist.[324]

Zur damaligen Polizeiarbeit gehörte auch, Voraussicht in der Gesellschaft zu verbreiten. Dabei ging es sowohl um die Fähigkeit und Bereitschaft der Bevölkerung, im Falle von lebensbedrohlichen Situationen Hilfe zu leisten (hier hat der Erste-Hilfe-Gedanke seine Wurzeln), als auch um die Verfügbarkeit der dafür notwendigen Infrastruktur

---

323 NA, PG, Sign. 15b, Kart. 224, Prag, 28. 12. 1795, Gubernialauszug aus den monatlichen Polizeiberichten der Kreisämter vom Oktober 1795 mit Erinnerungen des Präsidiums, hier zum Bericht des Klattauer Kreisamtes.

324 Milliot, Vincent: ‚L'admirable police'. Tenir Paris au siècle des Lumières, Champ Vallons 2016, 181–197. Laut Milliot kannte das 18. Jahrhundert die moderne Vorstellung vom Risiko als einer künftigen Unsicherheit, die man auf sich nehmen sollte, nicht. Dieses wurde eher als Bedrohung für einen stabilen Gesellschaftszustand wahrgenommen. Milliot spielt damit implizit auf Foucaults zweierlei Auffassung von „gouvernementalité" an – eine ältere, „polizeiliche", die sowohl die Bevölkerung als auch die Wirtschaft reguliere, und eine neuere, „ökonomistische", die die polizeilichen Regelungen (z. B. von Preisen der Grundlebensmittel) lockern und die Gesellschaft den „Naturgesetzen" (z. B. der Konkurrenz, dem Überleben des Stärkeren) überlassen wolle; Foucault, Michel: Sécurité, territoire, population. Cours au Collège de France (1977–1978), Paris 2004, 319–340.

wie z. B. Feuerlöschgeräte, Mittel zur Wiederbelebung oder Vorkehrungen gegen vorzeitige Bestattungen. Als Adalbert Vinzenz Zarda, ein Vertreter der „Humanitären Gesellschaft", in Prag an der Moldau eine „Rettungsstation" für vom Tode bedrohte oder Scheintote, d. h. vor allem ertrinkende und ertrunkene Menschen, einrichtete, unterstützte die Stadthauptmannschaft das Gubernium in den Jahren 1805–1810 dabei, Informationen über Fälle von Lebensrettung im ganzen Land und den Bedarf an solchen Einrichtungen in den Nachbarländern zu sammeln.[325] Der Schnittpunkt zwischen der „verhindernden" und der „stimulierenden" Rolle der Polizei bestand darin, die Bevölkerung dazu zu motivieren Leben zu retten oder Unglücksfälle zu verhindern, indem Retter belohnt und ihre „menschenfreundlichen" Taten öffentlich ausgezeichnet wurden. So sprach das Rakonitzer Kreisamt im August 1793 einem Velvarer Bürger, der einen Brand in seinem Haus mit einer Handspritze löschte, und einem Chirurgen, der vom Blitz getroffene Kinder rettete, das Lob des Gubernialpräsidenten aus, da „es jeder Gemeinde daran gelegen seÿn muß, selbe nicht allein aufrecht zu erhalten, sondern ihr auch durch verdienten beifall öffentlich Gerechtigkeit widerfahren zu lassen".[326] „Zur Aufmunterung Anderer für belobungswürdige Thaten" sollte das Bunzlauer Kreisamt 1798 die „edle Handlung" des Bauern Anton Kirschner und seiner Verwandten aus Hennersdorf/Dubnice in der Herrschaft Wartenberg/Stráž pod Ralskem öffentlich machen. Kirschner hatte ein von seiner Tochter gefundenes, abgelegtes Neugeborenes in seinen Haushalt aufgenommen, es taufen lassen und ihm seine Schwägerin als Amme gegeben. Deren Mann hatte zudem die von der Gemeinde und dem Armenhaus angebotene Hilfe mit der Begründung abgelehnt, er werde seinen Lohn von Gott erhalten.[327]

Der Polizeibericht und die Behörden stellten Kirschners „menschenfreundliches" Handeln als vorbildlich dar; auf ähnliche Weise wurden andere Fälle präsentiert, in

---

325 NA, ČG-Publ, Sign. 53/5, Kart. 5102, Verhandlung über die Errichtung einer „Rettungsanstalt" sowie Berichte von Lebensrettungen aus den böhmischen Kreisen. Diese Quellen erwähnen weder Hlaváčková, Ludmila: Vltava a záchrana zdánlivě mrtvých [Die Moldau und die Rettung von Scheintoten], in: Fejtová, Olga/Ledvinka, Václav/Pešek, Jiří (Hg.): Města a voda. Praha, město u vody, Praha 2005, 433–437, noch Grubhoffer, Václav: Zdánlivá smrt. Noční můra osvícenské Evropy [Scheintod. Der Alptraum des aufklärerischen Europas], Polička 2018. Zu Zarda, seiner Gesellschaft und seinem Mäzen, dem mährischen Grafen Leopold Berchtold, auch Tinková, Daniela: Zákeřná mefitis. Zdravotní policie a veřejná hygiena v pozdně osvícenských Čechách [Heimtückische Mefitis. Gesundheitspolizei und öffentliche Hygiene im Böhmen der Spätaufklärung], Praha 2012, 172–179.

326 NA, PG, Sign. 15b, Kart. 222, Prag, 30. 8. 1793, präsidiale „Erinnerungen" zu den kreisamtlichen Polizeiberichten vom Februar 1793. Weiter Kart. 224, Prag, 10. 5. 1795, guberniale „Erinnerungen" zu den kreisamtlichen Polizeiberichten vom Februar 1795, das Kreisamt solle Joseph Smitschek aus Pilsen, der die Magd Mariana Andraschkin vor Ertrinken im Fluss rettete, Lob und Anerkennung aussprechen.

327 NA, PG, Sign. 15b, Kart. 225, Prag, 25. 10. 1798, präsidiale „Erinnerungen" zu den kreisamtlichen Polizeiberichten vom Juli 1798; über Kirschners Schwager heißt es dort: „[…] auch ihr Mann billigte diese Einwilligung, und veredelte selbe noch so, daß er die ihm von der Gemeinde und Armenanstalt angebothene Aushilfe mit den Worten ausschlug: Er wolle seinen Lohn von Gott erwarten."

denen Leben, Gesundheit oder Eigentum gerettet wurden. Grundsätzlich waren allerdings alle Menschen zum Ergreifen sofortiger Rettungsmaßnahmen verpflichtet und für die „fachkundige" Einschätzung des Gefahrenpotenzials von Situationen und die entsprechenden vorbeugenden Maßnahmen waren nicht nur bezahlte oder ehrenamtliche Beamte zuständig, sondern etwa auch Zunftvorsteher, Dorfrichter oder Familienoberhäupter. Und nicht nur amtliche Texte im engeren Sinne enthielten Vorbilder und Anleitungen zum richtigen Handeln, sondern auch populäre Druckerzeugnisse oder Zeitungen. Da man davon ausging, dass sich die Fälle von Lebensrettung häufen würden, wurde spätestens 1782 nicht nur offiziell festgelegt, dass diese zu belohnen seien, sondern auch die Kriterien dafür.[328] Insgesamt handelte der als „Menschenfreund" bezeichnete bzw. als „Retter" agierende Bürger zumindest theoretisch im Sinne des staatlichen Sicherheitsdispositivs, also als Bürger, der die Forderung nach Aufmerksamkeit, Voraussicht und aktiver Hilfeleistung gewissermaßen verinnerlicht hatte. Auch als Nichtbeamter sollte er also diese Eigenschaften und Fähigkeiten besitzen, die im Grunde Beamteneigenschaften waren. Die wiederholten Vorwürfe des Gubernialpräsidiums gegenüber den Kreisämtern und lokalen Behörden zeigen jedoch, dass bei weitem nicht einmal alle Beamten diese Eigenschaften – Aufmerksamkeit und Voraussicht – besaßen. Als am 12. März 1796 ein unbekannter Täter die Köchin des Dekans von Mühlhausen/Milevsko überfiel, vermerkte das Taborer Kreisamt dies zwar in seinem regelmäßigen Polizeibericht, unternahm aber offenbar nichts, um – etwa durch die Verbreitung einer Personenbeschreibung im Kreis – den flüchtigen Vergewaltiger ausfindig zu machen. Auch aus der Tatsache, dass die Taborer Polizeiberichte zumeist „negativ" waren, schloss das Gubernialpräsidium, dass das dortige Kreisamt die Einhaltung der polizeilichen Maßnahmen nicht kontinuierlich so überwachte, wie es der „Amtsunterricht" von 1789 vorsah, und somit nicht nach dem Grundsatz handelte „eher allen möglichen Unglückfällen vorzubeugen, als erst bey Ereignis eines widrigen Zufalls in Aktivität gesetzet zu werden".[329] Daher legte das Gubernium dem Kreisamt nahe, in Zukunft in polizeilichen Angelegenheiten aktiv und rasch zu handeln.

Auch gegenüber anderen Amtshandlungen des Taborer Kreisamts und den daraus resultierenden Dokumenten gab es Vorbehalte. Die Reaktionen des Guberniums auf die Kreisbereisungen – also auf die andere Möglichkeit, wie sich das Zentrum einen

---

328 Hudeček: „Obecný lid"/2016, 61–64.

329 NA. PG, Sign. 15b, Kart. 225, Prag, 12. 5. 1796, präsidiale „Erinnerungen" zum Polizeibericht des Taborer Kreisamts vom März 1796: „[…] so gewinnet es das Ansehen, daß von demselben nur dann erst auf die Aufrechthaltung der Polizeyanstalten ein aufmerksames Auge gerichtet werde, wenn ein derley grosses Verbrechen an dasselbe einberichtet wird, ohne durch Überfälle, oder geflissentliche Nachforschungen sich zu überzeugen, ob auch so, wie es in dem Amtsberichte vom 23. Nov. 1789 befohlen ist, im Kreise gehörige Rücksicht auf Polizeygegenstände genommen, und nach dem Hauptgrundsatze vorgegangen werde, eher allen möglichen Unglückfällen vorzubeugen, als erst bey Ereignis eines widrigen Zufalls in Aktivität gesetzet zu werden".

Einblick in den Zustand der Verwaltung und der Infrastruktur im Lande verschaffen konnte – zeigen, dass die Kommissare während der Kreisbereisungen zwar die lokalen Beamten auf Mängel – etwa bei der Kennzeichnung von Häusern mit Nummern bzw. von Dörfern mit Namen, bei der Amtsführung von Stadträten oder beim Fortbestehen von Friedhöfen in Ortschaften – hinwiesen, dass sie sich aber abseits der Kreisbereisungen nicht sonderlich um die Beseitigung dieser Mängel kümmerten. Das Gubernium bemängelte die Kohärenz in der Berichterstattung: Meldete ein Kreisamt in einem Jahr Mängel, hätte es im Folgejahr automatisch über ihre Beseitigung oder ihr Fortbestehen referieren müssen.[330] Die zentrale Behörde des Landes versuchte die Kreisbeamten dazu zu bewegen, nicht abzuwarten, bis der Jahresbericht fällig war, sondern kontinuierlich[331] und aus eigenem Antrieb aktiv zu werden; angesichts der Mängel bei der Erfassung und Verwaltung des Vermögens von Waisen in Tábor sprach Graf Stampach von der Notwendigkeit einer „genaueste[n] Einsicht" in die Waisenangelegenheiten. Das Gubernium sollte eine aktive Amtsführung belohnen und beim weiteren beruflichen Aufstieg der Kommissare berücksichtigen – schließlich stellten die Kreise die erste Station der Beamtenlaufbahn dar.

Dem Taborer Kreishauptmann persönlich warf der Gubernialpräsident Formalismus vor: Er orientiere sich bei der Abfassung der Berichte über seine Kreisbereisungen zu sehr an dem nur als Leitfaden herausgegebenen gedruckten Muster – gemeint waren zweifellos die „Gegenstände" von 1783 – und verfehle damit den Zweck der Kreisinspektion, nämlich die Beseitigung lokaler Missstände. In seinem zusammenfassenden Bericht berücksichtige der Kreishauptmann nicht einmal die Vorschläge der ihm unterstellten Kommissare für lokale Teilverbesserungen, was den Anschein erwecke, er habe den Kreis nicht einmal selbst bereist. Daher habe der Hauptmann künftig unter anderem dafür zu sorgen, dass die Kommissare direkt bei den Ämtern jener Städte und Herrschaften, wo sie Mängel festgestellt hatten, Berichte darüber hinterlegten und sie von den lokalen Amtsvorstehern unterschreiben ließen.[332] Die doppelte Dokumentati-

---

330 SObA Třeboň, KÚ Tábor, Sign. 14/9, Kart. 85, Prag, 1. 12. 1796, guberniale Anmerkungen und Kommentare zu den Bereisungsberichten der Taborer Kreiskommissare und des Kreishauptmannes für das Jahr 1795 (unterzeichnet von Gubernialpräsident Stampach, Sachbearbeiter Kajetan von Blumencron): „Da aber in dem Kreisbereisungsberichte keine Erwähnung davon geschieht, ob diese angemessene Verfügung des k. Kreiskommissärs erfüllt, oder was sonst diesfalls etwa veranlasset worden sey, so wird dem k. Kreisamte hiemit eingebunden, auf die Befolgung des Angeordneten zu dringen, sich dessen auch persönlich zu überzeugen und in dem 1796ten Kreisbereisungsberichte die Anzeigen über diesen erledigten Gegenstand gleichfalls anher zu machen."

331 Zum ununterbrochenen Informationsfluss als einem charakteristischen Zug der modernen Staatsverwaltung vgl. Becker, Peter: Beschreiben, Klassifizieren, Verarbeiten. Zur Bevölkerungsbeschreibung aus kulturwissenschaftlicher Sicht, in: Brendecke, Arndt/Friedrich, Marcus/Friedrich, Susanne (Hg.): Information in der Frühen Neuzeit. Status, Bestände, Strategien, Berlin 2008, 393–419, hier 399.

332 Stampach zufolge sollte dieses Abzeichnen auch die Kenntnisnahme der veröffentlichten Amtsanordnungen garantieren: „[…] daß nämlich nach jeder bei den Amtstägen oder bei Versammlungen der

on, sowohl vor Ort als auch im Kreisamt, sollte die Kontinuität und Einheitlichkeit der Aufsicht gewährleisten. Bei den Inspektionen sollte der Kreishauptmann überprüfen, wie die Vorschläge der Kommissare der einzelnen Bezirke umgesetzt wurden, und den Kommissaren ein Feedback geben. Eine solche „gemeinnitzige Wirkung" dieser Inspektionen „für den Wohlstand des Kreises", so schloss der Regierungspräsident, könne nur erreicht werden, wenn sich die Beamten bei ihrer (Inspektions-)Tätigkeit nicht sklavisch auf die Fragen aus dem gedruckten Handbuch und unbedeutende Allgemeinheiten beschränkten, sondern sich auf die vollständige Beseitigung der größten Mängel konzentrierten.[333]

Die Welt im Blick der Behörden

1796 war es offensichtlich nicht mehr ausreichend, sich an das 1783 herausgegebene Handbuch für Kreisbereisungen oder gar an die eingangs erwähnten Musterantworten zu halten. Allerdings war das Taborer Kreisamt vermutlich keine Ausnahme – nicht nur mit seiner etwas laxen Handhabung der Kreisbereisungen, sondern auch hinsichtlich der monatlichen Polizeiberichte, für die es nach deren Einführung 1790 zumindest anfangs kein Muster gab. Da sie uns als Quelle für die Präventivmaßnahmen der Polizei und der Staatsverwaltung dienen, wollen wir abschließend genauer auf sie eingehen. Die monatlichen Kreispolizeiberichte waren im Wesentlichen Zusammenfassungen der „Teilberichte" der Städte und der Wirtschaftsämter der Herrschaften. Diese regelmäßige Berichterstattung zielte darauf ab, die Magistrate und herrschaftlichen Beamten aktiv und wachsam zu halten. Spätestens ab 1793 sollten die Kreise ihren Teilberichten eigene zusammenfassende „Einbegleitungsberichte" beifügen, wie dies bereits bei den Jahresberichten über die Bereisungen der einzelnen Bezirke durch die Kreiskommissare geschah. Eine fortlaufende Nummerierung der Teilberichte anhand einer „arithmetischen Zahlenreihe" entsprechend einer Liste aller Städte, die der Kreis dem Gubernium vorlegte, sollte helfen den Überblick zu bewahren.[334] Die zentrale Landesbehörde über-

---

Bürger auf dem Rathhause geschehenen Kundmachung der Verordnungen solche durch die Unterschrift der Richter, Geschwornen und respective mehrerer Bürger bestätiget werde"; SObA Třeboň, KÚ Tábor, Sign. 14/9, Kart. 85, Prag, 1. 12. 1796, guberniale Anmerkungen und Kommentare zu den Bereisungsberichten der Taborer Kreiskommissare und des Kreishauptmannes für das Jahr 1795 (unterzeichnet vom Gubernialpräsidenten Stampach, Sachbearbeiter Kajetan von Blumencron).

333 Ebd., „[…] damit man nicht beschränkt auf die in dem Leitfaden enthaltene Fragstücke, somit öfters auf geringfügige Allgemeinheiten, sondern wesentlich auf die vollkommene Behebung eines oder des andern Gebrechens, welches auffallend wäre, beharre, und erst sodann zur Verbesserung der noch übrigen Mängel von Zeit zu Zeit schreite, massen hierdurch nur eine für den Wohlstand des Kreises gemeinnitzige Wirkung erzielet werden kann".

334 SObA Třeboň, KÚ Tábor, Sign. Publ 16, Kart. 90, Prag, 27. 9. 1793, guberniale Verordnung an das Taborer Kreisamt zur Form und Einsendung der monatlichen Teil- und Kreispolizeiberichte (unterzeichnet vom

blickte somit die Tätigkeit der örtlichen Polizeibeamten, wie die Kreisämter mit den Berichten aus den Städten verfuhren und insbesondere, wie sie als Kontroll- und Berufungsinstanz die in den Städten und Herrschaften für polizeiliche Delikte verhängten Strafen auswerteten.

Dabei sollten nicht nur die Teilberichte aus den Städten der einzelnen Kreise durchnummeriert werden. Die Magistrats- und Polizeibeamten sollten auch die einzelnen „Polizeifälle" getrennt voneinander darstellen und nummerieren. Sodann sollte sich das Kreisamt in der linken, leeren Spalte der einzelnen Berichte dazu äußern, und zwar entweder mit einem Vorschlag zu ihrer Erledigung oder mit Informationen über bereits ergriffene Maßnahmen, und so dem Gubernium die Kontrolle seiner eigenen Aktivitäten ermöglichen. Als das Gubernium im Sommer 1805 diese Verbesserung der Berichtspraxis anordnete, beklagte es aber auch, dass aus vielen Städten immer noch Meldungen einträfen, denen zufolge in einem bestimmten Monat gar keine Polizeifälle vorgekommen seien, was die Regierung für unwahrscheinlich hielt.[335]

In Prag, das selbst keinem Kreis angehörte, wurde die Rolle des Kreisamtes in gewissem Maße von der Polizeidirektion wahrgenommen, die in ihrer Eigenschaft als Prager Ordnungsorgan seit 1794 auch als Stadthauptmannschaft bezeichnet wurde. Diese übermittelte der Landesregierung keine speziellen Polizeiberichte, sondern nur ein amtsinternes Protokoll der gemeldeten Übertretungen. Das Gubernium verfügte jedoch auch über die Berichte der Wachleute und konnte so die Polizeidirektion kontrollieren, deren Tätigkeit sie in der zweiten Aprilhälfte 1794 zunehmend kritisierte: Der Eintrag Nr. 895 über Anna Semankins Beschimpfung eines Polizeisoldaten, den das Protokoll aus „Paragraph 12" des Berichts der Wache vom 27. April übernahm, befand sich tatsächlich unter der Nr. 12, aber im Bericht vom 25.–26. April. Derselbe Bericht enthielt Informationen über den Bierausschank in zwei Neustädter Häusern zu später Stunde, der jedoch im Protokoll auf den 28. April datiert war. Die von der Wache für die Nacht vom 26. auf den 27. April gemeldete Verhaftung von Thomas Ribak wegen einer unbezahlten Rechnung und die Trunkenheit weiterer Personen

---

Gubernialpräsidenten Prokop Lažanský); als Konzept auch im NA, PG, Sign. 15b, Kart. 222. Mit Hinweis auf den „Amtsunterricht" kritisierte das Gubernium unter anderem die unregelmäßige Einsendung von Teilberichten: „um [...] die Magistrate in ununterbrochener Thätigkeit zu erhalten, jeder Magistrat über die in der Munizipalstadt, oder im Markte wovon er Obrigkeit ist, vorgekommenen wichtigeren Vorfälle dem k. Kreisamte monatlich Bericht zu erstatten, dieses aber die Partikular Berichte mit seinen Anmerkungen ebenfalls monatlich an das Landespräsidium einzubegleiten habe". Die Tatsache, dass das Gubernium die Stadträte der formal immer noch den Herrschaften unterworfenen Städte als deren „Obrigkeiten" bezeichnete, weist auf ein gewisses Emanzipationspotenzial hin, das die Reform (sogenannte „Regulation") der Magistrate mit sich brachte; Urfus, Valentin: Josefínský osvícenský absolutismus, jeho reformy a regulace magistrátů [Der josephinische aufgeklärte Absolutismus, seine Reformen und die Regulation der Magistrate], in: Documenta pragensia 4 (1984), 322–329, hier 326.

335 NA, PG, Sign. 15b, Kart. 230, Prag, 19. 8. 1805, Anweisung des Gubernialpräsidenten zur Form der Polizeiberichte (Konzept).

waren im Protokoll ebenfalls unter dem 28. April vermerkt. Die Verantwortung für die „vielfältigen Unrichtigkeiten" im Protokoll wurde vom Gubernialpräsidium einem „unzuverlässigen Beamten" zugeschrieben, den die Stadthauptmannschaft zu „besserer Aufmerksamkeit und ordentlicher Amtirung" anhalten sollte.[336]

Wie die andere Bezeichnung – „Polizeidirektion" – zum Ausdruck bringt, kam der Prager Stadthauptmannschaft in der polizeilichen Berichterstattung noch eine weitere Rolle zu: die polizeilichen Berichte der anderen Kreise aus landesweiter Perspektive zu kommentieren. Zunächst war sie neben dem Appellationsgericht oder dem Landesmilitärkommando wohl nur eines der Gremien, die die Grundlage für die endgültigen Stellungnahmen lieferten, die beim Gubernium von speziellen Kreisreferenten vorbereitet und dann im Namen des Präsidenten in die Kreise versandt wurden.[337] Allmählich, spätestens ab 1808, wurden ihre Stellungnahmen jedoch für die Meinung des Präsidiums entscheidend. Die Referenten bzw. der Gubernialpräsident selbst übernahmen in ihren „Erinnerungen" oft die Kritik der Polizeidirektion, so z. B. im Februar 1808, als sie den Pilsner Kreis und weitere Kreise dafür kritisierten, dass die Berichte von den Polizeiwachleuten und nicht von Repräsentanten der Stadträte unterzeichnet worden waren.[338] Nach seiner Veröffentlichung 1803/1804 wurde das neue Strafgesetzbuch Maßstab für die Schwere von Fällen, was nicht ohne Verwirrung abging. Die Polizeidirektion bewertete in ihren Stellungnahmen zu den Kreisberichten auch, ob die Übertretungen darin richtig qualifiziert und ihre Umstände richtig erfasst worden waren, d. h. ob es sich um Erstdelikte handelte, wer sie anzeigte oder ob sie untersucht wurden.[339] Sie äußerte sich aber auch über zu Unrecht verhängte Sanktionen wegen Mängeln bei der Qualität oder dem Gewicht verkaufter Lebensmittel.

Aus behördlicher Sicht waren ebenfalls weniger schwerwiegende Fälle wichtig, die aus der Sicht des Strafgesetzbuches irrelevant waren. So machte der Stadthauptmann Kolowrat Ende 1808 das Gubernialpräsidium darauf aufmerksam, dass das Berauner Kreisamt die Vorschriften des Guberniums widersinnig interpretiere und die untergeordneten Ämter der Herrschaften und Städte auffordere, diese weniger wichtigen

---

336 NA, PG, Sign. 15c, Kart. 235, Prag, 6. 5. 1794, „Erinnerungen" des Gubernialpräsidenten zum Geschäftsprotokoll der Prager Stadthauptmannschaft für die Zeit vom 16. bis 30. April 1794 (Konzept).

337 Im Jahre 1800 kritisierte der Gubernialpräsident die Polizeidirektion dafür, dass sie viel zu viel Zeit brauche, um zu den Berichten Stellung zu nehmen und setzte hierfür eine Frist von zwei Wochen fest. Erst danach reagierte das Gubernium auf die Berichte; NA, PG, Sign. 15b, Kart. 226, Prag, 7. 6. 1800, guberniale „Erinnerungen" zu den Polizeiberichten vom Januar 1800.

338 NA, PG, Sign. 15b 8, Kart. 503, Kritikpunkt des Kommissars Melchers vom 24. 12. 1807 an den Polizeiberichten der Kreise vom November 1807; das Präsidialdekret vom 3. 2. 1808.

339 Siehe z. B. NA, PG, Sign. 15b 8, Kart. 503, Prag, 20. 10. 1808, für das Gubernialpräsidium bestimmte Stellungnahme des Polizeidirektors Kolowrat zum Polizeibericht des Leitmeritzer Kreises vom August 1808: „[…] fällt jener [Bericht] des Oberliebicher Oberamts am meisten auf, wo ad 4tum ein gar nicht in das Polizeyprotokoll gehöriger Gegenstand, ad 5tum ein offenbar unverständliches Factum aufgenommen worden ist".

Fälle in ihren Teilberichten ähnlich wie die schweren Polizeiübertretungen (im Sinne des Strafgesetzes), also nur summarisch zu erfassen; „allein aus eben diesen geringen Vorfällen werden wichtige Bemerkungen gesammelt". Diese Kritik aufgreifend, wies der Landeschef in seiner Antwort ausdrücklich auf die Fehlinterpretation des Gubernialdekrets vom 28. November 1807 hin, indem er anordnete, „daß der von einigen Obrigkeit[en] gemachte Unterschied zwischen wichtigen und minder wichtigen Vorfällen, und die hiernach bestimmte Wahl in der Aufnahme derselben künftig nicht weiter statt finden darf".[340] Damit wurde aber lediglich die zwei Jahre zuvor geäußerte guberniale Kritik wiederholt.

Mit dem erwähnten Erlass von Ende November 1807 scheint es dem Gubernium jedoch nicht gelungen zu sein, die Verwirrung der Beamten auf Ebene der Kreise und der Gemeinden darüber zu beseitigen, wie mit dem Strafgesetzbuch zu arbeiten sei und welche Fälle in die monatlichen Polizeiberichte aufgenommen werden sollten. In der Tat verstanden die Beamten die Anweisung nur mangelhaft und baten das Präsidium, Tabellen und Formulare einzuführen um mehr Klarheit zu schaffen. Das Präsidium lehnte dies ab und äußerte sich wenig schmeichelhaft über die bürokratischen und allgemeinen geistigen Fähigkeiten der Beamtenschaft: „Es ist sehr zu bedauern, daß es obrigk[eitliche] Beamte mit so beschränkter Bildung gibt, daß sie die Anwendung kurz zusammengefaßter ohnehin bekannter Grundsätze nicht zu ihre[n] Fähigkeiten zählen können. Indessen kann es nicht die Sache des Präsidiums seyn, sich in allgemeinen Verfügungen durch Rücksichten auf einzelne schwache Köpfe leiten zu lassen, und auf diese Art der Mehrzahl anstößig zu werden. [...] Die vorgeschlagenen Tabellen und Formulare haben ihren großen Vorteil, wo es sich um Ausweise in Ziffern und Zahlen handelt, in jedem andern Geschäftszweige führen sie zu nichts. Sie sind dem verständigen Denker überflüßig, wohl auch lästig, und dem schwachen oder unfleißigen Kopfe ein willkommener Leisten, unter dem er sich verbergen und über die Erfüllung seiner Bestimmung täuschen kann".[341]

Um die untergeordneten Dienststellen doch irgendwie zu unterstützen leitete das Gubernialpräsidium diese ziemlich harsche Kritik an der Fähigkeit der Beamten mit einem Mustermonatsbericht ein. Neben einer Zusammenfassung der schwerwiegenden polizeilichen Delikte (Diebstahl, Überschreitung des Höchstpreises für Lebensmittel und Missachtung des Schubs) enthielt sie auch fünf detaillierte Beispiele für weniger schwerwiegende polizeiliche Fälle und wie die Behörden in diesen Fällen vorgehen sollten. Diese waren (1) ein schadhafter Schornstein, (2) das Stören von Gottesdiensten, (3) die Zunahme der Bettelei auf den Straßen, (4) Reisende ohne Reisepass und (5) Brotmangel. Gleichzeitig wies das Gubernium didaktisch darauf hin, welche Arten von

---

340 NA, PG, Sign. 15b 8, Kart. 503, Prag, 14. 12. 1808, für das Gubernialpräsidium bestimmter Kommentar des Prager Stadthauptmanns Kolowrat zu Polizeiberichten des Berauner Kreises vom Oktober des Jahres; Prag, 28. 1. 1809, präsidiale „Erinnerungen" zu selben Berichten (Konzept, unterzeichnet von Herget).

341 NA, PG, Sign. 15b 8, Kart. 503, Prag, 11. 6. 1808, Gubernialpräsident an Kreishauptleute.

Polizei, die in der Verordnung von Ende November des Vorjahres aufgelistet waren, diese Beispiele repräsentieren sollten: Ein kaputter Schornstein, der herabfallende Steine und Brände zur Folge haben konnte, fiel unter die Sicherheitspolizei; Unordnung im Gottesdienst unter die Religions- und Sittenpolizei, Bettelei und Reisende ohne Pass betrafen die polizeiliche Überwachung verdächtiger in- und ausländischer Personen und Brotmangel fiel schließlich unter die Verwaltungspolizei bzw. die zu ihr gehörige Marktpolizei.

Im Musterbericht wurde das ideale Vorgehen der Behörden in fiktiven Berichten zu den jeweiligen Punkten festgehalten. Im hypothetischen (aber in der Tat recht häufigen) Fall eines schadhaften Schornsteins forderten die lokalen Behörden den Eigentümer auf, diesen zu reparieren, und das Kreisamt sollte sie in dem Bericht an die folgende Kontrolle erinnern. Auch den Fall der Störung des Gottesdienstes untersuchten die lokalen Behörden selbst: Sie stellten fest, dass er von einer Person verursacht worden war, die sich gewaltsam in eine überfüllte Kirche gedrängt hatte, luden sie vor und entließen sie nach einer strengen Verwarnung wieder. Auch im dritten Punkt des Beispiels handelten die Beamten vor Ort autonom auf der Grundlage der bisherigen Regelungen: Sie ordneten an, die Bettler einzufangen um sie zu verhören, die Einheimischen und Arbeitsfähigen zur Arbeit zu zwingen, die „wirklich Armen" ins Armenhaus zu schicken und die Fremden an ihren Geburtsort abzuschieben. Drohte Brotknappheit, so kontrollierten die Beamten die Vorräte der Bäcker vor Ort und veranlassten sie dazu ausreichend zu backen. Nur in diesem Punkt bemängelte das fiktive Kreisamt, dass die lokalen Behörden fahrlässige Bäcker nicht unmittelbar nach dem Gesetz bestraften (wie wir im Kapitel 4 sehen werden, war der Gubernialpräsident höchstpersönlich während der Brotknappheit von 1805 ein aktives Vorbild für die Beamten, da er die Prager Bäckereien direkt beaufsichtigte).

Im letzten exemplarischen Fall meldete der Gastwirt N. N., dass sich ein verdächtiger passloser Reisender bei ihm aufhalte. Die örtlichen Behörden befragten den Gast umgehend und fanden heraus, dass sein Name N. N. sei, er aus N. N. stamme und auf einer Geschäftsreise von N. nach N. sei. Da er jedoch – das Gubernium entwickelte den Fall in einer didaktisch sinnvollen Richtung weiter – der Beschreibung des gesuchten N. N. ähnelte und er auch andere Fragen nicht zufriedenstellend beantwortete, wurde er in Gewahrsam genommen und die ganze Angelegenheit dem Kreisamt gemeldet.[342]

Wie man sieht, war der Musterpolizeibericht von 1808 aufschlussreich, wenn auch auf andere Weise als der eingangs zitierte Musterkreisbereisungsbericht von 1783/ 1784. Die Ursachen von Verstößen gegen gesellschaftliche Normen wurden nicht im Voraus bestimmten Akteuren zugeschrieben, sondern es wurden lediglich Arten von Verstößen aufgezählt und die Aufmerksamkeit der Behörden auf sie gelenkt. Obwohl der

---

342 NA, PG, Sign. 15b 8, Kart. 503, Prag, 11. 8. 1808, Nr. 3396, Muster des monatlichen Polizeiberichts als Beilage der Gubernialverordnung an alle Kreise.

Musterpolizeibericht über die Kreisämter an alle örtlichen Polizeiämter gesendet werden sollte, beklagte sich Polizeidirektor Peter von Mertens am 22. November 1810 erneut darüber, dass die meisten Kreisämter entweder nur negative Berichte einreichten oder die Ortsobrigkeiten nur Unwesentliches darin erwähnten. In einigen Kreisen wurden also offensichtlich die Gubernialdekrete zur Form der Berichte vom 28. November 1807 und 11. Juni 1808 nicht eingehalten. Mertens erinnerte daher an einen zwei Jahre alten Vorschlag der Stadthauptmannschaft, eine gedruckte Instruktion über die polizeilichen Maßnahmen und die Berichterstattung herauszugeben.[343] Das Gubernialpräsidium war jedoch anderer Meinung und beschloss lediglich die beiden vorausgegangenen Dekrete erneut zu veröffentlichen, da sie angeblich schon alles Notwendige enthielten.[344]

Mertens, neu im Amt und in Prag, kannte entweder die bisherige Linie des Guberniums nicht, nach der auch an und für sich Unwichtiges für die allgemeine Beobachtung von Bedeutung war, oder es herrschte – was wahrscheinlicher ist – unter den Beamten kein allgemeines Einvernehmen darüber, welche Fälle zwar an sich unwichtig waren, aber erfasst werden sollten, weil sie bei häufigerem Auftreten zu einer allgemeinen Regelung Anlass geben konnten, und welche Fälle wirklich unwichtig – im Sinne von nicht verallgemeinerbar – waren. Es scheint, als hätten die mehr als fünfzehn Jahre seit der Einführung der Polizeiberichte und die ständigen Rückmeldungen, die die lokalen, oft unprofessionellen Polizeibeamten erhalten hatten, nicht ausgereicht, um die Form und die Methodik der Berichterstattung zu vereinheitlichen. Konnten sich die Beamten zusätzlich zu den monatlichen „Erinnerungen" der Zentrale und des Kreises auf andere, normativere Definitionen von Polizeifällen stützten?

„Polizeifälle" im engeren Sinne waren alle Handlungen und Situationen, die durch die Prager Polizeiordnung vom April 1787 und den „Amtsunterricht" für die Munizipalstädte vom November 1789 sowie die gelegentlich daraus abgeleiteten niedrigeren Normen (negativ) definiert wurden. Diese Anordnungen und Instruktionen stellten eine Art Erweiterung des josephinischen Strafgesetzbuches dar, das bereits selbst neben schwereren Kriminaldelikten auch leichtere „politische" Delikte einführte.[345] In der

343 NA, PG, Sign. 15b 8, Kart. 503, Prag, 22. 11. 1808, Anmerkungen des Stadthauptmanns von Mertens zu den Kreispolizeiberichten, „Vorschlag wegen Entwurf und Drucklegung einer eigenen Instruktion für die Obrigkeiten zur Übersicht des Polizeÿgeschäfts und der hiernach zu erstattenden Berichte".

344 NA, PG, Sign. 15b 8, Kart. 503, Prag, 13. 12. 1810, Gubernialpräsidium an die Kreise und die Stadthauptmannschaft (Konzept).

345 Tinková, Daniela: Zločin a trest na prahu občanské společnosti. Zrození „osvícené" kriminální politiky v habsburské monarchii (cca 1780–1852) [Verbrechen und Strafe an der Schwelle der bürgerlichen Gesellschaft. Die Geburt der „aufgeklärten" Kriminalpolitik in der Habsburgermonarchie (ca. 1780–1852)], in: Peisertová, Lucie/Petrbok, Václav/Randák, Jan (Hg.): Zločin a trest v české kultuře 19. století, Praha 2011, 9–18, hier 11. Die Bezeichnung der leichteren Straftaten als „Polizeyverbrechen" ist im Fall des josephinischen Strafgesetzbuches von 1787 nicht ganz zutreffend; in der deutschen sowie tschechischen Version des Strafgesetzbuches selbst ist von „politischen" Taten die Rede, auch wenn damit nicht die gegen den Staat, dessen Vertreter oder die Verfassung gerichtete Taten gemeint sind. Der Ausdruck

Praxis waren jedoch, zumindest anfangs, die Unterscheidung zwischen „politischen"
Delikten nach dem Gesetzbuch und polizeilichen Delikten nach diesen niedriger angesiedelten Normen sowie das behördliche Verfahren und die möglichen Sanktionen nicht
immer klar. So beurteilte ein Turnauer Polizeibeamter nach Angaben des Guberniums
einen Fall vom November 1792, in dem die Witwe Katharina Rossinn willkürlich einen
Nachttopf auf eine auf der Straße gehende Dienerin eines Bürgers entleerte, fälschlich als
„Polizeÿverbrechen" im Sinne der niederen Normen und verurteilte die Witwe zusätzlich
zu dreimal 24 Stunden Gefängnis auch zur Zahlung von drei Schock an die Geschädigte.
Da es sich jedoch um eine vorsätzliche Handlung handelte, war nicht Artikel 6 der
Prager Polizeiordnung, der die Verschmutzung der Straßen behandelte, anzuwenden,
sondern die §§ 59 und 60 des zweiten Teiles des Strafgesetzbuches, die öffentliche Gewalt
als „politische Straftat" verfolgten. Dies war eine recht weit gefasste Auslegung, da die
genannten Abschnitte des Strafgesetzbuchs eigentlich dem „Muthwillen" und solchen
Gewalttätigkeiten galten, die sich in erster Linie gegen Obrigkeiten und Beamte richteten. Für die Witwe Rossinn bedeutete es jedoch faktisch eine Strafmilderung, da darin
keine Rede von einer Entschädigung war und sie diese also zurückerhalten sollte.[346]
Bei der Unterscheidung zwischen „politischen" und „polizeilichen" Delikten war sich
auch das Bidschower Kreisamt zunächst im Unklaren, allerdings nicht, was den Inhalt
betraf, sondern hinsichtlich des Verfahrens. In beiden Fällen waren in erster Instanz die
örtlichen Magistrate zuständig. Während deren Entscheidungen aber bei „politischen",
leichteren Straftaten nach dem Gesetzbuch beim Gubernium angefochten werden konnten, war bei „polizeilichen" Verwaltungsdelikten das Kreisamt die Berufungsinstanz.[347]
Die Verwirrung rührte daher, dass polizeiliche Übertretungen eigentlich von den „politischen" Instanzen, wie die Herrschaften, Magistrate und Kreisämter genannt wurden,
behandelt werden sollten, dies aber offenbar noch nicht zur gängigen Praxis geworden
war. Während also 1792 oder 1793 ein als „polizeiliches" Delikt bezeichnetes Verhalten für das josephinische Strafgesetzbuch von 1787 zu geringfügig war, definierte das
nachfolgende Strafgesetzbuch von 1803 in seinem zweiten Teil neben den schwersten
„Verbrechen" ausdrücklich auch „schwere Polizey-Übertretungen", die so die bisherigen
„politischen" Delikte im Gesetzbuch ersetzten. Ironischerweise stellte die Einführung
des neuen Strafgesetzbuchs jedoch die Zuständigkeit der Polizei für die Untersuchung
der schweren Polizeiübertretungen in Frage, da für diese laut dem Gesetzeswortlaut

---

„politisch"/ „politický" kann zu dieser Zeit eben als polizeilich, also weniger schwerwiegend übersetzt
werden.

346 NA, PG, Sign. 15b, Kart. 222, Prag, 7. 2. 1793, präsidiale „Erinnerungen" zum Polizeibericht des Bunzlauer
Kreises vom November 1792. Auf die Notwendigkeit zwischen „Judicialgegenständen" und „Polizeige-
brechen" zu unterscheiden, wies das Präsidium des Guberniums auch in anderen Fällen hin.

347 NA, PG, Sign. 15b, Kart. 222, Prag, 27. 9. 1793, präsidiale „Erinnerungen" zum Polizeibericht des
Bidschower Kreises vom Oktober 1792.

die gerichtliche „politische Obrigkeit" vor Ort zuständig war.[348] In Prag war dies der Magistrat und so kam es auch zwischen diesem und der Stadthauptmannschaft gleich zu Jahresanfang 1804 zu Kompetenzstreitigkeiten. Die Tatsache, dass die Polizei einen Verlust von Perlen im Wert von 250 Gulden selbst untersuchte, führte nach Ansicht des Magistrats zu unnötigen Verzögerungen.[349] Auch bei der Suche nach anderen vermissten Gegenständen oder bei der Leichenbeschau sprach der Magistrat der Stadt-hauptmannschaft nun die Befugnis ab, selbst erste Untersuchungen durchzuführen, Spuren zu sichern oder Verhöre durchzuführen.[350] Die Landesregierung warnte jedoch in einem Bericht an den Präsidenten der Polizeihofstelle Sumerau, dass der völlige Ausschluss der Polizei von der unmittelbaren Untersuchung polizeilicher Delikte so-gar die Sicherheit von Personen und Gütern gefährden könne[351] – schließlich war die Polizei damals doch schon erfahrener und aktiver als der darauf nicht spezialisierte Magistrat. Die Zuständigkeitsstreitigkeiten hielten bis zum September 1806 an, als die Hofkanzlei in einem Erlass eine Liste schwerer Polizeiübertretungen erstellte, die in die Zuständigkeit der Polizei fielen.[352] Auf dem Land traten solche Konflikte nicht auf, weil dort die polizeilichen Aufgaben in die Zuständigkeit der „politischen" Obrigkeiten, d. h. der Magistrate in den Städten und der Herrschaftsverwaltungen auf dem Lande fielen. Deren Beamten untersuchten und verhandelten – mit bestimmten Ausnahmen – schwe-re polizeiliche Übertretungen nach dem StGB von 1803, wobei die Berufungsinstanz das Kreisamt war.[353] Offenbar blieben auch „leichtere" polizeiliche Delikte, die nach dem Strafgesetzbuch keiner besonderen Qualifikation bedurften, in der Zuständigkeit der städtischen und obrigkeitlichen Behörden (und in Prag der Polizei).

Im weiteren Sinne handelte es sich bei den Polizeifällen jedoch nicht nur um die Verletzung von Rechtsnormen, für die im Strafgesetzbuch, in der Polizeiordnung, im

---

348 Gesetzbuch über Verbrechen und schwere Polizey-Uibertretunbgen. 2. Teil, Wien 1803, 137, § 276: „Die Gerichtsbarkeit in Ansehung der schweren Polizey-Uibertretungen haben die politischen Obrigkeiten auszuüben."

349 NA, PŘ I., Inv. Nr. 853, Kart. 24, Nr. 2608, Prag, 11. 2. 1804, Brief des Magistrats an die Stadthaupt-mannschaft als Reaktion auf die polizeiliche Fahndung nach den verlorenen Perlen; ebd. auch „návěstí"/ Bekanntmachung der Stadthauptmannschaft vom 24. 1. 1804.

350 NA, PG, Sign. 15c, Kart. 237, Prag, 4. 2. 1804, Stadthauptmannschaftsverweser Chorinsky sucht beim Gubernium an, den Zuständigkeitsstreit zu klären.

351 NA, PG, Sign. 15c, Kart. 237, Prag, 10. 5. 1804, Anfrage des Guberniums beim Polizeiminister Sumerau (Konzept). Quellen zum weiteren Verlauf des Zuständigkeitsstreits vgl. ebd., Kart. 238.

352 NA, ČG-Publ, Sign. 53/1–2, Kart. 5102, Prag, 11. 11. 1806, Bürgermeister Steiner an das Gubernium (mit einem Kommentar des Stadthauptmanns Prokop Hartmann vom 12. 11.); Prag, 19. 12. 1806, das Gubernium an den Prager Magistrat.

353 Siehe Protokolle über die Prüfungen von Beamten aus den Herrschaften des Berauner Kreises aus dem Gesetz über schwere Polizeiübertretungen. Nachdem sie diese bestanden hatten, erhielten die Beamten das Recht (Richteramt) über diese Übertretungen zu urteilen; SObA Praha, KÚ Kouřim, Sign. Publ. 16, Kart. 4, Prüfung von Joseph Nechleba (Janowitz/Janovice) am 27. 3. 1813, von Franz Kahles (Zbiroh) am 14. 6. 1814 sowie von Franz Poliwka (Königsaal/Zbraslav) am 17. 6. 1814.

„Amtsunterricht" von 1789 oder in Gubernialdekreten Strafen vorgesehen waren. Im Grunde konnte alles, was „merkwürdig" war, ein Fall für die Polizei sein. Gegen Ende 1791 forderte Leopold II. die Regierungen der verschiedenen habsburgischen Länder auf, ihn allmonatlich über „merkwürdige Fälle" wie öffentliche Beschwerden, Naturkatastrophen, Krankheiten von Mensch und Vieh, die Entwicklung der Lebensmittelpreise, die Einhaltung von Vorschriften und die Errichtung von öffentlichen Gebäuden ebenso zu informieren wie über Todesfälle angesehener Personen und Beamter, die Ankunft bemerkenswerter Ausländer, Fälle, in denen Beamte und Herrschaften gut mit Untertanen umgegangen waren, neue Handelszweige und Fabriken oder Personen, die sich durch Talent, Geschicklichkeit, eifrigen Patriotismus oder nützliche Erfindungen ausgezeichnet hatten. Der Monarch wollte über alles informiert werden, was sich negativ oder positiv auf das Wohl des Landes auswirkte.[354] In Wien waren damit die Polizeidirektoren in den einzelnen Vierteln betraut, in Böhmen sollte der Gubernialpräsident auf Basis spezieller monatlicher Kreisamtsberichte dieser Aufgabe nachkommen.[355] In diesem „Spektrum merkwürdiger Dinge" spiegelt sich deutlich Sonnenfels' weit gefasstes Polizeikonzept wider, zu dem Leopold nach Pergens Rücktritt im Herbst 1791 eine Zeitlang zurückkehrte. Der Herrscher schrieb zwar nicht direkt vor, wie diese Sonderberichte aus den Städten und Kreisen auszusehen hätten, aber viele der von ihm genannten Bereiche oder Themen waren ohnehin Teil der regelmäßigen Berichte, unabhängig davon, wer die Geschicke der Polizei zentral lenkte.

Diese „Merkwürdigkeiten" waren jedoch nicht nur eine zufällige Ansammlung von Beobachtungen über das Land und seine Bevölkerung. Das Auswahlkriterium war ihre „Nützlichkeit" in den Augen des Herrschers, weshalb manchmal von einem absolutistischen Konzept die Rede ist, wenngleich die Auswahl keineswegs ein Ergebnis herrscherlicher Willkür war. Das Konzept des „Merkwürdigen" als Perspektive der frühen Statistik auf die Wirklichkeit wurde in Europa ab Mitte des 18. Jahrhunderts durch die Bücher der politischen Geographen Georg Achenwall und Friedrich Büsching über einzelne Länder und ihre Verfassung geprägt. Und tatsächlich ließ sich der habsburgische Gesandte Mercy-Argenteau in Paris in den 1770er-Jahren Büschings Werke zuschicken, um nach deren Anleitung die inneren Verhältnisse Frankreichs darzustellen. Derweil wandelte sich in der zweiten Hälfte des 18. Jahrhunderts das, was als „Staatsmerkwürdigkeit" galt: Kirchlich-religiöse Angaben traten in den Hintergrund und wurden durch Daten zu Bevölkerung und Wirtschaft ersetzt, aber auch prominente Persönlichkeiten fanden – wie bei Leopold II. zu sehen – weiterhin Beachtung.[356]

---

354 NÖLA St. Pölten, POD Wien, Kart. 1, Wien, 16. 12. 1791.

355 Laut Roubík: Počátky/1926, 115–116, handelte es sich bei diesen Unterlagen nicht um Zusammenfassungen der regelmäßigen monatlichen Polizeiberichte der einzelnen Städte und Herrschaften.

356 Bödecker: On the Origins/2001, 178–179; Bělina, Pavel: K počátkům statistiky v českých zemích (Působení Josefa Antonína Rieggera v Čechách) [Zu den Anfängen der Statistik in den böhmischen

So wird deutlich, dass die Kreisbereisungsprotokolle und später die statistischen Erhebungen in der alltäglichen Verwaltungspraxis Böhmens eher dauerhafte Phänomene und unveränderliche Infrastruktur wie Verkehrswege, Institutionen, aber auch den Bevölkerungsstand erfassten, während es in den polizeilichen Monatsberichten um die gesellschaftliche Dynamik ging, also um Fälle, in denen – grob gesagt – der ordnungsgemäße Zustand gestört war, oder um Möglichkeiten derlei Störungen zu beseitigen, ihnen vorzubeugen oder sonst einen wünschenswerten Zustand zu erreichen. Die Polizei bzw. die Verwaltung agierten dann sowohl gegen die Normverletzung und ihre Folgen (Sonnenfels' „hindernde Polizey") als auch präventiv und anregend („leitende Polizey"). Die Polizeiberichte erfassten sowohl Handlungen der Bevölkerung als auch Aktivitäten der (lokalen) Behörden und ihre Regelmäßigkeit ermöglichte es dem Zentrum theoretisch, den Fortgang von Ermittlungen oder behördlichen Maßnahmen quasi permanent zu beobachten (wobei allerdings zu berücksichtigen ist, dass die vom Präsidium kommentierten Berichte oft auch mit mehrmonatiger Verzögerung an die Kreise zurückgeschickt wurden). Selbst wenn in einem Kreis einen ganzen Monat lang keinerlei Verstoß gegen die Polizeivorschriften vorgekommen sein sollte, wie es z. B. das Taborer Kreisamt im Oktober 1795 behauptete, wollte das Gubernium in den Berichten auch erfahren, „was alldort auf eine gute, vollkommene und auszeichnende Art in Polizeiangelegenheiten veranlasset worden sey". Abgesehen davon, dass das Gubernium so zufrieden gestellt wurde, konnte der Kreis damit auch als Beispiel für andere dienen.[357] Und das Gubernium förderte die Initiative der Kreise nicht nur zum Schein. So wurde 1804 die vom Prachiner Kreisamt erstellte Tabelle für die Erfassung von Teilberichten als verbindliches Modell für alle Kreise verwendet.[358]

Kein Zweifel: An der Wende vom 18. zum 19. Jahrhundert sind wir Zeugen einer fortschreitenden Professionalisierung der Behörden, und zwar keineswegs nur in der Hauptstadt des Landes. Abzulesen ist das nicht nur daran, wie der Informationsaustausch zwischen den verschiedenen Verwaltungsebenen immer regelmäßiger und einheitlicher wurde, sondern auch an den Qualifikationsanforderungen an die Beamten (Studium der Rechtswissenschaften oder direkt der „Polizey-" oder „Kreiswissenschaften"). Ein weiterer Ausdruck der Professionalisierung ist die Ausdifferenzierung einer

---

Ländern (Das Wirken von Josef Anton Riegger in Böhmen)], in: Československý časopis historický [weiter ČsČH] 25 (1977), 63–85, hier 77.

357 NA, PG, Sign. 15b, Kart. 224, Prag, 28. 12. 1795, gubernialer Auszug aus den kreisamtlichen Polizeiberichten vom Oktober 1795 mit präsidialen „Erinnerungen", hier zum Bericht über den Taborer Kreis.

358 NA, PG, Sign. 15b, Kart. 229. Prag, 12. 3. 1804, guberniale „Erinnerungen" zum Bericht des Prachiner Kreisamtes vom Januar 1804, Information an die Prager Stadthauptmannschaft. Im Jahr darauf wurde diese Form der Weitergabe von Teilberichten wieder eingestellt; vgl. ebd., Kart. 231, Prag, 21. 3. 1806, „Erinnerungen" der Stadthauptmannschaft zu den kreisamtlichen Polizeiberichten (unterzeichnet von Prokop Hartmann): „[…] ungeachtet der sämtlichen Kreisämtern unterm 19ten August v. J. hochortiger Zahl 3400 zugekommenen Präsidialweisung, durch welche die Uibersichtstabellen aufgehoben wurden".

spezifisch-polizeilichen Agenda und die Schaffung spezialisierter polizeilicher Institutionen, zu denen es kommt, obwohl die einzigen bezahlten „Polizeibeamten" neben den Kreishauptleuten und -kommissaren nur die Polizeibeamten in der Landeshauptstadt und den Kreisstädten waren. Doch selbst die Kreisbeamten – ganz zu schweigen von den Polizeibeamten in den Städten und Herrschaften – verkörperten noch nicht alle Eigenschaften, die Joseph II. in seinem bekannten Hirtenbrief von 1783 forderte oder über die z. B. Peter Becker in Bezug auf die Kriminalisten des 19. Jahrhunderts schreibt (Disziplin, Hintanstellung von Eigeninteressen, Objektivität).[359] Auch weiterhin erhielten die Kreisämter und das Gubernium Berichte, dass in einer Stadt oder einer Herrschaft einen ganzen Monat lang aus polizeilicher Sicht nichts Wichtiges passiert wäre. Dennoch hatte sich – auch unter dem Einfluss der Französischen Revolution und der nachfolgenden Ereignisse – die administrative bzw. polizeiliche Praxis in einem Bereich erheblich verbessert: in der Kontrolle des Territoriums und der Identifizierung der Einwohner. Diesen soll daher das folgende Kapitel gewidmet sein.

---

359 Becker, Peter: Objective Distance and Intimate Knowledge: On the Structure of Criminalistic Observation and Description, in: Becker, Peter/Clark, William (Hg.): Little Tools of Knowledge. Historical Essays on Academic and Bureaucratic Practices, Ann Arbor 2001, 197–235, unter anderem 200–203.

3. Jedem seinen Platz geben

> Scarpia (galant): Das Weite wollt Ihr suchen?
> Tosca: Ja, für immer!
> Scarpia: Euer Wunsch sei Euch erfüllt.
> (Er geht zum Sekretär, beginnt zu schreiben,
> hält um Tosca zu fragen.)
> Und welchen Weg nehmt Ihr?
> Tosca: Den kürzesten!
> Scarpia: Civitavecchia?
> Tosca: Ja.
> Victorian Sardou – Luigi Illica –
> Giuseppe Giacosa – Giacomo Puccini, Tosca (1900)
> (dt.: Gudrun Meier)

Der Pass, den der gefürchtete römische Polizeichef Scarpia der Sängerin Floria Tosca und ihrem Freund, dem Maler und „Voltairianer" Cavaradossi ausstellt, wird ihnen am Ende nichts nützen. Die fingierte Hinrichtung Cavaradossis, für die Tosca mit ihrem Körper bezahlen soll, ist nur eine Finte Scarpias: Die Munition des Hinrichtungskommandos ist scharf. In dem Augenblick, als Tosca, den Leichnam des Malers vor Augen, dies begreift, betritt die Polizei die Bühne – man hat bereits herausgefunden, dass Tosca am Abend zuvor Scarpia getötet hat, ohne sich ihm hinzugeben, und ihm sodann den unterschriebenen Passierschein aus der Hand gerissen hat. Die Sängerin stürzt sich von den Zinnen der Engelsburg. Das Drama ist vorbei, alle drei Protagonisten tot.

Im Jahre 1900 hinderte den Librettisten nichts daran, einen Polizeidirektor als Ausgeburt des Bösen darzustellen, auch nicht die Zensur. Ähnlich wie auch Kommissar Javert in Hugos *Misérables* jagt Scarpia in dem Stück republikanische Revolutionäre und verkörpert somit inakzeptable Rückständigkeit und Unterdrückung. (Das Vorbild für Scarpia könnten Gerardo Curcio, genannt Sciarpa, oder Vincenzo Speziale gewesen sein, die an der harten Bestrafung der Anhänger der Römischen und der Neapolitanischen Republik 1799 und 1800 beteiligt waren.[1]) Als Polizeichef maßt sich Scarpia die Entscheidung über Leben und Tod der Verfolgten an, verfügt aber zugleich (sowohl im Drama als auch in der Zeit von dessen Aufführung) über die Macht sie zu retten – und ihnen einen Pass für eine sichere Abreise auszustellen. Hatte jedoch im Jahre 1800 ein solcher „Pass" in der Tat häufig die Form eines handgeschriebenen Blattes, das einmalig

---

1 Burton, Deborah: The Real Scarpia. Historical Sources for Tosca, in: The Opera Quarterly 10/2 (1993), 67–86.

und für eine konkrete Strecke (nach der Scarpia Tosca fragt) ausgegeben wurde, so wurden hundert Jahre später, sofern überhaupt ein Pass ausgestellt wurde, standardisierte, fälschungssichere Formulare verwendet, die unter anderem eine Beschreibung des Inhabers enthielten. Kurz nach 1900 begann der Siegeszug der Daktyloskopie, die die Personenbeschreibung als Identifikationsmittel ersetzte. Der Pass oder Passierschein, der für Tosca und Cavaradossi eine Garantie der Freiheit war, wurde im Laufe des 19. Jahrhunderts auch zum Instrument der Kontrolle der Bewegungen immer größerer Bevölkerungsgruppen und zwar ein so weit verbreitetes, dass es uns heute noch immer seltsam vorkommt, beim Überschreiten von Grenzen keinen Pass vorzuzeigen.

Unter den Personen auf den Meldezetteln vom 15. Juli 1806 erweckte ein gewisser Johann Prugger, Sprachlehrer aus Wien, die Aufmerksamkeit der Prager Polizeibeamten. Der Verdacht wuchs, als er, nachdem er zum Nachweis seiner Identität vorgeladen worden war, mitsamt der Frau, die ihn begleitete, seinen Aufenthaltsort wechselte und unter dem Namen Franz Moser ins Grüne Kreuz am Malteserplatz umzog. Auch von dort verschwand das Paar, wie der Polizeikommissar Hoch umgehend mitteilte, nach einer weiteren Aufforderung, seine Identität auszuweisen. Kurz darauf übergab Moser beim Blauen Stern seinen Koffer einem Kutscher, der diesen nach Berlin befördern sollte, und verließ dann selbst die Stadt.

Allerdings war die begonnene polizeiliche Ermittlung schneller als das Gepäckstück und so konnte das Grenzamt von Peterswald/Petrovice am 24. Juli den inkriminierten Koffer dingfest machen und nach Prag zurücksenden. Aus den darin gefundenen Dokumenten und Pässen wurde ersichtlich, dass der angebliche Sprachlehrer Joseph Huber (Hüber) in Wirklichkeit Priester war, ein ehemaliger Benediktiner aus dem aufgelösten bayerischen Kloster Wessobrunn, zuletzt ansässig in Salzburg, und dass ihn mit seiner Begleiterin, einer gewissen Babette Zechmayer aus München, ein Liebesverhältnis verband. Die beiden beabsichtigten, nach Berlin zu fliehen. Die Prager Polizei verständigte darüber sowohl die Grenzstation von Peterswald als auch die Salzburger und Münchner Polizeidirektion. Die letztgenannte Direktion antwortete jedoch am 15. August, dass sich die Person mit dem Namen Babette Zechmayer weiterhin in München aufhielte, sodass jemand anders Huber begleitet haben müsse. Die Salzburger Polizeidirektion dagegen leitete die Information nur der dortigen Regierung weiter.

Unterdessen wurden Joseph Huber und seine Gefährtin auf ihrer Rückreise aus Berlin von den Grenzbeamten in Peterswald festgehalten und durch die Polizeiinspektion von Teplitz/Teplice, die während der Badesaison als Außenstelle der Prager Polizeidirektion fungierte, nach Prag verbracht. Bei der anschließenden Ermittlung kam die Identität der Frau zutage – es handelte sich um eine gewisse Katharina Reifin aus dem niederösterreichischen Stinkabrunn. Huber war mit ihr von Pressburg/Bratislava, wo sie als Magd diente, über Brünn/Brno nach Prag gereist, wo bekanntlich die Polizei auf ihn aufmerksam wurde, und von dort schneller als die amtliche Ermittlung über Dresden bis nach Berlin gelangt. Die gesamte Zeit über habe er „mit ihr ehelich gelebt". In der preußischen Metropole wollte er sich niederlassen, den lutherischen Glauben annehmen und Katharina heiraten. Sein Plan, dort eine Anstellung zu finden, ging aber nicht auf und auch der Koffer mit den Dokumenten kam nicht an, weswegen sich das Paar auf den Weg zurück nach Böhmen machte und am Grenzübergang in Peterswald festgenommen wurde.

Wie die Prager Polizeidirektion der Polizeioberdirektion in Wien meldete, wurde Katharina anschließend als „eine bestimmungslose liederliche Dirn" mit einem Transport nach Niederösterreich geschickt; über Hubers Festsetzung wurde wiederum die Polizeidirektion in Salzburg informiert. Da es sich aus der Sicht des Prager Stadthauptmanns Prokop Hartmann um einen, wenn auch säkularisierten, Geistlichen und dementsprechend eher um ein religiöses Vergehen handelte als um eine polizeiliche Angelegenheit, fragte er beim Präsidenten des Guberniums nach, ob Huber nicht dem Erzbistum Prag übergeben werden bzw. in einem Kloster untergebracht werden solle.[2] Huber wurde tatsächlich unmittelbar im Anschluss mit all seinen Hab- und Barschaften ins Prager Korrektionshaus gebracht; die Ermittlungen wurden jedoch fortgesetzt. Nach Aussage der Salzburger Polizeibehörde besaß Huber wegen seines geistlichen Gelübdes in Salzburg kein Heimatrecht und gehörte als Geistlicher der Augsburger Diözese an. Dort sollte er auch – wie das böhmische Gubernium entschied – „auf eines Priesters würdige Art und Weise"[3] hingebracht werden. Unterdessen forderte jedoch das Prager erzbischöfliche Konsistorium, dass Huber in einem Benediktinerkloster in Böhmen untergebracht werde.[4]

Möglicherweise hatte Huber schon zu Beginn der Geschichte, gleich nachdem er von der Polizei vorgeladen worden war, in einer Postkutsche Prag verlassen; in diesem Fall dürfte nur wenig gefehlt haben, dass man ihn bereits bei der Abreise verhaftete. Die Polizeidirektion bzw. die Stadthauptmannschaft hatte sich zwar schon früher um eine Evidenz der aus Prag abreisenden Personen bemüht; diese bestand jedoch nur darin, dass sie von der Postexpedition eine Liste der Reisenden der einzelnen Kutschen überreicht bekam. 1802 beschwerte sich die Stadthauptmannschaft über die mangelnde Genauigkeit dieser Listen – in einer von ihnen erschien etwa als Reisender nur ein

---

2 NA, PG, Sign. 15b, Kart. 232, Prag, 6. 9. 1806, Bericht des Prager Stadthauptmanns Prokop Hartmann an den Guberniumspräsidenten. Falls nicht anders angegeben, basiert die Darstellung des Falles auf dieser Quelle.

3 NA, PG, Sign. 15b, Kart. 232, Prag, 11. 9. 1806, der Gubernialpräsident entschied, dass Huber im Korrektionshaus untergebracht werden soll (Konzept); Prag, 15. 9. 1806, der Stadthauptmann teilt dem Gubernialpräsidenten mit, dass Huber im Korrektionshaus untergebracht worden ist und die Stadthauptmannschaft auf weitere Informationen der Salzburger Polizeidirektion über ihn wartet; Prag, 27. 10. 1806, Stadthauptmann Hartmann leitet die Informationen der Salzburger Polizeidirektion an den Gubernialpräsidenten weiter; Prag, 15. 11. 1806, Anweisung des Guberniums an die Stadthauptmannschaft, wonach Huber in die Augsburger Diözese abtransportiert werden soll.

4 NA, PG, Sign. 15b, Kart. 232, Prag, 26. 11. 1806, der Präsident weist das Gubernium an, die Möglichkeit zu überprüfen, Huber in einem Kloster in Böhmen unterzubringen; bis dahin soll der Vollzug der Ausweisung ausgesetzt werden (Konzept).

„Kapuziner" ohne Angabe von Namen oder Reiseziel, aus einer anderen war wiederum das Abreisedatum der Kutsche in keiner Weise ersichtlich.[5] Einer Beschwerde von 1806 zufolge brachte ein Polizeisoldat die Liste oft erst in dem Moment, wenn die Kutsche die Tore Prags bereits passiert hatte. Zudem sei dieser „größtentheils des Lesens und Schreibens unkündig [… und] muß sich begnügen, jenes Verzeichnis zu übernehmen, welches man ihm gibt. Ob es vom heutigen oder gestrigen Tage sey, ob er es zur rechten Zeit erhalte, darüber ist er aus obangeführter Ignoranz zu urteilen außer Stande," beschwerte sich der erwähnte Kommissar (und spätere Polizeidirektor) Joseph Hoch, als einige Wochen vor Hubers Verschwinden mit einer Wiener Postkutsche auf ähnliche Weise ein gewisser Merx entkam, den die Polizei ebenfalls im Visier hatte.[6] Im Streit zwischen der Postexpedition, die die Kutschen entsandte, und der Stadthauptmannschaft darüber, wer die Rechtzeitigkeit der Informationsweitergabe zu gewährleisten habe, neigte der Gubernialpräsident Wallis dem Vorschlag Hochs zu, dass sich alle Reisenden auf der Stadthauptmannschaft eine Reiseerlaubnis, den sogenannten Postzettel, abzuholen hätten, dessen Vorliegen die Beförderung bedingen sollte. Zur Kontrolle sollte zugleich jeder Kutscher beim Passieren des Tors eine Liste der aktuellen Reisenden der dortigen Polizeiwache übergeben. Da es angeblich auch vorkam, dass ankommende Reisende schon vor den Toren Prags aus Postkutschen ausstiegen, wurde der Zolldirektion im Jahre 1809 befohlen, die Listen der Reisenden, die bereits beim Überschreiten der Grenze zusammengestellt worden waren, direkt bei der Stadthauptmannschaft abzugeben.[7]

In der Habsburgermonarchie wurden eine Kontrolle von Reisenden und eine gewisse Form der Meldepflicht bereits seit mindestens Mitte des 18. Jahrhunderts praktiziert.[8] Zu den Aufgaben der neuen Prager Polizeidirektion gehörte von Anfang an die Evidenz von Reisenden. Auch in die allgemeine, für die Polizeibehörde des Magistrats bestimmte Norm über die Meldepflicht fremder Personen in Prag („Unterricht über das Anzeigewesen") vom Juni 1787 wurde die Evidenz aufgenommen.[9] Allerdings legten

---

5 NA, PG, Sign. 15c, Kart. 237, Prag, 25. 2. 1802, Beschwerde der Stadthauptmannschaft beim Gubernium (unterzeichnet von Chorinsky).

6 NA, PŘ I., Inv. Nr. 1025, Kart. 30, Nr. 40, Prag, 9. 7. 1806, dem Oberstburggrafen bestimmte Antwort der Polizeidirektion (unterzeichnet von Kommissar Hoch) auf die Beschwerden über die mangelnde Evidenz der mit den Postkutschen Reisenden (Konzept).

7 NA, PŘ I., Inv. Nr. 1025, Kart. 30, Nr. 40, Prag, 13. 9. 1806, Gubernialpräsident Wallis an die Stadthauptmannschaft. Weiter NA, Policejní ředitelství – presidium [Polizeidirektion – Präsidium, weiter PP], Buch Nr. 1, Präsidialprotokoll für das Jahr 1809, Nr. 440, 28. 3., Verordnung der Stadthauptmannschaft an den Zolldirektor/Bankalverwalter Holbein.

8 Zur Meldepflicht Stoklásková, Zdeňka: Cizincem na Moravě. Zákonodárství a praxe pro cizince na Moravě 1750–1867 [Fremdsein in Mähren. Fremdengesetzgebung und Praxis in Mähren 1750–1867], Brno 2007, 191–196.

9 Der „Unterricht über das Anzeigewesen" vom 19. 7. 1787 wurde von Roubík: Počátky/1926, 251–259, ediert.

die professionellen Kutscher und Fuhrmänner nicht allzu viel Wert auf die Einhaltung dieser Vorschrift und, wie wir aus einer Beschwerde des Polizeidirektors Amschell anderthalb Jahre später wissen, fand binnen mehrerer Monate nur eine einzige solche Liste von Reisenden, wie sie der „Unterricht" vorschrieb, ihren Weg zur Polizeibehörde bzw. zur Direktion. Amschell schlug vor, die Meldepflicht stattdessen direkt auf die abfahrenden Reisenden zu übertragen, die sich selbst bei der Polizeibehörde einen gedruckten Zettel abholen und diesen dann beim Verlassen der Stadt ausgefüllt der Polizeiwache am Tor übergeben sollten. Ohne dieses Formular sollten die Kutscher niemanden mitnehmen.[10] Das Gubernium entschied sich jedoch letztendlich für einen alternativen Vorschlag Amschells, nämlich dass es weiterhin die Kutscher sein sollten, die die Liste der Reisenden auf einem Formular bei der Polizeibehörde einzureichen hatten, nur bereits einen Tag vor der Abfahrt. Die Liste sollte nicht nur den Vornamen, den Nachnamen und den Stand/Beruf der Reisenden enthalten, sondern auch den Geburtsort sowie Ausgangsort und Ziel der Reise. Von der Polizeibehörde sollte der Kutscher dann ein gedrucktes Blatt mit einer Liste der kontrollierten Reisenden erhalten und dieses bei der Abreise am Tor abgeben.[11] Das Musterformular, der „Landkutscher-Rapport", forderte neben den erwähnten Auskünften noch Angaben zum Reisedokument und gegebenenfalls zur mitreisenden Dienerschaft.

Die regelmäßige Personenbeförderung per Postkutsche bzw. Diligence entwickelte sich in der Habsburgermonarchie etwa seit der Mitte des 18. Jahrhunderts; in unregelmäßiger Form hatte sie schon länger existiert.[12] Die Bestrebungen, die Bewegungen der mit der Post reisenden Personen verhältnismäßig detailliert zu überwachen, kamen erst mit der Französischen Revolution und der Furcht vor politischer Instabilität auf.[13] In den 1780er-Jahren wurde die Kontrolle der Bewegung und des Aufenthalts vor allem fremder Personen (und die Definition dessen, wer als fremd angesehen wurde) nicht nur in den Städten zu einer der Hauptaktivitäten, wenn nicht sogar zur wichtigsten Aufgabe der neu eingerichteten Polizeiinstitutionen. In behördeninternen Quellen wird das System der Anmeldung mitsamt der Aufenthaltskontrollen metaphorisch als „Seele

10 NA, ČG-Publ, Sign. 28/43, Kart. 1040, Prag, 9. 1. 1789, Amschell an den Gubernialpräsidenten Cavriani. Hier findet sich auch Amschells Entwurf eines individuellen Meldezettels für Reisende: „Mit der *Dresdner* Landkutsche und Fuhrmann *Joseph Mitterleitner* reist/en von hier der/die Peter Stiller, ein Chyrurgus nach Aussig, Anton Grab, ein Buchhändler nach Dresden. Welche/r sich vorschriftsmässig hieortsgemeldet hat/ben. Prag, den … 17… Polizeÿamt der k. Hauptstadt Prag, *Hambacher*, Bezirkskommissär" (die von Amschell angeführten Beispiele der auszufüllenden Daten werden hier kursiv markiert).

11 NA, ČG-Publ, Sign. 28/43, Kart. 1040, Prag, 16. 1. 1789, Verordnung des Guberniums (unterzeichnet von Cavriani).

12 Hlavačka, Milan: Cestování v éře dostavníku. Všední den na středoevropských cestách [Das Reisen in den Zeiten der Postkutsche. Der Alltag auf den Straßen Mitteleuropas], Praha 1996, 62–71.

13 Die landesherrliche Anordnung, wonach Fremde seinen Aufenthalt binnen 24 Stunden zu melden hätten, wurde höchstwahrscheinlich nicht eingehalten; Stoklásková, Zdeňka: Fremdsein in Böhmen und Mähren, in: Heindl/Saurer (Hg.): Grenze und Staat/2000, 619–712, hier 641.

der Polizeiarbeit" bezeichnet. Mit diesen Worten protestierte beispielsweise Pergen im September 1786 gegen Josephs Unterordnung der Polizeitätigkeit unter die Magistrate. In seinen Augen war für die Nachverfolgung der Personenbewegungen die direkte Unterstellung der lokalen Direktionen unter die Polizeioberdirektion in Wien und eine gewisse Flexibilität des gesamten Systems unerlässlich.[14]

Dabei lobte schon Johann Pezzl, der manchmal als „österreichischer Voltaire" bezeichnet wird, 1786 in seiner *Skizze von Wien* die Fahndungseffektivität der dortigen Polizei derart in den höchsten Tönen, dass er Kaunitz' Bewunderung für die Pariser Polizei zwanzig Jahre zuvor, wie sie Abbé Géorgel in seinen Erinnerungen festgehalten hatte, in nichts nachsteht: „Vergebens flüchtet sich der Verbrecher aus der Hauptstadt in eine entfernte Provinz; die Steckbriefe der Polizei folgen ihm, laufen ihm oft schon vor; und kaum ist er in dem entlegensten hungarschen oder polnischen Städtchen eingetreten, da man ihn sogleich mit der ihm vorgelaufenen Beschreibung vergleicht, und fest macht."[15] Pezzls Lob der Wiener Polizei muss natürlich im Kontext seiner durch und durch positiven Bewertung der josephinisch-aufklärerischen Organisation der Stadt und des Staates gesehen werden, die die „Skizze", eine essayistisch-topographische Beschreibung der Metropole, prägte.[16] Obwohl die Aufsicht über den Kutschenreiseverkehr und die Fremden, die in die Städte und Länder der Monarchie einreisten, die ganze Zeit über mit Mängeln zu kämpfen hatte (über die wir vor allem informiert werden), lassen sich anhand der eingangs zitierten Suche nach Joseph Huber und Katharina Reifin im Jahre 1806 die Veränderungen demonstrieren, zu denen es ab den 1780er-Jahren bei der Überwachung der Bevölkerung kam. Sie sind besonders mit den erwähnten Institutionen der Polizeidirektionen und der Polizei überhaupt verbunden, die Tag für Tag den Aufenthalt des verdächtigen Sprachlehrers von einem Gasthaus zum nächsten nachverfolgten und sich in Kooperation mit den entsprechenden Stellen in den Hauptstädten anderer Länder verhältnismäßig schnell auch Informationen über die Identität des Gesuchten verschaffen konnten, was alles letztendlich zur Ergreifung Joseph Hubers führte.

Die Aufsicht und Kontrolle über die Bevölkerung gilt so sehr als eines der Hauptmerkmale des modernen Staates, dass sie zur Grundlage für Theorien der Moderne geworden

---

14 Zu Pergens Eingabe an den Kaiser vom 30. 9. 1786 vgl. Walter: Organisierung/1927, 36. Das „Anzeigewesen" wurde als „die Seele des Sicherheitsgeschäfts" auch in der landesherrlichen Instruktion vom 12. 11. 1786 bezeichnet, die direkt im Prager „Unterricht über das Anzeigewesen" zitiert wird; Roubík: Počátky/1926, 251. Zur weiteren Verwendung dieser Redewendung Gruber: Ununterbrochene Evidenz/2013, 83–85.

15 Pezzl, Johann: Skizze von Wien. Zweites Heft, Wien–Leipzig 1786, 31.

16 Dazu unter anderem Reinalter, Helmut: Johann Pezzls Aufklärungsbegriff, in: Ders. (Hg.): Selbstbilder der Aufklärung, Innsbruck 2007, 73–81. (Auf diesen Aufsatz hat mich dankenswerterweise Anton Tantner aufmerksam gemacht.)

sind. Lassen wir an dieser Stelle die These von der Allgegenwärtigkeit, Diffusität und Verinnerlichung der Aufsicht und der sich daraus ergebenden negativen Charakterisierung moderner Gesellschaften als von der Polizei überwachte Gesellschaften (als wären den vorangegangenen, beispielsweise religiös begründeten Gesellschaften Überwachung und Kontrolle fremd gewesen) beiseite. Auch ohne Bezug zu diesem theoretischen Rahmen entstanden in den letzten ca. zwanzig Jahren mehrere Arbeiten, die sich mit den Praktiken der Überwachung und der Kontrolle im (früh)neuzeitlichen Europa inklusive der Habsburgermonarchie bzw. den böhmischen Ländern beschäftigen. Vereinfacht lassen sie sich thematisch einteilen in die Geschichte der Beschreibung der Bevölkerung bzw. der Gesellschaft (Volkszählungen, Statistiken, Konskription, Topographie),[17] die Geschichte der Identifikation, der Pässe und der Kontrolle des Raums[18] und letztendlich die Geschichte der Polizei allgemein, vor allem der politischen Polizei.[19]

Der Identifikation wurde im habsburgischen Kontext bereits eine gewisse Aufmerksamkeit gewidmet, weswegen ich mich im Folgenden vor allem für die polizeiliche Kontrolle des öffentlichen, städtischen Raums und seiner Bevölkerung interessieren werde, also für das System, das zeitgenössisch als „Anzeigewesen" bezeichnet wurde. Dabei geht es mir nicht nur um den normativen Anspruch dieses Systems, sondern auch um seine praktische Umsetzung und gegebenenfalls auch seine Funktionsmängel. Ich werde mir auch die Frage stellen, wie jene „ununterbrochene Aufsicht" nicht nur über die fremden, sondern auch die „einheimischen" Bewohner der Städte und ihre Aktivitäten real verwirklicht, wie sie legitimiert und wie sie von der Bevölkerung aufgenommen wurde. Außerdem interessiert mich die Rolle, die die Polizei und die öffentlichen Organe in Fällen der Identifikation spielten, in denen sie nicht repressiv auftraten, beispielsweise bei der Feststellung und Zuschreibung der Identität verlorener oder gefundener oder anderweitig aufsichts- bzw. schutzloser Personen. Anhand konkreter Fälle werde ich

---

17 Unter anderem Tantner, Anton: Ordnung der Häuser, Beschreibung der Seelen. Hausnummerierung und Seelenkonskription in der Habsburgermonarchie, Innsbruck–Wien–Bozen 2007; Brian, Éric: Mesure de l'État. Administrateurs et géomètres au XVIIIe siècle, Paris 1994; Higgs, Edward: The Information State in England. The Central Collection of Information on Citizens since 1500, Houndmills 2004; Behrisch, Lars: Die Berechnung der Glückseligkeit. Statistik und Politik in Deutschland und Frankreich des späten Ancien Règime, Ostfildern 2016.

18 Torpey, John: Invention of the Passport. Surveillance, Citizenship and the State, Cambridge 2000; Torpey, John/ Caplan, Jane (Hg.): Documenting Individual Identity. The Development of State Practices in the Modern World, Princeton–Oxford 2001; Denis, Vincent: Une histoire de l'identité. France 1715–1815, Seyssel 2008; Heindl/Saurer (Hg.): Grenze und Staat/2000; Gruber: Ununterbrochene Evidenz/2013; Himl: Zrození vagabunda/2007, besonders 277–331; Stolásková: Cizincem na Moravě/2007; Hojda, Zdeněk: Pasy 16.–18. století jako pragmatické písemnosti [Reisepässe des 16.–18. Jahrhunderts als pragmatische Schriftstücke], in: Hojda, Zdeněk/Pátková, Hana (Hg.): Pragmatické písemnosti k kontextu právním a správním, Praha 2008, 155–186.

19 Milliot: „L'admirable police"/2016; für die spätere Zeit und „Staatspolizei" Chvojka, Michal: Josef Graf Sedlnitzky als Präsident der Polizei- und Zensurhofstelle in Wien (1817–1848). Ein Beitrag zur Geschichte der Staatspolizei in der Habsburgermonarchie, Frankfurt am Main 2010.

die Hypothese überprüfen, dass die Polizei und die staatliche Verwaltung – nicht nur in der Zeit der revolutionären gesellschaftlichen Veränderungen in Frankreich – nicht allein die soziale Stabilität („Ruhe", „Ordnung") sicherten, was Gegenstand des nächsten Kapitels sein wird, sondern auch die soziale Transparenz und Angemessenheit bzw. „Gebührlichkeit" in dem Sinne gewährleisteten, dass jeder Einwohner innerhalb der Gesellschaft einen sichtbaren und kontrollierbaren Platz einnahm und die Pflichten erfüllte, die sich aus seinem sozialen und professionellen Status ergaben. Jenseits der These, dass die Polizei in dieser Hinsicht die „alten" Obrigkeiten ersetzte, konzentriert sich dieses Kapitel vor allem auf die Mechanismen und Praktiken der Zuschreibung eines festen sozialen Platzes an Einzelne.

Die „ununterbrochene Evidenz" als Stütze aller Polizei

Der erste Prager Polizeidirektor Johann Jakob Reismann ließ sofort nach seiner Amtseinführung im Juni 1785 6000 Meldezettel drucken und wies in den ersten fünf Monaten mehr als 15.000 als beherbergt evidierte Personen aus. Die Aufsicht über die Bevölkerungsbewegungen nicht nur in Prag sollte eine der Hauptaufgaben der neuen Institution werden. Systematisiert wurde die Meldung vorübergehender oder ständiger Aufenthalte aber erst ab 1787, als das städtische Polizeiamt exekutive Polizeiaufgaben übernahm und Franz Amschell Reismann ablöste. Es scheint sogar, dass diese Maßnahme bei der Überführung der Polizei in die Zuständigkeit des Magistrats im März 1787 als hauptsächliche Veränderung präsentiert wurde.[20] In überarbeiteter und deutlich komplexerer Form verankerte der Magistrat die Meldepflicht aller Besitzer und Vermieter von Unterkünften sogleich im ersten Artikel der Polizeiordnung vom 30. April 1787; im „Unterricht über das Anzeig(e)wesen" vom Juni desselben Jahres wurde sie konkretisiert.

Diese Norm ging davon aus, dass nur die Quartiersgeber der Altstadt und der nahegelegenen Straßen der Neustadt die Meldeformulare direkt bei dem im Altstädter Rathaus angesiedelten Polizeiamt abgeben sollten. Auf dem Hradschin/Hradčany sollten die Formulare beim Viertler Antonín Maschek im Haus Nr. 181 und auf der Kleinseite/Malá Strana beim Viertler Anton Palaczek im Haus Nr. 1 abgegeben werden. Die Neustadt/ Nové Město bzw. deren Rest, wurde aufgrund der Weitläufigkeit nach Hausnummern

20 AHMP, MHMP I.-Publ, 1787, Sign. II/165, Kart. 139, Prag, nicht datierte Note von Amschell (unterschrieben als „k. k. Major und Polizei Direktor") an Oberbürgermeister Zahořanský über die Einführung der Meldung von Beherbergten seit 1. 3.; Prag, 3. 3. 1787, Konzept einer „Nachricht an das Publikum" vom Magistrat, der zufolge die Gastgeber ihre Gäste sofort oder bis 9 Uhr des Folgetages „mittels der bereits eingeführten Anzeigszettel […] in dem vormaligen S. Niklasklöster und zwar in dem zu ebener Erde linker Hand hiezu bestimmten Amtszimmer" melden sollten. Wie die angehängte Anmeldeverordnung vom 8. 5. 1787 aus Pressburg ahnen lässt, ließ sich Amschell möglicherweise von seinem vormaligen Wirkungsort inspirieren.

in drei Bezirke aufgeteilt, deren Bewohner ihre Meldezettel bei den zuständigen Viertel-aufsehern im Stephansviertel/Štěpánská čtvrť, Petersviertel/Petrská čtvrť und auf dem Viehmarkt/Dobytčí trh abgeben sollten.[21] Um acht bzw. im Winter um neun Uhr sollten alle Meldezettel auf der Polizeibehörde im Altstädter Rathaus sein, von wo sie dann wie die Listen der Kutschenreisenden und die Listen von den Stadttoren gegen zehn Uhr „zur Einsichtnahme" an die Polizeidirektion weitergeleitet wurden. Danach wurden sie auf das städtische Polizeiamt zurückgebracht, wo die Namen der Untergebrachten in alphabetischer Reihenfolge ins Protokoll eingetragen wurden (gleichzeitig wurden die Zettel selbst mit dem Datum und einer Protokollnummer versehen bzw. vidiert). Die Meldezettel ausländischer, adliger und sonstiger fremder Personen wurden ausgeson-dert und mit den Beschreibungen gesuchter oder verdächtiger Personen abgeglichen. „Sollte der Name oder andere Umstände des Angezeigten einige Ähnlichkeit mit dem Beschriebenen haben, so wird die Beschreibung aus der Registratur ausgehoben, um die geschöpfte Muthmassung mittels geschickter Operation ganz aufzuklären." Nach diesen in der „Zentrale" durchgeführten Maßnahmen wurden die Meldezettel in die einzelnen Viertel zurückgeschickt. Darüber hinaus waren die lokalen Aufseher laut der Anzeigenverordnung vom Juni auch für die Kontrolle der ständigen Mieter zuständig, die nach Hausnummern in einem gesonderten alphabetischen Register pro Viertel verzeichnet werden sollten.[22]

Im August 1787 stimmte das Gubernium der Verwendung der Viertelaufseher für das Meldewesen zu;[23] am 8. Mai 1788 erlaubte es erneut jenen Quartiergebern, die es bis zum Altstädter Rathaus weit hatten, die Meldezettel bei den Viertlern abzugeben.[24] Im Juli 1788 lockerte der Herrscher vermittels des Guberniums die Melderegeln wei-ter – alle Besitzer von Häusern, Wohnungen und Gasthäusern, und zwar die alt- und neustädtischen eingeschlossen, mussten ihre Zettel nicht mehr beim Magistrat bzw. Polizeiamt abgeben, sondern konnten dies direkt beim Viertler tun.[25]

Es wäre aber ein Fehler, aus diesen Verordnungen direkt Schlüsse darauf zu ziehen, wie die Anmeldung des Aufenthalts wirklich vor sich ging. Im August 1788 teilte Amschell dem Gubernium mit, dass die Anordnungen keine Resonanz fänden und die Meldun-gen „schlecht und lau" verliefen. Drei Kommissare bei der städtischen Polizeibehörde widmeten sich vorrangig der Protokollführung und waren damit überlastet, und die Viertelaufseher wurden vom Magistrat außerdem noch mit vielen anderen öffentlichen

---

21 AHMP, MHMP I.-Publ, 1787, Sign. II/165, Kart. 139, laut der Magistratsweisung für das Polizeiamt (Prag, 20. 7. 1787, Konzept) wurden die Hausnummern in der Neustadt den einzelnen Viertlern zugeteilt.

22 Siehe „Unterricht über das Anzeigwesen", Roubík: Počátky/1926, 252.

23 NA, PŘ I., Inv. Nr. 101, Kart. 2, Nr. 243, Prag, 9. 8. 1787, Gubernium an Polizeidirektor Amschell.

24 NA, ČG-Publ, Sign. 28/43, Kart. 1040, Prag, 8. 5. 1788.

25 NA, PŘ I., Inv. Nr. 245, Kart. 3, Prag, 15. 7. 1788, Cavriani übersendet die Kopie der landesherrlichen Anordnung vom 3. 7., welche die Polizeistrafen und Kompetenzen der Polizei(wache) betrifft, an den Prager Magistrat.

Pflichten beauftragt.[26] Das Gubernium bestand jedoch auf deren Einbindung in die Polizeitätigkeit – getreu der Instruktion, die der Polizeidirektor bereits am 13. Juni für sie erstellt hatte. Neben der allgemeinen Verantwortung für Ordnung und Sicherheit sollten die Viertler demzufolge unmittelbar denen helfen, die es nötig hatten, auch die Verhaftung gesuchter Personen wurde ihnen anvertraut sowie die Aufsicht über Menschen „niederer Klassen", „Landstreicher" und „Vagabunden", die hier als „Pflanzschule der Missethäter und Hauptquelle aller Unordnungen" bezeichnet wurden. Vor allem jedoch sollten die Viertelaufseher beim Ausfüllen der Meldezettel assistieren (ihre Richtigkeit im Terrain kontrollieren) und sie am darauffolgenden Tag nach der Eintragung bei der Polizeibehörde wieder an die Quartiergeber austeilen. Teil der Instruktion war auch ein gedrucktes Blankoformular eines solchen Zettels.[27]

Mitte August 1788 erneuerte das Gubernium die Anweisungen für die Viertler – sie sollten kleinere Vergehen selbst ahnden, die größeren dem Polizeiamt melden und darüber wachen, dass sich möglichst keine „gefehrliche[n] Leute und müßiges Gesindl" in der Stadt aufhielten – und aktualisierte besonders ihre Rolle im Meldesystem: Gestützt auf ihre Ortskenntnisse sollten sie abends die Gasthäuser abgehen und feststellen, wie viele und welche Gäste sich dort einquartierten. Am nächsten Tag nach neun Uhr Vormittag sollten sie auf der Polizeibehörde kontrollieren, ob all diese Personen, einschließlich der Gäste in Privathäusern und -wohnungen, ordnungsgemäß gemeldet waren. Ihre Aufgabe war nicht nur die nachfolgende Anzeige nachlässiger Quartiergeber, sondern vor allem die Ermittlung von „unangezeigten Fremden".[28] Die Viertler hatten schon damals nicht nur die Aufgabe, die Meldezettel einzusammeln, sondern sie sollten auch direkt „im Terrain" eingreifen.

Auf einen weiteren Mangel in der Kontrolle der Bevölkerung machte bereits im Mai 1787 der Polizeibeamte Jaudt den politischen Senat des Magistrats aufmerksam: Dem bestehenden Meldesystem entgingen jene Personen, die nicht in Prag übernachteten, sondern nur auf der Durchreise waren. Mit der Übernahme der Polizei durch den Magistrat hatte nämlich die von der Polizeidirektion 1785 eingeführte Praxis geendet, alle

---

26 NA, ČG-Publ, Sign. 28/43, Kart. 1040, Prag, 7. 8. 1788, Amschells „Unterthänigste Note" an Cavriani. Der Vorschlag, die Viertler in das Meldesystem einzubeziehen, soll laut Amschell vom Polizeiamt, faktisch also vom Magistrat stammen.

27 Amschells Instruktion wurde von Roubík: Počátky/1926, 260–262, ediert.

28 NA, PŘ I., Inv. Nr. 242/Lit. D, Kart. 3, Prag, 14. 8. 1788, Instruktion für die polizeiliche Agenda sowie Erlaubnis, die Stelle eines Polizeiaktuars zu errichten (Abschrift, unterzeichnet von Cavriani). Über die Instruktion für die Stadtviertler vom 13. 6. 1788 spricht dieser Text als „Unterricht über das Anzeigewesen". Es wird hier auch das „Handbuch für die Bezirkskommissär[e] und den Wachkommandanten", erwähnt, unterteilt – ähnlich wie die Polizeiordnung von 1787 – in 1. „tägliche und ordentliche Verrichtungen", 2. „Verrichtungen in der Nacht", 3. „Außerordent[liche] Verrichtungen zu verschiedenen Zeiten" und 4. „Verrichtungen in Sonn und Feüertägen". Ein „Handbuch für Polizeibeamte" wird auch in Amschells Instruktion vom 13. 6. zitiert (Roubík: Počátky/1926, 262). Es ist allerdings nicht gelungen festzustellen, um welche „Handbücher" es sich hierbei handelte.

Reisenden, die zu Fuß oder fahrend die Stadttore passierten, in gesonderte Formulare einzutragen und zu melden. Erst auf Anregung Jaudts erneuerte der Magistrat diese Praxis und nahm diese Meldungen von den Toren in die Meldeverordnung auf.[29] 1794 schlug Polizeidirektor Wratislaw auf Anregung des Guberniums vor, dass Durchreisende von der Postverwaltung ebenfalls in den Listen der Personen verzeichnet werden sollten, die mit Postkutschen abreisten.[30]

Die Unzulänglichkeiten bei der Anmeldung demonstriert ein Fall, zu dem es durch ein Zusammentreffen verschiedener Umstände fünf Tage nach der Herausgabe der erwähnten Norm kam. Die Wirte Joseph Polt von den Drei Karpfen, Johann Franz Lorenz vom Grünen Adler und Dorothea Nablin vom Weißen Lamm gaben am 24. Juli 1787 keine Meldezettel bei der Polizeibehörde ab; daraufhin entdeckten die Polizeikommissare zwischen der zehnten und elften Stunde unangemeldete Gäste bei ihnen. Wie der Polizeileutnant Widersperger dem Magistrat mitteilte, trafen die Zettel auch am nachfolgenden Tag nicht ein. Der Magistrat verhängte dafür augenblicklich eine Geldbuße von sechs Gulden pro Gasthaus zugunsten des Polizeifonds, gegen die jedoch alle drei Berufung einlegten. Sie verwiesen darauf, dass sie am 24. Juni, an Johanni, vormittags mitsamt ihrer Dienerschaft in der Kirche gewesen seien, wodurch sie die Zettel nicht hätten rechtzeitig einreichen können. Ein anderes Mal seien die Dienstboten wiederum mit dem Bedienen der Gäste voll beschäftigt gewesen und eine Person eigens für die Meldung anzustellen zahle sich nicht aus. Es sei ohnehin schwierig, die Neunuhrfrist einzuhalten, da einige Gäste erst später einträfen. Einen von der Reise ermüdeten Gast direkt nach der Ankunft mit dem Ausfüllen eines Formulars zu belästigen, schicke sich auch nicht. In diesem Falle habe es sich zudem um bekannte Gäste gehandelt, die bei ihnen regelmäßig abstiegen. Dabei hätten gerade diese drei Wirtsleute immer auf „Ordnung und Polizeÿ" geachtet, „nie hat der Fall existirt, daß sie verdächtige Leute oder Passagier aufgehalten, oder fremde nach Möglichkeit nicht gemeldet haben". Die Wirtsleute verwahrten sich abschließend dagegen, als private Personen für Maßnahmen der öffentlichen Sicherheit verantwortlich zu sein: „Daher berufen sie sich ausdrück[lich] auf die Wiener Polizeÿanstalt, wo nicht die Gastwirte, sondern die Polizeÿwächter selbst verhalten werden, die Meldezetteln in den Gasthäusern abzuholen, wodurch der gastwirt[schaftliche] Kontribuent verschont wird, seine unentbehrlichen Hausdienstboten wegen der Sicherheit herumzuschicken und die Gäste inzwischen

---

29 AHMP, MHMP I.-Publ, 1787, Sign. II/129, Kart. 138, Prag. 19. 5. 1787, Meldung von Gerard Alois Jaudt an den politischen Senat (mit dem Formular für die das Tor passierenden Reisenden als Beilage); Prag, 22. 5. 1787, Rundschreiben des Magistrats an alle Torschreiber (Abschrift).

30 NA, PG, Sign. 15c, Kart. 235, Prag, 30. 7. 1794, auf Geheiß des Guberniums vom 25. 6. legte Wratislaw einen Entwurf vor, der von der Landesstelle am 1. 8. 1794 gebilligt und als Richtlinie für die Postverwaltung veröffentlicht wurde. Der Eintrag für nicht übernachtende Reisende sollte folgende Form haben: „Seifertin mit Magistratualpaß dd. Zittau den 20. Juli 1794".

unbedient warten zu lassen." Die Prager Polizeimaßnahmen dagegen seien für Wirte lediglich eine Belästigung.

Joseph Polt, Johann Lorenz und Dorothea Nablin hatten mit ihrer Berufung beim Magistrat keinen Erfolg, denn der Landesfürst habe – wie man ihnen von dort mitteilte – die Meldepflicht für alle Quartiergeber ohne Ausnahme erlassen und sie hätten zudem die Mahnung der visitierenden Kommissare ignoriert und die Gäste auch am folgenden Tag nicht gemeldet. Dennoch führten ihre Argumente wenigstens zu einer Halbierung der Geldbuße.[31] Die Berufung änderte offensichtlich auch nichts an der Konkurrenz, über die sie sich darin beschwert hatten: Nach ihrer Aussage bekamen auch die Betreiber von Schankwirtschaften und Inhaber von Privathäusern, die ebenfalls – und den Gastwirten zufolge unberechtigterweise – Unterkünfte anboten, gedruckte Meldezettel. Diese offensichtlich weit verbreitete Praxis war häufig nur dann erfassbar, wenn jemand darauf hinwies – so zeigte etwa im Herbst 1786 Johann Gaÿer, der Besitzer des Hauses Nr. 91 in der Sporngasse/Ostruhová, heute Nerudova, der Polizeidirektion an, dass Johann Plasl, der Pächter der Schankwirtschaft in seinem Haus, eine Unbekannte beherberge, ohne sie gemeldet zu haben.[32] Aber auch Inhaber größerer Gaststätten oder renommierter Unterkünfte nahmen es mit der Meldepflicht nicht so genau. Als am 15. Mai 1787 um sieben Uhr abends der Graf Mirabilia mit vier Kutschen im Gasthaus im Plateis eintraf, meldete dessen Inhaber Joseph Leitner dies weder am nächsten noch am darauffolgenden Tag. In seiner Anzeige bemerkte Leutnant Widersperger, dass im Verlauf des gesamten vergangenen Monats aus diesem Wirtshaus keine einzige Anmeldung eingetroffen sei.[33] Der politische Senat erlegte Leitner ein Bußgeld von 1 Gulden und 30 Kreuzern auf, zahlbar binnen drei Tagen in die Polizeikasse, sonst werde die Schuld exekutiv eingetrieben.[34]

Beide zuletzt erwähnten Fälle stammen zwar aus der Zeit vor der Reform des Meldesystems im Sommer 1787, sie zeigen jedoch deutlich die Grenzen, auf die diese

---

31 AMHP, MHMP I.-Publ, 1787, Sign. II/129, Kart. 138, Prag, 25. 6. 1787, Leutnant Widersperger meldet dem Magistrat, drei Gastwirte hätten auch nach der Ermahnung keine Meldezettel abgegeben; Prag, 26. 6./3. 7. Verhängung der Geldbuße; Prag, 19. 7. 1787, Berufung von Joseph Polt, Johann Franz Lorenz und Dorothea Nablin (aus dieser Quelle stammen alle Zitate im Text); Prag, 24. 7. 1787, der politische Senat des Magistrats halbiert die Geldbuße.

32 AMHP, MHMP I.-Publ, 1786, Sign. I/10, Kart. 67, Prag, 22. 11. 1786, an die Polizeidirektion gerichtete Beschwerde Johann Gaÿers über den Mieter der Schänke in seinem Haus, Johann Plasl: „als beÿ mir kein Wirths-, sondern nur ein Schänkhaus ist, und er dennoch ohne mir zu sagen eine Weibs Persohn schon durch etliche Tage in der Schänk hat, die ich nicht kenne, ist sie ehrlich, so hat sie sich melden können und sollen, ist sie nichts nutz, so gehört sie gar nicht hieher"; die Polizeidirektion leitete die Angelegenheit zur Entscheidung an den Magistrat weiter, der sich am 24./25. 11. an Plasl wandte.

33 AMHP, MHMP I.-Publ, 1787, Sign. II/129, Kart. 138, Prag, 19. 5. 1787, Meldung des Leutnants Widersperger.

34 AMHP, MHMP I.-Publ, 1787, Sign. II/129, Kart. 138, Prag, 22. 5. 1787, an Leitner sowie an die Polizeikasse und das Polizeiamt gerichtete Entscheidung des politischen Senats.

Maßnahmen wahrscheinlich auch später noch stießen. Beschwerden von Bürgern über das barsche Vorgehen der Polizeikommissare führten dann Mitte des Jahres 1788 zur Einbeziehung der städtischen Viertelaufseher in die Meldung und Aufenthaltskontrolle fremder Personen. Die Viertler sowie die drei Bezirkskommissare Thám, Heimbacher und Haas hatten zwar noch andere Aufgaben – wie etwa die Aufsicht über die Sperrstunde der Gasthäuser, über die Hygiene und Sicherheit auf den Straßen, Ermittlungen in Streitfällen und Raufereien –, für das Meldesystem waren sie jedoch unersetzlich. Unangemeldete Unterbringungen ahndeten sie mit Bußgeldern entsprechend der Polizeiordnung. Augenscheinlich waren hierbei besonders die jungen Kommissare Thám und Heimbacher wenig zurückhaltend und ließen die Stadtbewohner ihre Macht auch anderweitig spüren, was im Frühjahr 1789 weiteren Widerstand von Seiten der Prager Bürgerschaft hervorrief. Nach einer Begutachtung durch den Polizeipräsidenten erreichten die Bürger, dass Bußgelder nicht weiter zwangsweise eingetrieben wurden und sie gegen diese direkt beim Gubernium Berufung einlegen konnten (auch Tháms Rücktritt im Herbst 1789 soll ihren Ursprung in der Unzufriedenheit der Bürger gehabt haben).[35]

Das Meldesystem entstand also nicht erst als Reaktion auf den Krieg gegen das revolutionäre Frankreich und sollte auch nicht nur der Verfolgung „gefährlicher Elemente" dienen. Vielmehr war es wohl ein Grundprinzip der Polizeitätigkeit in der gesamten Monarchie, die „ununterbrochene Evidenz" aufrechtzuerhalten. Trotzdem wurde die Pflicht, den Aufenthalt in einer Stadt anzumelden, später zum Synonym für die österreichische Überwachung, ja gar die direkte Spitzelei, obwohl sowohl Fremde als auch Einheimische auch in anderen Ländern einer ähnlichen Kontrolle unterzogen wurden.[36] Im Jahre 1822 lobte der deutsche Schriftsteller Adolf von Schaden, offensichtlich geschmeichelt von einem geistreichen Gespräch mit dem Stadthauptmann, sogar die Prager Polizei dafür, dass sie im Unterschied zu anderen deutschen Staaten die Aufenthaltsgenehmigung umsonst ausstelle.[37]

Die Herausgabe von Aufenthaltszetteln an Fremde war höchstwahrscheinlich nicht von Beginn an Teil des Prager Meldesystems in den 1780er-Jahren. In der erneuerten, in den Zeitungen veröffentlichten Anordnung des Stadthauptmanns Wratislaw vom 10. Juni 1802 ist nur von „Anzeigszetteln" („oznamující listové") die Rede, die die Quartiergeber in Zusammenwirken mit den Gästen wahrheitsgemäß auszufüllen und zur Protokollierung auf die Polizeidirektion zu bringen hätten. Danach sollten die Zettel

---

35 Roubík: Počátky/1926, 98–100, Anm. 162. Die von Roubík benutzten Quellen, unter anderem die Beschwerden und ihre Erledigung, befinden sich im NA, ČG-Publ, Sign. 28/43, Kart. 1040. Mehr zu Thám im 2. Kapitel dieses Buches.

36 Die Bemühungen, die gesamte, d. h. auch die „fremde" Bevölkerung der verschiedenen französischen Städte im 18. Jahrhundert zu erfassen, schildert Denis: Une histoire/2008, 271–275.

37 Schaden, Adolf von: Kritischer Bocksprung von Dresden nach Prag. Ein neues Capriccio als Gegenstück des Katersprunges, Schneeberg 1822, 125.

Abb. 8 *Anordnung des Stadthauptmanns Wratislaw vom 10. 6. 1802 zur Meldung von untergebrachten Personen*

bei diesen verbleiben, um gegebenenfalls als Nachweis der Legalität des Aufenthalts eines Gastes zu dienen.[38] Auch in Wien, das hier Vorbild war, kamen Aufenthaltsgenehmigungen erst zu Beginn des 19. Jahrhunderts auf. Ankommende aller Art mussten für ihre Quartiergeber einen Meldezettel ausfüllen, hatten sich aber darüber hinaus noch binnen 24 Stunden bei der Polizeioberdirektion vorzustellen, um eine gedruckte Aufenthaltserlaubnis zu erhalten. Stephan Gruber zeigt jedoch unter anderem an Beispielen aus Prag, dass die Möglichkeiten, eine gesuchte Person auf der Basis des Anmeldeprotokolls rückwirkend zu identifizieren, während der gesamten ersten Hälfte des 19. Jahrhunderts begrenzt waren.[39]

Die Überwachung und Kontrolle des Aufenthalts von Personen in den Hauptstädten ist nicht von der Nachverfolgung der Personenbewegung im gesamten Land und über seine Grenzen hinaus zu trennen. Dabei sind verschiedene Personengruppen und Motivationen zu unterscheiden. Prag war das Ziel „fremder" Personen, die nicht aus dem Königreich Böhmen bzw. den habsburgischen Erblanden stammten. Außerdem waren auch Einwohner dieser Länder, also „Einheimische", mit unterschiedlichsten Zielen und Zwecken nach Prag unterwegs. Eine Sondergruppe unter ihnen bildeten diejenigen, die

---

38 Wratislaws Anordnung vom 10. 6. 1802 wurde auf Deutsch am 25. 6. 1802 in der Prager Neuen Zeitung Nr. 51, 395–396 (einschließlich des Meldezettels), und auf Tschechisch am 3. 7. 1802 in Kraméryusovy Cýs. Král. Vlastenské Noviny Nr. 27, 209–210, abgedruckt.
39 Gruber: Ununterbrochene Evidenz/2013, 86 (zu Aufenthaltsscheinen), 88f.

um der Lohnarbeit willen kamen, aber keine fanden oder sie verloren, und somit Gegenstand von Schub, also einer zwangsweisen Verbringung an den Heimatort, werden konnten, unabhängig davon, ob dieser im Inland oder im Ausland gelegen war. Für die Hauptstadt spielte die Polizeidirektion bzw. die Stadthauptmannschaft – vereinfacht gesagt – bei der Kontrolle der ankommenden Personen, aber auch bei der Organisation des Schubs eine ähnliche Rolle wie die Kreisämter für die einzelnen Kreise. Außerdem war die Polizeidirektion auch im Falle von Personen, die sich außerhalb Prags aufhielten oder dort dingfest gemacht wurden, das Koordinations- und Expertenorgan der Landesregierung und damit für das gesamte Land zuständig. Anfang März 1797 informierte z. B. Gubernialpräsident Stampach den Prager Stadthauptmann Wratislaw über Johann Friedrich Bolik aus Wien, der sich mitsamt seiner Familie in Čáslav aufhielt und mit seinem Verhalten und seinem Umgang „Aufmerksamkeit errege". Der Stadthauptmann sollte die Überwachung Boliks und seiner Familie als „Polizeigegenstand" übernehmen, weil er zugleich Polizeidirektor war.[40]

Die Fälle vergleichbar „Aufmerksamkeit erregender" Personen nahmen natürlich nach Ausbruch der Französischen Revolution und vor allem des Koalitionskriegs im Jahre 1792 enorm zu; in diesem Kontext spielte die Prager Stadthauptmannschaft bei der Personenüberwachung eine zunehmend wichtige Rolle. Die Furcht vor revolutionärem, „jakobinischem" Gedankengut und das Misstrauen gegen jene, die im Verdacht standen, es zu verbreiten, wirkte nicht nur in der Habsburgermonarchie als Katalysator auf die Art der Bevölkerungserfassung und -kontrolle. Auch im revolutionären Frankreich selbst unterlag der Status des Bürgers sowie das, wie er dokumentiert wurde, grundlegenden Änderungen, die sich zwar von der vorangegangenen „tyrannischen" bzw. absolutistischen Überwachung der Bevölkerung (und gegen die Pariser Polizei als ihrem Herrschaftsinstrument) abgrenzten, doch knüpfte die Identifikation als Feststellung eines überprüfbaren Status mitsamt ihren Techniken in gewissem Maße an die vorrevolutionären Sicherheitsmaßnahmen an, die weiterentwickelt und auf die gesamte Bevölkerung ausgeweitet wurden. Motiviert war dies dadurch, dass allen Bürgern die gleichen Rechte und Pflichten zugemessen werden sollten und man sich gleichzeitig während des Konflikts mit den Gegnern der Revolution bemühte, die „Unsrigen" von den „Fremden" zu unterscheiden. Unter den Letzteren wurden dabei auch „Landstreicher", Räuber und andere „Feinde der Ordnung" verstanden.[41]

Schritte zur staatlichen Zentralisierung des Wissens über die Bevölkerung wurden in der Habsburgermonarchie bzw. in Böhmen grundsätzlich schon vor der Französischen

---

40 NA, PG, Sign. 15b, Kart. 225, Prag, 3. 3. 1797, der Gubernialpräsident informiert den Prager Stadthauptmann Wratislaw (Konzept): „da jedoch dieser Mann nach seinem Betragen und seiner Korrespondenz wegen Aufmerksamkeit errege, so habe ich hievon den k. Herrn Stadthauptmann, als Polizeydirektor, in die nöthige Kenntnis zu setzen, und demselben die weitere Beobachtung dieser Familie als einen Polizeygegenstand zu überlassen".
41 Denis: Une histoire/2008, 151–157.

Revolution unternommen. Als solche können die Erfassung der gesamten, zunächst jedoch nur der Militärpflicht unterliegenden Bevölkerung ab 1770/1771, die staatliche Aufsicht über die Kirchenbücher und das Auswanderungspatent (1784), die Entstehung der Polizeidirektion (1785) oder die Polizeiregulation für Prag (1787) und das gesamte Land (1790) inklusive der Beobachtung „Fremder" gelten. Die Koalitionskriege der europäischen Staaten intensivierten die Ansprüche an eine zentrale Übersicht über die Bevölkerung und ihre Stimmungen, aber auch an einen schnellen und effektiven Austausch der Informationen und die Effektivität und Handlungsfähigkeit der Staatsverwaltung überhaupt. Ausgehend von der „Ausnahmesituation" der Verteidigung gegen die Revolution werde ich im Folgenden diejenigen Maßnahmen, Prinzipien und Praktiken nachzeichnen, die öffentlichen Charakters waren und das Potenzial hatten, auch in Friedenszeiten Anwendung zu finden (sofern bis zum Ende der Napoleonischen Kriege in weiterem Sinne von „Frieden" die Rede sein kann). Gleichzeitig verstehe ich diese Maßnahmen und administrativen Veränderungen nicht als Folge einer notwendigen oder gesetzmäßigen Entwicklung hin zu einem modernen Staat.

Die Kurorte: Wratislaws Plan der totalen Überwachung und Eichlers Praxis

Die Überwachung von Fremden in den böhmischen bzw. habsburgischen Ländern, d. h. nach 1789 vor allem Franzosen oder Personen aus den von Frankreich besetzten Gebieten, stellt ein eigenes und teilweise schon bearbeitetes Kapitel dar, auf das ich deshalb nicht weiter eingehe.[42] Im Zusammenhang mit der Polizei sind jedoch spezifische Orte mit einer erhöhten Konzentration von Fremden erwähnenswert: die Kurorte, besonders Teplitz/Teplice und Karlsbad/Karlovy Vary – einerseits, weil dort in kleinerem Maßstab ähnliche Prinzipien der Überwachung zur Anwendung kamen wie in Prag, und andererseits, weil der Prager Stadthauptmann an ihrer Einführung direkt beteiligt war. Vor 1789 war hier die Überwachung ausländischer Gäste vor allem eine Reaktion auf die Furcht vor militärischer Spionage, weshalb Offiziere mit ihr betraut wurden, die den Sommer über in die Kurorte entsandt wurden.[43] Außerdem waren die Kurorte auch Teil der regelmäßigen jährlichen Kreisbereisungen. 1789 reiste in diesem Rahmen aber nicht der Kommissar des Kreisamts in Teplitz an, sondern direkt der Gubernialrat Josef

---

42 Mejdřická, Květa: Čechy a Francouzská revoluce [Böhmen und die Französische Revolution], Praha 1959, 159–160; Stoklásková, Zdeňka: Suche nach Ordnung. Die Kontrolle von Migration in Österreich zur Zeit der Aufklärung, in: Cornova 3/1 (2013), 7–28; Jílková, Lucie: „A nad jejich chováním a činy bedlivé oko míti…". Dohled nad cizinci v lázních za neklidných let konce 18. a začátku 19. století [„Und über ihr Verhalten und ihre Taten ein wachsames Auge haben…". Die Überwachung von Ausländern in den Kurorten in den unruhigen Jahren am Ende des 18. und zu Beginn des 19. Jahrhunderts], Praha 2010 (Diplomarbeit).

43 Roubík: Počátky/1926, 131–133.

Sweerts, in dessen Referat bei der Landesregierung der Kreis Leitmeritz fiel. Seinem Bericht zufolge waren die „Polizeianstalten" und die Sauberkeit in der Stadt derart vernachlässigt worden, dass dies ausländische Gäste abschrecke, wodurch der Stadtkasse um 3000 bis 4000 Gulden jährlich entgingen. Mit „Polizei" meinte Sweerts hier jedoch die Sorge um den Komfort der Bewohner bzw. der Gäste und damit zusammenhängend die Ordnung und die Sauberkeit. Sinn einer solchen „Polizei" war es, die Fremden und ihr Geld in die Kurorte zu locken. So ordnete Sweerts seine Beobachtungen aus Teplitz in seinem Bereisungsbericht auch in die Rubrik „Kommerziale" ein.[44]

Während sich nach 1789 bzw. 1792 freilich der Blick auf die Fremden in den Kurorten bedeutend änderte, wurde die Praxis, einen Offizier in die Kurstädte zu entsenden, der dort während der Saison als „Inspektor" wirkte, weiter aufrechterhalten. Dieser Inspektor bzw. für den Rest des Jahres der Magistrat war dort spätestens ab 1793 für das Meldesystem zuständig, d. h. für die Aufsicht über das Ausfüllen der Meldezettel und ihre Erfassung in den Meldeprotokollen, die wöchentlich der Prager Polizeidirektion übersandt wurden.[45]

Als Mitte Juni 1794 der Kreishauptmann von Elbogen auf die Kritik der Sicherheitsverhältnisse in Karlsbad reagierte, musste er anmerken, dass in diesem Jahr kein Offizier zur Inspektion gekommen war und auch in den vorangegangenen Jahren immer derjenige Offizier mit der Aufsicht betraut worden war, der gerade das Kommando hatte, ohne Rücksicht darauf, ob er die Voraussetzungen für eine solche Funktion mitbrachte. Zu diesen zählte der Hauptmann „Klugheit, Thätigkeit, Gelassenheit und Scharfsinn mit der feinen Lebensart und dem freien ungezwungenen offenscheinenden Betragen".[46] Mit den bisherigen Offizieren, die als Kurortsinspektoren wirkten, war

---

44 NA, ČG-Publ, Sign. 51/12, Kart. 1277, Prag, 16. 9. 1790, Anmerkungen zu Sweerts' Bereisung des Leitmeritzer Kreises im Jahre 1789. Als Mängel werden unter anderem „die auf die Gassen hervorragenden Dachrinnen, die schlechte Pflasterung, die überfließenden Röhrkästen, welche die Gässen hie und da mit Wasser anfüllen, die mitten im Orte samt dem Schlachthause befindlichen Fleischbänke" erwähnt.

45 Mařík, Antonín: Správa města, písaři a archiv Karlových Varů [Die Verwaltung, die Schreiber und das Archiv von Karlovy Vary/Karlsbad], in: SAP 48, 1998, 105–187, hier 126–127; ein ausgedienter Militäroffizier sei erst im Jahre 1796 als Kurinspektor eingesetzt worden. In Karlsbad war er bis 1798 tätig. Die aufgrund der seit 1793 geführten Anmeldeprotokolle erstellten Listen der „fremden" bzw. aller Kurgäste wurden laut Mařík an den Gubernialpräsidenten, laut Jílková, „A nad jejich chováním a činy bedlivé oko míti…"/2010, 28, wöchentlich an die Prager Polizeidirektion gesandt.

46 NA, PG, Sign. 15b, Kart. 223, Friedenfels, 14. 6. 1794, für den Gubernialpräsidenten bestimmte Antwort des Elbogener Kreishauptmanns in Sachen der Polizeimissstände in Karlsbad, die der Sicherheit und dem Komfort der Gäste schadeten (unter anderem offene Gruben, Müll auf öffentlichen Plätzen, Gäste mit falschen Namen). In einem Brief vom 30. 5. 1794 kritisierte ein Freund des Gubernialpräsidenten, der in Karlsbad einen Kuraufenthalt verbrachte, aber auch die Qualität der Kreisbeamten, die zu wünschen übrig ließe: „Der Kreishauptmann kömmt niemal her. Der Bezirks Commissär Gläser gehet zum Ekel und Scandal aller Freunde als Kurgast hier herum, er kann nicht reden, hat das Gedächtnis ganz verlohren und ist also eine Nulle für den Dienst. Der Commissar Vogel, der als ein bekannter Trunkenbold hier

der Kreishauptmann sichtlich unzufrieden, vielleicht deshalb, weil sie ihn selbst gewissermaßen umgingen, wenn sie direkt mit dem Magistrat kommunizierten und der Zentralregierung verantwortlich waren. Die Aufgabe des „Polizeiinspektors" übernahm zwar immer einer der Karlsbader Ratsherren, der aber gleichzeitig von seinem eigenen Gewerbe beansprucht wurde. Die Überwachung der Kurgäste gehörte auch deshalb nicht zu seinen Aufgaben, weil er als „bürgerliches Individuum" nicht den Zugang zu allen, vor allem den adligen Kreisen hatte und sich nur im öffentlichen Raum bewegte. Obwohl keiner der Vorschläge des Elbogener Kreishauptmanns zur Lösung der Sicherheitssituation in der Stadt Gehör fand, bedeutete die Ernennung des Karlsbader Arztes Franz Mitterbacher Ende 1794 zum „Polizei-Bevollmächtigten" doch einen Schritt hin zur Stabilisierung der polizeilichen Überwachung der Fremden.[47] Vier Jahre später wurden in einem weiteren Schritt auf Anregung des Präsidenten des Guberniums sowie des Prager Stadthauptmanns Wratislaw für Karlsbad, Teplitz und Franzensbad/Františkovy Lázně eigene Polizeikommissare ernannt. Dabei war der neue Kommissar von Karlsbad, Johann Klehe, mit der Prager Stadthauptmannschaft/Polizeidirektion auch dadurch verbunden, dass er außerhalb der Kursaison immer in deren Ränge zurückkehrte. Die Stellen der Polizeikommissare von Teplitz und Franzensbad wurden zwar saisonal mit ortsansässigen Kommissaren des Kreisamtes von Leitmeritz bzw. Elbogen besetzt, allmählich entwickelte sich aber vor allem das Teplitzer Polizeikommissariat ebenfalls zu einer Zweigstelle der Prager Polizei.[48]

1798 schlug der Prager Stadthauptmann Wratislaw jedoch eine noch gründlichere Korrektur des Überwachungssystems in den Kurstädten vor, das bis dato allem Anschein nach nur in der Erfassung der Meldezettel in den einschlägigen Protokollen und deren nachfolgender Kontrolle bestanden hatte. Obwohl diese Reform letztendlich nicht in vollem Ausmaß umgesetzt wurde, bietet sie einen guten Einblick in die Vorstellungen, die die führenden Figuren der Prager Polizei hinsichtlich der Kontrolle der Bevölkerung hatten. Wratislaws Entwurf zielte im Grunde darauf ab, jede Aufenthaltsänderung von Fremden in der Stadt zu registrieren und sie mit der Haupt-„Datenbank" zu verbinden, die von der Polizei bzw. der Stadt verwaltet wurde. Um „zur vollkommenen Kenntnis aller in die Badeörter ankommenden Kurgäste In- und Ausländer zu gelangen",

---

allgemein verachtet wird, taugt ebenso wenig zu dieser Aufsicht und hat über dies seine Bestimmung in Eger. Ottenburg hat weder Beurtheilung, noch Kenntnis genug um die hier nöthige Aufsicht zu führen".

47 Roubík: Počátky/1926, 132.

48 Roubík: Počátky/1926, 132–133. Zur Ernennung von Klehe zum Karlsbader Polizeikommissar auch NA, PG, Sign. 15b, Kart. 225, Prag, 29. 4. 1798, Schreiben des Gubernialpräsidenten an Pergen (Abschrift). Klehe verwaltete das Karlsbader Meldewesen allem Anschein nach nur in den Jahren 1798–1799; dazu Augustin, Milan: Evidence lázeňských hostů a počátky kurtaxy v Karlových Varech [Die Erfassung von Kurgästen und die Anfänge der Kurtaxe in Karlsbad], in: Historický sborník Karlovarska 7 (1999), 58–71, hier 60; Jílková: „A nad jejich chováním a činy bedlivé oko míti…"/2010, 64.

beabsichtigte Wratislaw, in den Kurorten sogar ein eigenes „Polizei(anzeigs)amt" einzurichten.[49] Dieses Amt sollte jedoch nur aus einem ständigen Polizeikommissar und ein oder zwei weiteren Personen als Hilfspersonal bestehen.

Abb. 9 *Josef Anton Wratislaw von Mittrowitz*

Nach Wratislaws Vorstellung sollten die Quartiergeber so wie bisher die ankommenden Gäste vorgedruckte Anmeldezettel ausfüllen lassen, die ihnen kostenlos zur Verfügung gestellt wurden; die Instruktionen für die Beamten bezeichneten dies als „Bürgerpflicht gegen den Staat". Dann sollten die Quartiergeber die unterschriebenen und datierten Zettel zusammen mit den Reisedokumenten der Gäste unverzüglich dem Polizeiamt bzw. dem Kommissar übergeben, der die Angaben anhand des Passes verifizierte und die Daten in das Meldeprotokoll übertrug. Der Entwurf legte Wert darauf, dass auch alle Bediensteten und Gefolgsleute, die im Pass des Passinhabers aufgeführt waren, einen eigenen Eintrag im Protokoll hatten, „da man auch annehmen darf, daß oft unter der Dienerschaft sich die gefährlichsten Leute befinden". Die einzelnen Eintragungen im Protokoll waren laufend nummeriert und diese Protokollnummer wurde im Gegenzug sowohl im Pass selbst als auch im Meldezettel und in allen weiteren Dokumenten angeführt, die für die jeweilige Person ausgestellt wurden.

Während die Zettel an die Quartiergeber zurückgegeben wurden, damit diese den legalen Aufenthalt der Gäste unter ihrem Dach nachweisen konnten, sollte das Reisedokument für die Dauer des Aufenthalts auf der Polizeibehörde hinterlegt bleiben. Den

---

49 NA, PG, Sign. 15b, Kart. 225, Prag, 4. 5. 1798, an das Landesgubernium gerichtetes Begleitschreiben Wratislaws zu seinem Entwurf einer Instruktion für die Polizeiämter der Kurstädte. Das Ziel des Entwurfs war „die Erlangung der Wissenschaft über alle Menschen, die in den Badeörtern ankommen, und so die Einführung einer richtigen Kontrolle, damit keiner derselben unangezeigt bleiben könne".

Fremden wurde dafür eine Bestätigung ausgestellt, mit der sie sich ausweisen konnten und auf deren Rückseite sie daran erinnert wurden, dass sie ihre Pässe einen Tag vor der Abfahrt wieder abholen müssen. Die Polizeibehörde sollte ihnen nach Zahlung einer entsprechenden Gebühr (gemäß der Anzahl der Pferde) im Gegenzug einen Passierschein ausgeben, ohne dessen Vorlage der Quartiergeber seinen Gast nicht fahren lassen sollte.[50]

Wratislaws Vorschlag wurde sofort, nachdem er in Wien eingetroffen war, von Pergens Stellvertreter Sumerau zwar höflich, aber dennoch abgelehnt – er zöge bei der Erfassung Fremder unnötige „Schreiberei" nach sich. Die Kontrolle der Fremden in den Kurorten sollte wie bisher erfolgen, bzw. von den Magistraten und Polizeikommissaren gründlicher durchgeführt werden.[51] Bereits eine Woche später, am 15. Mai 1798, wurden die Modalitäten der Aufenthaltsanmeldung von Fremden durch einen gubernialen Erlass bestätigt. August Leopold Stöhr nahm ihn dann im Jahre 1802 neben weiteren Vorschriften in seine Beschreibung von Karlsbad, eine Art Handreichung für ankommende Fremde, auf.[52] Auch wenn in diesem Führer neben dem Rathaus, wo die Quartiergeber den ausgefüllten Meldezettel, die Kurtaxe und den Pass abgaben, auch von einer „Polizeidirektion" die Rede ist, wo die Pässe aufbewahrt wurden, ist es unwahrscheinlich, dass in der Zwischenzeit in Karlsbad ein solches Amt entstanden war.

In Teplitz fiel die Aufsicht über die Kurgäste zunächst in die Zuständigkeit des Stadtrats, bei bedeutenderen Fremden beteiligte sich das Kreisamt von Leitmeritz in der Person seines Hauptmanns daran. Einmalig reiste auch der Prager Stadthauptmann an, um „Amtshandlungen" zu vollziehen. So entdeckte Joseph Anton Wratislaw im August 1797 in Teplitz mehrere verdächtige Fremde. Einige von ihnen besaßen zwar Pässe, die von den habsburgischen Gesandten im Ausland ausgestellt worden waren, aber ihr Grenzübertritt oder ihr bisheriger Aufenthalt im Land waren nicht ordentlich erfasst. Der „Weltbürger" Kanonikus Lange aus Köln am Rhein aber konnte sich beispielsweise nicht einmal mit einem Pass ausweisen. Die meisten Verdächtigen waren zudem Glücksspieler und Wratislaw konnte sich, nachdem er sie über die Grenze ausgewiesen hatte, damit brüsten, dass Teplitz nun glücksspielfrei sei.[53]

---

50 NA, PG, Sign. 15b, Kart. 225; Wratislaws Entwurf vom 4. 5. 1798 beinhaltete auch den Entwurf einer Beamteninstruktion und öffentlichen Verordnung, sowie das deutsch-französische Formular des Meldezettels mit einer Belehrung für die Reisenden, die deutsche Musterbestätigung der Abgabe des Reisepasses und den Passierschein beim Verlassen des Kurortes.

51 NA, PG, Sign. 15b, Kart. 225, Wien, 8. 5. 1798, Sumeraus Brief an Stampach.

52 Stöhr, August Leopold: Ansicht oder neueste Beschreibung von Carlsbad wie es jetzt ist, Wien–Prag–Karlsbad 1802, 34–36.

53 NA, PG, Sign. 15c, Kart. 236, Teplitz, 19. 8. 1797, dem Gubernialpräsidenten bestimmte Nachricht von Wratislaw über seine „Amtshandlungen".

Ab 1798 versah der Kommissar des Leitmeritzer Kreisamts das Amt des ständigen Kurkommissars in Teplitz.[54] Ähnlich wie in Karlsbad oblag ihm gemeinsam mit dem Magistrat die Führung der Meldeprotokolle aller anreisenden Gäste, die in ihrer Detailliertheit, mit ihren Rubriken und der chronologischen Nummerierung der Eintragungen denjenigen aus Karlsbad ähnelten – Lucie Jílková hat das älteste Exemplar dieser Protokolle aus dem Jahre 1799 gefunden.[55] Im Jahre 1801 wurde dem Kreiskommissar Andreas Chrysogonus Eichler, der nur zwei Jahre zuvor zum letzten, dritten Kommissar bei der Prager Stadthauptmannschaft ernannt worden war, zur Seite gestellt.[56] In der Folgezeit wurde er als Inspektionskommissar praktisch jedes Jahr vom Gubernium bzw. der Stadthauptmannschaft für die Kursaison nach Teplitz entsandt, im Winter kehrte er nach Prag zurück. Eichler, der vor seiner Ernennung zum Prager Kommissar zehn Jahre lang als Gubernialkanzellist gearbeitet hatte, verkörperte einen modernen Beamtentypus, der sich nach seinen eigenen Worten „durch rechtliche und politische Studien, durch Erlernung fremder Sprachen, durch Kenntnisse in den Gesetzen und Geschäften, sowie durch andere Nebenwissenschaften für den Staat brauchbar zu machen bestrebt" hatte.[57] Dem Empfehlungsschreiben des Stadthauptmanns Wratislaw zufolge drückten sich Eichlers Loyalität dem Monarchen gegenüber und seine Qualität als Patriot und treuer Staatsbürger auch in seinen Schriften aus.[58] Gemeint war damit wahrscheinlich einerseits der „Geschäftsleiter", ein Lehrbuch des Kanzleistils und der amtlichen Genres aus dem Jahre 1791,[59] und vor allem sein drei Jahre darauf erschienenes Buch „Polizei praktisch", ein Handbuch der Polizeiarbeit und überhaupt der öffentlichen Verwaltung

---

54 SObA Litoměřice, KÚ Litoměřice, Sign. Publ 16/23, Kart. 737.

55 Jílková: „A nad jejich chováním a činy bedlivé oko míti…"/2010, 61–64.

56 Die Nachricht über die Ernennung Eichlers findet sich im SObA Litoměřice, KÚ Litoměřice, Sign. Publ 16, Kart. 739, Prag, 28. 5. 1801. Die Quellen zu seiner Berufung auf die Stelle des Prager Polizeikommissars finden sich im NA, PG, Sign. 3, Kart. 84, Prag, 20. 12. 1798, Eichlers Stellengesuch; Prag, 6. 12. 1798 (falsch datiert mit 1799), Bericht von Wratislaw; Prag, 8. 1. 1799, gubernialer Besetzungsvorschlag an den Kaiser (Abschrift); Wien, 14. 1. 1799, Pergen übermittelt die Zustimmung des Herrschers zu Eichlers Ernennung.

57 NA, PG, Sign. 3, Kart. 84, Prag, 20. 12. 1798, Eichlers Bewerbung um die Stelle eines Kommissars der Prager Stadthauptmannschaft.

58 NA, PG, Sign. 3, Kart. 84, Empfehlung Wratislaws vom 6. 12. 1798: Eichler habe „sich durch sein rechtschaffenes Betragen auf das vortheilhafteste auszeichnet, alle jene Eigenschaften besitzet, die der höchste Dienst bei einem, diesem Geschäfte gewachsenen Manne voraussetzet. So sehe ich mich verpflichtet, diesen von mir hinlänglich geprüften und immer bewährten Supplikanten Andreas Chrysogon Eichler, der überdies durch seine Anhänglichkeit an Monarchen und Vaterland bei mehreren Handlungen, vorzüglich in seinen Schriften, sehr viel zur guten Stimmung des Volks beigetragen, und überhaupt bei jeder Gelegenheit Beweise eines wahren Patrioten und treuen Bürgers des Staats abgelegt hat, zu der erledigten letzten Polizeikommissärsstelle […] vorzuschlagen".

59 Eichler, Andreas Chrysogonus: Der Geschäftsleiter oder praktischer Unterricht für jene, die sich den öffentlichen Geschäften bey verschiedenen Aemtern z. B. bey Landesregierungen, Kreisämtern, Magistraten, Ortsobrigkeiten u.s.w. widmen wollen von A. K. E., Prag 1791.

für die Ämter verschiedener Ebenen, das aufgrund großer Nachfrage 1803, 1808 und 1815 jeweils neu aufgelegt wurde.

Die erste und die letzte Ausgabe von „Polizei praktisch" enthält zwar die gleiche Passage, die dem Meldesystem gewidmet ist, hinsichtlich seiner Seitenanzahl wuchs das Handbuch jedoch über zwanzig Jahre hinweg auf das Doppelte an und spiegelte damit die Entwicklung oder, wenn man so will, die wachsende Komplexität des „Innen"-Resorts jener Zeit wider. Mehr Aufmerksamkeit schenkte Eichler 1815 unter anderem der Frage, wie lokale „politische Obrigkeiten", vor allem Stadträte, die Untersuchung „schwerer polizeilicher Übertretungen" zu führen hätten, die ihnen gemäß Strafgesetzbuch aus dem Jahre 1803 oblag (worauf Eichler übrigens auch im Untertitel seines Handbuchs hinwies). In der letzten Ausgabe definiert er die Übersicht über die ankommenden Fremden als eine der Hauptaufgaben der Polizei und druckt für die Stadtverwaltungen sowohl das Muster eines Meldezettels als auch eines Meldeprotokolls ab. Ab 1801 galt eine neue Passpflicht, weswegen Eichler außer der Reproduktion der betreffenden Verordnung auch ein Passformular inkludierte, das für einheimische Reisende bestimmt war. Schlussendlich umfasste das Handbuch auch das Muster eines Schubpasses, eines Rezepisses, also der Bestätigung über die Übernahme einer abgeschobenen Person, und ein Muster eines vorausgefüllten Schubzettels mit festgelegter Strecke.[60]

In Teplitz übernahm Eichler – dekoriert mit seinem Prager Titel „Polizeioberkommissär", dort aber die „k. k. Kurinspektion" repräsentierend – die staatspolizeiliche Überwachung verdächtiger Fremder, obwohl er in den Revolutionsjahren auch Berichte über die Stimmungen bei der Landbevölkerung verfasste[61] und während der Saison ständig mit der Prager Stadthauptmannschaft bzw. mit dem Präsidenten des Guberniums oder auch direkt mit dem Polizeiminister in Wien kommunizierte. Im August 1805 forderte der neue Gubernialpräsident Wallis, die Inspektionskommissare sollten regelmäßige Berichte direkt an ihn senden und nur im Falle seiner Abwesenheit oder von Verzugsgefahr auch gleichzeitig an die Stadthauptmannschaft. Die geheimen Berichte aus den drei Kurstädten wurden zunächst bei der Prager Stadthauptmannschaft

---

60 Eichler, Andreas Chrysogonus: Die Polizei praktisch oder Handbuch für Magistrate, Wirtschaftsämter, Aerzte, Wundaerzte, Apotheker, u.s.w. dann für alle, denen die Aufsicht auf die Polizeigegenstände oblieget, oder die von ihr gründlich unterrichtet seyn wollen, mit Anführung der ergangenen Gesetze, dann der neuen Strafgesetze nach dem Patente vom 3. Septemb. 1803, Prag ⁴1815, 302–314. Der Schubzettel mit der festgelegten Route hieß im Handbuch „Marschroute".

61 NA, PG, Sign. 15c, Kart. 236, Prag, 19. 9. 1800, gubernialer Begleitbrief an Pergen zum Bericht über die Stimmung des Landvolkes, verfasst von Wratislaw und Eichler (Konzept), der unter anderem die Meldung einhielt, „daß bei einem beträchtlichen Theile des böhmischen Landvolkes auch jener höchst alberne Wahn noch bestehe, daß May. Kaiser Joseph der IIte noch am Leben sey".

gesammelt, die sie sodann dem Gubernium übergab, damit sie schließlich kommentiert an das Wiener Polizeiministerium weitergegeben werden konnten.[62]

Eichler war es z. B. auch, der im Auftrag des Polizeiministers und auf der Basis seiner früheren (Prager) Kontakte und Kenntnisse Anfang Juli 1805 in Teplitz aus dem Gedächtnis detaillierte Beschreibungen (in seinen eigenen Worten „Signalements") zweier „Abenteurer" anfertigte, des Baron Baar/Barr, eines ursprünglich aus Hannover stammenden kurpfälzischen Kammerdieners, und eines dänischen Juden namens Franz von Rollé. An beiden Beschreibungen fällt auf, dass sie nicht nur statisch das Äußere der beiden Personen erfassen, sondern auch charakteristische Verhaltensweisen, die über den Rahmen der in solchen Schriftstücken üblichen Informationen zu den Sprachkenntnissen der Gesuchten hinausgingen. Baar war nach Eichlers Beschreibung „in seinem Betragen und Umgange [...] sehr fein" und sprach „gerne und gut französisch". Von Rollé „hat schöne weiße Zähne, und ist daran sogleich erkennbar, daß er im Reden den Mund weit auseinander zieht, und die Zähne stark sehen läßt. Er trägt sich eben elegant. Er spricht fast alle gangbaren Sprachen und mit Fertigkeit; läßt gern seinen Witz glänzen; weißt von allen Ländern und von allen großen Männern zu erzählen, mit deren Bekanntschaften er sich gerne rühmet. Wenn er jemandem etwas erzählt, so tritt er sehr nahe an den Leib. Er führt eine Menge Briefe und Schriften bei sich. Aus Russland wurde er abgeschafft. Selbst in Dänemark will man ihn nicht leiden."[63]

Als Kurinspektor in Teplitz übernahm Eichler auch öffentliche und organisatorische Aufgaben. Als es 1801 und 1802 in der Stadt und ihrer Umgebung mehrere Morde und Überfälle gab, stellte der Stadtrat auf Kosten der Einwohner für die Sommersaison 1802 eine vierköpfige Polizeiwache auf. Die Einnahmen der Stadt reichten jedoch nicht aus, um die Polizeimannschaft dauerhaft zu bezahlen. Das Kreisamt von Leitmeritz beschloss „zur Aufrechterhaltung der inneren Sicherheit" eine „vollständige Polizei" einzurichten, aber während Bayerwek, der erste Kreiskommissar, der mit Eichler zusammen in Teplitz arbeitete, sie aus einer erhöhten „Pflastermaut" bezahlen wollte, die von allen Kurgästen erhoben werden sollte, schlug der Kreishauptmann Bernard Mayer vor, nach dem Karlsbader Vorbild zu verfahren – die Stadt sollte das „Ein- und Ausblasen" der eintreffenden und abreisenden Gäste vom Turme aus übernehmen und darüber hinaus ihre Namen in gedruckten Listen veröffentlichen, wofür eine Gebühr von einem Gulden von bürgerlichen und von zwei Gulden von adligen Besuchern

---

62 NA, PG, Sign. 15b, Kart. 230, Prag, 24. 8. 1805, Wallis an den Prager Stadthauptmann, den Elbogener Kreiskommissar und die Inspektionskommissare in Teplitz und Franzensbad (als Unterlage diente Sumeraus Entscheidung vom 25. 7.); Kart. 231, Prag, 1. 8. 1806, Kommissar Melchers übergibt in Vertretung des Stadthauptmanns die geheimen Polizeiprotokolle aus Karlsbad, Teplitz und Franzensbad an den Gubernialpräsidenten Wallis.

63 NA, PG, Sign. 15b, Kart. 230, Wien, 1. 7. 1805, Sumerau beauftragt Eichler, die Beschreibungen zu verfassen; Teplitz, 2. 7. 1805, Eichlers Beschreibungen von Baar und von Rollé; Prag, 10. 7. 1805, Präsident des Guberniums schickt die Beschreibungen an den Bancogefälleadministrator Holbein.

Abb. 10 *Andreas Chrysogonus Eichler*

A. C. Eichler.
k. k. Rath, Ritter des preuss. rothen Adler Ordens und
Mitglied der Gesellschaft für die Mineralogie in Jena

erhoben werden sollte.[64] (Übrigens wird bis heute auf der Basis solcher Listen, der sogenannten Kurlisten, die aus den Meldeprotokollen zusammengestellt werden, der Aufenthalt bekannter Persönlichkeiten in den Kurorten dokumentiert und öffentlich präsentiert.)

Zwei Jahre darauf, Anfang 1804, übermittelte Eichler gemeinsam mit dem Leitmeritzer Kommissar Johann Bayerwek einen detaillierten Bericht über die Missstände in Teplitz an den Präsidenten des Guberniums Johann Rudolph Chotek. Ähnlich wie der Bericht von Sweerts aus dem Jahre 1789 bemängelte auch dieser Bericht den schlechten Zustand der Straßen, die unzureichende Versorgung und auch den Schmutz und die Unbequemlichkeit des Kurortes, ebenso wie das Fehlen von Pflaster und öffentlicher Beleuchtung, die zu den „Polizeianstalten" im traditionellen Sinne gehörten. Unter dem Punkt „Polizeiverfassung" scheint aber aus dem Bericht auf, dass es zur notwendigen

---

64 Die Vorschläge, in Teplitz eine Polizei zu errichten, finden sich im SObA Litoměřice, KÚ Litoměřice, Sign. Publ 16, Kart. 741, Leitmeritz, 6. 5. 1802, Vorschlag des Kreisamtes an Gubernium und Teplitzer Oberamt (Konzept); Leitmeritz, 3. 6. 1802, Vorschlag des Kommissars Bayerwek mit dem Kommentar des Kreishauptmannes Mayer, wie die Teplitzer Polizei zu finanzieren wäre (Konzept); Leitmeritz, 15. 7. 1802, Bayerwek legt die Unmöglichkeit dar, die Polizei aus den städtischen Einkünften zu finanzieren (Konzept). Zu den ältesten gedruckten Verzeichnissen von Badegästen, den sogenannten Kurlisten, von 1801 und 1802 Jílková: „A nad jejich chováním a činy bedlivé oko míti…"/2010, 66–67; Kilián, Jan et al: Teplice, Praha 2015, 190–191.

„Systemisierung" der Polizei noch nicht gekommen war. Guberniumspräsident Chotek urteilte in Reaktion auf den Bericht, die Einnahmen der Stadt seien so gestiegen, dass sie die jährlichen Kosten von 761 Gulden und 15 Kreuzern für einen Korporal und vier Soldaten tragen könnten, und befahl deshalb vermittels der Stadthauptmannschaft Eichler, für diese „regulierte" Polizei eine Instruktion zu entwerfen.[65] Abschließend sprach Chotek Eichler über die Stadthauptmannschaft eine besondere Belobigung für sein vielseitiges öffentliches Engagement in Teplitz, vor allem bei der Gründung und Weiterentwicklung des Heilinstituts Dr. John für arme Kranke, aus.[66] Für Eichler handelte es sich dabei nicht nur um eine karitative Freizeitbeschäftigung, sondern um eine Art von Sicherheitsmaßnahme – in diesem Institut erhielten nämlich jene Armen Unterkunft, Nahrung und Behandlung, die seiner Aussage nach ansonsten durch ihre Anwesenheit und Bettelei die übrigen Kurgäste belästigt und damit eine Bedrohung für die Ordnung in der Stadt dargestellt hätten. So hatte das Institut bezeichnenderweise den Charakter einer Kontroll- und Erziehungseinrichtung – den Kranken wurde bei ihrem Eintritt am linken Arm ein Kupferplättchen mit den Buchstaben T.B.H. (wahrscheinlich Teplitz Bad Heilanstalt) sowie der Protokoll- und der Bettnummer befestigt. Wenn sie gegen das Bettelverbot verstießen, konnte sie jeder anhand der Nummer bei der Institutsverwaltung anzeigen. Eichler selbst erwähnt das derart funktionierende „Institut Doktor John" – mitsamt einer unpersönlichen Bemerkung zu seinem eigenen Engagement – unter anderen öffentlichen Einrichtungen in seiner Beschreibung des Kurortes aus dem Jahre 1815, in der er seine langjährigen Kenntnisse von Teplitz und Umgebung zusammenfasste.[67]

Jedoch wurden nicht nur mittellose Kurgäste der Kontrolle unterzogen: Die Melderegel sollte auch für adlige Besucher gelten. Das bekam 1801 auch der kaiserliche Kämmerer Graf O'Kelly zu spüren, der ehemals habsburgischer Gesandter in Dresden gewesen war. Bei seiner Ankunft in Teplitz im Juni hatte er nämlich nicht seinen eigenen Namen in die erste Spalte des Meldezettels eingetragen, sondern nur den Namen seines Pferdes und seines Hundes. Der Inspektionskommissar (wahrscheinlich

---

65 Es ist nicht gelungen, den Bericht von Bayerwek und Eichler zu finden. Dessen Inhalt kann allerdings aus der Reaktion des Gubernialpräsidenten Chotek rekonstruiert werden; NA, PŘ I., Kart. 23, Prag, 29. 3. 1804.

66 Kilián, Teplice/2015, 173, 191, spricht von einer „Heilanstalt für Arme". Vor der Rückkehr in seine Geburtsstadt Teplitz wirkte Johann Dionys John (1764–1814) nach dem Studium in Prag unter anderem als Professor der Gesundheitspolizei und war ein Vorreiter des öffentlichen Gesundheitswesens. Dazu ausführlicher Tinková, Daniela: Tělo, věda, stát. Zrození porodnice v osvícenské Evropě [Körper, Wissenschaft, Staat. Die Geburt der Gebäranstalt im Europa der Aufklärung], Praha 2010, 526, Anm. 37.

67 Eichler, Andreas Chrysogonus: Beschreibung von Teplitz und seinen mahlerischen Umgebungen. Ein Taschenbuch für Brunnengäste und Reisende, Prag 1815, zu Johns Institut 53–60. Höchstwahrscheinlich handelt es sich nicht um eine Neuausgabe des anonymen Textes Beschreibung von Teplitz in Böhmen, Prag 1798. In diesem Jahr war Eichler noch nicht in Teplitz tätig, auch unterscheiden sich die beiden Texte in ihrer Struktur und ihrem Informationsgehalt zu den einzelnen Objekten voneinander.

Eichler) unterbreitete die Sache der Prager Stadthauptmannschaft und diese wiederum dem Gubernium. Dieses schlug dem Polizeiminister vor, O'Kelly mit einem Bußgeld zu bestrafen, umso mehr, weil er „als k. k. Kämmerer, und als hierländiger Kavalier, der das wichtige Amt eines Gesandten begleitete, eine weise und höchst nothwendige Polizeÿanstalt lächerlich machte, und den Fremden hierdurch Gelegenheit zum Spott, und zur muthwilligen Nachahmung öffnete". Pergen schloss sich dem Vorschlag an und nicht einmal ein Gnadengesuch konnte O'Kelly vor der empfindlichen Geldbuße bewahren.[68]

Weil die Kurorte Reiseziele des Adels, also der aus Sicht der Staatssicherheit „interessanteren" Gäste darstellten, aber auch, weil sie übersichtlicher waren, galten dort strengere Kontrollprinzipien für anreisende Personen als z. B. an den Landesgrenzen. Auch nach 1792 bzw. nach der Einführung der Passpflicht für in die Monarchie einreisende Ausländer im Jahre 1793[69] hätte wahrscheinlich an der Grenze niemand einen Mann wie O'Kelly aufgehalten – nicht nur, weil er aus österreichischer Sicht ein „Einheimischer" war, sondern auch wegen seines adligen Standes bzw. wegen seines Äußeren und seines Gebarens. Als nämlich Ende 1793 das Gubernium die Zollbeamten mit der Passkontrolle an der Grenze beauftragte, stellten „andere ansehnlichere Personen, deren Aussehen für ihre Rechtschaffenheit gleichsam Bürgschaft leistet", eine der Gruppen dar, die davon ausgenommen waren.[70] Die unterschiedliche Herangehensweise an die verschiedenen sozialen Gruppen, die im böhmischen Kontext eine lange Tradition hatte und beispielsweise auch im Patent gegen die Landstreicherei von 1723[71] enthalten war, blieb auch in der Zeit der gründlichen Passkontrolle bestehen. Angesichts dessen, dass sich der Adel auch noch im 19. Jahrhundert gegen die Passprozeduren und vor allem gegen die Beschreibung des Äußeren wehrte oder sich ihr nur widerwillig unterzog,[72] stellte O'Kellys Umgang mit dem Teplitzer Meldezettel nicht unbedingt eine individuelle

---

68 NA, PG, Sign. 15b, Kart. 227, Prag, 12. 10. 1801, Schreiben des Gubernialpräsidenten an Pergen (Konzept). Die Stadthauptmannschaft sandte O'Kellys Meldezettel am 27. 6. an das Gubernium, am 3. 7. wurde dieser retourniert mit dem Befehl, seine Echtheit direkt bei O'Kelly zu überprüfen. Dazu kam es erst nach der Rückkehr O'Kellys nach Prag am 3. 10. Pergen entschied am 22. 10. über die Strafe und am 14. 11. wies er O'Kellys Berufung zurück. (Beim Identifizieren des Reichsgrafen Dillon Johann Wilhelm O'Kelly de Gallagh et Tyccoly half mir Anna Pilátová.) Die Bestrafung von Personen, die bei der Anmeldung einen falschen Namen benutzten bzw. das ganze System lächerlich machten, wurde bei der Einführung des Meldesystems im Juli 1787 auch in der Begleitverordnung des Prager Magistrats erwähnt; AHMP, MHPM I.-Publ., 1787, Sign. II/165, Kart. 139 (Konzept).

69 Stoklásková, Cizincem na Moravě/2007, 33, Anm. 70.

70 NA, PG, Sign, 15b, Kart. 222, Prag, 31. 12. 1793, Gubernialpräsident an Bancogefälleadministrator Schreckhausen (Konzept).

71 Himl: Zrození vagabunda/2007, 82–83.

72 Fahrmeir, Andreas: Governments and Forgers: Passports in Nineteenth-Century Europe, in: Torpey, John/ Caplan, Jane (Hg.): Documenting Individual Identity. The Development of State Practices in the Modern World, Princeton – Oxford 2001, 218–234, hier unter anderem 228–229.

Caprice dar. 1801 waren die Meldezettel darüber hinaus eine schon verhältnismäßig gut etablierte Praxis und O'Kelly hatte als Gesandter selbst laufend verschiedenste Passier- und Identifikationsdokumente ausgestellt.

Pässe, Strecken und die allwissende Polizei

Die angestrebte Verschärfung der Kontrollen von Fremden bzw. Ausländern an den österreichischen Grenzen im Jahre 1793 setzte eine größere Zahl von Beamten und eine Optimierung der Informationsweitergabe zwischen den einzelnen Ämtern voraus. An diesen „Landespolizeianstalten", wie das Gubernium das System bezeichnete, das der Kontrolle des grenzüberschreitenden Personenverkehrs diente, interessieren uns hier die amtlichen Kompetenzen, Prozeduren und die von ihnen hervorgebrachten Dokumente. Vereinfacht gesagt beruhte das System auf zwei unterschiedlichen Prinzipien, die im Laufe des 18. Jahrhunderts allmählich miteinander verschmolzen: auf einem zuverlässigen Identifikationsdokument als Bedingung für die Reise und auf der zentralen Sammlung von Informationen über die Bewegung der Person zwischen verschiedenen Orten. Ähnlich wie in den Kurorten strebte man an, von einem Ort aus und in Echtzeit ständigen Überblick darüber zu haben, wer sich wo aufhielt. Während die – wenn auch aus heutiger Sicht unvollkommenen – Reisedokumente unterschiedlichsten Typs eine lange frühneuzeitliche Tradition aufweisen, lässt sich die Zentralisierung der Aufsicht mit Recht als Neuerung bezeichnen. An dieser waren sowohl die bestehenden staatlichen Ämter (besonders die Kreisämter) und die mit der Ausübung der Staatsmacht betrauten Ämter (besonders die städtischen und obrigkeitlichen Ämter), als auch die neu entstandenen Zollämter beteiligt, die auf die Kontrolle von Waren, aber auch von Personen an der Grenze ausgerichtet waren.

In den Reiseangelegenheiten mischten sich somit zwei Aufgabenfelder: die Reglementierung der Bewegung der einheimischen Bevölkerung und die Kontrolle „fremdländischer" Personen, die in die Monarchie einreisten. Was die Erteilung von Reiseerlaubnissen für die eigenen Einwohner betraf, bildete die österreichische bzw. Habsburgermonarchie kein einheitliches Ganzes, da die militärische Dienstpflicht in ihrem westlichen Teil für die Erfassung der Bevölkerung eine bedeutende Rolle spielte. Die Reisemodalitäten für die verschiedenen Bevölkerungsgruppen in diesem Teil der Monarchie, also in den böhmischen und österreichischen Erblanden, regelte ab 1784 das sogenannte Auswanderungspatent. Diesem zufolge sollten sogar all diejenigen Personen, die beabsichtigten die Kreisgrenze zu überschreiten, bei den lokalen Obrigkeiten einen Pass beantragen.[73]

---

73 Himl: Zrození vagabunda/2007, 299–300; Stoklásková: Cizincem na Moravě/2007, 124–125; NA, Sbírka patentů [Patentsammlung], Patent Josephs II. vom 10. 8. 1784.

Diese Obrigkeiten, zumeist die Magistrate, sollten die von ihnen ausgestellten einmaligen Pässe in ein Passprotokoll eintragen. Noch im Jahre 1788 aber wurde z. B. im Prachiner Kreis bei der Kreisbereisung kein einziges solches Protokoll vorgefunden und zwei Jahre darauf sah es im Pilsener Kreis nicht viel besser aus.[74] In Nettolitz, das im Prachiner Kreis lag, ist erst seit 1793 ein Passprotokoll erhalten (dies hängt jedoch offensichtlich nicht mit den verschärften Kontrollen von ins Land einreisenden Fremden zusammen), ab 1800 sind darin die Aufzeichnungen über die während jeden Jahres ausgegebenen Pässe durchlaufend nummeriert. Die Protokolle von Nettolitz zeigen eine recht unterschiedliche Praxis – der Stadtrat gab Pässe sowohl an Einheimische als auch an fremde Personen aus und er tat es auch für Reisen innerhalb des Kreises, also für solche, für die – zumindest den geltenden Normen zufolge – keine Pässe erforderlich waren. Unter den 13 Pässen, die im Jahre 1800 ausgestellt wurden, finden wir aber auch Reisedokumente in andere österreichische Länder (der Chirurgus Thomas Neureuter plante eine Reise nach Wien, um sich dort in Geburtshilfe prüfen zu lassen), ebenso wie einen gemeinsamen Pass für drei Häusler, die in St. Pölten und Pressburg Pferdehandel betreiben wollten. Abwesenden Ortsansässigen, die nach Nettolitz zurückkehren wollten, stellte der Stadtrat Reisepässe auch per Brief aus. Ziel und Zweck der Reise sowie teilweise auch die Reiseroute wurden auch im zur einmaligen Nutzung vorgesehenen Pass vermerkt, was eine wiederholte Verwendung unmöglich machte. Je mehr Angaben zugleich im Pass und im Passprotokoll standen, desto leichter konnten fremde Ämter durch Nachfragen die Echtheit von Dokumenten überprüfen, die wie in Nettolitz ausgestellte Pässe aussahen.[75]

Die Protokolle konnten gleichzeitig auch den Kreisämtern zur Kontrolle der städtischen Passausstellungspraxis dienen. Diese Kontrolle erfolgte traditionellerweise während der Kreisbereisung durch die Kreiskommissare. Nachdem 1790 die monatlichen Polizeiberichte eingeführt worden waren, flossen die Informationen über die Amtsführung der Städte über die Kreise direkt zum Gubernium und dieses legte sie zur Auswertung unter anderem auch der Prager Polizeidirektion vor. Die Listen der von

---

74 SOkA Prachatice, AM Netolice, Sign. I-Ch-c, Kart. 40, Písek, 8. 3. 1788, Rundschreiben des Prachiner Kreisamtes (Abschrift datiert in Netolice am 28. 3. 1788) über die Verbesserung von Passausstellung und -evidenz. Für den Pilsener Kreis vgl. NA, ČG-Publ, Sign. 51/7, Kart. 1276, Prag, 26. 5. 1791, Anmerkungen des Guberniums zu den Kreisbereisungsprotokollen: „Wurden bei den meisten Ämtern und Magistraten keine Protokolle über die zu auswärtigen Diensten erteilten Päße vorgefunden. Das Kreisamt hat daher deren Verlegung sogleich allen Wirtschaftsämtern und Magistraten mit dem Beisatz aufzutragen, daß in diesen Protokollen vorzüglich der Ort, wohin sich ein oder der andere Unterthan und auf wie lang begeben habe, erscheine."

75 SOkA Prachatice, AM Netolice, Buch II-336, Passprotokoll aus den Jahren 1793–1838. Zur Ausstellung von Pässen für die inländischen Reisen in der ersten Hälfte des 19. Jahrhunderts Hlavačka, Milan (unter Mitarbeit von Jan Němec): Ta pravá mobilita: cestování [Die echte Mobilität: Reisen], in: Hojda, Zdeněk/ Prahl, Roman (Hg.): Kultura a umění v českých zemích kolem roku 1800, Praha 2000, 329–339, hier 331–332.

den Magistraten ausgestellten oder kontrollierten (vidierten) Pässe selbst wurden nicht nach Prag geschickt, standen aber, wenn nötig, jederzeit zur Verfügung. Die Polizeidirektion äußerte sich eher zur Art und Weise, wie die Städte die Passangelegenheiten administrierten. Aus einem Kommentar von Kommissar Melchers von Oktober 1808 geht beispielsweise hervor, dass der Stadtrat von Winterberg/Vimperk auch die Pässe durchreisender Fremder kontrollierte und in die Protokolle eintragen ließ. Kritisiert wurde der Stadtrat allerdings dafür, dass er weder deren Vidierung durch die zuständigen Autoritäten, d. h. die Einreisegrenzämter, prüfen ließ, noch verdächtige Dokumente samt ihren Inhabern zum Kreisamt schickte.[76]

Nach Ausbruch des Kriegs gegen Frankreich im Jahre 1792 richtete sich die Aufmerksamkeit der Ämter zunächst auf die Fremden: Kreise, die an das Heilige Römische Reich, d. h. an Bayern oder Sachsen grenzten, hatten jegliche Anwesenheit solcher Personen regelmäßig dem Gubernium zu melden. Es überrascht nicht, dass eine derart allgemeine und flächendeckende Maßnahme – ebenfalls als „Anzeigewesen" bezeichnet –, nicht eingehalten wurde.[77] Ab Ende 1793 wurde die Kontrolle Fremder hauptsächlich an die Landesgrenzen verlegt. Zwar war sie schon früher unspezifisch von den „politischen Obrigkeiten" der Grenzstädte und -gemeinden – am häufigsten der Orte, wo Landstraßen die Grenze querten – ausgeübt worden, also von den Bürgermeistern, Dorfrichtern oder von den obrigkeitlichen Beamten. Nun jedoch wurden auch die relativ neuen und vor allem staatlichen Zollämter mit der Kontrolle beauftragt (obwohl sich der „Bancogefälleadministrator", d. h. Landeszolldirektor Franz Schreckhausen, zunächst gegen diesen Auftrag wehrte, mit der Begründung, die Zollbeamten seien keine Polizisten und verfügten über keinerlei Exekutiv- bzw. Zwangsvollmachten).[78] Ihre Aufgabe sollte aber ausschließlich die Passkontrolle und die Überstellung von Personen ohne Pass oder mit für die Weiterreise verdächtigen Pässen an die politischen Obrigkeiten sein.[79]

Ein halbes Jahr später verpflichtete das Gubernium die Zollämter erneut, von allen einreisenden Fremden Pässe zu fordern bzw. sie solchen Personen auszustellen,

---

76 NA, PG, Sign. 15b 8, Kart. 503, Prag, 22. 10. 1808, Kommentare des Kommissars Melchers zu den Polizeiberichten aus dem Prachiner Kreis vom August 1808.

77 Die Nichtbefolgung der Maßnahme vom 9. 11. 1792 geht aus der erneuten Verordnung des Guberniums an diese Kreise vom 24. 7. 1794 hervor; NA, PG, Sign. 15b, Kart. 223 (Konzept), über die Maßnahme steht hier: „Um nun diesem Anzeigewesen, welches in dermaligen Zeitumständen von besonderer Erheblichkeit ist, jene Konsistenz zu verschaffen, durch welche man die Zahl, Eigenschaft und Reisen der hereinkommenden Ausländer jederzeit evident zu halten in Stand gesetzt und gegen die Einschleichung verdächtiger Fremden und Landstreicher standhaft gesichert werde, wird folgendes […] angeordnet".

78 NA, PG, Sign. 15b, Kart. 222, Prag, 16. 12. 1793, Note von Franz Schreckhausen an den Gubernialpräsidenten. Zur Zollgrenze und den Zollkontrollen in der Habsburgermonarchie des 19. Jahrhunderts Saurer, Edith: Straße, Schmuggel, Lottospiel. Materielle Kultur und Staat in Niederösterreich, Böhmen und Lombardo-Venetien im frühen 19. Jahrhundert, Göttingen 1989, 137–146.

79 NA, PG, Sign. 15b, Kart. 222, Prag, 31. 12. 1793, Präsidium des Guberniums an Franz Schreckhausen.

in deren Ländern die Ausstellung von Pässen bis dato nicht üblich war (England, Polen). Zugleich wurde ein Muster erlassen, wie die Vidierung eines Passes, also die Bescheinigung über das Überschreiten der Grenze, auszusehen habe: „Passirt Haupteinbruchsamt Klentsch den 4ten Aug. 1794, und gehet über Teinitz und Pilsen nach Rockitzan. Andreas Preiß Einnehmer".[80] Auch die Informationspflicht der Grenzzollämter gegenüber dem Staat wurde erweitert – die Listen von ins Land einreisenden Fremden sollten nicht wie bisher (da die Reisenden häufig nach Prag unterwegs waren) von der Grenze nur an die Prager Stadthauptmannschaft geschickt werden, sondern auch an das zuständige Kreisamt. Später schickten die grenznahen Kreise dem Gubernium „Passanten-Listen" der Einreisenden.[81] Da mit der Kontrolle Fremder, die die Grenze jenseits der Hauptverkehrsachsen und -grenzübergänge überschritten, auch die Herrschaften und Gemeinden beauftragt waren, forderten die Kreisämter solche Listen auch von ihnen.

Auf der Basis eines Erlasses des Gubernialpräsidiums von Juli 1794 wurde im März 1795 ein neues Formular zur Erfassung von Grenzüberschreitungen („Anzeigstabelle"/„Gränztabelle") herausgegeben. Nunmehr musste darin auch der Geburtsort aller Gefolgspersonen des Passinhabers eingetragen werden, ferner der Mitreisenden und der gesamten Dienerschaft, „welche eben so gefährlich als ihre Herren sein können". Für die Grenzbeamten verkomplizierte dieses Formular vieles. Zwei von ihnen, Ludwig Perle und Johann Schreibinger vom Grenzübergang in Peterswald, wiesen darauf hin, dass die neue Vorschrift faktisch Verhöre der Reisenden voraussetze, da die Namen und Geburtsorte des Gefolges nicht in die Pässe eingetragen werden mussten. Da „mancher Passant besonders hochansehnlicher aber bisweilen schon auf die blose Nachfrage aufn Pass die Nase rümpft", forderten beide, dass „eine löbl. Stadthaupmannschaft hierzu eine eigene Stellsverordnung bewirke, welche durch gehörige Wege kundgemacht werde, und somit den nachfragenden Beamten in Stand setze, dass er sich darüber ausweisen kann und nicht, wie es wohl möglich ist, einer willkürlichen und eigenmächtigen Anmaßung und unbescheidenen Betragens culpiret werde".[82] Ob die Anordnung der Stadthauptmannschaft dazu beitrug, den Grenzzollbeamten mehr Respekt zu verschaffen, bleibt fraglich.

---

80 NA, PG, Sign. 15b, Kart. 223, Prag, 24. 7. 1794, umfangreiche Anordnung des Guberniums zur Kontrolle von Fremden an den Grenzen und im Landesinneren, die an alle betroffenen Behörden (Zolldirektor, Kreis- und Herrschaftsämter, Stadthauptmannschaft, Polizeiminister Pergen) verschickt wurde. Dieses Kontrollsystem („Anzeigewesen") wurde am 19. 8. 1794 von Pergens Stellvertreter Saurau gebilligt.

81 Z. B. NA, PG, Sign. 15b, Kart. 503, Klattau/Klatovy, 13. 9. 1808, vorgedrucktes „Verzeichnis der vom 10ten bis 13ten September 1808 vorgekommenen Passanten".

82 NA, PG, Sign. 15c, Kart. 235, Peterswald, 9. 3. 1795, Brief der „Kommerzialgränzzollbeamten" an die Prager Stadthauptmannschaft; Prag, 11. 3. 1795, Präsidium des Guberniums schickt das Grenztabellenformular an den obersten Zolladministrator Schreckhausen und ordnet dessen gewissenhaftes Ausfüllen an; Prag, 13. 3. 1795, Note des Polizeidirektors Wratislaw an das Präsidium des Guberniums mit der Anordnung der detaillierteren Registrierung.

Zwei Jahre darauf war nach Auskunft von Polizeidirektor Wratislaw das Grenzamt von Peterswald eines der nachlässigsten hinsichtlich der Überwachung einreisender Personen. Zwischen dem 22. Juni und dem 22. Juli 1797 registrierte das Amt nur einen einzigen Reisenden unter der laufenden Nummer 39. Wratislaw hielt es für unwahrscheinlich, dass ausgerechnet in Peterswald, wo von Norden her die Hauptstraße nach Teplitz und Prag entlangführte, binnen eines halben Jahres nur weniger als vierzig Personen die Grenze überschritten hätten, besonders da er wusste, dass über diesen Grenzübergang auch eine große Zahl von Personen per Schub ausgewiesen wurde. Dies hatte zur Folge, dass das Gubernium mittels des obersten Zollverwalters Schreckhausen die Androhung eines Bußgelds in Höhe von 10 Talern nach Peterswald sandte.[83]

Auf dem Land sollte ein ähnliches Meldesystem Anwendung finden wie in Prag und in den Kurorten – wer Fremde beherbergte, sollte sie mit Hilfe der Dorfrichter dem obrigkeitlichen Amt vorführen, wo ihre Passierscheine vidiert wurden. Größere Herrschaften und Städte hatten vom 1. September 1794 an die Angaben über solchermaßen kontrollierte Fremde in spezielle Protokolle einzutragen. Von den Passdaten sollten vor allem das Ausstellungsdatum des Reisedokuments, seine Vidierung und gegebenenfalls die vom Grenzamt vorgeschriebene Reiseroute erfasst werden. Kopien dieser Protokolle sollten alle acht Tage dem Kreisamt und von dort aus nach Kreisen zusammengefasst direkt dem Präsidenten des Guberniums übersandt werden. Das Gubernium wertete die Listen der eingereisten Personen selbst aus und unterbreitete sie nachfolgend direkt dem Polizeiminister in Wien.[84] Als unabhängige Kontrollinstanz für das staatliche Zollamt fungierte ein anderes staatliches Amt, nämlich die Post – das erste Postamt hinter der Grenze hatte bei Pferdewechseln die Pässe aller Reisenden mit der angeordneten Strecke zu überprüfen und auch festzustellen, ob die Dokumente von den Zollbeamten ordnungsgemäß vidiert worden waren. Fehlte eines dieser Dokumente, war das Postamt sogar berechtigt, die Person der lokalen Obrigkeit bzw. dem Kreisamt zu übergeben.[85]

Zu Anfang funktionierte nicht einmal das solcherart durchdachte Kontrollsystem so reibungslos, wie es die Beteiligung fast aller öffentlichen, also staatlichen, obrigkeitlichen und städtischen Ämter sowie der rege Informationsaustausch unter ihnen vermuten lassen könnte. Allerdings ging es nicht allein um die Regulierung der Einreise und allgemein Personenbewegung anhand konkreter sicherheitspolitischer Kriterien. Parallel

---

83 NA, PG, Sign. 15c, Kart. 236, Prag, 3. 8. 1797, Beschwerde Wratislaws beim Gubernium, die am 5. 8. zusammen mit der Strafandrohung an Schreckhausen weitergeleitet wurde.

84 NA, PG, Sign. 15b 6, Kart. 503, Wien, 12. 5. 1808, die Polizeihofstelle (Sumerau) bemängelt bei Gubernialpräsident Wallis, dass die Grenzrapporte zu spät in Wien eintreffen, um effektiv genutzt werden zu können. Sumerau ordnete daher an, dass die Grenzbeamten sie alle 3–4 Tage (und nicht wie bisher alle 8–14 Tage) verfassen und einsenden sollen.

85 NA, PG, Sign. 15b, Kart. 223, Prag, 24. 7. 1794, Anordnung des Guberniums zur Kontrolle von Fremden an den Grenzen und im Landesinneren.

dazu wurden die innerbehördliche Kommunikation und die innerbehördlichen Abläufe verstetigt und perfektioniert, also die Art und Weise, wie die Amtshandlung einer Instanz in die Kette der Amtshandlungen und Entscheidungen der übrigen Instanzen eingebunden wurde und wie das Funktionieren und die Effektivität des Systems von regelmäßigem Kontakt und Informationsaustausch im selben Format abhing (wiederholt begegnen wir der Forderung nach der „Gleichförmigkeit").

Das gesamte „System" wurde durch die fortlaufende Praxis ständig optimiert. Zur Jahreswende 1796/1797 forderte die Polizeidirektion bzw. die Zollverwaltung wiederholt, dass in den Grenzübertrittsverzeichnissen nicht nur jene Personen erfasst werden sollten, die ins Land kamen, sondern auch die „Emigranten", die es auf eine Ausweisung hin verließen. Die Polizei wollte sich dadurch offensichtlich einen Überblick über die Einhaltung eigener administrativer Entscheidungen verschaffen.[86] Als 1798 in den Kurorten die Meldezettel eingeführt wurden, schlug Feldmarschall Johann Blasius Bender vor, diese noch um zwei zusätzliche Angaben zu erweitern: den Ort des Grenzübertritts bei der Einreise und den Ort der geplanten Ausreise. So sollte es zu einer Verdoppelung der Informationen kommen – die Angaben zum Grenzübertritt sollten außer in den Grenzübertrittsverzeichnissen auch in den Kurgastregistern enthalten sein. Aber die Prager Stadthauptmannschaft lehnte diesen Vorschlag ab, da sich Fremde ihrer Ansicht nach häufig nicht an ihren Einreiseort erinnerten oder nicht wüssten, wo sie das Land verlassen würden. Darüber hinaus sei die doppelte Kontrolle unnötig – schliche sich jemand an den Grenzkontrollen vorbei ins Land und stiege offiziell in einem Kurort ab, würde es die Polizeidirektion bei den geplanten regelmäßigen Abgleichen der Grenztabellen und der Kurlisten bemerken und sowohl den zuständigen Kurortkommissar einschalten als auch das laxe Zollamt beim Gubernium anzeigen.[87] Allerdings ließ sich auf diese Weise eben nur die Nachlässigkeit von Ämtern enthüllen, da man davon ausgehen kann, dass jemand, der eine Grenzkontrolle absichtlich umgehen wollte, sich auch im Kurort nicht zum Aufenthalt anmelden würde. Dessen ungeachtet hatte die Polizeidirektion/Stadthauptmannschaft die Rolle der zentralen Behörde inne, die auf der Basis der Listen von den Grenzen und den Zielorten (außer den Kurorten vor allem Prag) kontrollierte, wer ins Land einreiste und ob die Fremden wirklich in die deklarierten Orte fuhren, und allgemein einen Überblick über ihre Bewegungen hatte.

Das Gubernium verbreitete mittels der Polizei- und zugleich auch der Zolldirektion außerdem Informationen über aus staatlicher Sicht verdächtige Personen, die erst nach

86 NA, PG, Sign. 15b, Kart. 225, Prag, 3. 1. 1797, Präsidium des Guberniums an Zolldirektor Schreckhausen (Konzept). Die Zollverwaltung hatte sich in dieser Angelegenheit schon früher, aber erfolglos an die Grenzbeamten gewandt.

87 NA, PG, Sign. 15b, Kart. 225, Prag, 14. 6. 1798, Vorschlag des Feldmarschalls Bender an das Gubernium; Prag, 23. 6. 1798, Antwort des Gubernialpräsidenten an Bender mit einer negativen Stellungnahme der Prager Stadthauptmannschaft.

Böhmen kommen wollten. Im Februar 1809, in einer Zeit zugespitzter französisch-österreichischer Feindseligkeiten, wurde die Polizeidirektion auf einen gewissen französischen Emissär namens Brommer hingewiesen, der von Breslau nach Wien zu reisen gedachte und sich in Glatz/Kladsko auf den Namen eines gewissen Freiherrn von Braam einen Pass für die Reise über Nachod/Náchod und Königgrätz hatte ausstellen lassen. Daraufhin nahm die Prager Polizei die entsprechende Eintragung in ihrem auf der Direktion geführten Passprotokoll vor. Offensichtlich schöpfte sie jedoch, als sie diese Anfang März mit der Liste der Reisenden vom Übergang von Breitenbach/Potůčky im Erzgebirge verglich, den Verdacht, dass der darin erfasste Johann Braunung, der sich als Weber ausgab und in Platten/Horní Blatná wegen versuchter Umgehung des Zolls gefangen genommen worden war, mit dem erwarteten Brommer/von Braam identisch sein könnte. In Wahrheit handelte es sich jedoch um einen Zufall – die Direktion hatte zwar vom Gubernium eine Beschreibung Brommers zur Verfügung gestellt bekommen, konnte diese aber mit nichts vergleichen, da die Listen von Personen, die die Grenze überquerten, keine Beschreibungen enthielten. Hier spielten die Namensähnlichkeit und vor allem das verdächtige Verhalten des Betreffenden eine Rolle. Es stellt sich die Frage, ob es an der zugespitzten politischen Situation lag oder auf Gründe der Staatssicherheit zurückzuführen ist, dass die Polizei in dieser Sache auch weiterhin nicht eigenständig handelte, sondern sich um Befehle an das Gubernium wandte.[88]

Die Prager Polizeidirektion war also gewissermaßen eine Serviceeinrichtung des böhmischen Guberniums. Unmittelbar eingreifen konnte die Polizei in Prag (aber auch dort musste sie bei sogenannten schweren Polizeifällen festgesetzte Personen zur Untersuchung dem Magistrat übergeben); auf Landesebene und damit auch in Passangelegenheiten hatte das Gubernium die Exekutivgewalt inne. Die Polizeidirektion lieferte ihm jedoch Gutachten zur Erteilung von Auslandspässen oder Aufenthaltserlaubnissen für Böhmen. Während sich das Gubernium an den Grenzen an die Zoll- bzw. gegebenenfalls an die Postämter wandte, waren im Landesinneren die Kreisämter sein verlängerter Arm. Diese konnten nicht nur aus eigenem Antrieb handeln; das Gubernium verwendete sie auch zur Festsetzung von Personen oder zur Gewinnung von personenbezogenen Informationen. So wurde im August 1795 die Fahndung nach zwei Schweizern namens Johann Weber und Kaspar Lindemann ausgerufen. Diese waren zwar legal ins Land gekommen und hatten sich in Prag bei der Polizeidirektion angemeldet: „Als man sie aber ein wenig warten hieß, machten sich selbe mit Hintanlassung einer Brieftasche aus dem Wege, ohne ihre Pässe ordentlich vidiren zu lassen, und die hierländige Aufenthaltslizenz anzusuchen." Das machte sie verdächtig, woraufhin sie das Gubernium über die Kreisämter suchen ließ. Im Falle ihrer Verhaftung sollten die

---

88 NA, PP, Buch Nr. 1, Präsidialprotokoll aus dem Jahr 1809, Nr. 136 und 145 (Dekrete des Gubernialpräsidiums vom 22. 2.) und 217 (Nachricht über Johann Braunung in der Breitenbacher Passantenliste vom 4. 3.).

Ämter sie nicht automatisch nach Prag überstellen, sondern in Polizeihaft nehmen, verhören und sodann das Verhörprotokoll zusammen mit den bei ihnen beschlagnahmten Schriftstücken ans Gubernium übersenden.[89] Im Dezember 1796 wiederum forderte das Gubernium das Klattauer Kreisamt auf, den Mitgliedern einer Theatertruppe unter der Leitung eines ehemaligen preußischen Offiziers namens Berger, die sich dort in der Gegend aufhalten sollte, die Pässe abzunehmen und sie zur Überprüfung nach Prag zu schicken. Es bestand nämlich der Verdacht, Berger sei ein Schauspieler, der „wegen unbestimmten Nahrungszweig"[90] einige Zeit zuvor aus Wien und allen Kronländern ausgewiesen worden war.

Allerdings gab es auch zu Beginn des 19. Jahrhunderts weiterhin Vorhaltungen an die Adresse der Zoll- und Kreisämter. Als sich die Stadthauptmannschaft im September 1805 beschwerte, man müsse aus Prag Personen ausweisen, deren Pässe nicht in Ordnung seien, sah das Gubernium seinen Berichten zufolge den Grund dafür darin, dass einreisende Fremde die Zollämter an der Grenze umgingen. Schuld daran seien auch die Kreisämter, die die Pässe Fremder vidierten, obwohl diese keine Bestätigung über die Einreise ins Land enthielten.[91] Im selben Jahr waren jedoch auch die Zollämter von Kritik betroffen – einige von ihnen hätten wiederholt Fremde mit unzureichenden Pässen ins Land gelassen.[92] So ordnete das Gubernium nicht nur an, den konkreten Fall der beiden Schweizer Geschäftsleute aufzuklären, sondern ermahnte auch alle Zoll- und Einreiseämtern an der Grenze, die Passbestimmungen einzuhalten. Es handelte sich um Vorschriften, die vier Jahre zuvor, 1801, bedeutend novelliert worden waren und unter anderem die einheitliche Form der Pässe festlegten, weshalb wir sie uns nun genauer ansehen wollen.

Vor 1801 war in der Habsburgermonarchie nicht eindeutig geregelt, wie ein Pass auszusehen hatte, und ebenso wenig, für wen er erforderlich war. So ließ am 23. Juni 1797 das Zollamt von Nachod einen gewissen Baron Klang, der aus Wien gekommen war und nach Zuckmantel/Zlaté Hory weiterreiste, mitsamt seinem Diener über die Grenze. Zudem wurde in das Grenzprotokoll aufgenommen, dass der Baron keinen Pass besaß. Es ist unklar, ob ihm die Beamten die Weiterreise dennoch ermöglichten, weil sie ihn zu den – wie es 1793 hieß – „ansehnlicheren Personen, deren Aussehen für ihre Rechtschaffenheit gleichsam Bürgschaft leistet" zählten, oder weil er das Land verließ. Für die Polizeidirektion, die die Grenzlisten kontrollierte, bzw. für das Gubernium stellte dies jedoch einen klaren Verstoß gegen die Vorschriften dar, da das Grenzzollamt „diesem, mit keinem Passe, noch sonstigen Ausweise versehenen Fremden die Reise über

---

89 NA, PG, Sign. 15b, Kart. 224, Prag, 12. 8. 1795, Gubernium an alle Kreisämter, Ausrufung der Fahndung.

90 NA, PG, Sign. 15b, Kart. 225, Prag, 6. 12. 1796, Gubernium an das Klattauer Kreisamt.

91 NA, PG, Sign. 15b, Kart. 230, Prag, 2. 9. 1805, Gubernium an alle Kreisämter mit Ausnahme des Bunzlauer Kreises.

92 NA, PG, Sign. 15b, Kart. 230, Prag, 6. 7. 1805, Gubernialpräsidium an Zolldirektor Hollbein (Konzept).

die Gränze gestattet hat".[93] Den adligen Stand des Reisenden erwähnen die zentralen Ämter mit keinem Wort.

Als sich dagegen im Jahr darauf Heinrich von Preußen, der Großonkel des herrschenden preußischen Königs Wilhelm III., anschickte zur Kur nach Teplitz zu reisen, kam vom Wiener Polizeiministerium selbst der Befehl, er solle „an der Gränze weder aufgehalten, nicht der gewöhnlichen Bankalvisitation unterzogen und überhaupt auf keine Weise chicanirt" werden. Weil jedoch der „alte Prinz" für seine nicht eben freundliche Haltung gegenüber Österreich bekannt war, sollten er und auch sein Gefolge in Teplitz überwacht werden.[94] 1801 wurden von seiner Reise über den Grenzübergang Peterswald nach Teplitz vorab sowohl die Wiener als auch die böhmischen Behörden in Kenntnis gesetzt; den Willen des Herrschers, dass „gedachtem Prinzen mit der seiner hohen Geburt und Range angemessenen Achtung begegnet werde", teilte diesmal direkt Graf Stadion, der habsburgische Gesandte in Berlin, der Mannschaft des Peterswalder Zollamts mit.[95]

Ein besonderer Umgang mit adligen Personen blieb auch nach der Passreform vom März 1801 bestehen, obwohl diese die betreffende Agenda in allen übrigen Aspekten vereinheitlichte und ein Stück weit verschärfte. Hannelore Burger zufolge führten der erhöhe Reiseverkehr nach dem Friedensschluss von Lunéville und die Furcht vor dem Import der Revolution, zu dieser Regelung.[96] Pergens Passanordnung vom 25. März 1801 betraf die Einreise von Fremden in die Monarchie und ihre Bewegungen innerhalb der Länder.[97] Eben „mit Ausnahme allgemein bekannter und durch ihren Rang vorzüglich auszeichnender Personen" legte sie für alle einreisenden Fremden eine Passpflicht fest. Die Kontrollprinzipien (Evidenz der Fremden und Festlegung der Strecke durch das Grenzamt, Vidierung des Passes durch die Magistrate, Kreisämter und Polizeidirektionen am Weg, Abgabe des Passes auf der Polizeidirektion während des Aufenthalts in den Hauptstädten) unterschieden sich im Grunde nicht vom Passsystem der Jahre 1793/1794. Etwas eingegrenzt wurde der Kreis der Ämter, die einen Pass zur Einreise in die Monarchie ausstellen durften (vor allem auf Gesandte und andere Repräsentanten

---

93 NA, PG, Sign. 15b, Kart. 225, Prag, 30. 7. 1797, der Gubernialpräsident wirft dem Zolldirektor das Vorgehen des Nachoder Zollamtes vor.

94 NA, PG, Sign. 15b, Kart. 225, Wien, 22. 6. 1798, Saurau an Gubernialpräsidenten; Prag, 27. 6. 1798, Gubernialpräsident an den Zolldirektor Schreckhausen.

95 NA, PG, Sign. 15b, Kart. 227, Berlin, 27. 6. 1801, Graf Stadion teilt dem Gubernium mit, dass der Prinz sich am 30. 6. in Berlin auf den Weg machen und die Grenze in Peterswald am 5. oder 6. 7. überschreiten werde; Prag, 3. 7. 1801, Präsident des Guberniums informiert den Obersten Kanzler Lažanský über die getroffenen Maßnahmen.

96 Burger, Hannelore: Das Paßwesen, in: Heindl/Sauer (Hg.): Grenze und Staat, 3–87, hier 26.

97 Pergens Verordnung, datiert am 25. 3. 1801 in Wien, findet sich in mehreren tschechischen Beständen, unter anderem im NA, PŘ I., Inv. Nr. 1159, Kart. 35, Nr. 1, oder SObA Litoměřice, KÚ Litoměřice, Sign. Publ 16/1, Kart. 732. Die weiter unten zitierten Termini stammen aus dieser Verordnung.

im Ausland), jedoch blieb auch die Möglichkeit erhalten, bei den Kreisämtern oder Magistraten einen Pass zu beantragen und Handwerker oder Gesellen konnten weiterhin mit ihren Kundschaften reisen.[98]

Eine grundlegende Veränderung aber war die Einführung eines einheitlichen Passformulars, das – um den Missbrauch von Pässen zu verhindern – eine Beschreibung des Äußeren und die Unterschrift des Inhabers forderte. Die Passregelung ging von der Voraussetzung aus, dass der Antragsteller sich persönlich bei der Auslandsvertretung des Landes, in das er reisen wollte, einzustellen hatte, und diese stellte ihm sodann auf der Basis von glaubwürdigen Dokumenten seiner Obrigkeit bzw. der lokalen Ämter den formalisierten Reisepass selbst aus, nahm seine Personenbeschreibung vor und trug sie in den Pass ein. Die Statur, das Gesicht, die Haare, die Augen und die Nase wurden also von dem Beamten beschrieben, der zugleich die Reise bewilligte. Was aber den Namen, das Alter, den Geburtsort und den Stand oder den Beruf betraf, war der Beamte auf die Angaben des Antragstellers bzw. auf „glaubwürdige Zeugnisse" angewiesen, die dieser von „Localbehörden" mitbrachte, die ihn besser kannten. Man darf davon ausgehen, dass diese „Zeugnisse" zumeist keine Beschreibung enthielten, und so musste dem Botschaftsbeamten glaubhaft gemacht werden, dass die Person, die er beschrieb, tatsächlich der Träger des in den vorgelegten Dokumenten enthaltenen Namens war. Pergens Anordnung ermöglichte in bestimmten Fällen auch einen Pass per Brief auszustellen; die Beschreibung wurde dann erst vom österreichischen Grenzamt bei der Einreise der Person ins Land eingetragen.

Weil ein derartiger Pass nur für eine konkrete Reise gültig war und er vor allem vom Zielland ausgegeben wurde, lässt er sich eher mit einem heutigen Visum vergleichen. (Später stellten die österreichischen Auslandsvertretungen wirklich vor allem Visa aus, die in die Pässe fremder Autoritäten eingetragen wurden.[99]) Damit unterschied sich ein österreichischer Pass aus dem Jahre 1801 um einiges z. B. vom einmaligen Inlandspass, wie ihn die französische Verfassungsgebende Versammlung am 1. Februar 1792 gebilligt hatte. Die Wiedereinführung von Dokumenten, die Bedingung für die Bewegung von Personen im Landesinneren darstellten und die deswegen mit der verhassten absolutistischen Herrschaft in Verbindung gebracht wurden, wurde im französischen Parlament mit der größeren Transparenz und der Sicherheit der Gesellschaft begründet – dank der Papiere sollten auch einander unbekannte Menschen wissen, mit wem sie es zu tun

---

98 Die Kundschaften/Wanderbücher wurden den Reisepässen gleichgestellt; NA, PŘ I., Inv. Nr. 1.159, Kart. 35, Nr. 1, Prag, 26. 8. 1808, Landespräsidium an Stadthauptmannschaft.

99 Stoklásková: Fremdsein/2000, 635, stützt sich in dieser Hinsicht auf das Handbuch von Johann Vesque von Püttligen, Die gesetzliche Behandlung der Ausländer in Österreich, aus dem Jahre 1842, woraus allerdings nicht hervorgeht, seit wann das Passformular von 1801 von den nach Österreich Reisenden nicht mehr verlangt wurde.

hatten.[100] Weil diese Pässe von den Gemeinden auf der Basis säkularisierter Geburts-, Heirats- und Sterberegister ausgegeben wurden, stellten sie zugleich eine Bestätigung des bürgerlichen Status und der nationalen Zugehörigkeit (im Sinne von Staatsangehörigkeit) oder – wenn man so will – der kollektiven wie auch individuellen Identität dar.[101]

Neben dem bürgerlichen Status („status civile"; dem Namen, dem Domizil in einer Gemeinde, dem Distrikt, dem Departement und dem Alter) enthielt auch der französische Pass eine Beschreibung des Äußeren („signalement"). Ähnlich wie in dem neun Jahre jüngeren habsburgischen Formular sollte auch hier die Beschreibung garantieren, dass sich den Kontrollinstanzen mit dem Pass diejenige Person auswies, an die er auch wirklich ausgegeben worden war. Die- französische Parlamentsdebatte verweist auf die Gefahr der Ungenauigkeit oder Willkürlichkeit der Beschreibung, vor allem, wenn die Pässe von einzelnen Gemeinden ausgegeben wurden. Deshalb wurden zentral charakteristische Züge festgelegt, deren Gesamtschau das amtliche Aussehen des Einzelnen ergab. Von ihnen war allein die Größe eine messbarere Angabe, die übrigen Züge waren im Wesentlichen qualitativ und von der Beurteilung des Beamten abhängig (Haare und Augenbrauen, Stirn, Augen, Nase, Mund, Kinn, Gesicht, manchmal kommen auch die Hautfarbe – „Teint" – und besondere Kennzeichen vor).[102]

Demgegenüber waren die physischen Charakteristika im österreichischen Passformular weniger zahlreich. Im Unterschied zu einigen französischen Pässen blieb weder die eine Hälfte des Passes mitsamt der Beschreibung beim ausgebenden Amt,[103] noch wurde die Beschreibung bei der Durchreise in die Grenz-, Kreis- oder Stadtprotokolle aufgenommen. Einige österreichische Ämter, die Bewohnern des Landes Pässe für das Ausland ausstellten, nahmen dennoch auch die Beschreibung des Passinhabers, wie sie im Dokument selbst stand, in die zugehörigen Protokolle auf. Allem Anschein nach wurden Kopien dieser Protokolle den österreichischen Gesandtschaften in den Ländern zugesandt, in die die Passinhaber reisen wollten, wahrscheinlich um sie gegebenenfalls

---

100 Zu den diesbezüglichen Debatten im französischen Parlament im Januar 1792 unter anderem Denis: Une histoire/2008, 154; und auch – einschließlich einer detaillierten Analyse des Gesetzes – Torpey: The Invention/2000, 36–44.

101 Noiriel, Gérard: The Identificaton of the Cititzen: The Birth of Republican Civil Status in France, in: Torpey/Caplan (Hg.): Documenting Individual Identity, 28–48; zum Zusammenhang von staatlicher Identifizierung und kollektiver sowie individueller Identität Torpey: The Invention/2000, 13.

102 Noiriel, Gérard: Surveiller les déplacements ou identifier les personnes? Contribution à l'histoire du passeport en France de la Ire à la IIIème République, in: Genèses 30 (1998), (Emigrés, vagabonds, passeports), 77–100, hier 87–92.

103 Laut Stoklásková: Cizincem/2007, 49–56, behielten die österreichischen Behörden auf dem sogenannten Passstreifen zwar dieselben Angaben, wie sie im ausgestellten Pass waren, diese Praxis belegt sie allerdings erst für die Mitte des 19. Jahrhunderts.

Abb. 11 *Passformular, 1801*

vor Ort kontrollieren zu können.[104] Dennoch sollte der Pass an sich ein ausreichendes Zeugnis sein, ohne Notwendigkeit, ihn beim ausstellenden Amt zu überprüfen und das ist auch heute noch so. Die Echtheit eines solchen Passes hatte doppelten Charakter – die Beschreibung sollte garantieren, dass sich mit ihm die Person auswies, die ihn von einer habsburgischen Behörde erhalten hatte; die amtliche Unterschrift, das Siegel und die Vidierung unter der Beschreibung bestätigten sodann die Authentizität des Dokuments an sich. Obwohl er ursprünglich nur für Ausländer gedacht war, die in die Monarchie einreisten, begann man ihn bald darauf auch für Reisen einheimischer Bürger ins Ausland oder in die der militärischen Konskription nicht unterworfenen habsburgischen Länder, vor allem nach Ungarn, zu verwenden.[105] In Frankreich und auch in Österreich zeigte sich natürlich, dass nicht einmal eine genauere Beschreibung ein zweifelsfreies Identifikationsmittel war. Trotzdem ist es das erste Mal, dass ein Staat (und die Debatten in der Französischen Verfassunggebenden Versammlung sind in

---

104 Als Beispiele können die von den böhmischen Behörden für Neapel ausgestellten Pässe dienen; ÖStA, HHStA, Gesandtschaftsarchiv Neapel, Verzeichnis der von der k. k. böhmischen Landesbehörde zur Reise nach Neapel ausgestellten Reisepässe (1817–1823); die einzige Person vom Dezember 1816, der der Prager Polizeidirektor am 1. 1. 1817 einen Pass ausstellte, Carl Presl, stammte zwar aus Prag, lebte jedoch in Wien und es ist daher fraglich, ob die Prager Behörden seine Beschreibung vornahmen.

105 Burger: Das Paßwesen/2000, 26; Stokláskova: Cizincem/2007, 49.

dieser Hinsicht sehr aussagekräftig) einen bestimmten Typ von Mobilität einer „Technik" unterwirft, die bisher mehr oder weniger nur in Haftbefehlen und Steckbriefen zur Anwendung gekommen war, und sie damit in die zivile Sphäre überträgt. Auch wenn die Angaben zum Aussehen der Antragsteller für einen Pass zunächst nicht zentral gesammelt wurden (und es in der österreichischen Monarchie zudem hauptsächlich um Ausländer ging), kann man vom verwaltungstechnologischen Standpunkt aus von einem bedeutenden Wandel in der Identifikation von Personen sprechen.[106]

Anlässlich der Einführung der Pässe wurden auch die Kompetenzen der einzelnen Ämter aktualisiert, die Polizeidirektion eingeschlossen. Es ging aber eher um Angelegenheiten der Passregistrierung, nicht etwa z. B. um die Ausbildung der Beamten im Sinne einer Vereinheitlichung der Beschreibungspraxis (Übereinstimmung darüber, was etwa eine „hohe Stirn" oder ein „ovales Gesicht" ist). Noch im Frühjahr 1801 legten Pergen bzw. Stampach, der Präsident des böhmischen Guberniums, acht Angaben fest, mit denen Fremde in den Grenzprotokollen identifiziert werden sollten (an den wichtigsten Übergängen sollten Stampach zufolge neben Zollbeamten perspektivisch sogar auch Polizisten angestellt werden). In den Hauptstädten fiel die Überwachung Fremder und ihrer Unbedenklichkeit aus Sicht der Staatssicherheit den Polizeidirektionen zu. Dort hatte der Fremde den Zweck seiner Reise und seine persönlichen Umstände darzulegen, er sollte protokolliert werden und, falls sein Benehmen diesen Angaben nicht entsprach, „so hatte die [Polizeidirektion] nach Umständen mit Strenge ihr Amt zu handeln".[107]

Die Passverordnung von 1801 wurde 1809 im Grunde wortwörtlich übernommen und erneut publiziert. Zwei Jahre später reagierte das Wiener Ministerium und anschließend auch das böhmische Gubernium auf die Tatsache, dass sich angeblich Fälle von Passfälschungen häuften, mit ersten Schutzelementen. Die Passformulare wurden künftig auf Papier mit Wasserzeichen gedruckt, mit mehreren Unterschriften versehen und – zumindest beim Prager Gubernium – mit „einer unzerstöhrbaren chemischen Dinte [Tinte]" ausgefüllt. Das Formular wurde in einigen Details verändert – die Religion und

---

106 Stoklásková: Cizincem/2007, 49, erwähnt das Jahr 1801 sogar als Beginn der amtlichen Identifikation von Personen.

107 Die hier zitierte Anordnung Pergens an die Wiener Polizeioberdirektion (NÖLA St. Pölten, POD Wien, Kart. 2, Wien, 2. 4. 1801) wurde mit nur geringfügigen Ortsanpassungen in die Anordnung des böhmischen Gubernialpräsidenten übernommen (NA, PŘ I., Inv. Nr. 1159, Kart. 35, Nr. 1, Prag, 9. 4. 1801). Die Aufgaben der Prager Polizeidirektion auf dem Gebiet der Staatssicherheit werden dort folgendermaßen dargestellt: „Eine der wesentlichsten Pflichten der mir unterstehenden Polizeidirekzion müsse sein, eine ununterbrochene Aufmerksamkeit auf alle Fremden zu tragen, wo immer bedenkliche Absichten, zweideutiges Benehmen, Äußerung, staatsgefährliche Grundsätze, verdächtige Verbindung und Zusammenhang im Inn- und Auslande, oder unerklärbarer Zweck des Aufenthalts bei Fremden wahrgenommen wird, dort müsse die Thätigkeit der Polizei rege werden und ihre Amtshandlung eintreten." Eine besondere Grenzwache wurde erst im Jahre 1830 errichtet; Saurer, Edith: Zwischen dichter und grüner Grenze. Grenzkontrolle in der vormärzlichen Habsburgermonarchie, in: Pilgram, Arno (Hg.): Grenzöffnung, Migration, Kriminalität, Baden-Baden 1993, 169–177, hier 170.

besondere Kennzeichen wurden in die Beschreibung aufgenommen – und während die Familienangehörigen des Inhabers (der selbstverständlich ein Mann war) weiter nur mit Namen angeführt wurden, war es bei der allgemein verdächtigeren Dienerschaft neuerdings notwendig, wenigstens das Alter, den Stand, die Figur, das Gesicht und die Haare zu beschreiben.[108] Diese neuen Pässe waren für Fremde bestimmt sowie ganz allgemein für Personen, die ins Ausland reisten, und sie wurden ausschließlich vom Gubernium ausgegeben; die Stadthauptmannschaft als Polizeibehörde mit de facto nur innerstaatlicher Befugnis durfte nur Passanträge übermitteln und gegebenenfalls ausländische Pässe vidieren. Demgegenüber war sie berechtigt, Inlandspässe auszugeben, wahrscheinlich für die nichtkonskribierten Länder der Monarchie, und zwar auf den bisherigen, nicht abgesicherten Formularen.[109]

Neben Fälschungen traten in Passangelegenheiten auch noch andere Probleme auf. Zu einem kuriosen Fall kam es im Juli 1802 beim Grenzzollamt in Niedergrund/Dolní Žleb. Dort kam per Schiff über die Elbe aus Sachsen ein gewisser Joseph Werner an, der nach Böhmen weiterreisen wollte. Dem Bericht des Zolleinnehmers Johann Nepomuk Ertl zufolge wurde Werner dem örtlichen Zollamt vorgeführt, wo er auf Fragen hin in schlechtem Deutsch antwortete, er reise aus Dänemark nach Prag. Der Pass, den er vorlegte, war nicht etwa österreichisch, sondern augenscheinlich dänisch, jedoch nur gültig für eine Reise nach Hamburg und wahrscheinlich ohne Beschreibung. Weil so ein Dokument „nicht vorschriftsmäßig ist, auch weder zeiget, woher er gebürtig? er selbst aber Anfangs bei seiner Erscheinung in Amt ganz gebrochen Deutsch gesprochen", fuhr der – sprachlich und stilistisch ebenfalls keinesfalls fehlerfreie – Bericht fort, „so konnte man nach den bestehenden Gesetzen nicht anders fürgehen, als ihm mit aller Gelassenheit zu bedeuten, daß er mit diesem Paß, auf welchen Man rückwerts die Zurükweisung von der Gränze angemerkt, nicht nacher Böhmen konnte eingelassen werden".[110]

Werner brachte diese Ablehnung in Rage. Dem Bericht zufolge habe er auf dem Amt unter fürchterlichem Gebrüll mit aller Kraft auf den „Amtstisch" geschlagen, Ertl als „nasenweisen Burschen" beschimpft und ihm ins Gesicht geschleudert, dass dieser doch seinen Pass respektieren müsse und dass er gerne wissen wolle, wer das Dokument ungültig machen möge. Hinzugefügt habe er, „daß es gleichsam schlecht

---

108 NA, PŘ I., Inv. Nr. 1348, Kart. 41, Nr. 5, Prag, 3. 4. 1809, im Namen des Gubernialpräsidenten Wallis erneut publizierte Passordnung; Prag, 11. 4. 1811, Gubernialpräsident Kolowrat teilt der Stadthauptmannschaft neue für die Passerteilung erforderliche Sicherheitselemente mit.

109 NA, PŘ I., Inv. Nr. 1348, Kart. 41, Nr. 5, Prag, 6. 5. 1811, Gubernialpräsident Kolowrat leitet die Antwort des Vizepräsidenten der Polizeihofstelle an die Stadthauptmannschaft weiter. Die Stadthauptmannschaft war demzufolge befugt, die Pässe „für Inländer zum Reisen im Inlande" zu erteilen.

110 SObA Litoměřice, KÚ Litoměřice, Publ 16, Kart. 741, Niedergrund, 25. 7. 1802, Bericht des Zolleinnehmers Johann Nepomuk Ertl an das Leitmeritzer Kreisamt. Die folgende Schilderung des Falles basiert auf dieser Quelle.

wäre, wenn ein Potentat des Anderen Paß für Nichts ansehen und erkennen wollte". Ertl habe militärische Hilfe angefordert. Im Zimmer des Unterleutnants der örtlichen Kommandantur behauptete dann der „vorgebliche Werner", er sei ein Böhme, komme aus Mertendorf/Merboltice, von wo er vor 27 Jahren weggegangen sei, und überschüttete Ertl erneut mit Beleidigungen. Die Beschimpfungen („Bube", „Kerl") an die Adresse des Zolleinnehmers unterließ Werner selbst dann nicht, als ihn der Kommandant im Gasthaus von Niedergrund unter Aufsicht von drei Männern festnehmen ließ. Ertl schrieb unterdessen den Bericht, in dem er das Kreisamt nicht nur um Unterweisung bat, wie man weiter vorzugehen hätte, sondern als Beamter, „dessen Lohn (wie er hoffet) für Ausübung der Gesetze nicht Beschimpfung seyn kann", auch um Satisfaktion.

Das Leitmeritzer Kreisamt stellte sich gleich am darauffolgenden Tag hinter Ertl, nicht nur hinsichtlich seiner Satisfaktion, sondern es billigte auch das gesamte amtliche Vorgehen. Obwohl man sich Werners Pass zur Überprüfung hätte zuschicken lassen können, akzeptierte man, dass das Grenzamt ihn für vorschriftswidrig befunden hatte. Somit bestand die einzig mögliche Option tatsächlich darin, Werner militärisch über die Grenze zu eskortieren. Das Kreisamt ließ gegebenenfalls noch zu, dass Werner die Tatsache, dass er Inländer war, auf eigene Kosten nachwies und sich mit Hilfe eines Boten eine Bestätigung vom Amt der zuständigen Herrschaft beschaffte.[111] Das geschah dann zwei Tage später auch – das Wirtschaftsamt von Gut Konojed/Konojedy bestätigte, dass Joseph Werner ein ordentlicher, „wohlverhaltener" Mann sei, der in Mertensdorf verheiratet sei, dort das Anwesen Nr. 164 besitze, sich nie etwas habe zuschulden kommen lassen und Ende November 1800 tatsächlich mit Zustimmung der Behörden in geschäftlichen Angelegenheiten nach Dänemark gereist war.[112] Dennoch setzte das Kreisamt durch, dass Werner zumindest für sein unpassendes Verhalten dem Amt gegenüber bestraft wurde, ordnete aber gleich darauf an, ihm seinen Pass herauszugeben und ihn selbst freizulassen.[113]

Werners Fall ist unter gleich mehreren Gesichtspunkten interessant. Die konsequente Anwendung der Passvorschriften aus dem Jahre 1801 muss zwar nicht überall die Regel gewesen sein, hier führte jedoch das Inkrafttreten eines neuen Passformulars während der Abwesenheit Werners in der Monarchie bzw. die Einforderung desselben in Kombination mit dem Argwohn, den seine Sprachkenntnisse hervorriefen, zu der geradezu kafkaesken Situation, in der das Amt einen Einheimischen an der Rückkehr nach Hause hinderte. (Dass ein Einheimischer nach einem mehrjährigen Aufenthalt im Ausland zurückkehren könnte und weder einen österreichischen Ausreisepass bei

---

111 SObA Litoměřice, KÚ Litoměřice, Publ 16, Kart. 741, Leitmeritz, 26. 7. 1802, Belehrung des Kreisamtes für das Grenzzollamt in Niedergrund (Konzept).
112 SObA Litoměřice, KÚ Litoměřice, Publ 16, Kart. 741, Konojed, 28. 7. 1802, vom Verwalter von Gut Konojed Joseph Huczd [?] ausgestellte Bestätigung für Joseph Werner.
113 SObA Litoměřice, KÚ Litoměřice, Publ 16, Kart. 741, Leitmeritz, 29. 7. 1802, Entscheidung des Kreisamtes (Konzept).

sich haben, noch als Fremder sich einen Pass für die Einreise beschaffen würde, konnte sich Ertl offensichtlich nicht vorstellen.) Es dürfte nicht übertrieben sein, die Situation so zu deuten, dass hier eine ältere und eine neuere Auffassung der Funktion von Pässen aufeinanderstießen. Werner präsentierte die Anerkennung aller möglichen Pässe als quasi automatischen Akt der Reziprozität zwischen Herrschern („Potentaten"); jeder Pass eines jeden Souveräns verdiente und verschaffte Respekt.[114] Zolleinnehmer Ertl forderte dagegen mit amtlichem Selbstbewusstsein von dem für einen Fremden gehaltenen Mann als einzig zulässiges Dokument das unlängst eingeführte Formular, das im Unterschied zu Werners Papieren auch eine Angabe enthalten hätte, die für die mögliche Identifizierung einer Person als „einheimisch" wichtig war, nämlich den Geburtsort. Nicht zuletzt überrascht – auch wenn der Fall sich innerhalb des geographisch kleinen Raumes eines Kreises abspielte – das Tempo, mit dem die einzelnen Ämter (das Grenzzollamt in Niedergrund, das Kreisamt in Leitmeritz und das obrigkeitliche Amt in Konojed) miteinander kommunizierten – praktisch von einem Tag auf den anderen wurden die Nachrichten ausgetauscht und die Entscheidungen umgesetzt. So mag der Grund für Ertls amtliche Unnachgiebigkeit bei der Durchsetzung der Gesetze vielleicht auch darin gelegen haben, dass er wusste, dass die Aufklärung des tatsächlichen Standes der Dinge nicht lange auf sich warten lassen würde, weshalb er es sich erlauben konnte, Werners Freiheit für den Zeitraum der „notwendigen Amtshandlungen" einzuschränken. Gleichzeitig mag Ertl auch die Drohung vom Juni 1801 im Kopf gehabt haben, dass Personen, die ohne erforderlichen Pass in die österreichischen Länder hineingelassen wurden, auf Kosten eben desjenigen zurückgeschickt werden würden, der sie über die Grenze gelassen hatte.[115]

Auf einen unerbittlichen Zollbeamten stieß im Jahre 1806 auch ein Reisender, der einer völlig anderen sozialen Schicht angehörte: der russische Adlige und Gesandtschaftsrat Johann Christoph Gustav von Struve.[116] Über den Verlauf des Konflikts liegen keine genauen Informationen vor. Offensichtlich handelte es sich aber nicht um eine Bagatelle, denn der Kreishauptmann von Elbogen beriet sich anschließend darüber mit dem Gubernium wegen „Missachtung der Passvorschriften". Struve war bei Verwandten im benachbarten Vogtland zu Besuch gewesen und hatte sich auf deren Empfehlung hin entschieden nach Karlsbad zu reisen. Graf Heinrich Reuß von und zu Plauen und Greiz, der diesen Vorschlag gemacht hatte, war zugleich habsburgischer Oberster Feldzeugmeister und hatte ihm versichert, dass er, wenn er nicht mit der Post

---

114 Als Mittel um Respekt einzufordern („faisaient respecter") nahm auch Giacomo Casanova die Reisepässe auf seinen Reisen durch Europa in der zweiten Hälfte des 18. Jahrhunderts wahr; Fahrmeir: Governments/2001, 220.

115 Hlavačka: Ta pravá mobilita/2000, 333.

116 Struve (1763–1828) vertrat als Diplomat bis 1806 Russland beim Reichstag in Regensburg. Zu ihm am Rande Reiss, Ansgar: Radikalismus und Exil. Gustav Struve und die Demokratie in Deutschland und Amerika, Stuttgart 2004, 30.

führe, für die Reise in den Kurort kein Reisedokument benötigen würde. Als Struve am Grenzübergang aufgefordert wurde, sich zu legitimieren, wies er sich mit alten Pässen aus, die er zufällig bei sich hatte, nach seinen eigenen Worten „mehr um die Angabe über seine Person und seinen Karakter dadurch zu bewähren, als um diese Papiere als eigentliche Pässe zu seiner Reise nach Karlsbad geltend zu machen". Er habe in keiner Weise die Absicht gehabt, die österreichischen Passbestimmungen zu missachten. Nachträglich versicherte er, dass er, wenn er gewusst hätte, welche Dokumente notwendig waren, sich diese problemlos von der vogtländischen Regierung besorgt hätte. Struve traf letztendlich doch noch am Ziel seiner Reise ein, benahm sich dort „mit aller Bescheidenheit", wie der Polizeikommissar von Karlsbad bezeugte, und beantragte die Ausstellung eines Passes für seine baldige Rückkehr nach Greiz.[117] Das Gubernium nahm seine Entschuldigung zur Kenntnis, stellte ihm auf Basis der von ihm vorgelegten Unterlagen einen einmaligen Pass für die Reise ins Vogtland aus und betraute den zuständigen Kreishauptmann damit, „die darin offenen Rubriken nach Befund auszufüllen" (offensichtlich ging es um die Beschreibung des Äußeren.)[118]

Da weitere Informationen fehlen, können wir in diesem Fall nur spekulieren, ob sich der Diplomat Struve bzw. der in habsburgischen Diensten stehende Graf Reuß darauf verlassen hatten, dass der Reisende – wie es in der Verordnung aus dem Jahre 1801 wörtlich heißt – so „allgemein bekannt" war, dass ihm die Passformalitäten erspart bleiben würden, und dabei die erhöhte Aufmerksamkeit unterschätzt hatte, die den Besuchern der Kurorte zu jener Zeit grundsätzlich galt. Die diplomatischen Beziehungen zwischen Österreich und Russland waren damals nicht feindselig; sie dürften also in diesem Fall keine besondere Rolle gespielt haben. Es ist aber natürlich auch möglich, dass sich Struve an der Grenze in den Augen der Beamten tatsächlich widerständig benommen und sich den Passvorschriften und denjenigen, die sie durchsetzen wollten, gegenüber respektlos verhalten hatte.

Natürlich klingen die Informationen, die die Grenzbeamten über die gewissenhafte Einforderung der neuen Pässe bzw. auch aber den Widerstand dagegen lieferten, wie ein positiver Nachweis bzw. eine Selbstverteidigung ihrer Arbeit. Ebenso kritisch müssen aber auch die selten überlieferten Berichte über Nachlässigkeiten der Grenzkontrollen gesehen werden. Bei einer der bekanntesten Quellen – dem fiktiven Reisebericht eines Republikaners und aus der Monarchie geflohenen Ordensbruders der Kreuzherren mit rotem Stern namens Karl Postl alias Charles Sealsfield, der im Jahre 1828 unter dem Titel „Österreich, wie es ist" (Austria As It Is) erschien – müssen wir die allgemein kritische Stellung des Autors zur Habsburgermonarchie und ihrer Bürokratie mitbedenken. Als

---

117 NA, PG, Sign. 15b, Kart. 231, Karlsbad, 30. 7. 1806, Bericht des örtlichen Polizeikommissars an den Gubernialpräsidenten.

118 NA, PG, Sign. 15b, Kart. 231, Prag, 1. 8. 1806, Anweisung des Gubernialpräsidenten an den Elbogener Kreishauptmann.

Sealsfield und sein Freund am Übergang im nordböhmischen Peterswald die österreichische Grenze überqueren, bereiten sie sich auf die Durchsicht der Schriften und
Bücher vor, die sie bei sich haben. Das ehrerbietige Verhalten des Grenzbeamten ist jedoch nicht geeignet, ihren Respekt hervorzurufen, weshalb Sealsfields Mitreisender auf
den Versuch des Beamten, die möglicherweise mitgeführte Literatur zu kontrollieren,
hochmütig und spöttisch mit den Worten reagiert: „Wir werden den Paß dieses Herrn
selbst abgeben, er ist mein Freund und Sie können sich auf meine Rechnung einen
Braten und ein Faß Bier holen lassen.' Der Beamte dankte mit einem ehrfurchtsvollen
Handkuß, und die Soldaten grinsten freundlich. Hierauf fuhren wir weiter durch den
Engpaß von Nollendorf."[119]

Vor der gelb-schwarzen Schranke in Peterswald hielt seiner Reisebeschreibung zufolge Anfang der 1820er-Jahre auch der bereits erwähnte Adolf von Schaden und konnte so
von der berüchtigten Arroganz und Unhöflichkeit der österreichischen Grenzbeamten
Zeugnis ablegen: „Wir wurden in eine niedrige Stube geführt, in der vier Herren mit
höchst widerlichen Physiognomien und wichtigen Amtsmienen schreibend am Tische
saßen." Die Reserviertheit und Unerbittlichkeit bei der Kontrolle von Personen, Pässen
und über die Grenze transportierten Waren schlug jedoch in Schadens Schilderung –
bei der man sich allerdings fragt, wie ironisch sie gemeint ist – ins Positive um: „Eine
einzige Eigenschaft haben die österreichischen Grenzzollbeamten mit Gott gemein: Vor
ihren Augen gilt jeder gleich, wenigstens wurde das höfliche Eintrittskompliment eines
alten Herren, der einen flammenden Kometen an der Brust trug, eben so wenig, denn
jenes der Plebejer beachtet, und dies allein gefiel mir an den Leuten."[120]

Dass einzelne Beamten nachlässig oder sogar korrupt waren[121] oder dass man praktisch überall die Grenze überqueren konnte ohne kontrolliert zu werden, bedeutet aber
nicht, wie übrigens auch Sealsfields Text zeigt, dass sich der standardisierte Pass und
das Wissen um die Notwendigkeit, auf Reisen einen solchen bei sich zu haben, nicht
verbreitet hätten. Im Vormärz (1815–1848), der jedoch außerhalb des uns interessieren-
den Zeitraums liegt, wurde die militärische und zivile Kontrolle der österreichischen
Grenzen zum Schutz vor Schmuggel von Waren und Gedankengut weiter perfektioniert und die Passpflicht für Fremde, die in die Monarchie einreisten, aber auch für
Auslandsreisen einheimischer Bewohner immer selbstverständlicher.[122]

---

119 Sealsfield, Charles: Österreich, wie es ist, oder Skizzen von Fürstenhöfen des Kontinents. Übersetzt von
     Victor Klarwill, Wien 1919, 30.
120 Schaden: Kritischer Bocksprung/1822, 100.
121 Zur Korruption der Grenz- bzw. Zollbeamten Saurer: Zwischen dichter und grüner Grenze/1993, 176.
122 Burger: Das Paßwesen/2000, 15–17; nach dem Ende der napoleonischen Kriege habe sich unter anderem
     der mährisch-schlesische Gouverneur Anton Friedrich Mittrowsky von Nemyšl für die Milderung der
     Passvorschriften für die Handwerksgesellen eingesetzt. Mittrowsky hatte in den Jahren 1804–1805 das
     Amt des Prager Polizeidirektors und von 1830 bis 1842 das des Obersten Hofkanzlers in Wien inne.

Die Art und Weise, wie der Reisepass in Bezug auf Institutionen funktionieren sollte, ähnelte in mancher Hinsicht der idealen Funktion des Schubpasses bzw. des Schubsystems. Auch wenn es sich in dem einen Fall um eine im Grunde freiwillige Bewegung handelt und im zweiten um einen erzwungenen Transport, unterlagen beide der Aufsicht der staatlichen Behörden. Beide Typen von Begleitdokumenten schrieben dem Inhaber einen Namen und einen Status, ein Reiseziel und einen Reisezweck wie auch eine feste Strecke zu, die er zu respektieren hatte, die abgeschobene Person natürlich unfreiwillig, in Begleitung eines „Konvoianten". (Es sei jedoch angemerkt, dass sich „geschobene" Personen faktisch autonom bewegen konnten, wie Beschwerden darüber zeigen, dass ihnen von den Obrigkeiten als Konvoianten Frauen oder sogar Kinder zugeteilt würden.) Im Falle von Reisepässen wollten die Ämter über den Verlauf der Reise mehr oder minder unmittelbar benachrichtigt werden – die Magistrate und Herrschaftskanzleien hatten Informationen über durchreisende Fremde und ihre Dokumente alle acht Tage an das Kreisamt zu schicken. Im Falle von Schubpässen wurde die Bestätigung über die Übernahme abgeschobener Personen, die von den Obrigkeiten auf der Strecke und am Ziel erteilt wurde (das erwähnte Rezepisse), dem Kreisamt zugesandt, das den Schub initiiert hatte, und zwar zusammengefasst und nur einmal monatlich. Ihr Zweck war aber identisch: „damit man hieraus vorzüglich ersehen könne, woher und wohin der Sträfling geschoben, und von wem konvoyiret worden sei".[123] Da sich die einzelnen Obrigkeiten die abgeschobene Person de facto untereinander weiterreichten, sollte das Rezepisse es den übergeordneten Behörden auch ermöglichen, deren mögliche Nachlässigkeit zu kontrollieren. Das Rezepisse, das die Zielherrschaften und -städte dann an das Kreisamt zurückzuschicken hatten, welches den Schub initiiert hatte, war ein gedruckter Teil des Passes bzw. des Schubzettels und trug die gleiche Nummer wie dieser. Im Jahre 1795 bestätigte das Kreisamt von Tschaslau/Čáslav die Übernahme von Augustin Köhrig auf einem einfachen Zettel, den es jedoch vom Gubernialpräsidium umgehend zurückerhielt, und zwar mitsamt einer Rüge und der Anordnung, der Polizeidirektion ein den formalen Vorgaben entsprechendes Rezepisse mit der Nummer 254 zuzusenden.[124]

Wie ein Schubpass auszusehen hatte, wurde zentral festgelegt, bevor dies für den Reisepass geschah. Im Jahre 1794 forderte das böhmische Gubernium, dass Vor- und Nachname darin enthalten sein müssten, ferner der Grund für die Ausweisung, der Geburtsort oder der Ort der Untertanenzugehörigkeit mitsamt der Angabe der Herrschaft

---

123 NA, PG, Sign. 15b, Kart. 223, Prag, 11. 9. 1794, Erneuerung der Schubvorschriften.

124 NA, PG, Sign. 15b, Kart. 225, Prag, 13. 7. 1796, „Erinnerungen" des Gubernialpräsidiums zum Polizeibericht des Tschaslauer Kreisamtes vom Mai 1796; das Kreisamt soll der Prager Stadthauptmannschaft anstelle einer formlosen Bestätigung ein gehöriges gedrucktes Rezepisse Nr. 254 zukommen lassen, das die Aufnahme des aus dem Prager Spinnhaus (Zwangsarbeitshaus) entlassenen Augustin Köhrig bestätigt.

und des Kreises, wohin die Person abgeschoben werden sollte, sowie des Übergabe-orts. Im Rezepisse sollte außer Ausgangspunkt und Ziel des Schubs auch die Person des Konvoianten angegeben sein.[125] Niederösterreichische Schubpässe hatten ab 1795 auch eine Beschreibung der betreffenden Person zu enthalten; im Jahre 1802 wurde die Forderung hinsichtlich der Gesichtszüge, der Größe und der Farbe (wahrschein-lich der Haare und der Augen) präzisiert.[126] Die Erfahrung zeigte jedoch, dass eine Beschreibung in einem Pass, den ein Schübling den ganzen Weg über bei sich trug, für die amtliche Beaufsichtigung nicht besonders praktisch war. Deshalb finden wir in Eichlers Polizeihandbuch von 1815 ein Musterrezepisse, das bereits eine Beschreibung (Alter, Figur, Gesicht, Haare, Kleidung) enthält.[127] Die Ämter verfügten über diese Do-kumente, um die Angaben daraus für eine mögliche Suche nach flüchtigen Schüblingen zu verwenden. Ähnlich wie beim Reisepass sollte auch beim Schubpass die festgelegte Strecke untrennbarer Bestandteil des Dokuments sein und das Gubernium setzte 1796 sogar fest, dass diese, falls sie nicht auf die Rückseite passe, per Siegel am Schubpass zu befestigen war, damit die somit amtlich festgestellte Identität des Schüblings mit der amtlich sanktionierten Strecke und dem Zweck seiner Reise verbunden blieb.[128] Darüber hinaus sollten alle Ämter jedwede Bewegung der Schüblinge – ähnlich wie die Bewegung Fremder – in speziellen Protokollen registrieren.

Wenn sich Ende des 18. Jahrhunderts in den Schubnormalien die Wendung ab-zeichnet, dass Personen wieder an den Ort zurückgebracht werden sollten, an dem sie geboren oder als Untertanen zugehörig waren, spiegelt das einen Wandel in der Wahr-nehmung der individuellen Zugehörigkeit wider, in der die Untertansbindung an eine konkrete Herrschaft bereits weniger entscheidend geworden war.[129] Ende des 18. Jahr-hunderts waren es vor allem Fälle von Einzelnen und Gruppen, die als „Zigeuner" bezeichnet wurden, die die Grenzen der sich neu formierenden, auf das Heimatrecht gegründeten Landeszugehörigkeit/Staatsbürgerschaft aufzeigten. Aus kreisamtlichen Polizeiberichten der Jahre 1793 und 1794, die solche Fälle in Ostböhmen festhielten, wird die Unsicherheit des Status' der „Zigeuner" und der Umgang mit ihnen deutlich. Das Königgrätzer Kreisamt handelte sich Kritik von Seiten des Guberniums ein, als es 1793 de facto das Vorgehen des Magistrats von Wamberg/Vamberk billigte, der eine solche Gruppe einfach nur legitimiert und keine Kreisstreife gegen die „Zigeuner" angeordnet hatte. In der Diktion des Gubernialerlasses wurden alle herumziehenden

---

125 NA, PG, Sign. 15b, Kart. 223, Prag, 11. 9. 1794, Erneuerung der Schubvorschriften.

126 Wendelin: Das Schubwesen/2000, 244–245.

127 Eichler: Die Polizei praktisch/1815, 313–314.

128 NA, PG, Sign. 15b, Kart. 225, Prag, 21. 5. 1796, guberniale Anordnung für die Kreisämter (Konzept).

129 Zu diesem Wandel unter anderem Himl: Zrození vagabunda/2007, 251–253.

„Zigeuner" und andere „Landstreicher" pauschal als Gefahr für die öffentliche Sicherheit betrachtet und sollten als solche „ausgerottet" werden.[130]

Im Frühjahr 1794 trafen in der Herrschaft Pecka sieben „Zigeunerfamilien" ein, die ingesamt 25 Personen zählten. Sie schienen „nun dem Lande um so gefährlicher zu sein [...], als sie das arme Bauernvolk unter dem Vorwand eines betriebenen Handels mit Bildern und weißen Geschür zu manchen Irrwahn, Aberglauben, und Vorurtheile bewegen, und durch unerlaubte Bedrohungen Schaden und Nachteil verursachen," schrieb der Kreishauptmann von Bidschow/Bydžov Johann Nepomuk von Launay dem Gubernium.[131] An dem Brief ist nicht nur interessant, wie das Kreisamt die „Zigeuner" behandelte, sondern auch, wie die normativen Vorstellungen beschaffen waren, an denen das Leben der „Zigeuner" gemessen wurde. Nicht nur hieß es, diese verführten das einfache Volk zu vorurteilsgeleitetem und irrationalem Handeln, sondern sie gäben auch durch ihre Gewinnsucht und Faulheit ein schlechtes Vorbild ab. Betont werden hier also nicht nur die Delikte, die sich die „Zigeuner" dem Hauptmann zufolge andauernd zuschulden kommen ließen, also Betrug und Erpressung, sondern auch der Wert der landwirtschaftlichen Arbeit in den Augen der Landbevölkerung, den die fahrenden Leute angeblich bedrohten.[132]

Als Personen ohne glaubwürdigen Fremdenpass wurden die „Zigeuner" nach der Festnahme verhört und hätten dann per Schub in ihre Heimatorte geschickt werden sollen. Dem Hauptmann zufolge waren sie jedoch nicht in der Lage, einen Geburtsort oder einen dauerhaften Aufenthaltsort anzugeben. Obwohl der Hauptmann die „Zigeuner" als „Fremde" ansah, da sie unter niemandes Schutz standen, war er sich offensichtlich ihres Status' unsicher und ließ sie nicht per Schub an die Grenze bringen, sondern schickte die gesamte Gruppe per Konvoi zur Prager Polizeidirektion. Zugleich bat er das Gubernium um Instruktion, wie er sich künftig in ähnlichen Fällen zu verhalten habe.

---

130 NA, PG, Sign. 15b, Kart. 222, „Erinnerungen" des Gubernialpräsidiums zum Polizeibericht des Königgrätzer Kreises vom Dezember 1793. Zum Begriff „Ausrottung" in diesem Zusammenhang Himl: Zrození vagabunda/2007, 100–101. Wenn ich im Text über die in den behördlichen Quellen als „Zigeuner" bezeichneten Individuen und Gruppen spreche, behalte ich diese zeitgenössische Bezeichnung bei, wohl wissend, dass es sich um eine oft mit Stereotypen behaftete Fremdbezeichnung handelt. Die Eigenbezeichnung ist in den zeitgenössischen Quellen nicht überliefert.

131 NA, PG, Sign. 15b, Kart. 223, Jitschin, 19. 5. 1794, Brief des Kreishauptmanns an das böhmische Gubernium.

132 NA, PG, Sign. 15b, Kart. 223, zur angeblichen Bedrohung und Erpressung durch die „Zigeuner" hieß es (die Rechtschreibung entspricht der Quelle): „als die Bauern selbst eingestehen, daß wenn eine solche Heerde von Zigeunern in einem dorf eintrifft, die Bauern aus forcht um nicht verscheücht zu werden, oder üble folgen erleiden zu müssen, ihnen Eier, Milich, butter, Zugeis und Geflügel haufenweis selbst zutragen, da aber wo sie dieses nicht bekommen, auch wohl selbst durch Entwendungen mancherleÿ Sachen sich bereichern und unterhalt verschaffen".

Es ist weder bekannt, was die Polizeidirektion mit den 25 Fahrenden anfing, noch ob sie auf einen solchen Schritt des Kreisamtes überhaupt vorbereitet war. Das Gubernium hielt sich aber in seinen Anweisungen an den Wortlaut der bestehenden Normen – es ordnete die Gruppe aus dem Kreis Bidschow mit einem Federstrich den „so genannten Zigeunern" zu, also den „Vagabunden und Landstreichern im eigentlichen Wortsinn". Als solche mussten sie verhört werden und sollten sodann, sofern kein Delikt aufgedeckt wurde, – „wenn sie aus den Erbländern sind" – per Schub an ihre Geburtsorte, gegebenenfalls an die Landesgrenze gebracht werden.[133]

Einen komplizierten Fall in Sachen Landeszugehörigkeit stellte eine etwa dreißigköpfige Gruppe von „Zigeunern" dar, die Ende 1801 an der Grenze der Kreise Klattau und Prachin/Prácheň aufgehalten wurde. Obwohl der Klattauer Kreishauptmann wollte, dass nur diejenigen Mitglieder der Gruppe in Klattau verhört würden, bei denen ein Hausiererpass gefunden wurde, der vom dortigen Kreisamt ausgestellt worden war, wurden am Ende alle neun Männer, neun Frauen und 13 Kinder beim Klattauer Magistrat in Haft genommen.[134] Es wurden bei ihnen unter anderem sechs Pässe gefunden, die von verschiedenen Kreis- und Herrschaftsämtern ausgestellt worden waren, deren männliche Inhaber die Gruppe angeblich kurz vor deren Verhaftung verlassen hatten, um Richtung Krumau/Český Krumlov zu reisen. Weiter hatten die „Zigeuner" eine größere Zahl bereits „veralteter" Pässe böhmischer Ämter, aber auch ausländischer Gesandtschaften bei sich, was sie neben den gefundenen Waffen in den Augen des Kreishauptmanns noch verdächtiger machte.[135]

Mit der Zeit kamen an die 80 Mitglieder verschiedener „Zigeunergruppen" im Gefängnis von Klattau zusammen. Bei deren Untersuchung wurde jedoch niemandem ein Verbrechen nachgewiesen. Währenddessen und auch nach deren Abschluss wandte sich das Kreisamt von Klattau im Dezember 1801 wiederholt an die Ämter des benachbarten Prachiner und Budweiser Kreises, um sie vor dem Rest der Gruppe zu warnen, und zugleich direkt an die Prager Stadthauptmannschaft. Weil der Großteil der Gruppe aus Bayern kam, wollte der Kreishauptmann von der letztgenannten Behörde wissen, „wie diese bande und wohin zu trennen sey, ob selbe etwa gleich in ihre Heimathen, oder

---

133 NA, PG, Sign. 15b, Kart. 223, Prag, 27. 5. 1794, „Weisung, wie die Zigeuner behandelt werden sollen" (Konzept).

134 NA, PG, Sign. 15b, Kart. 227, Klattau, 22. 12. 1801, erste Note des Kreisamtes an die Prager Stadthauptmannschaft (unterzeichnet von Hein). Zur Aufnahme aller Fahrenden haben den Hauptmann humanitäre Gründe bewogen: „so erachtete derselbe doch, daß es die Menschlichkeit fordere, die eingebrachten der so vielen kleinen Kinder wegen, die sich dabei befanden, in der gegenwärtigen strengen Kälte nicht wieder zurückzusenden".

135 NA, PG, Sign. 15b, Kart. 227, Klattau, 30. 12. 1801, zweiter Bericht des Kreisamtes an die Prager Stadthauptmannschaft (unterzeichnet von Hein). Der Verdacht sei dadurch gestärkt worden, „daß diese Individuen aller Orten sich Pässe zu verschaffen wußten, wie es die den Akten mitfolgende Menge derselben bewähret, und überall damit durchzukommen".

aber noch vorläufig zu der hochlöbl. Stadthauptmannschaft abzuliefern sey".[136] Falls es zum Schub über die Grenze käme, schlug der Hauptmann vor, allen die Pässe und die weiteren Dokumente (mit Ausnahme der Trauscheine) abzunehmen, um ihnen so die eventuelle Flucht zu erschweren. Geradezu eine Verkörperung des unklaren Status der Gruppe stellte der vierzigjährige Joseph Frost dar, der in Hohenfurth/Vyšší Brod geboren war, aber angeblich ein Anwesen in Unter-Körnsalz/Krušec bei Schüttenhofen/Sušice gekauft hatte: „Es läßt sich vermuthen, daß derselbe in Hohenfurth allenfalls von herumvagirenden Eltern geboren worden seyn möchte, daher es sich nicht ganz bestimmen lasse, ob derselbe als ein wirklich eingebohrner Böhm, nach seinem Geburtsorte oder aber nach Kernsalz, woselbst er sich angesiedelt, zu schaffen sey."[137]

Die Stadthauptmannschaft/Polizeidirektion informierte über den Fall das Gubernium, bei dem die Nachrichten auch über andere verdächtige oder Untersuchungen unterzogene Gruppen zusammenliefen; das Gubernium unterbreitete sie dann dem Polizeiminister Pergen in Wien.[138] Ihre „Expertise" teilte die Stadthauptmannschaft wiederum dem Gubernium mit und dieses fällte dann auf deren Basis die Entscheidung, die für die untergebenen Ämter, also die Kreisämter, bestimmt war. Wahrscheinlich nicht nur bei der in Klattau untersuchten Gruppe identifizierte sich das Gubernium vollständig mit der Meinung und den Empfehlungen der Stadthauptmannschaft. Ihnen zufolge sollten alle Angehörigen der Gruppe, fast 30 Personen, obwohl sie sich weder ein kriminelles noch irgendein anderes schweres Verbrechen hatten zuschulden kommen lassen, als „Vagabunden" nach Bayern abgeschoben werden, von wo sie höchstwahrscheinlich infolge der dortigen verschärften Polizeimaßnahmen nach Böhmen gekommen waren, oder gegebenenfalls an ihre Geburtsorte „oder auf eine andere Art für die bürgerliche Sicherheit unschädlich gemacht werden".[139] Weder Joseph Frost noch die übrigen waren durch Geburt in Böhmen zu Landesuntertanen geworden und falls doch (da war sich die Stadthauptmannschaft nicht sicher), hatten sie wegen ihres langjährigen Herumziehens im Ausland den Anspruch auf Schutz verloren, unter welchem die Untertanen ansonsten standen. Beim 66-jährigen Friedrich Laubinger, der als Kriegskind nicht wusste, wo er geboren worden war, schlug die Stadthauptmannschaft

---

136 NA, PG, Sign. 15b, Kart. 228, Klattau, 30. 12. 1801.

137 NA, PG, Sign. 15b, Kart. 228, Klattau, 30. 12. 1801.

138 NA, PG, Sign. 15b, Kart. 228, Prag, undatiert, Konzepte und Abschriften; der Verfasser (möglicherweise der Polizeidirektor) versichert: „Wenn man sich nun ernstlich angelegen seÿn läßt, diese 3 Banden auf das genaueste zu untersuchen, ihre Theilnehmer und Mitschuldigen auszuforschen, die allenfällige Verbindung unter ihnen sorgsamst zu erheben, somit die Geschichte dieser schädlichen Rotten bis auf den letzten Faden zu verfolgen, so stehet zu gewärtigen, daß die öffentliche und Privatsicherheit des Landes keinen ferneren Beeinträchtigungen mehr ausgesetzt seyn dürfte, worüber ich meinerseits feste Hand zu halten nicht verabsäumen werde."

139 NA, PG, Sign. 15b, Kart. 228, Prag, 5. 1. 1802, Note der Prager Stadthauptmannschaft (unterzeichnet von Ignatz Carl Chorinsky, dem Stellvertreter des Stadthauptmannes).

vor, ihn in die Oberpfalz bzw. nach Bayern abzuschieben, woher seine Ehefrau stammte und den überwiegenden Teil ihres Lebens ihren Unterhalt bestritten hatte.[140] Es ist also offensichtlich, dass bei der Entscheidung über das Schicksal der einzelnen Gruppenmit-glieder auf Seiten der Ämter letztendlich ihre Lebensweise – das Fehlen eines stabilen Aufenthaltsortes sowie „verwerfliche Ernährung und Betrug und Hausieren" – schwerer wog als mögliche rechtliche Bindungen. (In den Stellungnahmen des Kreisamts, der Stadthauptmannschaft oder des Guberniums tritt übrigens noch nirgends der Begriff des „Heimatrechts" oder des Domizils auf.) Die Stadthauptmannschaft warf auch ei-nigen untergeordneten Ämtern gesetzwidriges Handeln vor – so hatte das Budweiser Kreisamt Frost allein auf der Basis einer Geburtsurkunde aus Hohenfurt die Erlaubnis ausgestellt, ein Marionettentheater zu betreiben, und ähnlich leichtsinnig sollen auch an-dere Kreisämter vorgegangen sein. Andernorts sollen die Beamten die Aufenthaltsdauer der „Zigeuner" in ihren Herrschaften übertrieben haben und mit Bescheinigungen, die unrichtige Angaben enthielten, die Wachsamkeit anderer Herrschaften geschwächt haben. Mit Blick auf die dadurch angeblich verschlechterte Sicherheitssituation rief das Präsidium des Guberniums in seinem Verdikt sämtliche Kreisämter auf, Pässe weiterhin nur demjenigen auszustellen, der sich als „rechtschaffener, ehrlicher und ordentlicher Mann" ausweise.[141]

Die Polizeidirektion bzw. die Stadthauptmannschaft führte weder Verhöre noch Ermittlungen durch; dies war den Magistraten und Gerichten als politischen Instanzen vorbehalten. Allerdings konnte die Stadthauptmannschaft selbst über die Ausweisung von Personen aus Prag per Schub entscheiden, darin war sie als Exekutivorgan den Kreisämtern gleichgestellt. Besonders in komplizierteren Fällen, die die Grenzen und die fachlichen Kompetenzen der Länder überschritten, wirkte sie als beratendes Organ mit fachlicher Expertise. Diese Rolle bei der Beurteilung der Identität Einzelner wird uns noch weiter interessieren.

Polizei und Identität: „Wie soll ich mich nennen?"

Wenn ich die Einführung des österreichischen Passformulars im Jahre 1801 als gewissen Wendepunkt bezeichnet habe, sei hinzugefügt, dass die aus Sicht des Antragstellers größte Neuerung, nämlich die Notwendigkeit, sein Äußeres amtlich beschreiben zu lassen, bis dahin nur einen verhältnismäßig kleinen Personenkreis betroffen hatte. Ähnlich wie die österreichische Passregelung vor allem auf Fremde abzielte, die dem Staat potenziell gefährlich werden konnten, so war auch die primäre Motivation für die

---

140 NA, PG, Sign. 15b, Kart. 228, Prag, 5. 1. 1802, Note der Prager Stadthauptmannschaft.
141 NA, PG, Sign. 15b, Kart. 228, Prag, 11. 1. 1802, Entscheidung des Gubernialpräsidiums (Abschrift). Das Präsidium übernahm fast wörtlich die Vorschläge der Stadthauptmannschaft.

Zentralisierung der Kontrolle der Bewegungen an den Grenzen und im Inland (unter anderem durch die Listen von Reisenden, die dem Gubernium, der Polizeidirektion bzw. den Kreisämtern übersandt wurden) die Sicherheit des Staates. Im Falle nicht-sesshafter „Zigeuner" handelte es sich aber, wie wir gesehen haben, nicht um die äußere, sondern um die innere Sicherheit des Staates, den deklarierten Schutz vor Diebstahl, aber auch vor schlechtem Beispiel. Bei der „einheimischen", weniger mobilen Bevölkerung war zu dieser Zeit die Kontrolle der „Bewegungen von Gedanken" wichtiger, die Frage, ob sie unter dem Einfluss der revolutionären Ereignisse oder der Literatur nicht von der Loyalität gegenüber dem Herrscher und den Institutionen der Monarchie abrücken könnten oder z. B. auch vom Ideal eines sparsamen, arbeitsamen und angemessenen Lebens abfallen. Die Überwachung der Gesinnung und des Verhaltens des Volkes in Böhmen ist schon früher und auch unlängst hinreichend untersucht worden;[142] der institutionellen Rolle der „Ordnungs"-Polizei wird das nachfolgende Kapitel dieses Buches gewidmet sein. Dort und hier wird mich im Zusammenhang mit der Kontrolle der Bewegung und des Aufenthalts der Menschen interessieren, wie sich für die Einzelnen die Zuschreibung des sozialen Ortes und des Status wandelte (zentralisiert und vereinheitlicht wurde) bzw. wie die Gesellschaft „übersichtlicher" gemacht wurde und ob es sich um allgemeine Veränderungen handelte, um mehr als die Reaktion eines Staates (Österreich) auf die Ereignisse in einem anderen Staat (Frankreich).

Zu jener Zeit war die Schauspielerei, vor allem die Wanderbühnen ein Berufsfeld, das physische Mobilität und Gedankentransfer verband. Außer der Regulierung und der Zensur des Theaterbetriebs, die später noch zur Sprache kommen, war der Blick der Behörden auch auf die Schauspieler selbst gerichtet. Im Jahre 1794, nach der Verschärfung der Passvorschriften, bestätigte das Präsidium des Guberniums auf Nachfrage des Kreisamts von Elbogen, dass sich auch Künstler und Handwerker mit einem Pass auszuweisen hätten, was jedoch kein Problem darstellen sollte, weil die Angehörigen dieser Professionen sowieso mit einem Leumundszeugnis ausgestattet sein mussten. Künstlern, vor allem aus Nachbarstaaten, ausnahmsweise die Einreise ohne Papiere zu erlauben, überließ das Gubernium dem Gutdünken des Kreisamtes.[143]

Nach 1801 verschärfte sich die Überwachung im Inneren des Landes – dies bekam zwei Jahre darauf ein Wanderschauspieler, ein gewisser (Baron) Röder am eigenen Leib zu spüren. Dem Gubernium war es ein Dorn im Auge, dass er unter dem Namen

---

142 Mejdřická: Listy/1989, 175–184; weiter Madl, Claire/Tinková, Daniela (Hg.): Francouzský švindl svobody. Francouzská revoluce a veřejné mínění v českých zemích [Der französische Freiheitsschwindel. Französische Revolution und die öffentliche Meinung in den böhmischen Ländern], Praha 2012; Wögerbauer, Michael/Píša, Petr/Šámal, Petr/Janáček, Pavel u. a., V obecném zájmu. Cenzura a sociální regulace literatury v moderní české kultuře 1749–2014 [Im Interesse der Allgemeinheit. Zensur und soziale Regulation von Literatur in der modernen tschechischen Kultur], Bd. 1: 1749–1938, Praha 2015.

143 NA, PG, Sign. 15b, Kart. 223, Prag, 26. 11. 1794, Antwort des Guberniums auf Anfrage des Elbogener Kreisamtes (Konzept).

Christoph Willmann auftrat, weshalb es ihn ohne Umschweife des Landes verwies. Röder verteidigte sich damit, dass Pseudonyme beim Theater üblich seien und dass dies, falls das sein einziger Fehler sei, wohl kein so großes Verbrechen sein könne. Abschließend forderte der Schauspieler den Gubernialpräsidenten auf, ihm Weisung zu geben, wie er sich denn in Zukunft zu nennen habe.[144] Die Grundlage für die guberniale Antwort lieferte wieder die Prager Polizeidirektion/Stadthauptmannschaft. Ihr zufolge bedrohte die Verwendung eines falschen Namens die öffentliche und private Sicherheit in bedeutendem Maße, weshalb der Aufenthalt Röders in Böhmen und den habsburgischen Erblanden nur dann zu gestatten sei, wenn er seinen wahren Geburtsnamen annehme und verwende, sich – mit der Erlaubnis der lokalen Obrigkeit – an einem Ort niederlasse und sich und seine Familie dort ehrlich ernähre. Ob Röder diese Forderungen akzeptierte, die als neue guberniale Entscheidung vom 5. Mai 1803 bei ihm eintrafen, wissen wir nicht, denn es ist äußerst schwierig seine weiteren Spuren zu verfolgen;[145] es ist aber beinahe unvorstellbar, dass diese Forderungen mit seinem Schauspielerberuf vereinbar gewesen wären.

In ihrer Doppelrolle als Leitbehörde für das gesamte Land und als de facto Kreisamt von Prag trat die Polizeidirektion nicht nur bei der Organisation des Schubsystems und der Fahndung per Haftbefehl auf, sondern auch bei der Feststellung der Identität von in Prag vorgefundenen Personen, vor allem von Kindern. Vielleicht liegt es daran, dass die dortigen Quellen gut erhalten sind, dass einige solcher Fälle einen Zusammenhang mit dem Leitmeritzer Kreis aufweisen. In der Nacht vom 26. auf den 27. April 1802 wurde in einer nicht näher bestimmten Prager Straße ein etwa siebenjähriger Junge namens Franz gefunden, der „mangels an Bildung" weder seinen Nachnamen kannte noch seinen Geburtsort, die wichtige Identifikationsmerkmale darstellten. Dennoch gelang es den Beamten der Stadthauptmannschaft aus seiner Aussage zu schließen, dass er aus dem Leitmeritzer Kreis stammte – nicht nur erwähnte er mehrere Orte dieses Kreises, er sprach auch „die dortige Mundart".[146] Während wir nicht wissen, ob das Kreisamt Franz zu seinen Verwandten beförderte, wie es die Stadthauptmannschaft anordnete, ermöglicht ein ähnlicher Fall, der sich vier Jahre zuvor ereignet hatte, das Vorgehen der Ämter detaillierter zu verfolgen.

„Am 10ten dieses wurde nach der 6ten Abendstunde durch die patrollirende Polizeimannschaft ein äußerst gerissener ungefehr 8 Jahre alter Knabe von der Gasse hieramts

---

144 NA, PG, Sign. 15b, Kart. 228, Postoloprty/Postelberg, 26. 4. 1803, Röders Einspruch gegen den gubernialen Landesverweis vom 1. 3. 1803.

145 NA, PG, Sign. 15b, Kart. 228, Prag, 5. 5. 1803, Stellungnahme der Prager Stadthauptmannschaft (unterzeichnet vom Verweser Chorinsky) sowie guberniale Entscheidung für das Saazer Kreisamt vom selben Tag. Ein gewisser Schauspieler Röder kommt 1809 in Bayern vor (Regierungs- und Intelligenzblatt, Regensburg, 19. 7. 1809, berichtet über die Ankunft Röders aus Nürnberg am 6. 7.).

146 SObA Litoměřice, KÚ Litoměřice, Sign. Publ 16, Kart. 741, Prag, 27. 4. 1802, Note der Prager Stadthauptmannschaft an das Leitmeritzer Kreisamt.

eingezogen und diesem K. Amte übergeben," schrieb am 15. November 1798 der Prager Polizeikommissar Glaser in einer Mitteilung an das Leitmeritzer Kreisamt: „Mit vieler Mühe" wurde auf der Polizeidirektion von dem Jungen festgestellt, dass er Augustin hieß, aus Teinitz/Týnice bei Aussig /Ústí nad Labem kam, sein Vater, Ignatz Baume, ebenso wie seine Mutter vor vier Jahren gestorben waren und er selbst vor etwa acht Tagen auf dem Wagen eines unbekannten Fuhrmanns nach Prag gekommen war. Obwohl sich in Prag inzwischen ein „Menschenfreund" seiner angenommen hatte, betraute Glaser das Leitmeritzer Kreisamt damit, die den Jungen betreffenden „wahren Umstände" herauszufinden.[147]

Bei der Feststellung der „wahren Umstände" wandte sich das Kreisamt an das Wirtschaftsamt der Herrschaft Liebshausen/Libčeves, denn das einzige Dorf mit dem Namen „Teinitz" im Kreis befand sich nicht in der Nähe von Aussig, sondern gerade dort, an der Grenze zum Saazer Kreis. Also musste die Stadthauptmannschaft, wie sich der Kreisbeamte nicht nehmen ließ zu erwähnen, bei der Aufzeichnung einen Fehler gemacht haben.[148] Aus Liebshausen kam jedoch Ende November eine negative Antwort, die der Kreis binnen einiger Tage nach Prag durchgab – in Teinitz fand sich kein Schneider namens Ignatz Baume und auch die ältesten Leute erinnerten sich nicht, „daß je unter so einen Namen ein Mensch in ihren [!] Dorfe existirt".[149] Unterdessen verwahrte sich die Stadthauptmannschaft gegen die Kritik aus Leitmeritz – man habe keinen Fehler begangen, sondern nur Augustins Aussage aufgezeichnet. Bei einer weiteren Vernehmung zeigte sich aber, dass der tatsächliche Geburtsort des Jungens nicht Teinitz hieß, sondern Hintertelnitz/Telnice in der Herrschaft Kulm/Chlumec, das tatsächlich unweit von Aussig gelegen war. Zugleich führte Baume weitere topographische Details an, unter anderem, dass er mit dem Dorfrichter von Hintertelnitz bekannt sei, bei dem er sich auch häufig aufgehalten habe.[150]

Nachfolgend waren die Ermittlungen des Kreisamts in der Kulmer Herrschaft schon erfolgreicher. Die Ehefrau eines Schäfers aus Wiklitz/Vyklice wurde auf das dortige Wirtschaftsamt berufen, von der es hieß, dass sie Augustins Schwester Magdalena sei. In Wiklitz erschien aber zufällig auch Augustins Vater Ignatz, „Schneidermeister aus Töllnitz Nr. 16", der aussagte, dass Augustin während seiner zweiwöchigen Abwesenheit Anfang September aus Hintertelnitz verschwunden war. „Er seÿe Willens den Buben

---

147 SObA Litoměřice, KÚ Litoměřice, Sign. Publ 16/38, Kart. 737, Prag, 15. 11. 1798, Mitteilung der Stadthauptmannschaft an das Leitmeritzer Kreisamt.

148 SObA Litoměřice, KÚ Litoměřice, Sign. Publ 16/38, Kart. 737, Leitmeritz, 20. 11. 1798, Antwort des Kreisamtes an die Stadthauptmannschaft (Konzept); Leitmeritz, 21. 11. 1798, Nachricht an das Liebshausener Wirtschaftsamt (Konzept). Die deutsche Version des heutigen Ortsnamens ist Steinteinitz.

149 SObA Litoměřice, KÚ Litoměřice, Sign. Publ 16/38, Kart. 737, Liebshausen, 30. 11. 1798, Antwort des Wirtschaftsamtes; Leitmeritz, 7. 12. 1798, Antwort des Kreisamtes an die Prager Stadthauptmannschaft (Konzept).

150 SObA Litoměřice, KÚ Litoměřice, Sign. Publ 16/38, Kart. 737, Prag, 3. 12. 1798, Mitteilung der Stadthauptmannschaft an das Leitmeritzer Kreisamt mit näheren Informationen zu Augustin Baume.

in Prag abzuholen, wenn ihn der Menschenfreund[liche] Aufnehmer nicht etwann behalten wollte," habe sich der Vater vor dem Kulmer Amt geäußert.[151] Jener Prager Menschenfreund war der Kaufmann Joseph Friedrich Kraus, der dem Jungen Obdach, Verpflegung und Kleidung gewährte und vorhatte, ihm Bildung angedeihen zu lassen und ihn zu kultivieren. Dabei war er jedoch seinen Worten nach auf Widerstand und Ungehorsam gestoßen, die in seiner Schilderung fast wie das spiegelbildliche Gegenteil der aufgeklärten Tugenden wirken („statt des Fleißes die äußerste Nachlässigkeit, statt des Gehorsams immer mehr zu wachsende Stützigkeit und statt Geschwindigkeit und Biegsamkeit des Geistes frecher Trotz und Eigensinn"). Schon mehrfach habe Kraus Baume deswegen seinem Schicksal überlassen wollen, habe es sich dann aber immer – bewegt von dessen angeblichem Waisentum – anders überlegt. Letztendlich war er gewillt, dem Jungen auch bis zu dem Zeitpunkt Obdach zu gewähren, bis sein Vater ihn abholen käme.[152]

Als Ignatz Baume dann Mitte Februar 1799 tatsächlich seinen Sohn bei dem Perückenmacher Johann Havránek abholen wollte, wo dieser in der Lehre stand, kehrte er aber unverrichteter Dinge zurück, denn es erwies sich, dass Augustin – schon zum dritten Mal – aus der Lehre weggelaufen war. Erst nach acht Tagen wurde er gefasst und der Polizeidirektion übergeben, die ihn per Schub in den Leitmeritzer Kreis bzw. zu seinem Vater schickte, mit der Auflage, ihm für Ungehorsam und als Verwarnung sechs Stockschläge zu verabreichen. Hier endet Baumes Akte.

Einige Monate später, ab Mai 1799, forschte die Polizeidirektion im Leitmeritzer Kreis auf ähnliche Weise nach Verwandten oder nahestehenden Personen des geistig behinderten Jungen Anton Schulze, der sich unmittelbar auf der Direktion befand. Antons erste Aussage, er könne aus dem Dorf Kosel/Kozly stammen, bestätigte sich nicht und die Polizei ließ deshalb wiederholt Schulzes Beschreibungen anfertigen und über das Kreisamt Ende August 1799 im Kreis verteilen.[153] Demzufolge war Schulze etwa 16 Jahre alt, fünf Fuß (ca. 150 cm) groß und von untersetzter Figur, hatte hellbraune,

---

151 SObA Litoměřice, KÚ Litoměřice, Sign. Publ 16/38, Kart. 737, Kulm, 15. 12. 1798, Nachricht des Wirtschaftsamtes an das Leitmeritzer Kreisamt; weiter Leitmeritz, 15. 12. 1798, das Kreisamt informiert die Prager Stadthauptmannschaft über die Feststellung der Identität von Baumes Vater.

152 SObA Litoměřice, KÚ Litoměřice, Sign. Publ 16/38, Kart. 737, Prag, 22. 12. 1798, Nachricht der Stadthauptmannschaft an das Leitmeritzer Kreisamt mit der Aufforderung, Ignatz Baume soll seinen Sohn in Prag abholen (unterzeichnet von Joseph Wratislaw). Das Kreisamt leitete diese Aufforderung am 24. 12. 1798 an das Kulmer Wirtschaftsamt weiter.

153 SObA Litoměřice, KÚ Litoměřice, Sign. Publ 16/56, Kart. 738, Bieloschitz, 8. 5. 1799, der Amtsverwalter widerspricht, Anton könne der Sohn von Johann Georg Schulze aus Kosel sein („weder aus Kosel ohnweit Maria Kulm gebürtig seÿe, weillen Kosel Leutmeritzer Kreises von Mariae Kulm 17 Meilen entfernt, folgsam dieser Knabe nicht wissen mag, aus welchem Land oder Kreis er gebohren seÿe"); Prag, 12. 7. 1799, Note der Stadthauptmannschaft an das Kreisamt (unterzeichnet von Chorinsky); Leitmeritz, 27. 7. 1799, Kreisamt sendet die Beschreibung Schulzes der Bieloschitzer Herrschaft (Konzept des Begleitschreibens).

kurz geschnittene Haare, ein volles und gut gefärbtes Gesicht, eine stumpfe Nase und sprach Deutsch.[154] Wie jedoch das Leitmeritzer Kreisamt der Prager Polizeidirektion vor Weihnachten 1799 mitteilte, blieb die Suche erfolglos, denn keines der Wirtschaftsämter und Magistrate im Kreis war in der Lage, etwas über den gesuchten Vater oder gegebenenfalls andere Verbindungen von Anton Schulze in Erfahrung zu bringen.[155] Wir wissen nicht, was mit dem Jungen weiter geschah.

„Etwas blödsinnig" soll auch eine etwa 24-jährige Frau gewesen sein, die Anfang 1802 in Benatek/Benátky nad Jizerou aufgefunden wurde, „welche weder ihren Vornoch Zunamen, weder ihr [!] Geburtsort, noch ihre Religion anzugeben im Stande ist". Die Prager Stadthauptmannschaft, der sie übergeben wurde, war deshalb gezwungen, gedruckte Nachricht mit allen Informationen über die Frau zu publizieren, die Freunde und Verwandte aufrief, sich zu melden. Neben einer physischen Beschreibung, die übrigens wieder eine „stumpfe Nase" enthielt, hielt es die Polizei für nötig anzuführen: „Sie äußert sich, daß sie als Kind in einem Dorfe in Mähren von ihren Eltern verlassen worden, und seitdem bald unter dem Namen Anna, bald Katharina unter wohlthätigen Leuten in verschiedenen, ihr dem Namen nach unbewußten Dörfern aufgewachsen ist. Sie spricht böhmisch, ihrer Aussprache nach aber könnte man sie für eine Jüdin halten, wiewohl sie nicht bestimmen kann, ob sie wirklich als Jüdin, oder Christin geboren wurde."[156] Wiederholt sehen wir hier, dass die Polizei neben der Beschreibung und den Angaben zum Lebenslauf bei der Identifikation Einzelner auch „objektive" Faktoren wie den Dialekt oder die Aussprache beachtete.

Bei Personen mit aus amtlicher Sicht unsicherer Identität stellte auch der Geburtsort bzw. der Aufenthaltsort (von Heimatrecht in einer konkreten Gemeinde war an der Wende vom 18. zum 19. Jahrhundert noch nicht die Rede) eine wichtige Angabe dar, die der Identifikation diente. Selbst wenn diese Personen keinen Pass einer konkreten Behörde bei sich hatten, konnte ihre Behauptung – wie das bis heute geschieht – anhand einer Art von Bevölkerungsregister überprüft werden, die Informationen über ihren Geburts- oder den Aufenthaltsort (nicht aber über ihren Untertanenstatus) sammelte. Als im Jahre 1801 das Saazer Kreisamt die Identität einer gewissen Franziska Rosenthal feststellte, war diese Frau in Saaz/Žatec nicht mehr anwesend. Im Sommer des Vorjahres

---

154 SObA Litoměřice, KÚ Litoměřice, Sign. Publ 16/56, Kart. 738, Prag, 26. 8. 1799, die erneut angefertigte Beschreibung (die erste ging in der Amtskommunikation verloren) ist dem Schreiben der Prager Stadthauptmannschaft an das Leitmeritzer Kreisamt beigelegt; Leitmeritz, 29. 8. 1799, kreisamtliches Rundschreiben mit Schulzes Beschreibung (Konzept).

155 SObA Litoměřice, KÚ Litoměřice, Sign. Publ 16/56, Kart. 738, Leitmeritz, 23. 12. 1799, Kreisamt an Stadthauptmannschaft (Konzept).

156 SObA Litoměřice, KÚ Litoměřice, Sign. Publ 16/56, Kart. 740, Prag, 30. 1. 1802, zweisprachige, deutsch-tschechische „Nachricht" (unterzeichnet von „Johann Franz Glaser, kais. kön. Polizey-Oberkommissär"). Aus der Nachricht ist erkennbar, dass das Tschechische erst die sekundäre Sprache darstellt, in die der deutsche Originalwortlaut übersetzt wurde; Leitmeritz, 10. 2. 1802, Begleitschreiben des Kreisamtes (Konzept).

hätte diese aber beim örtlichen „Chyrurgus" Joseph Gleichauf einen Sohn geboren und jetzt suchte aus nicht näher bekannten Gründen das Gubernium nach ihr. Prokop Platzer, der Interimsverwalter des Kreisamtes, stellte offensichtlich anhand der Eintragung in der Kirchenmatrikel fest, dass die Mutter des geborenen Jungen (dort nicht als Franziska, sondern als Anna angeführt) seitens ihrer Eltern aus Dux/Duchcov stammte, und wandte sich an das benachbarte Leitmeritzer Kreisamt, um dort schnellstmöglich vom Bürgermeister von Dux Informationen anzufordern, ob „in den Konskriptionsbücher [!] der Name Franziska Rosenthal vorkömmt und wer ihre Eltern sindt, so fort sie weiter von dem Bürgermeister in Geheim vernehmen zu lassen, ob sie beim Chyrurgus Gleichauf in Saaz, und mit einem Knaben entbunden wor[den] sey". Nicht nur wegen der Matrikeleintragung hatte Platzer nämlich den Verdacht, dass Franziska Rosenthal ein erfundener Name war.[157] Dieser Verdacht begann sich zu bestätigen, als vom Bürgermeister die Antwort kam, dass eine „Francisca Rosenthal in Dux gänzlich unbekannt seye, und wird in den Conscriptio Büchern nicht vorkommen".[158] Somit verlieren sich Franziskas Spuren leider auch für die spätere Forschung an dieser Stelle.

Obwohl die Matrikeln immer noch von katholischen Geistlichen vor Ort geführt wurden, geschah dies ab 1784 unter staatlicher Aufsicht und in zentral vorgeschriebenen Rubriken, sodass die Matrikel von Saaz aus dem Jahre 1800 schon als eine Art von staatlicher Bevölkerungsevidenz angesehen werden kann. In der Präambel des Patents vom 20. Februar 1784 war die Rede von „Register[n] über Trauung, Geburt, und Sterben", die einerseits der öffentlichen Verwaltung zur Beobachtung der Geburtenzahlen, der Heiratsstatistik und der Sterblichkeitsrate dienten, andererseits den Familien selbst anstelle von Dokumenten und auch als „Grundlage gerichtlicher Entscheidungen, von denen der Stand des Bürgers, und ganzer Verwandtschaften abhängt".[159] Daher ist

---

157 SObA Litoměřice, KÚ Litoměřice, Sign. Publ 16, Kart. 739, Saaz, 10. 5. 1801, Brief des Saazer Kreisamtes an das Leitmeritzer Kreisamt; der unterzeichnende Kreisamtsverwalter Prokop Platzer schreibt, „mir aber […] sehr daran gelegen ist, auf die Wahrheit zu kommen, ob dieser nicht ein erdichteter Name ist". Dem Brief ist die Anweisung des Leitmeritzer Kreiskommissars Mayer an den Duxer Bürgermeister vom 17. 5. 1801 beigeheftet.

158 SObA Litoměřice, KÚ Litoměřice, Sign. Publ 16, Kart. 739, Leitmeritz, 22. 5. 1801, Mitteilung des Kreisamtes an den Verwalter des Saazer Kreises Platzer (Konzept).

159 Das diesbezügliche Patent Josephs II. vom 20. 2. 1784 findet sich unter anderem in Sammlung der kaiserl. königl. landesfürstlichen Verordnungen für das Jahr 1784, Laibach (o. J.), 52–57: „Die Register über Trauung, Geburt, und Sterben sind sowohl in Ansehen der öffentlichen Verwaltung, als der einzelnen Familien von größter Wichtigkeit. Die öffentliche Verwaltung erhält daraus über das Verhältnis, über die Vermehrung oder die Verminderung der Ehen, über den Zuwachs und Abgang der Gebohrnen, über die vergrößerte oder verminderte Sterblichkeit nützliche Kenntnisse. Einzelnen Familien dienen sie in mehr als einer Angelegenheit zu beweisenden Urkunden, und nicht selten sind sie die Grundlage gerichtlicher Entscheidungen, von denen der Stand des Bürgers und ganzer Verwandtschaften abhängt." Die Führung der Kirchenmatrikeln wurde auch ein Gegenstand von Kreisbereisungen; im Jahr 1791 wurde die guberniale Mahnung an das Königgrätzer Konsistorium mit den Worten eingeleitet: „Da die der Geistlichkeit anvertraute Matrikeln für den Staat von der äußersten Wichtigkeit sind, die Führung

es kein Wunder, dass die Matrikeln zu den Hauptdokumenten gehörten, die bei den Kreisbereisungen kontrolliert wurden. 1770/1771, während der ersten Volkszählung, die diesen Namen verdient, wurden die Matrikeln bzw. die in ihnen enthaltenen Daten von den Kreiskonskriptionskommissionen als Unterlagen genutzt.[160]

Anhand der Matrikeln konnte man die wichtigsten Personenstandsdaten belegen. Da sich aber viele Einwohner nicht dort aufhielten, wo sie geboren waren oder wo sie geheiratet hatten, waren und sind sie für die Suche nach Einzelnen und ihrer Identität nicht immer verwendbar. Z. B. enthalten die Matrikeln der beiden Pfarreien, zu denen Hintertelnitz gehörte, gegen 1800 weder die Geburt Augustin Baumes noch den Nachnamen Baume. Deshalb sollte auch der Bürgermeister von Dux Franziska Rosenthal oder ihre Eltern in den „Konskriptionsbüchern" suchen, in den regelmäßig aktualisierten Bevölkerungslisten, die in der Habsburger Monarchie seit 1770/1771 geführt wurden und die ab 1777 nicht nur die Männer, sondern die gesamte Bevölkerung umfassten.[161] Das Matrikelformular und vor allem die Bevölkerungslisten verzeichneten auch die Konskriptionsnummern der Häuser, sodass man den Einzelnen auf ihrer Basis theoretisch auch genau lokalisieren konnte. (Demgegenüber finden wir Hausnummern weder in den Passformularen noch -protokollen.)

Die Nummerierung der Häuser war ebenso wie die Bezeichnung der Straßen mit Namen, durch die sich in Prag der erste Polizeidirektor Reismann auszeichnen sollte, eine relativ neue Technik. Am Anfang dieses Buches haben wir gesehen, dass die Einführung der Häusernummerierung und Straßenbeschilderung mit der Verbesserung der Orientierung für Fremde begründet, dass sie aber vor allem von den Behörden für den Zugriff auf die einheimische Bevölkerung genutzt wurde. Die Hausnummern tauchen nach und nach in der internen behördlichen Kommunikation, aber auch in den für die Öffentlichkeit bestimmten Verordnungen und Zeitungen als primäre

---

derselben aber – laut Bereisungsbericht [...] dieser Wichtigkeit aber noch nicht entsprechen." Weiter auch NA, ČG-Publ., Sign. 51–8, Kart. 1276, Prag, 31. 5. 1791, präsidiale Erinnerungen zu den Kreisbereisungsberichten; die für das Königgrätzer Konsistorium bestimmte Anmerkung, der zufolge „die der Geistlichkeit anvertrauten Matrikeln für den Staat von der äußersten Wichtigkeit sind".

160 Tantner, Anton: Die Quellen der Konskription, in: Pauser, Josef/Scheutz, Martin/Winkelbauer, Thomas (Hg.): Quellenkunde der Habsburgermonarchie (16.–18. Jahrhundert). Ein exemplarisches Handbuch, München 2004, 196–204, hier 199–200.

161 Tantner: Die Quellen/2004, 199, führt diese Art Akten nicht an, es wird sich aber um örtliche Exemplare der regelmäßig angefertigen Bevölkerungsverzeichnisse handeln. Gürtler, Alfred: Die Volkszählungen Maria Theresias und Josef II. 1753–1790, Innsbruck 1909, 55, zufolge handelte es sich um die „Populations-Bücher in duplo", d. h. Duplikate von Verzeichnissen, die in den Städten und Herrschaften und für den gesamten Kreis zusammengefasst bei den Kreisämtern verblieben. Diese örtlichen Verzeichnisse scheinen mit der Zeit sogar als primär angesehen worden zu sein, denn die Beamten hatten sie unabhängig von den zentral organisierten Volkszählungen regelmäßig zu aktualisieren; Becker: Beschreiben/2008, 393–419, hier 405.

Identifizierungsangabe auf.[162] Die Polizeibeamten führten sie bereits ab den 1780er-Jahren laufend in ihren Meldungen an, aus einigen Meldungen von Prager Patrouillen lässt sich aber schließen, dass, sofern ein Haus ein Hauszeichen besaß, diesem bei der Identifizierung der Vorzug gegeben wurde.[163] In einem an den Leitmeritzer Kreis gerichteten Bericht der Stadthauptmannschaft wurde auch der Wohltäter Kraus, der Augustin Baume in seinem Haus aufgenommen hatte, über das Stadtviertel und die Hausnummer genauer bestimmt.[164] Auch die bürgerlichen Wähler des ersten Prager Magistrats identifizierten sich 1784 auf Stimmzetteln beispielsweise mit Unterschrift, Viertel und Hausnummer.[165]

Die Bewohner Prags verwendeten jedoch, wie unter anderem aus der Suche nach dem flüchtigen ehemaligen Benediktiner Joseph Huber in der Einleitung zu diesem Kapitel deutlich geworden ist, zur Orientierung noch lange die Hauszeichen. 1784 identifizierte Katharina Reingruberin, die auch den Namen Barbara Schaller benutzte, in ihrem Verhör in Wien auf diese Weise die Orte ihres Prager Aufenthalts – sie habe zwei Jahre bei Joseph Haaße, Zum Weißen Hasen, auf der Kleinseite gedient und ein Jahr bei dem Kaffeehändler Mathias Sacher, Zum braunen Hirschen, ebenfalls auf der Kleinseite. Zuletzt wollte sie mehrere Wochen bei dem Stofffabrikanten Mathias Seitz, Zur schönen Sklavin, gearbeitet haben. Der Prager Stadtrat, der auf Antrag des Wiener Stadtrats diese Aussage überprüfen sollte, erlegte dem Gerichtsdiener auf, in allen genannten Häusern und bei allen Personen nach Katharina bzw. Barbara zu fragen. „Zugleich hätte sich auch derselbe zu dessen Verläßlichkeit bei denen H. Conscriptions-Commssarien um ihren damaligen Aufenthalt zu erkundigen." Nach zwei Wochen antwortete der Prager Magistrat, dass es von den drei genannten Häusern bzw. Hauszeichen in Prag nur den Weißen Hasen gäbe und dass sich in den Konskriptionsbüchern weder der Name von Mathias Sacher noch von Mathias Seitz finde. Darüber hinaus gab Christian (nicht Joseph) Haaß, Produzent feiner Stoffe, wohnhaft in der Zeltnergasse/Celetná, an, dass bei ihm niemals eine Katharina Reingruberin noch eine Barbara Schallerin gearbeitet habe, sodass der Rat schloss, dass „diese Aussage allerdings für erdichtet zu halten wäre".[166] Neben Nachforschungen unmittelbar vor Ort gewährten also die

---

162 Zur Veröffentlichung von Hausnummern in den Zeitungen (hier Wiener Zeitung) bereits seit Beginn der Nummerierung Tantner: Ordnung/2007, 151.

163 AHMP, MHMP I.-Publ, 1786, Sign. II/10, Kart. 67, „Polizeÿ Wacht Rapport" vom 23. 5. 1786: „1. beÿm schwarzem Lambl in der Bruska ist das Wasserleitungsbret eingefahren worden; 2. Auf dem Graben beÿ Nro 830 ist ebenfalls ein Wasserleitungsbret abgängig".

164 SObA Litoměrice, KÚ Litoměrice, Sign. Publ 16/38, Kart. 737, Prag, 22. 12. 1798, Bericht der Stadthauptmannschaft für das Leitmeritzer Kreisamt mit der Aufforderung, Ignatz Baume soll seinen Sohn abholen (unterzeichnet von Joseph Wratislaw).

165 Bastl: Spojení/2002, 35.

166 AHMP, Sbírka rukopisů [Handschriftensammlung], Protocollum criminale, Nr. 3100, Fol. 29v-30v, Sitzung vom 27. 8. und 7. 9. 1884. Die (Gast-)Häuser Zur schönen Sklavin und Zum braunen Hirschen befanden sich im 18. Jahrhundert in Wien.

Bevölkerungslisten verlässliche und teilweise in die Vergangenheit zurückreichende Informationen zu Identität und Aufenthalt konkreter Personen und wurden von den Ämtern offensichtlich als lokale Bevölkerungsverzeichnisse genutzt.

Der Stadtraum und die öffentliche polizeiliche Überwachung

Die Nummerierung der Häuser in Kombination mit den Bevölkerungsverzeichnissen fungierte nicht nur als mehr oder weniger statische Datenquelle zu Rekrutierungs- und sonstigen Zwecken in Bezug auf die gesamte Bevölkerung, sondern ermöglichte es auch, Menschen mit konkreten Orten zu verknüpfen. Mit anderen Worten: Sie ermöglichte der Zentralgewalt den Zugriff auf Individuen. In der alltäglichen Praxis wurde diese Macht vor allem durch die städtischen und auf dem Land durch die herrschaftlichen Beamten repräsentiert, in den großen Städten durch die zentralistisch strukturierte und sich allmählich professionalisierende Polizei mit ihrer militärischen Komponente. Der Zentralisierung der Aufsicht und der Informationsübermittlung entsprach somit auch die Aufteilung des zu kontrollierenden Raumes. Wie wir gesehen haben, wurden die Kreise in Bezirke eingeteilt und die Städte in Viertel und Bezirke, von denen jeder einen eigenen Kommissar, Aufseher oder Inspektor haben sollte. Es wurde vorausgesetzt, dass der zuständige Beamte den ihm anvertrauten Bezirk besser kannte, zumal er – mit Ausnahme der Kreiskommissare – auch darin wohnte, aber zugleich nicht nur der lokalen Selbstverwaltung unterstand, sondern in ein hierarchisches, in beide Richtungen funktionierendes Kommunikationsnetz eingegliedert war. Die Aufteilung des Raumes hatte bereits im 18. Jahrhundert als Voraussetzung für eine bessere Verwaltung gegolten[167] und war Gegenstand von Polizeireformen in fast allen Städten, von Paris über Wien und Prag bis Nettolitz gewesen. Wir werden hier die administrative Gliederung des Stadtraums und die Tätigkeit der Polizei darin am Beispiel Prags näher betrachten.

Viertelkommissare („Viertler") aus den Reihen der Bürger wurden in Prag bereits im Jahre 1751 eingeführt. Auf den Vorschlag der damaligen Stadthauptleute, die im Grunde landesfürstliche Beamte waren, und der ebenfalls landesfürstlichen Repräsentation und Kammer hin hatte Maria Theresia sie für die Prager Städte ernannt: Dominik Hládek und Ferdinand Seger für die Altstadt, Anton Berger für die Neustadt und Ignatz Leiffer, Georg Jacob Stumpf und Stephan Stadelmann für die Kleinseite.[168] Ihre Anzahl entsprach nicht der Größe der einzelnen Städte und es lässt sich auch nicht nachweisen, dass dort, wo es zwei Kommissare gab, der ihnen anvertraute Bezirk weiter aufgeteilt worden wäre. Mit der Vereinigung der Prager Städte im Jahre 1784 verwandelten sich die

167 Milliot: „L'admirable police"/2016, 199.
168 Die Quellen zur Errichtung von Viertlerstellen im Jahre 1751 befinden sich im NA, ČG-Publ, Sign. B 9/1, Kart. 30, unter anderem Prag, 29. 10. 1751, Bericht der Repräsentation und Kammer an Maria Theresia; Wien, 20. 11. 1751, Ernennung der Viertler durch dieselbe.

ursprünglich eigenständigen Gemeinden verwaltungsmäßig in Stadtviertel. So wurden sie auch offiziell bezeichnet: die Altstadt/Staré Město als 1. Hauptviertel, die Neustadt/Nové Město als 2. Hauptviertel und die Kleinseite/Malá Strana mit dem Hradschin/Hradčany als 3. Hauptviertel. „Hauptviertel" bedeutet hier, dass sie weiter in kleinere Viertel, wie etwa das Teinviertel/Týnská čtvrť in der Altstadt, untergliedert wurden. Zwischen der Vereinigung der Prager Städte in der ersten Jahreshälfte 1784 und der Entstehung der Polizeidirektion im Juni 1785 wurde das Amt der Viertler abgeschafft und mit den polizeilichen Aufgaben in den Vierteln Kommissare aus den Reihen der Ratsherren betraut.[169]

Der erste Polizeidirektor Reismann verfügte, ebenso wie seine Nachfolger, über eigene Polizeikommissare; zunächst waren es zwei. Als die Polizei im Jahre 1787 vorübergehend der Stadt unterstellt wurde, waren bei ihrem Polizeiamt parallel drei Magistrats-Polizeikommissare für die einzelnen „großen" Viertel verantwortlich, z. B. der oben erwähnte Václav Thám für die Altstadt. In den „kleinen" Vierteln setzte man wieder Viertler für die Anmeldung von Aufenthalten und die Beaufsichtigung „verdächtiger Personen" ein, für die zu diesem Zweck ein spezielles Manual herausgegeben wurde.[170] Während für Hradschin und die Kleinseite je ein Viertler ausreichte und die Meldezettel in der Altstadt direkt im Rathaus auf dem Polizeiamt abgeholt und wieder abgegeben werden mussten, wurde die Neustadt aufgrund ihrer Weitläufigkeit weiter aufgeteilt: Für die Konskriptionsnummern 1 bis 416 (unter anderem Am Zderas/Na Zderaze, Gircharz/Jircháře, Neue Allee/Nová alej, Brennte Gasse/Spálená, Opatowitzer Gasse/Opatovická, Podskal/Podskalí) war der Viertler am Viehmarkt/Dobytčí trh (heute Karlsplatz/Karlovo náměstí) zuständig. Die Nummern 416 bis 816 und 858 bis 882 (unter anderem der Roßmarkt/Koňský trh, heute Wenzelsplatz/Václavské náměstí, und der Obstmarkt/Ovocný trh und die umliegenden Straßen, heutige Vodičkova, Řeznická, Štěpánská, Ječná, Kateřinky) fielen ins Stephansviertel/Štěpánská čtvrť und damit unter die Aufsicht von Johann Ferdinand Kazda. Der Viertler vom Petersviertel/Petrská čtvrť hatte die Aufsicht über die Häusernummern 923 bis 947, 985 bis 997 und 998 bis 1242, die in etwa in den Straßen zwischen dem heutigen Wenzelsplatz und der Kirche St.

---

169 Bastl: Spojení/2003, 43, 45. Das guberniale Verzeichnis der Kommissare aus den Reihen der Ratsherren findet sich als Konzept auch im NA, ČG-Publ, Sign. B II 34, Kart. 903, Prag, 10. 8. 1784; das gedruckte Original im NA, PŘ I., Kart. 3. Für Sicherheit sollten Johann Mazura und Wolfgang Bock in der Altstadt, Frantz Piestl und Johann Georg Karl in der Neustadt und Johann Heinrich Neüber und Georg Aloÿs Pellet in der Kleinseite und auf dem Hradschin sorgen.

170 NA, PŘ I., Inv. Nr. 242/lit. D, Kart. 3, Prag, 14. 8. 1788, der Gubernialpräsident billigt die Instruktion für Stadtviertler: „Da aber die Bezirks Kommissäre den ganzen Tag auf dem Polizei Amte, wo sie die Hände voll zu thuen haben, unumgänglich zubringen müssen, nebst dem noch mannigfältige Geschäfte ihnen aufgetragen werden, zu dem bei der Weitschichtigkeit der Stadt ein jeder von ihnen ein ganzes Viertel besorgen muss, dagegen die Viertler den ganzen Tag sich in ihren Vierteln befinden, die überdies als untergetheilt noch viel kleiner und enger sind, mithin diese Verrichtung ganz füglich besorgen und die gebrechen abstellen können".

Heinrich gelegen waren. Von der letztgenannten Zahlenreihe waren jedoch die Häusernummern 1014 bis 1022 ausgenommen, die aufgrund der räumlichen Nähe unter das Altstädter Polizeiamt fielen. Das gleiche galt für die Neustädter Häuser Nr. 885 bis 895, 916 bis 922, 948 bis 984 und 996 bis 997.[171] Jaroslav Schaller nennt in seiner Beschreibung der Prager Neustadt bzw. ihrer Häuser aus dem Jahre 1797 – neben den Straßen und anderen Ortsteilen wie Podskal/Podskalí oder Wegton/Výtoň auf der einen oder Graben/Příkopy auf der anderen Seite – ausdrücklich das Zderaser sowie St. Stephans-, St. Heinrichs- und St. Petersviertel.[172] Einige dieser Viertel mag Gubernialpräsident Cavriani im Sinn gehabt haben, als er im Jahre 1789 im Zusammenhang mit der Aufteilung der übrigen Städte in Bezirke an Minister Pergen schrieb, in Prag gäbe es drei Bezirke und sieben Viertel.[173] Ein anonymer Plan zur Reorganisierung der Prager Polizeiverwaltung aus dem Jahre 1792 ging von neun Viertlern aus. Außer einem Viertler für die gesamte Judenstadt sollte jeder von ihnen für ca. zwei Patrouilledistrikte zuständig sein. Der Plan schlug vor, die Stadt als solche ebenfalls in neun „Haupt-Distrikte" einzuteilen, die vier Polizeikommissaren unterstellt sein sollten, von denen einer auf der Kleinseite angesiedelt sein würde. Die drei übrigen sollten die Bezirke weiter von der Direktion aus beaufsichtigen, „ohne jedoch eine besondere Amtskanzlei im Distrikt zu halten".[174]

Anfangs wurden die Viertel gerade über das Meldesystem und über die Zugehörigkeit zu einem konkreten Viertler in den übrigen Sicherheitsangelegenheiten definiert. (Im Jahre 1803 wurden die drei „Hauptviertel" Prags auch dem System der Straßenreinigung zugrunde gelegt, das in vier Tage und vier Bezirke eingeteilt war – ein Gebiet wurde aus Alt- und Neustadt ausgegliedert, das in etwa von der Teynkirche über die St. Jakobs-Kirche bis hin zum Petersviertel reichte.)[175] Mit Blick auf Prag, aber auch auf die Einführung von Vierteln in den übrigen Städten nach 1790 stellt sich die Frage, ob diese administrativen Bezirke auf Basis rationaler Kriterien, wie z. B. gleicher Größe oder gleicher Einwohnerzahl, gleicher Entfernung zum betreffenden Viertler oder der Kommunikationsverbindung, entworfen wurden.[176] Dafür spräche die Zuordnung mehrerer Häuser aus der Neustadt aufgrund ihrer Nähe zur Polizeibehörde

---

171 AHMP, MHMP I.-Publ, 1787, Sign. II/165, Kart. 139, Prag, 20. 7. 1787, vom Magistrat ausgearbeiteter Entwurf des Meldesystems (Konzept, unterzeichnet vom Stadtrat Georg Karl).

172 Schaller, Jaroslaus: Beschreibung der königlichen Haupt- und Residenzstadt Prag sammt allen darinn befindlichen sehenswürdigen Merkwürdigkeiten, Bd. 4, Prag 1797.

173 ÖStA, AVA, Pergen-Akten, Sign. XVIII B, Kart. 17, Prag, 25. 4. 1789, Cavriani berichtet Pergen von der bestehenden administrativen Aufteilung von böhmischen Städten.

174 NA, PG, Sign. 15c, Kart. 234, undatierter Entwurf (wahrscheinlich vom 3. 3. 1792). Vgl. auch Roubík: Počátky/1926, 116.

175 NA, PG, Sign. 15c, Kart. 237, Nr. 1374, Prag, 1. 7. 1803, Anordnung des böhmischen Guberniums „über einige der wichtigsten Polizeÿanstalten in der Hauptstadt Prag".

176 Milliot: „L'admirable police"/2016, 210, spricht im Zusammenhang mit der administrativen Einteilung von Paris im 18. Jahrhundert über Proportionalität von Raum und Bevölkerung. Denys, Catherine: Police et sécurité au XVIIIᵉ siècle dans les villes de la frontière franco-belge, Paris 2002, 368, bezeichnet

in der Altstadt, auch wenn die Viertel, die offensichtlich auf Grundlage der einzelnen Pfarrbezirke geschaffen worden waren, sich dadurch in keiner Weise veränderten. In anderen Städten lassen sich die Viertelgrenzen nicht rekonstruieren, aber im Taborer Kreis wurden die Viertelbezeichnungen z. B. allem Anschein nach von den traditionellen Ortsnamen der Kirchen bzw. Pfarrbezirken, Straßen und Vorstädten übernommen. Nur in Pilgram/Pelhřimov wurden die Bezirke ausschließlich mit Zahlen bezeichnet, von eins bis vier in der inneren Stadt und von eins bis vier in den Vorstädten.[177] Daraus können wir allerdings nicht schließen, dass die Viertel hier neu ins Stadtterritorium „eingezeichnet" wurden, während in den meisten übrigen Städten die traditionelle Einteilung respektiert wurde. In den Städten außerhalb Prags, für die Ende 1789 das „Amtsunterricht" erlassen wurde, verließ sich das Gubernium bzw. Pergen jedoch augenscheinlich auf die Einteilung, die die Magistrate vor Ort vorgenommen bzw. von früher übernommen hatten. Auch in Prag sieht es so aus, als ob die Stadtviertel in die neue Polizeiverwaltung so aufgenommen worden wären, wie sie bisher existiert hatten, und nicht von der Polizeidirektion oder einer anderen staatlichen Behörde neu projektiert wurden.

Für die böhmischen Städte kann man davon ausgehen, dass die einzelnen Viertler direkt in den ihnen anvertrauten Bezirken wohnten, und ähnlich war es bei den Polizeikommissaren in Paris oder in Wien. Später amtierten in Prag die Oberpolizeikommissare direkt bei der Stadthauptmannschaft und für die Viertel waren allem Anschein nach die Unterkommissare zuständig. Für das Jahr 1804 sind die beiden „Bezirkskommissare" Král und Winkler erwähnt, die zugleich für den Schub, die „Postzettel" und die Bauinspektion zuständig waren.[178] Nach dem Schematismus für das Jahr 1805, einer gedruckten Übersicht aller Wiener und Prager Ämter und ihrer Besetzung, war Winkler Bezirkskommissar in der Judenstadt und Král im 2. Hauptviertel, also in der Neustadt, wo er auch wohnte. Zwei weitere Bezirkskommissare, Adalbert Langswert im 1. und Joseph Hoch im 3. bzw. 4. Hauptviertel, lebten allerdings nicht in den Vierteln (Hoch war zugleich auch „Hauskommissar" mit Sitz direkt im Gebäude der Polizeidirektion).[179]

Zu einer größeren Veränderung kam es im Jahre 1807 bei der Reorganisierung der Polizeidirektion. Zur Ausübung der „öffentlichen Polizeyaufsicht" wurden die drei

---

dieses Prinzip als Vereinfachung und Rationalisierung (im Vergleich mit der Unübersichtlichkeit und Ungleichheiten der traditionellen Territorien).

177 NA, PG, Sign. 22b, Kart. 44, Tabor, 31. 12. 1789, tabellarische Übersicht der Einteilung der Städte des Taborer Kreises in „Viertel oder Bezirke" (unterzeichnet von Kreishauptmann Streeruwitz).

178 NA, PŘ I., Inv. Nr. 836, Kart. 23, Nr. 22, Prag, 4. 12. 1804, Rundschreiben des Stadthauptmannschaftsverwalters Anton Friedrich Mittrowsky.

179 Schematismus für das Königreich Böhmen auf das Jahr 1805, Prag 1805, II. Teil, 16. Im Dezember 1807 wollte Joseph Hoch aus seiner Wohnung auf der Insel Kampa in die Wohnung des Druckers Jeřábek im ehemaligen St. Galluskloster in der Altstadt umziehen, um in „seinem" Viertel zu wohnen. Die Verwaltung der Klostergüter stimmte dem Umzug allerdings nicht zu; NA, PG, Sign. 3/48, Kart. 318.

Prager Hauptviertel in Bezirke eingeteilt, die aber wiederum im Grunde aus mehreren Pfarrbezirken bestanden. Sie waren jedoch nicht gleich groß, zumindest nicht hinsichtlich der Anzahl der Häuser. Die Altstadt, sonst das 1. Hauptviertel, hatte zwei Bezirke: Der erste umfasste die 619 Häuser der Viertel St. Leonhard/Sv. Linhart, Hl. Geist/Sv. Duch und St. Kastlus/Sv. Haštal sowie der Judenstadt und der zweite die 593 Häuser der Viertel St. Egidius/Sv. Jiljí, St. Gallus/Sv. Havel, St. Jacob/Sv. Jakub und des Teynviertels/Týnská čtvrť. In der Neustadt, also im 2. Hauptviertel, gab es vier Bezirke: Der erste bestand aus den 437 Häusern des Peters- und Heinrichsviertels, der zweite aus 311 Häusern und umfasste das Franziskaner- und Trinitätsviertel, der dritte war aus dem Stephans- und Apollinarviertel mit 232 Häusern gebildet und der vierte aus 268 Häusern im Adalberts- und Emmausviertel. Auf der Kleinseite gab es einen Bezirk, der aus dem Maltheser und Thomasviertel (355 Häuser) bestand, zum Hradschiner Bezirk gehörte neben der Burg selbst auch das Niklasviertel mit insgesamt 346 Häusern.[180]

Wie eine Tabelle aus dem Jahre 1814 zeigt (Tabelle 3), wurde jedem dieser acht Bezirke ein Kommissar aus der Polizeidirektion zugeteilt (im zweiten Bezirk waren es zwei), der außer der allgemeinen Aufsicht vor allem die Aufenthaltsmeldung zur Aufgabe hatte. Es ist aber nicht sicher, ob Kommissare über eigene Amtsräume verfügten. In allen anderen Angelegenheiten, z. B. bei der Ausstellung von Pässen, wandten sich die Bewohner direkt an die Polizeidirektion an ihrem Zentralsitz, auf den ich später noch zurückkommen werde.

Neben den Kommissaren waren während der gesamten Zeit in den Vierteln und auf den Straßen Wachen der Polizeitruppe präsent, die sich zunächst vor allem aus ausgedienten teilinvaliden Soldaten rekrutierten. Die Hauptwachstuben auf den Plätzen bei den Rathäusern der Altstadt, der Neustadt und der Kleinseite bestanden schon vor der Zusammenlegung der Prager Städte bzw. der Errichtung der Polizeidirektion.[181] Mit ihnen übernahm Reismann im Mai 1785 von der einstigen Sicherheitskommission ein Netz von weiteren sechzehn Wachstuben, die mehr oder weniger gleichmäßig in den einzelnen Hauptvierteln bzw. den Pfarrbezirken verteilt waren. Insgesamt waren die Wachstuben also mit 87 Polizeisoldaten, vier Feldwebeln und vier Gefreiten besetzt.[182]

---

180 NA, PŘ I., Inv. Nr. 1111, Kart. 33, Nr. 27a, Reorganisierung der Polizeidirektion im Jahre 1807, undatierte „Vertheilung der öffentlichen Polizeyaufsicht".

181 Dem Schönfeldschen Stadtplan von Prag zufolge stand die Kleinseitner Hauptwache im Jahre 1787 noch als eigenständiges Gebäude auf dem Ring: http://towns.hiu.cas.cz/p_zoom.php?map=AMP_26a [letzter Zugriff 24. 3. 2024]. Auf späteren Stadtplänen kommt sie – im Unterschied zur Altstädter Wache – in dieser Form nicht mehr vor und im Jahre 1795 wird über sie bereits als Bestandteil des Rathauses der Kleinseite berichtet; Schaller, Jaroslaus: Beschreibung der königl. Haupt- und Residenzstadt Prag sammt allen darin befindlichen sehenswürdigen Merckwürdigkeiten, Bd. 2, Prag 1795, 99.

182 Roubík: Počátky/1926, 140, Anm. 249. Insgesamt gab es sieben Wachstuben in der Altstadt und je sechs in der Neustadt und der Kleinseite. Zur Ausstattung von diesen Wachstuben NA, ČG-Publ, Sign. B II 34, Kart. 903, Prag, 31. 5. 1785, „Inventarium deren in dem Rapport Zimmer und auf denen sammentl. Wachstuben befindlichen Geräthschaften".

Hauptaufgabe der Wachen war die Nachtwache. Nach den Vorstellungen Reismanns zählte die Minimalbesetzung einer Wachstube vier Soldaten, von denen je zwei zweistündlich auf einem bestimmten Gebiet patrouillierten: „Wehrend dem Patrouilliren in den Gässen und Plätzen haben die zweÿ Wächter sich abzutheilen, dergestalt: daß ein Jeder eine andere Seithe der Gasse oder des Platzes abgehet, und alle Gewölber und Haus-Thöre visitiret: ob solche und besonders die Schlösser nicht eröffnet seÿn. Am Ende der Gasse oder des Platzes haben diese zweÿ Wächter wiederum zusammen zu treffen und ihre Patrouille fortzusetzen, ferners haben diese Patrouillen auf alles Geschreÿ, Zanken, Schlägereÿen oder Zusammenrottiren, dann auf Betrunkene, Kranke oder Verwundete, die sie auf der Straße antreffen, Acht zu haben, und selbe auf die Wachtstuben zu begleiten." Im Falle eines größeren Menschenauflaufs, der sich nicht auflösen ließ, hatten die Wachtmeister mit der Pfeife Verstärkung aus der Umgebung herbeizurufen. Nur in diesem Falle waren sie berechtigt, sich aus dem ihnen anvertrauten Viertel zu entfernen. Sichtbar und ansprechbar sollten die Wachtmeister auch außerhalb der Dienstzeit sein – ihre Haustüren sollten mit einem Schildchen mit der Aufschrift „daß ein Polizeÿ-Wächter da wohne" bezeichnet sein, damit sich Leute aus der Nachbarschaft im Falle der Notwendigkeit an sie wenden konnten.[183] Zusammen mit den neuen Wachstuben, die in den nachfolgenden Jahren eingerichtet wurden,[184] war so ganz Prag mit einem verhältnismäßig dichten Netz von Polizeistandorten überzogen.

Es ist ziemlich schwierig, die Praxis der polizeilichen Aufsicht zu rekonstruieren; die erhaltenen Quellen ermöglichen dies aber z. B. für die Prager Kleinseite, also das 3. Hauptviertel, zumindest in gewissem Maße. Traditionell befand sich die Hauptwachstube auf dem Kleinseitner Ring vor dem Rathaus, eine weitere (Nr. 2) auf dem Kohlplatzl/Uhelný plácek an der (Karls-)Brücke, Wachstube Nr. 3 auf der Bruska am Sandtor, Wachstube Nr. 4 auf dem heutigen Hradschiner Ring/Hradčanské náměstí gegenüber den Barnabiten und Wachstube Nr. 5 wiederum auf dem Platzl beim Wällischen Spital. Eine besondere Wachstube gab es bei der Zwangsarbeitsanstalt, etwa dort, wo sich heute Hergets Ziegelbrennerei befindet.[185] Die Nummerierung der Wachstuben, also eine gewisse Systematisierung, geht wahrscheinlich bereits auf Reismann zurück. Reismann legte nach seinem Amtsantritt auch die Pflichten der Wachen in den einzelnen Wachstuben fest, zu denen unter anderem die Aufsicht über die nahegelegenen Kirchen und den Platz vor den Kirchen während der Sonn- und Feiertagsgottesdienste gehörte; Bettler, „Vagabunden", Müßiggänger und „verdächtige Personen" waren beim Verlassen der Kirche festzuhalten. Die Wachtmeister am Kohlplatzl hatten in den umliegenden Straßen präsent zu sein und außerdem die Karlsbrücke bis zur Mitte zu bewachen,

---

183 NA, ČG-Publ, Sign. B II 34, Kart. 903, Prag (undatiert, wahrscheinlich Mai 1785), Reismanns Instruktion für die Sicherheitsnachtwache.

184 AHMP, MHMP I.-Publ, 1787, Sign. II/129, Kart. 138, Prag, 10. 5. 1787, Bericht des Polizeileutnants Widersperger über die Verhandlungen über eine neue Wachstube „na Františku".

185 Roubík: Počátky/1926, 140, Anm. 249.

die Wachtmeister von der Bruska sollten die alte Burgtreppe kontrollieren und in die Zuständigkeit der Wachstube auf dem Hradschiner Ring fiel auch der Veitsdom.[186] Tagsüber waren die drei Hauptwachstuben bei den einzelnen Rathäusern immer besetzt, die Tagwachen konnten sich während ihres Dienstes auf weitere Wachstuben stützen. Bei den Hauptwachstuben versammelten sich die Mannschaften, um Nachtwache zu halten; in späteren Jahren kamen sie aus den Polizeikasernen. Dort erhielten sie ihre Befehle und dort wurden dem Protokoll führenden Unteroffizier die Meldungen übergeben. Auch festgenommene Personen wurden zur weiteren Behandlung in die Hauptwachstuben gebracht.[187]

Als die Polizei im Jahre 1787 der Leitung des Magistrats unterstellt wurde, arbeitete Polizeifeldwebel Kohlfeld eine Übersicht der Tages- und Nachtstrecken der Wachen auf der Kleinseite aus.[188] Die weiteste Runde hatte tagsüber die Wache aus der Hauptwachstube Nr. 1 auf dem Kleinseitner Ring zurückzulegen: Sie führte durch die heutige Karmelitergasse bis zum Újezd und von dort entweder „neben dem Wasser" zurück oder am Palais Nostitz vorbei unter die Karlsbrücke zum Fünfkirchenplatzl und von dort aus durch die Wenzelgasse, heutige Sněmovní ulice, zurück zur Wachstube. Aus der Wachstube am Kohlplatzl am Fuße der Karlsbrücke führte die Patrouille tagsüber durch die Brückengasse bis zum Kleinseitner Ring, von dort in die Karmelitergasse und die heutige Prokopská am Schwarzen Roß vorbei wahrscheinlich zurück zur Brücke. Die dritte Wachrunde führte von der Bruska wohl durch die heutige Valdštejnská und die Thomasgasse bis zum Eckhaus U Schnellů, weiter über die damalige Heuwaggasse, die heutige Letenská, weiter zum Palais des Grafen Stampach (Nr. 250, nach der neuen Nummerierung von 1805 dann Nr. 119) und von dort zum Schwarzen Lamm auf der Bruska. Die Tagesstrecke der Wache aus der Wachstube Nr. 4 am Hradschin begann auf dem Platz an der Grenze von Spornergasse, der heutigen Nerudova, und dem Hohlen Weg/Úvoz, führte weiter über diesen zum Pohořelec und von dort wohl über den Loretto Platz und den Hradschiner Ring zurück. Der Rundgang der 5. Wache aus der Wachstube auf dem Wällischen Platzl war der kürzeste und führte vom Palais Hartig auf dem heutigen oberen Kleinseitner Ring zur Ecke Spornengasse/Nerudova, dann weiter nach rechts, an den höchsten Landesbehörden im ehemaligen Professhaus der Jesuiten vorbei bis zum unteren Teil des Platzes und von dort am heutigen Haus U Glaubiců über den Neuen Markt zurück zum Ausgangspunkt.

---

186 NA, ČG-Publ, Sign. B II 34, Kart. 903, Prag (undatiert, wahrscheinlich Mai 1785), Reismanns Instruktion für die Sicherheitsnachtwache.

187 NA, PG, Sign. 15c, Kart. 239, Prag, 13. 12. 1803, Bericht des Stadthauptmanns Wratislaw über den Zustand der Prager Polizeiwache.

188 AHMP, MHMP I.-Publ, 1787, Sign. II/165, Kart. 139, Prag (undatiert, März–Mai 1787), „Anzeüge, wie die Mannschaft aus denen Kleinseitner Wachtstuben beÿ Tag und Nacht Patrouilieret und beÿ Nacht die Stunden ausgerufen haben" (unterzeichnet von Anton Norbertus Kohlfeld, „Bohlizeÿ Feldvebel").

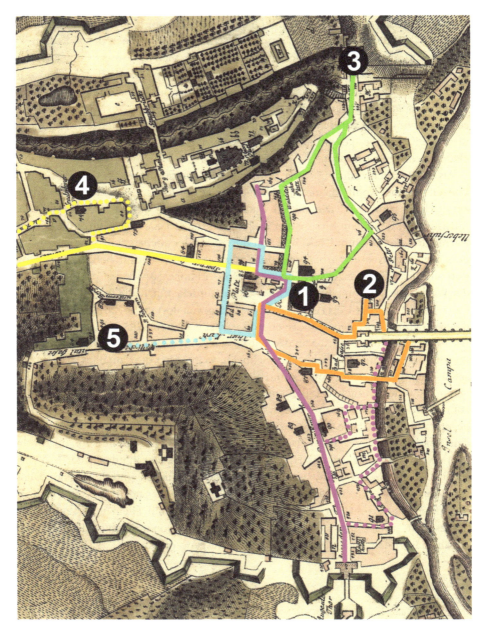

Abb. 12 *Wachhäuser und Tagesrouten der Polizeiwachen auf der Kleinseite, eingezeichnet im Schönfeldschen Plan von Prag, 1787*

Allem Anschein nach liefen die Streifenwege der Tagwachen auf dem Kleinseitner Ring zusammen. Nachts unterschieden sich die einzelnen Strecken etwas, insbesondere waren sie nicht so geradlinig. (In Reismanns Instruktion steht, dass die Wachen nachts durch die Viertel „kreuzen" sollen.) Neben der Kontrolle der Hauseingänge war es nämlich die Pflicht der Wachen im Sommer ab der zehnten und im Winter ab der neunten Abendstunde bis zum Morgen „von hundert zu hundert Schritten" auch die Zeit auszurufen.[189] Für jede Wache außer der ersten hält Kohlfelds Übersicht etwa zwanzig Orte innerhalb ihres Bezirks fest, an denen die Uhrzeit ausgerufen werden sollte. Die Orte werden über ihre Inhaber oder den Namen der Häuser oder anderer Gebäude identifiziert, anhand der Hauszeichen und nicht etwa anhand der Konskriptionsnummern. Als Beispiel lassen sich die Stationen der Nachtwachen aus der Wachstube Nr. 2 unter der Karlsbrücke anführen (in Klammern steht, sofern sie sich ermitteln ließ, die heutige Adresse):

1. zu den (drei) Straußen unter der Brücke (Dražického náměstí 12)
2. beim Hoftöpfer unter der Brücke
3. am Platzl bei der Gelben Rose (náměstí Na Kampě)
4. am Schönfeldschen Garten (Na Kampě)
5. bei der Brücke an der Großpriormühle
6. am Platzl beim Grafen Buquoy (Velkopřevorské náměstí)
7. am Platzl beim Grafen Sterneck (Lázeňská 9)
8. am Sächsischen Haus (Mostecká 9)
9. am Platzl am Grünen Ziegenbock (Maltézské náměstí)
10. an der Ecke beim Grafen Clary-Aldringen und Grafen Nostitz
11. beim Grafen Nostitz an der Ecke gegenüber der Reitschule
12. in der Gasse an der Kirche des Hl. Prokop (Prokopská 3)
13. an der Normalschule (Karmelitská 19)
14. am Tor der Karmeliter an der Ecke (Karmelitská)
15. in der Gasse beim Blauen Hirschen
16. an der Ecke beim gräflichen Garten
17. in der Gasse beim Rottmeister
18. beim großen Schreiner an der Ecke beim Zeughaus (an der Stelle von Tyršův dům)
19. hinter dem Zeughaus am Roten Kreuzl (Všehrdova 15)
20. am Danbeckschen Haus am Újezd unweit der Kaserne
21. am Waschhaus bei der Kirche des Hl. Johannes (Říční)
22. am Schwarzen Stern gegenüber der Kaserne (Újezd 22)

---

189 NA, ČG-Publ, Sign. B II 34, Kart. 903, Prag (undatiert, wahrscheinlich Mai 1785), Reismanns Instruktion für die Sicherheitsnachtwache, § 6.

Die Nachtwachen der Polizei erstatten der Polizeidirektion bzw. dem Magistrat Bericht z. B. über das unerlaubte Ausleeren von Abfällen, Aborten und Nachttöpfen auf die Straße sowie über Orte, die für gehende oder fahrende Personen gefährlich wären (verfaulte Bretter auf Abwasserkanälen, Löcher, nicht abgesicherte Kellerlöcher und ähnliches). Es war auch nicht ungewöhnlich, dass die Wachen offene Häuser meldeten, z. B. am 30. März 1786, als einige solcher Häuser in der Altstadt nahe der Kirche St. Peter festgestellt wurden: in der Nr. 642 auf dem Platz bei St. Leonhard hinter dem Altstädter Rathaus bzw. in der Nr. 589 in der Plattnergasse/Platnéřská. Die Tür des Hauses Nr. 1218 im Petersviertel schloss die Wache nach Mitternacht selbst. Unterhalb der Befestigung des Vyšehrad an der Moldau wurde der Besitzer des Hauses Nr. 46 sogar von der Wache aufgefordert, die Tür selbst abzuschließen.[190]

Die Haustür trennte im Grunde den privaten Raum vom öffentlichen, für den ja die Polizei zuständig war. Darüber, wo diese Grenze verlief, stritt die Händlerin Theresia Tadlin aus dem Haus Nr. 64 am unteren Kleinseitner Ring mit der Polizei. Als die Tagwache sie ermahnte, ihren Laden aus dem Laubengang zu entfernen, um dort einen besseren Durchgang zu ermöglichen, verteidigte sie sich mit den Worten, „daß ihr niemand was zu befehlen hätte, sie wäre Hausfrau und könne auf ihrem Grund und Boden machen, was sie wolle". Den gebührenden Gehorsam konnte der Wache und ihrem Befehl erst der Magistrat verschaffen, der die Händlerin vorlud, sie scharf verwarnte, weil sie Widerstand gegen eine polizeiliche Maßnahme geleistet habe, und ihr befahl, den Raum im Laubengang unverzüglich frei zu machen und ihren Kramladen zwischen den Säulen zu errichten.[191]

Wie bereits aus Reismanns Instruktionen ersichtlich, beruhte die Polizeiaufsicht über den öffentlichen Raum auch auf der Kontrolle, Verhaftung und Vertreibung von Bettlern, Landstreichern und anderen „verdächtigen Personen". Diese Menschen sollten nicht nur während der Gottesdienste aus den Kirchen und von deren Vorplätzen verdrängt werden, auch die Nachtwachen achteten auf Personen, die sich an öffentlichen Plätzen aufhielten. Die Bewertung oblag den einzelnen Wachen, allerdings konnte nachts jeder verdächtig werden, der sich ohne ersichtlichen Grund auf der Straße aufhielt; dabei mochte geringes Alter oder andere Umstände eine Rolle spielen. In der Nacht vom 29. auf den 30. April 1792 wurde so auf dem Tandlmarkt vor der St. Gallus Kirche „im Nächtligen Herrum fagier [Vagieren] und im unzügligen Lebens wandel", wie die

---

190 AHMP, MHMP I.-Publ, 1786, Sign. II/9, Kart. 67, Prag, 30. 3. 1786, „Polizeÿ Wacht Rapport" (unterzeichnet von Volpert). Die Meldungen der in der Nacht geöffneten Häuser an das Magistrat finden sich ebd., Buch Nr. 20, Einreichungsprotokoll für das Jahr 1794, Nr. 2035, Prag, 12. 3. 1794.

191 AHMP, MHMP I.-Publ, 1787, Sign. II/129, Kart. 138, Prag, 8. 6. 1787, Rapport des Leutnants Widersperger; 13. 6. 1787, Antwort des Magistrats (unterzeichnet vom Oberbürgermeister Zahořanský von Worlik); 25. 6. 1787, Anmerkungen zur Vorladung Tadlins. Ein weiterer Fall einer Händlerin, die mit ihrem Stand den Durchgang verhinderte, findet sich ebd., Buch Nr. 20, Einreichungsprotokoll für das erste Halbjahr 1794, Nr. 5462, Prag, 25. 6. 1794.

wiederholte Begründung lautete, die sechzehnjährige Alžběta Svobodová aus Velvary dingfest gemacht und dem Magistrat übergeben.[192] Tags darauf zeigte sich beim Verhör auf der Kleinseite, dass sie schon einmal per Schub aus Prag ausgewiesen worden war, „weil ich auf der Straße gelegen habe". Nun hielte sie sich, nachdem sie im Krankenhaus am Karlsplatz ein Kind geboren habe, das gleich gestorben wäre, bei ihrer Schwester in der Tischlergasse/Truhlářská auf, die Wäscherin sei, und helfe ihr bei ihrem Gewerbe, da sie in Velvary kein Zuhause mehr habe und sich dort nicht ernähren könne. Dass sie aufgegriffen worden war, begründete Svobodová wie folgt: „Da ich in der Nacht nach elf Uhr im Tandlmarkt herumging, wo ich von der Polizeiwache ertappt und genommen wurde". Gegen die Verdächtigung, dass es die Prostitution („liederlicher Lebenswandel") gewesen sei, die sie zu später Stunde auf die Straße geführt habe, verwahrte sie sich mit den Worten: „Da der Mond schön schien, spazierte ich ein bißchen".[193] Bei der Untersuchung wurde festgestellt, dass Svobodová mit Syphilis infiziert war, woraufhin sie ins Allgemeine Krankenhaus geschickt wurde. Was weiter mit ihr geschah, wissen wir nicht.

Einige Tage später, am 3. Juli morgens griff ein Polizeisoldat [„Polizey voják"] auf den Schanzen/Na Šancích den 16-jährigen Schreinergesellen Josef Köllich aus Moldauthein/ Týn nad Vltavou beim nächtlichen Herumvagieren auf. Dieser konnte sich zwar mit einer Bestätigung der Libochowitzer Tischlerzunft ausweisen, wurde aber dennoch zum Prager Magistrat übersandt. Sein Verhör ergab, dass er schon drei Wochen zuvor wegen Bettelei aus Prag ausgewiesen worden war. Wegen Nahrungsmangel wäre er aber zurückgekehrt, halte sich seither in einem Haus am Graben/Na Příkopech auf und ernähre sich von Gelegenheitsarbeiten. Auf den Schanzen übernachte er, da sein Geld für eine andere Unterkunft nicht mehr reiche.[194] Da er sich für den Militärdienst nicht eignete, der ihn als „Wiederholungstäter" wohl erwartete, übergab ihn der Polizeisenat des Magistrats am nächsten Tag der Polizeidirektion, damit diese ihn per Schub wieder aus Prag auswies.[195] Aber wohin und was sein weiteres Schicksal war, ist auch hier unbekannt.

---

192 AHMP, MHMP I.-Publ, 1789–1797, Sign. 16, Kart. 351, Prag, 30. 6. 1792, sprachlich unbeholfene Anzeige der Alžběta Svobodová.

193 AHMP, MHMP I.-Publ, 1789–1797, Sign. 16, Kart. 351, Prag, 30. 6. 1792, tschechisches Verhör von Alžběta Svobodová (unterzeichnet vom Aktuar Jan Th. Schimann) [übersetzt von P. H.].

194 AHMP, MHMP I.-Publ, 1789–1797, Sign. 16, Kart. 351, Prag, 3. 7. 1792, tschechisches Verhör von Joseph Köllich (unterzeichnet vom Aktuar Jan Th. Schimann) [übersetzt von P. H.]. Über seinen familiären Hintergrund befragt, antwortete Köllich: „Ich habe nur noch den Vater, der Invalide ist, er war ein Kanonier und hält sich in Trieblitz bei Leitmeritz auf, sonst habe ich niemanden"; ebd. auch das Zeugnis des guten Benehmens von der Tischler-, Glaser- und Uhrmacherzunft in Libochowitz/Libochovice vom 20. 11. 1791.

195 AHMP, MHMP I.-Publ, 1789–1797, Sign. 16, Kart. 351, Prag, 4. 7. 1792, Auszug aus dem Protokoll „Publikum Polizeysache".

Weitere Personen, die von den Nachtwachen im Sommer 1792 aufgegriffen wurden, waren noch jünger. Der siebenjährige, in Prag gebürtige Johann Pelikán, der in der Nacht vom 17. auf den 18. Juli von der Polizeiwache dabei aufgegriffen wurde, wie er beim Theater schlief, war für sie kein Unbekannter. Direkt in der Anzeige ist angemerkt, dass er schon früher im Gefängnis gewesen war. Seinen Eltern, die er bestohlen habe, wäre er davongelaufen und ihnen anschließend von der Polizei zurückgebracht worden.[196] Beim Verhör gestand Pelikán, dass es seine Mutter gewesen war, die ihn zum ersten Mal wegen des Diebstahls von 20 Kreuzern ins Gefängnis habe bringen lassen, wo er zehn Schläge mit der Rute bekommen habe. Vom Stiefvater, bei dem er nun in der Tuchmachergasse/ Soukenická wohne, sei er vor zwölf Tagen weggelaufen und habe sich seinen eigenen Worten nach inzwischen vor allem durch Bettelei ernährt. In seiner Aussage leugnete er einige Diebstähle, andere gab er zu. Da ihm seine Eltern seinen Worten zufolge das erbettelte Geld wegnähmen, halte er sich bei der einäugigen Magdaléna am Graben auf, die ihm Kleidung und Nahrung gäbe.[197] Der Magistratssenat bezeichnete Johann als liederlichen Jungen, der sich dem Müßiggang hingebe, zum „Schaden des Staats" heranwachse, sich nachts herumtreibe und nicht auf seine Eltern höre. Er beschloss, ihn in der Zwangsarbeitsanstalt unterzubringen und in der Wäscherei zu beschäftigen, um ihn an Disziplin und Arbeitsamkeit zu gewöhnen.[198]

Im Falle von aus Prag stammenden Personen konnten die städtischen Ämter oder die Polizeibehörden nicht einfach deren Abschiebung in ihre Heimatgemeinde anordnen und mussten sich oft damit auseinandersetzen, dass diese Personen wiederholt aufgegriffen wurden. So war es auch bei Jakub Spal, der auf Ersuchen des Polizeidirektors La Moth nach seiner vierten Ergreifung aufgrund von „muthwilligen Betteln und Trunkenheit" Anfang Januar 1793 statt im Gefängnis in der Zwangsarbeitsanstalt untergebracht wurde.[199] Unmittelbar darauf wandte sich Spals Ehefrau Anna an den Magistrat mit der Bitte um seine Freilassung, in dem sie auch die Umstände seiner Verhaftung schilderte: „Sein Schwager hat ihn auf klein seiten gehen eingetroffen und ihm in hermanischen haus 3 halbe bier bezahlt hat, wo Er sich berauschiget, nachdem Er nach haus zu gehen in willen gehabt, und unter Weegs, wo mir nicht bewußt ist, was Er verschuldt hat, daß ihn die K. K. Polizeÿ Wacht den 5ten Januari genommen und ihn in Arrest auf der kleinseiten Rathhaus abgeführt, wo Er in das Arbeitshaus

---

196 AHMP, MHMP I.-Publ, 1789–1797, Sign. 16, Kart. 351, Prag, 18. 7. 1792, Meldung des Polizeifeldwebels.

197 AHMP, MHMP I.-Publ, 1789–1797, Sign. 16, Kart. 351, Prag, 20. 7. 1792, tschechisches Verhör von Johann Pelikán (unterzeichnet vom Aktuar Jan Th. Schimann) [übersetzt von P. H.].

198 AHMP, MHMP I.-Publ, 1789–1797, Sign. 16, Kart. 351, Prag, 21. 7. 1792, Auszug aus der Sitzung des Polizeisenats; Berichte an die Verwalter der Polizeihaft und des Zwangsarbeitshauses (Konzepte).

199 AHMP, MHMP I.-Publ, 1789–1797, Sign. 16, Kart. 351, Prag, 6. 1. 1793, La Moths Gesuch an den Prager Stadtrat. Die Gefängnisstrafe zeigte La Moth zufolge keine Wirkung, daher beantragte er, Spal ins Zwangsarbeitshaus einzuweisen, „damit er ferner dem Staate nicht mehr zur Last fallen möchte".

Condamnirt ist worden, wo Er sich zu dato befindet".[200] Mit Rücksicht auf Spals Kinder, die Tatsache, dass ihn der Schlag getroffen hatte, sowie das Versprechen der Ehefrau, dass sie ihn ernähren werde, sofern er sich um die Kinder kümmern würde, entließ der Magistrat Spal mit der Zustimmung der Polizeidirektion wirklich irgendwann in der zweiten Januarhälfte 1793 aus der Zwangsarbeitsanstalt.[201]

Im Juli 1792 wurde von der Polizei bereits zum zweiten Mal der 19-jährige Schneidergeselle Joseph Werkstadt aus Ungarisch Brod wegen Landstreicherei festgenommen. Zum ersten Mal wäre es dazu seiner Aussage nach bei der Krönung gekommen, als er auf der Prager Burg stand und auf den Kaiser wartete. (Wahrscheinlich handelt es sich um die Krönung Leopolds II. am 6. September des Vorjahres.) Jetzt habe er schon den vierten Tag in Prag Arbeit gesucht, als er von einem Polizeisoldaten „aus Mangel der Legitimation" in der Allee (am heutigen Graben/Příkopy) festgenommen worden sei, wo er saß und die vorübergehenden Spaziergänger beobachtete.[202] Obwohl sich Werkstadt in diesem Fall nur hatte zuschulden kommen lassen, dass er seine gültige Kundschaft und seinen Wanderpass aus Ungarisch Brod/Uherský Brod nicht bei sich hatte, ordnete der Prager Magistrat an, ihn der Stadt zu verweisen und zwar mit der Warnung, dass er – sollte man ihn hier während der bevorstehenden Krönungsfeierlichkeiten (von Franz II.) erneut entdecken – in die Zwangsarbeitsanstalt gesteckt werde.[203]

Die erwähnten Fälle zeigen, dass die Wachen einige Jahre nach der Errichtung der Polizeidirektion und der Reorganisation der Polizeiaufsicht relativ gut funktionierten. Dies bedeutet aber nicht, dass die Autorität, über die sie verfügten, unangreifbar gewesen wäre. Davon zeugen die Versuche übergeordneter Stellen, ihnen diese wieder zu verschaffen. Auf erste Fälle, in denen die Polizeiwache „auf das unanständigste behandelt und beschimpft" wurde, reagierte bereits die Verordnung des Prager Magistrats vom 23. November 1787. Als die Strafen für Widerstand gegen die Polizeiwachen verschärft wurden, etwa im Jahre 1802 in Wien, begründete das der entsprechende Erlass mit Fällen verbaler oder physischer Angriffe auf die Wachen, bei denen die festgenommenen Personen entwichen oder Tumulte entstanden seien. Ähnlich, wenn auch kürzer gefasst, argumentierte die Anordnung des böhmischen Guberniums für Prag aus dem Jahre 1807.[204]

---

200 AHMP, MHMP I.-Publ, 1789–1797, Sign. 16, Kart. 351, Prag, wahrscheinlich eigenhändiges Gesuch von Anna Spallin um Entlassung ihres Mannes (undatiert).

201 AHMP, MHMP I.-Publ, 1789–1797, Sign. 16, Kart. 351, Prag, 15. 1. 1793, Verhandlung über den Fall vor dem Polizeisenat des Magistrats; Prag, 30. 1. 1793, Zustimmung der Polizeidirektion mit Spals Entlassung (unterzeichnet von La Moth).

202 AHMP, MHMP I.-Publ, 1789–1797, Sign. 16, Kart. 351, Prag, 10. 7. 1792, Verhör von Joseph Werkstadt.

203 AHMP, MHMP I.-Publ, 1789–1797, Sign. 16, Kart. 351, Prag, 12. 7. 1792, Entscheidung des Polizeisenats des Magistrats.

204 NA, PŘ I., Inv. Nr. 121, Kart. 2, Nr. 551, Prag, 23. 11. 1787, Verordnung des Prager Magistrats, „wie diejenigen zu bestrafen seyn, welche der Polizeiwache unanständig begegnen"; NÖLA St. Pölten, POD

Seit der Wende vom 18. zum 19. Jahrhundert stiegen natürlich im Zusammenhang mit der Angst vor Revolution und Unruhen in der Habsburgermonarchie die Ansprüche an die Polizeiwachen. Die Menschenansammlung bei der Verteilung von Brot im Herbst 1804 und die anschließenden Beschwerden des Kaisers über die angebliche Untätigkeit und Furchtsamkeit der Prager Polizei führten nicht nur zum Fall des interimistischen Polizeiverwesers Chorinsky und den anschließenden Reformen, sondern auch zur unmittelbaren Verstärkung der Wachtätigkeit. Die Anzahl der Nachtwachen in der ganzen Stadt wurde auf 24 erhöht, ihnen wurden Offiziere vorgesetzt und der Dienst begann bereits um acht Uhr abends. Die drei Hauptwachstuben wurden je um einen Korporal, einen Gefreiten und 12 Mann verstärkt. Der Mannschaft, die die festen Wachen auf den Wachstuben und Posten ablöste, wurde befohlen, beim Kommen oder Gehen zusätzlich die Gässchen und Nebenstraßen zu kontrollieren, „durch welche Beobachtung eine Art neue Patrouille hergestellt ist".[205]

Die Wachen waren in der Stadt nicht nur bei ihren regelmäßigen Rundgängen zu sehen. Die Polizeidirektion organisierte in Zusammenarbeit mit dem Magistrat im Prager Stadtgebiet immer noch jeden Monat die Generalvisitationen, also nächtliche Streifen gegen „verdächtige" Personen.[206] Die Polizei war auch an Stellen präsent, an denen größere Menschenansammlungen erwartet wurden, nicht nur vor Kirchen, sondern auch bei Theatervorstellungen (dort natürlich auch aus Zensurgründen),[207] bei religiösen oder weltlichen Festen, wie es etwa die Ausrufung des österreichischen Kaisertums am 8. Dezember 1804 war,[208] oder, wie wir im Fall von Josef Werkstadt gesehen haben, bei den Krönungsfeierlichkeiten. Bei der Krönung Franz' II. im Sommer 1792 wurden die Wachmannschaften der Polizei durch die Viertler verstärkt, die zur Unterscheidbarkeit

---

Wien, Kart. 2, Wien, 20. 4. 1802, Verordnung der niederösterreichischen Regierung; NA, PG, Sign. 15c 41, Kart. 525, Prag, 22. 10. 1807, Anordnung des Gubernialpräsidenten Joseph Wallis.

205 NA, PG, Sign. 15c, Kart. 237, Nr. 5733, Prag, 12. 12. 1804, Mitteilung an das böhmische Gubernium über die unmittelbaren Maßnahmen (unterzeichnet von Kolowrat); in diesem Karton finden sich auch die Quellen zu den vorhergehenden Unruhen sowie Reaktionen darauf.

206 Als Beispiel NA, PŘ I., Inv. Nr. 1017, Kart. 30, Nr. 31, Prag, 6. 5. 1807, Gubernialpräsident Wallis sendet das Verzeichnis der bei der Generalvisitation in der Nacht vom 26. auf den 27. 4. 1807 verhafteten Personen an die Stadthauptmannschaft zurück.

207 Die Quellen zur polizeilichen Theateraufsicht in Prag finden sich unter anderem im NA, PG, Sign. 15c, Kart. 525. Ausführliche Darstellung bei Himl, Pavel: Policejní dohled na divadlo v Praze a habsburské monarchii od sedmdesátých let 18. do třicátých let 19. století [Die polizeiliche Theateraufsicht in Prag und der Habsburgermonarchie von den 1770er-Jahren bis in die 1830er-Jahre], in: Divadelní revue 34/3 (2023), 7–25.

208 NA, PŘ I., Inv. Nr. 887, Kart. 24, Prag, 6. 12. 1804, gedruckte Nachricht der Stadthauptmannschaft (unterzeichnet vom Vizepräsidenten des Guberniums Anton Friedrich Mittrowsky von Nemyšl) über die Maßnahmen bei der Ausrufung des Kaisertums Österreich. An den vier wichtigsten Orten Prags, wo sie stattfinden sollte, waren die Polizeikommissare in Zivilkleidung mit einer rot-weißen Schleife am Hut anwesend, „um über Ruhe und Ordnung zu wachen und jederman auf Verlangen und nach Umständen schleunigen Beistand zu leisten".

mit rotweißen Federbuschen markiert waren. Es heißt, man habe die Angehörigen der Polizei auf der gesamten Strecke des Krönungszugs vom Vyšehrad bis auf die Burg sehen können und der Polizeidirektor La Moth begleitete zusammen mit dem Prager Militärkommandanten die Kutsche des Herrschers.[209]

Zu den frequentierten und kommunikativ exponierten Orten gehörte auch die Prager (Karls-)Brücke. Ähnlich wie die Polizei oder die Stadtverwaltung die Bewegung von Kutschen z. B. vor dem Theater oder in den Straßen allgemein regulierte, versuchte das Gubernium im Juni 1787 auch der Bewegung von Fußgängern über die neuen Fußwege auf der Brücke eine Ordnung aufzudrücken und ordnete an, dass sie immer auf der rechten Seite zu überqueren sei. Anfangs sollte dies eine eigens dafür bestimmte Polizeiwache beaufsichtigen, was darauf hinweist, dass sie auf der Brücke nicht ständig präsent war, anders als die Militärwache, wie die Militärwachstube zeigt, die schon vor dem Hochwasser von 1784 auf der Brücke gestanden hatte.[210] Ab Ende der 1780er-Jahre war die Kleinseitner Wache auf dem Kohlplatzl für mindestens die Hälfte der Brücke zuständig und spätestens ab 1804 stand in ihrer Mitte, bei der heute nicht mehr vorhandenen Skulpturengruppe des Hl. Norbert, eine neu errichtete Wache. Einige Jahre später wurde ein ähnliches Wachhäuschen auch auf dem Roßmarkt/Koňský trh (dem heutigen Wenzelsplatz) errichtet.[211]

---

209 Eine anonyme Festbroschüre wurde im offiziösen Verlag Johann Ferdinand von Schönfelds herausgegeben: Die Königskrönung in Prag im Jahre 1792, Prag 1792, 42 (Abdruck der Verordnung zur Verstärkung der Polizeimannschaft, Prag, 27. 7. 1792), 98, 107, 275 (Verdienst der Polizei am problemlosen Verlauf der Feierlichkeiten: „Diese Feierlichkeit schloß sich ohne allen Schaden; auch waren von unserer trefflichen Polizeidirekzion die besten Vorkehrungen getroffen.")

210 NA, PŘ I., Inv. Nr. 97, Kart. 2, Nr. 139, Prag, 8. 6. 1787, Verordnung des böhmischen Guberniums, die für den Prager Magistrat (und zur Kenntnisnahme für die Polizeidirektion) bestimmt war. Diese Maßnahme wurde offenbar eingehalten, wie es der zwölfjährige Arthur Schopenhauer im Jahr 1800 bei seinem Besuch in Prag bemerkte: „Ausser dem ist noch auf beiden Seiten ein erhabener Weg für die Fussgänger, auf dem die Ordnung herrscht, dass die von einem Ende kommenden auf der einen Seite u. die vom anderen Ende, auf der andern Seite gehn", in: Gwinner, Wilhelm: Arthur Schopenhauer aus persönlichem Umgang dargestellt. Ein Blick auf sein Leben, seinen Charakter und seine Lehre, Leipzig 1922, 209-260 („Journal einer Reise von Hamburg nach Carlsbad, und von dort nach Prag; Rückreise nach Hamburg"), 231. Zur Militärwache auf der Brücke Státníková, Pavla: Války, pohromy a krize v Praze let 1740–1790 [Kriege, Katastrophen und Krisen im Prag der Jahre 1740–1790], in: Mendelová, Jaroslava/Státníková, Pavla (Hg.): Pražské rokoko. Kulturní a společenský život v Praze 1740–1791, Praha 2011, 146–155, hier 152.

211 Die Quellen zum Bau der Wache (des „Schilderhauses") auf der Karlsbrücke finden sich im NA, ČG-Publ, Sign. 53/109, Kart. 5103, zur Wache am Roßmarkt Sign. 53/299, Kart. 5109.

Abb. 13 *Entwurf der Polizeiwache auf der Karlsbrücke in Prag, 1804*

Im Zentrum allen Wissens und Geschehens

Wenn wir von der Polizeipräsenz im öffentlichen Raum sprechen bzw. darüber, wie die Polizei selbst diesen Raum sah und verwaltete, sollten wir auch die Polizeidirektion selbst als Institution und konkreten Ort nicht übergehen. Ebenso wie sich die Polizei an die traditionelle Aufteilung Prags in Viertel anpasste, wurde auch die Polizeidirektion im Jahre 1785 nicht neu erbaut, sondern fand ihren Sitz im Haus des ersten Direktors Johann Jakob Reismann von Riesenberg in der Zeltnergasse/Celetná. Als sich die weiteren Räume in der Nikolandergasse/Mikulandská, wo die Direktion später angesiedelt war, als unzureichend und auch gefährlich erwiesen, begann der Polizeidirektor zusammen mit dem Gubernium im Jahre 1801 den Bau bzw. die Adaption eines neuen, speziell für die Direktion bestimmten Gebäudes zu beraten. Erst bei dieser Gelegenheit stellte Wratislaw Überlegungen darüber an, wo diese sich befinden sollte, und fasste dabei alle Agenden des Amtes zusammen: „Vor allem mußte er [der Gubernialpräsident] seine Aufmerksamkeit darauf richten, daß es so viel möglich in der Mitte der Stadt liege, damit man bey Feuerbrünsten, jähen Unglückfällen und Volks-Aufläufen aller Art gleich an der Hand sey, damit den Wohnungsvermiethern und Gast-Gebern die Anzeige der Einkehrenden, den Bier-Wirthen die Abholung der Musik-Bewilligungen, den Durchreisenden die Vidirung der Pässe und die Lösung der Post- und Passier-

Zettel, den hiesigen Einwohnern selbst die Erscheinung bey Vorladungen möglichst erleichtert, dami endlich dem Amte die Beobachtung verdächtiger Fremden so wenig als thunlich erschweret werde. Zugleich soll es in einer abgelegenen Gasse, und wo möglich mit mehreren Ausgängen versehen seyn, um der allgemeinen Aufmerksamkeit minder ausgesetzt zu seyn, und bey Einziehungen oder anderen Aufsehen erregenden Ereignissen den lästigen und oft bedenklichen Zusammenläufen des Volkes zu hindern. Ferner darf es der Überschwemmung nicht unterliegen, um die Polizey-Direction zur Zeit des Eis-Stossen, wo sie vorzüglich thätig seyn soll, in ihren Anstalten nicht zu hemmen."[212]

Verglichen mit diesen Forderungen war der erste Sitz der Polizeidirektion ein Provisorium. Seit Juni 1785 führte Reismann die Amtsgeschäfte in drei Räumen im ersten Stock seines eigenen Hauses in der Zeltnergasse Nr. 13 und stellte der vier- bis sechsköpfigen Polizeiwache im Erdgeschoss einen Raum zur Verfügung. Von Dezember 1786 bis 1789 arbeitete und wohnte offensichtlich sogar sein Nachfolger Amschell bei Reismann; die Kommissare Glaser, Ferner und Míka wohnten anderswo.[213] Anschließend zog die Polizeidirektion bzw. die Stadthauptmannschaft in das Haus Nr. 127 in der Nikolandergasse um, das vom Kloster Tepel/Teplá vermietet wurde.[214] Hier hatte sie mehrere Räume zur Verfügung, die Amtsräume für die Öffentlichkeit befanden sich im zweiten Stock und auch die Registratur bzw. das Archiv für die operative Informationsrecherche konnte dort untergebracht werden. Dennoch dachte der damalige Direktor La Moth offensichtlich schon im Jahre 1792 darüber nach, die Polizeibehörde in das Gebäude eines der ehemaligen Klöster zu verlegen.[215] In den folgenden Jahren taten die Papierlast und der rege Verkehr dem insgesamt schlechten Zustand des Hauses in der Nikolandergasse nicht gut, sodass sogar der Einsturz drohte. Daraufhin mietete

---

212 NA, PG, Sign. 15c, Kart. 236, Prag, 1. 3. 1801, Mitteilung des Stadthauptmannes Wratislaw an den Gubernialpräsidenten. Ihr Konzept findet sich im NA, PŘ I., Inv. Nr. 1342, Kart. 40, Nr. 89.

213 Die räumliche Disposition der ersten Polizeidirektion lässt sich aus der Prüfung des zwanzig Jahre später Antrags Reismanns auf Rückerstattung der nicht erhobenen Miete rekonstruieren; NA, PG, Sign. 15c 33, Kart. 525, Wien, 21. 7. 1807, Polizeiminister Sumerau an Gubernialpräsident Wallis über Reismanns Antrag; Prag, 4. 8. 1807, Kommissar Melchers (im Namen des Stadthauptmannes) an Wallis; Prag, 19. 10. 1807, Stadthauptmann Kolowrat an Wallis; Wien, 10. 7. 1808, Sumerau (an Wallis) billigt die Rückerstattung der Miete in Höhe von 500 Gulden. Die Adressen des Polizeidirektors sowie der Polizeikommissare wurden im Schematismus für das Königreich Böhmen 1789, Prag 1789, 63, veröffentlicht.

214 Laut Schaller: Beschreibung/1797, Bd. 4, 286, übersiedelte die Polizeidirektion erst am 10. 11. 1789 in die Nikolandergasse und zahlte 432 Gulden jährlich an Miete. In der Note von Wratislaw vom 1. 3. 1801 ist von 400 Gulden die Rede. Slušný: Světové dějiny/2006, 701, behauptet, die Polizeidirektion habe das Gebäude in der Nikolandergasse erst ab dem 11. 11. 1789 gemietet.

215 NA, PG, Sign. 15c, Kart. 234, Prag, 3. 3. 1792, anonymes Projekt zur Reorganisierung der Prager Polizeiverwaltung nach dem neuesten Wiener Muster: „Wenn es möglich ist, das Paulaner-, Dominikaner- oder ein anderes Closter zum Polizeiamte zuzurichten, so müssen mehrere Amts- und Canzleizimmer, eine konvenable Wohnung für den Polizeidirektor, dann das Polizeistockhaus [...] angebracht werden."

Wratislaw ab dem 15. November 1799 für das Amt der Stadthauptmannschaft für 700 Gulden Räume in der Zeltnergasse Nr. 11. Er selbst aber wohnte nicht dort, was der Kommunikation und Aktionsfähigkeit der Direktion eher abträglich war.

Die lange vergebliche Suche Wratislaws nach einem neuen Amtssitz (zunächst in Häusern, die dem Staat oder ehemaligen kirchlichen Institutionen gehörten) wurde erst im Frühjahr des Jahres 1801 von Erfolg gekrönt. Damals gelang es dem Stadthauptmann sowohl das böhmische Gubernium als auch mit dessen Hilfe das Wiener Polizeiministerium und Pergen selbst davon zu überzeugen, dass für einen Betrag von 27.500 Gulden das Haus Nr. 396 am Ende der Bartholomäigasse/Bartolomějská in Richtung Moldau und das angrenzende Eckhaus Nr. 401, genannt Zur goldenen Sonne, gekauft werden sollten, die beide den weiter oben angeführten Anforderungen an die Lage der Polizeidirektion genügten.[216] So sehr Wratislav auch versicherte, dass die Direktion augenblicklich dort einziehen könne (was offenbar auch geschah), dauerten die Bau- und Umbauarbeiten und die Ausstattung der Häuser bis zum Jahre 1810 an.[217] Im Haus selbst, wahrscheinlich im ersten Stock, begannen die Oberkommissare zu amtieren, die für das Fremden- und Meldewesen zuständig waren, ebenso wie die Bezirkskommissare, die für den Schub oder die Inspektion der Bauten Sorge trugen. Im Erdgeschoss befanden sich die Registratur und ein Verhörraum, der 1804 noch im Bau begriffen war. Nach dem Muster des Gebäudes der Wiener Polizeidirektion sollte sich dort auch eine mit einem entsprechenden Außenschild bezeichnete Wohnung für den ständig anwesenden „Hauskommissar" befinden, an den die Wache Personen zu verweisen hatte, die außerhalb der Amtsstunden kamen.[218] Teil des Komplexes waren auch die Räumlichkeiten des Polizeigefängnisses.

---

216 NA, PG, Sign. 15c, Kart. 236, Prag, 1. 3. 1801, der Vorschlag, die beiden Häuser zu kaufen, ist in der Note des Stadthauptmanns Wratislaw enthalten; weiter Wien, 1. 4. 1801, Sumerau stimmt dem Kauf der Häuser für 20.000 bzw. 7500 Gulden zu; Wien, 5. 4. 1801, Pergen bestätigt sowohl den Kauf der beiden Häuser als auch die Kaufsumme (27.500 Gulden); Wien, 8. 5. 1801, definitive Einwilligung zum Kauf.

217 Die Quellen zum Bau des Komplexes der Polizeidirektion in der Bartholomäigasse in den Jahren 1801–1810 finden sich unter anderem im NA, PŘ I., Inv. Nr. 1342, Kart. 40, Nr. 89.

218 Diese ungefähre Raumverteilung geht aus dem Rundschreiben des neuen Stadthauptmannschaftsverwalters Anton Friedrich Mittrowsky von Nemyšl hervor, NA, PŘ I., Inv. Nr. 836, Kart. 23, Nr. 22, Prag, 4. 12. 1804. In der Stube des „Hauskommissars" sollten sich ein Bett, ein Sessel, ein Schrank sowie ein Schreibtisch und andere Möbel befinden.

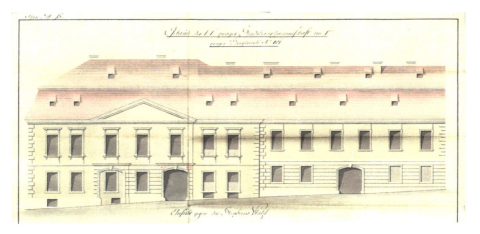

Abb. 14 *Entwurf eines neuen Gebäudes der Prager Polizeidirektion von Alois Palliardi, 1802*

Bereits 1810 beschwerte sich der neue Polizeidirektor Peter von Mertens noch während der Fertigstellung über die räumliche Beengtheit im Direktionsgebäude. Nicht alle der neun Kommissare hatten darin ihr eigenes Büro oder auch nur einen Arbeitsplatz. Einige vollzogen daher ihre Amtshandlungen gemeinsam in einem größeren Raum (Kommissionszimmer), was zur Folge hatte, dass „in einem Bureau mehrere Commissionen zugleich abgehalten werden, so wie erst neulich ein Streit zwischen 2 Eheleuten an einem Tisch verhendelt, indes an dem anderen der Vergleich oder eine Schuldklage versucht, und an dem dritten eine Dienstbothenbeschwerde untersucht wird". Mertens entschied sich deshalb, für die Kommissare einen Raum freizumachen, der ursprünglich für ihn selbst und die Ablage seiner persönlichen Akten bestimmt war. Diese Information ist somit auch ein Beweis für die Ausgliederung einer eigenständigen präsidialen, vorwiegend personellen Agenda.[219] Besser erfasst ist das breite Spektrum der polizeilichen Kompetenzen und Referate der einzelnen Kommissare in einer Übersicht aus dem Jahre 1813 (Tabelle 2).

Der Häuserkomplex Nr. 396 und 401 bzw. nach der Umnummerierung Nr. 313 und 314 am Stephansplatzl, wo heute die Straßen Bartolomějská und Karoliny Světlé aufeinandertreffen, ist im Grunde bis heute Sitz der Polizeibehörden geblieben. Hier

---

219 NA, PŘ I., Inv. Nr. 1342, Kart. 40, Nr. 89, Prag, 17. 8. 1810, Mertens' Bericht an das Gubernium, der als Unterlage für die Erstattung von Baukosten diente. Die ältesten, bis zum Jahr 1808 zurückreichenden Akten des selbstständigen Bestandes „Policejní prezidium" [Polizeipräsidium] Prag betreffen gerade die Personalangelegenheiten der Behörde. Außer den personellen Angelegenheiten und Amtsinterna gehörten die Angelegenheiten der geheimen/politischen Polizei und zum Teil auch die Kriminalangelegenheiten später zur Präsidialagenda; Novák, Rakouská policie/1953, 65.

wurden einzelne Parteien vorgeladen,[220] hierher kamen auch die Kommissare von
ihren Wohnorten „zur Arbeit". Ihre privaten Adressen wurden ähnlich wie bei anderen
Beamten zwar zu Beginn des 19. Jahrhunderts in den Schematismen veröffentlicht, aber
es ist unwahrscheinlich, dass dies deswegen geschah, damit sie dort auch außerhalb
der Amtsstunden die Öffentlichkeit empfangen konnten. Für diesen Zweck gab es in
den einzelnen Vierteln Wachen und Wachstuben, deren Adressen ebenfalls in den
Schematismen veröffentlicht wurden; direkt im Direktionsgebäude war außerdem der
„Hauskommissar" ständig anwesend. Der Schematismus für das Jahr 1805 führt eine
Adresse im Direktionsgebäude noch beim Leutnant der Polizeiwache Josef Czech/Čech
an, im Jahre 1814 wiederum bei Joseph Knauer, einem der beiden Passprotokollanten.[221]
Die Pass- und Anmeldungsangelegenheiten stellten einen großen Teil des regelmäßigen
Arbeitspensums der Direktion dar und erforderten spätestens seit der Reorganisation
im Jahre 1807 die Einrichtung zweier Stellen für besondere Passprotokollanten.[222]

Ähnlich wie in den Städten und Kleinstädten stellten auch direkt bei der Direktion
die Passprotokolle und die übrigen Protokolle eines der grundlegenden Instrumente der
Polizeiarbeit dar. Sie haben sich nicht bis heute erhalten, aber auf Basis anderer Quellen
können wir uns eine Vorstellung davon machen, wie sie funktionierten (und mit ihnen
auch die gesamte Institution). Es ist unklar, ob es sich um eine komplexe Reihe oder
mehrere Reihen von Büchern handelte, in denen einerseits jene Pässe evidiert wurden,
die von der Polizeidirektion selbst bzw. von anderen einheimischen Ämtern ausgegeben
wurden, und andererseits die österreichischen bzw. auch die an der Grenze oder unterwegs vidierten Pässe fremdländischer Personen, die in die Monarchie kamen. Außer
den Passprotokollen wurden bei der Direktion in der öffentlichen Agenda auch noch die
„Anzeigs-", „Beschreibungs-" und „Schulbücher" geführt.[223] Da die Protokolle die Form
von Büchern hatten, in die die Aufzeichnungen offenbar chronologisch eingetragen
wurden, und nicht etwa die Form einer Kartei, können wir davon ausgehen, dass es
relativ schwierig war, in ihnen Einträge anhand verschiedener Kriterien (Name, Ort

---

220 Als Beispiel NA, PG, Sign. 15c 116, Kart. 528, Prag, 16. 2. 1809, gedruckte Vorladung für den „Postwa-
genexpeditor" „zur k. k. Polizeidirekzion, am Stephans-Platze Nro. 314 in der Altstadt".

221 Schematismus für das Königreich Böhmen auf das Jahr 1805, Prag 1805, II. Teil, 16; Schematismus für
das Königreich Böhmen auf das gemeine Jahr 1814, Prag 1814, II. Teil, 13. Der Leutnant Čech/Czech zog
im Jahre 1808 in das Haus Nr. 416 in der Altstadt um; dazu Scholzová: Josef Alois Czech/2001, 24. Weiter
NA, PG, Sign. 3, Kart. 86, Prag, 17. 9. 1804, Professor Gerstner bittet die Kanzlei des Gubernialpräsidiums
um eine Liste aller Polizeistationen in den Prager Vierteln samt Adressen, um sie im Schematismus für
das Jahr 1805 veröffentlichen zu können.

222 NA, PŘ I., Inv. Nr. 1014, Kart. 29, Nr. 28, Prag, 1. 2. 1808, Übersicht aller Beamten der Polizeidirektion
(unterzeichnet von Kolowrat).

223 NA, PŘ I., Inv. Nr. 1111, Kart. 33, Nr. 27a, Quellen zur Reorganisierung der Stadthauptmannschaft
im Jahre 1807, hierzu nachträglich eingeordneter Bericht von Wratislaw „Stand und Sold der Beamten", datiert in Prag am 2. 11. 1803; neben den verschiedenen Büchertypen erwähnt Wratislaw noch
„Geschäftsprotokoll" und „Registratur".

und Zeit des Grenzübertritts, Vidierung, Hausnummer) zu suchen. (Die empfangenen Schriftstücke wurden bei der Direktion aber z. B. spätestens ab 1810 in zwei Typen von Protokollen aufgenommen – einem ausschließlich chronologischen Prinzip folgend im Hauptprotokoll und zugleich im Protokoll des sachlich zuständigen Referats.[224])

Der Prager Oberkommissar Eichler, jener Experte, der die Überwachung verdächtiger Personen zu verantworten hatte, schreibt zwar 1815 in seinem Polizeihandbuch für die Städte und Herrschaften, dass das ordentliche Führen der Anzeigsprotokolle die „Personsvergleichung" vereinfache, also das Vergleichen der dort verzeichneten Personen mit den Beschreibungen in Steckbriefen.[225] Dies hätte jedoch vorausgesetzt, dass man auch die Beschreibung in die Protokolle übertragen hätte, was bei den Pässen zumindest theoretisch möglich war, während die Meldezettel zumeist gar keine Beschreibung enthielten. (Die anscheinend durch direkte Beobachtung zu erhebende „Anmerkung über der Fremden Leibes- und Gesichtsgestalt, über ihre Kleidung" sollte seit der Einführung der Polizeiordnung in den Munizipalstädten und in den Herrschaften im Jahre 1790 zwar Teil des Protokolls über einreisende Fremde sein,[226] wurde in der Praxis aber eher nicht aufgenommen.) Somit ist schwer vorstellbar, dass die Beschreibung oder einzelne darin verschriftlichte physische Züge schon zu jener Zeit bei der Polizeidirektion als Suchkriterien verwendet worden wären, so wie wir es in viel komplexerer Form später bei der Bertillonage kennen, also aus der Registrierung und Identifizierung von Personen anhand einer Sammlung (teilweise messbarer) physischer Zeichen.

In die Passprotokolle wurden von der Direktion laufend auch Hinweise des Guberniums und der Polizeidirektionen anderer Länder auf Verdächtige oder gar gesuchte Personen eingetragen, die sich noch nicht in Reichweite der lokalen Organe befanden, und gegebenenfalls auch deren Beschreibungen. Diese Aufzeichnungen bildeten wahrscheinlich eine eigenständige Sammlung, mit der die Aufzeichnungen einreisender Personen von der Grenze oder die Listen von Reisenden aus den Kreisen und Städten verglichen werden konnten – insbesondere jene Einträge, wenn Reisende oder ihr Dokument bereits eine gewisse Aufmerksamkeit oder einen Verdacht geweckt hatten. Im Jahre 1809, bis zu dem die Protokolle des Polizeipräsidenten zurückreichen, wurden die Beschreibungen verdächtiger Personen oder Angaben über solche noch gesondert den Kommissaren Langswert, Eichler und Preisler, die für Passangelegenheiten und

---

224 NA, PP, 1810–1813, Sign. A 37, Kart. 1, Prag, 27. 6. 1810, „Geschäftsverhandlung der k. k. Stadthauptmannschaft Prag", erlassen vom Stadthauptmann Mertens und gültig ab dem 1. 7. 1810.

225 Eichler: Die Polizei praktisch/1815, 317.

226 NA, PG, Kart. 44, Tábor, 31. 12. 1789, Musterformular des Protokolls über den Aufenthalt von Fremden, das als Anhang zur Tabelle über die administrative Gliederung des Taborer Kreises dienen sollte.

geheime Überwachung zuständig waren, zur Kenntnis gebracht. Manchmal wurden aber auf einen solchen Fall auch alle Beamten aufmerksam gemacht.[227]

Mittels der Polizeidirektion verschickte das Gubernium an konkrete Grenzstationen auch die für ankommende Fremde ausgestellten Pässe. Die Pass- und Anzeigsprotokolle auf der Direktion standen nicht nur deren Kommissaren zur Verfügung, sondern auch dem Gubernium und weiteren staatlichen Behörden, beispielsweise den Kreisämtern oder der Militärkommandantur. Zur öffentlichen bzw. amtlichen Verwendung waren in der Bartholomäigasse auch weitere Evidenzdokumente und -verzeichnisse archiviert. Die Direktion fungierte gewissermaßen auch als Zensurbehörde und sie vermittelte nicht nur in Kriegszeiten den Druck von offiziellen Texten in den Zeitungen oder deren Verbreitung in der Öffentlichkeit in Form von Flugblättern. Zugleich fertigte sie auch regelmäßige Berichte über die Stimmungen im Volk an und sammelte sie an zentraler Stelle.[228]

Auch wenn die Polizeidirektion einige Unterlagen für die alljährliche Ausgabe des Schematismus sammelte, erfüllte sie nicht die Funktion eines öffentlichen Informationsorts (Kundschaftsamt, Fragamt, Adressbüro), wie Anton Tantner sie für diese Zeit beschreibt.[229] Dennoch wandte sich die Öffentlichkeit immer wieder an die Direktion. Für unangemeldete Eingaben war der erwähnte „Hauskommissar" zuständig, am häufigsten meldeten sich streitende Parteien jedoch zuvor an – es wurden Konflikte zwischen zerstrittenen Eheleuten behandelt oder die Beschwerden Bediensteter über ihre Herren. Zur Abgabe einer Erklärung wurden Einwohner Prags vorgeladen, aber einige Reisende meldeten sich auch selbst. Der Sitz der Polizeidirektion bzw. der Stadthauptmannschaft am Stephansplätzl/Malé Štěpánské náměstí Nr. 313 und 314 galt als öffentliche Behörde und war als solche auch in den gedruckten Plänen der Stadt Prag eingezeichnet.[230] Am Ende des untersuchten Zeitraums, im Jahre 1823, empfahl A. W.

---

227 NA, PP, Buch Nr. 1, Präsidialprotokoll für das Jahr 1809, Nr. 528, 14. 4. 1809, „Die Personsbeschreibung eines zu Rokizan sichtbar gewordenen unbekannten verdächtigen Menschen wird mit Präs. dekret vom 8. April Z. 3873 zur Nachforschung anher übergeben. Erledigung: Sämtl. Beamten zur Einsicht am 11ten April 1809"; Nr. 19, per Präsidialdekret vom 19. 1. wurden die Kommissare Eichler und Langswert z. B. über die geheimen Zeichen in den italienischen Pässen der politischen Gesandten informiert.

228 Einen Überblick über die Tätigkeiten der Polizeidirektion bieten unter anderem die Präsidialprotokolle, die im NA, PP aufbewahrt werden. Die „Volksstimmungsberichte" wurden allem Anschein nach schon früher erstellt als im Jahre 1810 im Zusammenhang mit dem Kurs der Bancozettel; dazu Švankmajer, Milan: Čechy na sklonku napoleonských válek [Böhmen am Ende der Napoleonischen Kriege], Praha 2004, 13.

229 Diese im Grunde privaten Informationsbüros übernahmen zum Teil direkt die Kontrolle des Moralverhaltens der Dienerschaft, der sie Arbeit vermittelten, bzw. sollten unter anderem die Rolle der Meldeämter und damit des Staates bzw. der Polizei erfüllen; dazu Tantner, Anton: Die ersten Suchmaschinen. Adressbüros, Fragämter, Intelligenz-Comptoirs, Berlin 2015, 52–53, 76, 93.

230 Z. B. Grundriss der Kön. Hauptstadt Prag in Böhmen von G. A. Zürner aus der Zeit um 1800 (http://towns.hiu.cas.cz/p_zoom.php?map=MSHU-MAP-B-780 [letzter Zugriff 17. 12. 2023]); das „Polizeihaus" befindet sich in der Oberen Convictgasse, der heutigen Bartholomějská, unter der Nr. 53.

Griesel in seinem Buch über Prag und seine Institutionen Folgendes: „Insbesondere hat sich der Fremde, wenn er zufällig in Unannehmlichkeiten wäre verwickelt worden, die einer schnellen Abhülfe bedürfen, oder falls er durch Diebstahl oder Prellerei zu Schaden gekommen wäre, an die k. k. Stadthauptmannschaft zu wenden" bzw. gegebenenfalls eine Polizeiwache herbeizurufen.[231]

Durchschaubares Panopticon?

War in diesem Kapitel von der Polizei als einer Verwaltungsinstitution die Rede, die eine immer bessere Kontrolle über den Raum der Stadt, des ganzen Landes und in übertragenem Sinne auch über den sozialen Raum gewann, bzw. über die Sichtbarkeit dieser Institution im „Terrain" und auf den Landkarten, so mag die Feststellung des Stadthauptmanns Kolowrat überraschen, die er nach seinem Amtsantritt im Jahre 1807 machte, nämlich dass sich auf der Prager Polizeidirektion und angeblich auch beim böhmischen Gubernium kein einziger Plan Prags befände. Die Notwendigkeit einer graphischen Repräsentation des zu überwachenden Raums wurde zu jener Zeit offenbar bereits für so selbstverständlich erachtet, dass Kolowrat nicht mit Fallbeispielen argumentieren musste, in denen die Karte bei der Dienstausübung hätte fehlen können, um vom Gubernium die Zustimmung zu erhalten, sich eine zuzulegen. Sie entstand als Kopie der Karte, die der Prager Magistrat besaß, und wurde unter anderem um die neuen Hausnummern nach der Umnummerierung im Jahre 1805 aktualisiert.[232]

Auf der anderen Seite ist nicht bekannt, ob das Fehlen eines Stadtplans von Prag bei den zentralen Verwaltungsbehörden vor dem Jahr 1807 als Mangel gesehen wurde. (Es ist auch möglich, dass dort kleinere Pläne zur Verfügung standen.) Mehr als ein unerlässliches Hilfsmittel stellt für uns der Stadtplan mit den eingezeichneten Hausnummern ein Symbol des administrativen Zugangs zur Bevölkerung dar – ein Symbol für die Möglichkeit jeder, auch nur vorübergehend sich aufhaltenden Person eine Adresse bzw. einen festen Platz im Raum zuzuschreiben. Bei den ständigen Einwohnern war die Hausnummer in die Konskriptionsbücher eingetragen. Der Topograf Jaroslav Schaller veröffentlichte am Ende des 18. Jahrhunderts in seiner mehrbändigen Beschreibung

---

231 Griesel, Augustin Franz Wenzel: Neues Gemälde von Prag, Prag 1823, 107–108.
232 NA, PG, Sign. 15c 48, Kart. 526, Prag, 4. 12. 1807, Kolowrat an den Gubernialpräsidenten Wallis; das Gubernium billigte die Anschaffung einer Kopie des beim Magistrat aufbewahrten Stadtplans aus den Mitteln des Polizeifonds. Um welchen Stadtplan es sich handelte, ließ sich nicht eruieren. Sollte die Kartographierung des Raumes seine Beherrschung durch „externe Kräfte" bedeuten bzw. erleichtern, wie der Anthropologe James C. Scott behauptet, so ist es von Interesse, dass es nicht staatliche, sondern kommunale Behörden waren – nämlich der Magistrat –, die in Prag zu dieser Zeit über einen (Stadt-)Plan verfügten; Scott, James C.: Seeing Like a State. How Certain Schemes to Improve the Human Condition Have Failed, New Haven–London 1998, 54–55.

Prags die Besitzer aller Häuser mitsamt Hausnummern und es scheint nicht, als sei das gegen deren Willen allein auf der Basis einer amtlichen Anordnung geschehen. Im Gegenteil: Sichtbar zu sein gehörte sozusagen zum neuen Habitus der Stadtbewohner und zwar nicht nur derjenigen, die gewissermaßen auf Werbung z. B. für ihre Geschäftstätigkeit angewiesen waren. Die Privatadressen von Amtspersonen erschienen in den Schematismen, mit Hilfe der Straßennamen und Hausnummern wurden Personen und Institutionen auch in den Zeitungen identifiziert. Auf der Basis von Meldezetteln, Nachrichten von den Toren und aus den Postkutschen Informationen über den Aufenthalt vorübergehender in- und ausländischer Bewohner zu erheben, stellte die Aufgabe der Polizei bzw. der einzelnen Viertelaufseher dar. Dank der Nummerierung der Häuser und der Straßennamen war der städtische Raum für die staatlichen und städtischen Organe ebenso wie für Fremde auch ohne Karte relativ übersichtlich.

Lassen wir nun außen vor, dass das Kartographieren sowie das Nummerieren von Häusern und Benennen von Straßen im Terrain an sich als administrative Technik bzw. Machttechnik betrachtet werden kann – sie erleichtert nicht nur den Bewohnern die Orientierung, sondern auch den Behörden. Konzentrieren wir uns vielmehr darauf, wie sich das amtliche Sammeln von Informationen über die Einzelnen und der Umgang mit ihnen veränderten, und zwar keinesfalls nur als Möglichkeit oder Vorstellung, die sich hinter den Reformvorschlägen verbarg, sondern betrachten wir auch, wie sich im Umgang der Behörden mit der Bevölkerung die Arbeit mit Informationen praktisch auswirkte. Konkrete Maßnahmen mögen dabei sicher auch von den Vorstellungen von der Gesellschaft als ein Ganzes abhängig gewesen sein, das sich im staatlichen Interesse beeinflussen und nutzen lässt, eines Ganzen, für das sich als Gegenstand zentraler Eingriffe der Begriff „Bevölkerung" einbürgerte. Auf die einschlägigen zeitgenössischen Ideen (unter dem Stichwort Populationismus) und ihre historiographische Analyse gehe ich hier jedoch nicht ein.[233] Ebenso wenig versuche ich die verschiedenen, die Bevölkerung betreffenden Maßnahmen nur als direkten Ausdruck dieser Ideen oder als notwendige Folgen einer klar umrissenen Bevölkerungspolitik (Biopolitik) zu betrachten.[234] Z. B. ließen sich die Regulation zur leichteren Überquerung der Prager Brücke und die allgemeine Regulierung des Verkehrs in den Prager Straßen nicht nur als vom dichter werdenden Verkehr erzwungene Reaktionen interpretieren, sondern auch als Ausdruck einer Idee von der ungestörten Menschen- und Warenzirkulation, die vom Staat nicht nur erleichtert, sondern auch gefördert werden sollte und von der

---

233 Die Literatur zum Populationismus ist schon unüberschaubar. Im tschechischen Kontext siehe Bělina/ Kaše/Kučera: Velké dějiny, Bd. X: 1740–1792/2001, 349–357. Die Verfasser reduzieren den Populationismus in den böhmischen Ländern allerdings auf die zeitgenössische Diskussion über das Verhältnis zwischen den Untertanen und Obrigkeiten. Weiter Šubrtová, Alena: Dějiny populačního myšlení v českých zemích [Geschichte der populationistischen Ideen in den böhmischen Ländern], Praha 2006, 101–107.

234 Zur Bevölkerungspolitik der Staaten des 17. und 18. Jahrhunderts u. a. Foucault: Sécurité/2004, 69–81.

der Staat existentiell abhing.[235] Damit will ich weder sagen, dass die zeitgenössischen Institutionen nur reaktiv improvisiert hätten, noch dass ihre Vertreter nicht bestimmte Vorstellungen von der Gesellschaft und der Welt geteilt hätten, von denen sie bei ihrer Tätigkeit ausgingen, noch, dass es unmöglich wäre, diese geteilten Vorstellungen und deren soziale Effekte heute mit einem zusammenfassenden Begriff zu benennen. Mein Interesse gilt jedoch primär dem Wandel der sozialen Praxen. Darum, wie dieser Wandel benannt und bewertet werden kann, soll es am Schluss dieses Buches gehen.

Auch vor den administrativen Reformen der Aufklärung war es nicht unüblich, dass Ämter oft über hunderte von Kilometern hinweg untereinander Informationen über konkrete Personen austauschten. Es handelte sich aber um Einzelfälle, in denen auf solche Weise z. B. Aussagen, familiäre Bindungen oder die Zugehörigkeit von Personen überprüft wurden, gegen die oftmals ermittelt wurde. Die böhmischen Obrigkeiten unterhielten und aktualisierten während des 18. Jahrhunderts „Datenbanken" ihrer Untertanen unter anderem in Form von Untertanen- (ursprünglich Waisen-)Registern (sogenannten Mannschaftsbüchern); ebenfalls verfügten die Städte über eigene Quellen zur Erfassung der Bevölkerung. Eine weniger aktuelle, dafür aber flächendeckende „Datenbank" stellten die Kirchenbücher bzw. Kirchenmatrikeln dar. Abgesehen von einmaligen und in ihrer Art einzigartigen Aktionen, wie es die Anfertigung des Untertanenglaubensverzeichnisses in Böhmen im Jahr 1651 darstellte, bleibt die pauschale Feststellung Peter Burkes gültig, dass Regierungen vor 1800 nur selten wussten, über wie viele Menschen sie regierten.[236] Eine Änderung erfolgte in der Habsburgermonarchie ab 1754 und dauerhaft dann ab 1770 durch die „Konskription", Volkszählung, die zunächst zu militärischen Zwecken organisiert wurde und deshalb auf Männer begrenzt war. Die Exemplare vor Ort, die „Konskriptionsbücher", dienten den lokalen Beamten zur Identifizierung jedweder Person im Zusammenhang mit ihrem Aufenthalt am jeweiligen Ort. Im Unterschied zu den Untertanenverzeichnissen mussten sie überall geführt werden, im Unterschied zu den Stadtbüchern verzeichneten sie die gesamte Bevölkerung, nicht nur Bürger oder Landwirte. In Prag fungierte ein eigenes städtisches „Konskriptionsamt" als eine Art Bevölkerungsregister. Jedes Jahr führte es die Revision der Konskription durch, führte Listen „verschiedener Klassen" von Einwohnern und erteilte ihnen Aufenthaltsgenehmigungen. Das Konskriptionsamt versorgte die übrigen Organe einschließlich der Polizeidirektion mit Informationen über den dauerhaften und vorübergehenden Aufenthalt von Personen.[237] Unzufrieden mit der geringen Flexi-

---

235 Diese Idee schreibt Michel Foucault dem Souverän des 18. Jahrhunderts zu; Foucault: Sécurité/2004, 31.

236 Burke, Peter: Reflections on the Information State, in: Brendecke/Friedrich/Friedrich (Hg.): Information in der Frühen Neuzeit, 51–63, hier 57.

237 Dazu z. B. AHMP, MHPM I.-Publ, Buch Nr. 19, Einreichungsprotokoll für das zweite Halbjahr 1793, Nr. 10.417, das „Conscription" genannte Amt teilt dem Magistrat auf Anfrage mit, dass eine konkrete Person sich in Prag befindet. Weiter NA, PŘ I., Inv. Nr. 420, Kart. 8, Nr. 1630, Prag, 29. 6. 1794, Gubernialpräsident Stampach weist das Konskriptionsamt an, der Stadthauptmannschaft alle acht Tage die

bilität des Konskriptionsamts versuchte Stadthauptmann Kolowrat im Jahre 1807, Mittel für die Schaffung eines eigenen polizeilichen Bevölkerungsregisters, der so genannten Lagerbücher, aufzutreiben, „mittels welcher man im Stande seÿn wird, über jedes Haus und über jede Familie vollständige Auskunft geben und erhalten zu können". Diese Forderung wurde jedoch vom Präsidenten des Guberniums entschieden abgelehnt.[238]

Fremde Reisende wurden zwar schon früher an den Stadttoren kontrolliert und hatten die Pflicht, sich bei den städtischen Behörden zu melden, aber dennoch repräsentiert das Meldesystem den weit höheren Anspruch, jede wenn auch nur zeitweise Bewegung in der Stadt zu registrieren. Es bezog sich nicht nur auf Reisende aus fremden Ländern, sondern auch aus Böhmen bzw. der Habsburgermonarchie. Wirtsleute mussten auch Mieter, die sich längere Zeit bei ihnen aufhielten, amtlich melden. Während der ganzen erste Hälfte des 19. Jahrhunderts zeigten sich aber die Grenzen dieses städtischen Systems – inländische Personen waren beispielsweise nicht gezwungen, bei der Anmeldung ein Identifikationsdokument vorzulegen, sodass sie unter falschem oder ungenauem Namen in die Meldeprotokolle gelangen konnten, sofern ihr Quartiersgeber überhaupt diese Pflicht erfüllte. Auch wenn einige inländische Identifikationsdokumente (besonders die Wanderbücher von Handwerksgesellen) Beschreibungen enthielten, wurden diese nicht in die Protokolle aufgenommen, ebenso wenig wie die Beschreibungen in den Pässen nicht in die Grenztabellen übertragen wurden. Mit Hilfe der Protokolle konnte man also eine bereits angemeldete Einzelperson nur anhand ihres Namens unter einer konkreten Adresse finden, gegebenenfalls auch anhand einer Kombination der übrigen Angaben. Es ist so gut wie unvorstellbar, dass es – vor allem angesichts der wachsenden Zahl der Anmeldungen – möglich gewesen wäre beispielsweise die aus einem Ort oder einer Herrschaft stammenden Personen zu ermitteln, geschweige denn eine anonyme Recherche nur auf der Basis physiognomischer Züge durchzuführen. Ein weiterer Mangel dieses Modells bestand darin, dass die Personen, die ihren vorübergehenden Aufenthalt einmal angemeldet hatten, vielfach nicht meldeten, wenn sie anderswohin umzogen.

Der Fall des angeblichen französischen Emissärs Brommer aus dem Jahre 1809 deutet an, dass die schriftlichen Aufzeichnungen bzw. Identifikationen zwar nicht zur präventiven flächendeckenden Überwachung der Bevölkerung dienten, aber im Falle verdächtigen Verhaltens eine unterstützende Rolle spielten. Die Protokolle, die sowohl von den Institutionen geführt wurden, die Pässe ausstellten, als auch von jenen, die sie kontrollieren sollten, bildeten zusammen mit der Passpflicht einen das gesamte Land umfassenden administrativen Raum, in dem die Bewegung des Passes bzw. seines

---

in- und ausländischen Gesellen zu melden, die in der Stadt die Arbeit aufnehmen. Die Tätigkeit dieses Amtes ist in der Schrift „Geschäftsstand in Politico" zusammengefasst, aufbewahrt im NA, PG, Sign. 3/41, Kart. 318, Prag, 14. 11. 1807 (unterzeichnet vom Oberbürgermeister Andreas Steiner).

238 NA, PG, Sign. 3/41, Kart. 318, Prag, 28. 10. 1807, Kolowrats Antrag an Wallis; Prag, 2. 12. 1807 (Abschrift), Wallis' Ablehnung.

Inhabers erfasst werden konnte. Dabei ging es nicht nur um die Verknüpfung eines individuellen Dokuments mit einer Eintragung im amtlichen Register oder Protokoll, sondern auch um die Verbindung der Angaben aus verschiedenen Protokollen. Die Beschreibung im obligatorischen Passformular spielte nach seiner Einführung im Jahr 1801 wahrscheinlich keine so umwälzende Rolle. Zumindest bin ich auf keinen Fall gestoßen, in dem Personen allein auf dieser Grundlage identifiziert worden wären; dies geschah wohl eher auf der Basis einer Kombination von Angaben wie Name, Strecke und ausstellender Institution.

Die Beschreibung im vorgedruckten Formular begründete anfangs eher die Glaubwürdigkeit des Dokuments allgemein, als dass sie das Hauptelement oder der wichtigste Faktor für die Identifikation gewesen wäre. Sowieso unterlag der Passpflicht – abgesehen von Gesellen, deren Wanderbücher ebenfalls eine Beschreibung enthielten – nur ein relativ kleiner Teil der Bevölkerung. Dennoch ist eine Beschreibung oder eine andere Form der Objektivierung, die die Züge der Identität unabhängig von den sozialen Umständen – also davon, wie die beschriebene, daktyloskopierte und fotografierte Person (er)scheinen wollte – festhalten soll, bis heute dauerhafter Bestandteil aller Passdokumente. Ebenso wurde die Adresse bzw. die Hausnummer zum festen Bestandteil der Identität des Individuums im Umgang mit den Behörden. Der Platz, dem der Einzelne zugewiesen wurde, war nun nicht mehr durch die Zugehörigkeit zu einer sozialen Gruppe oder über seine Beziehungen zu anderen Menschen definiert (für Frauen galt es allerdings nur bedingt), sondern durch abstrakte Daten, über die der Einzelne nicht frei verfügen konnte.[239] Das amtliche Kommunikationsnetz war bereits so dicht, dass für den Fall, dass diese exakten Daten inklusive des Namens fehlten (z. B. bei gefundenen Kleinkindern), die Polizei imstande war, sie verhältnismäßig schnell festzustellen.

Bis zum Ende des Untersuchungszeitraums haben wir es immer noch mit einem polizeilich regulierten Staat zu tun, wie ihn für das 18. Jahrhundert Jane Caplan und John Torpey beschrieben haben,[240] einem Staat, der zwar die Mehrheit seiner Bevölkerung noch keiner physischen Identifikation unterzog, aber die Voraussetzungen (wenn auch keine effektiven Instrumente) dafür schuf, auf jede und jeden zugreifen zu können. Interessant ist dabei die zeitgenössische Wahrnehmung dieser Identifizierungspflichten bzw. der Möglichkeiten und Kompetenzen der Behörden. Offensichtlich waren Fälle von Widerstand gegen die Passpflicht oder das Ignorieren derselben besonders von Seiten einiger Adliger nicht allzu häufig, ähnlich wie der Widerstand gegen die Nummerierung der Häuser. Anton Tantner zufolge wurden die Befürchtungen der Landbevölkerung, dass der Staat und seine Beamten sie stärker im Blick haben und

---

239 Es gilt auch für die Fixierung der (Nach-)Namen, die im Untersuchungszeitraum – mit Ausnahme der jüdischen Bevölkerung – allerdings nicht mehr aktuell war; Scott: Seeing/1998, 64–71.

240 Caplan, Jane/Torpey, John: Introduction, in: Torpey/Caplan (Hg.): Documenting Individual Identity, 7–8; hier wird der Begriff „well-regulated police state" verwendet.

sich daraus Rekrutierungen oder stärkere Belastungen ergeben würden – zumindest amtlichen Berichten zufolge – grundsätzlich durch die aufgeklärte Überzeugung dieser Einwohner aufgewogen, der Staat könne sich dank der Konskription eine bessere und unmittelbare Vorstellung von ihrer ökonomischen und sozialen Lage machen, sodass Lasten und Pflichten gerechter verteilt werden würden. Dabei ist es nicht nur eine moderne Interpretation, dass durch die Nummern die Häuser von Adligen und Untertanen, Reichen und Armen gleichermaßen in eine einzige ausschließlich arithmetischen Ordnungsprinzipien folgende Reihe einbezogen wurden, dass der Nummerierung also ein gewisses egalitäres oder emanzipatorisches Potenzial innewohnte. Den Nachrichten der Kreisämter zufolge sollen die Konskription und die Nummerierungen der Häuser gerade in den Kreisen Böhmens und Mährens angeblich manchmal auch dazu geführt haben, dass sich die Bauern frei und unabhängig von ihren Obrigkeiten fühlten und die Knechte, die zum Militärdienst vorgesehen waren, begannen ihren Herren den Gehorsam zu verweigern.[241]

Der aufgeklärte Staat erlegte also seinen Bürgern die Pflicht auf, ihr Haus mit einer Nummer bezeichnen zu lassen und sich für verschiedene Typen von Reisen einen formalisierten Pass zuzulegen bzw. in diesem ihr Äußeres beschreiben zu lassen. Es war aber seine erklärte Absicht, diese Pflichten allen gleichermaßen aufzuerlegen. In einer Zeit und einer Atmosphäre, als der Status der Untertanen lebhaft diskutiert und auch praktisch verändert wurde, muss die Übertragung der Bevölkerungsevidenz aus den – wenngleich auch schon vorher zentral regulierten – Kanzleien der einzelnen Herrschaften in einheitliche staatliche Hand nicht unbedingt als repressiver Schritt wahrgenommen worden sein, sondern mag eher als Aufhebung der Uneinheitlichkeit und der gutsherrlichen Willkür gegolten haben.[242] Das Etikett der unerwünschten und verdächtigen Neuerungen, dem obrigkeitliche Maßnahmen im ländlichen Umfeld häufig begegneten, wurde im Falle der Pässe bzw. der Hausnummern durch die aufklärerische Propaganda im weitesten Sinne des Wortes – einschließlich populärer Broschüren, des Schulunterrichts und Reformen befürwortender Predigten – abgeschwächt. Eine Hausnummer, wie sie im Jahre 1784 Barbara Schönhoferin aus dem Olmützer Kreis für ihre neue Herberge anstrebte,[243] könnte Teil des neuen, erwünschten

---

241 Tantner: Ordnung/2007, 150–152. Auf S. 210 wird ein undatierter Bericht der Hofkanzlei zitiert, „daß die Bauern in Böhmen und Mähren, wie es die eingelangten kreisamtlichen Relationes einhellig bestättigen, aber durch die militar-Conscription, und Numerirung ihrer Häuser, in eine Art von Freyheit, und Unabhängigkeit von ihren Obrigkeiten versetzt zu seyn vermeinen, und sogar die Bauernknechte wegen ihrer Widmung zum Soldatenstande ihren Wirthen keinen Gehorsam mehr leisten". Die Häusernummerierung soll in Böhmen sogar Gerüchte über eine bevorstehende Aufhebung der Leibeigenschaft hervorgerufen haben, die zum Bauernaufstand von 1775 führten.

242 Scott: Seeing/1998, 65, nimmt bei den fixen Nachnamen sogar an, dass die Untertanen fürchteten, „with good reason, that an effort to enumerate and register them could be a prelude to some new tax burden or conscription, local officials and the population at large often resisted such campaigns".

243 Tantner: Ordnung/2007, 152.

Habitus einer gesellschaftlich nützlichen und für die Kommunikation erreichbaren Bürgerin gewesen sein, ebenso wie es heutzutage biometrische Pässe, digitale Unterschriften oder Smartphones sind.

Wie Jane Caplan und John Torpey unter Berufung auf Charles Taylor schreiben, ist in komplexen „unpersönlichen" Gesellschaften eine vertrauenswürdige, formalisierte Identifikation die Basis für die Anerkennung und das „Funktionieren" jedes und jeder Einzelnen. Sie bildet die Grundlage dafür, dass das Individuum der Staatsmacht oder der Amtsgewalt überhaupt „von Angesicht zu Angesicht" gegenübertreten kann.[244] Der Staat erschafft sich diese Einzelnen, seine Bürger, selbst. Dafür kann jemand, den der Staat nicht als seinen Bürger anerkennt, ihm gegenüber keine Ansprüche erheben. In diesem Schaffungsprozess selbst liegt selbstverständlich große Macht. Die aufklärerische, einer anderen als der ständischen, korporativen oder lokalen Logik folgende Identifikation teilte dem Bürger zwar tatsächlich seinen Platz zu, sie hob aber die sozialen und besonders die ökonomischen Unterschiede nicht auf. Mit Blick auf die in der zweiten Hälfte des 18. Jahrhunderts anwachsende Rubrik der Zeitungsinserate könnte man umgekehrt sagen, dass die Identifikation, z. B. anhand der Hausnummern, die Einwohner als Produzenten und Konsumenten von Waren und Dienstleistungen füreinander erreichbarer machte.

Als Neuerung ist eben diese nun geforderte bzw. angestrebte universelle Erreichbarkeit anzusehen, ebenso wie eine gewisse gesellschaftliche Transparenz – Information, welchen Platz ein Mensch einnahm oder wo er sich bewegte, sollte in gewissem Maße allgemein bekannt oder nachvollziehbar sein. Auch die Polizeidirektion und das von ihr praktizierten Melde- und Passwesen stellten in gewisser Hinsicht öffentliche Orte des Wissens und Sich-Informierens dar. Die Gliederung des sozialen Raums und die Tatsache, dass jedem Individuum ein fester Platz zugeschrieben wird,[245] ist also teilweise sichtbar, zugestanden und steht den Bürgern „zur Verfügung". Nicht nur in den Städten und nicht nur in der Habsburgermonarchie, aber vor allem dort, wird es so nach der Französischen Revolution zu einer der Hauptbeschäftigungen der Polizei und der Verwaltung allgemein, die Übersichtlichkeit (und Kontrollierbarkeit) der im Wandel begriffenen, nicht-ständischen Gesellschaft aufrecht zu erhalten.

---

244 Caplan/Torpey: Introduction/2001, 6.
245 Foucault, Michel: Surveiller et punir. Naissance de la prison, Paris 1975, 144–145.

4. „Hier will ich stille Ruhe haben"

Ende November 1814 dirigierte Carl Maria von Weber in Prag die Premiere von Beethovens einziger Oper *Fidelio* (wahrscheinlich die zweite Version); es war die erste Aufführung außerhalb Wiens. Unter dem Namen Fidelio und als Mann verkleidet schmuggelt sich die edle Leonore in das Gefängnis ein, in dem ihr Ehemann Florestan zu Unrecht eingekerkert ist, weil er einen mächtigen Beamten wegen dessen Willkür kritisiert hat, und errettet Florestan vor dem sicheren Tod. Der Dirigent war mit der Aufführung zufrieden, beim Publikum fand sie jedoch keinen Anklang – die Prager verstanden die Oper nicht und Weber zufolge hätte zu ihnen ein „Kasperltheater" besser gepasst.[1] Weder Weber noch andere Quellen sagen etwas darüber, ob und wie die Handlung der Oper, die heute als Feier der Freiheit und der ehelichen Liebe gilt, damals in der Zeit des beginnenden Metternich-Absolutismus, der üblicherweise mit polizeilichen Repressionen in Verbindung gebracht wird, auf das Publikum wirkte.

Zu denken, dass die Zuschauer in der Repression und Willkür, die von Don Pizzaro, dem Hauptbösewicht der Oper, ausgehen, eine Parallele z. B. zum Umgang der österreichischen Regierung mit französischen „Emissären", einheimischen „Jakobinern" oder revolutionärem Gedankengut, das auf die Veränderung der Gesellschaftsordnung abzielte, gesehen hätten, wäre jedoch zu einfach. Dem Publikum war die von Jean-Nicolas Bouilly verfasste Vorlage des Opernlibrettos höchstwahrscheinlich unbekannt, in der die Rollen von Gut und Böse andersherum verteilt waren. Bouilly soll bei ihrem Abfassen von einer Geschichte ausgegangen sein, die er selbst 1793 in Tours erlebt hatte und in der der unschuldige Adlige nicht von einem hochmütigen Repräsentanten monarchischer Macht in den Kerker geworfen wurde, sondern ganz im Gegenteil von René Le Borgne, einem der radikalsten sansculottischen Revolutionäre.[2]

Von Prag, den böhmischen Ländern oder der österreichischen Monarchie aus gesehen, könnte nämlich im Jahre 1814 die Frage, was Freiheit oder deren Bedrohung heißt, als viel komplexeres Thema erschienen sein als 1793, als in Prag mit Pařízeks

---

1 In den Quellen sind unterschiedliche Angaben zum Datum der Prager Erstaufführung anzutreffen – Carl Maria von Weber selbst datierte sie im unten zitierten Brief auf den 21. 11. Für den 27. 11. 1814 kündigte sie die „Kaiserlich-Königliche privilegierte Prager Zeitung" vom selben Tag an. Dieses Datum wird auch angeführt von Pečman, Rudolf: Jevištní dílo Ludwiga van Beethovena [Das Bühnenwerk Ludwig van Beethovens], Brno 1999, 170–172. Webers Äußerung zur Prager Premiere findet sich in seinem Brief an Johann Gänsebacher, Prag, 1. 12. 1814, Carl-Maria-von-Weber-Gesamtausgabe. Digitale Edition, https://weber-gesamtausgabe.de/A040731 (Version 4.9.0 vom 5. Februar 2024): „ich habe d. 21 Fidelio von Beethoven gegeben, der trefflich gieng, es sind wahrhaft große Sachen in der Musik, aber – sie verstehen es nicht, – man möchte des Teufels werden, Kasperl ist das wahre für sie".

2 Fidelio. Programmbuch. Saarländisches Staatstheater, Saarbrücken 1997, 17–20 (Ein Vorfall in Tours). Dazu auch Pečman: Jevištní dílo/1999, 164–165.

O svobodě a rovnosti městské[3] eine an die breiten Bevölkerungsschichten gerichtete antirevolutionäre Schrift erschien. Während der beiden Jahrzehnte vor und nach der Jahrhundertwende wurden die polarisierten ideologischen Perspektiven, auf die sich damals und auch heute noch unterschiedliche historiographische Auffassungen stützten bzw. stützen – die Vision der bürgerlichen Gleichheit auf der einen und das hierarchisch ungleiche „Ancien Régime" bzw. die Untertänigkeit auf der anderen Seite – problematisiert. Die französischen Soldaten brachten während der Koalitionskriege besonders nach Mitteleuropa nicht nur Freiheit, von republikanischen Institutionen ganz zu schweigen, sondern auch Gewalt, denn sie verhielten sich den Einheimischen gegenüber wie jede andere Armee. Die Bevölkerung der europäischen Länder wurde durch patriotische bzw. nationalistische Parolen gegen sie mobilisiert.[4] Spätestens ab 1805 veränderte sich der Charakter der gegen Frankreich gerichteten Kriege und die Kriege gegen Napoleon von 1813 bis 1815 wurden in den deutschen Ländern bereits als „Befreiungskriege" geführt. Zu dieser Zeit sahen auch die Untertanen Böhmens in Napoleon bei weitem nicht mehr den Freiheitsbringer, sondern vielmehr einen Tyrannen, der für viele Jahre kriegsbedingter Entbehrungen verantwortlich war.[5] Ludwig van Beethoven, von dem wir wissen, dass sich sein Verhältnis zu Napoleon wandelte, komponierte sogar zum Auftakt des Wiener Kongresses im Herbst 1814 die Festkantate „Der glorreiche Augenblick".

In der Donaumonarchie hatte die Angst vor subversiven gesellschaftlichen Einflüssen aus Frankreich nie nachgelassen und die Polizei und die Zensur arbeiteten auf Hochtouren.[6] Die österreichische Propaganda zeichnete Napoleon als Fortsetzer der revolutionären „Verderbnis" und zugleich als Tyrannen, der Europa mit Kriegen überzog, wenngleich Bonaparte bereits 1799 den berüchtigten Minister Fouché an der Spitze eines Polizeisystems installiert hatte, das dem österreichischen gar nicht unähnlich war. Ganz

---

3 Dazu Tinková, Daniela: Ohyzda na prodej a „zmatení pojmů". Koncept svobody a rovnosti v protirevolučních brožurách z českých zemí (1793–1799) [Schrecken zu verkaufen und die „Begriffsverwirrung". Das Freiheits- und Gleichheitskonzept in den antirevolutionären Broschüren aus den böhmischen Ländern (1793–1799)], in: Madl, Claire/Tinková, Daniela (Hg.): Francouzský švindl svobody/2012, 101–142.

4 Zum Patriotismus trug auch das Theater entscheidend bei. Die Polizei war dort nicht nur als Aufsichtsorgan tätig. Als die Erfolge, die Erzherzog Karl über die Franzosen erzielte, in Prag im Oktober 1796 in Theaterstücken gefeiert wurden, sammelte Stadthauptmann Wratislaw die Eintrittsgelder, die den Familien der gefallenen Soldaten gewidmet wurden, ein. Der als Theaterautor auch sonst aktive Prager Polizeikommissar Philipp Heimbacher steuerte bei dieser Gelegenheit sein tschechisches Singspiel *„Češi jsou praví vlastenové aneb Krev a život za Františka, Karla a vlast"* [Die Böhmen sind echte Patrioten oder Blut und Leben für Franz, Karl und Vaterland] bei; dazu Teuber, Oscar: Die Geschichte des Prager Theaters. Von den Anfängen des Schauspiels bis auf die neueste Zeit, Bd. 2: 1771–1817, Prag 1885, 328–329, zu weiteren Spielen Heimbachers 303. Zur vorrevolutionären Geschichte des Patriotismus in der Monarchie Vocelka: Österreichische Geschichte 1699–1815/2001, 275–280.

5 Polišenský, Josef: Napoleon a srdce Evropy [Napoleon und das Herz Europas], Praha 1971, 214–215.

6 Bibl: Die Wiener Polizei/1927, 261–290; Oberhummer: Die Wiener Polizei/1937, unter anderem 87–92; Macek/Uhlíř: Dějiny policie/1997, 50.

im Gegenteil: Adam Zamoyski zufolge hatten Kaiser Franz und Metternich in mancher Hinsicht den französischen Staat de facto kopiert.[7] Aus österreichischer Perspektive war es also eher schwierig, die republikanischen Einrichtungen Frankreichs z. B. deshalb als heuchlerisch abzustempeln, weil sie sich weiterhin auf eine Polizei stützten, die vor noch gar nicht allzu langer Zeit als Instrument der verhassten absolutistischen Herrschaft, wenn nicht sogar direkt der Willkür gegolten hatte.[8] Demgegenüber verstand man es innerhalb der Monarchie, das gesamte – oftmals sehr blutige – Einschreiten gegen die Gegner der Revolution propagandistisch gegen Frankreich auszunutzen.

Allgemeiner betrachtet zeigt die Situation im nachrevolutionären Frankreich, dass die Polizei für jede Art von (modernem) Staat unverzichtbar war, und zwar nicht nur als geheime oder politische Polizei, sondern vor allem als allgemeine Voraussetzung oder besser gesagt als Prinzip seines Funktionierens. Dieses Prinzip ließe sich mit den Worten zusammenfassen, dass die Polizei das Monopol darauf besaß, die potenziell gewaltsamen Beziehungen der Bürger untereinander zu moderieren und dadurch ein friedliches Zusammenleben zu garantieren.[9] In diesem Kapitel untersuche ich unter anderem die Entstehung des Begriffs der „öffentlichen Ruhe" im Staat sowie die praktischen Maßnahmen gegen die „Störung" dieser Ruhe. Weiterhin stelle ich Überlegungen dazu an, ob die Vorstellungen von der öffentlichen Ordnung und deren Überwachung mit einer konkreten Herrschaftsform verbunden waren, mit anderen Worten, inwieweit die Anweisung „Hier will ich stille Ruhe haben", mit der Gouverneur Pizarro in *Fidelio* die Ordnung im Gefängnis wiederherstellt, sich metaphorisch nicht nur auf den österreichischen Polizeiabsolutismus beziehen lässt, sondern auch auf anders organisierte Staaten derselben und späterer Zeiten.

Handelt es sich um eine Forschungsfrage, die sich bestätigen oder widerlegen lässt, oder verbergen sich dahinter grundlegende ideologische Annahmen, die jeder Forschung vorausgehen? Einigen Ansichten zufolge sind Unterdrückung oder Freiheitsbeschränkung bereits den Fundamenten jedes möglichen Staates eingeschrieben, sodass es nicht nur sinnlos ist, zwischen absolutistischen und anderen Staaten zu unterscheiden, sondern auch zwischen Monarchien und Republiken. Eine Geschichtsschreibung, die

---

7 Zamoyski, Adam: Phantom Terror. The Threat of Revolution and the Repression of Liberty 1789–1848, London 2014, 83–86, hier 161: „They […] copied the French state in its intrusion into the private sphere."

8 Die Organisation der Polizei in Frankreich machte während der Revolution zwar große Veränderungen durch – die Polizei wurde in gewissem Maße demokratisiert und den Magistraten unterstellt. Vor allem die Geheimpolizei mit ihren Methoden wurde aber beibehalten und auch die personelle Kontinuität war relativ groß. Frühere Polizeiinstitutionen existierten zudem weiter, was für Rivalität und Verwirrungen sorgte. Zur größeren Zentralisierung kam es dann wieder erst zur Zeit des Konsulats. Denis: Une histoire/2008, 160–168. Zur Polizei im revolutionären Frankreich ausführlich Napoli: Naissance/2003, 187–250; Cobb, Richard: The Police and the People. French Popular Protest 1789–1820, Oxford 1970, 17–18.

9 Dazu unter anderem Knöbl, Wolfgang: Polizei und Herrschaft im Modernisierungsprozeß. Staatsbildung und innere Sicherheit in Preußen, England und Amerika, 1700–1914, Frankfurt am Main–New York 1998, 29.

sich mit den verschiedenen Organisationsformen menschlicher Gesellschaften in der Vergangenheit beschäftigt, braucht selbstverständlich nicht die Ideologien zu übernehmen, mit denen verschiedene Staatstypen sich selbst oder die Notwendigkeit ihrer Polizeiinstitutionen legitimierten. Andererseits würde sie sich aber durch eine Auffassung, der zufolge jedwede staatliche Organisation an sich gewaltsam oder repressiv ist, gewissermaßen der Möglichkeit berauben, diese Staatstypen zu differenzieren und unter anderem auch zu analysieren, wie sich eine Staatsform von der anderen abgrenzte. Gerade die Französische Revolution sowie die Folgeereignisse lösten auch in den breiteren Volksschichten eine äußerst intensive Diskussion über den Sinn und die Berechtigung verschiedener Herrschafts- und Verwaltungsformen aus.

Deutlicher als an der Registrierung der Bevölkerung oder den Straßenverkehrsregeln lassen sich der Charakter und das Maß der Repressivität eines Staates gewöhnlich an der Staats- bzw. Geheimpolizei, auch politische Polizei genannt, ablesen. Aufgrund ihrer engen Verzahnung mit der Staatsmacht war und ist diese – im Unterschied zur öffentlichen Polizei oder der Ordnungspolizei – ein relativ beliebter Gegenstand historischer Forschung. Kurz nach der Errichtung von Polizeidirektionen in der Habsburgermonarchie, deren Grundlage die aufklärerische Sorge um das Wohl und die Sicherheit der gesamten Bevölkerung war, gewann infolge der Französischen Revolution in der Wahrnehmung und wahrscheinlich auch in der Tätigkeit dieser Institution die geheime Agenda Oberhand, die jedoch schon immer in der Ausübung der Staatsgewalt präsent gewesen war, und zwar die Sorge um den Schutz des Staates, seiner Form, Institutionen und Vertreter und ebenfalls der Religion. In den Urteilen der Geschichtsschreibung über verschiedene Polizeiaktivitäten spiegelt sich deren ideologische Verankerung. Die absolute Mehrheit der Historikerinnen und Historiker betrachtet den modernen Staat, wie er in Europa im 19. und 20. Jahrhundert entstanden ist, als erstrebenswerte und im Grunde einzig mögliche gesellschaftliche Organisationsform, weswegen sie es für selbstverständlich erachten, dass ein Staat seine innere Ordnung schützt. Natürlich und erstrebenswert erscheint ihnen nicht nur die öffentliche, sondern auch die geheime Polizei. Diese Auffassung finden wir nicht nur in den Arbeiten, die die Entwicklung der Polizei aus der Innenperspektive als eine ständige institutionelle Vervollkommnung im „Kampf gegen das Verbrechen" darstellen und legitimieren,[10] sondern vor allem auch in klassischen verwaltungs- und staatsgeschichtlichen Gesamtdarstellungen aus der ersten Hälfte des 20. Jahrhunderts. Für Viktor Bibl und Hermann Oberhummer ebenso wie

---

10 Im tschechischen Kontext Macek/Uhlíř: Dějiny policie/1997; Macek, Pavel: Rakouský policejní systém na přelomu 18. a. 19. století [Das österreichische Polizeisystem an der Wende vom 18. zum 19. Jahrhundert], in: Kotulán, Jaroslav/Uhlíř, Dušan (Hg.): Evropa 1800. Sborník prací V. mezinárodního napoleonského kongresu, Brno 2006, 411–427. Lüdtke, Alf: Einleitung: „Sicherheit" und „Wohlfahrt". Aspekte der Polizeigeschichte, in: Ders. (Hg.): „Sicherheit" und „Wohlfahrt". Polizei, Gesellschaft und Herrschaft im 19. und 20. Jahrhundert, Frankfurt am Main 1992, 7–33, hier 22, nennt diese Herangehensweise „rühmende Selbstdarstellung".

für František Roubík stellten die Polizei und auch die Geheimpolizei eine wichtige und unverzichtbare Komponente des Staates dar, deren Vorgehen jedoch gerade unter Kaiser Franz II. (I.) und Kanzler Metternich zu hart, misstrauisch und repressiv gewesen sei.[11] Als symbolischer Wendepunkt in diesem repressiven Verlauf gilt die Errichtung der Polizeihofstelle, de facto eines Polizeiministeriums, und die Rückkehr Pergens als deren Leiter Anfang 1793. Dass die Hauptaufgabe des Staates und implizit auch der Polizei die Wahrung der „allgemeinen Ruhe" ist, wird jedoch auch schon im Hofdekret vom 1. September 1790 festgestellt.[12]

In der darauffolgenden Zeit stand dann zur Überwachung von Personen, Gedanken und ihrer Bewegung (mitsamt der Zensur) eine verhältnismäßig weit entwickelte Amts- und Kommunikationsinfrastruktur und -technologie zur Verfügung, sodass das Polizeisystem im österreichischen Absolutismus im Vormärz ausgefeilter war als z. B. im vorrevolutionären Frankreich. Es ist keinesfalls paradox, dass der Staat unter der Herrschaft von Kaiser Franz bei der flächendeckenden Überwachung der Angehörigen aller sozialen Schichten auf administrative Maßnahmen wie die Pass- oder Meldepflicht baute, die im Grunde auf egalitären oder antiständischen Motiven basierten. Auf kulturtechnologischer Ebene lässt sich die österreichische Monarchie des Vormärz ebenso wie etwa die französische Monarchie der Restaurationszeit als mehr oder weniger moderner Staat bezeichnen. Auf politischer Ebene jedoch wurde dieses System schon seinerzeit wegen der Willkür des Herrschers und seiner Beamtenschaft sowie wegen der Einschränkung der Freiheit kritisiert, besonders von Akteuren, die dadurch in ihrem Schaffen, ihrer Weiterentwicklung oder ihrer Selbstorganisation gehindert wurden. An diese Kritik knüpft die liberale und liberal-konservative Geschichtsschreibung bis heute an, selbst wenn sie das Konzept der Polizei an sich und eine gewisse Notwendigkeit innerstaatlicher Ordnungskräfte nicht bezweifelt.[13] Dagegen sah die progressive bzw. linksorientierte Geschichtsschreibung die Polizei vor und nach 1848 – mit gewissen

---

11 Roubík: Počátky/1926, 124: "Bereits während der Amtszeit Pergens beginnt so jenes geistlose System des überflüssigen Verdächtigens und Spionierens sowie der Polizeiaufsicht und Belästigung der Öffentlichkeit, das unrühmlich bekannte System des österreichischen polizeilichen Absolutismus, das in der Tätigkeit des Ministers Sedlnitzky seinen Höhepunkt fand" [übersetzt von P. H.]. Bibl: Die Wiener Polizei/1927, 304, 307, hält die polizeilichen Maßnahmen gegen Freimaurer und „Jakobiner" für im Grunde notwendig, aber übertrieben, die Wiener Jakobinerprozesse von 1794 bezeichnet er als „Justizgreuel", ein abschreckendes Beispiel der Repression unter Franz II. stellt für ihn die Zensur dar; die Erhaltung des öffentlichen „Ruhestandes" habe zur „vollständige[n] Verstumpfung und Lähmung des öffentlichen wie des geistigen Lebens" geführt (320). Die Arbeiten von Bibl, Oberhummer sowie Roubík wurden aus der Perspektive der Nachfolgestaaten der österreichischen Monarchie geschrieben, die von dieser zwar die Verwaltungs- und Polizeistrukturen übernommen, sich aber gleichzeitig gegen sie abgegrenzt haben.

12 Bibl: Die Wiener Polizei/1927, 261.

13 Aus neueren Arbeiten vgl. Zamoyski: Phantom Terror/2014. Laut Gebhardt, Helmut: Die Etablierung der österreichischen Polizei und Gendarmerie im 18. und 19. Jahrhundert – Aspekte zu ihrer Rolle bei der Entwicklung von Staatsorganisation und Rechtsstaat, in: Ders. (Hg.): Polizei, Recht und Geschichte. Europäische Aspekte einer wechselvollen Geschichte, Graz 2006, 30–41, hier 36, übte die Polizei zu dieser

Ausnahmen – als Instrument bourgeoiser bzw. kapitalistischer, wenn nicht gar immer noch feudaler Staaten an, mit dessen Hilfe sie ihre innere Ordnung stabilisierten, die vor allem dem Schutz der Eigentumsrechte dienen sollte.[14] Kriminalistik und Identifikation werden in einer solchen Perspektive als Formen der Kontrolle und der Beherrschung vor allem der besitzlosen Schichten oder kolonialisierter Populationen angesehen.[15] Die vorliegende Untersuchung orientiert sich an der konstruktivistischen Herangehensweise, die soziale Institutionen wie eben den Staat oder seine Polizei nicht als historische Selbstverständlichkeit oder Gegebenheit betrachtet. Es ist jedoch nicht das Ziel, diese Institutionen prinzipiell in Zweifel zu ziehen, sondern vielmehr zu erklären, wie diese in einer bestimmten Zeit und Form selbstverständlich wurden. In diesem Kapitel beschäftige ich mich deshalb mit der Herausbildung „der öffentlichen Ordnung" und ihrer „Störung", mit dem „öffentlichen Ärgernis", der „Zusammenrottung" und Begriffen wie „Aufruhr" oder „Pöbel". Sie interessieren mich weniger im Zusammenhang mit gleichlautenden Paragraphen der Strafgesetzbücher oder als administrative Termini, sondern eher als Legitimation für konkrete amtliche Maßnahmen und das Einschreiten der Ordnungskräfte. Die Fälle, in denen die Polizei wegen Zusammenrottung, Unruhen oder Geheimgesellschaften, auch nur vermeintlicher, ermittelte, waren komplexer als z. B. Fälle der Nichteinhaltung von Passvorschriften, sie betrafen eine größere Zahl von Menschen und hinterließen auch umfangreichere Quellendokumentationen, weswegen sie aus verschiedenen Perspektiven analysiert und interpretiert werden können.

Der Bonaparte von Georgswalde und die „Karnevalslarven"

Das Jahr 1802 und das Ende des zweiten Koalitionskriegs brachte zwar Ruhe für die Armeen der Habsburger mit sich, nicht jedoch für die Polizei. Es war nach wie vor nicht angeraten, die Attraktivität zu unterschätzen, die die revolutionären Ideen für

---

Zeit Kontrolle über die Bevölkerung „ohne rechtsstaatliche Absicherung" aus, „garantierte Bürger- und Menschenrechte" habe es nicht gegeben.

14 Aus der tschechischen Geschichtsschreibung marxistischer Prägung vor 1989 vgl. die umfangreiche faktographische Studie von Novák: Rakouská policie/1953, 43–167. Eine Ausnahme vom marxistischen Mainstream bildet Thompson, Edward Palmer: Whigs and Hunters. The Origin of the Black Act, London 1975, 258–269, wo er unter anderem gegen die Auffassung vom vormodernen Recht als „Überbau" argumentiert, der zur Unterdrückung der unteren sozialen Schichten instrumentalisiert worden wäre.

15 Zum Kolonialismus in diesem Zusammenhang unter anderem Cole, Simon A.: Suspect Identities. A History of Fingerprinting and Criminal Identification, Cambridge 2001, 63–90. Zur Identifizierung von „Wiederholungstätern" vor allem aus den unteren sozialen Schichten im 19. Jahrhundert Ginzburg, Carlo: Clues: Roots of an Evidential Paradigm, in: Ders.: Clues, Myths, and the Historical Method, Baltimore 1992, 119–120. Weiter Bailey, Victor: The Fabrication of Deviance: 'Dangerous Classes' and 'Criminal Classes' in Victorian England, in: Rule, John/Malcolmson, Robert (Hg.): Protest and Survival. The Historical Experience. Essays for E. P. Thompson, London 1993, 221–256.

die Untertanen der Monarchie besaßen, auch dann nicht, wenn sich die französischen Armeen nicht mehr in unmittelbarer Nachbarschaft aufhielten.[16] Am schlimmsten soll die Situation dem Stadthauptmann und Polizeidirektor Wratislaw zufolge in den nordböhmischen, an Sachsen grenzenden Gebieten sein, „welche ohnehin durch den dort immer mehr über Hand nehmenden Freyheitsgeist angesteckt" seien, „so daß man wirklich nirgends im ganzen Königreiche mehr Verwegenheit im Tadeln der österreichischen wohlthätigen Regierung und in übertriebenen Erhebungen des republikanischen Systems höre", als gerade hier. Diese Gefahr beschwor Wratislaw in einem Brief an den Gubernialpräsidenten nicht ohne Grund herauf – er forderte, Stampach solle gewisse Ereignisse in der grenznah im Schluckenauer Zipfel gelegenen Kleinstadt Georgswalde/ Jiříkov untersuchen lassen, von denen er aus vertrauenswürdiger Quelle erfahren hatte (später wurde spekuliert, es hätte dabei sich um den Rumburger Zollkommissar Franz Jans gehandelt; aus dieser Quelle stammten auch Äußerungen darüber, dass sich ein „Freiheitsgeist" ausbreite). Während des soeben zu Ende gegangenen Karnevals hätten sich dort Maskenauftritte zu nächtlichen Unruhen und Exzessen ausgewachsen, gegen die auch die Polizeibeamten vor Ort nichts ausrichten konnten; diese seien bei der Verhaftung der „Ruhestörer" sogar verletzt worden. Den Höhepunkt habe das Geschehen am 2. März 1802, dem Faschingsdienstag erreicht, als angeblich sechs maskierte Personen unter Musikbegleitung und mit der Genehmigung des lokalen Richters und der Geistlichkeit eine „Komödie" aufgeführt hätten, in der Napoleon und seine Minister auftraten: „[D]er vermummte Bonaparte [begann nun] seine Thaten, Unterjochungen mehrerer Provinzen und den Flor der republikanischen Regierung herauszustreichen. Die 5 Minister aber priesen Bonaparte für das Wohl der französischen Republik, dankten ihm für alle seine Thaten und wünschten ihm Glück zu fernern Unternehmungen," schrieb die ungenannte Quelle und ihr nachfolgend auch der Polizeidirektor. Von Exzessen, Ausschreitungen und Unordnung sprach auch das Gubernialpräsidium, als es in Reaktion auf Wratislaws Bericht anordnete, dass Johann Bayerwek, der erste Kommissar des Leitmeritzer Kreisamtes, vor Ort Ermittlungen zu den Ereignissen anstellen sollte.[17]

---

16 In Maur, Eduard: Ohlas napoleonských válek v českých zemích [Die Resonanz der napoleonischen Kriege in den böhmischen Ländern], in: Šedivý, Ivan/Bělina, Pavel/Vilím, Jan/Vlk, Jan (Hg.): Napoleonské války a české země, Praha 2001, 45–61, hier 52, wird die Äußerung des Erzherzogs Karl zur Lage in Böhmen im Jahre 1800 zitiert: „Ich wage zu sagen, dass der Wunsch, die Franzosen mögen ins Land kommen, von neun Zehnteln des Landes gehegt wird. Auf dem Lande sagen alle, sie mögen kommen, wir töten unsere Herren und werden nichts mehr zahlen. In den Städten wird gesagt, sie mögen kommen, vor allem mögen sie bald Wien besetzen, damit der Frieden bald geschlossen werde." [übersetzt von P. H.].

17 NA, PG, Sign. 15b, Kart. 228, Prag, 14. 3. 1802, Geheimnote des Polizeidirektors Joseph Wratislaw von Mittrowitz an den Gubernialpräsidenten; Prag, 20. 3. 1802, das Gubernialpräsidium weist den Leitmeritzer Kreishauptmann Bernard Mayer an, die Karnevalereignisse in Georgswalde untersuchen zu lassen (Konzept). Die Anweisung ist zusammen mit der Abschrift der ursprünglichen Anzeige an das Kreisamt geschickt worden, das Original befindet sich im SObA Litoměřice, KÚ Litoměřice, Sign. Publ 16,

Georgswalde

Abb. 15 *Vedute von Georgswalde/Jiříkov, Anfang des 19. Jahrhunderts*

Ende März bzw. Anfang April 1802 machte sich Bayerwek tatsächlich auf den Weg nach Georgswalde. Sein anschließender Bericht an das Gubernium ist die detaillierteste Auskunft über die Ereignisse in der Kleinstadt, die dem tatsächlich Geschehenen am nächsten kommt, aber natürlich keinesfalls unvoreingenommen ist. Das 25 Seiten starke Protokoll der Verhöre, die Bayerwek vor Ort durchführte, ebenso wie der Text der „Komödie" selbst und weitere Anlagen (Bücher und andere Drucke), auf die der Bericht ausdrücklich verweist, konnten leider nicht aufgefunden werden.[18] Der Bericht und weitere Quellen enthalten jedoch ausreichend Zeugnisse über die Stellung der örtlichen „Polizei" und der übrigen Ordnungsautoritäten in der gesamten Angelegenheit. Von den fünf Punkten, in die der Kreiskommissar den Bericht unterteilt hat, betrifft nur der erste die Polizeiaufseher von Georgswalde und deren angebliche Verwundung bei der Verfolgung der Maskierten, während der letzte der Person von Richter Gottfried Müller/ Möller gewidmet ist. Das konflikthafte Verhältnis der beiden Instanzen untereinander

---

Kart. 741. Kommissar Bayerwek unterschrieb manchmal auch als Baierwek. Ich benutze hier die in den Schematismen vorkommende Namensform.

18 Der Bericht, datiert mit Leitmeritz am 7. 4. 1802, ist nur als Konzept im SObA Litoměřice, KÚ Litoměřice, Sign. Publ 16, Kart. 741 erhalten. Aus dem anschließenden Beschluss des Guberniums geht hervor, dass der Bericht erst am 6. 5. in Prag eingetroffen ist. Falls nicht anders angegeben, stammen alle Informationen über die Faschingsereignisse in Georgswalde und Zitate aus dieser Quelle.

materialisierte sich in ihrem unterschiedlichen Umgang mit den Faschingsaktivitäten, denen die drei übrigen Punkte des Berichts gewidmet sind. Obwohl sich diese beiden Aspekte nicht voneinander trennen lassen, konzentriere ich mich zunächst auf das Faschingsgeschehen selbst und die mit ihm verbundenen Beschuldigungen und erst danach werde ich dazu übergehen, wie die Behörden – angefangen bei den lokalen Ämtern von Georgswalde bis hin zum böhmischen Gubernium – mit ihnen umgingen.

Schon vor Mitte Februar 1802 wurden die Polizeiaufseher bzw. Kommissare David Wendler, Ignaz Neumann und Joseph Bitterlich erstmals aufgefordert, gegen die Maskenträger einzuschreiten. Als sie am 11. Februar abends versuchten, die Maskierten festzunehmen, um sie zu identifizieren, kam es zu Raufereien nicht nur mit ihnen, sondern auch mit deren Verwandten. Eine der vermummten Personen wurde aber auch von Wendlers Sohn Franz aufgehalten. (Der Verdacht, dass bei der Verfolgung jemand etwas nach Ignaz Neumann geworfen und ihn dabei verletzt habe, ließ sich am Ende nicht erhärten.) Festgenommen wurden zunächst nur zwei Maskenträger und weil der Richter nicht zu Hause war, brachte sie Wendler als Erster Kommissar in sein Haus, um sie dort zu „demaskieren" und amtlich zu registrieren. Gemeinsam mit ihnen drangen aber unter großem Lärm auch ihre Verwandten bei ihm ein: Joseph, der Vater des zwanzigjährigen Anton Neumann, und Zacharias, der Bruder und Vormund des ebenfalls zwanzigjährigen Anton Haase, beide Bürger des Ortes und Weber. Der Letztgenannte protestierte gegen die Verhaftung mit den Worten, "überall seÿe es erlaubt, als Masquen zu gehen". Nachdem er sie registriert hatte, ließ Wendler die verkleideten Personen frei, die angeblich zur Hochzeit eines anderen Webers unterwegs waren.

Am darauffolgenden Tag weigerte sich jedoch Richter Müller, sich mit Wendlers Anzeige zu beschäftigen und verwies ihn an das Wirtschaftsamt der Herrschaft Schluckenau/Šluknov. Binnen einer Woche reisten von dort der Justiziar und der Burggraf nach Georgswalde an, um die Angelegenheit zu untersuchen. Außer den Polizeiaufsehern und den beiden jungen Männern, die maskiert angetroffen worden waren, stellte sich auch Vater Joseph Neumann mit einer schriftlichen Beschwerde gegen David Wendler ein. Als zutage kam, dass es der Richter gewesen war, der ihn dazu gebracht hatte, lehnten es die Polizeiaufseher ab, den Streit fortzusetzen. Der Justiziar, der zu dieser Zeit auf den Herrschaften über ähnliche gerichtliche Befugnisse verfügte, wie sie die Magistrate in den Städten hatten, ließ dennoch zunächst die beiden maskierten Männer gefangen setzen und bestrafte auch Neumann mit einer dreitägigen Haft, hätte aber alle am Abend ohne jede Verurteilung wieder freigelassen. Müller befahl er nur, das Maskenverbot bei der Sitzung des Gemeindeausschusses auszurufen, was der Richter jedoch nicht tat: Angeblich waren die Maskierten Stammgäste im Gasthaus seines Schwiegersohns und gaben dort Geld aus.

In den Augen von Kreiskommissar Bayerwek waren es die beiden Verwandten, Zacharias Haase und Joseph Neumann, die sich durch Widerstand gegen die Polizeikommissare am meisten schuldig gemacht hatten. Neumann gestand seine Schuld auch ein. Von den Maskierten beschuldigte der Kommissar den 27-jährigen Franz Laska und den 24-jährigen Rudolph Joseph der Flucht, um sich der Verhaftung zu entziehen, und Anton Haase und Anton Neumann nur der Vermummung. Welche Figuren die vier Maskierten verkörpert hatten, wurde angeblich aus der Beschreibung ihrer Verkleidung nicht deutlich, außer dass Rudolph und Neumann als Frauen auftraten. Dem Verhörer zufolge waren sie aber nicht die einzigen, die sie in Georgswalde zu Fasching 1802 verkleidet hatten.

Was das angeblich aufrührerische Stück über Napoleon angeht, lag Bayerwek (und später dem Gubernium) im Unterschied zu uns ein wesentliches Dokument vor, nämlich sein Text. Der Kommissar stellte fest, dass das Stück am 28. Februar und am 1. und 2. März in den Häusern von Georgswalde aufgeführt worden war und dass die Auftretenden dabei keine Masken trugen. Er ermittelte, wer Napoleon, seine beiden Generäle, den Hanswurst und weitere Personen und Musikanten verkörpert hatte – es handelte sich allesamt um junge Weber aus dem Ort. Auch wenn Bayerwek sofort in der Einleitung auf der Basis des Textes konstatierte, dass in der Komödie „wider den Staat nicht geredet wurde", hinderte ihn das nicht, nach dem Autor und den Umständen der Entstehung der Komödie zu forschen. Seinen Ermittlungen zufolge hatte das Stück angeblich der 35-jährige Weber Joseph Dießner „aus Zeitungen" zusammengestellt. Dieser hatte in der Umgebung den Ruf „eines geschickten Mannes", der schon aus „Romanen" über die Niederlage der Riesen in Böhmen mehrere Stücke geschrieben habe,[19] weswegen ihn die sechs Männer, die später auch in dem Stück auftraten, auch diesmal um diesen traditionellen Teil eines Faschingsfestes gebeten hatten. Dießner „wollte das Neue mit dem Lächerlichen verbünden und Moral hineinweben, und so entstand die beigelegte Mißgeburt, die für den österreichischen Staat nicht beleidigend ist," urteilte der Kreiskommissar.[20]

Die improvisierten Hanswurstiaden zu rekonstruieren war unmöglich. Die Beteiligten entschuldigten etwaige Vergehen mit ihrer Unkenntnis der Gesetze (dies kommentierte Bayerwek als mögliche Folge dessen, dass die Bekanntmachung der Gesetze von den Kanzeln aufgehoben worden war), gegebenenfalls auch dadurch, dass sie nicht

---

19 Die Stücke selbst wurden bei Dießner nicht gefunden und es ist nicht möglich, sie aufgrund von Bayerweks Bericht eindeutig zu identifizieren („da er schon einige derlei Farcen aus den Romane [!] Julius und Danesar [?] Erleger des Riesens in Böhmen, welche Romane aber nicht mehr vorfindig, verfertigte"). Bei der Identifizierung der erwähnten Vorlage Dießners war mir Petr Maťa behilflich – es handelte sich höchstwahrscheinlich um das verhältnismäßig beliebte Volksbuch „Riesen-Geschichte oder kurzweilige und nützliche Historie vom König Eginhard aus Böhmen. [...] Item: Wie die großen Riesen dasselbe Königreich überfallen" von Leopold Richter, das zum ersten Mal 1750 erschien. Ungefähr in der Mitte des Buchs kommt ein gewisser Julius von der Lanze, Ritter aus der Picardie, vor, der Böhmen vor Riesen rettet.

20 Im Unterschied zu einigen anderen Verhörten hielt Bayerwek Dießner nicht für einen „Narren", denn „aus seinen pünktlichen Antworten ist dies nicht zu entnehmen, obschon es richtig ist, daß bloß die Neuheit und das Sonderliche ihn reizte, diesen Gegenstand vor einem anderen zu wählen".

Abb. 16 *Haus J. Dießners in Georgswalde/Jiříkov*

„Masken" im strikten Sinne gewesen seien, sondern „Renner". Diese waren zwar verkleidet und geschminkt, im Unterschied zu den so genannten „Ruschern" oder „Raschern" verbargen sie aber ihr Gesicht angeblich nicht unter einer Maske („Larve"). Diese Unterscheidung, auf die sich, wie es scheint, auch der Kreiskommisar einließ, ist schwerlich anhand von anderen Quellen zu überprüfen, dennoch ist aber offensichtlich, dass die Einwohner von Georgswalde die zeitgenössischen Maskierungsverbote, auf die wir sofort zurückkommen, kannten und versuchten, sie bei ihren Faschingstreiben gerade unter Berufung auf diesen Unterschied zu umgehen.

Das angeblich unmoralische Verhalten der Beteiligten gegenüber einer anwesenden Frau wurde letztendlich nicht belegt; zwei der Maskierten hätten jedoch auch eine unerlaubte Diskussion über die Religion geführt. Wie sich zeigen sollte, handelte es sich um die Gebrüder Hantschl, den 20-jährigen Ferdinand und den 17-jährigen Jacob, deren – Bayerwek zufolge – „nicht so sehr beleidigende[s]" – Gespräch eines katholischen Husaren mit einem evangelischen Pastor auf einem Büchlein basierte, das angeblich den „Toleranzgesetzen" zuwiderlief. Bei der Suche nach dessen Herkunft kam Bayerwek auf Franz Laube, einen Buchdrucker aus Leitmeritz, fand jedoch bei ihm nichts außer zwei verdächtigen Liedern (unter anderem das alte Fastenlied „O, treues Christenherz").

Der Kommissar schlug vor, ihn zu bestrafen, falls sich erweisen sollte, dass sie die Zensur nicht passiert hatten. Auch Joseph Dießner, der Autor des Napoleon-Stücks, sollte wegen Umgehung der Zensur und Beteiligung an einem unerlaubten Maskenfest belangt werden. Auf §§ 77 und 78 des zweiten Teils des josephinischen Strafgesetzbuchs, das unter anderem das Maskieren außerhalb dafür vorgesehener Anlässe als die Sitten verderbendes politisches Vergehen untersagte,[21] gründeten sich die vorgeschlagenen Strafen für die an der Komödie beteiligten Schauspieler und für Anton Neumann und Anton Haase. Den Brüdern Hantschl wurden Verstöße gegen die „Toleranzgesetze" zur Last gelegt, also öffentliches Diskutieren über die Religion, und Ignaz Neumann wiederum, dass er sich einem Polizeiaufseher widersetzt hatte. Insgesamt fielen die vorgeschlagenen Strafen aber verhältnismäßig gemäßigt aus. Die alarmierende Anzeige, die am Anfang der ganzen Angelegenheit gestanden hatte, musste Bayerwek relativieren; die Behauptung, dass die Menschen in der Region „Aufruhr atmen", bezeichnete er schließlich als übertrieben. Als Mittel, um in Zukunft ähnliche Auswüchse und Unsitten einschränken zu können, sah er vor allem das Wirken der Priester von den Kanzeln. In klassisch-aufklärerischem Duktus bezeichnete er abschließend den Besuch von Maskenfeiern, das gemeinsame Spinnen und das Osterreiten, als „alte Gewohnheiten, die jeder Geistliche kennen und bekannt geben müsse". (In diesem Zusammenhang ist es bemerkenswert, dass nicht lange nach dem Fasching und noch vor dem Abschluss der gesamten Affäre beim Oberamt von Schluckenau der Antrag der Georgswalder Jugend auf Genehmigung des Osterreitens eintraf.)[22]

Wenn wir nun zur Rolle der Behörden beim Karneval von Georgswalde kommen, gehen aus Bayerweks Bericht deutlich die Streitigkeiten und Zusammenstöße zwischen Richter Müller und den drei Polizeiaufsehern hervor. Müller habe sie an der Ausübung ihres Amtes gehindert, sie in der Sache der Karnevalsunruhen an das Herrschaftsamt von Schluckenau verwiesen und sein eigenes Maskierungsverbot vom 20. Februar nicht nur nicht öffentlich verkündet, sondern die Maskierten auch weiterhin bei sich geduldet und bewirtet. Die Zwistigkeiten waren jedoch langfristiger und betrafen mehrere Personen. Es hieß, der Richter habe bereits neun Jahre lang keine Gemeinderechnungen vorgelegt. Die Gemeinde delegierte zu deren Kontrolle ausgerechnet Wendler und Neumann, die Gemeindeälteste und zugleich Polizeiaufseher waren. Die Aufseher und das Kreisamt wollten den Richter auch schon früher dazu aufgefordert haben, das durch seine Nachlässigkeit heruntergekommene Löschgerät zu reparieren bzw. zu ersetzen, aber nicht einmal das habe Müller erledigt, was Bayerwek zufolge bewies, „wie wenig ihm an dem Wohl seiner Mitbürger gelegen" sei. Deshalb schlug der Kreiskommissar

---

21 Allgemeines Gesetz über Verbrechen und derselben Bestrafung, Wien 1787, § 77: „Unter die politischen Verbrecher, die zum Verderbnisse der Sitten führen, wird gezählt ein jeder […] b) der ausser den durch die Obrigkeit gestatteten Belustigungsörtern sich in einer Maske, oder auf andere Art verkleidet."

22 SObA Litoměřice, Zweigstelle Děčín, Vs Šluknov, Sign. 68, politische Akten 1798–1806, Kart. 256 (undatiert, um 1802), „Nro 14 Anzeige von Georgswalde, daß die jungen Leüthe Oster Reithen wollen".

vor, ihn seines Amtes zu entheben und zu der verhältnismäßig hohen Strafe von acht Tagen Gefängnis zu verurteilen. Den Eingangsinformationen zufolge soll das Schluckenauer Herrschaftsamt Müllers Willkür gedeckt haben. Bayerwek hob den Justiziar Sieber kritisch hervor, der die Anzeige der Polizeikommissare vom 20. Februar nicht ordentlich untersucht und alle Festgenommenen freigelassen habe.

Die (Ober-)Beamten der Schluckenauer Herrschaft selbst bestritten im Bericht an die Obrigkeit, den Grafen Harrach, ihre Schuld: Den ersten Maskenauftritt in Georgswalde hätten sie ordentlich untersucht und die Verantwortung für das darauffolgende, im Fasching übliche (hier auf Bonaparte bezogene) Theaterstück schoben sie auf den Richter Müller. Dieser habe es genehmigt unter der Bedingung, die Teilnehmer sollten alle Ungehörigkeiten und Unanständigkeiten vermeiden. Auch wenn die Schluckenauer Obrigkeit darüber nicht in Kenntnis gesetzt worden war, urteilten ihre Beamten ex post, dass „diejenige Rede, so die jungen Leute v. Bonneparte gehalten haben, von keiner Bedeutung oder Anzüglichkeit für das gemeine Volk [gewesen sei], sondern bestünde von Kindischer Verhältniße". Sie interessierten sich mehr dafür, wer den Bericht über den Georgswalder Karneval bis zum Gubernialpräsidenten Stampach durchgereicht haben könnte. Bayerweks Mutmaßung, dass es der nach Rumburg entsandte Zollkommissar Franz Jans gewesen sein könnte, bezweifelten sie aber eher. Auch dem Grafen Johann Harrach war übrigens daran gelegen, den Autor der „geheime[n], übertriebene[n], unwahrheitliche[n] Anzeuge" festzustellen und zu bestrafen.[23]

Obwohl Harrach das Vorgehen seiner Beamten de facto billigte, entgingen diese nicht der Bestrafung durch das Gubernium – Justiziar Sieber musste fünf Taler bezahlen, weil er die erste Ordnungswidrigkeit und die Gewalt gegen die Polizeiaufseher nicht ordentlich untersucht und folglich auch die Aufführung der Komödie Ende Februar/Anfang März nicht verhindert hatte. Der Oberamtmann Müller kam mit einem Verweis wegen Fahrlässigkeit gegenüber seinem Namensvetter, dem Georgswalder Richter, davon. Dessen Bestrafung fiel am strengsten aus. Während die übrigen an den „Unordnungen" Beteiligten, Joseph Dießner inbegriffen, Anfang Juni 1802 durch das Gubernium, das dabei Bayerweks Vorschlag folgte, zu maximal viertägigen Gefängnisstrafen verurteilt wurden, musste er selbst für acht Tage in Arrest, vor allem aber wurde er seines Amtes enthoben.[24]

Einen Monat später traf das Urteil des Guberniums über Leitmeritz in der Schluckenauer Herrschaft ein; veröffentlicht wurde es am 7. Juli. Der regelmäßige Bericht an

---

23 Der Bericht des Schluckenauer Oberamtes Nr. 14 vom 2. bzw. 3. 4. 1802 befindet sich im ÖStA, AVA, Familienarchiv Harrach, Wirtschaftsakten Böhmen und Mähren, Schluckenau, Kart. 3418, Berichte (Original) und im SObA Litoměřice, Zweigstelle Děčín, Vs Šluknov, Sign. A V-30, Kart. 114, „Amtliche Berichte an hohe Obrigkeit und hierauf erfolgte Resolutionen Pro Anno 1802"; Sign. A II-28, Kart. 97, Wien, 8. 4. 1802, Entscheidung des Grafen Johann Harrach.

24 SObA Litoměřice, KÚ Litoměřice, Sign. Publ 16, Kart. 741, Prag, 4. 6. 1802, Entscheidung des Gubernialpräsidenten Stampach über das Strafmaß.

Harrach konstatiert zwar mit Genugtuung, dass darin die Ereignisse nicht als „Tumult"
qualifiziert wurden, die Strafe für den Justiziar hält er aber für ungerecht, da Sieber nur
versucht habe, den Beschwerden der Aufseher nachzugehen und eine größere Ermittlung zu vermeiden. Der Schluckenauer Beamte ging zwar nicht davon aus, dass Müller
auf seinem Richteramt bestehen würde, da es auch früher schon Differenzen mit den
Gemeindeältesten gegeben hatte, aber er erwartete Probleme bei der Neubesetzung. Es
handelte sich um ein erbliches städtisches Richteramt und die zugehörige Schankwirtschaft hatte Müller bereits seinem Schwiegersohn überlassen, der aber für das Amt des
Richters zu jung schien.[25]

Während Gottfried Müller, wahrscheinlich im Gefängnis von Schluckenau, seine
Strafe absaß, wurden am 12. Juli beim dortigen Herrschaftsamt mehr als 60 Männer
aus Georgswalde vorstellig, unter ihnen auch Ignaz Neumann und Joseph Dießner,
und forderten die Wiedereinsetzung ihres Richters in sein Amt. Dabei argumentierten sie mit den treuen Diensten, die er der Gemeinde bereits seit 25 Jahren geleistet
habe. Den herrschaftlichen Oberamtmann brachte das Engagement einiger Dutzend
Einwohner ziemlich auf und erschreckte ihn zugleich. Um weiterer möglichen Volks-
aufläufen vorzubeugen, protokollierte er die Forderung der Georgswalder Männer, ließ
die Anwesenden das Protokoll unterschreiben und reichte es beim Kreisamt bzw. beim
Gubernium ein. Im Begleitbrief an Harrach (und teilweise auch an das Kreisamt) vergaß
er jedoch nicht zu bemerken, dass es in Georgswalde 549 konskribierte Häuser gäbe,
sodass die Petenten eine Minderheit unter den Einwohnern ausmachten. Er halte es
für notwendig festzustellen, ob sie nicht nur auf „Kabale" aus waren und ob auch die
übrigen Einwohner der Stadt ihre Ansicht teilten. Auch bezüglich der langwierigen
Streitereien gäbe es in Georgswalde eine wechselnde Unterstützung für den Richter
einerseits und die Gemeindeältesten andererseits. Graf Harrach meinte jedoch, dass das
Gesuch nichts ändere und man früher oder später einen neuen Richter wählen müsse.[26]

Diese Annahme erwies sich als richtig, denn das Gubernium blieb bei seiner Entscheidung. Die Auswahl des neuen Richters, bei der auch die Gemeinde selbst eine Rolle

---

25 SObA Litoměřice, Zweigstelle Děčín, Vs Šluknov, Sign. A V-30, Kart. 114, „Amtliche Berichte", Nr. 26,
2. 7. 1802. Das „Erbgericht" Nr. 1 kaufte Müller – bereits als Richter – im Jahre 1786; vgl. Sign. 5 (Fach
XIII), Kart. 216, Georgswalde, 29. 3. 1786, Vertrag über den Kauf des Erbgerichts in Altgeorgswalde.

26 Der Bericht über die Petition der Georgswalder beim Schluckenauer Amt findet sich zusammen mit dem
Kommentar des Oberamtmanns im ÖStA, AVA, Familienarchiv Harrach, Wirtschaftsakten Böhmen und
Mähren, Schluckenau, Kart. 3418, Berichte, Nr. 28, 16. 7. 1802; beim Abgang wurden die Petenten vom
Oberamtmann gewarnt, „bei künftigen Angelegenheiten sich nicht mehr zu unterstehen, so rottenweise
in das Amt zu kommen, als sie bey der Anzeige an das Kgl. Kreisamt noch immer dessentwegen sicher
genug ihre Strafe zu erwarten haben würden". Weiter SObA Litoměřice, KÚ Litoměřice, Sign. Publ
16, Kart. 741, Schluckenau, 12. 7. 1802, protokolliertes Gesuch der Georgswalder Bürger; Schluckenau,
20. 7. 1802, Begleitschreiben des Schluckenauer Oberamtmannes Ambrosius Stein an das Kreisamt. Die
Reaktion Harrachs auf den herrschaftlichen Bericht Nr. 29 (Starkenbach, 28. 7. 1802) findet sich im SObA
Litoměřice, Zweigstelle Děčín, Vs Šluknov, Sign. A V-30, Kart. 114, „Amtliche Berichte".

spielte, dauerte aber längere Zeit, weshalb er für den Rest des Jahres 1802 von Schöffen vertreten wurde. Erst Ende des Jahres schlugen 36 Mitglieder des Gemeinderats Ignaz Neumann für das Amt vor, also einen der uns bereits bekannten Polizeiaufseher, der „auf Vieles Zureden" einwilligte und das Amt für drei Jahre übernahm. Die Schluckenauer Beamten versprachen sich davon eine Beilegung der Zwistigkeiten zwischen den streitenden Parteien in Georgswalde, und obwohl Graf Harrach seine Zweifel hatte, hielt sich Neumann im Richteramt mindestens bis 1811.[27]

Dass es in Georgswalde „kritische Köpfe" gab, zeigt auch ein anderes Beispiel. 1802 wurde dort nicht nur die Stelle des Richters neu besetzt, sondern auch die des Geistlichen. Bereits zum Jahresende unterstützte ein Teil der Bewohner den Pater Karl Neumann, einen Sohn der Stadt. Als im Januar 1803 das Bistum Leitmeritz in Georgswalde den Schluckenauer Kaplan Ferdinand Zenker einsetzte, wandte sich diese – wiederum etwa sechzigköpfige – Gruppe mit der schriftlichen Forderung einer Ernennung Neumanns an das Konsistorium; gleichzeitig verweigerte diese Gruppe Zenker den Gehorsam. Auch hier argumentierte die Herrschaft, dass es sich nur um eine Minderheit von Unzufriedenen handele, und auch hier gelang es allem Anschein nach die Forderungen letztendlich zurückzuweisen, auch wenn Zenker selbst nur bis 1804 in Georgswalde blieb.[28] Auf Basis der damit einhergehenden Ermittlungen können wir zumindest auf die Gründe schließen, aus denen ein Teil der Einwohner der Stadt die von der Herrschaft getroffene Wahl des Geistlichen nicht akzeptieren wollte und Neumann vorzog. Dieser hätte sich 1776, also ein Jahr nach dem großen Bauernaufstand, im Erbgericht von Königswald/Libouchec kritisch über die Schluckenauer Obrigkeit geäußert und die Bauern mit Aussichten auf eine angebliche Befreiung von der Fronarbeit dazu aufgestachelt, sich gegen diese aufzulehnen.[29]

Mehr als zwanzig Jahre nach den Unruhen und den Streitigkeiten um die Fronarbeit trat die Schluckenauer Obrigkeit in der Sache des neuen Georgswalder Pfarrers eher

---

27 SObA Litoměřice, Zweigstelle Děčín, Vs Šluknov, Sign. A V-30, Kart. 114, „Amtliche Berichte", Nr. 51, 31. 12. 1802; Sign. A II-28, Kart. 97, Wien, 6. 1. 1803, Harrachs Entscheidung, die auf den Bericht vom 31. 12. reagierte: „Ich wünsche, daß es mit dem neu gewählten Altgeorgswalder Stadtrichter lange Bestand habe, was aber bey den vielen Partheyen die dort sind, kaum zu vermuthen ist". Weiter Fiedler, Josef: Heimatkunde des politischen Bezirks Schluckenau, Rumburg 1898, 373.

28 Fiedler: Heimatkunde/1898, 366.

29 Obrigkeitliche Berichte über die umstrittene Besetzung der Stelle des Georgswalder Geistlichen finden sich im Original im ÖStA, AVA, Familienarchiv Harrach, Wirtschaftsakten Böhmen und Mähren, Schluckenau, Kart. 3418, Berichte, unter anderem Nr. 47 vom 7. 12. 1802 und Nr. 48 vom 10. 12. 1802. Dem Bericht vom 21. 1. 1803 sind ein „Verlauf der Geschichte" sowie Zeugenaussagen beigelegt, denen zu Folge sich Neumann beim Königswalder Richteramt am 6. 6. 1776 geäußert haben soll, „ihr Bauern, ihr seid nunmehro Robotfrey, ihr seyd euer herrschaft nicht mehr schuldig, zu roboten, die Patenten sind schon gedruckt, die euch die freyheit widergeben, und wenn ihr ja diese durch widerholte feldzüge erzwingen müstet, so will ich euer feld pater sein, allein ihr müsst es mir versprechen, daß ihr mich gewies nehmen wollet".

als Vermittlerin auf, die versuchte, den Frieden in der Herrschaft zu wahren. Ähnlich war es auch im Falle der „Faschingsaffäre", wo die Obrigkeit im Streit zwischen dem Richter, der die verbotenen Maskeraden geduldet hatte, sich weigerte, die Gemeindebuchhaltung vorzulegen und den Feuerschutz vernachlässigte, und den „modernen", für die Gemeinde und ihre Sicherheit verantwortlichen Polizeiaufsehern eher schlichtete. Für das unverbrüchliche Recht, sich zu maskieren, also sich nicht nur zu amüsieren, sondern auf diese Weise auch die gesellschaftlichen Verhältnisse zu kommentieren, trat neben den Akteuren selbst indirekt auch der kleinere Teil der Gemeinde ein, der Müllers Verbleib im Richteramt gefordert hatte. Ein anderer Bürger der Stadt, Anton Neumann, alarmierte dagegen das örtliche Ordnungsorgan, sprich die Polizeiaufseher, als ihm die Maskierten ein Fenster einschlugen. Zwar handelte es sich dabei um ein Organ, das von örtlichen Bürgern ehrenamtlich bekleidet wurde, Kreiskommissar Bayerwek bezeichnete es aber in seinem Bericht an einer Stelle lapidar als „Polizei". Nach und nach stellten sich aber auch das Kreisamt und das böhmische Gubernium hinter die Aufseher. Selbst wenn die Ermittlungen nicht bestätigten, dass die Maskenträger von Georgswalde die republikanische Staatsordnung oder Napoleon gefeiert und damit subversiv gehandelt hatten, wie die ursprüngliche Anzeige gelautet hatte, so wurde ihr Treiben dennoch als „Unordnungen" qualifiziert, welche im Widerstand gegen die lokalen Polizeibeamten und im unerlaubten Maskieren bestanden, wie im josephinischen Strafgesetzbuch von 1787 verankert. Die Regulierung des Tragens von Masken war älteren Datums und stand also – auch im Falle von Georgswalde – in keinem direkten Zusammenhang mit der Furcht vor der französischen oder anderen Revolutionen. Worin bestand eigentlich die Gefahr der Maskierung im Theater und anderswo?

Bei seiner Entscheidung in der Georgswalder Affäre verwies das Gubernium außer auf das Strafgesetzbuch auch auf seine eigene Verordnung vom Februar 1786. Diese betraf aber nicht das Tragen von Masken, sondern Theaterstücke allgemein. Ganz verboten waren Possen und Improvisationen und die öffentliche Aufführung aller übrigen Stücke war auf dem Land nur mit der Zustimmung der Kreisämter erlaubt. Vor allem die Jugend und die Frauen unter den „einfältigen Landleuten" sollten vor „Sittenverderbnis" geschützt werden. Das Verbot von Improvisation („Extemporierung") und zweideutiger Pantomime von 1795 bezog sich dann auch auf die ständigen Bühnen in den einzelnen Ländern und dem Argument des Schutzes der Sitten wurde noch dasjenige des Schutzes vor staatsgefährdenden Prinzipien hinzugefügt.[30] Für Maskenbälle, sonstige Bälle und

---

30 Der Inhalt der Gubernialverordnung vom 24. 1. 1786 kann aus deren Bestätigung durch die Wiener Hofkanzlei am 9. 2. 1786 sowie begleitenden, heute leider beschädigten Akten rekonstruiert werden; zur Erneuerung des Verbots auch für ständige Theater siehe ÖStA Wien, AVA, Hofkanzlei, Sign. I M 6, Kart. 1365, Wien, 13. 2. 1795. Weiter Bachleitner, Norbert: The Habsburg Monarchy, in: Goldstein, Robert Justin (Hg.): The Frightful Stage. Political Censorship of the Theater in Nineteenth-Century Europe, New York–Oxford 2011, 228–264, hier 233. Zum Verbot von 1795 im böhmischen Kontext ausführlich Vondráček: Dějiny/1956, 236–237.

andere Unterhaltungen wurde vor allem festgelegt, an welchen Tagen sie stattfinden konnten, wobei dem Fasching eine Sonderstellung zukam.

Die Haltung der Polizei bzw. des Staates gegenüber Theaterproduktionen und Masken bzw. Maskierung um 1800 basierte zwar nicht auf identischen Motiven, beide Aktivitäten bargen jedoch eine Möglichkeit, die bestehende Gesellschaftsordnung zu erschüttern. Masken boten ebenso wie das Theater eine Gelegenheit, sich aus der eigenen sozialen Rolle zu lösen und sich anders auszudrücken oder anders zu handeln, als es geschriebene oder ungeschriebene Normen verlangten. Damit hoben sie die soziale Transparenz vorübergehend auf, also die eindeutige und sichtbare Zuschreibung einer Identität und eines sozialen Ortes jedem bzw. jeder Einzelnen, um die sich die Behörden zu dieser Zeit unter anderem durch die Identifizierung bemühten. Gerade im Karneval bzw. dem Fasching konzentrierten sich maskierte und mimetische Formen der Kritik und der Untergrabung der sozialen Ordnung, weshalb dieser schon seit dem Mittelalter von den Autoritäten argwöhnisch beobachtet wurde, die ihrerseits versuchten, die Gesellschaftsordnung zu stabilisieren.[31] Die Behauptung, dass Maskeraden, Sich-Verkleiden und Travestien vor allem im 18. Jahrhundert eine weit verbreitete Praxis oder sogar ein gewisses allgemeines kulturelles Prinzip des gesamten Jahrhunderts darstellten, sowie die Ansicht, beim Karneval auf dem Land handele es sich um ein unschädliches Gaudium des Volks,[32] verdecken bis zu einem gewissen Grade die sozialen Zusammenhänge des Karnevals, also die Tatsache, dass alle maskierten Aktivitäten zwar als potenziell explosiv gesehen werden konnten, die verschiedenen sozialen Gruppen den diesbezüglichen Regelungen, Verboten oder gar direkten Repressionen aber unterschiedlich ausgesetzt waren. Es machte bereits einen Unterschied, wo die einzelnen Belustigungen stattfanden. Der Fall von Georgswalde verweist auf die Tradition der Maskenumzüge und der mehr oder weniger öffentlichen Produktionen auf dem Lande. Es ist anzunehmen, dass diese auch in den Städten stattfanden, auch wenn wir dafür in dieser Form aus den böhmischen Ländern der Frühen Neuzeit kaum Belege haben. Die größte Gefahr stellten die Masken aus der Sicht der Polizei auf den Straßen dar, weil sie

---

31 Im Unterschied zur fast unüberschaubaren Forschung zu anderen europäischen Ländern wissen wir über den Karneval selbst sowie über seine Regulierung in den vormodernen böhmischen Ländern sehr wenig. Mit Ausnahme der literaturhistorischen Analyse der frühneuzeitlichen gesellschaftlichen Satire, die in den 1950er-Jahren betrieben wurde, wird der Karneval in der tschechischsprachigen Forschung meist nur aus der volkskundlichen Perspektive und ohne Einbettung in den konkreten historischen und politischen Kontext untersucht; die Themen, die gesellschaftskritische Züge aufweisen wie „Kampf der Frauen", „Gerechtigkeit" oder „Rückkehr Napoleons von Elba" werden nur am Rande erwähnt; Zíbrt, Čeněk: „Masopust držíme…" [„Wir feiern Fasching…"], Praha 1910, 131.

32 Diese Behauptung stützt sich oft auf literarische bzw. narrative Quellen. Roche, Daniel: The Culture of Clothing. Dress and Fashion in the ‚Ancien Régime', Cambridge 1994, 401–402, behauptet, Maskierung sei im 18. Jahrhundert sowohl im privaten als auch im öffentlichen Bereich geläufig gewesen. Die sozialen Unterschiede im Umgang mit dem Maskieren werden berücksichtigt in der Studie von Bertrand, Gilles: Mask, in: Delon, Michel (Hg.): Encyclopedia of the Enlightenment, London–New York 2001, 792–794.

größere Zusammenrottungen hervorrufen konnten.[33] Der Karneval und die anderen Vergnügungen des Adels dagegen spielten sich eher in dessen privaten Räumen ab. Im Jahre 1801 machte Minister Pergen das landesherrliche Verbot für Staats- und Herrschaftsbeamte sowie alle Stadtbürger kund, in „Privatkomödien" aufzutreten. Dem Adel konnte er jedoch solche Vorstellungen nicht verbieten, deshalb sollte das Gubernium versuchen, sie von solchen Vergnügungen wenigstens im Guten abzubringen.[34]

Einen neuen Typus von öffentlichem Raum, zu dem der Zutritt nicht nur auf der Basis sozialer oder gar ständischer Zugehörigkeit, sondern nach Erfüllung gewisser Bedingungen (Zahlung von Eintrittsgeld) prinzipiell für alle möglich war, stellten gegen Ende des 18. Jahrhunderts neben den Theatern auch Bälle, darunter Maskenbälle, dar. Ebenso wie die Theater wurden auch Bälle von der Polizei überwacht, damit das Geschehen nicht in die Straßen „überlief". Die Notwendigkeit von Polizeipräsenz bei Maskenbällen war im Jahre 1794 in Eichlers Handbuch verankert worden. Ihm zufolge hatte der Kommissar dort darauf zu achten, dass die Masken sich anständig, sittlich und nicht beleidigend verhielten; unanständigen Masken sollte er den Zutritt verweigern und falls nötig auch die Demaskierung fordern.[35] Ebenso wie für das Theater wurden auch für die Bälle besondere Ordnungen erlassen. Die von der Stadthauptmannschaft im Jahre 1804 herausgegebene Prager Theaterordnung regelte vor allem die Ankunft und Abfahrt der Besucher, also eine Situation, bei der viele Personen auf engem Raum zusammenkamen. Sie forderte von ihnen aber auch ein „sittliches und anständiges Verhalten" innerhalb des Theaters, Rücksichtnahme, Zurückhaltung bei der Äußerung von Begeisterung und Respekt gegenüber dem anwesenden Polizeiinspektor und der Wache. Die Ordnung verbot wiederholten Applaus und das Herausrufen der Mitwirkenden, das Pfeifen und weitere Unmutsäußerungen. Schauspieler und Sänger durften nach dem Ende der Vorstellung nicht auf die Bühne zurückkehren, sich wiederholt bedanken oder Reden halten.[36]

Öffentliche Bälle, auch Maskenbälle, wurden in Prag spätestens seit den 1740er-Jahren veranstaltet, waren aber zu Anfang, ähnlich wie andernorts in der Monarchie, den höheren Ständen vorbehalten. Die übrigen Besucher mussten sich anscheinend eine

---

33 Für Frankreich Cobb: The Police/1970, 19.
34 NA, PG, Sign. 15b, Kart. 227, Wien, 19. 10. 1801, Pergen an Gubernialpräsidenten Stampach, „daß auch bey dem Adel in den Städten, und den Gutsbesitzern auf dem Lande, denen die Aufführung von Komödien allenfalls auch mit Zuziehung ihrer guten Freunde und Dienstleute geradezu nicht wohl untersagt werden kann, dennoch auf gute Art und nach und nach das Komödienspielen nach Möglichkeit hindangehalten und vermindert werde".
35 Eichler: Die Polizei praktisch/1794, 114.
36 NA, PŘ I., Inv. Nr. 837, Kart. 23, Nr. 90, Prag, 1804, „Theater-Ordnung, welche von der k. k. Stadthauptmannschaft zur allgemeinen Wissenschaft und Beobachtung bekannt gemacht wird". Diese Theaterordnung verfasste der Prager Stadthauptmann und Polizeidirektor Joseph Wratislaw; dazu NA, PG, Sign. 15c, Kart. 237, Prag, 10. 3. 1804.

Erlaubnis vom Stadthauptmann beschaffen.[37] Das veränderte sich in den 1790er-Jahren. Die Ballordnungen, die das Gubernium ab Mitte des Jahrhunderts jährlich herausgab, erlaubten zu dieser Zeit schon die Teilnahme jeder Person, die das Eintrittsgeld bezahlte, was natürlich immer noch eine Einschränkung darstellte, ebenso wie die kulturelle Gewohnheit überhaupt Bälle zu besuchen. Maskenbälle waren zu dieser Zeit nur im Prager Haus U Vusínů (auch als Redoute bekannt) in der Fleischmarktgasse, der heutigen Masná erlaubt. Die beiden Säle dort, ein größerer und ein kleinerer, waren durch einen Spielsaal verbunden und während des Faschings von Besuchermassen bevölkert. Die Ballordnungen von 1795 und 1800 legen Wert darauf, dass maskierte Personen am Ende des Balls auf Aufforderung des Kommissars im letzten Raum ihre Larve ablegten; dasselbe mussten sie tun, wenn sie den Saal vorübergehend verließen. Während also darauf geachtet wurde, dass keine nicht identifizierbaren maskierten Personen auf die Straße gelangten, hatten die Teilnehmer während des Balls miteinander auf gleicher Ebene zu verkehren, ohne Rücksicht auf ihre Herkunft und anscheinend auch darauf, wen sie darstellten.[38]

Selbstverständlich waren jedoch die Standes- und Statusunterschiede auch während der Maskenbälle nicht aufgehoben. Jan Jeník z Bratřic schreibt, dass häufig eine größere Gruppe von Personen kamen, die „sehr kostbar maskiert waren. Denen wurde sofort so höflich wie nur möglich Platz gemacht, weil man vermeinte, es seien große Herrschaften".[39] Am 14. Februar 1809, einem Faschingsdienstag, kam es sogar zu einem Konflikt zwischen den aufsichtführenden Polizisten und den Ballgästen, wobei aus dem Bericht von Kommissar Kopfenberger hervorgeht, dass die Gäste dabei unverhohlen mit ihrer adligen oder militärischen Identität auftraten. Von der Polizeidirektion war außer dem Kommissar noch der Kanzleibeamte Rosentretter anwesend, möglicherweise auch noch weitere Mitglieder der Polizeiwache; der feste Platz der Inspektion war im großen Saal

---

37 Novotný, Antonín: O Praze mládí F. L. Věka 1757–1792 [Über das Prag der Jugendzeit von F. L. Věk 1757–1792], Praha 1940, 81.

38 Zu Prager Bällen des 18. Jahrhunderts unter anderem Urfus, Valentin: Maškarní plesy, předpisy o nich a pražský primátor [Maskenbälle, zusammenhängende Vorschriften und der Prager Oberbürgermeister], in: Ledvinka, Václav/Pešek, Jiří (Hg.): Pražské slavnosti a velké výstavy, Praha 1995, 149–157 (auf den Seiten 153–157 ist die Ballordnung für die Saison 1796 abgedruckt, datiert in Prag am 31. 12. 1795, die identisch mit der Ordnung für die Saison 1801 ist; NA PŘ I., Inv. Nr. 674, Kart. 17, Nr. 114, Prag, 31. 12. 1800: „Übrigens haben alle Masken sich sittsam und verträglich zu benehmen, keine vor der andern einen Rang sich anzumassen, sondern sich, ohne Rücksicht auf Stand oder Karakter, dergestalt gleich zu halten, daß weder im Tanzen, noch im Sitzen ein Unterschied zur Herabsetzung anderer gemacht werde." Weiter Bertrand: Mask/2001, 793: „Those who wore masks enjoyed immunity, for even if they were recognized they were treated as if their names were unknown."

39 Jeník z Bratřic, Jan: Dvě kuriosní zprávy o společenském i nespolečenském životě v Praze na rozhraní XVIII. a XIX. století [Zwei merkwürdige Berichte über das gesellschaftliche sowie weniger anständige Leben in Prag an der Wende vom 18. zum 19. Jahrhundert], hg. von Miloslav Novotný, Praha 1929, 14–15 [übersetzt von P. H.].

neben der Tür. Weder ihr Beamtenstatus noch die im Jahr zuvor neu eingeführten Uniformen vermochten die Polizisten in dem Streit und dem damit einhergehenden Handgemenge jedoch vor den Beleidigungen und Handgreiflichkeiten von Seiten der Adligen zu schützen. So verwahrten sich in der Folge alle neun Kommissare der Prager Polizeidirektion/Stadthauptmannschaft in einem gemeinsamen Brief an den Gubernialpräsidenten wegen der Beleidigung von Amtspersonen, die auch im Strafgesetzbuch von 1803 als Polizeidelikt verankert war, und der Missachtung der Polizei: „Schwer ist es dem Polizeybeamten, wo er zur Aufsicht über Ruhe und Ordnung bestimmt ist, Amt zu handeln, wenn jedem Einzelnen unbenommen bleibt, dessen Verordnungen zu vollziehen, oder ihm zu widersprechen, schwer, wenn sich demselben bei seinen Amtshandlungen unberufene Kreitler entgeg stellen, schwer, wenn selbst eine Klasse von Menschen, bei denen man allgemein höhere Bildung voraussetzt, durch schiefe Urtheile die Widerspenstigen und Insolenten unterstützt, am schwersten aber, wenn er trotz der zur Sicherheit und Assistenz bestimmten Militärpersonen, durch deren Unthätigkeit und Gleichgültigkeit sich als einen Gegenstand der Verachtung behandelt […] fühlt."[40] Das Gubernium machte sich umgehend daran, alle am Konflikt Beteiligten zu verhören, rügte aber zugleich Kopfenberger dafür, dass er die Unruhestifter nicht gleich an Ort und Stelle hatte verhaften lassen.[41]

Anders als die später pauschal verbotenen Amateuraufführungen, zu denen Karnevalauftritte gehörten, konnten Stücke in Theatern oder Opernhäusern bzw. deren Texte einer vorläufigen Zensur unterzogen werden; viele von ihnen wurden übrigens gleichzeitig gedruckt verbreitet. Ab den 1770er-Jahren entwickelte sich in der Habsburgermonarchie die Theaterzensur als spezifische Regulierung. In Prag wurde sie unter anderem von Professor Karl Heinrich Seibt ausgeübt, der um Kultiviertheit und die Einschränkung von Grobheit und Improvisation bemüht war. Unter veränderten gesellschaftlichen Verhältnissen übernahm 1803 die Polizeihofstelle die zentrale Theaterzensur, es liegen jedoch Nachweise aus späteren Zeiten dafür vor, dass auch der Präsident des böhmischen Guberniums Stücke zensierte.[42] Aus den Texten selbst erfahren wir jedoch nichts über die Überwachung der Theaterpraxis oder das Theater als öffentlichen Raum.

---

40 NA, PG, Sign. 15c 115, Kart. 528, Prag, 15. 2. 1809, „Gehorsamste Meldung" des Kommissars Kopfenberger an den Stadthauptmann Kolowrat; Prag, 15. 2. 1809, Brief der Kommissare der Stadthauptmannschaft an den Gubernialpräsidenten (Abschrift).

41 NA, PP, Buch 1, Präsidialprotokoll für das Jahr 1809, Nr. 117, Prag, 17. 2. 1809, Empfang und Inhalt des Präsidialdekrets vom 16. 2. 1809.

42 Bachleitner: The Habsburg Monarchy/2011, 232–238. Weiter Wögerbauer/Píša/Šámal/Janáček/et al: V obecném zájmu/2015, 156–158. Siehe z. B. auch NA, PŘ I., Inv. Nr. 997, Kart. 29, Nr. 12, Verzeichnis der für das Prager Ständetheater bestimmten und vom Gubernialpräsidenten zensierten Stücke, einschließlich der nicht zugelassenen Stellen, für die Zeit vom 26. 1. bis 31. 8. 1806. Zu Polizei und Theaterbetrieb Himl: Policejní dohled/2023, 7–25.

Wie bereits erwähnt, bestand die Aufgabe der Polizeiinspektion in Theatern darin, zu überwachen, dass niemand vom Text abwich und improvisierte (weshalb Dankesreden nicht erlaubt waren) und dass die aufgeführten Stücke keine Emotionen oder unerwünschten Stimmungen hervorriefen. Im Theater war die Polizeiinspektion nicht nur im Zuschauerraum präsent, sondern konnte, wie ein Fall aus dem Jahre 1809 zeigt, auch direkt in den Verlauf der Vorstellung eingreifen. Am 6. Januar kam es im Prager Ständetheater zu einer „Unordnung". Im Stück *Čech a Lech* [Čech und Lech] traten der eher unbeliebte Schauspieler Schmidt und seine Ehefrau auf. Dem anwesenden Polizeidirektor Kolowrat zufolge geschah etwas, was sich schon mehrfach zugetragen hatte – einige Zuschauer brachten, als Schmidt auf die Bühne kam, durch Lärm und Pfeifen ihren Unmut zum Ausdruck.[43] Der Schauspieler reagierte mit einem verächtlichen Blick ins Parkett und seine Ehefrau und er begannen äußerst distanziert zu spielen, was nun wohl auch den Rest des Publikums gegen sie aufbrachte. Zu Beginn des dritten Aktes spitzte sich die Situation zu und Schmidt musste wegen des Pfeifkonzerts sogar die Bühne verlassen. Der Vorhang fiel. In dem Moment schritt der Polizeidirektor ein und brachte den Schauspieler hinter der Bühne offensichtlich „unter Androhung von Zwangsmitteln" dazu, weiterzuspielen.

Kolowrats eigenen Worten zufolge gelang es ihm so, den Lärm zu dämpfen. Wenn er im Weiteren schreibt, dass dies zum Ende der Vorstellung hin auch durch das „Einmischen anständig gesinnter Personen" im Publikum erreicht wurde, stellt sich die Frage, ob es sich hierbei um Personen handelte, die in polizeilichen Diensten standen oder wenigstens auf polizeiliche Weisung hin handelten. Sicher ist, dass sich im Zuschauerraum noch zwei weitere Polizeikommissare befanden, die bemerkten, dass die größte Unruhe von Soldaten in Zivil ausging. Der Polizeidirektor benachrichtigte die Militärkommandantur und diese rügte die Mannschaft und bestrafte den Inspektionshauptmann, der im Theater ebenfalls Aufsicht geführt hatte, mit Gefängnis. Dies macht deutlich, dass sich die Befugnisse der Polizei darauf beschränkten, gegen die Zivilbevölkerung einzuschreiten; Angehörige des Militärs waren eigenen Organen unterstellt.

Kolowrat zufolge begingen sowohl die Zuschauer mit ihren Unmutsäußerungen als auch Schmidt durch seine Respektlosigkeit gegenüber dem Publikum Fehler. Die Lösung sollte eine öffentliche Entschuldigung des Schauspielers vor der nächsten Vorstellung bringen, deren Wortlaut der Polizeidirektor zuvor selbst „zensieren" wollte. Einerseits seien dabei weitere Unruhen zu befürchten, andererseits erstarkten in der Öffentlichkeit schon Stimmen, die eine derartige „Genugtuung" forderten. Daher legte Kolowrat die ganze Angelegenheit schleunigst dem Gubernialpräsidenten vor, über

---

43 NA, PG, Sign. 15c 112, Kart. 527, Prag, 9. 1. 1809, Bericht des Stadthauptmannes Kolowrat an den Gubernialpräsidenten Wallis. Die Schilderung im Text basiert auf dieser Quelle. Es ist nicht klar, ob es sich um das ursprüngliche Stück von Stegmayer oder aber um Tháms Bearbeitung handelte; Vondráček: Dějiny/1956, 210–212. Das Ehepaar Schmidt kommt im Prager Ständetheater gegen 1807 vor; Teuber: Geschichte/1885, 389.

dessen Entscheidung wir jedoch – im Unterschied zum Verlauf der Unruhe selbst – nicht unterrichtet sind. Aus dem Bericht des Polizeidirektors wird jedoch deutlich, dass das Theater, mehr als wir uns das heute vorstellen können, ein öffentlicher Raum war und dass die Polizei darin nicht nur die Unbedenklichkeit der einzelnen Stücke aus Sicht der Staatssicherheit zu beaufsichtigen hatte.

Gegen die Leidenschaften, die Sittenwidrigkeiten und die überbordende Fantasie

Es gab noch mehr Kriterien, die öffentliche Unterhaltungen zu erfüllen hatten. Zu der bereits erwähnten Einschränkung der Theateraktivitäten könnte Pergen 1801 durch Berichte aus dem Leitmeritzer Kreis angeregt worden sein, die besagten, dass dort das vom Kreisamt verbotene Spielen von Theaterstücken um sich greife. Der Kurkommissar von Teplitz (wahrscheinlich der soeben ernannte Eichler) informierte die übergeordnete Prager Polizeidirektion und deren damaliger Verwalter Ignaz Chorinsky wiederum das Gubernialpräsidium darüber, dass unter den Handwerkern des Kreises geradezu eine Theater-Spiel-Sucht ausgebrochen sei und dass die Auftretenden deshalb andere Tätigkeiten vernachlässigten. Die Reaktion des Guberniums, die dem Kreisamt übersandt wurde und faktisch Bürgern und Handwerkern das Spielen von Komödien verbot, sah die Gefahr unmittelbar im Müßiggang.[44] Die nachfolgende Entscheidung Pergens bzw. des Herrschers wurde wie folgt begründet: „Die Erfahrung lehrt, daß Leute, welche sich mit Komödienspielen abgeben, in kurzer Zeit dafür eine solche Leidenschaft fassen, daß sie es nicht mehr als eine Unterhaltung in freÿen Stunden betrachten, sondern als ein Geschäft von Wichtigkeit ansehen, mithin hiedurch von ihren Amts- oder Gewerbs- oder häuslichen Geschäften abgezogen werden, und die meisten jungen Leute beÿderleÿ Geschlechts dadurch einen romanhaften Schwung erhalten, welcher mit ihrer Bestimmung im gemeinen Leben nicht immer verträglich ist."[45]

Neben dem Müßiggang wird hier auch das schlechte Beispiel angesprochen, das die Theaterstücke geben könnten bzw. die Gefahr, dass sie die Grenze zwischen Fiktion und Wirklichkeit verwischen und vor allem junge Leute zu Vorstellungen von einem

---

44 NA, PG, Sign. 15b, Kart. 227, Prag, 22. 9. 1801, Bericht Ignaz Chorinskys an das Gubernialpräsidium; Prag, 27. 9. 1801, für den Leitmeritzer Kreis bestimmte guberniale Verordnung (Konzept).

45 NA, PG, Sign. 15b, Kart. 227, Wien, 19. 10. 1801, Pergen an den Gubernialpräsidenten Stampach; Prag, 28. 10. 1801, wortgleiche Verordnung des Guberniums an alle Kreisämter und die Prager Stadthauptmannschaft (Konzept). Ähnlich wurde das Verbot von „Hauskomödien" bereits im Jahre 1800 begründet; dazu Bachleitner: The Habsburg Monarchy/2011, 235: „people who perform in comedies are in danger of regarding their playing not as an entertainment in their leisure time, but as their main business and forgetting their proper work. In particular, girls of the lower classes are severed from the sphere they belong to, indulge in romantic ideas and lose the qualities they need for their vocation, i. e. to become good, virtuous and industrious mothers".

anderen Leben verleiten könnten, als ihnen in der Gesellschaft vorbestimmt war. Dabei hatte der Kampf gegen Müßiggang, Unsittlichkeit und „grobe" Vergnügungen eine lange Tradition, die im Österreich der Aufklärungszeit kein Geringerer erneuerte und theoretisch ausführte als Joseph von Sonnenfels. Unkultivierte, improvisierte Possen, die nach ihrer Hauptfigur „Hanswurstiaden" genannt wurden, lehnt er in seinem Kompendium „Grundsätze der Polizey, Handlung und Finanzwissenschaft" ausdrücklich ab.[46] Auf ihn stützten sich offensichtlich auch die Verbote um 1800, die somit nicht nur die Sicherheit der Monarchie im Blick hatten, sondern auch die allgemein kultivierende Aufgabe des Theaters. Allerdings lässt die Georgswalder Fastnachtsaffäre von 1802, bei der ein Hanswurst auftrat, erahnen, dass deren Wirkung begrenzt war. Zwar lassen sich zumindest die strengere Sittenkontrolle in den Staaten der antirevolutionären und antinapoleonischen Koalitionen mit dem propagandistischen Bild Frankreichs als Land des Sittenverfalls, der Zügellosigkeit und der Perversion in Verbindung bringen,[47] dennoch handelt es sich wohl eher um eine Neudefinition der Verhaltensnormen der im Modernisierungsprozess begriffenen Gesellschaften allgemein.

Von ähnlichen Motiven, vor allem dem Schutz der Jugend vor schädlichen Einflüssen, war 1806 auch das landesherrliche Verbot einiger Romantypen geleitet. Es handelte sich nicht um eine Zensur der Texte, sondern um eine auf die Praxis abzielende Maßnahme, weswegen damit unter anderem die Prager Polizei betraut wurde, die vor allem die Buchhändler zu informieren hatte (den Buchdruckern, aber auch den Zeitungen, die Bücher inserierten, wurde die Information anscheinend auf anderem Weg vermittelt). Was die anschließenden Kontrollen betrifft, räumte der Erlass der Polizei eine gewisse Interpretationskompetenz ein, da die schädlichen Romane nicht nach Titeln, sondern nach dem Genre definiert wurden. Dazu gehörten:

- „alle schwärmerischen Liebesromane, die zu einer den gesunden Menschenverstand tötenden Empfindeleien führen";
- „Genie-Romane, die für Wildfänge einnehmen, deren Kraftgenie die bürgerlichen Verhältnisse durchbricht";
- „Gespenster-, Räuber- und Ritterromane, die Rohheit und Aberglauben erzeügen";
- „die ganze Gattung, welcher man im verächtlichen Sinne den Namen Roman beilegt, und welche weder nach ihrem Inhalt noch nach der Schreibart einen Werth hat".[48]

---

46 Wögerbauer/Píša/Šámal/Janáček/et al: V obecném zájmu/2015, 74. Weil er „Hanswurstiaden" kritisierte, wurde Sonnenfels sogar Gegenstand einer Theaterparodie aus der Feder seiner Gegner; Dietrich, Margret: Der ‚Grüne Hut' in der Wiener Aufklärung, oder: Hanswurst auf dem Parnaß, in: Kudszus, Winfried/ Seeba, Hinrich C. (Hg.): Austriaca. Beiträge zur österreichischen Literatur. Festschrift für Heinz Politzer zum 65. Geburtstag, Tübingen 1975, 42–58.

47 Zamoyski: Phantom Terror/2014, 106, zitiert den Berater des russischen Zaren, Grafen Alexander Sturdza.

48 NA, PŘ I., Inv. Nr. 1013, Kart. 29, Nr. 27, Prag, 29. 3. 1806, Gubernialpräsident Wallis teilt der Stadthauptmannschaft die Anordnung des Präsidenten der Polizeihofstelle vom 19. 3. mit. Für zulässig wurden

Die Polizei machte sich tatsächlich daran, diesen Erlass umzusetzen; besonderen Eifer legte dabei Kommissar Joseph Hoch an den Tag. Nachdem er im April 1806 als Inspektor im Ständetheater das Stück *Rinaldo Rinaldini* von Vulpius gesehen hatte, regte er beim Gubernium an, man möge das Verbot auch auf dramatische Werke ausweiten, die auf der Basis „schädlicher" Romane entstanden waren, wie es hier der Fall sei. (Christian August Vulpius hatte seinen Roman *Rinaldo Rinaldini, der Räuberhauptmann* gleich nach seinem Erscheinen zum gleichnamigen Theaterstück umgearbeitet.)[49] Der Einfluss einer solchen Inszenierung von Romancharakteren auf der Bühne sei – so der Kommissar – noch negativer, „da eine bildliche mit einem reizenden Gewand dargestellte Handlung weit mehr fesselt, einnimmt und zur Nacheiferung ermuntert, als es bloße Lektüre thun kann"; für die breiten Volksschichten seien die Vorstellungen außerdem erschwinglicher als Bücher. Mit seinem Hinweis auf die höhere Verführungskraft der Theaterstücke im Vergleich mit der Lektüre wiederholte Hoch übrigens nur die Warnung aus der Denkschrift des Wiener Haupttheaterzensors Franz Karl Hägelin aus dem Jahre 1794.[50]

Der Fall „Rinaldo Rinaldini" forderte den Polizeibeamten keine besonderen Interpretationsfähigkeiten ab, da die Prosavorlage das verbotene Genre (Räuberroman) bereits im Titel trug bzw. der Hauptheld ein Räuber war. Ansonsten aber stellte die Begutachtung der Unschädlichkeit öffentlicher Aufführungen durchaus eine Herausforderung dar. Während Eichlers Polizeihandbuch in seiner ersten Ausgabe aus dem Jahr 1794 nur auf eine vorausgehende Zensur der Vorlagen verwies, erwähnt dessen vierte Ausgabe

---

folgende Literaturgattungen erklärt: „alle Schriften, die im Gewand der Romans ganze Wissenschaften abhandeln, moralische Vorlesungen anbringen, Länder-, Völker-, Natur- und Kunstkenntniße verbreiten, die eine tiefe Kenntniß der menschlichen Natur verrathen, das sittliche Leben mit Rührung und Belehrung des Lesers in einem lebhaften Vertrag darstellen und mit Witz und Laune die Thorheiten und Laster der Menschen züchtigen". Zur Entstehung dieser Maßnahme detailliert Píša, Petr: Cenzura v Čechách v kontextu předbřeznové habsburské monarchie [Zensur in Böhmen im Kontext der Habsburgermonarchie der Vormärzzeit], Praha 2018 (Diss.), 75–76.

49 [Vulpius, Christian August:] Rinaldo Rinaldini. Ein Schauspiel in fünf Aufzügen von dem Verfasser des Romans gleiches Namens (…) Arnstadt, Rudolstadt 1801. Zu Vulpius und Rinaldo im Kontext der böhmischen Länder siehe auch Veselá, Gabriela: Německá triviální literatura kolem roku 1800 [Die deutsche Trivialliteratur gegen 1800], in: Sborník prací Filozofické fakulty brněnské univerzity D 43 (1996), 145–152, hier 147. Vulpius war unter anderem auch Verfasser der Broschüren über den Beginn der Französischen Revolution; Madl, Claire, Šíření informací o Francouzské revoluci v Čechách: veřejné mínění, politická moc a ekonomický faktor [Die Verbreitung von Informationen über die Französische Revolution in Böhmen: Öffentliche Meinung, politische Macht und Wirtschaftsfaktor], in: Madl, Claire/ Tinková, Daniela (Hg.): Francouzský švindl svobody/2012, 33–58, hier 40.

50 NA, PŘ I., Inv. Nr. 1013, Kart. 29, Nr. 27, Prag, 10. 4. 1806, Hoch an Gubernialpräsidenten (Konzept). In der Einleitung schreibt Hoch unterwürfig: „Jeder redliche Staatsbürger muß dieses wichtige und heilsame Verbot mit dank anerkennen, jeder Staatsbeamte aber und umsomehr der Polizeybeamte auf die strengste Aufrechthaltung einer so heilsamen Anordnung aufmerksam seyn." Zu Hägelin unter anderem Bachleitner: The Habsburg Monarchy/2011, 236; zu Hägelins Denkschrift Eisendle, Reinhard: Der einsame Zensor. Zur staatlichen Kontrolle des Theaters unter Maria Theresia und Joseph II., Wien 2020, 181–239.

von 1815 bereits auch Theaterstücke oder öffentliche, für das Volk bestimmte Auftritte als Gegenstand der Überwachung. Bei diesen sei es Aufgabe der Polizei „zu wachen, damit hierdurch keine irrige[n], ärgerliche[n] und gefährliche[n] Meinungen in Ansehung der Religion, des Staates, der guten Sitten und Denkungsart verbreitet werden".[51] Was sich dahinter alles verbergen konnte, führt das Handbuch aber nicht weiter aus. Wenn wir die Angriffe auf den Monarchen oder den Staat oder die „Religionsstörung" außen vor lassen, kennt nicht einmal das Strafgesetzbuch aus dem Jahre 1803 Taten wie die Verbreitung von „schädlichen" Meinungen oder Vorbildern. Die notwendigen Kompetenzen in diesem Bereich ließen sich eher durch langfristige Praxis erwerben als aus Gesetzen oder durch Studium – Peter Becker spricht vom „praktischen Wissen" bzw. dem „praktischen Blick" als Hauptqualifikation der Kriminalisten in der ersten Hälfte des 19. Jahrhunderts.[52] Mit der relativen Unbestimmtheit bzw. der begrifflichen Breite dessen, was alles den „guten Sitten" zuwiderlaufen konnte, lässt sich auch erklären, weshalb die Polizei und andere Beamten bei der Enthüllung und Meldung dieser Vergehen vorauseilend eifriger und erfindungsreicher waren.

Aus der Sicht der Polizei oder des Staates bestand die Gefährlichkeit der Theaterstücke und der Romane an sich in dem, was wir aus moderner Sicht schätzen, nämlich in ihrer Suggestivität, im Verschwimmen des Unterschieds zwischen Realität und Fiktion und in der Sprengung der Grenzen der Vorstellungskraft. Schon seit dem Mittelalter sollte eine andere gesellschaftliche Ordnung nur vorübergehend, eben im Rahmen des Karnevals, möglich sein. In der Zeit, als sich die Theater allmählich dem breiten Publikum öffneten, ab Mitte des 18. Jahrhunderts, war sie genau begrenzt durch den zensierten Text des Stücks und den genau definierten Zeit-Raum, in dem diese Ordnung dargestellt wurde. Aber auch innerhalb dieser Welt war nicht alles zugelassen. Nicht einmal beim Karneval durften der Landesherr oder die Religion verspottet werden und auch die Geschlechterordnung musste unangetastet bleiben: Bei den Prager Maskenbällen durften Männer sich nicht als Frauen verkleiden oder umgekehrt (das war z. B. während des Georgswalder Faschings geschehen und nicht sanktioniert worden); auch entstellende Masken waren verboten.[53] In dem, was die Polizei und die Behörden als moralisch und „anständig" ansahen, dominierten althergebrachte Vorstellungen, was sich sexuell gehörte, auf der einen und die aufklärerische Bemühung um Kultiviertheit, Zurückhaltung und Mäßigung auf der anderen Seite.

Auch wenn sie die öffentliche Moral nicht unmittelbar definierten, begründeten die Prager Polizeiordnung von April 1787 und der für das gesamte Land gültige „Amtsunterricht" für die Munizipalstädte von November 1789 in moralischer Hinsicht mehr oder

---

51 Eichler: Polizei praktisch/1815, 20.
52 Becker, Peter: Verderbnis und Entartung. Eine Geschichte der Kriminologie des 19. Jahrhunderts als Diskurs und Praxis, Göttingen 2002, 23–37; Ders.: Dem Täter auf der Spur. Eine Geschichte der Kriminalistik, Darmstadt 2005, 11–15.
53 Novotný: O Praze/1940, 86.

weniger klare Beispiele unerlaubten Handelns. In der Polizeiordnung sind unter nicht weiter spezifizierter Strafe „alle unflätige[n] Bilder und Gesänge, deren Ausrufen, dann alle ärgerliche Gespräche wider die Religion und gute Sitten" verboten. Gleichzeitig wurden darin aber bestimmte Arten von öffentlicher Andacht, das Oster- und Weihnachtsliedersingen und „abergläubische Mißbräuche" wie die Johannis- und andere Feuer, Kreuzwege, Schatzgraben und Beschwörungen untersagt.[54] Der zwei Jahre darauf erlassene „Amtsunterricht" enthielt im zweiten Teil, der von der „guten Ordnung" handelt, einen nahezu identischen Absatz über abergläubische Missbräuche. Außerdem wurden auch „ärgerliche Reden" gegen die Landesverwaltung, die Religion und die Sitten sanktioniert, ebenso wie anstößige Lieder, Bücher und Bilder oder abendliche Andachten auf der Straße; es wird aber auch an die Einhaltung der Sperrstunde der Schenken erinnert. Den Rahmen der gesamten Norm bildet die Sorge des Herrschers um die Sicherheit „aller Klassen" seiner Untertanen; sie ist nach den Typen dieser Sicherheit auch gegliedert. Primärer Sinn der Überwachung der Fremden, die im dritten Teil geregelt wird, ist, dass keine „sich einschleichende[n] gefährliche[n] Leute" die innere Ruhe und Sicherheit stören, die der Staat garantierte.[55] Ruhe, Ordnung und Sicherheit treten also schon vor der Thronbesteigung Franz II. (I.) als eines der Hauptinteressen des Staates auf; die Person, die die Rolle des Staates für deren Wahrung kontinuierlich betonte und sich zugleich an der Entstehung des „Amtsunterrichts" von November 1789 beteiligte, war der spätere Polizeiminister Pergen.

Ebenso wie die Polizei vor Kirchen Wache hielt und gemeinsam mit anderen Beamten darauf achtete, dass der Ablauf der Gottesdienste oder der festliche Charakter des Feiertages nicht etwa durch Arbeit, Verkauf oder Vergnügungen gestört wurde, schränkte sie auch andere, spontane oder volkstümliche Andachtsformen ein. Grund dafür war nicht nur deren abergläubischer Charakter oder – ähnlich wie bei genehmigten Gottesdiensten – die Versammlung einer größeren Zahl von Menschen, sondern auch eine gewisse Exaltiertheit. So verhörte die Prager Polizei Anfang Juli 1790 auf Anordnung des Gubernialpräsidenten einen „gut gekleideten Mann", der sich nahe der Schlosstreppe bewegte und mit der angeblichen Erlösung von Seelen eine große Menge von Menschen der „niedrigen Klasse" anzog. Die Polizei stellte nicht nur die Identität des Betreffenden fest, sondern schritt auch ein. Wie der Polizeidirektor Amschell meldete, handelte es sich um den ehemaligen Postmeister aus Mauth/Mýto, der „lediglich ein schwärmerischer Andächter seye. Es wurde ihm daher begreiflich gemacht, daß, wenn er ja seiner Andacht obliegen wollte, er solche im Geheim oder in der Kirche

---

54 SObA Litoměřice, KÚ Litoměřice, Sign. Publ 16, Kart. 538, „Verordnung von dem k. k. böhmischen Landesgubernium verschiedene Polizeianstalten in der Stadt Prag betreffend"/„Nařízení od královského českého Gubernium, týkaje se rozličných politických ustanovení v městech Pražských", Praha, 30. 4. 1787, Artikel 10, 29, 31 und 36.
55 NA, PG, Sign. 22b, Kart. 44, „Amtsunterricht in Polizei- und Sicherheitssachen für die Magistrate der Munizipalstädte und Märkte im Königreiche Böhmen", Prag, 23. 11. 1789.

verrichten solle, ohne ein öffentliches Aufsehen zu erregen, welches in einer polizirten Stadt nicht geduldet werden kann, noch darf, und er würde auch besser thun, wenn er sich wieder nach hause begäbe".[56]

Schon vor der Publizierung des „Amtsunterrichts" verfolgte die Prager Polizeiwache abendliche Andachten in der Öffentlichkeit ebenso wie die übermäßige Schmückung religiöser Statuen oder Bilder.[57] Die teilweise wortwörtlich übernommene Grundlage für dieses Vorgehen war ein landesherrliches Verbot bereits vom Mai 1782, demzufolge ein solches Schmücken dem „Geist der Kirche" nicht angemessen sei, das aber die Hauptgefahr darin sah, dass die Devotionalien durch die Beleuchtung Feuer fangen könnten.[58] Vor allem die Statuen des Johannes von Nepomuk wurden Gegenstand der öffentlichen Ehrung, aber auch des Interesses der Behörden. So fand der Kreiskommissar von Elbogen die Statue dieses Landespatrons auf der Brücke von Cheb/Eger bei seiner Kreisbereisung im Jahre 1790 „entgegen der bestehenden Vorschrift mit vielen Bildern, Blumen, kleinen Spiegeln und Lampen auf eine übermässige Art geschmückt" vor.[59] Erneut berief sich das Gubernium auf den Erlass Josephs II. von 1782, als vor dem Namenstag Johannes von Nepomuks im Mai 1793 in Prag angeblich mehrere „Parteien" um die Erlaubnis ansuchten, die Statue des Heiligen schmücken und dort Andachten abhalten zu dürfen. „Um bei gegenwärtigen Zeitumständen dem gemeinen Volke keinen Anlaß zum Mißvergnügen zu geben, und selbes in seinen vorgefaßten Religionsmeinungen durch allzu große Strenge zum Unwillen nicht aufzureizen," sollte die Polizeidirektion in jenem Jahr die feuersichere Beleuchtung von Heiligenstatuen in Privathäusern ausnahmsweise dulden; mögliche musikalische Auftritte und fromme Handlungen vor ihnen verbot das Gubernium jedoch eindeutig. Eine größere Zahl von Wachsoldaten wurde zur Statue des Johannes von Nepomuk auf der Karlsbrücke beordert, um bei der erwarteten Versammlung einer größeren Zahl von Gläubigen über die Wahrung der Ordnung zu wachen.[60] Die Ausnahme wurde aber allmählich zur Regel, denn gleich im darauffolgenden Jahr erlaubte ein Hofdekret bereits am 4. Januar

---

56 NA, ČG-Publ, Sign. 28/43, Kart. 1040, Prag, 3. 7. 1790, „unterthänigste Note" des Polizeidirektors Amschell an den Gubernialpräsidenten Cavriani. Die Bedeutung des Verbs „polizieren" reichte am Ende des 18. und zu Beginn des 19. Jahrhunderts von „gut verwalten" und „kultivieren" bis „für öffentliche Ordnung sorgen". Siehe auch Wögerbauer/Píša/Šámal/Janáček/et al: V obecném zájmu, 74–75.

57 NA, ČG-Publ, Sign. B II 34, Kart. 903, 29. 6. 1785, Protokoll der Befehle an die Polizeiwache: „Ist der Mannschaft aufgetragen worden, daß sie die Abend-Andachten bei denen Statuen auf der Gassen, dann den übermassigen Aufbutz, Prunk und Beleichtung der Bilder in denen Privat-Häusern nicht dulden, und die Übertreter dieses Verbots der Polizey Direction anzeigen sollen."

58 Sammlung der k. k. landesfürstlichen Verordnungen in Publico-Ecclesiasticis vom Jahre 1767 bis Ende 1782, Wien 1782, 206; https://alex.onb.ac.at/cgi-content/alex?aid=vpe&datum=1767&page=218&size=45 [letzter Zugriff 15. 2. 2024], Wien, 14. 5. 1782.

59 NA, ČG-Publ, Sign. 51/10, Kart. 1276, (Elbogen), 4. 5. 1790, Bericht und Mitteilung an den geistlichen Kommissar von Eger (Abschrift).

60 NA, PG, Sign. 15c, Kart. 234, Prag, 16. 5. 1793, Präsidium des Guberniums an Polizeidirektion (Abschrift).

1794 auf Antrag der Prager Bürgerschaft die Beleuchtung der Statuen am Namenstag des Heiligen, jedoch ohne Gottesdienste und unter polizeilicher Aufsicht. Öffentliche Andachten und Prozessionen waren im selben Jahr auch am Namenstag des Heiligen, dem 16. Mai, teilweise erlaubt.[61]

Während in den Jahren 1793–1794 die „Zeitumstände" (offensichtlich der Koalitionskrieg mit Frankreich, die Hinrichtung des französischen Königs und der Königin Marie Antoinette, die eine Habsburgerin war) die Behörden zu einer gewissen Duldsamkeit zwangen, hatte sich das Gubernium zwei Jahre zuvor entschieden gegen die weihnachtliche Ausstellung von Krippen in Prager Kirchen gewandt. Als Grund führte es an, dass „solche theatralische Vorstellungen mit denen gemeiniglich vieles Unschickliche und Lächerliche verbunden ist, dem Geiste der Kirche nicht angemessen sind, und anstatt das Gemüthe zu Gott zu erheben, und die Andacht zu befördern, wozu doch die kirchlichen Vorstellungen führen sollen, dieselbe vielmehr hindern". Dem erzbischöflichen Konsistorium und den einzelnen Geistlichen wurde deshalb befohlen, die Weihnachtskrippen aus den Kirchen zu entfernen bzw. sie während der Hauptgottesdienste abzudecken. Daraus, dass das Gubernium den Magistrat und die Polizeidirektion über diese Entscheidung in Kenntnis setzte, lässt sich schließen, dass diese beiden Behörden die Einhaltung des Verbots zu kontrollieren hatten.[62] Die Nichteinhaltung der josephinischen Gottesdienstordnung oder des Verbots unterschiedlicher religiöser Praktiken war selbstverständlich auch außerhalb Prags anzutreffen; dort waren dann zumeist die Kreisämter mit der Aufsicht und der Durchsetzung der Regelungen betraut.[63]

Dass die staatlichen Behörden mitsamt der Polizei die religiösen Aktivitäten und Räume kontrollierten, ist in der (nach-)aufklärerischen Zeit nicht überraschend. Auch in den konkreten Verordnungen wird eine normative Vorstellung von einem neuen, von Äußerlichkeiten gereinigten und verinnerlichten Glauben deutlich, den die Staatsgewalt andererseits vor „säkularisierenden" Elementen wie Musik, Vergnügungen oder dem Verkauf von Waren an den (verbliebenen) Feiertagen und in der Nähe der Kirchen, dem Handel mit magischen Mitteln oder übertriebener Theatralität schützte.[64] Diese

---

61 Nachricht in der Kaiserlich Königlich privilegierte[n] Prager Oberpostamtszeitung, Nr. 23 vom 22. 3. 1794, 184. Weiter Nr. 40 vom 20. 5. 1794, 313 (der laufenden Seitennummerierung des Jahrgangs).

62 NA, PG, Sign. 15c, Kart. 234, Praha, 27. 12. 1791, Gubernium an erzbischöfliches Konsistorium, Prager Magistrat sowie Polizeidirektion.

63 Z. B. NA, PG, Sign. 25b, Kart. 222, Prag, 9. 9. 1792, für das Gubernium bestimmter Bericht über die kirchlichen Missstände im Bunzlauer Kreis. Zu einem der kirchlichen „Missbräuche", dem sog. Wetterläuten, und den dagegen gerichteten Maßnahmen Himl, Pavel: Neosvícení a neposlušní. Regulace náboženské praxe a reakce na ni v Čechách v druhé polovině 18. století (Českokrumlovsko, Vimpersko, Strakonice, Žatec) [Unaufgeklärt und ungehorsam. Die Regulierung der religiösen Praxis und Reaktion darauf in der zweiten Hälfte des 18. Jahrhunderts (in den Regionen Český Krumlov, Vimperk, Strakonice, Žatec)], in: DTK 7 (2010), 163–221.

64 Als Mittel zur „Bereinigung" der Barockfrömmigkeit kann auch die Zensur angesehen werden; Wögerbauer/Píša/Šámal/Janáček/et al: V obecném zájmu, 131.

Bemühung, das „Heilige" und „Profane" voneinander zu trennen, war jedoch Teil der obrigkeitlichen Disziplinierung während der gesamten Frühen Neuzeit. Neu ist, dass die weltliche Macht sich nicht mehr ausschließlich religiös legitimiert und dass sie die Religion „von außen" betrachtet und als Instrument ansieht – der Staat will die Religion und ihre Äußerungen unter Kontrolle haben, weil sie die Menschenmassen beeinflussen und Emotionen oder sogar Leidenschaften in ihnen hervorrufen können.

Der Rückgang der religiösen Begründung für Straftaten oder gesellschaftlich unzulässiges Handeln, der manchmal als „Säkularisierung" bezeichnet wird, ist auch in der tschechischen Geschichtsschreibung über die Strafjustiz gut erforscht, für die Ziviljustiz jedoch bisher noch wenig untersucht worden.[65] Es liegen einige Studien darüber vor, wie diesbezüglich die Anwendung der einschlägigen Paragraphen der Strafgesetzbücher, besonders desjenigen von 1803, aber auch der anderen Normen wie der Hofdekrete, der Polizeiordnung aus dem Jahr 1787 oder des „Amtsunterrichts" von 1789 in der Praxis aussah. Die aus diesen Vorschriften hervorgehenden Polizei- und Amtstätigkeiten, die die Vorstellungen von der öffentlichen „Sittlichkeit" oder dem „Anstand" weiter formten und hier nur unsystematisch gestreift werden können, hätten ebenfalls mehr Aufmerksamkeit verdient.

Wenn man die Gesetze und Polizeiordnungen auf „Übertretungen" gegen die öffentliche Ordnung oder die Sittlichkeit hin durchsuchen und Einblick in die – noch nicht systematisch erschlossene – Agenda der Polizei- oder Verwaltungsbehörden in Prag und anderen Städten Böhmens nehmen würde, so wären dort fast alle Arten dieser Vergehen vertreten. Das kann sowohl daran liegen, dass die Normen auf typische „Delinquenz" reagierten, als auch daran, dass sie eigentlich dazu beitrugen sie zu „erschaffen", indem sie die Aufmerksamkeit auf konkrete Handlungen lenkten, während andere nicht verfolgt und aufgezeichnet wurden. Ein solcher Zusammenhang zwischen Norm und der einem konkreten Vergehen gewidmeten Aufmerksamkeit drängt sich z. B. bei den Meldungen von Polizeidirektor Amschell an den Prager Magistrat im Jahre 1787 auf, also zu einer Zeit, als die Polizei vorübergehend der Stadt unterstand. Unter den Anzeigen des „Ausschüttens" oder Lagerns von Abfällen in den Straßen und an gefährlichen Orten finden sich wiederholt auch Beschwerden über Unmengen von Bettlern, Müßiggängern und Personen mit Behinderung, die an verschiedenen Orten Prags Passanten belästigten oder sogar deren „Ekel" erregten. Ebenso häufig sind Fälle von nächtlicher Ruhestörung, verbotenem Glücksspiel oder Gasthäusern und Schenken, die am Feiertag geöffnet waren.[66] Anfang August bemerkte Amschell jedoch auch, dass trotz „des erlassenen verschärften Verbottes in Rücksicht des öffentlichen und ärgerlichen Badens" in der Moldau zwischen den Neustädter Mühlen und der Färberinsel (heute

---

65 Tinková, Daniela: Hřích, zločin, šílenství v čase odkouzlování světa [Sünde, Verbrechen und Wahnsinn zur Zeit der Entzauberung der Welt], Praha 2004.

66 AHMP, MHMP I.-Publ, 1787, Sign. II/129, Kart. 138, Rapporte des Polizeidirektors Amschell an den Prager Magistrat vom 2. und 28. 5. und 7. 8. 1787.

Slovanský ostrov) die Lehrlinge des dortigen Textilfabrikanten badeten. Der Magistrat entsandte in Reaktion darauf zur Aufsicht eine Wache.[67] Die Polizeiordnung von April desselben Jahres verbot zwar das Baden als solches, aber eher im Zusammenhang mit der dabei drohenden Lebensgefahr. Amschell jedoch verwies auf den einen Monat alten Gubernialerlass, der „das gefährliche ärgerliche nackende Baden" unter Strafe von zehn Taler verbot.[68] Dieses Verbot übernahm auch Kommissar Eichler im Jahre 1794 in sein Polizeihandbuch, ließ aber das Wort „gefährlich" weg und ordnete es zusammen mit Prostitution oder der Belästigung „anständiger" Frauen auf der Straße in den Teil ein, der der Unzucht gewidmet war, also in einen eindeutig sittlichen Kontext. Außerdem werden hier unter anderem pornografische Produkte, Maskierung außerhalb dafür vorgesehener Orte sowie Tumulte und Prügeleien erwähnt.[69]

Eichler zufolge war es möglich, solchen Verbrechen durch „die Aufsicht auf gute Sitten" bei der elterlichen Erziehung der Kinder einerseits und in den Gasthäusern bei nächtlichen Vergnügungen andererseits vorzubeugen. Eine eigenständige Gruppe bildeten in dieser Hinsicht die Studenten – sie waren fern der elterlichen Autorität und ihre Beaufsichtigung war Aufgabe der Lehrenden. Deshalb wandte sich der Gubernialpräsident in Reaktion auf die angeblich steigende „Unsittlichkeit" der studierenden Jugend im Jahre 1808 an das Gymnasialdirektorat und dadurch auch an die Lehrer. Ihrer Nachlässigkeit schrieb er es zu, dass die Studenten „ganze Täge in Bierschänken [verbrächten] und […] sich manche grobe Ausschweifung" erlaubten. Selbst wenn das Gesetz den Lehrern nicht befähle, über die Sittlichkeit ihrer Schützlinge zu wachen, sei die wirkliche Kultivierung des Verstandes immer eng mit sittlicher Reinheit verbunden. Außerdem gingen mit Sittenlosigkeit regelmäßig schlechte Studienerfolge einher, sodass sie leicht zu enthüllen sei.[70] Unter Berufung auf das Hofdekret vom 8. Mai 1802, das den Besuch von Schenken und Kaffeehäusern verbot, wurde der Stadthauptmannschaft erneut das Recht zuerkannt, Studenten, die ihm zuwiderhandelten, nicht nur beim Direktorat anzuzeigen, sondern diese gegebenenfalls auch zu bestrafen. Nunmehr wurde die Pflicht, die im Jahre 1804 den Studiendirektoren der Fakultäten auferlegt worden war, nämlich der Polizeidirektion nach jedem Semester die Studenten zu melden, die sich den Prüfungen nicht unterzogen hatten, per Erlass des Gubernialpräsidenten auch

---

67 AHMP, MHMP I.-Publ, 1787, Sign. II/129, Kart. 138, Prag, 10. 8. 1787, Mitteilung des Magistrats an das Polizeiamt.

68 Handbuch aller unter der Regierung des Kaisers Joseph des II für die K. K. Erbländer ergangenen Verordnungen und Gesetze […] vom Jahre 1787, Wien 1789, 487–488; https://alex.onb.ac.at/cgi-content/alex?aid=hvb&datum=1787&page=690&size=45 [letzter Zugriff 15. 2. 2024], (Prag), 5. 7. 1787, Anordnung des böhmischen Guberniums.

69 Eichler: Die Polizei praktisch/1794, 113–114.

70 NA, PŘ I., Inv. Nr. 1204, Kart. 37, Nr. 48, Prag, 21. 6. 1808, dem Gymnasialdirektorat bestimmte Gubernialanordnung, zur Kenntnis auch der Prager Stadthauptmannschaft zugesandt.

auf die Gymnasien ausgeweitet. Dem ursprünglichen Erlass zufolge sollten diese „flüchtige[n] und müssige[n] Jünglinge" aus den österreichischen Kronländern ausgewiesen bzw. zu ihren Eltern zurückgeschickt und dort „auf einem andern Wege zu guten und nützlichen Staatbürgern" erzogen und ausgebildet werden.[71]

Zum Ende des hier untersuchten Zeitraums wird „unsittliches" Verhalten in den polizeilichen und weiteren amtlichen Texten zunehmend mit bestimmten Altersgruppen oder sozialen Gruppen innerhalb der Bevölkerung in Verbindung gebracht. Gleichzeitig kommt dafür die Bezeichnung „Immoralität" auf. Es handelt sich offensichtlich um eine Folge der Bemühungen, Delinquenz statistisch zu erfassen und ihre Ursachen allgemeiner zu benennen, und ist somit bezeichnend für den sich formierenden kriminologischen Blick. So stellten die zentralen Wiener Ämter (Oberste Justizstelle und Hofkanzlei) fest, dass im Jahre 1818 in Böhmen wegen Verbrechen gegen 2203 Menschen ermittelt worden war, im Jahr darauf war diese Zahl auf 2081 gesunken. Trotz dieses Trends nahmen Taten wie die Religionsstörung, Mord oder Abtreibung nicht ab. Den Grund dafür sah das Gubernium eben in der „vorherrschenden Immoralität, in der Vernachlässigung der Erziehung und des Religionsunterrichts", die einen schlechten Einfluss auf den „Volkscharakter" hätten, und in der Nichteinhaltung der polizeilichen Vorschriften. Während die Geistlichkeit die „moralisch-religiösen Grundsätze" und das Pflichtbewusstsein gegenüber dem Staat und den Mitbürgern zu vermitteln hatte, sollten die Kreisämter sich um die Einhaltung der Polizeinormen kümmern sowie darum, dass „sich die ärmeren Bevölkerungsschichten durch Arbeit ihren Lebensunterhalt sichern könnten". Arbeitslosigkeit, ganz gleich, ob sie sich aus einem Arbeitsmangel oder aus Müßiggang ergäbe, tritt hier als Quelle „der übelsten Verbrechen" auf.[72] Ein Jahr später sind es aber bei der gleichen Gelegenheit die Geistlichen und die Lehrer, denen es obliege, die Kinder und Erwachsenen sittlich richtig zu bilden und sie zu Fleiß und Zurückhaltung anzuhalten.[73] Obwohl es hauptsächlich darum ging, schweren Verbrechen vorzubeugen, wurden sittliche Vergehen oder „Immoralitäten" als deren Vorstufe betrachtet, sodass die Prävention – obgleich immer noch religiös konnotiert – auch den Polizei- und weiteren Verwaltungsorganen oblag.

---

71 Der Präsidialerlass geht auf das Hofkanzleidekret, datiert in Wien am 28. 12. 1804, zurück, das an die höchsten Behörden aller Länder erging; vgl. Sr. k. k. Majestät Franz des Zweyten politische Gesetze und Verordnungen für die Österreichischen, Böhmischen und Galizischen Erbländer, Bd. 23, Wien 1807, 174–176, https://alex.onb.ac.at/cgi-content/alex?aid=pgs&datum=1804&page=675&size=45 [letzter Zugriff 15. 2. 2024].

72 SObA Litoměřice, KÚ Litoměřice, Sign. Publ 16/1, Kart. 1064, Prag, 16. 8. 1819, auf dem Jahresausweis der Kriminalität fußende guberniale Anweisung für den Leitmeritzer Kreis.

73 SObA Litoměřice, KÚ Litoměřice, Sign. Publ 16/1, Kart. 1064, Prag, 15. 1. 1821, auf dem Jahresausweis der Kriminalität fußende guberniale Anweisung für den Leitmeritzer Kreis. Zu den Anfängen der Kriminalstatistiken in Böhmen und den österreichischen Länder Himl, Pavel: Measuring Crime and Morality: The Bureaucratic Life of a Novel Concept under the Habsburg Monarchy in the Late 18th and First Third of the 19th century, in: Forum Historiae 16/2 (2022), 84–98.

In dieser Hinsicht äußerte der Polizeiminister Sumerau bereits 1807 Befürchtungen, die den moralischen Zustand der Prager Bevölkerung betrafen: „Es ist aus einer verläßlichen Quelle zu meiner Kenntnis gekommen, daß die Moralität unter der niederen Menschenklasse in der Stadt Prag täglich mehr abnehme, dagegen die Zahl der Verbrecher, vorzüglich der Diebe und Betrüger jeder Art, sich vermehre. Zu diesem Sittenverderbniß wird als nächste Ursache die überaus grosse Menge von Belustigungsorten für diese Menschenklasse angegeben. In mehr als 800 Schenk- und Bierhäusern soll größtentheils an Sonn- und Feÿertägen auch Tanzmusik gehalten, und von den Handwerksburschen u. anderen Arbeitsleuten mehr verzecht werden, als sie zu verdienen im Stande sind. Noch nicht ganz ausgenüchtert und vom Tanze ermüdet, werde dann der sogenannte blaue Montag gehalten. Billiard und Kegelplätze werden täglich und letztere vom frühen Morgen an meistens von den gemeinsten Leuten besucht, die arbeiten sollten und die das Geld, was sie verspielen, sich nur auf unerlaubten Wegen verschaffen können."[74] Deshalb forderte der Minister, man solle die maximale Anzahl von Schenken festsetzen, die für die Bevölkerung Prags „notwendig" seien, und die übrigen nach und nach schließen. Billardspielen und Kegeln sollten nur noch ab zwei Uhr nachmittags bis zum Sonnenuntergang erlaubt sein und die betreffenden Gaststätten hatten einen Zuschlag an den Polizeifonds abzuführen.

Polizeikommissar Melchers, der dem Minister in Abwesenheit des Stadthauptmanns antwortete, betonte die fehlende Regulierung dieser Art von Unternehmungen – in Prag genossen alle Hausbesitzer das Privileg des freien Ausschanks. Sofern sie davon Gebrauch machten, schrieb der Kommissar, stellten sie dafür häufig ungeeignete Personen an oder sogar solche, die bei dieser Tätigkeit schon früher Probleme mit den polizeilichen Vorschriften gehabt hätten. Weil die Hausbesitzer sich in einigen Fällen gar nicht in Prag aufhielten, führten die Schankwirte das Unternehmen faktisch auf eigene Kosten und hätten damit einen Grund weniger z. B. die Sperrstunde einzuhalten. Melchers schlug vor, diese Praxis, besonders die Verpachtung der Schenken an Personen, denen das Ausschenken schon einmal verboten worden war, einzuschränken.[75]

Vor jeder Regulierung ließ jedoch das Gubernium Ende des Jahres 1807 zunächst alle Prager Schankwirtschaften, Gasthäuser und andere Trinkstuben zählen. Schon binnen weniger Tage kam die Polizeidirektion auf eine bedeutend geringere Zahl als die von Minister Sumerau angeführte, nämlich 485, und legte dem Gubernium gleichzeitig eine genaue Auflistung der einzelnen Betriebe vor. Seine detaillierte Ortskenntnis bewies Kommissar Melchers auch dadurch, dass er vorschlug den geplanten Jahresbeitrag dieser Betriebe zum Polizeifonds etwas zu senken. Zudem wollte er damit nur die Billiards und die Inhaber von Gärten mit Kegelbahnen belasten, damit die übrigen ärmeren

---

74 NA, PG, Sign. 15c, Kart. 522, Wien, 1. 5. 1807, Brief des Polizeiministers Sumerau an den Gubernialpräsidenten Wallis.

75 NA, PG, Sign. 15c, Kart. 522, Prag, 29. 7. 1807, für Gubernialpräsidenten Wallis bestimmte Stellungnahme von Melchers.

Gewerbetreibenden nicht um ihren Lebensunterhalt gebracht würden.[76] Polizeidirektor Kolowrat stand hinter diesem Vorschlag, der im Grunde zwei unter sittlichem und polizeilichem Gesichtspunkt negative Phänomene gegeneinander aufwog, nämlich den Alkoholkonsum auf der einen und das Fehlen von Einkommen der Gewerbetreibenden auf der anderen Seite, und offensichtlich folgte ihm auch das Gubernium darin.[77] Ähnlich wie in anderen ähnlichen Fällen wissen wir jedoch nicht, wie sich die eventuelle Umsetzung des Vorschlags auf Kriminalität oder Moral der Prager Bevölkerung auswirkte. Wir wissen nur, dass Sumerau in dieser Angelegenheit erneut nach Prag schrieb, worauf wir am Ende dieses Kapitels zurückkommen werden.

Das Interesse an der „Sittlichkeit" der Bevölkerung, vor allem der unteren Schichten („Klassen"), speiste sich um 1800 weniger aus der Furcht um deren tugendhaftes Leben oder gar religiöse Erlösung. Die „Polizeiübertretungen" und das Milieu, das diese beging, wurden einerseits als Nährboden für ernstere, gegebenenfalls gewaltsame Straftaten betrachtet und andererseits war eine Bedrohung der gesellschaftlichen bzw. der sittlichen Regeln eng mit einer Bedrohung der Staatsordnung verknüpft. Moralische oder direkt sexuelle „Liederlichkeit" und Revolution bedingten einander nicht nur nach Ansicht der österreichischen Propaganda und Ämter – die Revolution fegte die traditionellen moralischen Autoritäten und Barrieren weg und öffnete einem ungezwungenen Verhalten die Tür; Revolutionären wurden von ihren Gegnern regelmäßig Exzesse und Perversionen angedichtet. Umgekehrt konnte auch die Missachtung der sittlichen Normen und Gebräuche im Privatleben zur Infragestellung der herrschenden politischen Ordnung führen. Die enge Verknüpfung von sittlicher und gesellschaftlicher Subversivität am Ende des 18. Jahrhunderts ist historisch nichts Neues; man braucht nur an die früheren Hexenprozesse zu denken. Als neu kann aber gelten, dass die Polizei als Organ mit Monopolanspruch auf die Sicherheitskontrolle und Gewaltanwendung innerhalb eines Landes unter anderem auch das Wissen über Unruhen und Revolten systematisierte, sowie darüber, wie man ihnen praktisch zuvorkommen und sie verhindern könnte. Ein Beleg dafür ist das bereits mehrmals erwähnte Polizeihandbuch Eichlers, das dem Volksaufstand und der Zusammenrottung mehrere Seiten widmet.[78] Die Frage, ob der Polizeikommissar dergestalt auf ein Ereignis reagierte, das sich in Prag ungefähr ein Jahr vor der ersten Ausgabe des Handbuches zugetragen hatte, bleibt Spekulation. Paradox daran ist, dass dieses Ereignis durch eine scheinbar so moralisch exaltierte Geste wie einen Angriff auf ein Freudenhaus ausgelöst wurde.

---

76 NA, PG, Sign. 15c, Kart. 522, Prag, 10. 1. 1808, Melchers' Begleitschreiben an den Gubernialpräsidenten (das Verzeichnis der Prager Gast- und Schankhäuser selbst ist in diesem Bestand leider nicht erhalten).

77 NA, PG, Sign. 15c, Kart. 522, Prag, 28. 1. 1808, Kolowrat an Gubernialpräsidenten.

78 Eichler: Die Polizei praktisch/1794, 21–25.

Der „Bordell-Tumult" von 1793

Im deutsch-tschechischen Wörterbuch von Karl Ignaz Thám aus dem Jahre 1799 wird das Wort „Tumult" mit dem heute kaum noch verständlichen Ausdruck „rumreych" bzw. „rumrajch" ins Tschechische übersetzt.[79] Als „Tumult", auf Tschechisch „rozbroje", wurden die Ereignisse, zu denen es zwei Monate zuvor in der Prager Altstadt gekommen war, in der zweisprachigen öffentlichen Ankündigung von Februar 1794 bezeichnet. Der Offizier und Folkloresammler Jan Jeník von Bratřice, auf den wir noch zurückkommen, schrieb – eher ironisch – von einem Aufstand oder einer Rebellion. Diese Zusammenrottung bzw. der Volksauflauf, wie wir „Tumult" wahrscheinlich heute interpretieren würden, verschwand jedenfalls nicht in den Tiefen der Polizei-, Stadt- und Gubernialarchive. Bereits im Jahre 1816 nahm Joseph Schiffner den Bericht darüber in seine *Neuere Geschichte der Böhmen* auf.[80] Mit intellektuellem und zeitlichem Abstand beschreibt der Arzt und spätere Rektor der Karlsuniversität Jan Theobald Held die Tumulte relativ detailliert in seinen Memoiren, die zwar erst unlängst publiziert wurden, allem Anschein nach aber schon früher als Manuskript bekannt waren.[81] Eine Spur hinterließ der Tumult auch in der modernen Geschichtsschreibung, sei es als kurze Erwähnung, als Kuriosität aus dem Altprager Leben oder als Indiz für revolutionäre Unruhe und Gesinnung in den böhmischen Ländern während der Französischen Revolution.[82]

---

79 Tham, Karl Ignaz: Neues ausführliches und vollständiges deutsch-böhmisches Nazionallexikon oder Wörterbuch, Bd. 2, Prag 1799, 358.

80 Schiffner: Neuere Geschichte/1816, 128: „Bereits den 13. Dezember vergangenen Jahrs entstand in Prag ein Tumult, vorzüglich von den Studenten, welche einige Häuser, wo Freudenmädchen unterhalten wurden, anfielen, und dort die Einrichtungen der Zimmer zerstörten. Die Kupplerin Fleklin wurde eingezogen, und nach dem Gefängnisse abgeführt. Nun ward sie an der Schandbühne dem Altstädter Rathhause gegenüber ausgestellt und ihr ein Täfelchen mit der Inschrift: ‚Verführerin der Jugend' angehängt.""

81 Die Memoiren „Einige Data zu meinem künftigen Nekrolog" sind vor kurzem lediglich in der tschechischen Übersetzung Jindřich Květs von Daniela Tinková ediert worden; Held, Jan Theobald: Fakta a poznámky k mému budoucímu nekrologu I. Vzpomínky pražského lékaře na léta 1770–1799 [Fakten und Anmerkungen zu meinem künftigen Nekrolog. Erinnerungen eines Prager Arztes an die Jahre 1770–1799], Praha 2017, zum Tumult von 1793 216–221.

82 Am Rande wird die „Zusammenrottung des Volkes" erwähnt in Janáček, Josef (Hg.): Dějiny Prahy [Geschichte Prags], Praha 1964, 422. Als Merkwürdigkeit wird sie beschrieben von Novotný, Antonín: Naposledy o Praze F. L. Věka [Zum letzten Mal über Prag im Zeitalter F. L. Věks], Praha 1948, 23–34. Novotný nutzte offenbar nicht nur Jan Jeník von Bratřice als Quelle, sondern auch die Präsidialakten des böhmischen Guberniums und das Stadtarchiv. Im Kontext der Revolution findet der Tumult Erwähnung bei Mejdřická: Čechy/1959, 161; Dies.: Listy/1989, 140. Weiter auch Bělina, Pavel (Hg.): Dějiny Prahy [Geschichte Prags], Bd. 2: Od sloučení pražských měst v roce 1784 do současnosti [Von der Vereinigung der Prager Städte bis zur Gegenwart], Praha 1998, 20. Aus älterer Geschichtsschreibung Prášek, Justin: Dějiny Čech a Moravy nové doby [Geschichte Böhmens und Mährens in der Neuzeit], Bd. 10, Praha 1905, 18.

Ähnlich wie bei den frühneuzeitlichen Revolten sind wir auch bei den polizeilich untersuchten Fällen auf einen Quellentypus angewiesen, der, sofern er uns überhaupt die Sicht der Beteiligten nahebringt, dies in sehr verzerrter Form tut. Die amtlichen Nachrichten sind keine objektive Darstellung des Verlaufs der Ereignisse. Aber weder das noch die Tatsache, dass uns die Verhöre der angeblichen Rädelsführer der Unruhen unbekannt sind, stellt für die Perspektive, die hier verfolgt wird, ein Hindernis dar. Ich werde den Tumult vom Dezember 1793 vor allem als Gegenstand von Amtshandlungen und Kommunikation betrachten. Dabei werde ich seine Faktizität voraussetzen bzw. werde nicht darum herumkommen, ihn zu rekonstruieren. Es wird mich interessieren, wie das Ereignis in der Korrespondenz der Gubernialbeamten, der Polizeidirektion und des Magistrats bezeichnet wurde, worin seine Gründe gesehen wurden und wie versucht wurde, seine Ausweitung oder Wiederholung zu verhindern. Im halbliterarischen Rückblick von Held oder Jeník von Bratřice mögen die Prager Unruhen unbedeutend bis lächerlich erschienen sein, Ende 1793 und Anfang 1794 stellten sie aber – zumindest nach den Spuren zu urteilen, die sie in den Quellen hinterlassen haben – für die Behörden eine große Herausforderung dar.

Auch von der inneramtlichen Kommunikation sind nur Bruchstücke der Quellen zu den Unruhen erhalten – ich werde mich auf das Archiv des Prager Magistrats und der Polizeidirektion und vor allem auf die Akten des Gubernialpräsidiums stützen, das die Wiener Behörden informierte und zugleich die Tätigkeit der Ordnungskräfte direkt in Prag koordinierte. Die Schriftstücke von Pergens Polizeihofstelle werden nur zum Teil berücksichtigt. Unter den gubernialen Quellen ist die erste und, soweit wir das beurteilen können, auch die genaueste Quelle ein Bericht von Prokop Lažanský, dem Präsidenten des Guberniums, vom 13. Dezember 1793, den er für den obersten Direktorialminister Leopold Wilhelm Kolowrat und Polizeiminister Johann Anton Pergen verfasste. Lažanský hatte den Wiener Polizeiminister Pergen schon am Tag zuvor informiert, nachdem er von den Unruhen erfahren hatte.[83] Was die Schilderung des Anfangs der Unruhen betrifft, ging Lažanský wahrscheinlich von der Meldung des Polizeifeldwebels Josef Czech aus.[84]

Brennpunkt der Unruhen war ein Bordell in der Prager Wacholdergasse/Jalovcová im heutigen Haus Zum grünen Wacholder (U zeleného jalovce).[85] Es hieß, Studenten hätten die dortige Belegschaft so sehr provoziert, dass diese sich an die Polizeidirektion wandte und daraufhin eine Polizeiwache in der Straße erschien. Diese „Denunziation" erzürnte die Studenten, weshalb sie sich am Mittwoch den 11. Dezember gegen fünf Uhr

---

83 ÖStA, AVA, Polizeihofstelle, Sign. 908.1793, Kart. 36, Prag, 12. 12. 1793, Lažanský an Pergen.

84 Novotný: Naposledy/1948, 23. Sein Verdienst an der Beilegung der Unruhen erwähnte Czech noch im Jahre 1834 im Gesuch um Rentenbemessung; dazu Scholzová: Josef Alois Czech/2001, 19–33, hier 20, 28.

85 NA, PG, Sign. 15c, Kart. 234, Prag, 13. 12. 1793, Oberstburggraf und Gubernialpräsident Lažanský an Direktorialminister Kolowrat und Polizeiminister Pergen (Konzept). Falls nicht anders angegeben, stammt die folgende Darstellung des Konflikts einschließlich der Zitate aus dieser Quelle.

abends in größerer Zahl direkt vor dem Freudenhaus versammelten, wo es zum Konflikt kam – die Studenten erhoben ein Geschrei gegen die Prostituierten, diese begossen sie mit Wasser (spätere Quellen sprechen vom Inhalt der Nachttöpfe)[86] und im Gegenzug wurden Steine und Exkremente in die Fenster geworfen. Der Polizeimannschaft gelang es nicht, die Situation vor Ort zu entschärfen, und das Eintreffen einer militärischen Mannschaft verschärfte sie sogar noch. Daher griff Feldwebel Czech mit einem „guten Wort" ein, kommandierte beide Einheiten ab und am Ende gelang es ihm sogar die Raufereien zu befrieden, die in der Menge zwischen den Studenten und den anwesenden Kanonieren ausgebrochen waren, unter anderem auch dadurch, dass er den Studenten versprach, dass sie für das „Begossen-Werden" Satisfaktion fordern könnten. Die Menge löste sich auf, nur um halb zwölf in der Nacht kamen vor dem Bordell noch einmal für kurze Zeit etwa 40 bis 50 Studenten zusammen. Der Gubernialpräsident wurde über die ganze Angelegenheit erstmals um zehn Uhr abends informiert, offenbar allerdings nicht detailliert.

Wie Lažanský weiter nach Wien berichtete, kamen die Studenten am darauffolgenden Tag, Donnerstag den 12. Dezember, um zehn Uhr vormittags zur Polizeiwache am Altstädter Ring, um Satisfaktion zu fordern, während sich in der Wacholdergasse am Vormittag eine Gruppe von Menschen der „niedrigeren Klassen" versammelte. Die Polizei erkannte anscheinend den Ernst der Lage und begann den Gubernialpräsidenten auf dem Laufenden zu halten, der präventiv Kavalleristen der Prager Militärgarnison in den Straßen positionieren ließ. Als Lažanský von der Polizeidirektion gegen sechs Uhr abends die Nachricht erhielt, dass „Volk" auf dem Altstädter Ring zusammenströme, und sofort danach, dass „der Auflauf sehr groß und bedenklich werde", begab er sich selbst vor Ort: „Ich kam auf den Altstädter Ring und fand selben von mehrern tausend Menschen aus den niedrigen Volksklassen angefüllt, die sich zwar ganz ruhig verhielten, aber dennoch den Platz bisher nicht verlassen wollten. Ich redte sie auf eine anständige, aber nachdrückliche Art an, stellte ihnen ihren gesetzwidrigen Zusammenlauf vor, und ermahnte sie, alsgleich den Platz zu verlassen, ihren Handtierungen nachzugehen, oder sich nach Hause zu verfügen, damit man nicht gezwungen werde, sie mit Gewalt auseinander zu treiben. Dieses Zureden hatte die erwünschte Wirkung, denn ohne die geringste Widerrede oder Ausschweifung wich das Volk allenthalben zurück; und verrieth dadurch augenscheinlich, daß selbes nicht aus böser Absicht, sondern mehr aus Neigierde zusammengelaufen war, um zu sehen, was da vorgehen würde."

---

86 Held: Fakta/2017, 216. Die Schilderung von Jan Jeník von Bratřice, die in seinen „Kurzen Liedern" enthalten ist und von Lažanskýs amtlichem Bericht einigermaßen abweicht, wurde mehrmals veröffentlicht, zuletzt als Jeník von Bratřice, Jan: Písně krátké Jana Jeníka rytíře z Bratřic [Kurze Lieder des Ritters Jan Jeník von Bratřice], Bd. 2, hg. von Jiří Traxler, Praha 2010, 250–256, zur Begießung mit Urin 250. Im folgenden Text benutze ich die Worte „Bordell" und „Prostituierte", obwohl die Prostitution in den als „Caffehaus" bezeichneten Einrichtungen von den als „Freudenmädchen" bezeichneten Personen nur gelegentlich betrieben wurde.

Abb. 17 *Altstädter Ring in Prag mit der Polizeihauptwache (vorne rechts), 1793–1794*

Mit Hilfe der Militärgarnison, die der Gubernialpräsident zur höchsten Gelassenheit ermahnte, war der Platz nach einer halben Stunde geräumt, nur einige wenige Personen wurden festgenommen und dem Magistrat zum Verhör übergeben.

Am Schluss des Berichts zählt Lažanský die übrigen Maßnahmen auf, die zur Sicherung des öffentlichen Friedens ergriffen worden waren: Militärwachen patrouillierten verstärkt in den Straßen; an alle Hausbesitzer, Zunftmeister, Studenten sowie ihre Lehrer ergingen Aufrufe, die Dienern, Lehrlingen, Handwerksgesellen, Knechten und Studenten von öffentlichen Versammlungen abrieten. Die Polizeidirektion und der Magistrat sollten die studentischen Rädelsführer, von denen die ersten Beleidigungen gekommen waren, ausfindig machen, ebenso wie die Prostituierten, die das Wasser über ihnen ausgegossen hatten.[87] Am 13. Dezember konstatierte Lažanský auch, dass Plündereien von Seiten der Studenten um sich griffen, und ließ, um weiteren Zusammenstößen vorzubeugen, alle Prostituierten vorübergehend in einer Zwangsarbeitsanstalt inter-

---

87 Diese Gubernialverordnung ist auch in den Beständen des Prager Magistrats belegt; AHMP, MHPM I.-Publ, Buch Nr. 19, Einreichungsprotokoll für das zweite Halbjahr 1793, Nr. 10.114.

nieren.[88] In einer Note vom 13. Dezember forderte auch der Kommandant der Prager Militärgarnison den Gubernialpräsidenten dazu auf, die Einwohner mit Hilfe des Magistrats, der Polizei und des akademischen Senats zur Ruhe zu ermahnen.[89] Aus der Note ist eine gewisse Unsicherheit der militärischen Einheiten auf nicht-militärischem Terrain erkennbar – der Autor bat, die Bürgerschaft darüber zu informieren, dass die Militärpräsenz überall nur „auf die Handhabung ihrer eigenen Sicherheit gerichtet" sei, und gleichzeitig den militärischen Streifen „bewährte Commissaires von der Stadt" beiseite zu stellen, die „zwischen ganz unverdächtigen und verdächtigen Leuten einen Unterschied zu machen" in der Lage wären. Noch am selben Tag erließ der Gubernialpräsident ein Versammlungsverbot für Lehrlinge, Gesellen und Dienstboten an öffentlichen Plätzen.[90] (Ob es sich um dieselbe „Anordnung zur Wiederherstellung der öffentlichen Ruhe" handelt, von der wir aus anderen Quellen erfahren, ist nicht sicher.)

Am darauffolgenden Tag, am Samstag den 14. Dezember, sicherte Lažanský in seiner Antwort auf die Note den militärischen Patrouillen „Civilkommissäre" vom Magistrat zu. Obwohl dank der bisherigen Maßnahmen Ruhe herrschte, fürchtete der Gubernialpräsident, was am Sonntag und besonders am Montag geschehen würde, „wo das gemeine Volk größtentheils dem Trunk nachgeht", und entschied deshalb alle Wachen zu verdoppeln. Er ersuchte auch den Garnisonskommandanten, ihm einen verlässlichen pensionierten Offizier als Ersatz für einen erkrankten Polizeileutnant auszuleihen.[91] Am selben Tag gab das Gubernium auch eine Warnung heraus, die sich an die Prager Bürgerschaft und vor allem an die Wirtsleute und die Handwerksmeister richtete. Darin lobte es zwar deren „seit jeher bekannte Neigung zur Ruhe und Ordnung" und dass „die gute Bürgerschaft" den „gesetzwidrigen und äussert sträflichen Exzessen" des vorgestrigen Tages gegenüber „einen gerechten Abscheu gezeiget habe". Weil in deren Verlauf jedoch Lehrlinge mit Brechstangen, Hämmern und Hacken gesehen worden waren, rief das Gubernium die Lehrmeister dazu auf, diese an einer möglichen weiteren Beteiligung zu hindern, und forderte Eltern, Hausherren und andere häusliche Autoritäten dazu auf, die ihnen anvertrauten Personen bei ähnlichen Gelegenheiten erst gar nicht aus dem Haus zu lassen.[92]

---

88 Die Bordelle, die angegriffen wurden, erwähnt unter anderem Novotný: Naposledy/1948, 24–25. Im ersten Bericht an Pergen vom 12. 12. 1793 schrieb Lažanský: „und weilen die freudenmädchen der gegenstand zu sein scheinen, so laß ich solche alle aufheben, theils um den gegenstand zu entfernen, theils um sie selbst zu sichern"; ÖStA, AVA, Polizeihofstelle, Sign. 908.1793, Kart. 36.

89 NA, PG, Sign. 15c, Kart. 234, Prag, 13. 12. 1793, Note der Prager Militärkommandantur an den Oberstburggrafen/Gubernialpräsidenten.

90 Das den Hauseigentümern und Zunftvorgesetzten bestimmte Versammlungsverbot an öffentlichen Plätzen vom 13. 12. 1793 ist belegt im AHMP, MHMP I.-Publ, Nr. 19, Einreichungsprotokoll für das zweite Halbjahr 1793, Nr. 10.124.

91 NA, PG, Sign. 15c, Kart. 234, Prag, 14. 12. 1793, Note des Gubernialpräsidenten an den Kommandanten der Prager Militärgarnison (Konzept, unterzeichnet von Schild).

92 NA, PG, Sign. 15c, Kart. 234, Prag, 14. 12. 1793, „Avertissement" des Gubernialpräsidenten (Konzept).

Auch am 14. Dezember benachrichtigte Lažanský Kolowrat und Pergen in Wien über die Entwicklung der Situation und über seine Forderungen an den Prager Magistrat. Neben der erwähnten Assistenz der städtischen Kommissare bei Militärpatrouillen handelte es sich um die ordentliche Befragung aller bei den Tumulten festgehaltenen Personen, vor allem der mit Werkzeugen bewaffneten Lehrlinge (das mögliche Verdikt, das der Magistrat über sie fällen würde, behielt sich Lažanský jedoch zur Bestätigung vor) oder die Feststellung der geplünderten Häuser und der plündernden Personen. Mit Hilfe des Magistrats befahl Lažanský den Hausbesitzern, die Toreinfahrten schon vor Anbruch der Nacht zu verschließen. Der Bericht zeigt die Kommunikationskanäle in einer relativ angespannten Situation. Der oberste Burggraf/Gubernialpräsident wandte sich direkt an den Magistrat und ordnete an, den Erlass mit Hilfe der Viertler weiterzuverbreiten. Der Magistrat selbst kommunizierte direkt mit dem obersten Burggrafen, mit der Militärkommandantur nur durch dessen Vermittlung. An die übrigen Instanzen konnte sich die Polizeidirektion allem Anschein nach unmittelbar selbst wenden. Mit ihr gemeinsam sollte der Magistrat dem Gubernium täglich Bericht über die Stimmung unter den „Volksklassen" erstatten.[93]

Der Gubernialpräsident stand mit dem Prager Oberbürgermeister in jenen Tagen auch in persönlichem Kontakt. Wie er in einem weiteren Bericht vom Sonntag den 15. Dezember abends nach Wien schrieb, traf er sich am Morgen desselben Tages mit ihm und belehrte ihn, wie die Polizeiwachen und die städtischen Kommissare über die Prager Viertel verteilt werden sollten, „damit gleich bei Entstehung eines kleinen Tumults die angemessene Zahl Mannschaft herbeigeholet und Ruhe geschaffet werde". Dabei betrafen seine hauptsächlichen Befürchtungen die Nacht vom Sonntag auf Montag. Da die Prager Garnison wegen des Koalitionskriegs nur schwach besetzt war, äußerte Lažanský die Hoffnung, dass sich gegebenenfalls auch die Bürgergarde und die Kavallerie an einer eventuellen Befriedung von Unruhen beteiligen würden.[94]

Der nächste Bericht an die Minister Kolowrat und Pergen, der aus Prag am 16. Dezember abging, liegt uns zwar nicht vor, wir wissen aber aus Pergens zusammenfassender Antwort vom 19. Dezember 1793 von dessen Inhalt. Lažanský hatte ihm das definitive Ende der Unruhen angezeigt, wofür ihn Pergen lobte. Keine lobenden Worte fand der Minister jedoch für die Prager Polizeidirektion. Zum einen habe sie zu spät reagiert,

---

93 NA, PG, Sign. 15c, Kart. 234, Prag, 14. 12. 1794, Lažanský an Kolowrat und Pergen („Weitere Auskunft über die zur Verhütung eines Volksauflaufs getroffenen Anstalten", Konzept); bis auf die Punkte 8 und 9 teilte Lažanský die identische Maßnahme am selben Tag auch dem Prager Magistrat mit („Vorkehrungen zur Verhüttung eines Volksauflaufs").

94 NA, PG, Sign. 15c, Kart. 234, Prag, 15. 12. 1793, Lažanský an Kolowrat und Pergen („Fortsetzung der Auskünfte über die öffentlichen Sicherheitsanstalten zu Prag", Konzept). Die personelle Schwäche der Prager Militärgarnison „zu Beginn des französischen Krieges" erwähnt auch Jeník von Bratřice, Písně krátké/2010, 251.

denn „bei Fällen dieser Art kommt [es] auf die Schnelligkeit an, mit welcher zweckmä-
ßige Verfügungen getroffen werden, eine halbe Stunde später bleiben oft auch die besten
Masseregeln ohne Kraft, oder wirken nicht selten falsch". Pergen spekulierte sogar, dass
die Direktion den Auflauf vor dem Bordell letztlich selbst hervorgerufen hatte, indem sie
nach den anfänglichen Konflikten die Polizeipatrouillen gerufen hatte und folglich „es
das Ansehen gewonnen hat, als wenn die Polizeÿpatrouillen nicht so wohl zu Erhaltung
der öffentlichen Ruhe, als zum Schutz einiger feilen dirnen beordert worden wären. [...]
Überhaupt scheint das Prager Publikum in der Vermuthung zu stehen, daß man den
Freudenmädchen von Seite der Polizeÿ mehr Schutz angedeihen lasse, als der gesittete
Theil der Staatsbürger wünschet, und daß hiebei nicht so wohl Duldung, als Begünsti-
gung eintrete". Lažanský sollte das Vorgehen der Polizei untersuchen, gegebenenfalls
die Verantwortlichen herausfinden und Pergen informieren.[95]

In seinem Brief tritt Pergen als Polizeiexperte auf, der weiß, wie wichtig im Falle
von Unruhen ein schnelles Eingreifen ist. Gubernialpräsident Lažanský war sich der
grundlegenden Mängel im Vorgehen der Polizei schon zuvor bewusst, wie aus seiner –
offensichtlich eigenhändig verfassten – Kritik hervorgeht, die er am 17. Dezember
an die Polizeidirektion adressierte.[96] Seiner Ansicht nach hatte die Polizei den Fall
unterschätzt und ihn ungenügend darüber informiert. Zwar wurden die Unruhen in
der regelmäßigen Meldung vom 11. Dezember zum ersten Mal erwähnt; diese war
allerdings allem Anschein nach nicht für das Gubernium bestimmt, sondern für den
Oberbürgermeister. Vor allem aber verschwieg die Direktion, dass sich schon zuvor ein
Hausbesitzer über die Studenten beschwert hatte, was auf ein größeres Problem hinwies.
Auch deswegen hätte die Polizei die Studenten, die die Belegschaft des Bordells verbal
angriffen, gleich am ersten Abend an Ort und Stelle festnehmen sollen. Spätestens als
die Studenten am 12. Dezember vormittags vor der Altstädter Polizeiwache Satisfaktion
forderten, hätte klar sein müssen, dass es sich nicht um spontane Unmutsäußerungen
handelte, sondern um ein organisiertes „Komplott". Dabei habe Lažanský selbst von
der Eskalation des Konflikts in der Wacholdergasse am Abend und in der Nacht des
11. Dezember und von der Versammlung der Studenten auf dem Altstädter Ring am
Vormittag des 12. Dezember erst am selben Tag um zwei bzw. vier Uhr nachmittags
erfahren.

Der Verdacht, dass die Polizei für die Unruhen mitverantwortlich sei oder die Prostituierten direkt protegiere, sei in der Öffentlichkeit, wie Lažanský weiter kritisiert,
nicht nur durch deren völlige Laxheit entstanden. Gegenstand des Spotts sei auch die
allgemein bekannte Tatsache gewesen, dass sich die Ehefrau eines Polizeikorporals im
Bordell als Kupplerin betätige. Der Landeschef forderte nicht nur, dass die Polizeidi-

---

95 NA, PG, Sign. 15c, Kart. 234, Wien, 19. 12. 1793, Pergen an Lažanský.

96 NA, PG, Sign. 15c, Kart. 234, Prag, 17. 12. 1793, wahrscheinlich der Gubernialpräsident „an die Polizeidi-
     rektion" (eigenhändiges Konzept).

rektion den Korporal bestrafte, und insgesamt ihre Langsamkeit und Nachlässigkeit rechtfertigte. Sie sollte auch innerhalb der Polizeimannschaft und in den übrigen Ämtern Ordnung schaffen, „damit diese zur Sicherheit der Stadt aufgestellte Wache auch in Augen des Publicums sich achtbar mache". Im Anschluss widerlegte Polizeidirektor La Moth zumindest die Anschuldigung, dass der Ehemann von Dorothea Dewanin, einer der angeblichen Kupplerinnen, Polizist war.[97]

Während die amtliche Korrespondenz hier schweigt, informieren andere Quellen über die weiteren Umstände der Unruhen und die Rolle der Polizei dabei. Die detaillierten und lebhaften Schilderungen, die auch direkte Rede enthalten, vor allem bei Jeník von Bratřice und teilweise auch bei Held, gehen auf das Konto gewisser literarischer Freiheiten.[98] Sie stimmen allerdings darin überein, dass die Unruhen etwa drei Tage lang dauerten, sich nicht auf die Altstadt beschränkten, sondern auch andere Kaffeehäuser bzw. die dort befindlichen Bordelle Ziele von Angriffen und Plündereien wurden (Held erwähnt die Neustadt und die Kleinseite), und sich auch weitere Einwohner Prags, in Jeníks Worten ein „diverses Prager Gesindl", den Studenten anschlossen. Held gibt an, dass die Menge um die tausend Menschen umfasste.[99]

Diese Quellen dokumentieren auch den Spott, dem die Prager Polizei und ihr Direktor ausgesetzt waren. Als Begründung für diesen Spott wurde angegeben, dass die Polizei nicht nur die Satisfaktion ablehnte, sondern anfänglich auch die von den Studenten geforderte öffentliche Bestrafung der Katharina Flekl(in), die in der Karpfengasse ein Bordell betrieb. Daraufhin erschienen in der Öffentlichkeit zwei gegen die Polizeidirektion und deren Chef La Moth gerichtete deutschsprachige Schmähschriften (die später von Jeník aufgezeichnet wurden). Außerdem ist zu diesem Thema ein tschechischsprachiges Lied überliefert, das den Titel *Poslechněte, co se stalo v Praze za špásy* [Hört, was für Späße in Prag passierten] trägt. Das Lied konzentriert sich vorwiegend – mehr oder weniger chronologisch – auf den Konflikt zwischen den Studenten und den Prostituierten, wobei es auf die letzteren ziemlich verachtungsvoll und hochmütig herabsieht. So präsentiert es die Verhaftung und Einweisung der Prostituierten in die Zwangsarbeitsanstalt als verdiente Strafe für ihr lasterhaftes Leben.[100]

---

97 AHMP, MHMP I.-Publ, 1789–1797, Sign. 54/165, 1793, Nr. 10.299, Prag, 19. 12. 1793, La Moths Note an den Prager Magistrat.

98 Novotný: Naposledy/1948, 24; die Studenten sollen zu Beginn die Prostituierten mit den Worten provoziert haben: „Wartet nur, ihr Hurengesindl, wir werden euch zeigen, was ein Species facti ist" (mit „Species facti" war wahrscheinlich die Anzeige der Prostituierten gegen die Studenten gemeint). Jeník z Bratřic: Písně krátké/2010, 250; die mit Urin begossenen Studenten sollen ihre Kommilitonen zur Rache aufgefordert haben: „Raus, raus, alles raus! Zur Rebellion gegen die Huren, die uns Studenten so grob verunehrt haben!" (übersetzt von P. H.).

99 Jeník z Bratřic: Písně krátké/2010, 250; Held: Fakta/2017, 218–219 (bei der Datierung des ersten Zusammenlaufes in der Wacholdergasse auf den 13. 12. irrt Held offenbar).

100 Jeník z Bratřic: Písně krátké/2010, 254–256; „Statt ins Kaffeehaus/wurden viele ins Arbeitshaus gesteckt/ was die Armen erleiden/sie müssen Baumwolle abspinnen" [übersetzt von P. H.].

Die auf Deutsch verfassten Schmähschriften sind scharf gegen die Polizei und ihren Direktor gerichtet:

„Zum Tumult wär's nicht gekommen
hätt man Satisfaction bekommen
für den von Hurren erlittenen Schimpf;
allein die Polizei-Direktion
ist der Hurren Protektion;
vom Direktor bis zum Schreiber,
sind's ausgemachte Hurrentreiber,
um die Scharken abzuwetzen,
wär Baron Lamotte abzusetzen.

Nichts als fahren, fressen, saufen,
nichts als blos zu Hurren laufen
kann baron Lamott!

Die Fleklin ist zwar eine Sau,
doch – sie ist die liebste Frau
des Baron Lamott.

Sie hat in Kontribution
die ganze Polizei-Direktion,
und Baron Lamott.
Usw."[101]

Am Ende wurde die erwähnte Katharina Flecklin tatsächlich festgenommen und nach längerem Verhör und Berufungen am 28. Februar 1794 auf dem Altstädter Ring mit zwei Stunden Pranger mit der schmachvollen Inschrift „Verführerin der Jugend", Geißelung und Gefängnis bestraft; anschließend soll sie ihre Betätigung nach Berlin verlegt haben.[102] Ob hier der Prager Magistrat, der für die Bestrafung zuständig war, tatsächlich dem Druck der Studenten nachgab bzw. warum eine Ehrenstrafe gewählt wurde, obwohl

---

101 Jeník z Bratřic: Písně krátké/2010, 252. Die Transkription des Herausgebers ist nach dem Original berichtigt worden: https://imagines.manuscriptorium.com/loris/AIPDIG-NMP___IV_G_36_____0HQMX11-cs/ID0349/full/full/0/default.jpg [letzter Zugriff 21. 2. 2024].

102 Jeník z Bratřic: Písně krátké/2010, 253. Zur Inschrift Schiffner: Neuere Geschichte/1816, 128. Der Kupferstecher Johann Balzer hielt die am Prager stehende Katharina Flecklin auf einem Kupferstich fest, dessen Wiederabdruck und Verbreitung das Gubernium jedoch mit dem Argument untersagte, dass dadurch die schon einmal verbüßte Schandstrafe wiederholt würde; NA, PŘ I., Inv. Nr. 407, Kart. 8, Nr. 525, Prag, 6. 3. 1794, Gubernialpräsidium an Polizeidirektion.

diese von Kaiser Joseph II. im Jahre 1788 bei anderer Gelegenheit abgeschafft worden war,[103] ist nicht ganz klar. Offen bleibt auch die Frage, ob aus den Schmähschriften eher ein beleidigter Gruppenstolz der Studenten sprach oder ob, wie Jeník, andere Quellen und auch der Gubernialpräsident behaupteten, tatsächlich Verbindungen zwischen der Polizei, den Prostituierten und deren einflussreichen Kunden bestanden.

Wie die Anordnung des Guberniums vom 26. Februar 1794 bezeugt, befand sich dieses mit seiner Absicht, durch die öffentliche Bestrafung Katharina Flecklins wegen Kuppelei auf die „niederen Volksschichten" einzuwirken, in einer ambivalenten Situation. Es erwartete Unruhen unter den versammelten Zuschauern (da diese angeblich planten in Prag alle Eier aufzukaufen), zugleich wollte das Gubernium diese Befürchtungen in keiner Weise, etwa durch Zugangsbeschränkungen oder Verheimlichung, sichtbar werden lassen. Deshalb sollten im Altstädter Rathaus, während die Strafe vollzogen wurde, der Polizeireferent des Guberniums, der Polizeidirektor, der Oberbürgermeister und untergebenes Personal anwesend sein. Die Polizeikommissare, die Viertler und „andere vertraute Leute" sollten sich in der zuschauenden Menge verteilen, um mögliche Störenfriede auszumachen und anschließend von den Wachen festnehmen zu lassen. Im Falle des Ausbruchs eines „wirklichen Tumults" sollte der Zugang zum Altstädter Ring abgeriegelt und „der unruhige Haufen" durch den Aufmarsch bereitgestellter militärischer Truppen abgeschreckt und auseinandertrieben werden. Diese Befehle hoben besonders die reibungslose Zusammenarbeit der zivilen und militärischen Ordnungskräfte hervor.[104] Zu nennenswerten Ausschreitungen von Seiten des Volks kam es dann letztendlich nicht.

Allgemein ist im öffentlichen ebenso wie internen Vorgehen in der zweiten Dezemberhälfte 1793 und im Januar und Februar 1794 deutlich bemerkbar, dass die Ämter wachsam und bemüht waren, weitere Zwistigkeiten zu befrieden; so gingen etwa beim Magistrat öfters Meldungen über nächtlichen Lärm und Ruhestörungen ein. Auch die Zeitungen schwiegen nicht zum Tumult. Schönfelds offiziöse „Prager Oberpostamtszeitung" schrieb jedoch am 17. Dezember 1793 in bagatellisierendem Ton von „Mißhelligkeiten", bei denen einige „Schlupfwinkel der Wollust" zerstört worden seien. Sie hob die Verdienste des obersten Burggrafen Lažanský hervor und lobte die Bürgerschaft vor Ort, die angeblich für ihre Neigung zu Ruhe und Ordnung bekannt sei und auf Unruhen mit Abscheu und Ekel reagiere. Ganz im Sinn dieser Informationsstrategie pries eine der wenigen weiteren Nachrichten bezeichnenderweise die Bürger und

---

103 NA, PŘ I., Inv. Nr. 245, Kart. 3, Prag, 15. 7. 1788, Gubernialpräsident Cavriani übermittelt das Hofdekret vom 3. 7. an den Prager Magistrat; Prag, 29. 7. 1788, darauf aufbauende Verordnung des Prager Magistrats (unterzeichnet von Oberbürgermeister Bernard Zahořanský von Worlik), „daß es hierdurch von der Verordnung vom 23. November 1787 wegen Ausstellung an Anhängung einer Tafel von nun an ganz abkomme".

104 AHMP, MHMP I.-Publ, 1789–1797, Sign. 54/165, Nr. 1699, Prag, 26. 2. 1794, guberniale Anweisung zum Vollzug der Strafe über Katharina Flecklin (unterzeichnet von Jan Václav Margelik).

Beamten, die im Petersviertel selbst Patrouillen gebildet hatten, um die öffentliche Ruhe zu gewährleisten. Auch die „Prager Staats- und gelehrten Nachrichten" übernahmen Schönfelds einleitenden Bericht beinahe wörtlich.[105]

Der Magistrat verhörte insbesondere die Belegschaft der Kaffeehäuser zwar während des gesamten Zeitraums, erst am 15. Februar 1794 wurde aber eine Kommission gebildet, die die ganze Angelegenheit untersuchen sollte und aus zwei Gubernialräten, dem Grafen Josef Sweerts und dem Freiherrn Wilhelm Mac Neven, bestand. Ende Februar wurden allem Anschein nach auch Tatverdächtige festgenommen.[106] Unterdessen ließ das Gubernium am 11. Februar 1794 eine zweisprachige Bekanntmachung drucken und veröffentlichen („Proklama an das Prager Publikum"), in der vor weiteren Unruhen, vor der Nichtbefolgung der amtlichen Befehle und auch vor bloßer Beteiligung aus Neugier gewarnt wurde: „Denn wer sich durch Anführen, durch Zusammenrotten, oder irgend eine andere Mitwirkung zum öffentlichen Tumult verfänglich macht, oder obrigkeitlichen Personen, und der im Dienste stehenden Militär- und Polizeymannschaft unanständig begegnet, oder sich gar an derselben vergreift, und Widerstand leistet, wird nach der Strenge der bestehenden politischen und Kriminalgesetze behandelt werden. Da man die Absicht eines jeden in einer solchen verbotenen Handlung betretenen einzelnen Menschen nicht beurtheilen kann, so werden auch diejenigen, welche einer Zusammenrottung sich beigesellen, und sie dadurch vermehren, ohne Unterschied der Person der Strafe der gestörten öffentlichen Sicherheit unterliegen."[107]

Angeblich wurde die Bekanntmachung an mehreren Orten, unter anderem auch am Universitätsgebäude, innerhalb weniger Tage heruntergerissen; diesen Verdacht des Guberniums bestätigten jedoch die anschließenden Ermittlungen von Polizeikommissar Glaser nicht. Die Polizeidirektion musste sich dem Gubernium gegenüber auch dafür verantworten, dass sie es nicht über die Menschenansammlungen auf dem Altstädter Ring informiert hatte, die dort ungeduldig darauf warteten, dass Katharina Flecklin herausgebracht und an den Pranger gestellt wurde.[108]

---

105 Kaiserlich-Königliche privilegierte Prager Oberpostamtszeitung, Nr. 101 vom 17. 12. 1793 (Nachricht aus Prag vom 15. 12. 1793); Nr. 3 vom 11. 1. 1704 (Nachricht aus Prag vom 9. 1. 1794; Prager Staats- und gelehrte Nachrichten, Nr. 51 vom 22. 12. 1793, 405 (Nachricht aus Prag vom 15. 12. 1793).

106 Unter anderem NA, PŘ I., Inv. Nr. 402, Kart. 8, Nr. 374, Prag, 15. 2. 1794, das Gubernium teilt der Polizeidirektion die Errichtung der Untersuchungskommission mit und fordert sie zur Zusammenarbeit auf. Zur Festnahme von Verdächtigen am 28. 2., der Untersuchung und Kommission auch Held: Fakta/2017, 220–221.

107 AHMP, MHMP I.-Publ, 1789–1797, Sign. 54/165, 1794, Nr. 1300, Exemplare der „Proklama" samt dem gubernialen Begleitschreiben an den Magistrat vom 11. 2. 1794. Der tschechische Text beweist übrigens, dass die offizielle Rechtsterminologie noch nicht fest verankert war.

108 NA, PŘ I., Inv. Nr. 404, Kart. 8, Nr. 375, Prag, 17. 2. 1794, Gubernium an Polizeidirektion (unterzeichnet von Johann Margelik); Prag, 23. 2. 1794, Bericht des Polizeidirektors La Moth an den Gubernialpräsidenten (Konzept) zusammen mit Protokoll und Note der Rektors Chládek und weiterer Repräsentanten der Universität.

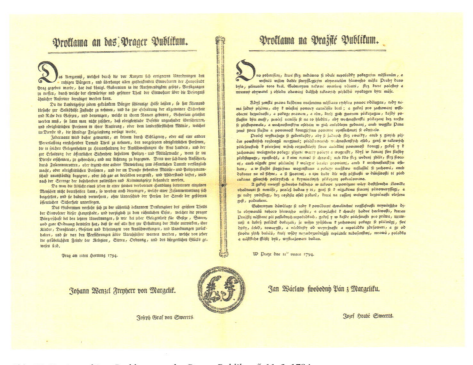

Abb. 18 *Zweisprachige „Proklama an das Prager Publikum", 11. 2. 1794*

Der Magistrat versicherte jedoch dem Gubernium, dass in der Stadt Ruhe herrsche und dass die unteren Volksklassen, aus denen viele der Bestrafung Katharina Flecklins beiwohnten, sich ruhig und geordnet verhalten hätten. Die Stadträte erlaubten sich die etwas bissige Bemerkung, dass in Prag auch im Dezember 1793 Ruhe geherrscht habe und dass damals erst die Präsenz bewaffneter Soldaten „das neugierige Volk" auf die Straße gelockt hätte.[109] Da war jedoch die Polizeidirektion anderer Meinung – La Moths Kommentar zufolge hatten die Plündereien und die Unruhen schon vor dem Eintreffen der Soldaten begonnen. (Interessant ist die Tatsache, dass La Moth zu dem Zeitpunkt bereit seines Amtes als Polizeidirektor enthoben worden war und offensichtlich sein

---

109 NA, PG, Sign. 15c, Kart. 235, Prag, 1. 3. 1794, Bericht des Oberbürgermeister Steiner und weiterer Stadträte, den die Polizeidirektion an das Gubernium weiterleitete. Es sei nicht gelungen, die Personen, die die Bekanntmachung heruntergerissen hätten, auszuforschen, es herrsche geteilte Meinung über die Bekanntmachung, einigen Stimmen zufolge erinnere sie bloß unnötigerweise an die schon in Vergessenheit geratenen Ereignisse. Zur Bekanntmachung auch Janáček: Dějiny Prahy/1964, 422.

früheres Vorgehen rechtfertigte.[110] Diese Personalie könnte – im Unterschied zum Amtsantritt des neuen Gubernialpräsidenten, Franz Wenzel Kager von Stampach im Januar 1794 – mit den Dezemberunruhen im Zusammenhang gestanden haben.)

Indessen arbeitete die Untersuchungskommission intensiv jeden Tag vom Morgen bis zum späten Abend; bis zum 7. März hatte sie 38 Personen verhört[111] und am 31. März 1794 legte sie ihren abschließenden, fast 40 Seiten umfassenden Bericht vor. Darin wird, basierend auf den Aussagen Beteiligter – von Kupplerinnen, Prostituierten und Hausbesitzern über Studenten, Lehrlinge und Bedienstete bis hin zu den Polizeibeamten und Feldwebel Czech –, der Verlauf der mehrtägigen Unruhen fast Stunde um Stunde chronologisch rekonstruiert. Der Bericht bestätigt mehr oder weniger die Rapporte, die Lažanský in deren Verlauf nach Wien übersandt hatte, sowie auch die spätere Schilderung Novotnýs und er versucht die verantwortlichen Personen ausfindig zu machen.[112] Im Unterschied zum eher beschwichtigenden Standpunkt des Magistrats werden aus dem Bericht das große Ausmaß, die Organisiertheit und der eindeutig gewalttätige Charakter der Tumulte ersichtlich. Am 12. Dezember brach die Menge aus der Altstadt und der Wacholdergasse auf und zog in die Brentegasse/Spálená, die Straße V Jirchářích oder auf den Heuwagsplatz/Senovážné náměstí und in die Tischlergasse/Truhlářská, um dort die Kaffeehäuser bzw. die bei ihnen angesiedelten Bordelle, aber auch die Wohnungen der Kupplerinnen zu plündern. Als „erste Quelle aller erfolgten Exzessen" nennt der Bericht (S. 11), dass die Studenten mehrere Tage die Prostituierten „Neckereyen" aussetzten. Er belegt auch deutlich, dass die Studenten den Angriff auf die Häuser, in denen sich Prostituierte aufhielten, vorbereiten und sich dazu verabredet hatten; es soll sogar Versuche gegeben haben, einander wechselseitig durch Unterschrift zu einem gemeinsamen Vorgehen zu verpflichten, wie wir es z. B. von den frühneuzeitlichen Bauernaufständen kennen.[113]

110 NA, PG, Sign. 15c, Kart. 235, Prag, 3. 3. 1794, Begleitschreiben La Moths zum Bericht des Magistrats. Roubík: Počátky/1926, 123, äußert sich nicht zum Dezembertumult. Ihm zufolge wurde La Moth durch das Hofdekret vom 11. 2. 1794 abberufen.

111 NA, PG, Sign. 15c, Kart. 235, Prag, 7. 3. 1794, Zwischenbericht der Untersuchungskommission (unterzeichnet von Sweerts und Mac Neven). Am 10. 3. ist der Bericht nach Wien Leopold Kolowrat zur Kenntnis geschickt worden, dieser bestätigte am 22. 3. 1794 dessen Eingang. Die intensive, bis 22–23 Uhr abends dauernde Untersuchung wird im Begleitschreiben zum Schlussbericht an Kolowrat, Wien, 3. 4. 1794, erwähnt.

112 NA, PG, Sign. 15c, Kart. 235, Prag, 31. 3. 1794, „Final-bericht" an das Gubernium bzw. dessen Präsidenten (unterzeichnet von Joseph Sweerts und Wilhelm Mac Neven, nicht pagniert, Seitenzahlen ergänzt von P. H.). Falls nicht anders angegeben, stützt sich der folgende Text auf diese Quelle.

113 NA, PG, Sign. 15c, Kart. 235, 26–27, Aussage des Poetikstudenten Kornel Hütter: „er hätte mit dem Poeten Kratochwil ein Verzeichnis der Studenten entwerfen wollen, welche in der Absicht, um die Schenke zum grünen Baum zu plündern, um 3 Uhr sich auf dem altstädter Ringe versammeln sollten. Diesen Bogen trug derselbe […] in ihre Wohnung, um sie zur Unterfertigung zu bewegen. Als sie aber die Unterfertigung verweigerten, hätte derselbe diesen Bogen wieder zerrissen."

Wie die Studenten gestanden auch die anderen Beteiligten an den Unruhen das gesamte Spektrum destruktiver Gewalt, die sich – mit Ausnahme des Werfens von Steinen und Exkrementen – vor allem gegen Eigentum richtete: das Einschlagen von Fenstern, das Herausbrechen von Fensterläden, das Herausreißen von Dielen oder das Zerschlagen sowie das Werfen von Möbeln aus Fenstern. Über den Philosophiestudenten Johann Pokorný hieß es im Bericht z. B., „er habe die Rotte grade bey der Wohnung der Katharina Flecklin eingeholt. Dort sey er in die Kaffeeschenke hineingedrungen und habe geholfen die bretter vom Fußboden augzureissen. Zur nämlichen Zeit hätten verschiedene ihm unbekannte Buben die an der Wand gehangenen Bilder abgerissen und Pokorny habe einem dieser Buben ein Bild aus der Hand gerissen, welches er nach der Hand zu Hause und aller Orten mit dem Vorgeben zeigte: er habe das Portrait der Katharina Flecklin. Von da ging er mit dem stürmenden Haufen in die Opatowitzer Gasse, woselbst er bey zwey Kaffeeschenken die Fenster einschlagen half, bey jenen neben der Feldapotheke aber hätte er auch die von andern Leuten abgerissenen Fensterläden mit Füssen getretten […] endlich habe derselbe wegen seiner Müdigkeit den in einem Haufen versammelten Pöbl verlassen" (S. 25–26).

Es scheint, dass sich einige Studenten zwar an den gewalttätigen Ausschreitungen beteiligten, aber ihren eigenen Worten zufolge wenigstens gegen die Plünderungen bzw. gegen das Stehlen zerstörten Eigentums und Gewalt gegen Menschen einschritten.[114] Es kann natürlich eine Verteidigungsstrategie der verhörten Studenten gewesen sein, sich vom „Straßenpöbel" zu distanzieren, der sich ihren gerechten Äußerungen der moralischen Entrüstung und des Zorns erst zum Schluss angeschlossen habe, obwohl z. B. der Jurastudent Friedrich Horák, der übrigens Helds Mitbewohner war,[115] überführt worden war, dem „Pöbel" gezeigt zu haben, welche Türen er angreifen solle (S. 29). Außer den Studenten kommen in dem Untersuchungsbericht – deutlich kürzer – Lehrlinge, Tagelöhner sowie die Ehefrau eines Tagelöhners und zwei Mädchen vor; diese waren neben den angegriffenen Prostituierten allem Anschein nach die einzigen Frauen, denen eine Beteiligung an dem Konflikt nachgewiesen werden konnte. Zur Last gelegt wurde ihnen Diebstahl während der Plünderungen.

Dass die Autoren des Berichts, einige der höchsten Landesbeamten, eben diese zweite, nicht-studentische Gruppe verhörter Personen als „Pöbel" bezeichneten, geht aus dem letzten Teil des Berichts, dem „Gutachten", hervor (S. 34–39). Im Grunde hatten sich alle überführten Teilnehmer an den Unruhen gemäß § 54 des Strafgesetzbuches

---

114 NA, PG, Sign. 15c, Kart. 235, 27–28: ein Beteiligter habe „einen Menschen, der eine Haube und einige andere Fahrnisse wegtrug, angehalten, ihm die Sachen abgenommen und weil er nicht wollte, daß etwas geraubt werde, solche in die Kaffeeschenke wieder hineingeworfen […] wurde er von einer alten Frau gebeten, sie zu verschonen, worauf er hervortrat und die Thuer hinter sich zuschloß, um zu verhindern, daß der stürmende Pöbel sich nicht hineindringe".

115 Held: Fakta/2017, 220–221.

öffentliche Gewalt zuschulden kommen lassen.[116] Hinsichtlich der Strafe, die neben Gefängnis auch öffentliche Arbeit umfassen konnte, schlugen die Kommissare jedoch vor, die möglichen Schuldigen in zwei Gruppen einzuteilen. Zur ersten zählten sie alle Lehrlinge, Tagelöhner und Dienstboten, „welche zu dem Pöbl nach dem engsten Verstande des Wortes gehören und auf der letzten Stufe der bürgerlichen Existenz stehen". Ihnen stellten Sweerts und Mac Neven die „Studierenden […], welche sich ihre Bildung in Wissenschaften und schönen Künsten zum Beruf gewählt haben und sich diesem Berufe seit mehreren Jahren widmen" gegenüber. Während die „Klasse des Pöbels" sich an den Tumulten nur aus reinem „Muthwillen" und zum Teil aus Lust am Plündern beteiligt habe, sei es bei den Studenten nicht der Wunsch zu rauben gewesen, sondern „unreife falsche Begriffe beleidigter Ehre". Die Kommission war der Ansicht, eine öffentliche und damit ehrenrührige Strafe, deren Sinn es auch war, potenzielle weitere Täter abzuschrecken, sei für Angehörige des Pöbels kein Schaden für ihr weiteres Leben. Bei den Studenten bestünde aber die Befürchtung, dass sie ihnen „jede Aussicht ihres künftigen Glücks verschränken und sie zum Zurücktritt von der wissenschaftlichen Laufbahn, welche sie seit vielen Jahren und mehrere derselben mit guten Fortschritten betreten haben, nöthigen würde". Eine Ehrenstrafe würde für die Studenten bedeuten, dass sie den Beruf wechseln müssten und ihr „lebenslängliches Schicksal" darunter leiden würde. Individuen aus der „gewöhnlichen Volksklasse" dagegen gereiche auch eine öffentliche Bestrafung, bei der ihnen eine schändliche Inschrift umgehängt werde wie im Falle der Katharina Flecklin, nicht zum Nachteil. Im Falle der Studenten könne – so Sweerts und Mac Neven – der Forderung nach Öffentlichkeit der Strafe durch die Publikation der Ankündigung ihrer Vollstreckung Genüge getan werden. Zum Abschluss des Berichts setzten sich also beide Gubernialbeamten dafür ein, dass die gerichtlichen Organe „politischen" (im Sinne von gesellschaftlichen) Rücksichten Vorrang vor der wortwörtlichen Auslegung des Gesetzes geben und die verdienten Strafen für die Studenten gegebenenfalls per Begnadigung abgemildert werden sollten.

Im Falle der drei adeligen Verdächtigen waren „politische" Rücksichten, möglicherweise aber auch Protektion, bereits im Verlauf der Ermittlungen oder sogar davor ins Spiel gekommen. Unter den verhörten Studenten sind Johann Pergler von Perglas, Wentzl Franz Malovec und Wentzl Franz La Moth, der Neffe des Polizeidirektors, die sich ebenfalls an den Unruhen beteiligt haben sollen, nicht aufgeführt; von ihrer „politi-

---

116 Allgemeines Gesetz über Verbrechen und derselben Bestrafung, Wien 1787, 81, § 54: „Wer mit gesammelten mehreren Leuten gewaltsam in das Gebiet, Haus oder Wohnung eines andern dringet, und daselbst an dessen Person, Haab und Gut Gewalt ausübet, macht sich des Verbrechens der öffentlichen Gewalt schuldig, auch wenn die That bloß in der Absicht geschehen wäre, um angesprochene Rechte durchzusetzen."

schen" Bestrafung wurde abgesehen, allerdings wurden sie zur Strafe zum Militärdienst eingezogen.[117]

Die Oberste Justizstelle in Wien gab seine Stellungnahme bereits Mitte April 1794 ab, doch die endgültige Entscheidung oblag dem Prager Magistrat bzw. dessen Gerichtssenat.[118] Das Urteil, das dieser am 20. Juni fällte, wurde erst einen Monat später, am 24. Juli, publiziert: 32 Personen, zumeist Studenten, wurden von der Anklage wegen eines Kriminaldelikts vollständig freigesprochen, neun Personen, teils Studenten und teils Lehrlinge und Bedienstete, wurden dem Zivilsenat übergeben, alle wurden von der Zahlung der Gerichtskosten befreit.[119]

Auch wenn sich das Gericht in seinem Urteilsspruch nicht an die von Sweets und Mac Neven vorgeschlagene Einteilung in „Pöbel" und Studentenschaft hielt, wird aus den gubernialen Ermittlungen die auf sozioökonomischen Kriterien basierende Ungleichheit ersichtlich, mit der die höchsten Landesbeamten die Ruhestörer behandelten. Der Begriff „Pöbel" wurde von ihnen nicht nur für eine anonyme Masse verwendet (dort tritt eher der Ausdruck „Rotte" auf), sondern vielmehr für konkrete Individuen aus der Bevölkerung, die sich in einer ökonomisch abhängigen Stellung befanden. Allerdings hatten besonders die Lehrlinge unter diesen in der Zukunft auch die Möglichkeit eines gewissen sozialen Aufstiegs. „Die gewöhnlichen Volksklassen", wie diese Gruppen auch genannt wurden, müssen aber nicht gleichzeitig durch niedrigere moralische Qualitäten definiert sein. Auf die erweiterte zeitgenössische Bezeichnung „Klasse" kommen wir, ebenso wie auf den „Pöbel", später noch zurück.

In unserem Zusammenhang ist es sinnvoll sich die Rolle ins Gedächtnis zu rufen, die die Polizei bei den Unruhen gespielt hatte. Die Kritik des Gubernialpräsidenten an ihr

---

117 NA, PG, Sign. 15c, Kart. 235, Wien, 3. 4. 1794, dem Abschlussbericht beigelegtes Begleitschreiben an den Direktorialminister Kolowrat. Weiter Novotný: Naposledy/1948, 25–32; sowohl Pergler als auch La Moth und Malovec sollen Gewalttaten auch Anfang 1794 begangen haben, bevor sie verhaftet bzw. unter Hausarrest gestellt und am 1. 3. 1794, also noch vor der Urteilsverkündung über die anderen Ruhestörer, zur Strafe zum Militär eingezogen wurden. Zu den „Drei-König-Unruhen" der Studenten im Ausschank von Wenzl Tuscher vgl. auch AHMP, MHMP-I.-Publ, Buch Nr. 20, Einreichungsprotokoll für das erste Halbjahr 1794, Nr. 144, Anzeige Wenzl Tuschers vom 7. 1. 1794, weiter Nr. 2212, 18. 3. 1794, Eingang des Gubernialdekrets, das die Einziehung der drei Adeligen zum Militär betraf. Die Adligen Lamoth, Perglas und Chanowsky sollen sich auch gegen die Prager Juden vergriffen haben; vgl. ÖStA, AVA, Polizeihofstelle, Sign. 70.1794, Kart. 38, Prag, 27. 1. 1794, Bericht an Pergen (unterzeichnet von Margelik).

118 NA, PG, Sign. 15c, Kart. 235, Prag, 22. 4. 1794, Gubernialpräsidium an den Appellationsgerichtspräsidenten Sporck und den Prager Magistrat (Konzept). Zur gerichtlichen Vollmacht der Magistrate in „politischen" Angelegenheiten Šolle, Václav: Trestní soudnictví předbřeznové v českých zemích [Die Strafjustiz in den böhmischen Ländern des Vormärz], in: SAP 12 (1962), 87–142, hier 123–126.

119 NA, PG, Sign. 15c, Kart. 235, Prag, 24. 7. 1794, Kriminalurteil des Prager Magistrats (Kopie); Prag, 24. 7. 1794, Note des Appellationsgerichtspräsidenten Sporck an den Gubernialpräsidenten Stampach; Prag, 30. 7. 1794, Gubernialpräsident Stampach informiert den Direktorialminister Kolowrat über den Abschluss des Falles (Konzept). Zum Urteil auch Held: Fakta/2017, 221.

hatte andere Ursachen, als jene, die die Schmähschriften der Studenten vermuten lassen. Neben verspäteter Information warf Lažanský der Polizei vor, dass sie die Unruhestifter unter den Studenten nicht gleich am 11. Dezember abends festgenommen hatte; Gegenstand der Schmähtexte war dagegen der Schutz, den die Polizei den Prostituierten und den Bordellen hätte angedeihen lassen. Dennoch mag diese doppelte Infragestellung der polizeilichen Autorität dazu geführt haben, dass La Moth aus dem Amt des Polizeidirektors abberufen wurde. Dem Ermittlungsbericht zufolge war La Moth erst am 12. Dezember vormittags am Ort des Geschehens in der Wacholdergasse erschienen, wo seine Anwesenheit und die der Polizeikommissare zur Beruhigung der Situation beitragen haben sollen. Eine wesentlich bedeutendere Rolle kam jedoch dem Feldwebel der Polizeimannschaft Josef Czech zu. Dieser hatte schon am 11. Dezember abends eine Eskalation verhindert, indem er die Mannschaften der Polizei und des Militärs aus der Straße abkommandierte und – den Studenten zufolge – diesen Satisfaktion versprach; er selbst gab jedoch an, nur die weitere Erörterung des Falles zugesichert zu haben.[120] Gleichzeitig fügte sich Czech, wenn wohl auch eher aus Furcht vor der weiteren Zuspitzung des Konfliktes, nicht der Forderung der Studenten, die Prostituierten noch am selben Abend festzunehmen. Zur Verbringung einiger Prostituierten auf die Polizeiwache kam es erst am Vormittag des nächsten Tages und Czech interpretierte das dann als Schutz der Frauen vor den Angriffen des Volkes. Diese bekam er in Form von Exkrementen und Eis am eigenen Leib zu spüren, die angeblich nach einer Frau geworfen worden waren, die er gerade eskortierte (S. 24). Sweerts und Mac Nevens charakterisieren in ihrem Bericht Czechs Vorgehen wiederholt als „kluges Benehmen", in seinem vierzig Jahre später verfassten Antrag auf Pensionierung schreibt auch Czech selbst von seiner eigenen „kluge[n] Besonnenheit und kalte[n] Entschlossenheit".[121]

Es will tatsächlich so scheinen, als ob Czech flexibel auf das momentane Kräfteverhältnis reagiert und mit gezieltem Eingreifen vor allem versucht hatte, eine Zuspitzung der angespannten Situation zu vermeiden, etwa indem er die Prostituierten erst am zweiten Tag abführen ließ oder es ablehnte, den Studenten eindeutig Satisfaktion zu versprechen. Ähnlich trat auch Gubernialpräsident Lažanský vor die Menge, die sich am Abend des 12. Dezember auf dem Altstädter Ring versammelt hatte. Darin bestand gewissermaßen der Kern der Polizeiarbeit: Sich nicht auf eine Seite des Konflikts zu stellen, sondern zu versuchen – im Grunde im Geiste von Justi und Sonnenfels –, die Ruhe und damit auch die öffentliche Sicherheit wiederherzustellen und dabei auf die Sicherheit des Eigentums, des Lebens und der Gesundheit der Bevölkerung zu achten. Prostituierte durch die Einweisung in eine Zwangsarbeitsanstalt vor der Menge schützen zu wollen, zeugt freilich nicht von einer gleichen Behandlung der Konfliktparteien

---

120 Dem Bericht vom 31. 3. 1794, 13, zufolge, äußerten die Studenten und der „anwesende Pöbl" „den Vorsatz, der Gewalt, welche gegen sie gebraucht werden sollte, Gewalt entgegenzusetzen".
121 Scholzová: Joseph Alois Czech/2001, 28, Prag, 30. 12. 1834, Czechs Antrag auf Pensionierung.

seitens der Polizei. In dieser Hinsicht standen Prostituierte ebenso wie Personen, die zum „Pöbel" gezählt wurden, den Bürgern immer nur bedingt gleichberechtigt gegen-über. Dennoch kann diese präventive und eigentlich nur vorübergehende Maßnahme bei den Studenten den Eindruck hervorgerufen haben, die Polizei stehe auf Seiten der Prostituierten.

Aus der Perspektive der Polizei und ihrer Rolle sind die Motive der an den Unruhen Beteiligten bzw. ihre Rechtmäßigkeit letztlich zweitrangig, dennoch sollten sie hier kurz angesprochen werden. Held sieht in seinen Memoiren die Motive der Studenten „im beleidigten, empörten moralischen Empfinden der Jugend".[122] Falsch verstandenes, beleidigtes Ehrgefühl sehen auch die Autoren des gubernialen Abschlussberichts als Triebfeder für das Verhalten der Studenten an, während sie dem „Pöbel" Ausschweifung oder den schieren Wunsch zum Plündern attestieren. Die ursprünglichen verbalen Angriffe der Studenten mögen situative, uns nicht bekannte Beweggründe gehabt haben. Die Tatsache, dass gerade die Prostituierten, deren Dienste ja möglicherweise doch einige von ihnen nutzten, zu ihrer Zielscheibe wurden, ließe sich mit Isabel V. Hull als Versuch einer sich konstituierenden Männlichkeit sehen, unkontrollierte weibliche Se-xualität zu beherrschen oder zu unterdrücken. Als seien die Studenten hier als Wächter der sittlichen Ordnung aufgetreten und gar nicht als erste „Opfer der Verführung" der Prostituierten, wie sie Peter Becker zufolge in der Polizeiliteratur des 19. Jahrhunderts porträtiert wurden.[123] Für eine weitere Interpretation in dieser Richtung fehlen uns aber vor allem die Aussagen der Studenten.

Über die Motive der übrigen an den Unruhen Beteiligten, die keine Studenten waren, sind wir nur indirekt und bruchstückhaft informiert. Scheinbar widersprüchlich äußerte sich der Geschichtsprofessor Franz Anton Steinský zu den Unruhen. Er soll an Kanzler Rottenhan geschrieben haben, das Volk habe dabei gerufen: „Es lebe die Freiheit, wir alle sind Republikaner!" In seinem Brief an den Kaiser heißt es aber, die Anwesenden hätten nur ihren Hass auf die Franzosen zum Ausdruck gebracht.[124] Wenn auch in einer späteren Phase der Koalitionskriege und vor allem der Kriege gegen Napoleon „Freiheit" tatsächlich antifranzösisch – als Freiheit von französischen Truppen und französischem Einfluss – wahrgenommen werden konnte, ist, sofern wir Steinskýs Brie-fen Glauben schenken dürfen, in der Situation Ende 1793 wohl eher vorstellbar, dass die versammelte Menge verschiedenste, häufig auch entgegengesetzte Standpunkte äußerte. Bemerkenswert ist die bloße Tatsache, dass bei Unruhen, die durch moralische Ent-rüstung hervorgerufen waren, ein revolutionärer bzw. „französischer" Zusammenhang

---

122 Held: Fakta/2017, 218–219 [übersetzt von P. H.].

123 Hull, Isabel V.: Sexuality, State, and Civil Society in Germany 1700–1815, Ithaka–London 1996, 253; Becker: Verderbnis/2002, 134–144; zusammen mit Becker lässt sich die Haltung der Polizei und der gesamten bürgerlichen Gesellschaft des 19. Jahrhunderts zur Prostitution als „Kultur der Distanz" vom „notwendigen Übel" bezeichnen.

124 Mejdřická: Čechy/1959, 161; darauf basierend auch Bělina: Dějiny Prahy, Bd. 2/1998, 20.

vorkam. Dass das Gubernium und Pergen zu gewissen präventiven Übertreibungen der Tumulte neigten, die der Angst vor der Französischen Revolution geschuldet waren, ist Ende 1793 und Anfang 1794 mehr als verständlich.

Konflikte und Unruhen, an denen Studenten beteiligt waren, gab es jedoch in Prag auch ohne Bezug zur Revolution, sei es direkt im Januar 1794 oder auch später.[125] Ein Fall aus dem Jahre 1806 deutet an, dass die Gründe für den Angriff auf die Bordelle und ihre Belegschaften doch mit den Diensten zusammengehangen haben dürften, die die Prostituierten anboten. Wieder war es Josef Czech – mittlerweile schon Polizeileutnant –, den die Kupplerin Elisabeth Heintzin am 1. August um acht Uhr abends zu ihrem Haus in der Nikolandergasse rief. Dort versuchte nämlich der Philosophiestudent Wentzl Dumont/Dimont sich gewaltsam Zutritt zu verschaffen, nachdem die Kupplerin sich angeblich geweigert hatte, ihm die Dienste einer Prostituierten zu vermitteln. Daraufhin bildeten sich, vom Lärm angezogen, Menschengruppen auf der Straße. Als der Student dann trotz der Zurechtweisung durch den Polizisten nicht abließ, sondern es im Gegenteil so schien, als wollten sich die Anwesenden ihm anschließen, entschied sich Czech Dimont zu verhaften. In Polizeigewahrsam wurde auch ein weiterer Student namens Karl Lischka genommen, der seinen Freund verteidigen wollte. Beide sollen sich an Ort und Stelle und auch auf der Polizeidirektion grob und beleidigend aufgeführt haben.[126]

Fast zur gleichen Stunde, als Czech in der Nikolandergasse eingriff, erfuhr auch Gubernialpräsident Wallis vom zweiten Oberkommissar Melchers von dem Vorfall. Als er daraufhin sofort selbst vor Ort erschien, fand er dort nur noch Grüppchen von Schaulustigen vor, die sich aber ruhig verhielten. Die Schilderung von Wallis' weiterem Vorgehen stammt aus seinem eigenen Bericht an den obersten Kanzler Ugarte und Polizeiminister Sumerau und kann deshalb natürlich seine amtliche Selbstinszenierung sein.[127] In der Nikolandergasse gab der Landeschef demnach den Polizeibeamten und „-vertrauten" (im Konzept stand ursprünglich „verkleideten Polizeisoldaten") Anweisungen und überzeugte dann höchstpersönlich die versammelten Menschen, auseinanderzugehen: „Ich bedurfte hiebei auch nicht die mindeste scharfe Maßregel anzuwenden und ich hatte nichts anderes nöthig, als den Leuten mit Güte und Ernst zu sagen, daß hier für sie nichts zu thun sey, und daß sie daher sich zu entfernen hätten. [… Dabei] ließ ich die größte Ruhe und Heiterkeit blicken, gieng ohne alle Begleitung mitten unter die Zuschauer, redete sie selbst an und erklärte ihnen zwar mit Güte, jedoch mit Festigkeit

---

125 Die Anzeigen der „Exzesse" oder Streitereien der Studierenden (zum Teil adligen Ursprungs) finden sich im AHMP, MHPM I.-Publ, Buch Nr. 20, Einreichungsprotokoll für das erste Halbjahr 1794, Nr. 144 vom 7. 1. 1794, Nr. 258 vom 11. 1. 1794.

126 NA, PG, Sign. 15c, Kart. 238, Prag, 2. 8. 1806, Anzeige von Josef Czech.

127 NA, PG, Sign. 15c, Kart. 238, Prag, 2. 8. 1806, Bericht des Gubernialpräsidenten Wallis an den obersten Kanzler Ugarte und den Präsidenten der Polizeihofstelle Sumerau (Konzept); alle folgenden Zitate und Informationen über Sicherheitsmaßnahmen entstammen dieser Quelle.

und Nachdruck meinen bestimmten Willen, daß sie sich zu entfernen haben." Gegen zehn Uhr abends waren die Straßen still und leer. Nach einer Hausdurchsuchung ließ Wallis dann die Kupplerin Heintzin verhaften und betraute sowohl einen Polizeitrupp unter Czechs Kommando als auch das anwesende Militär damit, in der Nikolandergasse und Umgebung zu patrouillieren. Davon, dass vor Ort Ruhe herrschte, habe er sich dann am nächsten Tag um fünf Uhr früh noch einmal persönlich überzeugt.

Wallis' „ganz zweckmäßig und schnell getroffene Verfügungen" zur „Handhabung der öffentlichen Ruhe" wurden auch wenige Tage darauf vom Wiener Minister Sumerau gutgeheißen.[128] Neben den Patrouillen in den Straßen und dem Verhören der Festgenommenen bestanden diese Maßnahmen auch darin, auf die übrigen Studenten einzuwirken – die Lehrenden sollten ihnen die Verwerflichkeit der begangenen Tat anschaulich erklären und ihnen ans Herz legen, sich durch Fleiß, Bescheidenheit und Sittlichkeit den Respekt der Oberen zu verdienen. Die Befürchtungen hinsichtlich der Stimmung unter den Studenten erwiesen sich als unbegründet – „vertraute geheime Beobachter" waren an Orte entsandt worden, an denen sich Studenten versammelten, und meldeten, die Studenten würden das Handeln ihrer beiden Kommilitonen verurteilen. Dumont und Lischka selbst, die beide aus Písek stammten, wurden auf Vorschlag der Stadthauptmannschaft und unter Berufung auf ein früheres Hofdekret sowie ihre bisherigen schlechten Studienerfolge von allen Studien ausgeschlossen, was nach Ansicht des Gubernialpräsidenten in Kombination mit drei Tagen Gefängnis wegen Beleidigung der Polizei noch eine milde Strafe darstellte, die mit der Trunkenheit der beiden begründet wurde sowie damit, dass sie nicht beabsichtigt hätten einen Menschenauflauf hervorzurufen. Ein dritter Mitschuldiger, der Student Dionys Loos, dessen Studienergebnisse und Ruf gut waren, kam mit einer Ermahnung davon, musste aber binnen vier Wochen gegenüber der Stadthauptmannschaft nachweisen, dass er alle Prüfungen des ersten Studienjahres in Philosophie erfolgreich bestanden hatte. Das Verhören und die Bestrafung eines möglichen Delikts der Elisabetha Heintzin wurden dem Prager Magistrat übertragen. Wallis zufolge sollte dies der Öffentlichkeit Genüge tun, ein abschreckendes Exempel statuieren und den jungen Menschen den Weg in die Unsittlichkeit vergällen. Endlich sollten die Polizei bzw. die Stadthauptmannschaft die Aufsicht über alle „eines unzüchtigen Gewerbes verdächtigen Weibspersonen" übernehmen und damit „dem Sittenverderbnisse" entgegenwirken.[129]

---

128 NA, PG, Sign. 15c, Kart. 238, Wien, 8. 8. 1806, Sumerau an Wallis. Sumerau verweist auf einen weiteren Bericht von Wallis vom 3. 8. 1806, dessen Konzept jedoch im Bestand des Gubernialpräsidiums nicht erhalten ist.

129 NA, PG, Sign. 15c, Kart. 238, Prag, 2. 8. 1806, Bericht des Gubernialpräsidenten Wallis an den obersten Kanzler Ugarte und den Präsidenten der Polizeihofstelle Sumerau (Konzept); weiter ebd., Prag, 9. 8. 1806, Bericht des Gubernialpräsidenten an Ugarte und Sumerau und Mitteilung an die Studiendirektoren aller Fakultäten der Prager Universität.

Aber nicht nur in der behördeninternen Kommunikation wurde die Tat der Studenten ins Register des moralisch Inakzeptablen eingeordnet, etwa wenn der Polizeiminister gegenüber Wallis die Motivation der Studierenden als „Befriedung ihres thierischen Triebes" beschreibt. Die Belehrung, dass es sich um die Tat einiger weniger „Wüstlinge" gehandelt habe, sollte auch aus dem Munde der Hochschullehrer an die Prager Studenten herangetragen werden. Obwohl wir in Prag um 1800 keine offiziellen Bordelle finden, wurde die Prostitution als besonders bedrohlich für die Jugend wahrgenommen; wie wir wissen, hatte bereits der erste Polizeidirektor Reismann durch sein Einschreiten gegen sie auf sich aufmerksam gemacht. Während das Strafgesetzbuch von 1803 die Bestrafung der gewöhnlichen Prostitution der Polizei überließ, legt es für Fälle, in denen eine „Schanddirne" „junge Leute verführt", klar und deutlich eine ein- bis dreimonatige Strafe fest.[130] In Eichlers Polizeihandbuch wird zwar mit der Prostitution als „Übertretung" primär ein Gesundheitsrisiko für die Bewohner verbunden, die moralische Dimension ist jedoch ebenfalls präsent. In der ersten Ausgabe des Handbuchs aus dem Jahr 1794 steht die betreffende Passage unmittelbar vor der Abhandlung über Unzucht und in der Ausgabe von 1815 ist im nachfolgenden Absatz von der Prostitution als Laster die Rede.[131] Diesem sollten die Eltern, die Wirtsleute und im Falle der Studentenschaft die Hochschullehrer zuvorkommen, indem sie über die guten Sitten wachten.

Ebenso wie der Sittenverfall unter den Studenten beschäftigte den Gubernialpräsidenten im August 1806 die Gefahr der Zusammenrottungen, zu denen studentische Ausschreitungen Anlass geben konnten. Wie sogleich gezeigt wird, versetzten die in- und ausländischen Fälle tatsächlicher oder fiktiver Tumulte aus den vorangegangenen (und nachfolgenden) Jahren die Polizei und die österreichischen Staatsorgane in eine Art Alarmbereitschaft. Beim Angriff auf das Haus der Elisabeth Heintzin wird zwar nirgends der Polizeidirektor erwähnt, Gubernialpräsident Wallis verhielt sich jedoch – zumindest seiner eigenen Schilderung zufolge – so, wie es Eichlers Handbuch bereits im Jahre 1794 angeraten hatte. Danach ließen sich plötzliche Zusammenrottungen unter anderem „durch Zerstreuung der müßigen Haufen, und Zuschauer auf den Strassen, Gässen und Plätzen, entweder durch vernünftiges Zureden, oder wenn dies fruchtlos ist, mittels der Wache, doch so, daß man er nicht merke, als seye die Wache in dieser Absicht ausgesendet", verhindern.[132] Wallis versäumte zwar in seinem Bericht nach Wien nicht zu betonen, dass er sich selbst ohne Begleitung vor Ort begeben habe, um

---

130 Gesetzbuch über Verbrechen und schwere Polizey-Uibertretungen. Zweyter Theil: Von schweren Polizey-Uibertretungen, und Verfahren bey denselben. Wien 1803, 124–125, § 254. Von der grundsätzlichen Duldung und gleichzeitig gelegentlichen exemplarischen Bestrafung von Personen, die in Wien Prostitution betrieben, spricht auch Bibl: Die Wiener Polizei/1927, 312–313. Im 19. Jahrhundert setzten sich die Polizeibeamten für die Unterdrückung der Prostitution ein, während die Ärzte eher dafür plädierten, sie zu dulden und zu regeln; Becker: Verderbnis/2002, 130–134.

131 Eichler: Die Polizei praktisch/1794, 112–113; in der 4. Auflage Ders.: Die Polizei praktisch/1815, 213–214.

132 Eichler: Die Polizei praktisch/1794, 24; identisch in der 4. Auflage, Ders.: Die Polizei praktisch/1815, 49.

die Schaulustigen in der Nikolandergasse zu überzeugen, er sei aber von einer Polizeiwache gesichert worden. Dass an den studentischen Treffpunkten auch verkleidete Polizeisoldaten, die als „vertraute Beobachter" bezeichnet wurden, und Spitzel zugegen waren, zeigt jedoch, dass Polizei und Staatsverwaltung sich Anfang des 19. Jahrhunderts bei weitem nicht allein auf „vernünftiges Zureden" und die besonders in den patriotisch-antinapoleonischen Zusammenhängen hervorgehobene Loyalität der österreichischen Bevölkerung gegenüber der Monarchie und ihren Institutionen verließen.

„Jedes Geschrei aber doch eine Veranlassung haben muß" – die Unruhen von 1805 und der darauffolgenden Jahre

Der oberste Burggraf und Gubernialpräsident Wallis hatte seine Fähigkeiten als Beamter und seinen Sinn für die Aufrechterhaltung der Ordnung bereits im Jahre 1805 bewiesen. Wie František Roubík 1959 schrieb, hatte sich Wallis damals als „energischer, rücksichtsloser Mann" präsentiert, „der unentwegt die Stimmung im Land verfolgte und im Handumdrehen die notwendigen Maßnahmen zur Ruhe ergriff". Wie aus den vorangegangenen Zeilen ersichtlich, zeigte er bei der Verwaltung des Landes „Entschlossenheit und Besonnenheit, Ruhe, Vorsicht, Güte, aber auch rücksichtslose Strenge bei Unruhen, ganz nach dem Motto, die Regierung dürfe sich nichts aufzwingen lassen und dem Volk keine Angst zeigen".[133] Im Vergleich mit Eichlers Polizeihandbuch wird aber deutlich, dass dieses Vorgehen keine besondere Eigenschaft von Wallis war, sondern vielmehr ein allgemeines Prinzip der Polizeiarbeit.

Neben einem weiteren Krieg gegen Napoleon brachten die Jahre 1804 und 1805 der Habsburgermonarchie auch Dürre, Missernten und Hunger. Als es Anfang 1804 in Wien zu einem Volksauflauf kam, aktualisierte der Kaiser die bisherigen Anweisungen, die offensichtlich nicht immer eingehalten wurden – am Ort eines Tumults habe sich nunmehr sofort eine Polizeiwache einzufinden und zu versuchen, diesen im Keim zu ersticken bzw. aufzulösen und gleichzeitig die zuständige Polizeidirektion zu informieren.[134] Vor allem vor der Ernte im Sommer 1805 führten Getreidemangel und Teuerung dazu, dass das Volk an verschiedenen Orten Böhmens und der restlichen Monarchie Bäckereien angriff.[135] Zu den größten Unruhen, die als Wiener „Bäckerrummel" oder „Bäckersturm" bezeichnet wurden, kam es in der Hauptstadt am 7. und 8. Juli 1805.

---

133 Roubík, František: Co se dělo v Čechách roku 1805 [Was geschah in Böhmen im Jahre 1805], in: Dějiny a současnost 1 (1959), 38–39 [übersetzt von P. H.].

134 NA, PG, Sign. 15c, Kart. 237, Wien, 4. 9. 1804, Polizeiminister Sumerau an Gubernialpräsidenten und Oberstburggrafen Chotek.

135 Roubík: Co se dělo/1959, 38 sowie darauf basierend Polišenský: Napoleon/1971, 70. Weiter Mejdřická: Čechy/1959, 186–187.

Sprengstoff dazu soll der Konflikt eines Handwerksgesellen mit einem Bäcker der Bäckerei Zeindelhofer im heutigen vierten Wiener Bezirk (Wiedner Hauptstraße Nr. 74) geliefert haben. Statt des vom Gesellen geforderten billigeren Brotes (Groschenbrot) bot der Bäcker nur seine teurere Sorte an. Der Wortwechsel, dem sich weitere Käufer anschlossen, wuchs sich zu einer Plünderung des Ladens aus. Sodann breitete sich die gegen die Bäckerei gerichtete Gewalt unter der Losung einer Übernahme der Preiskontrolle dort, wo die Obrigkeit versagte, nicht nur in die umliegenden Straßen aus, sondern noch am selben Abend auch bis Mariahilf.[136] Obwohl am Abend das Militär vor Ort eingriff und nach angeblich erfolglosen Gesprächen und Warnungen in die Menge schoss, was ein Opfer forderte,[137] schlossen sich der Menge viele Tagelöhner, Lehrlinge und Fabrikarbeiter an, die von weiteren Tausenden unterstützt wurden. Am folgenden Tag griffen die Unruhen und Plünderungen zwar noch auf weitere Vororte über (Neubau, Josefstadt), zum Abend hin gelang es jedoch, sie durch den massiven Einsatz von Infanterie und Kavallerie zu unterdrücken. Insgesamt forderten die Unruhen zehn Leben und es gab 200 Verletzte.

Noch am Abend des 8. Juli wurde eine Proklamation des Präsidenten der obersten Polizeihofstelle Sumerau erlassen und in den Straßen Wiens veröffentlicht. Zwei Tage darauf übersandte Sumerau sie mit einem Begleitbrief unter anderem auch dem Prager Gubernialpräsidenten Wallis, jedoch mit dem Verbot, ihren Text oder sonstige Information über die Unruhen zu veröffentlichen, etwa in einer Zeitung.[138] In der Proklamation wurden die Unruhen als „das Werk einiger Tollköpfe [...,] ein Haufe roher, zum Theil durch Wein erhitzter arbeitscheuer Menschen" bezeichnet. Ihnen wurden „die gutgesinnten Bürger und Einwohner" gegenübergestellt, die bisher eine „feste und innige Anhänglichkeit an Ihre [des Herrschers] Person und an Ordnung und Gesetze" an den Tag gelegt hätten und nunmehr durch Gehorsam gegenüber allen Anordnungen der politischen und militärischen Ämter zur Wahrung des inneren Friedens beitragen könnten. Neben der obligatorischen Rückkehr aller Personen in abhängiger Stellung (Jugendliche, Gesellen und Arbeiter) in die Häuser, Werkstätten und Fabriken wurden

---

136 Dazu grundlegende, aber knappe Darstellung bei Maderthaner, Wolfgang: Bedenkliche Classen, moralische Ökonomie, in: 1848. Die vergessene Revolution, Wien 2018, 35–43, hier 39. Weiter Roubík: Co se dělo/1959, 38. Aus älterer Literatur Kisch, Wilhelm: Die alten Strassen und Plätze von Wiens Vorstädten und ihre historisch interessanten Häuser: ein Beitrag zur Culturgeschichte Wiens mit Rücksicht auf vaterländische Kunst, Architektur, Musik und Literatur, Bd. 2, Wien 1895, 65–67. Für den Hinweis bedanke ich mich bei Anton Tantner.

137 NA, PG, Sign. 15b, Kart. 230, Wien, 10. 7. 1805. Bericht des Polizeiministers Sumerau an den Gubernialpräsidenten Wallis über die Wiener Unruhen.

138 NA, PG, Sign. 15b, Kart. 230, Wien, 8. 7. 1805. Die im Text folgenden Zitate stammen aus dieser Proklamation.

Abb. 19 *Bäckerei Zeindelhofer in Wien (Wiedner Hauptstraße 74, Stand am Ende des 19. Jahrhunderts)*

durch diese Maßnahmen vorübergehend auch Schüsse in die Menge legalisiert, wenn diese sich auf Aufforderung nicht zerstreute.[139]

Im Begleitbrief Sumeraus an Wallis ist von einem „Zusammenlauf von Menschen aus der niedrigsten Volksklasse" die Rede bzw. von einem „Unfug des rohen Haufens, dessen langverhaltener Groll gegen Gewerbsleute mit der Lüsternheit nach fremdem Gute sich verband". Dieser „niederste Pöbel" habe Bäckereien geplündert, Bäcker verletzt und „äußerte überhaupt Gesinnungen, welche für die öffentliche Sicherheit der Personen in mehreren Beziehungen gefährlich waren". „Mehrere Rädelsführer sind bereits ergriffen, einige fanden den Tod im Getümmel, andere sind verwundet," schrieb der Polizei-minister und fuhr fort: „Schonende Milde hätte, zur Unzeit angewendet, nach allen Anzeigen, nicht die berechnende Folgen nach sich gezogen. Seit der Bekanntmachung

---

139 NA, PG, Sign. 15b, Kart. 230, Wien, 8. 7. 1805: „Daß von nun an jede Zusammenrottung mehrerer Personen durch das Militär getrennt werden, und dieses befugt seyn soll, auf alle Volkshaufen, welche nach geschehener Aufforderung durch Trommelschlag oder Trompetenstoß nicht aus einander gehen würden, Feuer zu geben."

dieser Verordnung und seit der faktischen Überzeugung des Volkes, daß das Militair mit der unerschütterlichsten Anhänglichkeit seinem Monarchen und seinen Pflichten getreu ist, herrscht nun vollkommene Ruhe, die wie ich hoffe, nicht wieder gestört werden wird."[140]

Mit diesem Brief warnte Sumerau Wallis und dessen Kollegen in den anderen Ländern vor der Ausweitung der Unruhen oder der Verbreitung von Nachrichten darüber und forderte von den Landeschefs schleunige Meldungen aller möglichen Vorfälle, die die innere Ruhe gefährden könnten. Wallis nahm den Brief teilweise wortwörtlich zur Grundlage für ein Rundschreiben, mit dem er vertraulich den Prager Stadthauptmann und die Kreishauptleute über die Wiener Unruhen informierte. Darin wies er unter anderem auf die bevorstehenden Rekrutierungen hin, wodurch „ein großer Theil unbeschäftigter Menschen ohnehin bei Seite geschafft werden kann", eine Gelegenheit insbesondere für die Ämter in Prag. Seinem eigenen parallel dazu verfassten Bericht nach Wien zufolge hielt der Gubernialpräsident die untergeordneten Behörden ebenfalls nachdrücklich dazu an, in der Öffentlichkeit gemäßigt, ruhig und würdevoll aufzutreten und somit dem möglichen Eindruck entgegenzuwirken, der Staatsgewalt könne etwas abgenötigt werden, und keinerlei Angst oder Beunruhigung zu äußern. Wallis führte auch regelmäßige Meldungen über die „Volksstimmung" ein, die ihm der Prager Polizeidirektor täglich und die Kreishauptleute alle acht Tage zu erstatten hatten, also wesentlich öfter als die monatlichen Polizeiberichte. (Diese existierten jedoch auch weiterhin und spielten nach wie vor eine Rolle auch bei der Aufrechterhaltung der öffentlichen Ordnung. So bemerkte die Stadthauptmannschaft 1809 in ihrem Kommentar des Juniberichts aus dem Rakonitzer Kreis, dass der Magistrat von Schlan/Slaný zwar von einem „Tumult" der örtlichen Bürger berichte, zu dessen näheren Umständen aber schweige, obwohl „jedes Geschrei aber doch eine Veranlassung haben muß". Dem Kreisamt wurde also vom Gubernium auferlegt, die Umstände und gegebenenfalls den Urheber und die Beteiligten zu ermitteln.[141])

In seinem Rundschreiben von Mitte Juli 1805 beschränkt sich Wallis nicht auf praktische Anweisungen, sondern er gibt darin auch eine Art Rechtfertigung für das aktuell strikte Vorgehen der staatlichen Organe, die vollständig im Geiste der einleitenden Charakteristik Roubíks gehalten ist: „Nur eine, nach gleichmässigen Grundsätzen, in ihrem ruhigen Gange, unerschütterlich und fest fortschreitende gesetzliche Macht wird es dahinbringen, jene geheime Ehrfurcht zu verbreiten, welche Frevler aller Art zurückschreckt, und nach und nach die allgemeine Überzeugung hervorbringt, daß die Regierung mit überwiegender Gewalt auf jeden Vorfall gefaßt seÿ, daß sie mit gleicher Energie, und Unpartheilichkeit, sowohl die Unfüge der Gewerbsleute, also die zu weit

---

140 NA, PG, Sign. 15b, Kart. 230, Wien, 10. 7. 1805, Bericht des Polizeiministers Sumerau an den Gubernialpräsidenten Wallis über die Wiener Unruhen.

141 NA, PG, Sign. 15b, Kart. 503, Prag, 22. 7. 1809, Stadthauptmannschaft an Gubernium; Prag, 31. 7. 1809, guberniale „Erinnerung" zum Polizeibericht des Rakonitzer Kreises vom Juni 1809 (Konzept).

gehenden Forderungen der Konsumenten in Schranken zu halten wisse, daß sie durch nichts in ihren Vorhaben wankend gemacht; und daß sie endlich überhaupt am allerwenigsten dahin gebracht werden könne, sich durch Trotz, oder unbescheidenes Murren auch nur das Geringste erzwingen zu lassen."[142] Wallis' Bericht zufolge müsse man sich aber weder in Prag noch in dessen Umland vor ähnlichen Unruhen fürchten, denn hier habe es die ganze Zeit über Brot in ausreichender Menge zu kaufen gegeben.

Trotz aller selbstbewussten Äußerungen darüber, wie der Gubernialpräsident die Situation im Königreich unter Kontrolle habe und wie ergeben die Bevölkerung dem Monarchen sei, kam es an einigen Orten in Böhmen zu Zusammenrottungen und Angriffen auf Bäckereien. Roubík zufolge war dies in Iglau/Jihlava, Kuttenberg/Kutná Hora, Laun/Louny, Braunau/Broumov und anderswo der Fall; in Teplitz eilte sogar der Prager Polizeidirektor Hartmann dem Kurkommissar Eichler zur Hilfe.[143] Am 21. Juli schrieb der Kreishauptmann von Tschaslau nach Prag, die Gefahr weiterer Zusammenrottungen in Kuttenberg sei gebannt, indem 1600 Laibe Brot à 18 Kreuzer „unter die ärmste Klasse" verteilt worden seien, was bis zu der Zeit ausreichen sollte, bis Brot aus der neuen Getreideernte zur Verfügung stünde. Der Hauptmann hatte tags zuvor persönlich die Stadt besucht; folglich versicherte er dem Gubernialpräsidenten, dass er die dortige Bevölkerung ruhig und ihren Vorgesetzten gegenüber gehorsam befunden habe.[144] Einen Monat später wurden auch aus dem Leitmeritzer Kreis keine bemerkenswerten Unruhen mehr gemeldet. Angesichts der Einberufung der Rekruten räsoniere das Volk zwar manchmal über den Verlust der Arbeitskräfte und die Weber, die Textilfabrikanten und die Händler beschwerten sich über den komplizierten Absatz ihrer Waren aufgrund des Seekrieges, aber da die Ernte erfolgreich verlaufe, drohe kein weiterer Brotmangel.[145]

Um einiges beschäftigter war der Prager Polizeidirektor in der Sache, da es in der Hauptstadt dann doch einzelne Fälle der „Reden gegen die Regierung" oder der „Räsoniererei" gab, die er untersuchen und anschließend mit Verwarnung oder Gefängnis bestrafen musste. (Einen Eindruck von erhöhter Aktivität erwecken auch die tagtäglich erstatteten Berichte.) Als Anzeigende nutzte die Polizei das Dienstpersonal oder vertrauliche Informanten. Auch in Prag trat demnach im Juli 1805 ein Brotmangel auf bzw. war ein solcher zumindest befürchtet worden. Es wäre sogar zu einer Zusammenrottung

---

142 NA, PG, Sign. 15b, Kart. 230, Prag, 15. 7. 1805, Rundschreiben des Gubernialpräsidenten an den Polizeidirektor von Prag, die Kreishauptleute, den Erzbischof und die Bischöfe von Böhmen, den Zolldirektor und das Militärkommando (Konzept). Weiter ebd., gubernialer Bericht an den Minister Colloredo, den Präsidenten der Polizeihofstelle Sumerau und den Oberstkanzler Ugarte (Konzept).

143 Roubík: Co se dělo/1959, 38.

144 NA, PG, Sign. 15b, Kart. 230, Tschaslau, 21. 7. 1805, Bericht des Kreishauptmannes Schmelzer an den Gubernialpräsidenten über die Stimmung im Kreis.

145 NA, PG, Sign. 15b, Kart. 230, Leitmeritz, 24. 8. 1805, Bericht des Kreishauptmannes an den Gubernialpräsidenten über die Stimmung im Kreis.

gekommen, sodass Wallis und die Gubernialräte ihren Angaben nach in der Nacht persönlich über das Backen von Brot wachten,[146] und trotzdem berichteten die bereits erwähnten Vertrauensleute sowie der Polizeidirektor Hartmann selbst gegen Ende des Monats, dass „die öffentliche Meinung für den Landesfürsten und Regierung gut gestimmt ist" und „selbst da, wo hie und dort über die Theuerung gemurrt wird, […] selbe nicht der Regierunng zur Last gelegt" werde.[147] Polizeiliche und allgemeine dienstliche Meldungen an übergeordnete Organe bilden natürlich ein eigenes Genre. Nicht nur das Beispiel Wallis' zeigt, wie sie der Selbstdarstellung und -rechtfertigung des Verfassers dienen konnten. Damit einher gehen unter bestimmten Umständen wortreiche Ausführungen; nicht notwendigerweise wurden die zur Legitimation von Amtshandlungen genannten Tatsachen aber vom Verfasser konstruiert oder gar erfunden. Im Falle von Berichten, die auf bereits zurückliegende Ereignisse reagieren, kann sich die Loyalität bzw. der Diensteifer des Berichtenden in der Übertreibung der ergriffenen Maßnahmen oder in der Versicherung ausdrücken, die Bedrohung sei gebannt worden. Wie Richard Cobb schreibt, deuteten kurze Polizeiberichte dagegen auf mangelnde Aktivität und geringen Diensteifer ihrer Verfasser hin.[148]

Fast genau ein Jahr später, im Juli 1806, war es übertriebener Amtseifer, der einen weiteren Tumult geradezu „erschuf". An diesem Fall aus Pilsen ist deshalb nicht die „Tatsachenlage" interessant, sondern die Frage, wie Polizei- und Verwaltungsorgane im Falle einer öffentlichen Ruhestörung oder des Verdachts darauf funktionierten. Da der Pilsener Kreishauptmann zu dem Zeitpunkt nicht in der Stadt war, wurde der erste Kreiskommissar Ignatz Gutkunst Klingler zur zentralen Figur und Hauptquelle für den Gubernialpräsidenten.[149] Der Pilsner Ratsherr und Polizeikommissar Setti meldete Klingler am 8. Juli um halb zehn Uhr abends, dass eine große Anzahl Philosophiestudenten und Handwerksburschen vor dem Rathaus stünde. Sie seien gekommen, um ihren Kommilitonen, einen Studenten namens Nejedlý, zu unterstützen, der in Verdacht geraten war, einer Bäckerin die Armbanduhr gestohlen zu haben, weswegen er den ganzen Tag über auf dem Rathaus in Haft gewesen und verhört worden war. Es hieß sogar, die Studenten hätten Steine und Stöcke bei sich und wollten den

---

146 Roubík: Co se dělo/1959, 39. Zu Zusammenrottungen und Überfällen auf Bäckerläden in Prag sowie den Hungerunruhen in anderen Städten Böhmens auch Mejdřická: Čechy/1959, 187.

147 NA, PG, Sign. 15b, Kart. 238, Prag, 22., 23. und 25. 7. 1805, Meldungen des Polizeidirektors Hartmann an den Gubernialpräsidenten über die Stimmung der Prager Bevölkerung (Zitate aus den Meldungen vom 25. und 23. 7.).

148 Cobb: The Police/1970, 50.

149 NA, PG, Sign. 15b, Kart. 231, Pilsen, 9. und 17. 7. 1806, Berichte des ersten Kreiskommissars Ignatz Gutkunst Klingler an den Gubernialpräsidenten. Falls nicht anders angegeben, basiert die folgende Schilderung der Ereignisse auf diesen Quellen.

Verhafteten befreien. Im Geiste von Eichlers Handbuch,[150] aber auch aufgrund der eigenen praktischen Erfahrung vertraute Klingler die Befriedung der Studenten dem Philosophieprofessor Rudolph Zeidler an, der seine „Pflicht" so gut erfüllte, dass um halb elf kein Student oder Schaulustiger mehr vor Ort war. Klingler ließ zur Sicherheit noch die Polizeipatrouillen verstärken, verständigte den Kommandanten der lokalen Garnison und blieb als beispielhafter bzw. dem Beispiel seines Landeschefs aus dem Vorjahr folgender Beamter die ganze Nacht über wach, um anschließend „alles ruhig" vorzufinden. Auch die weiteren Schritte und Worte des Kommissars deuten an, dass die Prinzipien, die Wallis den Kreisen 1805 eingeschärft hatte, angenommen worden waren. Am 9. Juli um sieben Uhr morgens rief Klingler zwei Professoren des philosophischen Instituts und einen weiteren Lehrenden zu sich. Er forderte sie dazu auf, dass sie – ohne selbst Angst zu zeigen – die Studenten vor ähnlichen Zusammenrottungen warnen und sich dabei auf Kapitel 8 des Strafgesetzbuchs berufen sollten (in dem solcherart „Zusammenrottungen", „Unruhen" oder „Aufruhr" als „Verbrechen des Aufstandes" qualifiziert wurden).[151] Die Studenten sollten die Wohltätigkeit der Justiz begreifen, die keine Unschuldigen verfolge, aber zugleich auch kein Verbrechen unbestraft lasse und dabei helfe, mögliche schwarze Schafe auszuschließen. Auf ähnliche Weise trug Klingler über Polizeikommissar Setti auch den Vertretern der Zünfte auf, die Gesellen zu beaufsichtigen: Sie sollten deren abendlichen Ausgang beschränken und verhindern, dass sie Studenten als „Uhrendiebe" beschimpften, wie es angeblich der Fall war.

In Reaktion darauf und im Geiste der etablierten Vorgehensweisen informierte der Gubernialpräsident einerseits Sumerau und Ugarte in Wien (denen er das Original von Klinglers Bericht schickte) und befahl andererseits dem Kreisamt die Rädelsführer der Pilsener Unruhen aufzuspüren. Klingler befürchtete aber, dass solche Nachforschungen die ruhige Oberfläche des städtischen Lebens aufwirbeln würden. Zudem habe es sich am 8. Juli abends eher um eine friedliche Versammlung von Neugierigen gehandelt, bei der es keine Auftritte und keinen Lärm gegeben habe und die sich ohne weiteres auflösen ließ, sodass er, Klingler, nicht wisse, wo bzw. bei wem er mit der Suche nach den Urhebern beginnen solle. Zugleich musste aber der Kreiskommissar die Angemessenheit seines eigenen Vorgehens rechtfertigen, da es nun plötzlich so aussah, als habe er die gesamte Unruhe übertrieben geschildert und das Gubernialpräsidium und über dieses wiederum die Wiener Behörden unnütz alarmiert. Klingler griff überraschend auf eine dreizehn Jahre zurückliegende, aber offensichtlich noch nicht vergessene Begebenheit zurück – er rechtfertigte sich nämlich mit der gubernialen Kritik an der Untätigkeit von Polizeidirektor La Moth beim Prager „Bordell-Tumult" Ende 1793: „Ich aber konnte

---

150 Eichler: Die Polizei praktisch/1794, 24: „Auch ist es räthlich, solche Männer, auf welche das Volk ein gewisses Vertrauen setzt, und deren es in jedem Orte einige giebt, zu den Versammelten zu schicken, um sie durch Vorstellungen zur Ruhe zu bewegen."

151 Gesetzbuch über Verbrechen und schwere Polizey-Übertretungen und dem Verfahren bey denselben. 1. Von Verbrechen, Wien 1803, 39–42, §§ 61–68.

die Pollizeymeldung […] deswegen nicht fallen lassen, weil […ich] mich ganz wohl nach jener Rede des seligen Tit. H. Grafens Laschansky als Obristburggrafen an den H. Baron von Lamoth erinnere, daß er nur erst dann, als da das ganze Haus schon brennet, ihm es melde, daß die Studenten Nachmittag 36 Kaffeehäuser gestürmet haben, wo doch ihm der frühige kleine Auftritt wegen der bey dem Wachholder von den Studenten eingeworfenen Fenster zur Fürkehrtrefung nicht gemeldet worden sey."[152] Dennoch verkniff sich Wallis nicht den Tadel, Klingler habe in seinem ersten Bericht die Unruhen nicht angemessen dargestellt, sondern übertrieben. Die Vorgesetzten in Wien dagegen versuchte er davon zu überzeugen, dass er die Bedeutungslosigkeit der Pilsener Ereignisse bereits zuvor geahnt habe.[153] Sumerau und Ugarte nahmen die Nachrichten aus Böhmen, dass die Versammlung der Studenten eine Bagatelle gewesen sei, nur erleichtert zur Kenntnis. In den Augen der Ämter war der Tumult von Pilsen damit beendet. Mit zeitlichem Abstand betrachtet, erinnert er noch einmal daran, wie das, was wir als Vergangenheit bzw. als Gegenstand der Untersuchung rekonstruieren und interpretieren, von der mehr oder weniger zufälligen Überlieferung der Quellen abhängig ist.

Die öffentliche Ruhe, der „Pöbel" und der „Nationalcharakter"

Polizisten bzw. Polizeiberichte als historische Quellen sind auch noch in anderer Hinsicht problematisch. Einerseits sind die Berichte, Meldungen – besonders jene über die Volksstimmung – und anschließenden Ermittlungen häufig die einzigen Informationsquellen zum Leben der Bevölkerung der Dörfer und Stadtviertel. Wie wir aber eben am Beispiel von Pilsen gesehen haben, konnten präventive Vorsicht und Vorausschau, die die wichtigsten Eigenschaften von Polizisten und Beamten sein sollten, vor allem in einer Zeit der Angst vor Revolution auch dazu führen, dass Beamte und ihre Vorgesetzten, wenn sie ausschließlich auf Berichte vor Ort angewiesen waren, Zusammenrottungen und Verschwörungen hinter jeder Ecke sahen.[154] Das Misstrauen und die Unsicherheit darüber, was alles als unerlaubte Verschwörung anzusehen sei, mag paradoxerweise

---

152 NA, PG, Sign. 15b, Kart. 231, Pilsen, 17. 7. 1806, zweiter Bericht des ersten Kreiskommissars Ignatz Gutkunst Klingler an den Gubernialpräsidenten. Klingler verteidigte sich offenbar vor dem Vorwurf des Gubernialpräsidenten, er sei mit wenig Nachdruck vorgegangen bzw. habe Angst gehabt: „Furcht zeigte ich auch keine, weil ich ganz ruhig auf der Gasse wandelte und in der Stille meine Vorsichtsmaßregeln traf; denn ich fürchte bey dem Umstande, daß ich schon dreymahl mit dem Todte rang, einmal Niemand auf der Welt, als Gott und meine Vorgesetzte."

153 NA, PG, Sign. 15b, Kart. 231, Prag, 27. 7. 1806, Wallis an den Pilsener Kreishauptmann (Konzept); Wallis schrieb: „ich gewärtige, derselbe [Klingler] werde künftighin bemühet seyn immer eine ganz getreue Darstellung der Sache zu liefern". Vgl. hier auch Konzept von Wallis' Schreiben an Sumerau.

154 Cobb: The Police/1970, 3–5, spricht von Polizisten und ihren Informanten als Historikern der vergangenen Volksbewegungen.

auch der Revers über die Nichtzugehörigkeit zu Geheimgesellschaften gesteigert haben, den alle Beamte – von den Gubernialräten über die Lehrer der Haupt- und Normalschulen und Gymnasien bis zu den städtischen Polizeikommissaren und Revisoren – seit 1801 als Teil ihres Amtseids ablegen mussten.[155] In der Begründung dieser Pflicht durch den Herrscher werden die Geheimgesellschaften als größte Bedrohung für die innere Ordnung, Ruhe und Moral im Staat präsentiert.[156]

Als Polizeidirektor Wratislaw im März 1802 die Ermittlungen in der Karnevalsaffäre von Georgswalde einleitete, verließ er sich auf einen Bericht „von sicherer Hand", den er dann dem Gubernialpräsidenten unterbreitete. Der Autor des Berichts warnte darin vor einem „immer mehr über Hand nehmenden Freyheitsgeist" und vor „Verwegenheit im Tadeln der österreichischen wohlthätigen Regierung und in übertriebenen Erhebungen des republikanischen Systems" in den an Sachsen grenzenden Gebieten, die sich gerade auch in dem Bonapartestück aus Georgswalde gezeigt hätten.[157] Dieses erwies sich jedoch während der Ermittlungen von Kommissar Bayerwek letztendlich als staatsunschädlicher Schwank. Wir kennen die Identität der Person nicht, von der Wratislaw alarmiert worden war, und wissen auch nicht, wie nahe sie den Ereignissen von Georgswalde stand oder ob sie in irgendeiner Weise von einer der Parteien beeinflusst war. Für eine erhöhte Vorsicht bis hin zu Misstrauen sprechen allein schon die zehn Jahre, während derer die Beamten aller Stufen in der Habsburgermonarchie darauf „trainiert" wurden, „französische" und weitere potenziell umstürzlerische Gedanken und Einflüsse zu entdecken. Seit 1790 war ein großer Teil von ihnen auch in das regelmäßige monatliche polizeiliche Berichtswesen involviert und konnte sein Urteil an bereits abgeschlossenen Fällen aus allen Gegenden Böhmens bzw. an ihrer Auswertung durch das Gubernium schärfen. Die Beamten hätten somit in der Lage sein sollen, die Schädlichkeit etwa von Faschingsvergnügungen angemessen zu beurteilen. Die

---

155 NA, PG, Sign. 3, Kart. 85, Wien, 25. 4. 1801, Sumerau teilt Stampach die Einführung des Revers mit; hier auch Konzepte der gubernialen Durchführungsanweisungen vom 6. und 7. 5. 1801 sowie Vordruck des Revers. Der Revers war ein Bestandteil des Amtseides der städtischen Polizeibeamten z. B. in Aussig/Ústí nad Labem; SObA Litoměřice, KÚ Litoměřice, Sign. Publ 16/11, Kart. 929, Aussig, 10. 6. 1811, Bericht über den Amtseid von drei neuen Revisoren. Weiter auch Kutnar, František: Reakce státu v Čechách na Velkou francouzskou revoluci [Reaktion des Staates in Böhmen auf die Französische Revolution], in: Český časopis historický 43 (1937), 323–342, 520–542, hier 339.

156 NA, PG, Sign. 3, Kart. 85, Sumerau zitiert in seinem Bericht an Stampach vom 25. 4. 1801 aus dem Kabinettschreiben des Herrschers vom 23. 4.: „Da nun die Erfahrung gelehret hat, daß geheime Gesellschaften und Verbrüderungen eine der Hauptquellen waren, wodurch die verderblichsten Grundsätze verbreitet, die wahre Religion untergraben, die Moralität, wo nicht ganz verdorben, wenigstens sehr verändert, oder Partheÿgeist durch alle möglichen Kunstgriffe auf das schärfeste angefeuert und folglich auch die häusliche Ruhe und Glückseligkeit gestöhret worden ist", habe der Monarch alle geheimen Gesellschaften verboten, „um so mehr […] als auch die vielleicht in guter Absicht errichteten öfters ausarten und folglich in jedem Staate so unschicklich als gefährlich sind".

157 NA, PG, Sign. 15b, Kart. 228, Prag, 14. 3. 1802, Joseph Wratislaw zeigt dem Gubernialpräsidenten die Georgswalder Faschingsunruhen an.

Beschwerden über die Förmlichkeit der Polizeiberichte relativieren natürlich die pädagogische Wirkung dieses „Systems". Schließlich sei angemerkt, dass Angelegenheiten, die für die Staatssicherheit als relevant klassifiziert worden waren, während der Ermittlungen weder in gewöhnlichen Polizeiberichten noch in Zeitungen auftauchten. Als Beispiele seien der Prager „Bordell-Tumult" von 1793 oder der Wiener „Bäckerrummel" von 1805 erwähnt.

In der Habsburgermonarchie kam es an der Wende vom 18. zum 19. Jahrhundert zu keiner Veränderung des politischen Regimes und so brauchten sich die Polizeibeamten und Informanten neuen Vorgesetzten nicht anzudienen, indem sie „Verschwörungen" oder Gesellschaften enthüllten, die unter einer vorangegangenen Regierung unverdächtig gewesen waren. So erklärt nämlich Adam Zamoyski die Aktivität der Polizei z. B. in Frankreich oder auf der Appeninhalbinsel und zitiert dabei aus der Denkschrift des französischen Polizeiministers Joseph Fouché: „Every day, the agent of the police has to furnish a report in order to earn his pay and prove his zeal. If, by chance, he discovers something, he thinks he must enhance his own importance by inflating his discovery."[158]

Andreas Chrysogonus Eichler gab in seinem Polizeihandbuch schon in dessen erster Ausgabe von 1794 eine gewisse Anleitung, wie potenzielle Unruhen oder Zusammenrottungen vorausgesehen werden könnten. Als deren Vorboten führt er Schmähschriften oder Kritik an den Verhältnissen an, die von Ohr zu Ohr, in öffentlichen Vorträgen oder durch Druckerzeugnisse verbreitet würden. Wesentlich war seiner Meinung nach, das Auftreten von Pasquillen (Spottschriften) und kritischer Ansichten sowie ihrer Träger und Medien im Keim zu ersticken. Dem Handbuch zufolge tauchen Spottschriften in der Öffentlichkeit „zu gewissen Zeiten" auf, „wann sich eine Unzufriedenheit äußert" und während derer man daher die Polizeipatrouillen verdoppeln müsse.[159] Hier scheint sich die Erfahrung aus den Prager Unruhen des Jahres 1793 niederzuschlagen, auch wenn wir keine Informationen darüber haben, dass die gegen La Moth gerichteten Schmählieder in gedruckter Form vorgelegen hätten. Was Eichler in seinem Handbuch jedoch nicht lehrte, ist, wie man die Volksstimmung analysieren oder vorhersehen könne; seinen Lesern gab er nur offensichtliche und eindeutige Indizien an die Hand.

Das Gubernialpräsidium bezeichnete manchmal auch Bagatellvorfälle als „Tumulte", wie z. B. als 1795 die Gäste im Ratskeller von Lichtenstadt/Hroznětín bei Karlsbad auch nach der Sperrstunde großen Lärm machten und sich weigerten, die Befehle des Polizeiaufsehers zu befolgen.[160] Von ernsterem, weil gegen die offiziellen Maßnahmen gerichtetem Charakter war der „öffentliche Tumult", bei dem sich im Jahre

---

158 Zamoyski: The Phantom Terror/2014, 122, zu Italien 167.
159 Eichler: Die Polizei praktisch/1794, 22–24.
160 NA, PG, Sign. 15b, Kart. 225, Prag, 7. 1. 1796, Kommentar des Gubernialpräsidenten zum Polizeibericht des Elbogener Kreisamtes für November 1795; das Gubernialpräsidium stützte sich auf das „Polizeinormale" vom 30. 4. 1787, d. h. auf die Polizeiordnung von Prag.

1803 einige Bewohner von Neweklau/Neveklov zusammenrotteten und die unlängst installierten Tafeln mit dem Ortsnamen herausrissen und zerstörten. Aber auch dieser Vorfall hatte allem Anschein nach keine Relevanz für die Staatssicherheit, weswegen es dem Gubernialpräsidium ausreichte, die Umstände aufzuklären und die Rädelsführer anzuzeigen.[161]

Insgesamt ist nicht leicht festzustellen, wann und auf welcher Grundlage Polizei-beamte und die übrige Beamtenschaft lokale Konflikte, Raufereien oder Unruhen als potenziell staatsgefährdend betrachteten. Die amtliche Sensibilität war natürlich im gesamten hier untersuchten Zeitraum stark vom Geschehen in Frankreich beeinflusst. Denn obwohl vor allem die Kreishauptleute und der Prager Magistrat schon vor 1789 mit Fällen von Aufruhr oder Aufständen konfrontiert gewesen waren, ist die polizei-liche Überwachung der öffentlichen Ordnung in den böhmischen Ländern und der Habsburgermonarchie fest mit der Verteidigung der monarchischen Staatsordnung gegen revolutionäre Einflüsse verbunden – jede öffentliche Versammlung war verdäch-tig, jede öffentlich geäußerte Meinung sollte der Kontrolle bzw. der Zensur unterzogen werden. Auf Erfahrungen aus Frankreich spielte womöglich auch Eichler an, wenn er schrieb, die innere öffentliche Sicherheit „gründet sich auf das untergeordnete Eben-maaß der einzelnen Kräfte der Bürger gegen die allgemeinen Kräfte des Staates; so kann z. B. der übermäßige Reichtum, oder die Grösse und Ausbreitung eines Standes, auch die erlangten zu vielen Freiheiten dem Staate schädlich seyn, wie dies die Geschichte beweiset".[162]

Gleichgewicht, Symmetrie oder auch die Forderung nach einem angemessenen Besitz und einer angemessenen Größe der Stände bedeuteten jedoch noch keine fundamentale Gleichheit der einzelnen Bewohner, weder in der Beziehung zum Staat und erst recht nicht untereinander. Das, was die Polizei im Alltag aufrechterhielt, wenn sie z. B. das Leben und den Besitz Einzelner vor „Zufällen" oder in Gefahrensituationen schützte, könnte man als eine Art dynamisches Gleichgewicht einer im Grunde ungleichen Ge-sellschaft bezeichnen. Wie wir gesehen haben, ließ Feldwebel Czech beim Tumult im Dezember 1793 einige Prostituierte angeblich als Schutz vor studentischen Angriffen auf die Polizeiwache bringen bzw. in einer Zwangsarbeitsanstalt internieren. Die ver-hörten Studenten blieben nicht nur vom „Schutz" an einem solchen Ort verschont, die höchsten Landesbeamten setzten sich zudem dafür ein, dass die mögliche Bestrafung der Studenten im Unterschied zum „Pöbel" keinen öffentlichen und damit entehrenden Charakter hatte. Sie begründeten dies zwar mit der vernichtenden Auswirkung, die eine öffentliche Arbeitsstrafe auf die weitere wissenschaftliche oder öffentliche Karrie-re der Studenten gehabt hätte, verwiesen aber auch auf die unterschiedlichen Motive

---

161 NA, PG, Sign. 15b, Kart. 228, Prag, 5. 7. 1803, Kommentar des Gubernialpräsidenten zum Polizeibericht des Berauner Kreisamtes vom Mai 1803.
162 Eichler: Die Polizei praktisch/1794, 21.

für Gewalt und Plünderei: Die Studenten habe dazu ein im Grunde edles, wenn auch falsch verstandenes moralisches Empfinden getrieben, also der Abscheu gegenüber der Prostitution. Angehörige der „Klasse des Pöbels" dagegen seien von Mutwilligkeit und der Lust am Plündern geleitet worden.

Der Begriff „Klasse" kommt in den administrativen Quellen des untersuchten Zeitraums verhältnismäßig häufig vor, allerdings in der breit gefassten Bedeutung von Stand, Schicht oder einer durch Bildung oder kulturellen bzw. sozioökonomischen Status definierten gesellschaftlichen Gruppe. Die Gruppe, die im Kontext des Tumults von 1793 oder der Wiener Angriffe von 1805 einigermaßen klar umrissen auftritt, ist gerade der „Pöbel". Sweerts' und Mac Nevens Bericht vom März 1794 nach bezeichnete der Begriff „Pöbel" zwar auch eine Menge, die sich zufällig in den Prager Straßen versammelt hatte, an sich, gleichzeitig aber auch die soziale Schicht, aus der sich der nicht-studentische Teil der am Tumult Beteiligten rekrutierte. Die Angehörigen einer solchen Gruppe hätten auch kein anderes Motiv für ihre Gewalt haben können als den Wunsch, fremden Besitz an sich zu bringen. Der Pöbel war in diesem „engeren Wortsinn" jene Schicht „auf der letzten Stufe der bürgerlichen Existenz",[163] gewissermaßen auf dem niedrigsten Niveau der (aufklärerischen) Zivilisation.

„Pöbel" ist kein neuer Begriff, der erst in der Aufklärung auftaucht. Als „gemeine Menge niederträchtiger und aller höhern Achtbarkeit beraubter Leute" führt ihn Zedler 1741 in seinem Wörterbuch an.[164] In weit gefasster Bedeutung diente das Wort im 18. Jahrhundert Autoren oft dazu, die negativen Eigenschaften des ansonsten gefeierten Volkes hervorzuheben. So verstanden hatte der Ausdruck in Texten Konjunktur, die sich kritisch mit der Französischen Revolution auseinandersetzen. Im tschechischsprachigen Kontext schrieb z. B. Aleš Pařízek über den „aufrührerischen" („buřičská"), „wütigen" („vzteklá"), „schäbigen" („chatrná") oder „ungezogenen" („nezbedná") Pöbel („lůza") in Frankreich.[165] Im Zusammenhang mit den Prager Unruhen vom Dezember 1793 sowie den Wiener Unruhen im Juli 1805 werden vor allem ökonomisch abhängige Personen – Männer (Lehrlinge, Gesellen, Tagelöhner, Arbeiter), aber auch Frauen (Hausmädchen) –, die sich in größerer Zahl auf der Straße, außerhalb der Werkstätten oder der eigenen Haushalte versammelten, als „Pöbel" bezeichnet. Nunmehr wurden neben den Meistern auch Fabrikbesitzer und -verwalter zu den Haushaltsvorständen

---

163 NA, PG, Sign. 15b, Kart. 235, Prag, 31. 3. 1794, an das Gubernialpräsidium gerichteter „Finalbericht" von Sweerts und Mac Neven, 35: „welche zu dem Pöbl nach dem engsten Verstande des Worts gehören und auf der letzten Stufe der bürgerlichen Existenz stehen".

164 Zedler, Johann Heinrich: Grosses vollständiges Universal-Lexicon aller Wissenschaften und Künste, Bd. 28, Leipzig–Halle 1741, 948; https://www.zedler-lexikon.de/index.html?c=blaettern&seitenzahl=487&bandnummer=28&-view=150&l=de [letzter Zugriff 25. 2. 2024].

165 Pařízek, Aleš: O svobodě a rovnosti městské, jaká jest a co z ní pochází mezi Francouzi, všem milým vlastencům národu českého k poučení a vejstraze sepsáno [Über die bürgerliche Freiheit und Gleichheit, wie sie sind und was davon in Frankreich rührt, für alle lieben Patrioten der böhmischen Nation zur Belehrung und Warnung verfasst], Praha 1793, 33, 52–53.

gerechnet, die diese während der Unruhen am abendlichen Ausgehen hindern und allgemein die Kontrolle über sie verstärken sollten.

Die Linie, die den „Pöbel" abgrenzte, hing immer auch von der Ursache der Unzufriedenheit ab – bei den „Brotaufständen" von 1805 zählten die Bäcker und andere Handwerker, gegen deren Geschäfte und Betriebe sich die Angriffe richteten, ganz sicher nicht zum „Pöbel". Soweit es sich beurteilen lässt, bestätigt sich hier auch eine Feststellung von Georg Rudé, nämlich dass Lebensmittelunruhen spontan ausbrachen.[166] Dies bedeutet jedoch nicht, dass sich in der Menge irgendeine primitive destruktive Energie Bahn gebrochen hätte oder dass die Menge unbedingt von „kriminellen Elementen" oder anderen Anstiftern manipuliert worden wäre, wie zeitgenössische Beobachter und mit ihnen auch einige Historiker aus späterer Zeit zu glauben geneigt waren.[167] Die Motive der Menschen, die sich an einem Ort zusammenrotteten, waren sicher unterschiedlich. Zu einem ursprünglichen Impuls – im Jahre 1793 die angeblich in dem Streit mit den Prostituierten beleidigte studentische Ehre – gesellten sich Neugier oder der Wunsch, sich fremdes Eigentum anzueignen, und anscheinend war es nicht einmal unvorstellbar, dass in der Menge profranzösische oder antifranzösische Parolen erklangen. 1805 speiste sich das Mobilisierungspotenzial des ursprünglichen Konflikts in der Wiener Bäckerei aus einer weit verbreiteten Vorstellung über den fairen Preis oder die Verfügbarkeit von Brot, aber die Gründe seiner Ausbreitung auf weitere Viertel könnten vielfältiger gewesen sein. Demgegenüber hatten die Georgswalder Unruhen vom Frühjahr 1802 keine sozioökonomische, sondern eher eine kulturelle Dimension – unter anderem handelte es sich um das Recht Faschingsspiele und andere Vergnügungen zu veranstalten, in deren Rahmen ältere kommunale Streitigkeiten artikuliert wurden. An diesen waren als „kritische Köpfe" zumeist wohlhabende Bürger und ihre Söhne beteiligt, von „Pöbel" kann hier nicht die Rede sein.

In diesem Zusammenhang stellt sich die Frage, in welchem Maße der „Pöbel" nur eine städtische Erscheinung darstellte, eine Angelegenheit, die etwa mit dem Handwerk oder den Anfängen der Industrialisierung verbunden war. Obwohl auch auf dem Land Manufakturbetriebe entstanden, konzentrierten sich ökonomisch abhängige, aus den Haushalten aber mehr oder weniger herausgelöste Personen vor allem in den Städten. Deshalb schenkten Staatsorgane wie die Polizei auch den Städten größere Aufmerksam-

---

166 Rudé, George: The Crowd in the French Revolution, London – Oxford – New York [2]1967, 183.

167 Einer solchen Interpretation widersprechen vor allem marxistische Historiker; Rudé, George: The Crowd in History. A Study of Popular Disturbances in France and England 1730–1848, New York–London–Sydney 1964, 60. Differenziert und zu Rudé kritisch spricht Thompson, Edward Palmer, The Making of the English Working Class, London 1991, 76–83, am Beispiel der Londoner Unruhen der 1760er–1780er-Jahre von „'licensed' mob". Auf den nach wie vor wichtigen Titel Conze, Werner: Vom „Pöbel" zum „Proletariat". Sozialgeschichtliche Voraussetzungen für den Sozialismus in Deutschland, in: Vierteljahrschrift für Sozial- und Wirtschaftsgeschichte 41/4 (1954), 333–364, hat mich Jakub Raška dankenswerterweise aufmerksam gemacht.

keit, was wiederum rückwirkend – in ihren Akten – den Eindruck von der Bedrohung, die von dieser Gruppe für die öffentliche Ordnung ausging, verstärkt haben mag. Außerhalb der Landeshauptstädte übten Stadträte und beauftragte Aufseher und in den Dörfern Dorfrichter bzw. Geschworene oder Schöffen die polizeiliche Kontrolle aus. Im Verlauf der Kriege gegen Napoleon gab es mehrfach Vorschläge, diese Aufsicht durch die Einrichtung einer Gendarmerie, also professioneller, auf dem Land andauernd präsenter Sicherheitsorgane, zu verbessern. Für uns sind diese Vorschläge deswegen interessant, weil sie den Kreishauptleuten zur Kommentierung unterbreitet wurden, wodurch deren komplexe Sicht auf die Sicherheitssituation außerhalb der Städte erhalten geblieben ist.[168] In ungünstigem Licht wird diese vor allem von denjenigen Kreishauptleuten geschildert, die sich für die Einführung einer Gendarmerie aussprachen. 1815 gehörte Prokop Platzer, der Hauptmann des Berauner Kreises, zu ihnen. Weder er noch die übrigen Hauptleute argumentierten zwar damit, dass die Sicherheitsbedrohungen zugenommen hätten und das Wort „Pöbel" kommt in ihren Berichten so gut wie nicht vor. Neben „Vagabunden" ohne Pass stellten plötzlich auftretende Zusammenrottungen und Tumulte jene Störungen der Ordnung und der Normen dar, die abzuwehren eine mobile und professionelle Gendarmerie laut Platzer effektiver in der Lage wäre als die ländlichen Organe, von der Ineffektivität der bestehenden Polizeiberichte und Kreisbereisungen gar nicht zu reden, „[…] denn wenn in einer mit Menschen angefüllten Dorfschänke ein Raufhandel entsteht, wie soll sich da ein einzelner Amtsdiener oder Dorfrichter wagen, denselben beÿlegen zu wollen? Ungleich ausgiebiger wäre in solchen Fällen die Vermittlung der Landessicherheitwache. Glaubwürdige Augenzeigen versichern wenigstens in den Staaten, wo die Gendarmerie bestehet, oft gesehen zu haben, daß auf den gebietherischen Laut eines einzigen Mannes die wüthendsten Tumulte unter den zahlreichsten Versammlungen augenblicklich beigelegt wurden."[169] Mit der Gendarmerie sollte ihren Anhängern zufolge ein Modell einheitlicher und bis ins letzte Dorf reichender staatlicher Ordnungskräfte geschaffen werden; in diesem Sinne äußerte sich z. B. auch der Klattauer Kreishauptmann Procházka bereits in einem Fragebogen aus dem Jahre 1810.[170]

---

168 Zu den Vorschlägen von 1810 und 1815 Roubík, František: Pokusy o zřízení četnictva v Čechách [Die Versuche, eine Gendarmerie in Böhmen zu errichten], in: Sborník věd právních a státních 39 (1939), 161–188. Darauf basierend Macek: Rakouský policejní systém/2006, 415–416.

169 NA, ČG-Publ, Sign. 53/807, Kart. 5109, Prag, 3. 10. 1815, Gutachten des Berauner Kreishauptmanns Prokop Platzer zum Vorschlag, eine Gendarmerie zu errichten. Hier finden sich auch der Vorschlag selbst („Organisierung der öffentlichen Sicherheitswache in dem lombardisch venetianischen Königreiche") sowie Gutachten aller anderen Kreishauptleute.

170 Diese Äußerung legte Procházka auch seiner Stellungnahme von 1815 bei; NA, ČG-Publ, Sign. 53/807, Kart. 5109, Klattau, 28. 2. 1810: „Das allergrößte Hinderniß, welches der Ausübung der so vortreflichen Polizeigesetze im Wege liegt, bestehet aber gewiß darin, weil die Polizei überall nur als ein Bruchstück, nirgends ein wohlgeordnetes, in einander greifendes Ganze erscheint. […] Die Gensdarmerie würde der

Andere Hauptleute, die gegen die Einführung einer Gendarmerie waren und argumentierten, dass eine solche in Böhmen nicht notwendig wäre, hatten vor allem
deren mögliche staatssicherheitliche Rolle im Sinn. Diese stand im Vordergrund bei
der Errichtung der Gendarmerie in Lombardo-Venetien, die als mögliches Vorbild
für Böhmen dienen sollte. Johann Bayerwek, der uns aus den Ermittlungen in der
Georgswalder Karnevalsaffäre von 1802 bekannt ist und der im Jahre 1815 Kreishauptmann von Tschaslau war, hielt eine Gendarmerie gerade für soeben eroberte Länder für
wichtig, in denen das Verhältnis zwischen Bevölkerung und Herrscher unklar und „wo
der Charakter der Nazion wenig moralisch [wäre]". In Böhmen sei aber kein einziger
Fall von geheimer Verschwörung gegen den Monarchen bekannt. Morde und größere
Diebstähle würden hierzulande immer aufgeklärt und hinsichtlich der Loyalität und der
Kriegsopfer könnte die Einrichtung einer Gendarmerie als „für die Nazion beleidigend"
empfunden werden.[171] Auch der erste Kreiskommissar von Königgrätz, Ignaz Gautsch,
war der Ansicht, die Regierung in Böhmen brauche sich nicht im Geringsten vor ir-
gendwelchen „Machinazionen" zu fürchten. Die Errichtung einer Sicherheitswache
könne sogar schädlich sein, weil sie die Ruhe im Volke stören, es zum Nachdenken
und Glossieren der Situation reizen und zum Misstrauen gegen die Regierung ver-
führen könne.[172] Mit Rücksicht auf den „Nazionalcharakter der Böhmen" lehnte auch
der Pilsener Kreishauptmann Breinl die Gendarmerie ab, „weil die Volksstimmung in
Böhmen so gut ist, daß das Volk keine so gewaltsamen Maaßregel bedarf, mit Milde und
gütlichen Vorstellungen zur Befolgung der Anordnungen seiner Vorgestellten geleitet
werden kann".[173]

Aus ähnlichen Gründen schloss sich den zurückhaltenden Stimmen aus den Kreisen auch der Präsident des Appellationsgerichts Sterneck an. Ihm zufolge herrsche in
Böhmen im Unterschied zu den italienischen und unmittelbar benachbarten Ländern
Ruhe. Abschließend ließ das Gubernium – trotz seiner grundsätzlich negativen Haltung – zwar kleine Verbesserungen in der Polizeiverwaltung des Landes und sogar die
Einrichtung einer Art Sicherheitswache zu. Die Realisierung scheiterte jedoch höchstwahrscheinlich an den finanziellen Anforderungen. Über eine Gendarmerie wurde in
den böhmischen Ländern erst wieder unter dem Eindruck der Revolution von 1830
gesprochen und deren tatsächliche Einrichtung beschleunigte nach den Debatten der
40er-Jahre erst die Revolution von 1848/49.[174]

Die Kreis- und Landesbeamten, die in den Jahren 1810 und 1815 mit der Errichtung
einer neuen Sicherheitseinheit auf dem Land nicht einverstanden waren, argumentier-

---

letzte Finger des Staats, die immerwährende Kontrolle für Aemter und Magistrate und das Mittel sein,
die genaue Beobachtung aller Inwohner und Fremden, ohne Unterschied des Standes, zu bezwecken."
171 NA, ČG-Publ, Sign. 53/807, Kart. 5109, Tschaslau, 11. 9. 1815.
172 NA, ČG-Publ, Sign. 53/807, Kart. 5109, Königgrätz, 17. 9. 1815.
173 NA, ČG-Publ, Sign. 53/807, Kart. 5109, Pilsen, 30. 9. 1815.
174 Roubík: Pokusy/1939, 176–188.

ten nicht nur, dass es in Böhmen keine größeren revolutionären Unruhen gäbe und die Bevölkerung offensichtlich der österreichischen Regierung loyal wäre. Sie verwiesen auf den äußeren machtpolitischen Kontext, etwa darauf, dass die böhmischen Länder schon lange Zeit der österreichischen Monarchie angehörten, brachten aber zugleich den „Nazionalcharakter" in ihre Erklärungen ein. Uns wird hier nicht beschäftigen, wer einer solchen Nation angehörte, genauso wenig wie das Schicksal der nationalen Vorstellungen während der napoleonischen Kriege und nach ihrem Ende. Bemerkenswert ist aber die Tatsache, dass bestimmten neu definierten Gruppen in der administrativen Praxis bestimmte stabile Eigenschaften zugeschrieben wurden.

Ungefähr ein Jahr, nachdem er Beunruhigung über den sittlichen Zustand der Prager Bevölkerung äußerte, wandte sich Polizeiminister Sumerau im Juni 1808 in der gleichen Angelegenheit erneut an den Gubernialpräsidenten. Ihm zugetragenen Informationen zufolge wären in der Masse des Volkes Diebstähle, Bettelei, Trunksucht und als deren Folge eine Neigung zu Raufereien verbreitet. „Man könne den Grund dieser Vergehen nicht so sehr in einem der Slavischen Nation eigenthümlichen Hange, dem allmählig durch Erziehungsanstalten wirksam entgegengearbeitet werden könne, als vielmehr in den gegenwärtigen noch mangelhaften Administrationsanstalten suchen", zu denen Sumerau besonders die geringe Zahl von Wohltätigkeits- und Versorgungsinstitutionen zählte. Denen stellte er erneut die zahlreichen Schenken als Quelle des moralischen Übels gegenüber, die jeder, der das Bürgerrecht in Prag besaß, betreiben konnte. „Beÿ niedern Pöbel" führe die Trunksucht fast zwangsläufig zu vielen unmoralischen, die öffentliche Ruhe störenden Handlungen, zu welchen es aber auch bei „beÿ gebildeteren Ständen" komme.[175] Auch wenn er darin nicht den Hauptgrund sah, scheint der Chef der obersten Polizeihofstelle Sumerau den „der Slavischen Nation eigentümlichen Hang" gerade in den gewohnheitsmäßigen Übertretungen moralischer Normen bzw. Unordnungen gesehen zu haben.

Die Versuche, den unterschiedlichst definierten Gruppen eine Tendenz oder Disposition zum ungesetzlichen Handeln zuzuschreiben, werden die Kriminalistik bzw. Kriminologie durch das gesamte 19. Jahrhundert hindurch begleiten. Vergleichbaren Stereotypen begegnen wir auch in früheren Zeiten, erst die einheitliche Verwaltungspraxis sowie die aufklärerische Ethnographie und Wissenschaft brachten die Möglichkeit mit sich, solche Charakteristiken „objektiv" festzustellen und zu studieren; erinnert sei hier z. B. an die systematischen Fragen nach den Eigenschaften der Bewohner bei den seit 1784 durchgeführten Kreisbereisungen. (Ein eigenständiges, hier nicht genauer untersuchtes Kapitel stellt zu jener Zeit der Umgang der Ämter, darunter der Polizei, mit der jüdischen Bevölkerung oder mit den als „Zigeuner" bezeichneten Nichtsesshaften dar.) Die Polizei- und Staatsbeamten erklärten das als unerwünscht betrachtete Verhalten dieser Gruppen selbstverständlich nicht nur aus deren unveränderlichen

---

175 NA, PG, Sign. 15c 88, Kart. 527, Wien, 8. 6. 1808, Sumerau an Wallis.

Gruppeneigenschaften. Wie gezeigt wurden auch mit dem „Pöbel" negative Charakteristiken verbunden. Wer aber zum „Pöbel" gehörte, war einerseits durch den Sozialstatus bestimmt (die gewaltsam handelnden Studenten waren es nicht), andererseits auch situativ bedingt. Beim Einsatz während der Unruhen konnte die Polizei jedoch keine Rücksicht auf moralische Beurteilungen nehmen oder zukünftige Bestrafungen vorwegnehmen, sondern sie musste im Grunde alle schützen, deren Leben, Gesundheit oder Eigentum bedroht waren, selbst wenn es sich dabei um Prostituierte handelte. Ein solches amtliches Vorgehen kann man als (post-)aufklärerisches Novum ansehen.

Indem sie Motivationen und Zusammenhänge des unerlaubten Handelns suchte oder voraussetzte, brachte die Polizei jedoch „gefährliche Gruppen" und Bedrohungen in gewissem Maße auch selbst hervor und legitimierte damit rückwirkend ihre Sicherheitsmaßnahmen. In einer Zeit, als die Angst vor Revolutionen die Wachsamkeit und das Misstrauen der europäischen monarchischen Regierungen extrem anstachelte und die im Grunde bis zum Jahr 1848 andauerte, wurden auf diese Weise aus nonformen Individuen oder Grüppchen „jakobinische Verschwörungen" oder später nationale „Demagogen" aus der Studentenschaft „gemacht" bzw. „erschaffen".[176] Überall lauerte Gefahr, beim Georgswalder Karneval ebenso wie in der Menge auf dem Altstädter Ring. Dabei kann man jedoch nicht behaupten, dass der Polizei- oder Verwaltungsapparat als solcher zur Übertreibung oder „Erschaffung" dieser Gefahr beigetragen hätte. Er war sicher kompliziert und bürokratisiert und es konnte bei der Amtskommunikation zu einer Art Echoeffekt kommen, wenn eine übertriebene Anzeige und die vorauseilende Vorsicht, in der die Beamten geübt waren, ein triviales Ereignis zu einer staatsgefährdenden Verschwörung werden ließen. Gleichzeitig waren in diesem Apparat auch – sicher auch unvollkommene – Überprüfungs- und Objektivierungsmechanismen eingebaut. Diese bestanden unter anderem in der immer weiteren Standardisierung der Vorbereitung, Karrierelaufbahn und Qualifikation der Beamten, sodass sie auf die gleichen Auslöser gleich zu reagieren und sie gleich zu bewerten hatten. Vereinheitlicht werden sollten nicht nur die Melde- oder Passformulare oder die Form der Polizeiberichte, sondern auch die Reaktionen der Beamten auf solche scheinbar außerordentlichen Erscheinungen wie Zusammenrottungen oder andere Störungen der öffentlichen Ruhe.[177]

---

176 Zamoyski: Phantom Terror/2014, 194–215. Weiter Reinalter, Helmut (Hg.): Jakobiner in Mitteleuropa, Innsbruck 1977. Zum Einschreiten gegen die angeblichen „Jakobiner" in Südmähren Tinková, Daniela: Jakobíni v sutaně. Neklidní kněží, strach z revoluce a konec osvícenství na Moravě [Jakobiner in der Soutane. Unruhige Priester, die Angst vor Revolution und das Ende der Aufklärung in Mähren], Praha 2011, 199–230.

177 Zur Vereinheitlichung der Wahrnehmungskategorien als wesentlichem Zug der josephinischen Verwaltung Becker: „Kaiser Josephs Schreibmaschine"/2000, 240.

5. Bürokratie, die befreit?

Argumente für die Sinnhaftigkeit einer Geschichte der Polizei lieferte indirekt der Oberkommissar der Prager Stadthauptmannschaft Johann Konrad in der Einleitung zu seinem theoretischen Handbuch „Die Polizeyverfassung" aus dem Jahre 1817: „Die Geschichte der Polizey hält mit der Kulturgeschichte der Menschheit und der Staatengeschichte gleichen Schritt."[1] 32 Jahre nach der Einrichtung der Direktion war die Prager Polizei offenbar eine so selbstverständliche und selbstbewusste Institution, dass sie keine Vorbilder oder Instruktionen im Ausland mehr suchen musste, sondern ihre Beamten selbst die Reflexionen ihrer eigenen Tätigkeit publizierten. Sein Bedürfnis, die Grundlagen des Polizeiwesens neu zu definieren, begründet Konrad mit gegenläufigen Erwartungen und Anforderungen, die seinerzeit an die Polizei gestellt wurden: Einmal sei sie zu streng, dann wieder zu lax, je nachdem, wie sie persönlichen Profit antaste oder wie sie Teilinteressen und -leidenschaften befriedige. „[O]bgleich ihre Wirksamkeit in unsern Tagen schon so sehr eingeengt ist, daß sie mehr einer Warnungstafel, einer Pharusleuchte und höchstens einem Schreckensfeuer gleicht, so wird ihr doch die Tendenz für die Macht zugerechnet und alles Gemeinübel auf ihre Rechnung gestellt."[2] Wie weit die Polizei als Institution sowie ihr wenig schmeichelhaftes Bild zu Beginn des 19. Jahrhunderts bereits Allgemeingut geworden waren, zeigt auch die Tatsache, dass wir zu dieser Zeit ein möglicherweise verständliches Stereotyp „polizeilichen Aussehens" antreffen. Bei der Zensur von August von Kotzebues Theaterstück „Blinde Liebe" strich der Gubernialpräsident im Februar 1806 aus dem Satz, „Seit einer halben Stunde ist mir auf der Strasse ein Kerl mit einer verdammten Polizeiphisiognomie nachgeschlichen," das Wort „Polizei". Bereits 1786 hatte Johann Pezzl gespottet, die Gesichtszüge eines Polizeisoldaten seien vom ständigen Schnüffeln nach politischen Verbrechern gezeichnet, und auch Adolf von Schaden schrieb den österreichischen Grenzbeamten im Jahre 1822 eine hässliche Physiognomie zu.[3]

---

1 Konrad, Johann: Die Polizeyverfassung oder die Theorie, Praxis und Geschichte der Polizey in ihrer allgemeinen Bedeutung, mit vorzüglicher Rücksicht auf den österreichischen Kaiserstaat. Ein Handbuch für Regierungs-, Polizey- und Justizbeamte, Erster oder theoretischer Theil, Prag 1817, 1. Der geplante zweite Teil erschien allem Anschein nach nicht bzw. konnte nicht gefunden werden. Johann Konrad, geboren am 29. 1. 1774 in Prag, war vor seinem Amtsantritt bei der Prager Polizeidirektion im Herbst 1807 als Stadtrat in Königgrätz, Bürgermeister in Trautenau und Kriminalrat in Prag tätig; NA, PP 1808–1812, Sign. A 37, Kart. 1, Prag, 27. 6. 1810, Übersicht der Polizeibeamten der Prager Stadthauptmannschaft.

2 Konrad: Die Polizeyverfassung/1817, unpaginierte Vorrede vom 7. 11. 1816.

3 NA, PŘ I., Inv. Nr. 997, Kart. 29, Nr. 12, Verzeichnis der vom obersten Burggrafen zensierten Theaterstücke vom 26. 1. bis 31. 8. 1806; Pezzl: Skizze von Wien, Zweites Heft/1786, 32. Zu Adolf Schaden vgl. Kap. 3 dieses Buches.

Sicherlich haben Verwaltungsinstitutionen – und einer solchen gehörte der Prager Kommissar Johann Konrad an – die Tendenz ihre eigenen Angelegenheiten als grundlegende Probleme der gesamten Gesellschaft darzustellen. Dabei lässt sich die voranschreitende Differenzierung zwischen Verwaltungsinstitution einer- und Gesellschaft andererseits, die sich unter anderem in der Professionalisierung der Behörden ausdrückte, als einer der Hauptcharakterzüge der aufklärerischen Reformen bezeichnen. Möglicherweise übertrieb Konrad, ähnlich wie andere Aufklärer andere Themen, die Wichtigkeit der Polizei bzw. der gesellschaftlichen Debatten über sie, um seine eigene Unentbehrlichkeit hervorzuheben. Aber auch dessen ungeachtet hatte sich diese Institution am Ende des von uns untersuchten Zeitraums in den verschiedenen europäischen Ländern so weit etabliert, dass wir das nachfolgende 19. Jahrhundert zugespitzt auch als „Jahrhundert der Polizei" oder „Jahrhundert des Inneren" bezeichnen könnten. Einen Beleg für die Selbstorganisation und Handlungsfähigkeit stellt nicht erst die internationale Polizeizusammenarbeit am Ende dieses Jahrhunderts dar.[4] Europäische Polizeizeitschriften sollten schon ab Anfang des 19. Jahrhunderts dem Aufbau von Verbindungen untereinander und dem Erfahrungsaustausch dienen. Eine der ersten, die „Deutsche Justiz- und Polizei-Fama", versandte der Prager Polizeidirektor Wratislaw allen böhmischen Kreisbehörden zur Belehrung und empfahl sie auch den obrigkeitlichen Beamten.[5]

Im Leitartikel der ersten Nummer vom Januar 1802 appelliert das Blatt, nach dem Krieg solle die Polizei in ihrer breiten Definition erneuert werden, die Gesundheits-, Armen- oder „Bevölkerungspolizey" einbeziehe.[6] Fünfzehn Jahre später sieht Konrad jedoch allem Anschein nach die Reduktion dieses weit gefassten, auf Sonnenfels zurückgehenden Konzepts auf eine „warnende" Polizei, im Grunde also auf eine Sicherheits- und Ordnungspolizei, als unumstößliches Faktum an. Auch ohne Gesundheits- und Sozialpflege griff die Polizei sowohl in Konrads theoretischer Definition („Sitten, Sicherheit und Bequemlichkeit") als auch in der Praxis der Städte und Staaten des 19. Jahrhunderts in viele Bereiche des Alltagslebens ein. Abgesehen von der eher unsichtbaren Geheimpolizei, ohne die jedoch in Zukunft kein Staat mehr auskommen sollte, wurden nun immer größere Gruppen der städtischen und mobilen Bevölkerung der staatlichen Aufsicht bzw. Identifikation unterzogen, da sie als verdächtig oder „arbeitsscheu" galten

---

4 Die internationale polizeiliche Zusammenarbeit begann sich an der Wende vom 19. zum 20. Jahrhundert in den Bereichen Unterdrückung des Anarchismus, Frauenhandel und Pornografie zu entwickeln; Becker: Dem Täter/2005, 93–99.

5 SObA Litoměřice, KÚ Litoměřice, Sign. Publ 81, Kart. 830, Prag, 5. 8. 1802. Wratislaw zufolge beinhaltete die Zeitschrift „die interessantesten Bemerkungen sowohl über die Gerechtigkeitspflege, als über das Polizeywesen im ausgedehntesten Verstande", aus welchen „die Herren Kreisbeamten […] die Belehrung, Sachkenntnis und manche Vorteile sich verschaffen könnten".

6 Deutsche Justiz- und Polizey-Fama, Nr. 1 und 2 vom 1. 1. 1802.

oder ihnen eine Neigung zu „unmoralischem Verhalten", Kriminalität und Wiederholungstäterschaft zugeschrieben wurde. Auf dem Land sollte wiederum die Gendarmerie Instrument der flächendeckenden Aufsicht und des Zwangs werden. Wie wir gesehen haben, waren Vorschläge zu deren Einrichtung sowie Überlegungen über die Neigungen bestimmter Bevölkerungsgruppen zur Delinquenz schon Anfang des 19. Jahrhunderts zu verzeichnen. Damit will ich jedoch nicht behaupten, dass die Prinzipien der Polizeitätigkeit der letzten 200 Jahre alle schon „im Keim" in ihren Anfängen enthalten waren oder dass sie vollständig aus diesen erklärt werden könnten. In der vorliegenden Untersuchung habe ich versucht, verschiedene Polizei- und Verwaltungspraktiken nachzuvollziehen, die zwar nicht völlig aus dem Nichts entstanden sind, die aber trotzdem seit dem letzten Drittel des 18. Jahrhunderts einen neuen, kohärenten und eben durch diese Einheit legitimierten Komplex von Tätigkeiten darstellen, für den später der Terminus „Inneres" gefunden wurde und der für die Staaten eine ähnliche Wichtigkeit erhielt wie die Außenpolitik. Zugleich waren alle Menschen von Praktiken wie der Melde- und Passpflicht, Volkszählungen und der Nummerierung der Häuser in ihrer Umsetzung potenziell betroffen, meist aber nur als Objekte. Es ist diese neu begründete Beziehung zwischen den Einzelnen und dem Staat, deren Ausdruck die Polizei und die Verwaltung sind, um die es mir am Schluss dieser Betrachtung geht.

Die Polizei überwachte nicht nur die Einhaltung der Melde- und Passpflicht. Mit der Errichtung der Polizeidirektionen in der Habsburgermonarchie wurde ihr zumindest in den Städten auch die Befugnis zugestanden, in Fällen, in denen sie eine Bedrohung des Lebens, des Eigentums oder der Ehre sah, in „die Häuser und Freiheiten" aller Einwohner einzudringen. Anfangs war diese Befugnis weder unumstritten noch klar definiert. Wie wir in der Einleitung gesehen haben, scheiterte Reismann an der Schwelle der Bürgerhäuser, als er in seinem Eifer die Prostitution verfolgen wollte. Da half ihm nicht einmal das Argument, dass dieses Laster und das sich ihm hingebende „Gesindel" „die bürgerliche Privatsicherheit" störe und „das Wohl einzelner Familien sowohl, als des Staats untergrabe".[7] Diese undeutlich definierte Grenze, wie weit die Polizei gehen konnte, und die eigene mangelnde Umsicht kosteten Reismann letztlich seinen Posten. Bereits Reismanns Lehrer, dem Staatswissenschaftler Butschek, war klar, dass die Polizeiarbeit in die „bürgerlichen Freiheiten" eingreifen konnte; als Prävention dagegen reichte ihm zufolge jedoch die – verhältnismäßig vage und wenig praxistaugliche – „klare Ausmessung bürgerlicher Pflichten" aus.[8]

Es war ebenso möglich, die Polizeireformen unter Berufung auf die „bürgerliche Freiheit" abzulehnen, wie das im Jahre 1773 in der Reaktion der böhmisch-österreichischen

7 NA, ČG-Publ, Sign. B II 34. Kart. 903, Prag, 3. 8. 1785, Reismanns Brief an Gubernium.

8 Butschek: Abhandlung/1778, 128, Grundsatz Nr. 12.: „Bey so klarer Ausmessung bürgerlicher Pflichten wird es nicht leicht möglich seyn, einen Bürger in seiner Freyheit zu stören, oder den Mißbrauch des obrigkeitlichen und auch anderweitigen Ansehens zu fürchten."

Hofkanzlei auf das Pariser Polizeimodell zu sehen war. Ihr zufolge setzte die dortige Polizei zur Informationsbeschaffung vor allem Spitzel und Prostituierte ein, was nicht „mit den Begriffen der bürgerlichen Freyheit" bzw. „mit den reinen Begriffen der Religion, mit der Anständigkeit der Sitten, mithin auch mit den echten Grundsätzen der Staatsverfassung" vereinbar sei.[9] (Im Rückblick fällt jedoch auf, dass es nach dem Ausbruch der Französischen Revolution und der Koalitionskriege oft gerade Spitzel und Spione waren, die nicht nur in Österreich häufig als Instrumente zur Verteidigung der Religion, der Sitten und der Staatsordnung eingesetzt wurden.)

1811, als in der Monarchie das Allgemeine bürgerliche Gesetzbuch (in tschechischer Übersetzung *Kniha všeobecných zákonů městských*) verabschiedet wurde,[10] diente die „bürgerliche Freiheit" auch als Argument gegen die Regulierung der Mieten, die zu dieser Zeit in Wien ungewöhnlich anstiegen. Dem dortigen Regierungschef Saurau zufolge war es unmöglich, ein Mittel zu finden, das den Prinzipien der Gerechtigkeit entsprochen hätte und mit dessen Hilfe die Regierung oder Behörden in das im Grunde freie Verhältnis zwischen Vermieter und Mieter hätte eingreifen können. Somit sah die Regierung dem Anstieg der Mieten nur zu, überließ die Dinge „ihrem natürlichen Gange" und wartete ab, bis sich von selbst ein Gleichgewicht einstellte.[11] Auch wenn es dafür keine Belege gibt, hatte die Regierung bei der Suche nach einer potenziellen Maßnahme möglicherweise die sogenannte Viktualientaxe als Vorbild in Betracht gezogen, also ein amtlich festgelegter Höchstpreis für Grundnahrungsmittel, dessen Kontrolle zu den Befugnissen der Polizei- bzw. Kreisbeamten gehörte. Dass Wohnkosten nicht zu den regulierten Grundlebensbedürfnissen gezählt wurden, wäre bezeichnend für eine Abkehr von der „polizeilichen" Regulierung und eine Öffnung des Raums für einen „freien Markt", einen Trend, der im 19. Jahrhundert durch die Anhänger des sogenannten Ökonomismus repräsentiert wurde.[12]

Als ebenso unklar und instabil wie die polizeilichen Kompetenzen mag aber zu jener Zeit auch die Frage erschienen sein, um wessen Freiheit es sich im Falle der „bürgerlichen Freiheit" eigentlich handelte. (Ebenso kompliziert ist es übrigens, diese Wortverbindung

---

9 ÖStA, AVA, Hofkanzlei, Sign. IV. M. I. Niederösterreich, Kart. 1326, für Maria Theresia bestimmte Stellungnahme der Hofkanzlei zum Entwurf der niederösterreichischen Landesregierung, Wien, 24. 4. 1773 (unterzeichnet von Blümegen).

10 Hlavačka, Milan: Die erste Übersetzung des ABGB ins Tschechische oder über das Zusammentreffen von zwei Kodifikationen, in: Brauneder, Wilhelm/Hlavačka, Milan (Hg.): Bürgerliche Gesellschaft auf dem Papier: Konstruktion, Kodifikation und Realisation der Zivilgesellschaft in der Habsburgermonarchie, Berlin 2014, 99–110.

11 NA, ČG-Publ, Sign. 53/1–80, Kart. 5102, Wien, 17. 10. 1811, Sauraus Note, die dem böhmischen Gubernium zur Information und wahrscheinlich auch als Vorbild dienen sollte.

12 Foucault: Sécurité/2004, 349–356. Zur Geschichte der Regulation von Lebensmittelpreisen in Böhmen Franc, Martin: Viktuální komise pražských měst v letech 1700–1730. Několik poznámek [Die Viktualienkommission der Prager Städte 1700–1730. Einige Bemerkungen], in: Fejtová, Olga/Pešek, Jiří/Ledvinka, Václav (Hg.): Osm set let pražské samosprávy, Praha 2002, 113–120.

in die andere Landessprache der Zeit zu übersetzen, denn das Tschechische kennt für „bürgerlich" im Grunde zwei Ausdrücke: *„občanská"* im Sinne staatsbürgerlich oder *„měšťanská"* im Sinne „stadt-bürgerlich".) Die Polizei wurde für lange Zeit nur in den Städten institutionalisiert und dementsprechend könnte angenommen werden, dass sie vor allem mit den Rechten und Freiheiten des städtischen Bürgertums in Konflikt geriet. Es könnte sich dabei um (vermeintliche) traditionelle Rechte gehandelt haben, etwa das Recht sich zu Maskieren wie in Georgswalde im Jahre 1802, oder auch um das traditionelle (Nicht-)Einhalten älterer Normen und Gebräuche wie der Sperrstunde der Schankstuben und der Nachtruhe in Nettolitz 1790, gegen die die Polizeiaufseher vor Ort vorgingen, wobei sie in private Häuser eindrangen. (Zur Erzwingung der Nachtruhe in Prag und in anderen Großstädten ließe sich angesichts der Materialfülle übrigens eine eigenständige Arbeit verfassen.) Polizeiminister Sumerau zufolge trug das Brau- und Schankrecht der städtischen Bürger sogar systematisch zum Sittenverfall und zum Alkoholismus in Prag bei. Dennoch lässt sich meiner Ansicht nach nicht sagen, dass die Polizei und die Verwaltung allgemein ausschließlich oder vorwiegend nur Freiheiten, Privilegien oder Vorrechte städtischer Bürger einschränkten.

Sehen wir einmal davon ab, dass der Ausdruck *„městský"* („stadt-bürgerlich") im Tschechischen Ende des 18. Jahrhunderts auch im Sinne von „(staats-)bürgerlich" (heute „občanský") in Gebrauch war, wie es unter anderem Pařízeks antirevolutionäre Broschüre *O svobodě a rovnosti městské* [Über die bürgerliche Freiheit und Gleichheit] von 1793 belegt,[13] oder die Tatsache, dass in der tschechischen Version des Strafgesetzbuchs von 1803/1804 die schweren „Polizeiübertretungen" zwar mit „těžkými řádu městského přestupky", wörtlich also „schweren Übertretungen der städtischen Ordnung" übersetzt wurden und selbstverständlich nicht nur an ein städtisches Milieu gebunden waren. Auf theoretischer, staatswissenschaftlicher Ebene tritt in den 70er-Jahren und später der Terminus „Bürger" in engem Zusammenhang mit dem Staat auf. Sonnenfels spricht sogar vom „Staat" und „seinen Bürgern", wodurch er den Begriff deutlich definiert.[14] Auch der „Bürger", über den Eichler an vielen Stellen seines Polizeihandbuchs schreibt,

---

13 Pařízek: O svobodě/1793, 8–9, „bürgerliche Freiheit" („městská svoboda") bezieht sich hier auf die ganze Gesellschaft, es ist von den „Bürgern" „höheren und niederen Standes" die Rede. Zum zweisprachigen böhmischen Kontext Smyčka, Václav: „Bürger" jako měšťan, poddaný, občan, člověk, či vlastenec? Politická subjektivita v zrcadle dějin pojmů [„Bürger" als Stadtbürger, Untertan, Staatsbürger, Mensch, oder Patriot? Die politische Subjektivität im Spiegel der Begriffsgeschichte], in: Cornova 13/1 (2023), 7–21.

14 Siehe beispielsweise die Definition von Sicherheit; Sonnenfels: Grundsätze/1777, 26: „Die Sicherheit ist ein Zustand, worinnen wir nichts zu fürchten haben. Der Zustand, worinnen der Staat von außen nichts zu fürchten hat, heißt die äußere öffentliche; worinnen kein Bürger von außen etwas zu fürchten hat, die äußere Privatsicherheit. Wenn der Staat von seinen Bürgern nichts zu fürchten hat, so heißt dieser Zustand die innere öffentliche Sicherheit. Wenn kein Bürger, weder vom Staate, noch von Mitbürgern etwas befürchtet, so heißt dieses die innere Privatsicherheit. Wenn weder der Staat von außen, nicht von seinen Bürgern, weder diese irgendher etwas zu befürchten haben, so heißt dieser glückliche Zustand, die allgemeine Sicherheit."

ist nicht mehr nur Bürger einer Stadt, sondern Staatsbürger ungeachtet seiner Herkunft. Der tschechische Ausdruck „městský" („städtisch") in Verbindung mit Freiheiten oder Gesetzen schloss daher mit ziemlicher Sicherheit alle Einwohner bzw. Bürger des Staates ein.[15] Auf einem anderen Blatt steht natürlich, wie er in den einzelnen Schichten verstanden wurde.

Staatsbürgern begegnete die Polizei tagtäglich in ihrer Praxis. Untertanen, Stadtbürger sowie Adlige und Klerus mussten sich verschiedensten administrativen Maßnahmen unterziehen. In den deklarativen Begründungen dieser Maßnahmen wurde manchmal angeführt, dass sie Personen „aller Klassen" bzw. „ohne Unterschied des Standes" beträfen.[16] Anfangs überlegte die Polizei, wie sie sich adligen Personen gegenüber zu verhalten habe, vor allem wenn diese sich aus Furcht vor der Schädigung des eigenen Rufes gegen jeden Kontakt mit ihr wehrten bzw. sich gegebenenfalls auch weigerten sie zu respektieren wie bei dem erwähnten Ball in der Prager Redoute im Februar 1809. Wie wir jedoch am Fall des Grafen O'Kelly aus dem Jahr 1801 gesehen haben, wurden Sanktionen wegen Missachtung der Passprozeduren manchmal auch über Adlige verhängt, denn diese sollten bei den neuen Maßnahmen beispielgebend sein. Um 1800 galten Standespersonen und besonders Amtspersonen als eine Art Stütze der gesellschaftlichen und moralischen Ordnung und wurden deshalb – paradoxerweise aus denselben exemplarischen Gründen, nämlich damit die Würde des Amtes nicht litt – im Falle von Ordnungswidrigkeiten nicht öffentlich bzw. auch weniger hart verhört und bestraft.[17]

Dass das polizeiliche und administrative Vorgehen durch den sozialen Status der Einzelnen bedingt war, wird besonders bei den Prager Tumulten zur Jahreswende 1793/1794 deutlich. Daran waren – wenn auch möglicherweise aus unterschiedlichen Motiven – die Angehörigen verschiedener sozialer Schichten beteiligt. Die ersten Polizeieinsätze direkt vor Ort und die anschließenden Festnahmen und Ermittlungen fielen für alle Beteiligten mehr oder weniger gleich aus. Wenn der Militärkommandant am 13. Dezember 1793 forderte, dass seinen Einheiten städtische Kommissare zur Seite gestellt werden sollten, die in der Menge verdächtige Personen von unverdächtigen unterscheiden könnten, hatte er höchstwahrscheinlich nicht deren Unterscheidung nach Stand im Sinn, obwohl diese die Erfahrungen der Praktiker mit wiederholten Störern der Ordnung und anderer Normen geprägt haben könnte. Drei studentische „Tumultanten", die dem niederen Adel angehörten und die noch zu Dreikönig 1794 Konflikte mit Arbeitern heraufbeschworen hatten, wurden ohne Strafmilderungen im Neustädter

---

15 Smyčka: „Bürger"/2023, 15.

16 Als Beispiel SObA Litoměřice, KÚ Litoměřice, Sign. Publ 19, Kart. 538, Prag, 23. 11. 1789, Begleitschreiben des Gubernialpräsidenten Cavriani zum „Amtsunterricht": „Die Absicht dieser neuen Polizei- und Sicherheitsanstalt seÿ bloß sicherer Schutz, und augenblickliche Hülfe für die Untertanen aller Klassen."

17 Zum Umgang der Polizei mit Personen aus verschiedenen sozialen Schichten Himl, Pavel: „Sine respectu personarum"? The Creation of a New Citizen by Policing the Population. Habsburg Monarchy 1750–1820, in: Cornova 8/2 (2018), 23–39.

Turm gefangengesetzt und auch die Interventionen ihrer Verwandten vermochten sie nicht vor dem Hofverdikt zu schützen, nämlich vor der Einberufung zum Militär im Rang einfacher Soldaten.[18] Der Vorschlag der Gubernialräte Sweerts und Mac Neven, die Studenten und Lehrlinge, Arbeiter und andere nicht-studentische Personen, die sich an den Dezemberunruhen beteiligt hatten, unterschiedlich zu bestrafen, ging von der potenziell entehrenden Auswirkung aus, die besonders eine öffentliche Strafe auf das spätere Leben der solcherart Bestraften hatte. Faktisch hielten die Räte sich nur an den Grundsatz, den der Wiener Hof bereits zur Jahreswende 1793/1794 nach Prag durchgegeben hatte: Sollte der durch eine Gefängnisstrafe oder öffentliche Arbeit verursachte Schaden am (künftigen) Lebensunterhalt der Bestraften größer sein als der durch die Unruhen selbst angerichtete Schaden, war die Sanktion in eine Geldstrafe zugunsten des Armenhauses umzuwandeln.[19] Es ging dabei also, wie es scheint, nicht allein um die soziale Ehre vormoderner Prägung, sondern auch um potenzielle Hindernisse für den Broterwerb und für die individuelle und gesellschaftliche Nützlichkeit der Einzelnen.

Gerade die Studenten egal welcher Herkunft verkörperten in diesem Fall die aufklärerische Idee des Menschen, der sich selbst bildet und vervollkommnet.[20] Bezeichnend ist, dass nach dem Tumult am Haus von Elisabeth Heintzin im Jahre 1806 bei der Bewertung ihrer Vergehen und Besserungsaussichten die Schulerfolge eine Rolle spielten. Studenten sollten, genau wie die Beamten, deren Positionen sie später zumeist anstrebten, verantwortungsvoller und moralischer sein. Von den „niedrigen Volksklassen" dagegen wurde weder Selbstvervollkommnung noch ein beispielhaftes Auftreten in der Öffentlichkeit erwartet, weshalb mögliche Strafen weder ihrer Stellung noch ihrem Broterwerb bedeutender schaden konnten. Eine niedrige Sittlichkeit, d. h. eine Tendenz zur Überschreitung von Normen, galt dagegen als eines der Charakteristika des „Pöbels", womit Männer und Frauen auf der Straße gemeint waren, die sich in einer abhängigen Stellung befanden bzw. in einer (vorübergehend) freien Beziehung zu Herren, Hausherren und vor allem Arbeitgebern lebten. Es ist zwar nicht das zentrale Thema dieses Buches, aber es ist davon auszugehen, dass außer in Situationen von akuter Bedrohung von Leben, Eigentum oder öffentlicher Ordnung die Polizei mit diesen Gesellschaftsschichten anders umging als mit (Stadt-)Bürgern oder Handwerkern. Aus der Sicht

---

18 Dazu ausführlich Novotný: Naposledy/1948, 29–33. Das abgelehnte Gesuch von Johann von Perglas und Wentzl von Lamoth um Ausgang aus dem Gefängnis im AHMP, MHMP I.-Publ, Buch Nr. 20, Einreichungsprotokoll für das erste Halbjahr 1794, Nr. 1159 und 1555 (10. und 23. 2.).

19 AHMP, MHMP I.-Publ, 1789–1797, Sign. 54/165, 1794, Nr. 941, Prag, 26. 1. 1794, das Gubernium teilt dem Prager Magistrat die im Hofdekret vom 28. 12. 1793 enthaltenen „Maßregeln wie die Muthwillen und Politische Verbrecher zu bestrafen sind" mit (unterzeichnet von Margelik).

20 Über Aufklärung als Leistungsideologie spricht im Zusammenhang mit Handwerkern Sauer, Walter: Schuster, bleibt bei deinem Leisten… Politische und weltanschauliche Entwicklungen unter Wiener Handwerkern am Beispiel der Affäre des Jahres 1794, in: Engelhardt, Ulrich (Hg.): Handwerker in der Industrialisierung. Lage, Kultur und Politik vom späten 18. bis ins frühe 20. Jahrhundert, Stuttgart 1984, 435–457, hier 445–446 (auf den Aufsatz machte mich Thomas Winkelbauer aufmerksam).

der Polizei sowie anderer Rechtsinstitutionen und -institute waren alle Einwohner des Staates potenziell (Staats-)Bürger, allerdings ungleiche Bürger hinsichtlich ihres Besitzes und ihres sozialen oder kulturellen Status', von religiösen oder Geschlechtsunterschieden oder vom weiterbestehenden Untertanenstatus der überwiegenden Mehrheit der Bevölkerung gar nicht zu sprechen.

Ich werde hier keine weiteren Überlegungen dazu anstellen, wie sich die Stellung der (Staats-)Bürger gegenüber der Polizei, der Justiz und der Staatsgewalt seitdem veränderte und wovon sie heute abhängt. Großen Einfluss darauf, wie die Polizei und die Verwaltung handeln und ob sie als effektiv und „modern" wahrgenommen werden, haben auch die von ihnen angewandten Prozesse, Methoden und Techniken. Einige davon, an erster Stelle die Pässe, wurden in dem hier untersuchten Zeitraum nicht „erfunden", sondern aus der bisherigen Praxis übernommen. Die allgemeine Passpflicht für Personen, die in die Habsburgermonarchie einreisten, und die Beschreibung als fester Teil des Passformulars, das im Jahre 1801 eingeführt wurde, nahmen zwar den künftigen Trend zur Identifikation vorweg, sie wirkten sich jedoch nicht unmittelbar auf die Kontrolle der Bevölkerung aus. (Ähnlich war im 20. Jahrhundert in den Identifikationsdokumenten lange Zeit ein Foto des Gesichts der Standard. Bis Ende des 20. Jahrhunderts die maschinelle Gesichtserkennung aufkam und sich über die Handys verbreitete, dienten die Anthropometrie und vor allem die Daktyloskopie in strittigen Fällen zum Nachweis der Identität.)

Genau wie bei den Hausnummern besteht auch die Funktion von Pässen nicht darin, dass sie als standardisierte materielle Kennzeichnung mehr oder weniger fest (und obligatorisch), beispielsweise durch die Beschreibung des Äußeren, mit dem bezeichneten Objekt, Individuum oder Haus verbunden sind. Eine wesentliche Änderung, die die Aufklärungszeit mit sich brachte, war das – anfangs sicherlich unvollkommene – Protokollieren nicht nur von Pässen, sondern auch von Meldezetteln sowie die Konskription als solche. Von früheren Bevölkerungslisten unterschieden sich diese „Datenbanken" dadurch, dass sie sowohl alle Einwohnerschichten als auch das gesamte Landesterritorium abdeckten und wesentlich häufiger aktualisiert wurden. Die Pass- und Meldeprotokolle sollten Personen und ihre Bewegungen faktisch in Realzeit festhalten. Die Konskriptionsbücher dienten im Grunde als Bevölkerungsregister.[21] Es ist nicht übertrieben zu sagen, dass diese Protokolle den Ämtern ermöglichten, Personen zu identifizieren und weitere Maßnahmen zu ergreifen, und dies unabhängig nicht nur von deren Willen, sondern auch von ihrer Anwesenheit.

---

21 Das Prager Konskriptionsamt meldete beispielsweise dem Magistrat die Anwesenheit der einzelnen Menschen in der Stadt; AHMP, MHMP I.-Publ, Buch Nr. 19, Einreichungsprotokoll für das zweite Halbjahr 1793, Nr. 10.417, 24. 12. 1793, „die Conscription zeiget […] anmit an, daß der Wolf Slawitz sich in Prag befindet". Die regelmäßige Aktualisierung der „Populationsbücher", die alle Bevölkerungsschichten umfassten, erwähnt – unter Berufung auf das Patent von 1777 – Becker: Beschreiben/2008, 407–408.

„Protokoll" war im 18. Jahrhundert ein verhältnismäßig weit gefasster Begriff. Wie wir angesichts der Kreisbereisung in Wegstädtl 1792 gesehen haben, umfasste er laufende und gleichartige Aufzeichnungen sowohl über beobachtete Gegenstände und Tätigkeiten als auch über die eigentlichen amtlichen Aktivitäten, wie etwa Stadtratssitzungen, den amtlichen Schriftverkehr oder das Ausstellen von Pässen. In dieser Zeit wurde die Erfassung der inneren Amtsabläufe im Protokoll genauso wichtig wie die Aufzeichnung der „äußeren Realität". Das Protokoll verschaffte einen prinzipiellen (zumeist chronologischen) Überblick über die Agenden des Amtes und ermöglichte übergeordneten Instanzen die Kontrolle. Das Melde- oder Passprotokoll und die Konskriptionsliste bewegten sich aber an der Grenze zwischen inneramtlicher und öffentlicher Sphäre. Indem das Protokoll Amtsakte wie Aufenthaltsmeldungen, Passerteilungen oder die Anwesenheit einer Person an einem bestimmten (nummerierten) Ort aufzeichnete, erschuf es im gewissen Sinne diese Tatsache bzw. diese Person mit einem bestimmten Namen, einer Zugehörigkeit und weiteren Charakteristika, und zwar nicht nur in den Augen des Staates. Die Adresse ist z. B. bis heute ein allgemein wichtiges Identifikationsmittel, auch wenn sie nur teilweise etwas darüber aussagt, wer wir sind. Ein ähnliches Prinzip finden wir schon früher in den sogenannten Mannschaftsbüchern, einer Art Verzeichnis aller, auch der aktuell nicht anwesenden Untertanen einer Herrschaft. Am Ende des 18. Jahrhunderts und im 19. Jahrhundert konnte diese Technik durch die Verbindung der Ämter untereinander und die im Wesentlichen direkte Verfügbarkeit der Protokolldaten jedoch schnelle und sehr konkrete Auswirkungen auf einzelne Personen haben.

Ein weiteres Charakteristikum der Polizei der Aufklärung – besonders in ihrer anfänglichen, umfangreichen Definition – ist ihr Fokus auf die Bevölkerung und auf die Verbreitung des ihrer Sicherheit dienenden Wissens. Mit Wissen meine ich hier nicht nur etwa Nachrichten über Krankheiten oder Giftpflanzen, die in den Zeitungen veröffentlicht wurden, sondern allgemeine Anleitungen, Muster und Normen, wie Einzelne sich – (nicht nur) in Gefahrensituationen – zu verhalten haben, wie solche vorausgesehen werden können und wie darüber zu informieren bzw. vor ihnen zu warnen sei. In dieser Hinsicht ließe sich die Polizei der „Volksaufklärung" bzw. „Populäraufklärung" zuordnen, die nicht nur von den staatlichen Behörden organisiert, sondern auch von Philanthropen, Geistlichen, Lehrern und adligen Obrigkeiten sowie ihren Beamten getragen wurde. Von dieser pädagogischen Strömung, die vor allem auf die Landbevölkerung zielte und die Vervollkommnung ihres Wirtschaftens sowie die Kultivierung ihrer Sitten anstrebte, setzte sich die Polizei – institutionalisiert und in der Form der städtischen Polizeidirektionen spezialisiert – bald ab. Holger Böning zufolge gingen zwar die Überlegungen und Bemühungen der Volksaufklärer nicht über den Rahmen der Ständegesellschaft hinaus, Ende des 18. und während des 19. Jahrhunderts weiteten diese ihr Wirkungsfeld jedoch auch auf neue Objekte – die städtischen Unterschichten – aus: Als „Volk" konnten alle verstanden werden, die „Erhaltungsmittel von erster Notwendigkeit" für andere erzeugten, bzw. auch diejenigen, die im Unterschied zu den

„gesitteten Ständen" nicht über eine höhere Bildung verfügten.[22] Mit der Betonung der Produktion und der (Selbst-)Bildung und (Selbst-)Kultivierung wird auch die Grenze gezogen, die – besonders in angespannten Zeiten – den „Pöbel" von den „anständigen Bürgern" schied.

Die Polizei- und Verwaltungsaktivitäten, wie sie im zweiten Kapitel dargestellt wurden, verband mit der Volksaufklärung auch die Bemühungen um – sehr allgemein gesprochen – die Erschaffung des verantwortlich handelnden Menschen. Diese Verantwortlichkeit umfasste nicht nur das eigene Leben, die eigene Gesundheit, den eigenen Besitz und den eigenen Status („die Ehre"), sondern auch diejenigen der Mitmenschen oder „Mitbürger" und sah den Einzelnen notwendig bezogen auf die Gemeinde und immer mehr, vor allem in großen Städten, auch auf die abstrakte Gesellschaft und die Prinzipien ihres Funktionierens, ob sie nun bei der Rettung Ertrinkender, beim Impfen oder im Straßenverkehr zur Anwendung kommen sollte. Auf dem Land kann als Beispiel für eine solche Formung zum verantwortungsvollen Mitglied der Gesellschaft Beckers erwähnte Handreichung *Noth- und Hilfsbuchlein* gelten, die auch auf Tschechisch als *Kniha bídy a pomoci* bzw. *Pomoc v potřebě* in den Jahren 1789 und 1791 erschien. Die Polizei und Verwaltung können in dieser Zeit also auch als produktive Instrumente interpretiert werden, durch die die Menschen zur Verantwortlichkeit für sich selbst, zur Eigeninitiative und zum eigenen Glück geführt werden sollten, natürlich nur im Rahmen des von herrschaftlicher oder staatlicher Seite formulierten Staatsinteresses.[23]

Der Anspruch einer methodischen Führung des eigenen Handelns und einer Verwaltung seiner selbst unter Berücksichtigung des Ganzen und der allgemeinen Werte wurde auch auf die Verwaltungs- und Polizeiorgane übertragen, die allmählich in ein zentralisiertes Netz eingegliedert wurden. Einer der ersten Schritte zur Vereinheitlichung der Erfassung von realen Umständen waren die Kreisbereisungsberichte, die ab dem Jahr 1784 gemäß einem Musterkonzept verfasst wurden. Eine qualitativ höhere und Pergen zufolge auch effektivere Stufe stellte die Einführung regelmäßiger monatlicher Polizeiberichte aus den böhmischen Gemeinden und Herrschaften ab Anfang 1790 dar. Einerseits war deren Frequenz wesentlich höher und andererseits deckten sie alle Städte, Kleinstädte und Herrschaften ab. Die Tatsache, dass sie nicht von professionellen (Polizei-)Beamten, sondern von Räten und Bürgermeistern bzw. von herrschaftlichen

---

22 Böning, Holger: Gemeinnützig-ökonomische Aufklärung und Volksaufklärung. Bemerkungen zum Selbstverständnis und zur Wirkung der praktisch-populären Aufklärung im deutschsprachigen Raum, in: Jüttner, Siegfried/Schlobach, Jochen (Hg.): Europäische Aufklärung(en). Einheit und nationale Vielfalt, Hamburg 1992, 218–248, hier 239. Damit, wie die Vorstellung von „Volk" durch die Französische Revolution beeinflusst wurde, beschäftigt sich der Autor nicht.

23 Zur durch Volksaufklärung geförderten Eigeninitiative der Landbevölkerung am Beispiel von Beckers Buch Böning: Gemeinnützig-ökonomische Aufklärung/1992, 237. Zur Rettung von Ertrinkenden im gleichen Kontext Hudeček: „Obecný lid"/2016, 64–67.

Beamten erstellt wurden, schmälert ihre Bedeutung nicht; vielmehr hatten die kommentierenden „Erinnerungen" des Gubernialpräsidiums und ihre Zurücksendung über die Kreisämter auf die Tätigkeit dieser Beamten eine formierende und vereinheitlichende Wirkung.[24] Aus der Sicht des Staates war es natürlich ein Mangel, dass sich die Magistrats- und Herrschaftsbeamten in ihrer Berichterstattung sozusagen „by doing" schulten; so erhielten die Kreisämter und das Gubernium noch lange Zeit auch Berichte, denen zufolge sich in der Stadt oder auf der Herrschaft im vergangenen Monat nichts „aus polizeilicher Sicht bemerkenswertes zugetragen" habe. Zwar lehnte es das Gubernium 1808 ab, Tabellen herauszugeben, die bei der Erstellung der Berichte helfen sollten (an dieser Forderung lässt sich aber ablesen, dass sich in anderen Bereichen der Verwaltung, besonders bei der Kontrolle der Bevölkerung und ihrer Bewegungen, Tabellen eingebürgert hatten), stellte aber einen Musterpolizeibericht zur Verfügung. Ob dies einen nennenswerten Wandel im Berichtswesen mit sich brachte, ist die Frage. Im Falle der Kreisbereisungsberichte aus Tabor beschwerte sich das Gubernium noch dreizehn Jahre nach der Publizierung des Musters über die zu große Abhängigkeit von dieser Vorlage. Ob wir die konkrete Kritik und die kritisierten administrativen Mängel nicht überschätzen und ob die Beamten in allen übrigen Situationen die Initiative ergriffen und z. B. in der Lage waren, Fälle zu erkennen und zu registrieren, die an und für sich unbedeutend, aber doch verallgemeinerbar waren, ist eine Interpretationsfrage, die nur schwer zu lösen ist, da uns die vollständigen Polizeiberichte bis auf Ausnahmen nicht zur Verfügung stehen und nur die Kommentare und Kritiken des Guberniums erhalten sind. Offensichtlich ist jedenfalls der Versuch, den Beamten eine solch ganzheitliche Wahrnehmung der einzelnen Teile der Gesellschaft beizubringen. Ähnlich wie die Polizisten und Beamten angehalten wurden, über die potenzielle Gesamtbedeutung scheinbar zweitrangiger Einzelheiten nachzudenken, sollten sie – wie eigentlich alle Bürger – ihre Überlegungen zu den einzelnen Erscheinungen auf der Basis früherer oder fremder Erfahrungen auch in die Zukunft projizieren und so deren mögliche Folgen voraussehen können. Dieses präventive oder antizipative Denken war nicht auf die Amtssphäre begrenzt, sondern breitete sich auf die gesamte Gesellschaft aus, wovon z. B. die Entwicklung des Versicherungswesens im 19. Jahrhundert zeugt.

Soziale Unruhen aus der Perspektive der gesamtgesellschaftlichen Zusammenhänge und ihrer späteren Folgen amtlich zu betrachten, war letztlich auch vor 1789 nicht ungewöhnlich. Für die Habsburgermonarchie stellte jedoch die Französische Revolution eine komplexe Bedrohung mit sichtbaren Folgen für die gesamte Gesellschaftsordnung dar und daher nimmt es nicht Wunder, wenn die Behörden auf allen Ebenen und in allen Bereichen – vom Strafgesetzbuch und den Patenten über die Zensur, verschärfte

---

24 Die „Rückkopplung von den Erhebungen an die Erhebenden" bei Leibnitz zitiert Vismann, Cornelia: Akten. Medientechnik und Recht, Frankfurt am Main ³2011, 213.

Personenkontrollen bis hin zur Propaganda – heftig reagierten.[25] Plötzlich lauerten hinter jeder kritischen Bemerkung, etwa über Brotmangel, oder hinter jeder Ansammlung einer größeren Personenzahl potenzielle revolutionäre Verbindungen oder eine mögliche Zersetzung der Gesellschaftsordnung. Nicht nur die spektakulär bestraften „jakobinischen Verschwörungen" in Wien und Ungarn oder die „Jakobiner" aus Südmähren,[26] sondern auch die Georgswalder Karnevalsaffäre und im Grunde genommen auch der fiktive studentische Tumult von Pilsen im Jahre 1806 zeigen, wie die Suche nach den weniger offensichtlichen Zusammenhängen und damit auch die (Re-)Konstruktion sozialer Erscheinungen gewissermaßen die Grundlage der amtlichen bzw. der polizeilichen Tätigkeit darstellten. Auf ähnliche Weise „erschuf" die Verwaltung auch die (Staats-)Bürger oder die Fremden dadurch, dass sie ihnen feste, nummerierte Orte ihres dauerhaften oder vorübergehenden Aufenthalts und damit auch die Zuständigkeit eines bestimmten Amtes oder eine bestimmte Reiseroute zuschrieb. Einzelne werden gewissermaßen gerade dadurch zu (Staats-)Bürgern, dass eine staatliche, überall nach den gleichen Prinzipien gleichermaßen waltende unpersönliche Autorität sie an diesem Ort auffinden, auf sie zugreifen und sie – mit Weber gesprochen – dazu zwingen kann, ihrem Willen zu entsprechen.

Das vorliegende Buch könnte den Eindruck erwecken, dass das Hauptbetätigungsfeld der Polizei im untersuchten Zeitraum die Beobachtung und Beschreibung sowie die schriftliche Fixierung von Identitäten und sozialen Beziehungen und deren Kontrolle war, mit einem Wort: die Bürokratie. Die Polizeiwachen Prags erstatteten eher Bericht über die Mängel im öffentlichen Raum; deren Behebung war aber eine Sache des Magistrats. „Zwang" wurde nur im Falle von Unruhen und Tumulten angewendet, und selbst dort, z. B. bei den Versammlungen auf dem Altstädter Ring an der Jahreswende 1793/1794, griff man zunächst zu Überzeugungs- und Abschreckungsmaßnahmen, die weniger von der aus Teilinvaliden bestehenden Polizeimannschaft unternommen wurden, sondern eher vom Militär. Dass auf die Menschen geschossen wurde, die im Jahre 1805 in Wien die Bäckereien angriffen, war ein Beispiel von extremer, aber im Grunde zur Polizeiarbeit gehörender Gewaltanwendung. Eine Schuss- oder Stichwaffe gehörte übrigens mitsamt einer Patronentasche zur Standardausrüstung der Polizisten. Der Gehstock, mit dem ein Wiener Polizeisoldat auf dem Umschlagbild dieses Buches abgebildet ist, symbolisiert dessen Status als Beamter, der mit den ordentlichen Einwohnern der Stadt in Kontakt tritt.

Der Anthropologe David Graeber, der in der Einleitung erwähnt wird, beschreibt die Polizei als bewaffnete Bürokraten.[27] Aber auch wenn die Polizisten Ende des 18. Jahr-

---

25 Zum ganzen Spektrum von Reaktionen der böhmischen Behörden siehe die grundlegende Studie von Kutnar: Reakce/1937, 323–342, 520–542.

26 Bernard: From the Enlightenment/1991, 201–221; Tinková: Jakobíni v sutaně/2011; Reinalter: Jakobiner/1977.

27 Graeber: The Utopia/2015, 73.

hunderts Waffen oder auch Gewalt anwendeten oder anwenden konnten, würde ich nicht sagen, dass die Pflicht, eine Hausnummer zu haben, den eigenen Aufenthalt zu melden oder sich für Reisen eine Erlaubnis oder einen Pass zu besorgen prinzipiell der gleiche Typus von Gewalt ist wie die Niederschlagung eines Massenprotests. In der späten Ständegesellschaft waren diese Maßnahmen freilich nicht das Ergebnis von Diskussionen und Konsens, sondern wurden – wie auch später im 19. Jahrhundert – auf der Basis von wissenschaftlichen oder Expertenkenntnissen von oben durchgesetzt. (Allerdings wird auch in demokratischen Gesellschaften oft nicht über die Identifikationspflicht und -erfordernisse diskutiert – einen biometrischen Pass zu besitzen ist heutzutage – quasi unabhängig von der Staatsform – eine technisch-organisatorische Notwendigkeit.) Dass wir die sich wandelnden bürokratischen Prozesse und Formulare und die digitale Identifikation akzeptieren, sagt mehr über uns, unseren Bildungsstand und kulturellen Status aus, über das Bedürfnis oder den Wunsch nicht „abgehängt" zu werden, als über die soziale oder historische Selbstverständlichkeit und Offensichtlichkeit bürokratischer Praktiken. Ebenso wie die Soziologie oder die Anthropologie zeigen, dass der Zugang zu amtlichen Prozessen und Dokumenten, deren Gebrauch und der sich daraus ergebende Nutzen vielfach von der ungleichen gesellschaftlichen Stellung der Einzelnen abhängen bzw. diese Ungleichheit weiter verstärken können,[28] darf auch die Geschichtswissenschaft fragen, wie die Polizei- und Verwaltungsreformen und -institutionen in dem von uns untersuchten Zeitraum von verschiedenen sozialen Schichten wahrgenommen wurden.

Der für die hier behandelten Veränderungen gebräuchlich benutzte Ausdruck „Reform" drückt dabei eine gewisse Kontinuität bzw. die Tatsache aus, dass die Behörden, Regulationen, Prozeduren und Akten nicht etwa „aus dem Nichts" entstanden. Mit den wesentlichen Motiven der aufklärerischen Reformen – eine effizientere Steuereinnahme, die verbesserte Verteilung der Steuerbelastung und die Sicherstellung eines ausreichend großen und fähigen Heers – setzte sich nicht nur die Habsburgermonarchie bereits seit dem 17. Jahrhundert auseinander. Mit Kreisämtern, dem Schub, den Streifen gegen „Vagabunden", städtischen Polizeiwachen und den „Seelen-Conscriptionen" bzw. Untertanenverzeichnissen waren die Menschen in der Monarchie bereits im Laufe des 18. Jahrhunderts konfrontiert. Ein neues Element stellten dabei vor allem die Polizeidirektionen in den Landeshauptstädten dar. Auch diese waren jedoch am Anfang noch auf der Suche nach ihrer Rolle und rivalisierten mit den Magistraten um Kompetenzen. Wenn wir nach den Reaktionen auf die neuen Formen der (Staats-)Verwaltung fragen, so darf nicht vergessen werden, dass den europäischen Gesellschaften der Frühen Neuzeit sehr lange Zeit Organisiertheit, Befolgung von formalisierten bzw. schriftlichen Prozessen und ein gewisses Maß an Bürokratie zu eigen waren, wie auch immer deren Legitimierung aussah.

---

28 Die sozialanthropologische Sicht vgl. bei Dardy, Claudine: Identité des papiers, Paris 1998.

Aus dieser administrativen Tradition heraus lässt sich auch erklären, warum der Widerstand gegen die aufklärerischen Verwaltungsreformen, falls wir einem solchen überhaupt begegnen, häufig von höheren sozialen Gruppen ausging, vom Adel und nicht etwa von den arbeitenden Schichten auf dem Land oder in den Städten (zu beachten ist allerdings, dass Proteste höherer Gesellschaftsschichten an sich größere Chancen hatten überliefert zu werden). Der Monarch, den die Bevölkerung seiner Länder als militärische, steuerliche und allgemein ökonomische Ressource interessierte, trat – und auch das ist nichts Neues – regulativ zwischen die Untertanen und die Obrigkeiten, wozu er sowohl auf die Landesbehörden (Kreisämter) als auch auf die Beamten der einzelnen Herrschaften und Städte selbst zurückgriff. Ähnlich wie die Geistlichen wurden diese in der zweiten Hälfte des 18. Jahrhunderts mit einer immer größeren Menge staatlicher Aufgaben betraut. Die Reformen trafen auf ein Verwaltungssystem, das auf Landes- ebenso wie auf lokaler Ebene in bedeutendem Maße vom Adel und dessen Beamtenschaft getragen wurde. Dieser nahm folglich die Bemühung um eine Unterscheidung der „staatlichen" (öffentlichen) Agenden und Tätigkeiten von den „patrimonialen" (privaten), die sich unter anderem in der Entstehung einer aus dem Ärar bezahlten Beamtenschaft ausdrückte, missfällig auf und begriff sie als verstärkte Kontrolle und Belastung der eigenen Beamten. Eine der Beschwerden („Desiderien"), die die böhmischen Stände nach dem Tod Josephs II. im Jahre 1790/1791 seinem Nachfolger Leopold II. vortrugen, richtete sich auch gegen die seit 1784 praktizierten Kreisbereisungen: „Für die Obrigkeiten sind diese sehr beschwerlich, weil die Herrschaftsbeamten sich in dieser [wirtschaftlich] wichtigsten Zeit nicht anderen Diensten widmen können, und die vielen gestellten Fragen bei den Untertanen Misstrauen gegenüber ihren Obrigkeiten wecken."[29] Rufen wir uns ins Gedächtnis, mit welcher Menge von Dokumenten z. B. die Ratsherren von Wegstädtl den Kreiskommissaren während der Kreisbereisung zur Verfügung stehen mussten, verstehen wir die Gründe für die Unzufriedenheit der lokalen Behörden besser. Zur Kontrolle der Amtsführung der Herrschaften und Städte, darunter auch der vom Staat „übertragenen" Agenda, sollten unter anderem gerade die monatlichen Polizeiberichte dienen, wie noch im Jahre 1807 auch der Prachiner Kreiskommissar Schirnding in Erinnerung rief.[30] Diese Berichte aus den Städten und Herrschaften stammten wiederum aus der Feder der dortigen Bürgermeister und Ratsherren bzw. der Wirtschaftsdirektoren, die so gewissermaßen sich selbst beaufsichtigen mussten. Dies ist jedoch nicht als Absurdität der modernen Bürokratie, sondern als einer ihrer grundlegenden Charakterzüge zu betrachten – Ver-

---

29 Prášek, Justin V.: Panování císaře a krále Leopolda II. [Die Regierung des Kaisers und Königs Leopold II.], Praha 1904, 65 [übersetzt von P. H.].

30 SOkA Prachatice, AM Netolice, Sign. I-V, Kart. 148, Písek, 8. 12. 1807, Rundschreiben des Kreisamtes zu den Mängeln der monatlichen Polizeiberichte. Der Kommissar Schirnding spricht darin ausdrücklich von der „Aufmerksamkeit der Staatsverwaltung".

innerlichung und Verselbständigung des Kontrollblicks, der auch ohne Anstoß von oben tätig wird.[31]

Auch vor den 1780er-Jahren hatten die Obrigkeiten mitsamt dem Landesherrn an unterschiedlich definierte Bevölkerungsgruppen die Forderung des Identitätsnachweises oder der Aufenthaltsmeldung gestellt; es sind aus dieser Zeit ebenso Fälle der unterschiedlich motivierten Nichteinhaltung dieser Forderungen bzw. direkter Widerstand gegen sie überliefert. Es ist schwierig zu beurteilen, was die verschiedenen Reaktionen, die z. B. im Falle der Hausnummern von Befürchtungen und der Beseitigung von Nummern bis zu deren Anforderung reichten, darüber aussagen, wie Modernisierungs- und Rationalisierungsmaßnahmen aufgenommen wurden. Wo eine Maßnahme Einzelne unmittelbar einschränkte oder ihre Aktivität erforderte (wie z. B. bei der Anmeldung beherbergter Personen), ist es nicht verwunderlich, dass sie als Eingriff in die eigenen Rechte oder – in diesem Fall – in die „bürgerlichen" oder gewerblichen Freiheiten aufgefasst wurde. Das gilt in den Augen derjeniger, die bislang die Landesgrenzen ohne jede Formalität hatten überqueren können, auch für die Passpflicht an den Grenzen. Wie Adolf von Schaden in seiner Reisebeschreibung von 1822 erinnert, verband die österreichischen Grenzbeamten mit Gott die Eigenschaft, dass in ihren Augen jeder gleich viel zähle, ein altehrwürdiger Herr mit einem Orden an der Brust genauso viel wie ein Plebejer.[32] Darüber, ob die ungehobelte Blindheit der Beamten gegenüber Standesprivilegien und die Notwendigkeit für alle, sich den gleichen amtlichen Prozeduren zu unterziehen, zumindest im Ansatz die Vorstellung von sozialer Gleichheit mit sich brachte, können wir nur mutmaßen (diese These müsste vor allem für das 19. Jahrhundert überprüft werden). Aus den wenigen Fällen, in denen Angehörige höherer Schichten wegen Nichtbefolgung polizeilicher Anordnungen belangt wurden, kann geschlossen werden, dass das Problem in solch einem Fall eher im schlechten Beispiel Höhergestellter gesehen wurde, das diese den Unterschichten gaben, auf deren Disziplinierung diese Anordnungen – wie es scheint – vorrangig abzielten.

Die Polizei- und Verwaltungsreformen der Jahre 1770 bis 1820 sind unter verschiedenen zeitgenössischen wie auch heutigen Gesichtspunkten interpretierbar. Allgemein intensivierte sich der Austausch von Informationen, die unter anderem unter dem Etikett der Sorge um die „Sicherheit" als Voraussetzung für eine gute Regierung präsentiert und sodann in Form von Beschreibungen, Meldungen und Statistiken, aber auch in den Zeitungen formalisiert wurde. Kontrolle und Überwachung des Aufenthalts und der Bewegung mochten zwar vom Standpunkt der bisherigen Praxis und Gewohnheiten eine Einschränkung oder Belastung bedeuten, im Rahmen der zeitgenössischen „Informationstrunkenheit" waren sie aber auch positiv konnotierte und sogar erwünschte Innovationen (ähnlich wie wir heute digitale Technologien und Apps akzeptieren, die

---

31 Zu dieser Disziplinarmacht Foucault: Surveiller/1975, 158–229.
32 Schaden: Kritischer Bocksprung/1822, 100.

unseren Bedürfnissen entgegenzukommen versprechen). Diese Tendenz zu einer allgemeinen, wenn auch in ihren konkreten Erscheinungen ungleichen Informiertheit (der „Staat" wusste im Endeffekt mehr über die Bevölkerung als die Einzelnen selbst voneinander wussten, gar nicht zu reden von den inneramtlichen Angelegenheiten) wurde seinerzeit von kaum jemandem prinzipiell infrage gestellt, wenngleich die vielen Beschwerden über ein Übermaß an Bürokratie und „Papierkram" auch aus der Frühen Neuzeit überliefert sind.[33]

Die Verwaltungsreformen der Aufklärungszeit sind sowohl für die heutige Geschichtsschreibung als auch für die Anthropologie und die Sozialwissenschaft von Bedeutung, die unter anderem nach den Wurzeln des modernen Staates und der Moderne als solcher fragen. Mehr als bei anderen Themen schlagen sich hier ideologische Perspektiven in den Erkenntnisinteressen nieder. Es reicht, sich zu vergegenwärtigen, wie eine Hypothese auf uns wirkt, die im Kontext dieses Buches keinesfalls abwegig ist, nämlich dass die modernen Staaten Polizeistaaten sind. Sicherlich ist der Begriff „Polizeistaat" durch die Vorstellung von einer willkürlichen Staatsmacht, die die Freiheit der Einzelnen nicht respektiert und gewaltsam in ihre Privatsphäre eindringt, vorbelastet. So mag sich aus Unerfahrenheit und übertriebenem Amtseifer der erste Prager Polizeidirektor benommen haben; so würden wir auch das Vorgehen der Geheimpolizei charakterisieren, die vor 1848 politische Feinde des Staates schikanierte. Ansonsten werden ausschließlich die totalitären oder autoritären Staaten des 20. Jahrhunderts als „Polizeistaaten" bezeichnet. Die Grundlage der demokratischen Moderne soll mit der Polizei nichts zu tun haben.

Ich habe versucht, die Polizei nicht nur als neue, entstehende Institution darzustellen, sondern zugleich auch als eine ordnende, organisierende Funktion von komplexen Gesellschaften, auf die besonders in den Anfangsphasen der Begriff des „Inneren" zutrifft. Die Ansichten werden dennoch auseinandergehen, auch wenn wir uns bei der Definition der Moderne in diese Richtung bewegen und den modernen Staat mit dem Überwachungsstaat gleichsetzen würden. Der Staat, in dem wir leben, ist kein foucaultsches Panopticon, in dem aus einem Zentralpunkt heraus alle unsere Aktivitäten verdeckt verfolgt werden (die Staaten vielleicht nicht, bei den privaten Tech-Riesen können wir uns da nicht so sicher sein). Einen gewissen Abstand bietet hier ein Begriff, den Edward Higgs und im Anschluss an ihn auch Peter Burke geprägt haben, nämlich „Informationsstaat/information state".[34] Es scheint unbestritten, dass Staaten oder Herrscher seit der Frühen Neuzeit über ihre Einwohner bzw. Untergebenen wesentlich mehr Informationen sammelten als vorher. Polemisieren lässt sich darüber, was man

---

33 Brendecke, Arndt: Papierfluten. Anwachsende Schriftlichkeit als Pluralisierungsfaktor in der Frühen Neuzeit, in: Mitteilungen des Sonderforschungsbereichs 573/1 (2006), 21–30.

34 Burke: Reflexions/2008, 51–63. Es sei angemerkt, dass Burkes Text einen eher oberflächlichen und aphoristischen Überblick darüber bietet, wie mit den Informationen in verschiedenen Ländern der Frühen Neuzeit umgegangen wurde, sowie über Versuche, diesen Umgang zu konzeptualisieren.

als Information ansieht, wie die Informationen gesammelt, aufbewahrt und genutzt werden und vor allem, wie die Auswirkungen dieser Daten und des Umgangs mit ihnen auf die Einzelnen sind. Auf der einen Seite, schreibt Burke, steht die foucaultsche Tradition, in der Informationen und Wissen, vereinfacht gesagt, direkt zur besseren Beherrschung oder auch Selbstdisziplinierung derjenigen dienen, die einer Institution (sei es Staat, Schule oder Gefängnis) angehören. Informationen können nach dieser Theorie außerdem einen primär bürokratischen Zweck für die Institution selbst haben, die zu diesem Zwecke ihre Objekte erschafft (die immer kompliziertere Amtsführung wird dabei als Vervollkommnung der Verwaltung angesehen). Andererseits kann – natürlich kritisch – darauf eingegangen werden, wie die Reformen von den „Reformern" selbst legitimiert wurden, etwa dass der mit einem breiteren Informationsspektrum und detaillierteren Erkenntnissen über die Gesellschaft ausgestattete Herrscher oder Staat imstande sei, besser für Bildung oder Gesundheits- und Sozialpflege zu sorgen, Ressourcen (um-)zuverteilen und Rechte zuzuerkennen. „Identification means recognition as well as control," schreibt Edward Higgs.[35] Bürokratie erscheint in dieser Argumentation als nötige Voraussetzung oder Instrument für die Verteilung bzw. Zuerkennung von Rechten und Gütern in großen Gesellschaften.[36] Aphoristisch gesprochen ist es schwieriger, bürokratischer und es erfordert mehr Informationen und Prüfung, den öffentlichen Anspruch einer Person in einem bevölkerungsreichen Staatsgebilde anzuerkennen oder nachzuweisen, als wenn die persönliche Kenntnis der Umstände in einer kleinen Kommunität oder die anonyme Bezahlung darüber entscheidet.

Der Anthropologe James C. Scott behauptet, moderne Staaten könnten große Gesellschaften und die Natur nur verwalten, indem sie sie „lesbar" machten. Mit David Graeber ist er sich außerdem darüber einig, dass die bürokratischen Kenntnisse, die der Staat dabei nutzen kann, notwendig vereinfachend sind.[37] Scott sieht jedoch eine Gefahr darin, dass durch verflachte Kenntnis und Lesbarmachung rückwirkend auch die Realität selbst reduziert wird; die hochmodernen Staaten hätten eine Tendenz oder sogar das Ziel, soziale Institutionen und auch die Natur gerade nach solchen vereinfachenden eindimensionalen Prinzipien zu organisieren. (In Verbindung mit einem autoritären Staat spricht er direkt von „social engineering".) Dagegen ließe sich einwenden, dass eine gewisse Form der Reduktion von Vielfalt und Unvorhersehbarkeit auf

---

35 Higgs: The Information State/2004, 200–201. Weiter: „State information gathering has helped to underpin the property rights of all social classes, maintained equitable voting rights, and helped to plan the supply of health services and welfare benefits, and ensured taxes necessary to fund them." Die Anfänge des Informationsstaates sieht Higgs allerdings erst am Ende des 19. Jahrhunderts.

36 Dass Rechte nicht „natürlich genossen", sondern „verteilt" oder „zuerkannt" werden, kann unter einer bestimmten Perspektive natürlich als deren „Enteignung" seitens der Gesellschaft oder des Staates angesehen werden. Wenn wir aber die unterschiedlichsten Vorstellungen über den Ursprung der (Menschen-)Rechte beiseitelassen, wird ihre Relevanz und überhaupt Existenz erst durch die formelle soziale Struktur einer Gemeinde bzw. eines Staates garantiert.

37 Scott: Seeing/1998, 3; Graeber: Utopia/2015, 75.

Erwartbarkeit und Gleichartigkeit allen sozialen Beziehungen und auch jeder Kommunikation eigen ist. Der Unterschied zwischen einer lokalen Community, in der im Rahmen der sozialen Kontakte und Kommunikation die Mehrdimensionalität jedes Einzelnen gewahrt werden soll, und dem bürokratischen Staat des 19. Jahrhunderts, der seine Bürger nur als Nummern in der Statistik ansieht, liegt leicht überspitzt formuliert nur im Maß, in dem die anthropologische Interpretation den angeblich vorbürokratischen Zustand romantisiert. (Übrigens kann auch die europäische Romantik als eine Form von Fluchtreaktion der mit Beamtenstellen abgesicherten und existentiell nicht bedrohten (stadt-)bürgerlichen Kreise auf die fortschreitende Bürokratisierung der Gesellschaft verstanden werden.) Einen Versuch, die Gesellschaft anhand eines oder mehrerer weniger Prinzipien umzubilden, die aus der Realität herausgefiltert worden wären, finden wir jedoch in den polizeilichen bzw. Verwaltungstätigkeiten der Aufklärungszeit nicht. Die zentralen Organe, das Gubernium und die Polizeidirektion, hatten dagegen manchmal mit dem allzu knappen Umfang der Polizeiberichte aus den Kreisen zu kämpfen, deren Grund in der Laxheit und Unerfahrenheit der Beamten lag.

Graeber zufolge bringt auch eine Bürokratie, die mit den allerbesten Intentionen gerechtfertigt wird, Absurditäten hervor. Gleichzeitig aber ermöglicht sie es Menschen, pragmatisch miteinander in Beziehung zu treten und Forderungen aneinander zu stellen, ohne dass Einzelne ihr Gegenüber und dessen persönliche Situation immer wieder untersuchen und bewerten (in unserem Kontext z. B. den sozialen Status) oder sich emotional engagieren müssten.[38] Graebers „Utopie der Regeln" trifft einerseits auf die Berechenbarkeit und das Ausklammern menschlicher Unterschiede zu, die die Bürokratie theoretisch in die sozialen Beziehungen hineinträgt, andererseits aber auch darauf, dass es häufig gerade einzig und allein diese ideale Vision oder das Gleichbehandlungsversprechen ist, die eine bürokratische Ordnung, der in der Praxis immer eine Tendenz zum Missbrauch, Selbstzweck und zur Hervorbringung von Ungleichheit innewohnt, in unseren Denken und Leben lebendig halten. In diesem Zusammenhang überrascht es nicht, dass auch Horkheimer und Adorno die nivellierende Macht der Abstraktion, eines der grundlegenden Instrumente der Aufklärung, kritisch sehen.[39]

Auch wenn sich Graeber im Unterschied zu Scott nicht auf die Frühe Neuzeit bzw. das 18. Jahrhundert bezieht, waren viele aufklärerische Reformen von der durch ihn artikulierten Vision getragen. Diese geht von einem neuen Menschenbild aus, welches

---

38 Graeber: The Utopia/2015, 81, 152. Auch für Scott: Seeing/1998, 32, scheint eine gewisse „emancipatory simplification" zulässig zu sein.

39 Graeber: The Utopia/2015, 181–205. Der Autor charakterisiert die bürokratischen Prinzipien unter anderem vor dem Hintergrund der Beliebtheit von Fantasyliteratur, die eine Flucht vor Regeln und gleichzeitig ein abschreckendes Beispiel einer Welt ohne Regeln darstellt. Das Versprechen von Regeln sowie von berechenbaren Auswirkungen ihrer Befolgung bezeichnet er als „game", im Unterschied vom freien Spiel im Sinne von „play", in dem aber Willkür und Desorganisierung drohen. Weiter Horkheimer/ Adorno: Dialektik der Aufklärung/1998, 19.

das Individuum, mit Foucault gesprochen, biopolitisch dem Interesse, das die zentrale Macht an der Gesamtheit der Bevölkerung hatte, unterwirft. Verglichen mit der früheren (bürokratischen) Verwaltung ist für die Reformen der Aufklärung charakteristisch, dass sowohl die praktischen Maßnahmen als auch die ihnen zugrunde liegende Ideologie durch pädagogische sowie propagandistische Aktivitäten der Behörden an die breiten Bevölkerungsschichten gelangten. Musterhaft und emblematisch kann dies an den Rettungsvorkehrungen bei Lebensgefahr oder an der präventiven Abwendung einer Gefahr für Leib und Leben, bezeichnenderweise aber auch bei Gefahr für das (als positiv bewertete) Eigentum aufgezeigt werden – einschließlich der Propagierung und amtlichen Belohnung. Leben, Gesundheit und Eigentum wurden auf diese Weise zu wichtigen gesellschaftlichen Werten. Zweck der Verwaltung und der Polizei war es, Schäden an Leben, Gesundheit, Eigentum und erst in letzter Linie auch an der Ehre zuvorzukommen und sie zu verhindern; als solle nun jenes traditionell anmutende – und sicher vereinfachende – „wie gewonnen, so zerronnen" nicht mehr weiter gelten.

In diesem Buch stand jedoch nicht die Ideologie im Vordergrund, welche die Vorstellungen von Gesellschaft und Mensch beeinflusste, sondern die Methoden, mit denen die Polizei und die Verwaltung auf ein Verhalten, das diesen ideologischen Werten entsprach, hinwirkten. Im neu definierten Bereich Sicherheit waren das anfangs keine auf den ersten Blick repressiven oder gewaltsamen Methoden, sondern eher Propagierung, Anregungen und Belohnung des „richtigen" Verhaltens und damit einhergehend auch Ermahnungen oder Geldstrafen für ein aus Sicherheitssicht unerwünschtes Benehmen. Selbstverständlich kann auch eine solche Sanktion als Repression interpretiert werden, ganz zu schweigen von der Gewalt, die ein von den Aufklärern gepriesener „Menschenfreund" gegenüber dem Zufall oder dem freien Willen ausübt, wenn er beispielsweise versucht, einen Ertrinkenden bzw. einen Menschen, der beschlossen hat seinem Leben ein Ende zu setzen, zu retten. Die Sanktionen selbst, die ein gesellschaftlich konformes Verhalten erzwangen, gab es natürlich auch in den Straf- oder normativen Systemen der voraufklärerischen Zeit. Neben der Wahrung und Weiterentwicklung des Potenzials von Leben, Gesundheit und Eigentum als höchste Werte kann als spezifisch aufklärerisch oder modern einerseits gerade die Tatsache gelten, dass diese Grundsätze durch eine gezielte und verhältnismäßig komplexe „Aufklärung" verbreitet und der gesamten Bevölkerung eingeprägt wurden, und andererseits das antizipative, vorausschauende Abwägen der Folgen des eigenen Handelns für die Gesellschaft als Ganzes, das über die Beamten an die gesamte Bevölkerung herangetragen wurde – jeder und jede Einzelne sollte dadurch quasi Beamter seiner selbst werden. Voraussetzung, aber auch Effekt einer solchen Herangehensweise an die Gesellschaft war die Sammlung, Speicherung und Strukturierung des Wissens über sie.

Auf die Diskussionen über den Charakter dieses Wissens, über die Motive der Informationssammlung und über die Missbrauchsmöglichkeiten lässt sich auch das Thema dieses Buches beziehen. Jenes statistisch-informationelle Interesse an der Bevölkerung während des letzten Drittels des 18. und am Anfang des 19. Jahrhunderts, als die neuzeitlichen Polizeiinstitutionen entstanden, wird nur teilweise von der Polizei repräsentiert. Schwerpunktmäßig lag es bei den Kreis-, Stadt- und Herrschaftsbeamten, den einmaligen Kommissionen und auch den Geistlichen, die alle ebenfalls im „Staatsdienst" waren. Bei der Beobachtung der gesellschaftlichen Dynamik, sprich der Bewegungs- und Aufenthaltskontrolle, der Aufsicht über Warenpreise und -qualität und bei der Ermunterung der Bevölkerung zu einem Verhalten, das das Lebens- und Eigentumspotenzial steigerte, spielten jedoch die Polizeikompetenzen dieser Beamten und die Koordination und Expertise von Seiten der Polizeidirektionen eine wesentliche Rolle. Physische Gewalt wendeten öffentlich agierende Polizisten im untersuchten Zeitraum nicht allzu häufig an, von der Androhung von Gewalt, dem Zeigen der Waffen und quellenmäßig nicht belegten Fällen allerdings abgesehen. Im Unterschied zu späteren Zeiten war es jedoch wesentlich einfacher, auch innerhalb des Staates das Militär einzusetzen.

Es ließe sich mit nur leichter Übertreibung sagen, dass die Notwendigkeit sich registrieren oder zählen zu lassen, die Pflicht einen Pass oder einen Meldezettel zu besitzen einerseits und die gewaltsam erzwungene Einhaltung dessen, was als öffentliche Ordnung definiert worden war, andererseits nur verschiedene, in ihrer Logik jedoch miteinander harmonisierende Seiten eines Staates sind, dessen Augen und Arme die Polizei darstellt. Dass ein Mensch sich im Extremfall sogar physischer Gewalt von Seiten der beauftragten öffentlichen Beamten aussetzen muss, nur weil er sich weigert, eine Zeile in einem Formular auszufüllen oder sich einem anderen administrativen Akt zu unterziehen, hat der erwähnte David Graeber angedeutet. Einige von uns können sich die Staaten, in denen wir leben, zwar ohne Polizei vorstellen. Es ist aber die Frage, ob das in letzter Konsequenz betrachtet nicht auch bedeuten würde, sich die Staaten z. B. ohne ärztlichen Rettungsdienst vorzustellen, ohne Steuerzahlen, das gegebenenfalls auch durch Gewaltandrohung erzwungen wird, und ohne die Möglichkeit festzustellen, wer sich an der Verwaltung der Staaten durch Wahlen beteiligen darf. Besonders in ihrer breiten Definition aus der Aufklärungszeit, aber auch im heutigen Verständnis stellt die Polizei eine der grundlegenden Funktionen des Staates als Organisationsform einer großen und komplexen Gesellschaft dar. Schon seit der Zeit von Justi und Sonnenfels verspricht uns die öffentliche Polizei, die Sicherheit im Inneren des Staates und damit auch innerhalb einer konkreten politischen und ökonomischen Ordnung zu garantieren, als deren Stabilisator sie zugleich wirkt. Alf Lüdtke verweist besonders auf die Angst vor der Französischen Revolution, die dazu führte, dass die Forderung nach „Sicherheit" und „Ruhe" den Herrschenden und den Beherrschten der spätfeudalen Gesellschaften gemeinsam war, weshalb sie die Polizei im Einklang legitimierten. Lüdtke zufolge trug jedoch die durch die Polizei garantierte Sicherheit vor allem argumentativ zur Aufrechterhaltung der Existenz des Staates an sich bei.[40]

---

40 Lüdtke: Einleitung/1992, 12.

Was jedoch die Polizei ihrem Wesen nach – scheint es – nicht garantieren kann, ist die Sicherheit der Einzelnen vor dem Staat. In seiner Identität als anständiger bzw. gehorsamer Staatsbürger wird der Einzelne in gewissem Maß vom Staat und seiner Verwaltung hervorgebracht, weshalb es schwer vorstellbar ist, dass der Staat bzw. die Polizei auf der einen und der Staatsbürger auf der anderen Seite, sofern sich beide Seiten konform verhalten, miteinander in Konflikt kommen könnten. Darin unterscheidet sich die Polizei als Verwaltungsinstitution von der modernen Justiz, die sich auch gegen den Staat auf die Seite der Bürgerinnen und Bürger stellen kann. Im 18. Jahrhundert wurden die Ziele der Polizeiarbeit in der Tradition von Justi und Sonnenfels als Schutz des Lebens, der Gesundheit, des Eigentums, aber auch der Sittlichkeit und der öffentlichen Ordnung vor Bedrohung formuliert. Priorität der Polizei und Sinn ihrer Institutionalisierung sollte ein schnelles Eingreifen direkt im Moment und am Ort einer solchen Bedrohung sein, ein Eingreifen, das auf den Schutz der genannten Güter abzielte, unabhängig davon, von wem die Bedrohung ausging. (Erinnern wir uns, dass nach Ansicht Pergens Reismann, der erste Prager Polizeidirektor, einer solchen dynamischen Konzeption nicht gewachsen war.)[41] Bei diesem Eingreifen war für die Polizei nicht nur die mögliche Schuldfrage irrelevant; ins Gewicht fallen sollten weder der soziale Status, das religiöse Bekenntnis noch die Zugehörigkeit der Beteiligten oder der Betroffenen zum Staat. Als „Menschenliebe"[42] deklariert erscheint die Wahrung des Lebens, der Gesundheit und des Besitzes jedes Menschen als universeller humanistischer Wert. Es sei aber daran erinnert, dass dieser Wert nur innerhalb eines kulturell begrenzten Raumes galt, für den wir vereinfacht den zeitgenössischen Terminus „policé" verwenden könnten, was „zivilisiert" und „kultiviert" bedeutete. Um 1800 gehörten die Einwohner der „aufgeklärten" Länder Europas zu diesem Raum, die Bevölkerung außereuropäischer Länder jedoch nicht.

Gleich nach Leben, Gesundheit und Besitz stand der Schutz der (öffentlichen) Ordnung und Moral im Zentrum der polizeilichen Aktivitäten, also jener Regulationssysteme, die in den europäischen Gesellschaften scheinbar gleichermaßen universell geteilt werden und gelten. Anordnungen, die Ordnung und Sittlichkeit betreffen, sind restriktiv und begrenzend, schaffen jedoch gleichzeitig einen sicheren öffentlichen Raum, in dem sich Einzelne bewegen können, ohne sich vor moralischen Verurteilungen im weitesten Sinne fürchten zu müssen. Durch die Forderung nach einem bestimmten Typus von

---

41 Die „Bedingtheit" durch momentane Situationen und „Flexibilität", wenn auch vor allem in Bezug auf die ihr zugrundeliegenden Normen, hob Justi bei der Polizei bereits im Jahre 1760 hervor; Justi, Johann Heinrich Gottlob von: Die Natur und das Wesen der Staaten als Grundwissenschaft der Staatskunst, der Policey und aller Regierungswissenschaften, desgleichen als die Quelle aller Gesetze abgehandelt, Berlin–Stettin–Leipzig 1760, 476–477, § 278. Weiter Napoli: Naissance/2003, 269.

42 Aus philosophiegeschichtlicher Sicht Levie, Dagobert de: Die Menschenliebe im Zeitalter der Aufklärung: Säkularisation und Moral im 18. Jahrhundert. Ein Beitrag zur Ideengeschichte des 18. Jahrhunderts, Frankfurt am Main 1975.

öffentlichem Verhalten bzw. den Ausschluss bestimmter Themen und ihrer Ausdrucksformen aus der Öffentlichkeit als „unmoralisch" wird der Einzelne jedoch gleichzeitig als moralisches Wesen und „anständiger" und verantwortungsvoller (Staats-)Bürger (re-)konstruiert. Ersichtlich ist dies z. B. an der allmählichen Ungehörigkeit religiöser Kontroversen, Debatten und Symbole, aber auch öffentlicher Äußerungen von „Intimität" oder Sexualität. Die Erforschung dieses moralischen Aspekts der Polizeitätigkeit steht noch weitgehend aus.[43] Ebenso wie im Hinblick auf die Identifizierung von Personen wird hier der komplexe Charakter des modernen Staates und seiner Institutionen deutlich. Diese auferlegen uns unter Berufung auf das kollektive Interesse für die verschiedensten Situationen Regeln und Erwartungen und beschränken uns dadurch nicht nur, sondern schaffen zugleich auch für Menschen, die aus den unterschiedlichsten Gründen eigentlich nicht so handeln würden, den Raum und die Möglichkeit zu solch einem Handeln und einer Entwicklung; sie regen also Menschen an und emanzipieren sie.[44]

*

Auch die klügsten Historikerinnen und Historiker besitzen keine Zeitmaschine, die im Stande wäre, uns in eine Zeit zu versetzen, in der von Staat oder Polizei im heutigen Sinne noch nicht die Rede sein kann, damit wir uns davon überzeugen können, was wir durch diese gewonnen oder verloren haben (einmal abgesehen davon, dass darüber, ab wann von einem „Staat im heutigen Sinne" die Rede sein kann, kein Einverständnis herrscht). Wenn wir uns darauf konzentrieren, wodurch wir eingeschränkt oder unterdrückt werden, verlieren wir aus dem Blick, was bei einem solchen Ausflug mit der Zeitmaschine noch alles anders wäre. Relativ leicht können wir uns aber auch heute in Länder begeben, wo der Staat immer noch nicht so stark oder gewalttätig ist, wie uns der unsrige erscheint. Nur unter großen Schwierigkeiten – wenn überhaupt – können wir uns im kulturellen Sinne des Wortes von unseren eigenen, von der Unterdrückung und gleichzeitig der Emanzipation der Vergangenheit geformten Gesellschaften lösen. Was also sind unsere Möglichkeiten? Können wir uns, aus einer kritischen Perspektive, eine prinzipiell andere, „staatslose" Ordnung menschlicher Gesellschaften vorstellen oder nur einen besseren, „korrigierten" Staat? In welchem Sinne wäre dieser besser? Der Fokus dieser Untersuchung lag auf der Herausbildung und dem praktischen Funktionieren eines bestimmten Typs der staatlichen Administration. Die meisten zeitgenössischen kritischen Stimmen, auf die wir dabei gestoßen sind, verteidigten nur den Status quo gegen die aufklärerischen Reformen. Es ist dabei durchaus möglich, dass die Polizei-

---

43 Himl, Pavel, A Revolutionary's "Stravaganza": Police and Morality in the Habsburg Empire (1780–1830), in: Austrian History Yearbook 54 (2023), 117–135.

44 Foucault, Michel: Omnes et singulatim: Zu einer Kritik der politischen Vernunft, in: Defert, Daniel/ Lagrange, François (Hg.): Analytik der Macht, Frankfurt am Main 2005, 188–219, spricht in diesem Zusammenhang an verschiedenen Stellen über die Rationalität des Staates, der ein „Faktor der Individualisierung" und „totalitäres Prinzip" zugleich sei.

und Verwaltungsreformen um 1800 für große Bevölkerungsgruppen erst die Lebens-möglichkeiten öffneten, die wir heute für selbstverständlich halten.

Engt aber eine solchermaßen konzeptualisierte Geschichte der Polizei und des Staates nicht unsere in die Zukunft gerichtete Vorstellungskraft ein, indem sie zeigt, wie sehr wir vom Staat geprägt sind, wie sehr wir ihn verinnerlicht haben? Diese Untersuchung ist, wie jeder andere historiographische Text, auch Imagination, in diesem Falle eine in die Vergangenheit gerichtete Imagination, die von offengelegten und übertragbaren Regeln geleitet wird. Nach diesen Regeln legen wir, in den eingangs zitierten Worten von Věra Linhartová, Fährten aus Kieselsteinen, über die wir vergangene Personen, Handlungen sowie unsere Überlegungen zu ihnen und die Worte, in die wir sie fassen, mal mehr, mal weniger autoritativ führen. Es ist unser Anspruch, offen zu legen, auf welche Weise die Texte, auf die wir uns dabei stützen und über die wir gleichzeitig schreiben, für die zeitgenössischen Handelnden eine Wirklichkeit darstellten, weil wir im gewissen Sinne mehr über sie wissen, als sie selbst über sich wussten. Wir glauben, ihnen gegenüber im Vorteil zu sein, weil wir zeitlichen Abstand vom Geschehen haben und damit über ein Verständnis des historischen Wandels verfügen. Der Raum für die Imagination (der keinesfalls eine Anleitung zum Phantasieren ist) besteht wohl nur und gerade darin, dass ein Historiker oder eine Historikerin versucht zu erfassen, wie wenig selbstverständlich und in der Alltagspraxis immer wieder neu hervorgebracht alle gesellschaftlichen Institutionen mitsamt des Staates sind und wie sie für die Zeitgenossen dennoch harte Fakten darstellen – eine Imagination allerdings, die weiß, dass es uns genauso geht wie denen, die vor uns gelebt haben und die wir in der Vergangenheit betrachten.

Anhänge

Tabellen

Tabelle 1 Polizeidirektoren von Prag 1785–1820

Name	Amtszeit als Prager Polizeidirektor/ Stadthauptmann	Vorherige bzw. nachfolgende Funktion
Johann Jakob Reismann von Riesenberg	1. 6. 1785 (Amtsantritt) – 27. 11. 1786	vor 1785 Ratsherr (zuständig für Schulen) und Bürgermeister der Prager Altstadt, nach 1786 Beisitzer des Landesgerichts
(Johann Okacz/Okáč)	27. 11. 1786 – 18. 12. 1786 (de facto nicht angetreten)	1785 Polizeidirektor von Brünn/Brno
Franz Amschell	18. 12. 1786 – 16. 12. 1791	Major, Pressburg
Johann Nepomuk Josef La Moth/Lamotte von Frintropp	16. 12. 1791 – 11. 2. 1794	Gubernialrat, vor 1785 Mitglied der Sicherheitskommission des Guberniums
Josef Anton Wratislaw von Mittrowitz (1764 –1830)	11. 2. 1794 – 1804 (zeitgleich Stadthauptmann)	Geheimrat, 1812–1830 oberster Landesmarschall
(Ignaz Karl Chorinsky) (1770–1823)	1802–1804 Stadthauptmannschaftsverweser	1798 Prager Gubernialrat, nach 1805/1807 in Wien, schließlich Präsident der niederösterreichischen Landesregierung
Anton Friedrich Mittrowsky von Nemyšl (1770–1842)	November 1804–1805 (zuerst als Stadthauptmannschaftsverwalter), Rückzug 1805	1799 Stadthauptmann von Wien, 1801 Hofrat der Polizeihofstelle, 1815–1827 mährischer Landeshauptmann und -gouverneur, 1827 oberster Hofkanzler und Präsident der Studienhofkommission
Johann Prokop Hartmann von Klarstein (1787–1868)	1805–1807	Geheimrat, oberster Landeskämmerer, 1838 Oberstlandmarschall von Böhmen
Franz Anton Kolowrat-Liebsteinsky (1778–1861)	24. 2. 1807 (Ernennung) – 1810	Gubernialrat, 1811–1826 Präsident des böhmischen Guberniums, 1826 Staats- und Konferenzminister, 1848 Ministerpräsident

Name	Amtszeit als Prager Polizeidirektor/ Stadthauptmann	Vorherige bzw. nachfolgende Funktion
Peter von Mertens (1773–1828)	17. 5. 1810 – Juli 1812 (ab 31. 1. 1810 als Verweser während Kolowrats Urlaub)	stellvertretender Stadthauptmann von Wien (1807–1810), Vizepräsident der Hofkammer
Johann Limbeck von Lilienau (1761–1842)	Juli 1812–1817	Saazer und Budweiser (1809) Kreishauptmann, später Hofrat bzw. Vizekanzler der vereinigten Hofkanzlei
Maximilian von Ehrenburg (1775–1823)	22. 5. 1817–1820	Gubernialrat

Tabelle 2 „Geschäfts-Eintheilung bei der k. k. Stadthauptmannschaft zu Prag für das Jahr 1814"

Im Jahre 1813 war die Referats-Eintheilung			Soll dermal vom 1sten Jänner 1814 seyn		
Zahl der Referate	Namen der Herrn Refefenten	Zugewiesene Gegenstände	Zahl der Referate	Namen der Herrn Referenten	Zugewiesene Gegenstände
1	k. k. Herr Rath Eichler	1. Kanzleÿ Direkzion, 2. mindere Dienstanstellungen, 3. Polizeikasse, 4. Patenten und ger[ichtli]che] Verordnungen			
2	Herr Oberkomissar [!] Langswert	1. Fremden Polizeÿ im ganzen Umfange mit H. Komissär Pichler, 2. Conscription in so weit sie hierauf Bezug hat, 3. Stadtthöre Aufsicht, 4. abgeschaffte Fremde, 5. Beobachtung der Privatgesellschaften, 6. öffentliche Häuser, 7. Freudenmädchen, 8. Kuppeleÿ, 9. Schub, 10. Unterbringung der Findlinge, 11. Armenhausangelegenheiten, Sanitätssachen , 12. venerisches Kurhaus, 13. Normalien			

3	Herr Oberkom[missar] Konrad	1. Polizeihausarreste, 2. Strafhäuser, 3. Voruntersuchungen aller Verbrechen mit Ausnahme der Diebstähle, 4. Entweichungen, 5. Vormerkung abgeurtheilter Verbrecher, 6. Protokolle des Magistrats, 7. Polizeiberichte der Kreisämter, 8. Aggiotirung, 9. Silber- und Kupferschwärzung, 10. Baugegenstände, 11. Höcklergegenstände, Taxbestimmung der Baumaterialien, Kalk- und Ziegelvorräthe			
4	pan vrchní komisař Graf	1. ~~Dienstboten~~, 2. ~~Sanität~~, 3. öffentliche Sicherheitsanstalten, 4. ~~Polizeimannschaft~~, 5. Verschönerung der Stadt, 6. Theater und andere Spektakelngegenstände, 7. Wasserleitung, 8. Komerzialgegenstände, 9. Zensur, 10. Gewerbssachen, die nicht zur Polizei gehören, 11. Militärspitalsgegenstände			
5	Herr Oberkomissär [!] Dubský	1. alle Vergleiche wegen Forderungen, 2. Diebstähle, 3. Bettler, 4. Fiaker, 5. ~~Schankhäuser-Aufsicht~~, 6.Verbothenes Tanzen, 7. Tobackrauchen, 8. gefundene und verlohrne Sachen, 9. Spiele, 10. Exzesse auf der Gassen und auf öffentlichen Oertern, 11. Gesuche um Unterstützung, 12. Untersuchungen über nicht gemachte Anzeigen der Fremden			

6	Herr Kommissär [!] Kopfenberger	1. Vagabunden, 2. nächtliches Gassenschlafen und Herumschwärmen der Betrunkenen, 3. Beleuchtung, 4. Anträge zur Unterbringung ins Arbeitshaus, 5. Armeninstitussachen, 6. Verständigung adelicher Partheÿen von Nicht-Polizeigegenständen, 7. Eintreibung rückständiger Verpflegsbeträge, 8. Klassen- und Personalsteuergegenstände, 9. Taxerhebungen, 10. Baukomissionen [!] der Neustadt			
7	Herr Kommissär [!] Blasky	1. Markt- und Gewerbspolizeÿ, 2. Approwisionierungsanstalten, 3. Militärgegenstände, 4.Postgegenstände, 5. Hausarmen-Vereinsgegenstäande, 6. Juden, 7. ~~Taxbesteuerung der Baumaterialien~~, 8. ~~Vorräthe der Ziegln und des Kalks~~		NB ist dermahlen krank und sind die Militär und approwis. Gegenstände dem herrn Oberko. Graf und Marktsachen dem H. Kom. Preisler zugetheilt	Während der Krankheit des H. Kommissärs Blasky sind die Gegenstände der Markt- und Gewerbspolizei, Approvisionierungsanstalten und Juden dem H. Kommissär Preisler, die Militär- und Postgegenstände dem h. Oberkommissär Graf und die Hausarmen Vereinigungsgegenstände dem H. Kommisär Hasch zuzutheilen
8	Herr Kommissär Preisler	1. alle häusliche Injurien, 2. Strassenpflasterung, 3. Partikulär und Hauptvisitationen, 4. Beerdigungsanstalten, 5. Mil. Bequartierungsgegenstände, 6. Baukommissionen der Alt. und Judenstadt, Dienstbotensachen, Schankhäuseraufsicht, [...]			

9	Herr Kommissär Pichler	1. Fremden Polizei mit Herrn Ober Kommissär Langswert, 2. Rückkehr von Schub, 3. Feuer- und Löschanstalten, 4. Anstalten bei öffentlichen feÿerlichkeiten, 5. Baadeplätze, 6. Bewilligung zu Musiken, 7. Druckarbeiten für das Amt, 8. Bürgermiliz, 9. Gendearmerie, 10. Aufsicht im Polizeihausgebäude, Polizeimannschaft			
10	Herr Kommissär Hasch	1. Familienstreitigkeiten und Familiengegenstände, 2. Heurathskonsense der Ausländer, 3. Strassensäuberung, 4. öffentliche und Gassen Injurien, 5. Baukommissionen der Kleinseinten und Hradschin			

Quelle: NA, PP, 1813-1817, Sign. A 32, Kart. 3, Prag, 18. 1. 1814. (Die Originalschreibweise sowie Streichungen wurden beibehalten.)

Tabelle 3 „Vertheilung der öffentlichen Polizeiaufsicht nach 8 Bezirken" (Januar 1814)

Zahl der Bezirke	Hauptviertel	Enthält folgende Viertlern [!]	Zahl der Häuser	Namen der H. Kommissär[e] denen jeder Bezirk zugewiesen ist
1.	Altstadt	Leonhart, Geist, Kastaldus, Judenstadt	619	H. Kommissar Blasky
2.	Altstadt	Egidi, Galli, Thein, Jakob	593	H. Oberkommissar Graf, H. Kommissar Pichler
3.	Neustadt	Peter, Heinrich	437	H. Kom[missar] Preisler
4.	Neustadt	Franziskaner, Trinitarer	311	H. Oberkommissar Langswert
5.	Neustadt	Stephan, Apollinar	232	H. Oberkommissar Konrad
6.	Neustadt	Adalbert, Emaüs	268	H. Kommissar Kopfenberger
7.	Kleinseite	Maltheser, St. Thomas	359	H. Kommissar Hoch
8.	Kleinseite	Niklas, Schloß	346	H. Kommissar Dubský

Quelle: NA, PP, 1813–1817, Sign. A 32, Kart. 3, Prag, 28. 1. 1814, unterzeichnet von Stadthauptmann Lilienau. (Die Originalschreibweise wurde beibehalten.)

Verzeichnis der Abbildungen

Verzeichnis der Abkürzungen

AHMP   Archiv hlavního města Prahy [Archiv der Hauptstadt Prag]
AM   Archiv města [Stadtarchiv]
AVA   Allgemeines Verwaltungsarchiv
ČG-Publ   České gubernium-Publicum [Böhmisches Gubernium-Publicum]
ČsČH   Československý časopis historický
DD   Dvorské dekrety [Hofdekrete]
DTK   Dějiny – Teorie – Kritika
HHStA   Haus-, Hof- und Staatsarchiv
KÚ   Krajský úřad [Kreisamt]
MHMP   Magistrát hlavního města Prahy [Magistrat der Hauptstadt Prag]
MZA   Moravský zemský archiv [Mährisches Landesarchiv]
NA   Národní archiv [Nationalarchiv]
NÖLA   Niederösterreichisches Landesarchiv
ÖStA   Österreichisches Staatsarchiv
PG   Presidium českého gubernia [Präsidium des böhmischen Guberniums]
POD   Polizeioberdirektion
PP   Policejní ředitelství – presidium [Polizeidirektion – Präsidium]
PŘ I.   Policejní ředitelství [Polizeidirektion] Praha I. (1769–1855)
SAP   Sborník archivních prací
SObA   Státní oblastní archiv [Staatliches Regionalarchiv]
SOkA   Státní okresní archiv [Staatliches Bezirksarchiv]
Vs   Velkostatek [Herrschaft]

Quellen und Literatur

Archivalische Quellen

Österreichisches Staatsarchiv Wien, Haus-, Hof- und Staatsarchiv
Hofreisen, Kart. 9
Frankreich Varia, Kart. 34, 38
Frankreich Weisungen, Kart. 137
Frankreich Berichte, Kart. 138, 142, 147, 154
Belgien DD-B, Archiv Mercy-Argenteau, Fasz. 10
Gesandtschaftsarchiv Neapel, Geschäftsbuch Nr. 2

Österreichisches Staatsarchiv Wien, Allgemeines Verwaltungsarchiv
Pergen-Akten
Sign. XVIII B, Kart. 17

Hofkanzlei, Allgemeine Reihe
Protokoll Böhmen, Bd. 9
Sign. III. A. 5. Kreisämter Böhmen, Kart. 397–398
Sign. IV. M. I. Polizeibehörden Böhmen, Kart. 1318
Sign. IV. M. I. Polizeibehörden Mähren-Schlesien, Kart. 1324
Sign. IV. M. I. Polizeibehörden Niederösterreich, Kart. 1326
Sign. I. M. 6. Theater, Tierhetzen Böhmen, Dalmatien, Kart. 1365

Familienarchiv Harrach, Wirtschaftsakten Böhmen
Schluckenau Berichte, Kart. 3418

Niederösterreichisches Landesarchiv St. Pölten
Polizeioberdirektion Wien
Kart. 1–3

Národní archiv [Nationalarchiv] Praha
Presidium českého gubernia [Präsidium des böhmischen Guberniums]
Sign. 22b, Kart. 44
Sign. 3, Kart. 82, 84–85
Sign. 15b, Kart. 222–230
Sign. 15c, Kart. 231–232, 234–237, 239
Sign. 3, Kart. 318–319

Sign. 15b 8, Kart. 503
Sign. 15c, Kart. 523, 525–528

České gubernium – Publicum [Böhmisches Gubernium – Publicum]
Sign. B 9/1, Kart. 30
Sign. B II 34, Kart. 903
Sign. 28, Kart. 1040, 1042
Sign. 51, Kart. 1275–1277
Sign. 53, Kart. 5102–5103, 5106, 5109

Dvorské dekrety [Hofdekrete]
Wien, 26. 3. 1785
Wien, 15. 5. 1786

Policejní ředitelství – presidium [Polizeidirektion – Präsidium]
Buch 1
1810–1813, Sign. A 37, Kart. 1

Policejní ředitelství Praha I. (1769–1855) [Polizeidirektion Praha I. (1769–1855)]
Kart. 2, 3, 8, 17, 20, 23–24, 29–30, 33, 35, 37, 40–41

Patentsammlung
10. 8. 1784

Moravský zemský archiv [Mährisches Landesarchiv] Brno
Policejní ředitelství [Polizeidirektion] Brno (B 26)
Inv. Nr. 4199, Kart. 3330

Archiv hlavního města Prahy [Archiv der Hauptstadt Prag]
Magistrát hlavního města Prahy I. – Publicum [Magistrat der Hauptstadt Prag I. – Publicum]
Buch Nr. 19, Einreichungsprotokoll für das zweite Halbjahr 1793
Buch Nr. 20, Einreichungsprotokoll für das erste Halbjahr 1794
1789–1797, Sign. 54/165
1786, Sign. I/93, Kart. 66
1786, Sign. II, Kart. 67
1787, Sign. II/129, Kart. 138
1787, Sign. II/165, Kart. 139
1789–1797, Sign. 16, Kart. 351

Handschriftensammlung
Nr. 3100

Státní oblastní archiv [Staatliches Regionalarchiv] Praha
Krajský úřad [Kreisamt] Kouřim
Sign. Publ. 16, Kart. 4

Velkostatek [Herrschaft] Rataje nad Sázavou
Inv. Nr. 511, Kart. 337

Státní oblastní archiv [Staatliches Regionalarchiv] Litoměřice
Krajský úřad [Kreisamt] Litoměřice
Sign. Publ 16, Kart. 538, 626, 732, 737–741, 928–929, 1064–1065
Sign. Publ 81, Kart. 830

Státní oblastní archiv [Staatliches Regionalarchiv] Litoměřice, pobočka [Zweigstelle] Děčín
Velkostatek [Herrschaft] Šluknov
Sign. A II–28, Kart. 97
Sign. A V–30, Kart. 114
Sign. 5 (Fach XIII), Kart. 216
Sign. 68, Kart. 256

Státní oblastní archiv [Staatliches Regionalarchiv] Třeboň
Krajský úřad [Kreisamt] Tábor
Sign. Publ. 14, Kart. 83–85
Sign. Publ. 16, Kart. 90

Státní okresní archiv [Staatliches Bezirksarchiv] Litoměřice
Archiv města [Stadtarchiv] Štětí
Kart. 50, 53, 70

Státní okresní archiv [Staatliches Bezirksarchiv] Prachatice
Archiv města [Stadtarchiv] Netolice
Buch II–336
Sign. I–CH–a, Kart. 40
Sign. I–V, Kart. 168

Zeitgenössische Literatur, Zeitungen, Gesetzbücher, Wörterbücher, Editionen

Abhandlung von der Polizeyverfassung in Frankreich. Aus dem Französischen übersetzt, Wien
    1790.
Allgemeine Schulordnung für die deutschen Normal-, Haupt- und Trivialschulen in den sämtli-
    chen Kaiserl. Königl. Erbländern, Wien 6. 12. 1774.

Allgemeines Gesetz über Verbrechen und derselben Bestrafung/Práva všeobecná nad proviněními a jich trestmi, Wien/Víden 1787.

[Becker, Rudolph Zacharias]: Noth- und Hülfs-Büchlein für Bauersleute oder lehrreiche Freuden- und Trauer-Geschichte des Dorfs Mildheim. Gotha–Leipzig 1788.

Beschreibung von Teplitz in Böhmen, Prag 1798.

Böhm, Ignatz: Historische Nachricht von der Entstehungsart und der Verbreitung des Normal- schulinstituts in Böhmen, Prag 1784.

Büsching, Anton Friedrich: Vorbereitung zur gründlichen und nützlichen Kenntnis der geo- graphischen Beschaffenheit und Staatsverfassung der europäischen Reiche und Republiken, Hamburg 1761.

Butschek, Joseph Ignatz: Abhandlung von der Polizey überhaupt und wie die eigentlichen Poli- zeygeschäfte von gerichtlichen und anderen öffentlichen Verrichtungen unterschieden sind, Prag 1778.

Delamare, Nicolas: Traité de la police où l'on trouvera l'histoire de son etablissement, les fonctions et les prerogatives de ses magistrats, toutes les loix et tous les reglemens qui la concernent, sv. I–IV, Paris 1705–1738.

Deutsche Justiz- und Polizey-Fama, Nr. 1 und 2 vom 1. 1. 1802.

Die Königskrönung in Prag im Jahre 1792, Prag 1792.

Eichler, Andreas Chrysogonus: Beschreibung von Teplitz und seinen mahlerischen Umgebungen. Ein Taschenbuch für Brunnengäste und Reisende, Prag 1815.

Eichler, Andreas Chrysogonus: Der Geschäftsleiter oder praktischer Unterricht für jene, die sich den öffentlichen Geschäften bey verschiedenen Aemtern z. B. bey Landesregierungen, Kreisämtern, Magistraten, Ortsobrigkeiten u.s.w. widmen wollen von A. K. E., Prag, 1791.

Eichler, Andreas Chrysogonus: Die Polizei praktisch oder Handbuch für Magistrate, Wirtschafts- ämter, Aerzte, Wundaerzte, Apotheker, u.s.w. dann für alle, denen die Aufsicht auf die Polizei- gegenstände obliegt, oder die von ihr gründlich unterrichtet seyn wollen, mit Anführung der ergangenen Gesetze und Verordnungen, Prag 1794 (weitere, aktualisierte Ausgaben mit geändertem Titel 1803, 1808, 1815).

Gazette de France 1765–1768.

Gegenstände über welche von den Kreiskommissären bei Bereisung eines Bezirks Beobachtungen zu machen sind, Wien 1783.

Géorgel Abbé: Mémoires pour servir à l'histoire des événements de la fin du dix-huitième siècle depuis 1760 jusqu'en 1806–1810, Bd. 1. Paris 1820.

Gesetzbuch über Verbrechen und schwere Polizey-Uibertretungen, Wien 1803.

Griesel, Augustin Franz Wenzel: Neues Gemälde von Prag, Prag 1823.

Gwinner, Wilhelm: Arthur Schopenhauer aus persönlichem Umgang dargestellt. Ein Blick auf sein Leben, seinen Charakter und seine Lehre, Leipzig 1922, 209–260 („Journal einer Reise von Hamburg nach Carlsbad, und von dort nach Prag; Rückreise nach Hamburg").

Handbuch aller unter der Regierung des Kaisers Joseph des II für die K. K. Erbländer ergangenen Verordnungen und Gesetze […], Bd. 6: 1784, Wien 1786.

Handbuch aller unter der Regierung des Kaisers Joseph des II für die K. K. Erbländer ergangenen Verordugnen und Gesetze […] vom Jahre 1787, Wien 1789.

Handbuch aller unter der Regierung des Kaisers Joseph des II. für die k. k. Erbländer ergangenen Verordnungen und Gesetze, Bd. 15: 1788, Wien 1789.

Handbuch aller unter der Regierung des Kaisers Joseph des II. für die k. k. Erbländer ergangenen Verordnungen und Gesetze, Bd. 2: 1780–1784, Wien 1785.

Held, Jan Theobald: Fakta a poznámky k mému budoucímu nekrologu I. Vzpomínky pražského lékaře na léta 1770–1799 [Fakten und Anmerkungen zu meinem künftigen Nekrolog. Erinnerungen eines Prager Arztes an die Jahre 1770–1799], hg. von Jindřich Květ und Daniela Tinková, Praha 2017.

Jeník z Bratřic, Jan: Dvě kuriosní zprávy o společenském i nespolečenském životě v Praze na rozhraní XVIII. a XIX. století [Zwei merkwürdige Berichte über das gesellschaftliche sowie weniger anständige Leben in Prag an der Wende vom 18. zum 19. Jahrhundert], hg. von Miloslav Novotný, Praha 1929.

Jeník von Bratřice, Jan: Písně krátké Jana Jeníka rytíře z Bratřic [Kurze Lieder des Ritters Jan Jeník von Bratřice], Bd. 2, hg. von Jiří Traxler, Praha 2010.

Justi, Johann Heinrich Gottlob von: Die Natur und das Wesen der Staaten als Grundwissenschaft der Staatskunst, der Policey und aller Regierungswissenschaften, desgleichen als die Quelle aller Gesetze abgehandelt, Berlin–Stettin–Leipzig 1760.

Kaiserlich-Königliche Prager Oberpostamtszeitung, Jahrgang 1785.

Kaiserlich-Königlich privilegierte Prager Oberpostamtszeitung, Jahrgang 1793 und 1794.

Kaiserlich-Königliche privilegierte Prager Zeitung, 27. 11. 1814.

Kant, Immanuel: Beantwortung der Frage: Was ist Aufklärung, Berlinische Monatsschrift 1784, 12. Stück, 481–494.

Kniha práv nad přečinění hrdelními a těžkými řádu městského, (totiž Policye) přestupky, Vídeň 1804.

Konrad, Johann: Die Polizeyverfassung oder die Theorie, Praxis und Geschichte der Polizey in ihrer allgemeinen Bedeutung, mit vorzüglicher Rücksicht auf den österreichischen Kaiserstaat. Ein Handbuch für Regierungs-, Polizey- und Justizbeamte, Erster oder theoretischer Theil, Prag 1817.

Kraméryusovy Cýs. Král. Vlastenské Noviny, č. 27, 3. 7. 1802.

La police de Paris en 1770. Mémoire inédit composé par ordre de G. de Sartine sur la demande de Marie-Thérèse, hg. von Augustin Gazier, Paris 1879.

Lenoir, Jean Charles Pierre: Détail sur quelques établissemens de la ville de Paris demandé par sa Majesté Impériale la Reine de Hongrie, Paris 1780.

Mayern, Johann Edler von: Einleitung zur kreisämtlichen Wissenschaft im Königreiche Böheim, zum Nutzen und Gebrauch derer, die sich von solchen einen Begriff beylegen wollen, Prag 1776.

Pařízek, Aleš: O svobodě a rovnosti městské, jaká jest a co z ní pochází mezi Francouzi, všem milým vlastencům národu českého k poučení a vejstraze sepsáno [Über die bürgerliche Freiheit und Gleichheit, wie sie sind und was davon in Frankreich rührt, für alle lieben Patrioten der böhmischen Nation zur Belehrung und Warnung verfasst], Praha 1793.

Peuchet, Jacques: Collection des lois, ordonnances et réglements de police depuis le 13e siècle jusqu'à l'année 1818, seconde série, Police moderne de 1667 à 1789, Bd. VIII: Juillet 1766 à 1772, Paris 1819.

Pezzl, Johann: Skizze von Wien. Zweites Heft, Wien–Leipzig 1786.

Prager Neue Zeitung Nr. 51, 25. 6. 1802.

Prager Staats- und gelehrte Nachrichten Nr. 51, 22. 12. 1793.

Regierungs- und Inteligenzblatt, Regensburg, 19. 7. 1809.

Richter, Leopold: Riesen-Geschichte oder kurzweilige und nützliche Historie vom König Eginhard aus Böhmen. […] Item: Wie die großen Riesen dasselbe Königreich überfallen, 1750.

Sammlung der k. k. landesfürstlichen Verordnungen in Publico-Ecclesiasticis vom Jahre 1767 bis Ende 1782, Wien 1782.

Sammlung der kaiserl. königl. landesfürstlichen Verordnungen für das Jahr 1784, Laibach (o. J.).

Schaden, Adolf von: Kritischer Bocksprung von Dresden nach Prag. Ein neues Capriccio als Gegenstück des Katersprunges, Schneeberg 1822.

Schaller, Jaroslaus: Beschreibung der königlichen Haupt- und Residenzstadt Prag sammt allen darinn befindlichen sehenswürdigen Merkwürdigkeiten, Bd. 2, Prag 1795, Bd. 4, Prag 1797.

Schaller, Jaroslaus: Topographie des Königreichs Böhmen, Bd 14: Taborer Kreis. Prag–Wien 1790.

Schaller, Jaroslaus: Topographie des Königreichs Böhmen, Bd. 4: Bunzlauer Kreis, Prag 1786.

Schematismus für das Königreich Böhmen 1789, Prag 1789.

Schematismus für das Konigreich Böhmen auf das gemeine Jahr 1814, Prag 1814.

Schematismus für das Konigreich Böhmen auf das Jahr 1805, Prag 1805.

Schematismus für das Königreich Böhmen auf das Jahr 1808, Prag 1808.

Schiffner, Joseph: Neuere Geschichte der Böhmen von der Thronbesteigung Kaisers Joseph II. bis zum Frieden von Paris, Prag 1816.

Sealsfield, Charles: Österreich, wie es ist, oder Skizzen von Fürstenhöfen des Kontinents. Übersetzt von Victor Klarwill, Wien 1919.

Sonnenfels, Joseph von: Grundsätze der Polizey, Handlung und Finanzwissenschaft, Bd. 1, Wien [3]1777.

Sr. k. k. Majestät Franz des Zweyten politische Gesetze und Verordnungen für die Österreichischen, Böhmischen und Galizischen Erbländer, Bd. 23, Wien 1807.

Stöhr, August Leopold: Ansicht oder neueste Beschreibung von Carlsbaad wie es jetzt ist, Wien–Prag–Karlsbad 1802.

Thám, Karl Ignaz: Neues ausführliches und vollständiges deutsch-böhmisches Nazionallexikon oder Wörterbuch, Bd. 2, Prag 1799.

Trenck Friedrich: Meine Gedanken über die unsichtbare Leibeigenschaft des Königreichs Böhmen, Wien–Prag [2]1784.

Zedler, Johann Heinrich: Grosses vollständiges Universal-Lexicon aller Wissenschaften und Künste, Bd. 28, Leipzig–Halle 1741.

Literatur

Arneth, Alfred von: Beaumarchais und Sonnenfels, Wien 1868.

Augustin, Milan: Evidence lázeňských hostů a počátky kurtaxy v Karlových Varech [Die Erfassung von Kurgästen und die Anfänge der Kurtaxe in Karlsbad], in: Historický sborník Karlovarska 7 (1999), 58–71.

Bachleitner, Norbert: The Habsburg Monarchy, in: Goldstein, Robert Justin (Hg.): The Frightful Stage. Political Censorship of the Theater in Nineteenth-Century Europe, New York–Oxford 2011, 228–264.

Bailey, Victor: The Fabrication of Deviance: 'Dangerous Classes' and 'Criminal Classes' in Victorian England, in: Rule, John/Malcolmson, Robert (Hg.): Protest and Survival. The Historical Experience. Essays for E. P. Thompson, London 1993, 221–256.

Bastl, Ondřej: Spojení pražských měst v roce 1784. Edice rukopisu č. 322 [Die Vereinigung der Prager Städte im Jahr 1784. Eine Edition von Handschrift Nr. 322], Praha 2003.

Beales, Derek: Joseph II. Bd. 2. Against the World, 1780–1790, Cambridge 2009.

Becker, Peter: Beschreiben, Klassifizieren, Verarbeiten. Zur Bevölkerungsbeschreibung aus kulturwissenschaftlicher Sicht, in: Brendecke, Arndt/Friedrich, Marcus/Friedrich, Susanne (Hg.): Information in der Frühen Neuzeit. Status, Bestände, Strategien, Berlin 2008, 393–419.

Becker, Peter: „Kaiser Josephs Schreibmaschine": Ansätze zur Rationalisierung der Verwaltung im aufgeklärten Absolutismus, in: Wunder, Bernd (Hg.): Pensionssysteme im öffentlichen Dienst in Westeuropa (19./20. Jh.), Baden-Baden 2000, 223–254.

Becker, Peter: Objective Distance and Intimate Knowledge: On the Structure of Criminalistic Observation and Description, in: Becker, Peter/Clark, William (Hg.): Little Tools of Knowledge. Historical Essays on Academic and Bureaucratic Practices, Ann Arbor 2001, 197–235.

Becker, Peter: Dem Täter auf der Spur. Eine Geschichte der Kriminalistik, Darmstadt 2005.

Becker, Peter: Verderbnis und Entartung. Eine Geschichte der Kriminologie des 19. Jahrhunderts als Diskurs und Praxis, Göttingen 2002.

Behrisch, Lars: Die Berechnung der Glückseligkeit. Statistik und Politik in Deutschland und Frankreich des späten Ancien Règime, Ostfildern 2016.

Beidtel, Ignaz: Geschichte der österreichischen Staatsverwaltung 1740–1848, Bd. 1, 1740–1792, Innsbruck 1896.

Bělina, Pavel (Hg.): Dějiny Prahy [Geschichte Prags], Bd. 2: Od sloučení pražských měst v roce 1784 do současnosti [Von der Vereinigung der Prager Städte bis zur Gegenwart], Praha 1998.

Bělina, Pavel/Kaše, Jiří/Kučera, Jan P.: Velké dějiny zemí Koruny české, sv. X: 1740–1792 [Große Geschichte der Länder der böhmischen Krone, Bd. X: 1740–1792], Praha–Litomyšl 2001.

Bělina, Pavel/Hlavačka, Milan/Tinková, Daniela: Velké dějiny zemí Koruny české [Große Geschichte der Länder der böhmischen Krone], Bd. XI.a: 1792–1860, Praha–Litomyšl 2013.

Bělina, Pavel: K počátkům statistiky v českých zemích (Působení Josefa Antonína Rieggera v Čechách) [Zu den Anfängen der Statistik in den böhmischen Ländern (Das Wirken von Josef Anton Riegger in Böhmen)], in: Československý časopis historický 25 (1977), 63–85.

Belšíková, Šárka/Gaži, Martin/Hansová, Jarmila: Opat Bylanský a obrazy zlatokorunské školy. Osvícenství zdola v okrsku světa [Der Abt Bylanský und die Bilder der Goldenkroner Schule. Die Aufklärung „von unten" im Umkreis der Welt], České Budějovice 2013.

Bernard, Paul B.: From the Enlightenment to the Police State. The Public Life of Johann Anton Pergen, Urbana–Chicago 1991.

Bertrand, Gilles: Mask, in: Delon, Michel (Hg.): Encyclopedia of the Enlightenment, London–New York 2001, 792–794.

Bibl, Viktor: Die Wiener Polizei. Eine kulturhistorische Studie, Leipzig–Wien–New York 1927.

Bödecker, Hans Erich: On the Origins of the "Statistical Gaze": Modes of Perception, Forms of Knowledge and Ways of Writing in Early Social Sciences, in: Becker, Peter/Clark, William (Hg.): Little Tools of Knowledge. Historical Essays on Academic and Bureaucratic Practices, Ann Arbor 2001, 169–195.

Böning, Holger: Gemeinnützig-ökonomische Aufklärung und Volksaufklärung. Bemerkungen zum Selbstverständnis und zur Wirkung der praktisch-populären Aufklärung im deutschsprachigen Raum, in: Jüttner, Siegfried/Schlobach, Jochen (Hg.): Europäische Aufklärung(en). Einheit und nationale Vielfalt, Hamburg 1992, 218–248.

Bourdieu, Pierre/Christin, Olivier/Will, Pierre-Étienne: Sur la science de l'État, in: Bourdieu, Pierre: Science de l'État, Paris 2000, 3–9.

Brendecke, Arndt: Papierfluten. Anwachsende Schriftlichkeit als Pluralisierungsfaktor in der Frühen Neuzeit, in: Mitteilungen des Sonderforschungsbereichs 573/1 (2006), 21–30.

Brian, Éric: Mesure de l'État. Administrateurs et géomètres au XVIIIe siècle, Paris 1994.

Buquoy, Margarethe: Johann Graf von Buquoy, ein Sozialreformer im Zeitalter der Aufklärung. Feldkirchen–Westerham 2004.

Burger, Hannelore: Das Paßwesen, in: Heindl, Waltraud/Saurer, Edith (Hg.): Grenze und Staat. Paßwesen, Staatsbürgerschaft, Heimatrecht und Fremdengesetzgebung in der österreichischen Monarchie 1750–1867, Wien–Köln–Weimar 2000, 3–87.

Burke, Peter: Reflections on the Information State, in: Brendecke, Arndt/Friedrich, Marcus/Friedrich, Susanne (Hg.): Information in der Frühen Neuzeit. Status, Bestände, Strategien, Berlin 2008, 51–63.

Burrows, Simon: A King's Ransom. The Life of Charles Théveneau de Morande, Blackmailer, Scandalmonger & Master-Spy, London 2010.

Burton, Deborah: The Real Scarpia. Historical Sources for Tosca, in: The Opera Quarterly 10/2 (1993), 67–86.

Chvojka, Michal: Die Errichtung und Genese der Polizeidirektionen in Brünn und Troppau im Rahmen der aufgeklärten josephinischen Reformen (1785–1787/89), in: Acta historica Universitatis Silesianae Opaviensis 9 (2016), 29–54.

Chvojka, Michal: Josef Graf Sedlnitzky als Präsident der Polizei- und Zensurhofstelle in Wien (1817–1848). Ein Beitrag zur Geschichte der Staatspolizei in der Habsburgermonarchie, Frankfurt am Main 2010.

Cobb, Richard: The Police and the People. French Popular Protest 1789–1820, Oxford 1970.

Cole, Simon A.: Suspect Identities. A History of Fingerprinting and Criminal Identification, Cambridge 2001.

Conze, Werner: Vom „Pöbel" zum „Proletariat". Sozialgeschichtliche Voraussetzungen für den Sozialismus in Deutschland, in: Vierteljahrschrift für Sozial- und Wirtschaftsgeschichte 41/4 (1954), 333–364.

Damme, Stéphane van: Paris, capitale philosophique: De la Fronde à la Révolution. Paris 2005.

Dardy, Claudine: Identité des papiers, Paris 1998.

Denis, Vincent: Une histoire de l'identité. France 1715–1815, Seyssel 2008.

Denys, Catherine: Police et sécurité au XVIIIe siècle dans les villes de la frontière franco-belge, Paris 2002.

Dietrich, Margret: Der ‚Grüne Hut' in der Wiener Aufklärung, oder: Hanswurst auf dem Parnaß, in: Kudszus, Winfried/Seeba, Hinrich C. (Hg.): Austriaca. Beiträge zur österreichischen Literatur. Festschrift für Heinz Politzer zum 65. Geburtstag, Tübingen 1975, 42–58.

Dülmen, Richard van: Kultur und Alltag in der Frühen Neuzeit. 3. Religion, Magie, Aufklärung, München 1994.

Eisendle, Reinhard: Der einsame Zensor. Zur staatlichen Kontrolle des Theaters unter Maria Theresia und Joseph II., Wien 2020.

Fahrmeir, Andreas: Governments and Forgers: Passports in Nineteenth-Century Europe, in: Torpey, John/Caplan, Jane (Hg.): Documenting Individual Identity. The Development of State Practices in the Modern World, Princeton–Oxford 2001, 218–234.

Fidelio. Programmbuch. Saarländisches Staatstheater, Saarbrücken 1997.

Fiedler, Josef: Heimatkunde des politischen Bezirks Schluckenau, Rumburg 1898.

Foucault, Michel: Omnes et singulatim: Zu einer Kritik der politischen Vernunft, in: Defert, Daniel/Lagrange, François (Hg.): Analytik der Macht, Frankfurt am Main 2005, 188–219.

Foucault, Michel: Sécurité, territoire, population. Cours au Collège de France (1977–1978), Paris 2004.

Foucault, Michel: Surveiller et punir. Naissance de la prison, Paris 1975.

Franc, Martin: Viktuální komise pražských měst v letech 1700–1730. Několik poznámek [Die Viktualienkommission der Prager Städte 1700–1730. Einige Bemerkungen], in: Fejtová, Olga/Pešek, Jiří/Ledvinka, Václav (Hg.): Osm set let pražské samosprávy, Praha 2002, 113–120.

Gebhardt, Helmut: Die Etablierung der österreichischen Polizei und Gendarmerie im 18. und 19. Jahrhundert – Aspekte zu ihrer Rolle bei der Entwicklung von Staatsorganisation und Rechtsstaat, in: Gebhardt, Helmut (Hg.): Polizei, Recht und Geschichte. Europäische Aspekte einer wechselvollen Geschichte, Graz 2006, 30–41.

Ginzburg, Carlo: Clues: Roots of an Evidential Paradigm, in: Ders.: Clues, Myths, and the Historical Method, Baltimore 1992, 119–120.

Graeber, David: The Utopia of Rules. On Technology, Stupidity, and the Secret Joys of Bureaucracy, Brooklyn–London 2015.

Gruber, Stephan: Ununterbrochene Evidenz. K.K. Polizeibehörden und die Dokumentation von Identitäten 1782–1867, Wien 2013 (Diss.).

Hlavačka, Milan: Cestování v éře dostavníku. Všední den na středoevropských cestách [Das Reisen in den Zeiten der Postkutsche. Der Alltag auf den Straßen Mitteleuropas], Praha 1996.

Hlavačka, Milan: Die erste Übersetzung des ABGB ins Tschechische oder über das Zusammentreffen von zwei Kodifikationen, in: Brauneder, Wilhelm/Hlavačka, Milan (Hg.): Bürgerliche Gesellschaft auf dem Papier: Konstruktion, Kodifikation und Realisation der Zivilgesellschaft in der Habsburgermonarchie, Berlin 2014, 99–110.

Hlavačka, Milan (unter Mitarbeit von Jan Němec): Ta pravá mobilita: cestování [Die echte Mobilität: Reisen], in: Hojda, Zdeněk/Prahl, Roman (Hg.): Kultura a umění v českých zemích kolem roku 1800, Praha 2000, 329–339.

Hlaváčková, Ludmila: Vltava a záchrana zdánlivě mrtvých [Die Moldau und die Rettung von Scheintoten], in: Fejtová, Olga/Ledvinka, Václav/Pešek, Jiří (Hg.): Města a voda. Praha, město u vody, Praha 2005, 433–437.

Hojda, Zdeněk: Pasy 16.–18. století jako pragmatické písemnosti [Reisepässe des 16.–18. Jahrhunderts als pragmatische Schriftstücke], in: Hojda, Zdeněk/Pátková, Hana (Hg.): Pragmatické písemnosti k kontextu právním a správním, Praha 2008, 155–186.

Horkheimer, Max/Adorno, Theodor W.: Dialektik der Aufklärung. Philosophische Fragmente, Frankfurt am Main 1998.

Hudeček, Ondřej: „Obecný lid nejvíc ziskem k činům se popuzuje." Záchrany lidí před utonutím v Čechách na konci 18. století [„Das gemeine Volk wird meist durch Gewinn zu Taten gebracht." Rettung vor dem Ertrinken in Böhmen Ende des 18. Jahrhunderts]. Cornova 6/2 (2016), 59–83.

Hudeček, Ondřej: Předcházet velké vodě. Administrativní opatření proti povodním v Čechách na konci 18. století [Dem Hochwasser verbeugen. Administrative Maßnahmen gegen Hochwasser in Böhmen am Ende des 18. Jahrhunderts], Praha 2018 (Diss.).

Hull, Isabel V.: Sexuality, State, and Civil Society in Germany 1700–1815, Ithaka–London 1996.

Hurt, Rudolf: Dějiny policejního ředitelství v Brně (Organisační vývoj) [Geschichte der Polizeidirektion in Brünn (Entwicklung der Organisation)], 8, Manuskript Nr. 4/74, Bibliothek des Museums der Stadt Brünn.

Janáček, Josef (Hg.): Dějiny Prahy [Geschichte Prags], Praha 1964.

Janák, Jan/Hledíková, Zdeňka/Dobeš, Jan: Dějiny správy v českých zemích od počátků státu po současnost [Die Verwaltungsgeschichte der böhmischen Länder von den Anfängen des Staats bis zur Gegenwart], Praha 2005.

Jílková, Lucie: „A nad jejich chováním a činy bedlivé oko míti…". Dohled nad cizinci v lázních za neklidných let konce 18. a začátku 19. století [„Und über ihr Verhalten und ihre Taten ein wachsames Auge haben…". Die Überwachung von Ausländern in den Kurorten in den unruhigen Jahren am Ende des 18. und zu Beginn des 19. Jahrhunderts], Praha 2010 (Diplomarbeit).

Kačer, Miroslav: Václav Thám, Praha 1965.

Karstens, Simon: Lehrer – Schriftsteller – Staatsreformer. Die Karriere des Joseph von Sonnenfels (1733–1817), Wien–Köln–Weimar 2011.

Kilián, Jan et al: Teplice, Praha 2015.

Kisch, Wilhelm: Die alten Strassen und Plätze von Wiens Vorstädten und ihre historisch interessanten Häuser: ein Beitrag zur Culturgeschichte Wiens mit Rücksicht auf vaterländische
Kunst, Architektur, Musik und Literatur, Bd. 2, Wien 1895.

Klabouch, Jiří: Osvícenské právní nauky v českých zemích [Die Rechtswissenschaften der Aufklärung in den böhmischen Ländern], Praha 1958.

Knemeyer, Franz Ludwig: Polizei, in: Brunner, Otto/Conze, Werner/Koselleck, Reinhart (Hg.):
Geschichtliche Grundbegriffe. Historisches Lexikon zur politisch-sozialen Sprache in Deutschland, Bd. 4, Stuttgart ²1997, 875–897.

Knöbl, Wolfgang: Polizei und Herrschaft im Modernisierungsprozeß. Staatsbildung und innere
Sicherheit in Preußen, England und Amerika, 1700–1914, Frankfurt am Main–New York 1998.

Kohlmayer, Ursula: Der Verlag Christoph Peter Rehm (1785–1821), Wien 1997 (Diplomarbeit).

Kulířová, Květa/Sander, Rudolf: Patenty. Katalog sbírky patentů Státního ústředního archivu v
Praze [Patente. Katalog der Patentensammlung des Hauptstaatsarchivs in Prag], Praha 1956.

Kutnar, František: Reakce státu v Čechách na Velkou francouzskou revoluci [Reaktion des Staates
in Böhmen auf die Französische Revolution], in: Český časopis historický (43) 1937, 323–342,
520–542.

Kutnar, František: Sociálně myšlenková tvářnost obrozenského lidu. Trojí pohled na český obrozenský lid jako příspěvek k jeho duchovním dějinám [Die soziale und geistige Charakteristik
des Volkes der Wiedergeburt. Drei Betrachtungen über das böhmische Volk der Wiedergeburtsperiode als Beitrag zu dessen Geistesgeschichte], Praha 1948.

Levie, Dagobert de: Die Menschenliebe im Zeitalter der Aufklärung: Säkularisation und Moral
im 18. Jahrhundert. Ein Beitrag zur Ideengeschichte des 18. Jahrhunderts, Frankfurt am Main
1975.

Linhartová, Věra: Povídka nesouvislá [Eine nicht zusammenhängende Erzählung], in: Dies.:
Prostor k rozlišení, Praha 1965, 32–56.

Lüdtke, Alf: Einleitung: „Sicherheit" und „Wohlfahrt". Aspekte der Polizeigeschichte, in: Lüdtke,
Alf (Hg.): „Sicherheit" und „Wohlfahrt". Polizei, Gesellschaft und Herrschaft im 19. und 20.
Jahrhundert, Frankfurt am Main 1992, 7–33.

Macek, Pavel: Rakouský policejní systém na přelomu 18. a. 19. století [Das österreichische Polizeisystem an der Wende vom 18. zum 19. Jahrhundert], in: Kotulán, Jaroslav/Uhlíř, Dušan
(Hg.): Evropa 1800. Sborník prací V. mezinárodního napoleonského kongresu, Brno 2006,
411–427.

Macek, Pavel/Uhlíř, Lubomír: Dějiny policie a četnictva I. Habsburská monarchie (1526–1918)
[Die Geschichte der Polizei und Gendarmerie I. Die Habsburgermonarchie (1526–1918)],
Praha 1997.

Maderthaner, Wolfgang: Bedenkliche Classen, moralische Ökonomie, in: 1848. Die vergessene
Revolution, Wien 2018.

Madl, Claire/Tinková, Daniela (Hg.): Francouzský švindl svobody. Francouzská revoluce a veřejné
mínění v českých zemích [Der französische Freiheitsschwindel. Französische Revolution und
die öffentliche Meinung in den böhmischen Ländern], Praha 2012.

Madl, Claire, Šíření informací o Francouzské revoluci v Čechách: veřejné mínění, politická moc a ekonomický faktor [Die Verbreitung von Informationen über die Französische Revolution in Böhmen: Öffentliche Meinung, politische Macht und Wirtschaftsfaktor], in: Madl, Claire/ Tinková, Daniela (Hg.): Francouzský švindl svobody. Francouzská revoluce a veřejné mínění v českých zemích, Praha 2012, 33–58.

Mařík, Antonín: Správa města, písaři a archiv Karlových Varů [Die Verwaltung, die Schreiber und das Archiv von Karlovy Vary/Karlsbad], Sborník archivních prací 48, 1998, 105–187.

Maříková, Martina: Životní styl staroměstských radních v letech 1740–1791 [Der Lebensstil der Altstädter Stadträte in den Jahren 1740–1791], in: Mendelová, Jaroslava/Státníková, Pavla (Hg.): Pražské rokoko. Kulturní a společenský život v Praze 1740–1791, Praha 2011, 126–131.

Maršan, Robert: Dějiny policejní organisace rakouské, sv. I. II.: Zeměpanská policejní organisace v letech 1749–1780 [Geschichte der österreichischen Polizeiorganisation Bd. I. II.: Landesfürstliche Polizeiorganisation in den Jahren 1749–1780], Praha 1911.

Maur, Eduard: Ohlas napoleonských válek v českých zemích [Die Resonanz der napoleonischen Kriege in den böhmischen Ländern], in: Šedivý, Ivan/Bělina, Pavel/Vilím, Jan/Vlk, Jan (Hg.): Napoleonské války a české země, Praha 2001, 45–61.

Mayer, Ingeborg: Polizeiwesen in Wien und Niederösterreich im 18. Jahrhundert. Reform und Kompetenzverteilung, Unsere Heimat 57 (1986), 75–91.

Mayer, Ingeborg: Studien zum Polizeiwesen in Wien und Niederösterreich von seinen Anfängen bis zum Ausgang des 18. Jahrhunderts, Wien 1985 (Diss.).

Medick, Hans: Spinnstuben auf dem Dorf. Jugendliche Sexualkultur und Feierabendbrauch in der ländlichen Gesellschaft der frühen Neuzeit, in: Huck, Gerhard (Hg.): Sozialgeschichte der Freizeit. Untersuchungen zum Wandel der Alltagskultur in Deutschland, Wuppertal [2]1982, 19–49.

Mejdřická, Květa: Čechy a Francouzská revoluce [Böhmen und die Französische Revolution], Praha 1959.

Mejdřická, Květa: Listy ze stromu svobody [Die Blätter vom Freiheitsbaum], Praha 1989.

Milliot, Vincent: ‚L'admirable police'. Tenir Paris au siècle des Lumières, Champ Vallons 2016.

Milliot, Vincent: Écrire pour policer: les «mémoires» policiers, 1750–1850, in: Milliot, Vincent (Hg.): Les Mémoires policiers 1750–1850. Écriture et pratiques policières du Siècle des Lumières au Second Empire, Rennes 2006, 15–41.

Milliot, Vincent: Jean-Charles-Pierre Lenoir (1732–1807), lieutenant général de police de Paris (1774–1785). Ses «mémoires» et une idée de la police des Lumières, in: Mélanges de l'École française de Rome 115 (2003), 777–806.

Napoli, Paolo: Naissance de la police moderne. Pouvoir, normes, société, Paris 2003.

Noiriel, Gérard: Surveiller les déplacements ou identifier les personnes? Contribution à l'histoire du passeport en France de la Ire à la IIIème République, in: Genèses 30 (1998), (Emigrés, vagabonds, passeports), 77–100.

Noiriel, Gérard: The Identificaton of the Cititzen: The Birth of Republican Civil Status in France, in: Torpey, John/ Caplan, Jane (Hg.): Documenting Individual Identity. The Development of State Practices in the Modern World, Princeton–Oxford 2001, 28–48.

Novák, Miroslav: Rakouská policie a politický vývoj v Čechách před r. 1848 [Die österreichische Polizei und die politische Entwicklung in Böhmen vor 1848], in: Sborník archivních prací 3 (1953), 43–167.

Novotný, Antonín: Naposledy o Praze F. L. Věka [Zum letzten Mal über Prag im Zeitalter F. L. Věks], Praha 1948.

Novotný, Antonín: O Praze mládí F. L. Věka 1757–1792 [Über das Prag der Jugendzeit von F. L. Věk 1757–1792], Praha 1940.

Oberhummer, Hermann: Die Wiener Polizei. Neue Beiträge zur Geschichte des Sicherheitswesens in den Ländern der ehemaligen Österreichisch-Ungarischen Monarchie, Wien 1937.

Ondo Grečenková, Martina: Ve službách obecného blaha. Vzdělanostní a profesní ititnerář osvícenských úředníků [Im Dienst des Gemeinwohls. Bildungs- und Berufslaufbahn von Beamten der Aufklärungszeit], in: Pánek, Jaroslav (Hg.): Vlast a rodný kraj v díle historika. Sborník prací přátel a žáků věnovaných profesoru Josefu Petráňovi. Praha 2004, 473–494.

Osterloh, Karl-Heinz: Joseph von Sonnenfels und die österreichische Reformbewegung im Zeitalter des aufgeklärten Absolutismus. Eine Studie zum Zusammenhang von Kameralwissenschaft und Verwaltungspraxis, Lübeck–Hamburg 1970.

Pečman, Rudolf: Jevištní dílo Ludwiga van Beethovena [Das Bühnenwerk Ludwig van Beethovens], Brno 1999.

Píša, Petr: Cenzura v Čechách v kontextu předbřeznové habsburské monarchie [Zensur in Böhmen im Kontext der Habsburgermonarchie in der Vormärzzeit], Praha 2018 (Diss.).

Polišenský, Josef: Napoleon a srdce Evropy [Napoleon und das Herz Europas], Praha 1971.

Prášek, Justin V.: Panování císaře a krále Leopolda II. [Die Regierung des Kaisers und Königs Leopold II.], Praha 1904.

Prášek, Justin: Dějiny Čech a Moravy nové doby [Geschichte Böhmens und Mährens in der Neuzeit], Bd. 10, Praha 1905.

Reinalter, Helmut: Johann Pezzls Aufklärungsbegriff, in: Ders. (Hg.): Selbstbilder der Aufklärung, Innsbruck 2007, 73–81.

Reinalter, Helmut (Hg.): Jakobiner in Mitteleuropa, Innsbruck 1977.

Reinalter, Helmut: Joseph II. Reformer auf dem Kaiserthron, München 2011.

Reinhard, Wolfgang: Geschichte der Staatsgewalt. Eine vergleichende Verfassungsgeschichte Europas von den Anfängen bis zur Gegenwart, München 1999.

Reiss, Ansgar: Radikalismus und Exil. Gustav Struve und die Demokratie in Deutschland und Amerika, Stuttgart 2004.

Rieger, Bohuslav: Zřízení krajské II. Ústrojí správy krajské v letech 1740–1792 [Kreisverfassung II. Die Konstitution der Kreisverwaltung in den Jahren 1740–1792], Praha 1892.

Roche, Daniel: The Culture of Clothing. Dress and Fashion in the ‚Ancien Régime', Cambridge 1994.

Roubík, František: Co se dělo v Čechách roku 1805 [Was geschah in Böhmen im Jahre 1805], in: Dějiny a současnost 1 (1959), 38–39.

Roubík, František: K vývoji zemské správy v Čechách v letech 1749–1790 [Zur Entwicklung der Landesverwaltung in Böhmen in den Jahren 1749–1790], Sborník archivních prací 19 (1969), 41–188.

Roubík, Franitšek: Počátky policejního ředitelství v Praze [Die Anfänge der Polizeidirektion in Prag], Praha 1926 (Sborník archivu Ministerstva vnitra Republiky československé I).

Roubík, František: Pokusy o zřízení četnictva v Čechách [Die Versuche, eine Gendarmerie in Böhmen zu errichten], in: Sborník věd právních a státních 39 (1939), 161–188.

Rudé, George: The Crowd in History. A Study of Popular Disturbances in France and England 1730–1848, New York–London–Sydney 1964.

Rudé, George: The Crowd in the French Revolution, London–Oxford–New York ²1967.

Sauer, Walter: Schuster, bleibt bei deinem Leisten… Politische und weltanschauliche Entwicklungen unter Wiener Handwerkern am Beispiel der Affäre des Jahres 1794, in: Engelhardt, Ulrich (Hg.), Handwerker in der Industrialisierung. Lage, Kultur und Politik vom späten 18. bis ins frühe 20. Jahrhundert, Stuttgart 1984, 435–457.

Saurer, Edith: Straße, Schmuggel, Lottospiel. Materielle Kultur und Staat in Niederösterreich, Böhmen und Lombardo-Venetien im frühen 19. Jahrhundert, Göttingen 1989.

Saurer, Edith: Zwischen dichter und grüner Grenzer. Grenzkontrolle in der vormärzlichen Habsburgermonarchie, in: Pilgram, Arno (Hg.): Grenzöffnung, Migration, Kriminalität, Baden-Baden 1993, 169–177.

Scholzová, Zuzana: Josef Alois Czech, velitel pražského policejního strážního sboru (1807–1835) [Josef Alois Czech, Befehlshaber des Prager Polizeiwachkorps (1807–1835)], in: Středočeský sborník historický 19 (2001), 19–33.

Schwarz, Vincy (Hg.): Město vidím veliké… Cizinci o Praze [Ich sehe eine große Stadt … Ausländer über Prag], Praha 1940.

Scott, James C.: Seeing Like a State. How Certain Schemes to Improve the Human Condition Have Failed, New Haven–London 1998.

Slušný, Jaromír: Světové dějiny policie. Středověk, novověk [Die Weltgeschichte der Polizei. Mittelalter, Neuzeit], Praha 2006.

Smyčka, Václav: „Bürger" jako měšťan, poddaný, občan, člověk, či vlastenec? Politická subjektivita v zrcadle dějin pojmů [„Bürger" als Stadtbürger, Untertan, Staatsbürger, Mensch, oder Patriot? Die politische Subjektivität im Spiegel der Begriffsgeschichte], in: Cornova 13/1 (2023), 7–21.

Státníková, Pavla: Války, pohromy a krize v Praze let 1740–1790 [Kriege, Katastrophen und Krisen im Prag der Jahre 1740–1790], in: Mendelová, Jaroslava/Státníková, Pavla (Hg.): Pražské rokoko. Kulturní a společenský život v Praze 1740–1791, Praha 2011, 146–155.

Stoklásková, Zdeňka: Cizincem na Moravě. Zákonodárství a praxe pro cizince na Moravě 1750–1867 [Fremdsein in Mähren. Fremdengesetzgebung und Praxis in Mähren 1750–1867], Brno 2007.

Stoklásková, Zdeňka: Fremdsein in Böhmen und Mähren, in: Heindl, Waltraud/Saurer, Edith (Hg.): Grenze und Staat. Paßwesen, Staatsbürgerschaft, Heimatrecht und Fremdengesetzgebung in der österreichischen Monarchie 1750–1867, Wien–Köln–Weimar 2000, 619–712.

Stoklásková, Zdeňka: Suche nach Ordnung. Die Kontrolle von Migration in Österreich zur Zeit der Aufklärung, Cornova 3/1 (2013), 7–28.

Stollberg-Rillinger, Barbara: Der Staat als Maschine. Zur politischen Metaphorik des absoluten Fürstenstaates, Berlin 1986.

Stollberg-Rillinger, Barbara: Maria Theresia. Die Kaiserin in ihrer Zeit. Eine Biographie, München 2017.

Šolle, Václav: Trestní soudnictví předbřeznové v českých zemích [Die Strafjustiz in den böhmischen Ländern des Vormärz], in: Sborník archivních prací 12 (1962), 87–142.

Šubrtová, Alena: Dějiny populačního myšlení v českých zemích [Geschichte der populationistischen Ideen in den böhmischen Ländern], Praha 2006.

Švankmajer, Milan: Čechy na sklonku napoleonských válek [Böhmen am Ende der Napoleonischen Kriege], Praha 2004.

Tantner, Anton: Ordnung der Häuser, Beschreibung der Seelen. Hausnummerierung und Seelenkonskription in der Habsburgermonarchie, Innsbruck–Wien–Bozen 2007.

Tantner, Anton: Die ersten Suchmaschinen. Adressbüros, Fragämter, Intelligenz-Comptoirs, Berlin 2015.

Tantner, Anton: Die Quellen der Konskription, in: Pauser, Josef/Scheutz, Martin/Winkelbauer, Thomas (Hg.): Quellenkunde der Habsburgermonarchie (16.–18. Jahrhundert). Ein exemplarisches Handbuch, München 2004, 196–204.

Tantner, Anton: Zur Kennzeichnungspflicht von PolizistInnen, http://adresscomptoir.twoday.net/stories/876868336/ [letzter Zugriff 28. 3. 2024].

Teuber, Oscar: Die Geschichte des Prager Theaters. Von den Anfängen des Schauspiels bis auf die neueste Zeit, Bd. 2: 1771–1817, Prag 1885.

Thompson, Edward Palmer, The Making of the English Working Class, London 1991.

Thompson, Edward Palmer: Whigs and Hunters. The Origin of the Black Act, London 1975.

Tinková, Daniela: Hřích, zločin, šílenství v čase odkouzlování světa [Sünde, Verbrechen und Wahnsinn zur Zeit der Entzauberung der Welt], Praha 2004.

Tinková, Daniela: Jakobíni v sutaně. Neklidní kněží, strach z revoluce a konec osvícenství na Moravě [Jakobiner in der Soutane. Unruhige Priester, die Angst vor Revolution und das Ende der Aufklärung in Mähren], Praha 2011.

Tinková, Daniela: Ohyzda na prodej a „zmatení pojmů". Koncept svobody a rovnosti v protirevolučních brožurách z českých zemí (1793–1799) [Schrecken zu verkaufen und die „Begriffsverwirrung". Das Freiheits- und Gleichheitskonzept in den antirevolutionären Broschüren aus den böhmischen Ländern (1793–1799)], in: Madl, Claire/Tinková, Daniela (Hg.): Francouzský švindl svobody. Francouzská revoluce a veřejné mínění v českých zemích, Praha 2012, 101–142.

Tinková, Daniela: Osvícenství v českých zemích. I. Formování moderního státu (1740–1792) [Aufklärung in den böhmischen Ländern. I. Die Formierung des modernen Staates (1740–1792)], Praha 2022.

Tinková, Daniela: Tělo, věda, stát. Zrození porodnice v osvícenské Evropě [Körper, Wissenschaft, Staat. Die Geburt der Gebäranstalt im Europa der Aufklärung], Praha 2010.

Tinková, Daniela: Zákeřná mefytis. Zdravotní policie a veřejná hygiena v pozdně osvícenských Čechách [Heimtückische Mefitis. Gesundheitspolizei und öffentliche Hygiene im Böhmen der Spätaufklärung], Praha 2012.

Tinková, Daniela: Zločin a trest na prahu občanské společnosti. Zrození „osvícené" kriminální politiky v habsburské monarchii (cca 1780–1852) [Verbrechen und Strafe an der Schwelle der bürgerlichen Gesellschaft. Die Geburt der „aufgeklärten" Kriminalpolitik in der Habsburger-monarchie (ca. 1780–1852)], in: Peisertová, Lucie/Petrbok, Václav/Randák, Jan (Hg.): Zločin a trest v české kultuře 19. století, Praha 2011, 9–18.

Todorov, Tzvetan: L'esprit des Lumières, Paris 2006.

Torpey, John/ Caplan, Jane (Hg.): Documenting Individual Identity. The Development of State Practices in the Modern World, Princeton–Oxford 2001.

Torpey, John: Invention of the Passport. Surveillance, Citizenship and the State, Cambridge 2000.

Třeštík, Dušan: Dějiny ve věku nejistot [Geschichte im Zeitalter der Unsicherheiten], in: Klápště, Jan/Plešková, Eva/Žemlička, Josef (Hg.): Dějiny ve věku nejistot. Sborník k příležitosti 70. narozenin Dušana Třeštíka, Praha 2003, 23–44.

Urfus, Valentin: Josefinský osvícenský absolutismus, jeho reformy a regulace magistrátů [Der josephinische aufgeklärte Absolutismus, seine Reformen und die Regulation der Magistrate], in: Documenta pragensia 4 (1984), 322–329.

Urfus, Valentin: Maškarní plesy, předpisy o nich a pražský primátor [Maskenbälle, zusammen-hängende Vorschriften und der Prager Oberbürgermeister], in: Ledvinka, Václav/Pešek, Jiří (Hg.): Pražské slavnosti a velké výstavy, Praha 1995, 149–157.

Urfus, Valentin: Právní postavení českých měst a rakouský absolutismus v období národního obrození [Rechtliche Stellung der böhmischen Städte und österreichischer Absolutismus in der Zeit der nationalen Wiedergeburt], Sborník archivních prací 19 (1969), 386–440.

Veselá, Gabriela: Německá triviální literatura kolem roku 1800 [Die deutsche Trivialliteratur gegen 1800], in: Sborník prací Filozofické fakulty brněnské univerzity D 43 (1996), 145–152.

Vismann, Cornelia: Akten. Medientechnik und Recht, Frankfurt am Main [3]2011.

Vocelka, Karl: Österreichische Geschichte 1699–1815. Glanz und Untergang der höfischen Welt. Repräsentation, Reform und Reaktion im habsburgischen Vielvölkerstaat, Wien 2001.

Vondráček, Jan: Dějiny českého divadla. Doba obrozenská 1771–1824 [Geschichte des tschechi-schen Theaters. Die Zeit der nationalen Wiedergeburt 1771–1824], Praha 1956.

Wagner, Hans: Die Reise Josephs II. nach Frankreich 1777 und die Reformen in Österreich, in: Institut für österreichische Geschichtsforschung/Wiener Katholische Akademie (Hg.): Österreich und Europa. Festgabe für Hugo Hantsch zum 70. Geburtstag, Graz–Köln–Wien 1965, 221–246.

Walter, Friedrich: Die Organisierung der staatlichen Polizei unter Kaiser Joseph II., in: Mitteilun-gen des Vereins für Geschichte der Stadt Wien 7 (1927), 22–53.

Weber, Max: Politik als Beruf, München–Leipzig 1919.

Wendelin, Harald: Das Schubwesen, in: Heindl, Waltraud/Saurer, Edith (Hg.): Grenze und Staat. Paßwesen, Staatsbürgerschaft, Heimatrecht und Fremdengesetzgebung in der österreichischen Monarchie 1750–1867, Wien–Köln–Weimar 2000, 231–293.

Wögerbauer, Michael/Píša, Petr/Šámal, Petr/Janáček, Pavel u. a., V obecném zájmu. Cenzura a sociální regulace literatury v moderní české kultuře 1749–2014 [Im Interesse der Allgemeinheit. Zensur und soziale Regulation von Literatur in der modernen tschechischen Kultur], Bd. 1: 1749–1938, Praha 2015.

Zamoyski, Adam: Phantom Terror. The Threat of Revolution and the Repression of Liberty 1789–1848, London 2014.

Zíbrt, Čeněk: „Masopust držíme…" [„Wir feiern Fasching…"], Praha 1910.

Personenregister

Grubhoffer, Václav: Zdánlivá smrt. Noční můra osvícenské Evropy [Scheintod. Der Alptraum des aufklärerischen Europas], Polička 2018.

Gürtler, Alfred: Die Volkszählungen Maria Theresias und Josef II. 1753–1790, Innsbruck 1909.

Gutkas, Karl: Geschichte Niederösterreichs, München 1984.

Hasquin, Hervé: Diplomate et espion autrichien dans la France de Marie-Antoinette. Le comte de Mercy-Argenteau 1727–1794. Waterloo 2014.

Heindl, Waltraud: Gehorsame Rebellen. Bürokratie und Beamte in Österreich, Bd. I (1780–1848), Wien–Köln–Graz ²2013.

Heindl, Waltraud/Saurer, Edith (Hg.): Grenze und Staat. Paßwesen, Staatsbürgerschaft, Heimatrecht und Fremdengesetzgebung in der österreichischen Monarchie 1750–1867, Wien–Köln–Weimar 2000.

Higgs, Edward: The Information State in England. The Central Collection of Information on Citizens since 1500, Houndmills 2004.

Himl, Pavel: Agentury osvícenského blaha. „Francouzské" souvislosti reforem policie v habsburské monarchii v druhé polovině 18. století (I. část) [Die Agenturen des aufklärerischen Wohls. „Französische" Zusammenhänge der Polizeireformen in der Habsburgermonarchie in der zweiten Hälfte des 18. Jahrhunderts (I. Teil)], in: Lorman, Jaroslav/Tinková, Daniela (Hg.): Post tenebras spero lucem. Duchovní tvář českého a moravského osvícenství, Praha 2009, 55–76.

Himl, Pavel: Measuring Crime and Morality: The Bureaucratic Life of a Novel Concept under the Habsburg Monarchy in the Late 18th and First Third of the 19th century, in: Forum Historiae 16/2 (2022), 84–98.

Himl, Pavel: Neosvícení a neposlušní. Regulace náboženské praxe a reakce na ni v Čechách v druhé polovině 18. století (Českokrumlovsko, Vimpersko, Strakonice, Žatec) [Unaufgeklärt und ungehorsam. Die Regulierung der religiösen Praxis und Reaktion darauf in der zweiten Hälfte des 18. Jahrhunderts (in den Regionen Český Krumlov, Vimperk, Strakonice, Žatec)], Dějiny – Teorie – Kritika 7 (2010), 163–221.

Himl, Pavel: Policejní dohled na divadlo v Praze a habsburské monarchii od sedmdesátých let 18. do třicátých let 19. století [Die polizeiliche Theateraufsicht in Prag und der Habsburgermonarchie von den 1770er-Jahren bis in die 1830er-Jahre], Divadelní revue 34/3 (2023), 7–25.

Himl, Pavel, A Revolutionary's „Stravaganza": Police and Morality in the Habsburg Empire (1780–1830), in: Austrian History Yearbook 54 (2023), 117–135.

Himl, Pavel: „Sine respectu personarum"? The Creation of a New Citizen by Policing the Population. Habsburg Monarchy 1750–1820, in: Cornova 8/2 (2018), 23–39.

Himl, Pavel: „Une machine merveilleuse" de police dans la monarchie des Habsbourg dans les années 1770 et 1780, in: Lebeau, Christine/Schmale, Wolfgang (Hg.): Images en capitale: Vienne, fin XVIIe – début XIXe siècles, Bochum 2011, 305–317.

Himl, Pavel: Zrození vagabunda. Neusedlí lidé v Čechách v 17. a 18. století [Geburt des Vagabunden. Nichtsesshafte in Böhmen im 17. und 18. Jahrhundert], Praha 2007.